파이썬을 이용한
데이터 분석의 정석

파이썬을 이용한
데이터 분석의 정석

―

초판 1쇄 발행 2021년 6월 25일
초판 2쇄 발행 2022년 2월 25일

지음 채진석
발행인 한창훈

펴낸곳 루비페이퍼
출판등록 2013년 11월 6일 제 385-2013-000053호
주 소 경기도 부천시 원미구 길주로 284 913호
전 화 032_322_6754
팩 스 031_8039_4526

홈페이지 www.RubyPaper.co.kr
ISBN 979-11-86710-70-8

이 책은 저작권법에 따라 보호받는 저작물이므로 무단 전재와 무단 복제를 금하며,
이 책 내용의 전부 또는 일부를 이용하려면 저작권자와 루비페이퍼의 서면 동의를 받아야 합니다.

책값은 뒤표지에 있습니다.

잘못된 책은 구입처에서 교환해 드리며, 관련 법령에 따라서 환불해 드립니다.
단 제품 훼손 시 환불이 불가능합니다.

파이썬을 이용한
데이터 분석의 정석

채진석 지음

루비페이퍼

추천사

이 책은 빅데이터, 인공지능(AI), 클라우드 컴퓨팅·사물인터넷(IoT) 등이 주목받는 4차 산업혁명 시대에 데이터 분석, 인공지능 개발을 하고 싶은 독자를 대상으로 한다. 저자 채진석 교수는 다년간의 대학 강의와 산업체 실무 경험이 있는 전문가로서, 데이터 사이언스의 기초 원리와 개념, 응용부터 인공지능 개발에 이르기까지 데이터 분석 기술과 풍부한 실습 예제를 제시한다. 이에 파이썬을 사용하며, 파이썬은 Google 같은 세계 최대의 글로벌 인터넷 기업뿐 아니라 신규 스타트업 회사에서도 널리 활용한다. 데이터 분석에 입문하는 학생들이나 데이터 분석에 관심 있는 독자, 그리고 관련 기업 실무자 여러분에게 적극 추천한다.

박경모 가톨릭대학교 컴퓨터정보공학부 교수

온 세상이 '빅데이터', '인공지능(AI)', '4차 산업혁명'을 이야기하고 있다. 그러나 비전문가인 사람들에게는 이러한 기술들이 손에 잡히지 않는 신기루처럼 느껴진다. 이 책은 컴퓨터 사이언스 학습의 필독서이며, 본인 같은 비전문가와 일반 독자들에게 빅데이터 분석에 관련된 기본 개념을 설명하고 실제 사례에 적용, 구현하도록 안내한다. 또한 빅데이터가 무엇이며, 인간과 사회에 미칠 영향을 이해하는 데 대단히 중요하고 유용한 길잡이가 될 것이다.

박우상 전 미국 위스콘신대학교 영어학/미국학 교수, 국가영어정책 자문평가감수 위원

4차 산업혁명의 시대가 오면서 데이터 분석 또는 인공지능과 관련된 책들을 국내외의 많은 학자와 산업 현장의 전문가들이 앞다투어 저술하고 있다. 그러나 막상 학습자의 필요에 맞는 서적을 찾는 것은 여간 어려운 일이 아니다. 이 책은 저자가 기업과 개발 현장에서 다년간 몸소 체험하고 대학에서 강의한 경험과 지식을 토대로 저술하여, 실용적인 이론과 예제들을 체득할 수 있도록 하였다.

이기주 김앤장 법률사무소 고문

파이썬은 배우기 쉽지만 인공지능이나 데이터 과학 분야에 활용하려면 상당한 지식이 필요하다. 이 교재는 기초부터 심도 있는 내용까지 다룬다. 객체 지향 언어의 기본 개념과 넘파이, 판다스, matplotlib 등 데이터 분석 기술을 2,000여 개의 많은 예제와 함께 수록하였다. 채진석 선생님의 기업 실무 경험과 대학 강의 경험이 온전히 녹아든, 실무를 위한 지침서이다.

이일형 숙명여자대학교 기초공학부 교수

추천사

세상 모든 정보는 데이터에서 추출한다. 이 책은 데이터 분석 개발자에게 바이블 같은 존재다. 기존 개발자에게는 응용을 위한 참고 자료가, 입문자에게는 다양한 예제를 반복하여 언어의 기본 개념과 원리를 습득할 수 있는 지침서가 될 것이다. 이 책으로 연습한 다양한 예제를 통해, 여러분은 현장에 바로 투입되어도 모자람 없이 활약할 수 있을 것이다.

임정철 @Data 대표이사

파이썬을 이용한 데이터 분석에 관한 책은 많지만 이 책만큼 여러 라이브러리를 자세하게 소개한 책은 없을 것이다. 학습자들은 이 책 저 책을 뒤적일 필요 없이 이 한 권으로 실습 예제까지 마스터할 수 있다. 한 가지 아쉬움은 주가를 예측해서 대박 나게 하는 예제가 없다는 점이다. 인공지능끼리의 경쟁이 있을 가까운 미래에, 이 책이 출발점이 되어 줄 것이다.

오종택 한성대학교 기계전자공학부 전자트랙 교수

4차 산업혁명이 본격화되는 시대에, 인공지능(AI)과 데이터 기반 기술 분석은 모든 산업에서 디지털 혁신(DX)의 기본이다. 빅데이터 분석과 인공지능을 통한 경쟁력 강화, 더 나은 가치를 제공하기 위한 데이터 분석은 다양한 산업의 핵심 요소이다. 이 책은 데이터 처리의 기본 개념, 데이터 전처리, 데이터 형식 표현, 빅데이터 사례 분석과 처리를 다루며, 데이터 분석의 입문자와 실무자 모두에게 이정표를 제시한다. 다양한 영역에서 데이터 분석, 빅데이터, 인공지능의 전문가로 활약하기를 바라는 독자들의 항해 길에 이 책이 북극성이 될 것이라 기대한다.

서칠성 KT AI/DX 사업본부 부장

저자 서문

처음 이 책을 쓰기로 마음먹고 3년이란 시간이 흘렀습니다. 필자가 파이썬 프로그래밍에 대한 강의를 할 때, 후속 강의를 계획하며 파이썬으로 구현된 데이터 분석을 학습한 적이 있습니다. 전 세계의 데이터 분석과 인공지능 열풍에 파이썬이 대세로 자리 잡고 있는데, IT 강국인 대한민국임에도 참고할 만한 국내 기술 서적이 없어 안타까웠습니다. 이러한 상황이 동기가 되어 겁 없이 집필을 시작했지만 그 과정은 순탄치 않았습니다. 끝을 볼 수 없을지 모른다는 두려움이 앞서기도 했습니다. 한 권의 책은 구성과 체계가 온전해야 하고 독자에게 만족감을 주어야 하기 때문입니다.

이 책은 빅데이터와 인공지능이라는 마케팅 용어의 홍수 속에서, 학습자가 데이터를 직접 분석하고 실전에 적용하는 능력을 갖추도록 기획되었습니다. 또한 데이터 전처리 과정을 담아, 인공지능을 운용하려는 학습자가 알고리즘을 수월하게 적용할 수 있도록 하였습니다. 원리와 개념 위주로 이론을 설명하면서도 코딩을 통해 자연스럽게 기술을 체득하여 학습 효과를 최대로 끌어올렸습니다.

데이터는 모든 산업에서 생산되고 유통됩니다. 때문에 데이터를 활용하여 가치를 만드는 사람은 경쟁력이 있고, 첨단 기술 사회의 주역으로 활약할 것입니다. 모든 기술엔 어려움이 존재합니다. 이러한 장벽을 학습자의 의지로 돌파해야 합니다. 지적 호기심을 가지고 시간을 투자하여 반복적으로 학습하면 반드시 성과를 얻을 수 있습니다. 이 책은 기술적 어려움에 쉽게 접근하도록 도움으로써, 전공에 관계없이 시대의 주역이 될 여러분을 지원할 것입니다.

단 한 권으로 데이터 분석부터 시각화까지 쉽게 학습할 수 있게 하도록 필자 외에도 많은 분의 노고가 있었습니다. 특히 깊이 있는 기술적 내용을 필자와 상의하며 노력해 주신 편집자님에게 깊이 감사드립니다.

끝으로 끊임없는 지지와 성원을 보내준 사랑하는 가족에게 이 책을 바칩니다.

이 책의 구성

이 책은 파이썬으로 데이터 분석을 하는 기술과 그 기술을 실습하는 예제로 구성되어 있습니다.

실습에 필요한 샘플 데이터는 아래 링크에서 다운로드할 수 있습니다.

- 저자 깃허브   https://github.com/pybig/data-collection
- 루비페이퍼 자료실   https://www.rubypaper.co.kr/category/자료실

이 책에서는 데이터 전처리와 분석의 다양한 기법을 학습합니다. 파이썬 데이터 분석에 필수로 사용되는 라이브러리를 단계적으로 다룹니다. 데이터 생성, 연산, 정제 등의 데이터 전처리 기법을 연습하고 데이터를 분석할 수 있도록 합니다. 이 과정에서 각 라이브러리의 유용한 구성 요소와 그 요소들을 적용한 예제를 소개합니다.

이 책은 데이터 분석의 입문자와 실무자 모두를 위해 집필하였습니다. 그 때문에 기초와 응용을 아우르도록 예제를 배치하여, 필요에 따라 학습할 수 있게 하였습니다.

데이터 분석의 전 과정을 포함하도록 구성한 이 책의 주요 내용은 다음과 같습니다.

- **1장. 개발 환경 구축** 앞으로 실습에 이용할 도구를 준비하는 과정을 소개합니다. 아나콘다(Anaconda)와 주피터 노트북(Jupyter Notebook)을 설치하고 주요 기능을 살펴봅니다.

- **2장. 파이썬 빅데이터 프로그래밍** 파이썬이라는 언어의 특징을 소개하고 객체 지향 언어의 원리를 알아봅니다. 또한 IPython의 기능과 주요 명령어를 살펴봄으로써 주피터 노트북을 이해합니다.

- **3장. 넘파이** 데이터 배열 수식을 빠르고 수월하게 처리할 수 있는 넘파이에 대해 알아봅니다. 넘파이 배열의 기본 구조를 설명하고 넘파이 배열과 기능을 다루는 방법을 학습합니다.

- **4장. 판다스** 빅데이터 분석과 데이터 전처리에 가장 빈번히 사용하는 판다스를 학습합니다. 판다스의 데이터 구조인 시리즈와 데이터프레임 가공을 연습합니다. 또한 다양한 형태의 데이터를 입출력하는 방법을 알아봅니다.

이 책의 구성

5장. 판다스 고급 판다스로 불러온 데이터를 가공하고 재형성하는 기법을 다룹니다. 또한 경제적 코딩을 위한 정규 표현식과 데이터의 그룹 연산을 설명하여 데이터 활용이라는 궁극적 목적에 도달하도록 합니다.

6장. matplotlib 데이터를 시각화하는 방법을 학습하여 데이터가 의미하는 바를 손쉽게 통찰하도록 합니다. 또한 pyplot, seaborn을 이용하여 다양한 그래프를 그리고 설정하는 기법을 소개합니다.

7장. 시계열 날짜 및 시간 관련 객체와 시계열 데이터를 인덱싱하고 가공하는 방법을 알아봅니다. 판다스를 이용해 시계열 데이터를 분석하는 방법도 설명합니다. 그리하여 다양한 산업 분야에서 계획을 세우고 통찰하는 방법을 학습합니다.

8장. 빅데이터 분석 1장부터 7장까지 학습한 내용을 종합해 데이터 분석을 실습합니다. 실제 데이터를 불러와서 직접 분석하고 결과를 그래프로 표현합니다. 이를 바탕으로 산업 데이터를 분석할 능력을 갖추고, 데이터 분석에 대한 고도의 응용력을 키웁니다.

목차

01장 개발 환경 구축

1.1 아나콘다 설치 … 2
　환경 변수 설정 … 6
　파이썬 가상 환경 설정 … 8
　conda와 pip 명령어 … 11

1.2 주피터 노트북 … 12
　1.2.1 주피터 노트북의 주요 기능 … 12
　　주피터 노트북 애플리케이션 … 12
　1.2.2 주피터 노트북 설치 … 13
　1.2.3 주피터 노트북 사용 … 13
　1.2.4 노트북 생성 … 18
　1.2.5 노트북을 이용한 프로그래밍 … 20

02장 파이썬 빅데이터 프로그래밍

2.1 파이썬과 R … 24
　2.1.1 파이썬과 R의 특징 및 성능 비교 … 24
　2.1.2 파이썬과 R의 글로벌 선호도 … 25

2.2 파이썬 언어의 기본 개념 … 26
　2.2.1 객체 지향 언어 … 26
　2.2.2 파이썬 빅데이터 분석 … 28
　　빅데이터 분석을 위한 파이썬 라이브러리 … 28
　　넘파이와 사이파이 … 29
　　객체와 클래스 … 29
　　인스턴싱 … 30
　　모듈 … 31
　　함수와 메소드 … 31

2.3 대화형 컴퓨팅 IPython — 32
2.3.1 IPython의 기능 — 32
2.3.2 IPyhon 설치 — 33
노트북 — 34
2.3.3 IPython의 주요 명령어 — 35
도움 및 찾기 명령어 — 35
탭 자동 완성 — 35
객체 탐색 — 36
셀 커맨드 — 36
매직 함수 — 37
실행 및 편집 — 39
디버깅 — 39
2.3.4 IPython QtConsole — 41

03장 넘파이

3.1 넘파이 배열 — 44
3.1.1 넘파이 모듈 임포트 — 44
3.1.2 넘파이 배열 생성 — 45
파이썬 유사 배열 객체를 넘파이 배열로 변환 — 45
넘파이 배열 생성 함수 — 46
배열 생성 함수 numpy.arange( ) — 48
디스크에서 읽어서 배열 생성 — 51
3.1.3 넘파이 ndarray 클래스 — 52
ndarray 객체 구조 — 52
3.1.4 넘파이 배열의 데이터 타입 — 54
numpy.dtype 적용 — 54

3.2 구조화된 배열 — 59

3.2.1 구조화된 데이터 타입 — 60
구조화된 데이터 타입 생성 — 60
구조화된 데이터 타입 조작 및 표시 — 61
자동 바이트 오프셋 및 정렬 — 62
필드 제목 — 64

3.2.2 구조화된 배열 인덱싱 및 할당 — 64
파이썬 고유 타입인 튜플로 할당 — 64
스칼라 값으로 할당 — 65
다른 구조화된 배열로 할당 — 65

3.2.3 인덱싱과 슬라이싱 — 66
기본 인덱싱 구문 — 66
배열 객체 요소 선택 — 67
기본 인덱싱과 슬라이싱 — 68
고급 인덱싱 — 70
불리언 배열로 인덱싱 — 74
슬라이싱과 인덱스 배열 처리 — 75
인덱스를 반환하는 numpy.nonzero( ), numpy.transpose( ) 함수 — 75
다차원 배열 전치 — 77

3.2.4 유니버설 함수 — 80
class numpy.ufunc — 81
유용한 유니버설 함수 — 85

3.3 배열 객체 관리와 연산 — 91

3.3.1 뷰와 복사 — 92
뷰 — 92
복사 — 94

3.3.2 브로드캐스팅 … 96
브로드캐스팅 규칙 … 97
numpy.newaxis 적용 … 99
broadcast 클래스 … 100
브로드캐스팅 연산 … 104
수능 성적 분석 예시 … 105

3.3.3 배열 조작과 정렬 … 106
C 우선 배치와 F 우선 배치 … 107
배열을 이어 붙이고 스택으로 배치 … 108
배열 순서 정렬 … 111
히스토그램 함수 … 115

3.3.4 배열 연산 … 117
다차원 배열 연산 … 117
배열 반복 … 119
임의의 수 생성 … 120
선형 대수 … 122

3.4 넘파이 적용 … 125

3.4.1 데이터 파일 입력과 출력 … 125
넘파이 이진 파일 … 125
텍스트 파일 … 127
원시 이진 파일 … 130
메모리 맵 파일 … 131

3.4.2 이미지 처리 … 134
넘파이와 matplotlib 활용 … 134
사이파이 모듈 적용 … 136

04장 판다스

4.1 판다스 데이터 구조 ... 146

4.1.1 시리즈 ... 147
시리즈 객체 생성 방법 ... 147
ndarray와의 유사성 ... 148
딕셔너리와의 유사성 ... 149
넘파이와의 유사성 ... 149
시리즈 이름 설정과 변경 ... 150

4.1.2 데이터프레임 ... 150
딕셔너리에서 데이터프레임 객체 생성 ... 151
리스트의 딕셔너리에서 데이터프레임 객체 생성 ... 153
구조화된 배열 또는 레코드 배열에서 데이터프레임 객체 생성 ... 153
딕셔너리의 리스트에서 데이터프레임 객체 생성 ... 154
튜플의 딕셔너리에서 데이터프레임 객체 생성 ... 154
데이터프레임 생성자 ... 155

4.1.3 행과 열의 기본 처리 ... 156
행 또는 열 선택, 추가, 삭제 ... 156
인덱싱과 선택 ... 159
pandas.DataFrame.loc와 pandas.DataFrame.iloc ... 160
데이터 정렬 및 산술 연산 ... 161
전치 ... 163
넘파이 함수들과 데이터프레임 연동 ... 163

4.1.4 인덱스 관련 객체 ... 164
pandas.Index 클래스 ... 164
pandas.RangeIndex 클래스 ... 165
Int64Index, Uint64Index, Float64Index 클래스 ... 165
pandas.CategoricalIndex 클래스 ... 165
pandas.Categorical 클래스 ... 166
pandas.MultiIndex 클래스 ... 169

4.2 판다스의 주요 기능 — 172
4.2.1 판다스 객체 이진 연산 — 173
4.2.2 요약과 통계 연산 — 176
4.2.3 함수 적용 — 186
테이블 형태의 함수 적용 — 186
행 또는 열 단위의 함수 적용 — 189
4.2.4 Aggregation API 함수 적용 — 191
요소 단위로 함수들을 적용 — 197

4.3 데이터 처리 — 199
4.3.1 데이터 선택 — 199
라벨로 데이터 선택 — 199
위치로 데이터 선택 — 202
호출 함수로 데이터 선택 — 204
4.3.2 데이터 설정과 검색 — 206
데이터 확장 및 변경 — 206
불리언 벡터로 데이터 필터링 — 208
take( ) 메소드로 검색 — 211
4.3.3 손실 데이터 처리 — 212
손실 데이터 계산 — 214
손실 데이터 채우기 — 215
4.3.4 멀티인덱스 — 222
멀티인덱스 객체 생성 — 222
멀티인덱스 인덱싱 — 225
멀티인덱스 순서 정렬 — 228

4.4 데이터 타입과 입출력 · 230

4.4.1 텍스트 파일 · 231
- CSV 파일 · 231
- JSON 파일 · 237
- HTML 파일 · 240
- 클립보드 · 242

4.4.2 이진 데이터 · 242
- 엑셀 파일 · 243
- HDF5 파일 · 244

4.4.3 SQL 데이터베이스 · 247
- SQLAlchemy의 엔진 구성 · 247
- 판다스 SQL 관련 함수 적용 · 249
- sqlite3 · 252

4.4.4 기상청 대용량 데이터 세트의 처리 · 253

05장 판다스 고급

5.1 데이터 가공 · 258

5.1.1 데이터 이어 붙이기 · 258
- 축의 로직 설정과 append를 사용하는 이어 붙이기 · 260
- 차원이 다른 시리즈와 데이터프레임 이어 붙이기 · 263
- 그룹 키로 이어 붙이기 · 264

5.1.2 데이터베이스 타입의 데이터프레임 또는 시리즈를 합치기 · 266
- merge( ) 함수로 합치기 · 266
- join( ) 메소드로 합치기 · 271
- 멀티인덱스 객체 합치기 · 273
- 열과 인덱스 레벨을 조합해 합치기 · 276
- 중복되는 열 처리하기 · 276
- 시리즈나 데이터프레임의 열 안에서 값을 합치기 · 277

5.1.3 데이터 재형성하기 — 278
데이터프레임 객체 피벗 — 279
피벗 테이블 — 280
교차표 — 283
더미 변수 계산 — 285
stack( )과 unstack( ) 메소드로 재형성 — 287
melt( ) 메소드로 재형성 — 291

5.1.4 파이썬 정규 표현식 사용하기 — 293
정규 표현식 구문 — 293
re 모듈 — 297
정규 표현식 객체 — 300
Match 객체 — 302

5.1.5 텍스트 데이터 가공하기 — 304
문자열을 분할하고 대체하기 — 307
텍스트 이어 붙이기 — 309
str로 인덱스 변경하기 — 311
일기 형식의 텍스트 데이터 가공 — 311

5.2 데이터의 그룹 연산 — 316

5.2.1 데이터 객체를 그룹 연산 — 317
GroupBy 객체 속성 — 317
GroupBy 순서 정렬 — 321
멀티인덱스가 있는 객체를 그룹 연산 — 321
그룹 객체의 반복 처리 — 322

5.2.2 GroupBy 객체를 그룹별 연산 및 변환 — 324
데이터 집계하기 — 324
한 번에 여러 함수 적용하기 — 326
데이터프레임 열들에 각각 다른 함수 적용하기 — 328
자동차 판매 대리점별 영업 현황 데이터 연산과 변환 — 329

5.2.3 GroupBy 객체를 이용한 분할, 적용, 통합 ... 332
학교별 수학 성적에 분할, 적용, 통합 연산 실행 ... 332
apply( ) 메소드 적용 ... 336

5.2.4 기타 그룹 연산 ... 337
불필요한 부분을 자동으로 제거 ... 337
순서가 정렬된 요소를 그룹화 ... 338
각 그룹의 행 확인하기 ... 339

5.3 수학 계산 ... 342

5.3.1 통계 함수 ... 342
퍼센트 변화율 ... 342
공분산 ... 344
상관관계 ... 345
데이터 순위 ... 348

5.3.2 윈도우 함수 ... 350
시간 인식 이동 ... 355
이진 윈도우 함수 ... 358
쌍 단위의 공분산과 상관관계를 이동 윈도우로 계산하기 ... 359

5.3.3 집계 연산 ... 362
복수의 함수를 적용하기 ... 364
데이터프레임 열들에 여러 함수를 적용하기 ... 364

5.3.4 기타 윈도우 적용 ... 366
확장 윈도우 ... 366
지수 가중 윈도우 ... 369

06장 matplotlib

6.1 matplotlib 기본 ... 373
6.1.1 figure 구성 ... 373
Axes, Axis, Artist ... 376
matplotlib과 pyplot ... 376
6.1.2 pyplot 모듈 ... 377

6.2 matplotlib API ... 381
6.2.1 그래프 그리기 ... 381
그래프 스타일 꾸미기 ... 382
범주형 변수로 서브플롯 생성 ... 384
Figure 객체로 서브플롯 생성 ... 386
6.2.2 라벨, 범례, 주석 추가 ... 388
add_subplot( )과 add_axes( ) 함수로 그래프를 그리고 라벨 붙이기 ... 388
스타일시트와 rcParams로 matplotlib 실행하기 ... 391
matplotlib.pyplot.legend 함수로 범례 설정하기 ... 392
범례 위치 정하기 ... 396
주석 달기 ... 398
6.2.3 텍스트 추가 ... 403
텍스트 생성 명령어 ... 403
matplotlib.axis 모듈 ... 404
눈금 위치와 형식 정하기 ... 407
눈금과 눈금 라벨 ... 409
6.2.4 기타 그래프 ... 412
막대그래프 ... 412
원그래프 ... 416

6.3 seaborn 라이브러리 ... 417
6.3.1 seaborn ... 417
단변량 데이터 세트 분포를 시각화 ... 420
이변량 데이터 세트 분포를 시각화 ... 421
regplot으로 회귀 모델을 시각화 ... 424
figure 레벨과 axes 레벨의 함수들 ... 427
산점도 ... 429
선 그래프 ... 431

6.3.2 범주형 데이터 시각화 ... 433
범주형 산점도 ... 433
범주 내에서 관찰치 분포 ... 436

6.3.3 선형 관계 시각화 ... 437
선형 회귀 모델을 시각화하는 함수들 ... 437
다른 변수들에 조건 부여 ... 439
그래프 크기와 모양 수정 ... 441
컨텍스트에서 회귀 그래프 그리기 ... 443

6.3.4 멀티플롯 그리드 시각화 ... 445
스몰 멀티플스 ... 445

6.4 판다스 시각화 ... 451
6.4.1 그래프 종류 ... 451
기본 그래프 ... 452
막대그래프 ... 453
히스토그램 ... 455
상자 그림 ... 457
면적그래프 ... 461
산점도 ... 462
육각 산점도 ... 464
원그래프 ... 466
그래프별 손실 값 처리 ... 467

6.4.2 그래프 설정	468
범례와 스케일 설정	468
보조 축 설정	469
서브플롯 및 멀티 axes 설정	471
오차 막대 추가	473
테이블 설정	475

07장 시계열

7.1 파이썬의 날짜 및 시간 관련 객체	480
7.1.1 datetime 객체	481
7.1.2 시간대 객체	486
tzinfo 객체	486
timezone 객체	487
7.1.3 timedelta 클래스	487
7.1.4 Olson tz 데이터베이스	489
7.2 판다스 시계열 기초	491
7.2.1 판다스의 시계열 지원	491
7.2.2 판다스의 datetime 객체	493
7.2.3 시계열 인덱싱	494
DatetimeIndex 객체	495
TimedeltaIndex 객체	495
PeriodIndex 객체	496
시계열 인덱싱	496
부분 문자열 인덱싱	497
슬라이싱과 고급 인덱싱	499
7.2.4 리샘플링	499
resample 메소드 적용	499

데이터프레임 리샘플링과 종합 연산 — 502
Resampler 객체로 그룹화하고 반복 — 504

7.3 타임스탬프 — 505

7.3.1 타임스탬프와 시간 — 505

7.3.2 타임스탬프로 변환하기 — 506
format 인수 적용 — 507
데이터프레임 열을 이용해 datetime 조합 — 508
유닉스 에포크 시간과 타임스탬프 — 508
origin 매개 변수 사용하기 — 509

7.3.3 타임스탬프 생성 범위 — 509

7.3.4 날짜 오프셋과 이동 객체 — 511
오프셋 매개 변수 사용 — 514
사용자 정의 영업일 — 515
영업 시간 — 517
오프셋 약칭 사용 — 518
시계열 관련 인스턴스 메소드 — 521

7.4 시간 범위와 시간대 처리 — 522

7.4.1 기간과 연산 — 523
PeriodIndex와 period_range( ) 함수 — 525
PeriodIndex의 도수 변환 및 리샘플링 — 526
PeriodIndex 데이터와 Timestamp 데이터 간 변환 — 527

7.4.2 시간대 처리 — 528
시간대 설정 및 제거 — 528
시간대 Series 연산 — 531
.dt 접근자 — 533

목차

08장 빅데이터 분석

8.1 서울시 구별 CCTV 설치 대비 범죄율 분석 ... 536

    8.1.1 서울시 인구, CCTV 설치 및 범죄 데이터 ... 536

    8.1.2 구별 CCTV 설치 및 인구 현황 분석 ... 538

        read_excel( ) 함수로 열 선택 ... 539

        iloc( ) 함수로 열 선택 ... 540

        Index 객체로 열 라벨 이름 변경 ... 540

        rename( ) 함수로 열 라벨 이름 변경 ... 541

    8.1.3 구별 CCTV 설치 대비 범죄율 상관관계 분석 ... 546

8.2 삼성전자, SK하이닉스, LG전자 주식 데이터 분석 ... 550

    8.2.1 주식 데이터 획득 ... 550

    8.2.2 주가 현황 그래프 그리기 ... 552

    8.2.3 주가 변동 연관성 분석 ... 558

8.3 국제 축구 경기 결과 분석 ... 562

    8.3.1 데이터 전처리 ... 562

    8.3.2 경기 결과 분석 및 그래프 그리기 ... 566

    8.3.3 대한민국 축구 국가대표팀 경기 결과 분석 ... 571

01장

개발 환경 구축

1. 아나콘다 설치
2. 주피터 노트북

이 장에서는 **파이썬(python)** 언어와 **주피터 노트북(Jupyter Notebook)**이라는 도구를 이용해 데이터 분석을 수월하게 할 수 있는 환경을 구축한다. 데이터 분석에 사용하는 여러 도구 중 통합 패키지를 포함하는 **아나콘다(Anaconda)**를 선택하여 설치한다. 파이썬은 필요할 때마다 개별적으로 패키지를 설치해야 하지만 아나콘다는 데이터 분석, 인공지능 개발에 필요한 다양한 패키지를 한번에 설치할 수 있는 장점이 있다. 또한 아나콘다는 사용자가 반응형으로 데이터를 분석하고 인공지능 코딩을 할 수 있도록 하는 대시보드 형태의 주피터 노트북을 포함한다. 먼저 아나콘다 패키지를 설치하는 방법과 주피터 노트북을 생성하고 이용하는 방법을 설명한다.

1.1 아나콘다 설치

아나콘다는 Windows, macOS 및 Linux 운영 체제에서 파이썬, R을 이용해 데이터 과학과 머신러닝 관련 작업을 쉽고 빠르게 수행할 수 있는 오픈 소스 배포판이며 가장 인기 있는 데이터 과학 플랫폼이다. 또한 전 세계 많은 사용자가 빅데이터 프로그래밍, 인공지능 개발과 실험 그리고 교육에 사용하는 산업 표준이다. 아나콘다는 단일 시스템에 특화되어 라이브러리를 개별 설치할 필요 없이 통합 환경에서 다양한 작업을 수행할 수 있도록 한다.

파이썬과 R에서 사용하는 1,500개 이상의 패키지를 아나콘다에 설치할 수 있으며 버튼 클릭으로 손쉽게 패키지, 소프트웨어, 환경을 관리할 수 있다. 아나콘다에서 지원하는 빅데이터 관련 라이브러리들은 다음 그림과 같다. 이 책에서는 주피터 노트북, 넘파이(NumPy), 판다스(pandas), 사이파이(SciPy), matplotlib 및 seaborn 라이브러리를 주로 다룬다.

[그림 1-1] 아나콘다에서 지원하는 대표적인 패키지

아나콘다를 설치하기 위해 웹 브라우저 주소창에 아나콘다 홈페이지 주소[1]를 입력하거나 다운로드 페이지[2]에 접속한다. 또는 다양한 버전 중 선택하여 설치하려면 아카이브[3]에 접속한다. 홈페이지에서 [Products] → [Individual Edition] 메뉴의 하단 **Anaconda Installer** 항목 중 사용 중인 운영체계에 따라 Windows, macOS, Linux의 64-Bit 또는 32-Bit 프로그램을 다운로드한다.

01. 다운로드가 완료되면 파일을 실행시킨 후 다음 그림과 같은 창에서 〈Next〉 버튼을 클릭한다.

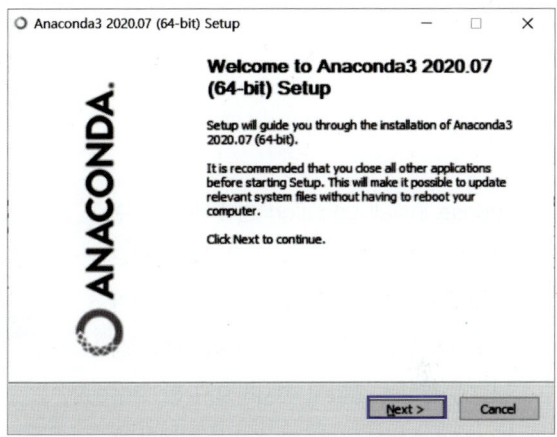

[그림 1-2] 아나콘다 설치 초기 화면

02. License Agreement 창에서 〈I Agree〉 버튼을 클릭한다.

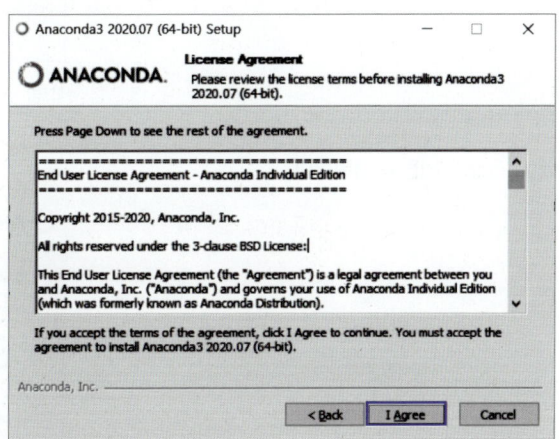

[그림 1-3] 사용자 동의 계약

---

1 https://www.anaconda.com
2 http://www.anaconda.com/download
3 https://repo.continuum.io/archive/

03. Select Installation Type 창에서 〈Just Me (recommended)〉를 선택하고 〈Next〉 버튼을 클릭한다. 한 컴퓨터에서 다수의 사용자가 작업하는 경우 〈All Users (requires admin privileges)〉를 선택할 수 있다.

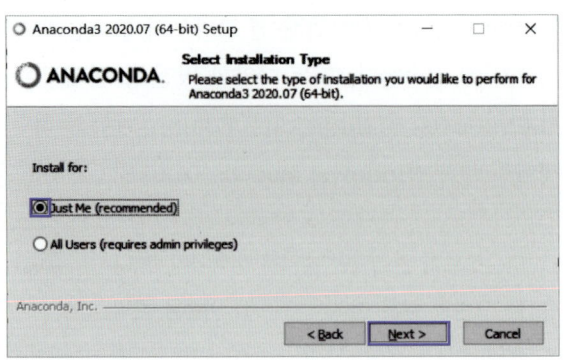

[그림 1-4] 설치 유형 선택

04. Choose Install Location 창에서는 될 수 있으면 PC에서 자동 설정한 폴더를 기본으로 선택한다. 필자의 PC에서는 설치 위치가 C:\Users\User\anaconda3으로 설정되었다. 원하는 폴더에 설치하고자 할 경우 〈Browse...〉 버튼을 클릭해 폴더를 선택한 후 〈Next〉 버튼을 클릭한다.

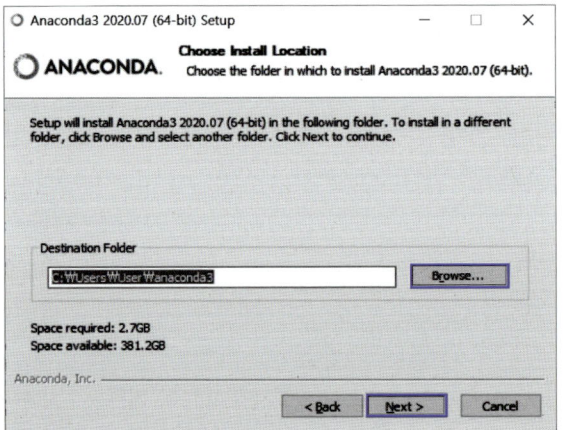

[그림 1-5] 설치 위치 선택

05. 〈Install〉 버튼을 클릭한다.

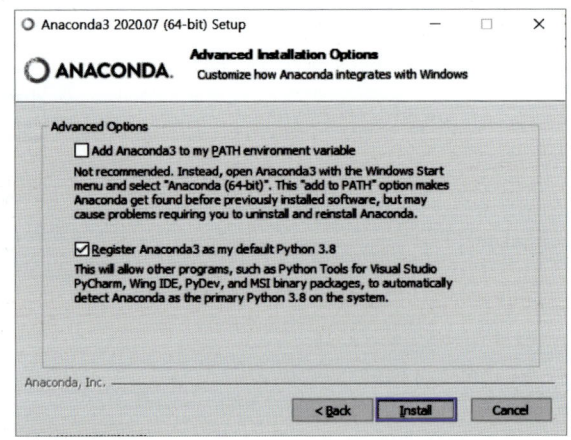

[그림 1-6] 설치 옵션

06. 설치가 완료되면 〈Next〉 버튼을 클릭한다.

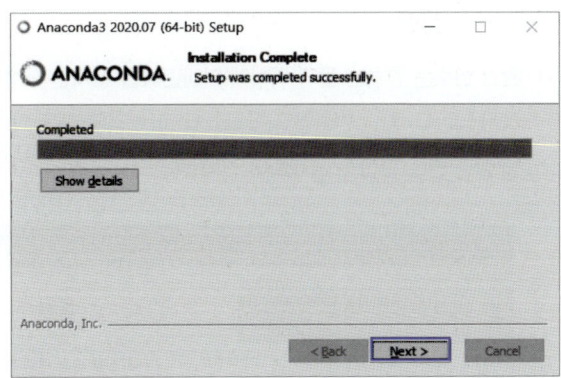

[그림 1-7] 설치 완료 화면

07. 다음 그림과 같은 창이 나타나면 〈Next〉 버튼을 클릭한다.

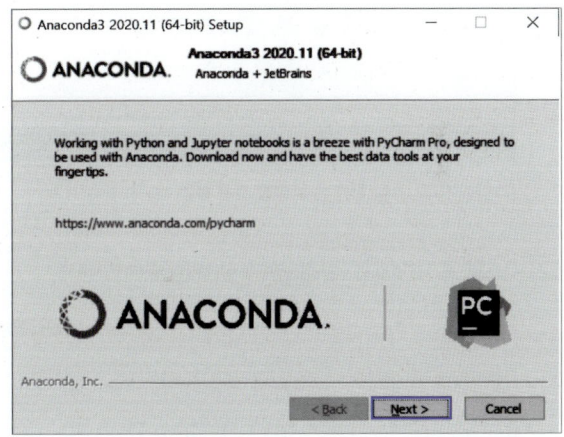

[그림 1-8] 아나콘다 설치 버전 내용

08. 모든 설치가 완료되면 〈Finish〉 버튼을 클릭한다.

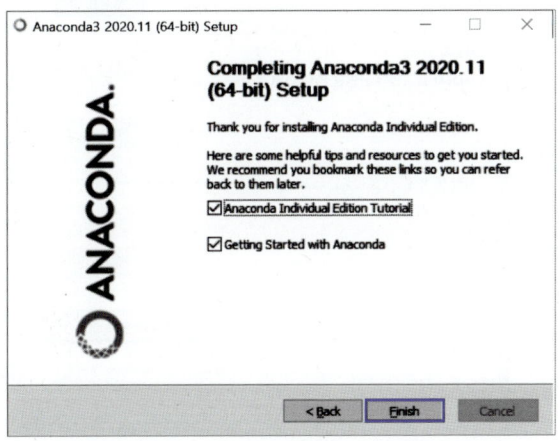

[그림 1-9] 아나콘다 시작 및 튜토리얼 선택

환경 변수 설정

01. **환경 변수**는 원하는 폴더 위치에 아나콘다를 설치한 후 사용하고자 할 때 해당 경로를 지정하는 방법이지만 권하진 않는다. 환경 변수를 사용하고자 하는 경우 다음 그림처럼 Windows 검색창에 '환경 변수'를 입력해 '시스템 환경 변수 편집'을 클릭하여 선택한다.

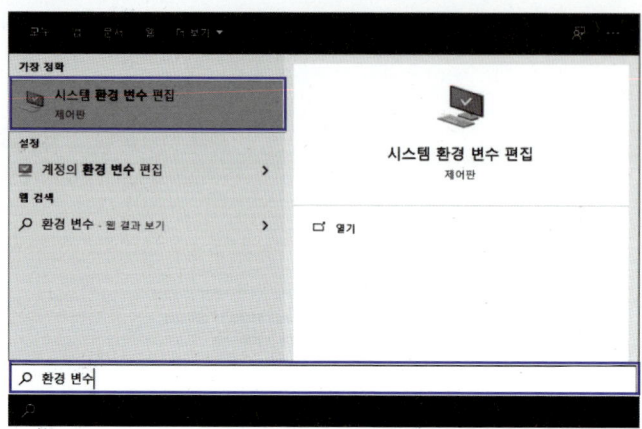

[그림 1-10] 시스템 환경 변수 편집 초기 화면

02. 시스템 속성창에서 〈환경 변수(N)〉 버튼을 클릭한다.

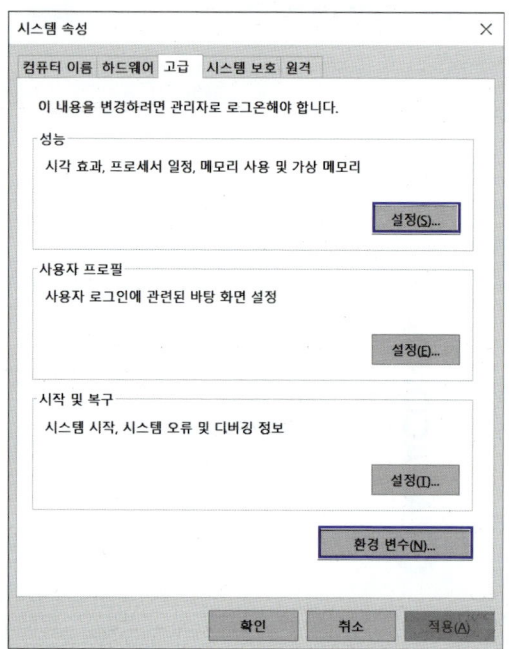

[그림 1-11] 시스템 속성창

03. 변수가 Path인 줄로 이동하고 〈편집(I)〉 버튼을 클릭한다.

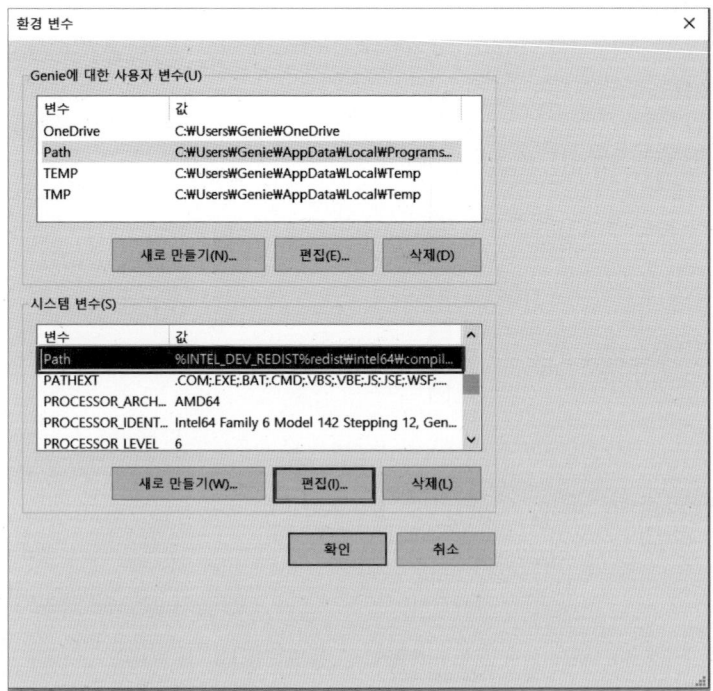

[그림 1-12] 환경 변수 Path 선택

04. 〈새로 만들기(N)〉 버튼을 클릭하여 아나콘다가 설치되어 있는 다음 3가지 디렉터리 경로를 입력한다. 또는 〈찾아보기(B)〉 버튼을 클릭해 아나콘다가 설치된 3가지 디렉터리 경로를 선택하고 〈확인〉 버튼을 클릭한다. 필자는 ana라는 폴더에 아나콘다를 설치하고 경로를 입력했다.

- 설치경로
- 설치경로\Scripts
- 설치경로\Library\bin

[그림 1-13] 환경 변수 편집창

01 _ 개발 환경 구축 / 7

05. 아나콘다가 제대로 설치되었는지 확인하기 위해 Windows 시작 메뉴에서 [Anaconda3] → [Anaconda Prompt (anadonda3)]을 클릭하고 아나콘다 프롬프트에서 'python'을 입력한다.

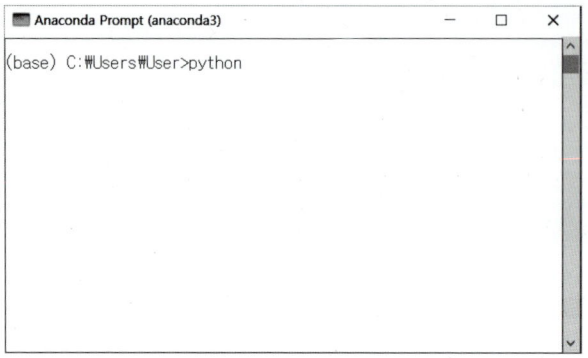

[그림 1-14] 아나콘다 프롬프트 초기 화면

06. 파이썬 셸(shell)과 함께 설치된 파이썬 버전을 확인할 수 있다.

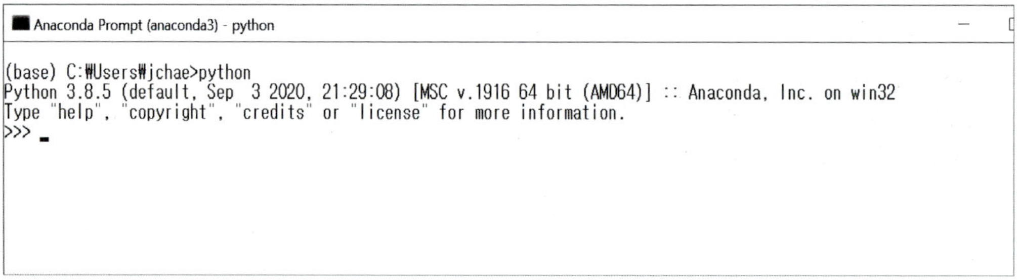

[그림 1-15] 파이썬 셸

파이썬 가상 환경 설정

여기까지 설치가 끝나면 이 책의 과정을 문제없이 실행할 수 있다. 그러나 현재 파이썬 3.8 버전에서는 텐서플로 2.0 같은 일부 버전의 인공지능 프로그램이 실행되지 않는 경우가 발생하므로 텐서플로 2.0을 다루려면 파이썬 3.8 버전을 3.7로 변경하는 **가상 환경**을 만들어야 한다.

01. 또한 루트 디렉터리에 안정적으로 패키지를 설치하기 위해서는 아나콘다를 관리자 모드로 변경해야 한다. 이를 위해 Windows 시작 메뉴를 열고 아나콘다가 설치된 폴더인 [Anaconda3]을 확장시킨 후 [Anadonda Prompt] 마우스 오른쪽 버튼 클릭 → [자세히] → [관리자 권한으로 실행]을 선택한다. 이후 패키지를 설치할 때마다 관리자 권한으로 실행하기를 권장한다.

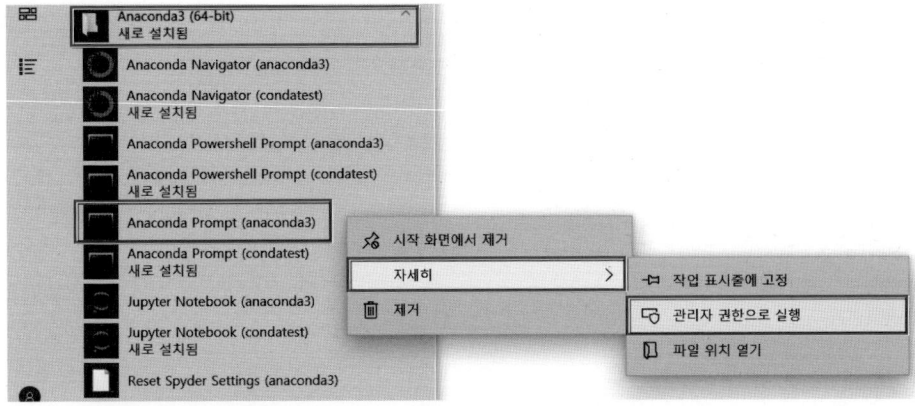

[그림 1-16] 관리자 권한으로 실행

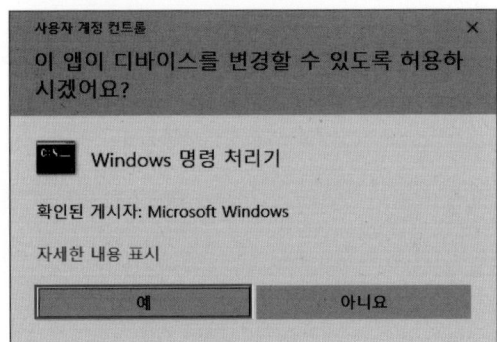

[그림 1-17] 디바이스 변경 선택

02. 아나콘다 프롬프트에 'conda create --name base1 python==3.7' 명령어를 입력하고 〈Enter〉 키를 눌러 실행한다. 이 명령어는 파이썬 3.7을 base1 환경에 설치하라는 의미다. 따라서 기본 환경에서는 이미 설치한 파이썬 3.8 버전을 운영하고 새로운 base1 환경에서는 파이썬 3.7을 설치하고 운영한다.

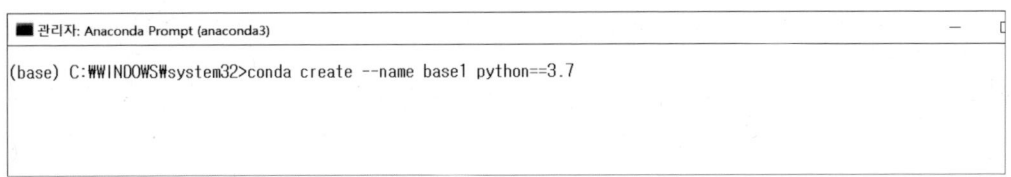

[그림 1-18] 아나콘다 프롬프트에서 파이썬 버전 설정

03. 실행 후 'Proceed ([y]/n)?'이 나타나면 'y'를 입력하고 〈Enter〉 키를 누른다. 다음 그림과 같은 프롬프트에서 'conda activate base1'을 입력한 후 〈Enter〉 키를 누르면 base1 환경이 활성화된다.

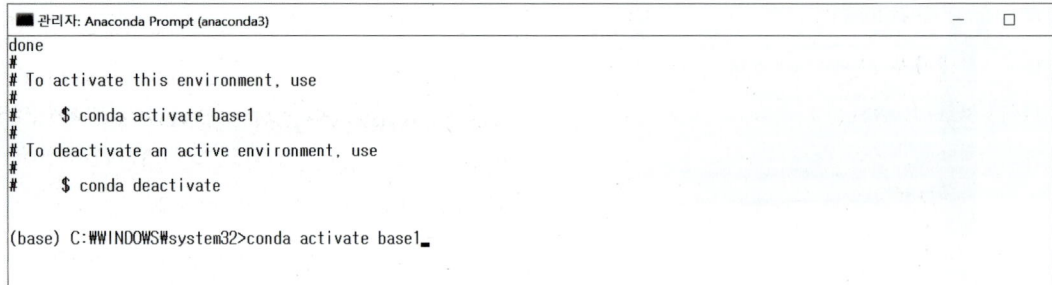

[그림 1-19] 파이썬 버전 변경

04. 다음으로 'python'을 입력 후 〈Enter〉 키를 누른다.

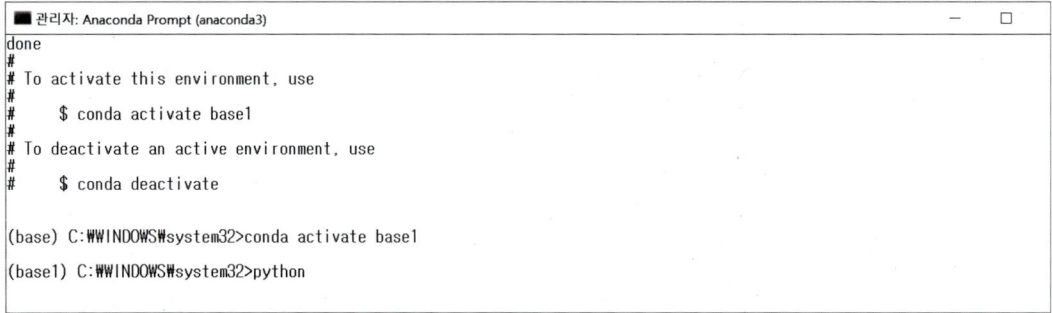

[그림 1-20] 파이썬 버전을 변경한 가상 환경 설정

05. 다음과 같이 base1 환경에서 python 3.7이 구동되는 것을 확인할 수 있다.

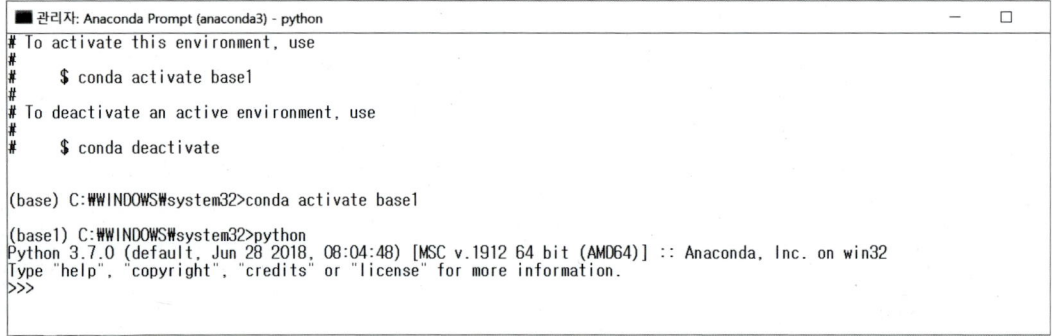

[그림 1-21] 변경된 파이썬 버전 확인

conda와 pip 명령어

conda 패키지 관리자는 다양한 패키지를 설치하고 관리하기 위한 주요 인터페이스로 아나콘다 프롬프트에서 입력하여 다음과 같은 기능을 수행할 수 있다.

- 아나콘다 **패키지 인덱스**와 현재 아나콘다 설치 사항을 질의하고 찾기
- 새로운 아나콘다 환경을 생성하기
- 패키지를 현재의 conda 환경으로 설치하고 업데이트하기

conda는 다른 버전의 파이썬이 설치된 환경들에 관련 패키지를 생성하고 관리할 수 있는 중요한 기능이 있다.

pip는 파이썬 패키지 관리 시스템으로 파이썬 패키지를 설치하거나 제거할 때 pip 명령어를 사용한다. 또한 파이썬 가상 환경을 생성하기 위한 도구다.

conda는 어떤 언어로 쓰여진 소프트웨어를 포함하는 패키지를 설치하고 pip는 파이썬 패키지를 설치하는 차이점이 있다.

다음 표는 패키지 및 환경을 관리하는 conda와 pip 명령어를 나타낸다.

주요 기능	conda 명령어	pip 명령어
패키지 설치	conda install $PACKAGE_NAME	pip install $PACKAGE_NAME
패키지 업데이트	conda update --name $ENVIRONMENT_NAME $PACKAGE_NAME	pip install --upgrade $PACKAGE_NAME
패키지 제거	conda remove --name $ENVIRONMENT_NAME $PACKAGE_NAME	pip uninstall $PACKAGE_NAME
환경 생성	conda create --name $ENVIRONMENT_NAME python	X
환경 활성화	conda activate $ENVIRONMENT_NAME	X
환경 비활성화	conda deactivate	X
설치된 패키지 나열	conda list --name $ENVIRONMENT_NAME	pip list
모든 환경을 나열	conda info --envs	X
파이썬 설치	conda install python=x.x	X
파이썬 업데이트	conda update python	X

[표 1-1] 주요 conda 명령어 및 pip 명령어

1.2 주피터 노트북

IPython 개발자들은 2015년 IPython 노트북의 코드를 조정하여 주피터 노트북으로 변경하고 기능을 대폭 개량했다. **주피터(Jupyter)**는 Julia, Python, R의 약자로써 초기에는 이들 언어를 지원하는 프로그램으로 개발되었다. 현재는 인터페이스를 통해 파이썬뿐만 아니라 R과 Julia를 포함하여 40개 이상의 프로그래밍 언어들을 지원한다. **노트북**은 코드 및 풍부한 텍스트 요소를 포함하는 문서를 의미하며 이 문서는 실시간으로 데이터를 분석하고 그 설명과 결과를 가져오는 이상적인 공간이다. 주피터 노트북 애플리케이션으로 이러한 문서를 생성할 수 있다.

IPython은 파이썬 백엔드(Back-end)인 **커널(kernel)**이라는 기능을 가진 것으로 이해할 수 있는데 백엔드는 서버 측을, 프런트엔드(Front-end)는 클라이언트 측을 의미한다. 파이썬을 이용해 빅데이터 분석, 시각화 등을 학습하려면 노트북 자체와 애플리케이션, 파이썬 인터페이스인 IPython 터미널 그리고 노트북 대시보드를 사용하는 것이 효과적이다. 대시보드란 노트북이 웹 브라우저의 한 화면에서 실행되는 것처럼 한 화면에서 다양한 정보를 관리할 수 있는 인터페이스를 의미한다.

1.2.1 주피터 노트북의 주요 기능

주피터 노트북은 코드, 방정식, 주석, 그래프를 포함하는 문서들을 생성하고 공유할 수 있는 오픈 소스 웹 애플리케이션으로써 데이터 정리, 변환, 수치 해석, 시뮬레이션, 통계 모델링, 데이터 시각화, 머신러닝 및 많은 작업을 수행할 수 있다. 또한 이메일, Dropbox, GitHub, 주피터 노트북 뷰어를 이용해 문서를 공유할 수 있다. PDF, HTML, ipynb, 대시보드 등으로 유연하게 문서를 인쇄 또는 출판할 수 있어 코드, 데이터, 도표, 주석 등을 쉽게 공유할 수 있다.

주피터 노트북 애플리케이션

주피터 노트북은 개발, 문서화, 코드 실행을 하고 결과를 전달하는 웹 기반 애플리케이션이다. 서버-클라이언트 형태로 구동되는 주피터 노트북 애플리케이션은 크롬이나 인터넷 익스플로러 같은 웹 브라우저를 통해 코드를 작성하고 편집할 수 있도록 한다. 인터넷에 접속하지 않아도 PC에서 주피터 노트북을 실행할 수 있으며 원격 서버에 설치하여 인터넷을 통해 접속할 수도 있다.

노트북 애플리케이션은 커널과 대시보드로 구성된다. 커널은 사용자 코드를 탐색하고 실행하는 프로그램이다. 주피터 노트북 애플리케이션의 커널은 파이썬 코드뿐만 아니라 다른 프로그램에서도 사용할 수 있다. 대시보드는 작업한 노트북 문서를 보여주거나 문서 작업을 다시 시작할 수 있게 하고 커널을 관리하는 데 사용하기도 한다.

주피터 노트북은 JSON(JavaScript Object Notation)에 기반한 개방형 문서 형태로 사용자 세션, 코드, 텍스트, 방정식을 포함하며 풍부한 결과물을 만들 수 있다. 노트북은 실시간으로 반응하는 대화형 컴퓨팅 프로토콜을 사용하는 커널과 통신한다. 커널은 프로그래밍 언어에서 대화형 코드를 실행하는 절차를 지원하고 사용자에게 결과를 반환한다.

1.2.2 주피터 노트북 설치

주피터 노트북을 설치하는 3가지 방법이 있는데 첫 번째는 아나콘다를 설치하는 것으로써 아나콘다 설치 시 주피터 노트북이 자동 설치된다.

두 번째로 pip 명령어를 이용해 주피터 노트북을 설치하는 방법이다. 파이썬을 설치했다면 pip를 사용할 수 있다. 프롬프트에서 사용하는 명령어 인터페이스인 **CLI 커맨드 라인**에서 다음 그림과 같이 'pip install jupyter notebook'을 입력하여 설치할 수 있다. 자세한 설치 방법은 공식 홈페이지[4]의 설치 가이드를 참고하기 바란다.

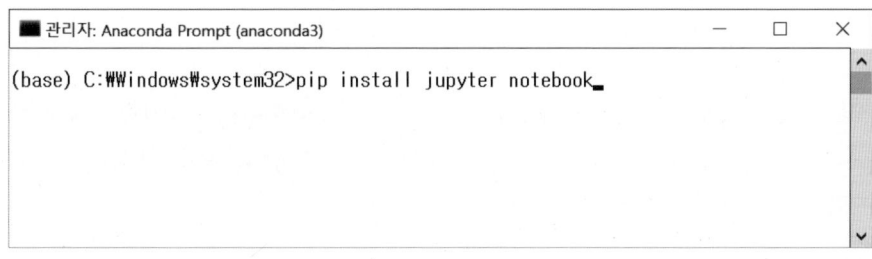

[그림 1-22] pip 명령어로 주피터 노트북 설치

세 번째로 **도커 컨테이너**(Docker Container)에서 주피터 노트북을 실행하는 방법이다. 도커는 컨테이너에서 소프트웨어를 실행시키는 뛰어난 플랫폼이다. 이들 컨테이너는 프로세스들을 포함하고 분리할 수 있다. 도커를 설치하려면 공식 홈페이지[5]를 참조한다.

1.2.3 주피터 노트북 사용

01. 아나콘다를 설치한 후 주피터 노트북을 사용할 수 있는 여러 가지 방법이 있다. 첫 번째는 **Windows 검색창**(🔍)을 클릭한 후 다음과 같이 입력하여 선택하는 방법이다.

---

4 https://packaging.python.org/tutorials/installing-packages/
5 https://www.docker.com

Jupyter notebook

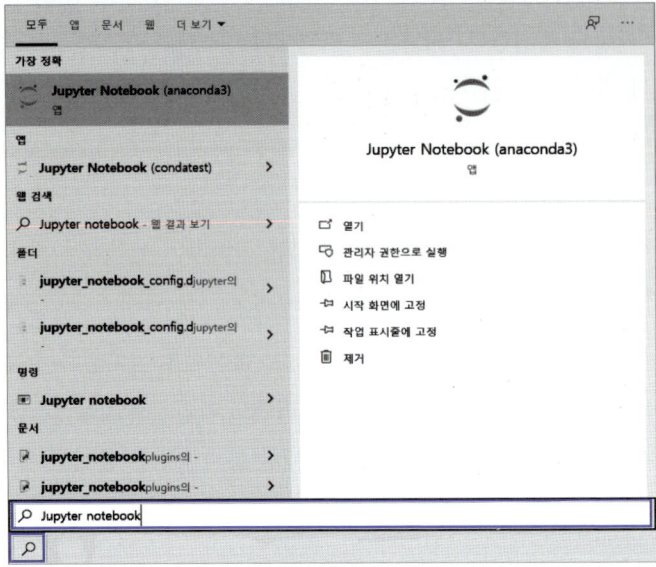

[그림 1-23] Windows 검색창에서 노트북 시작

02. 두 번째는 **명령 프롬프트(prompt)**를 사용하는 방법이다. Windows 검색창을 클릭한 후 'cmd'라고 입력하면 프롬프트 종류를 확인할 수 있다. 이 중 [Anaconda Prompt (anaconda3)]을 클릭한 후 프롬프트에 'jupyter notebook'을 입력하면 주피터 노트북을 사용할 수 있다.

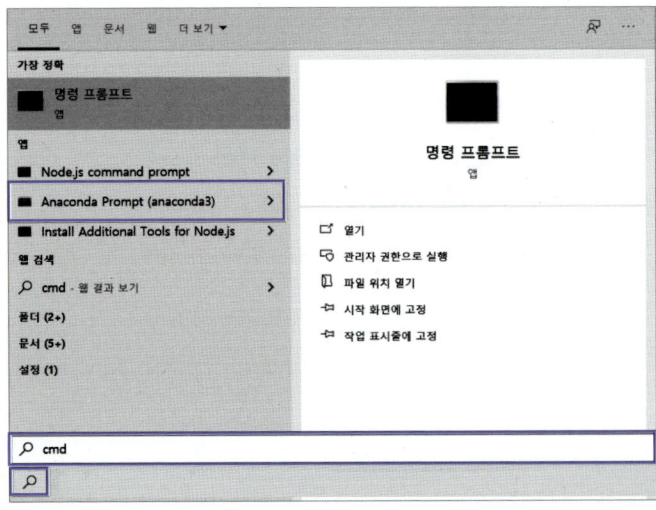

[그림 1-24] 아나콘다 명령 프롬프트 선택

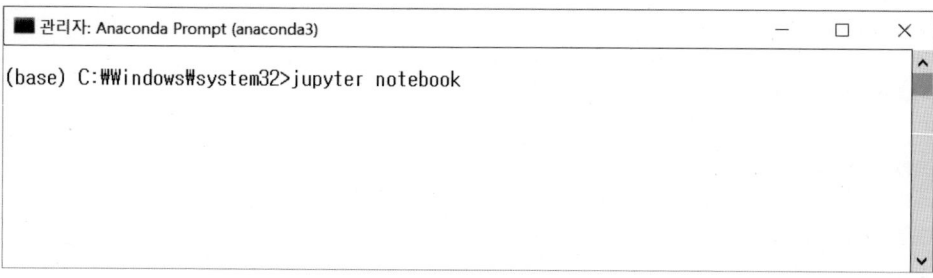

[그림 1-25] 아나콘다 프롬프트에서 주피터 노트북 명령어 입력

03. 세 번째는 **시작 메뉴**를 이용하는 방법이다. 시작 메뉴에서 [Anaconda] → [Jupyter Notebook (anaconda3)]을 클릭한다.

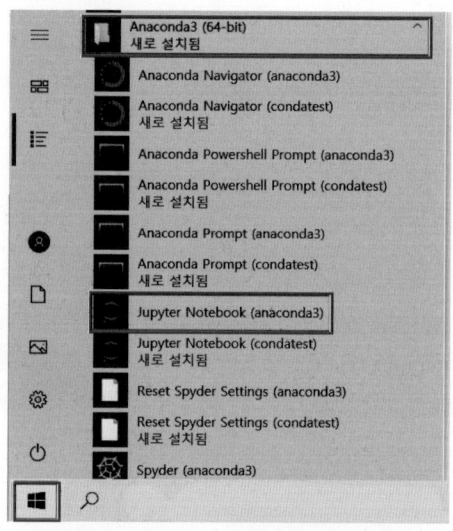

[그림 1-26] 시작 메뉴에서 주피터 노트북 시작

04. 네 번째는 **아나콘다 내비게이터**를 사용하는 방법이다. 시작 메뉴에서 [Anaconda] → [Anaconda Navigator (anaconda3)]를 클릭한 후 [Jupyter Notebook] 항목에서 〈Launch〉 버튼을 클릭해 실행할 수 있다.

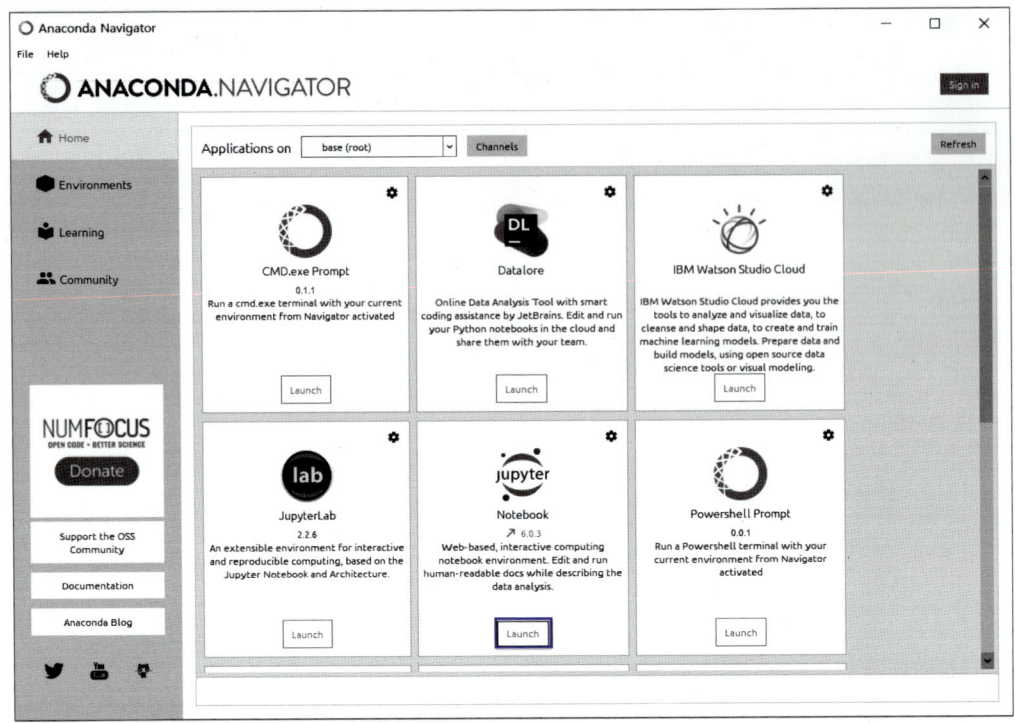

[그림 1-27] 아나콘다 내비게이터에서 주피터 노트북 시작

05. 주피터 노트북을 실행하면 다음과 같이 http://localhost:8888 주소를 갖는 웹 브라우저 대시보드 화면을 볼 수 있다. 노트북의 상업용 서비스를 이용하면 원격 서버에 설치되어 실행되지만 개인용 서비스는 PC 내에 8888이라는 주소를 가지고 설치되어 있다.

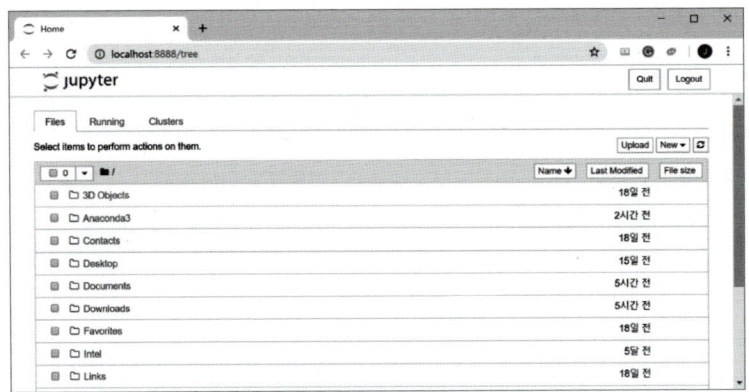

[그림 1-28] 주피터 노트북 대시보드 화면

06. 대시보드에 나타나는 폴더들은 PC의 C:₩Users₩User 폴더 아래에 설치된 폴더들과 같은 이름이다. 즉 아나콘다를 C:₩Users₩User 폴더 아래에 설치하였다면 아나콘다에 설치된 주피터 노트북의 실행 결과가 같은 위치인 User 폴더에 저장된다. PC에 따라서는 Users가 사용자로, User가 여러분이 만든 폴더 이름으로 표시될 수 있다.

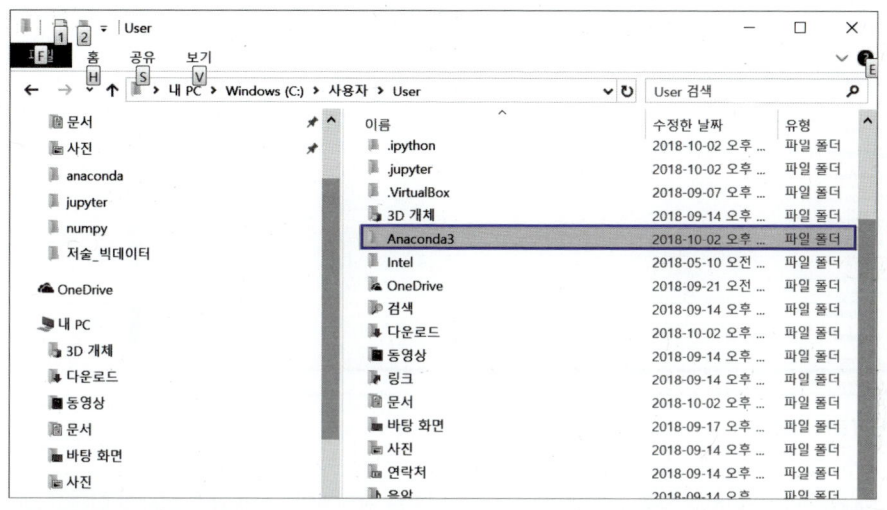

[그림 1-29] 설치된 아나콘다 폴더

07. 대시보드의 User 폴더 아래에 앞으로 여러분이 실습한 파일들을 저장할 수 있는 새 폴더를 만들고 폴더 이름을 Study로 지정한다. study₩notebook과 같이 폴더 계층을 더 세분화하여 구성할 수도 있다. 다음 그림처럼 오른쪽 상단의 [New] → [Folder]를 클릭한다.

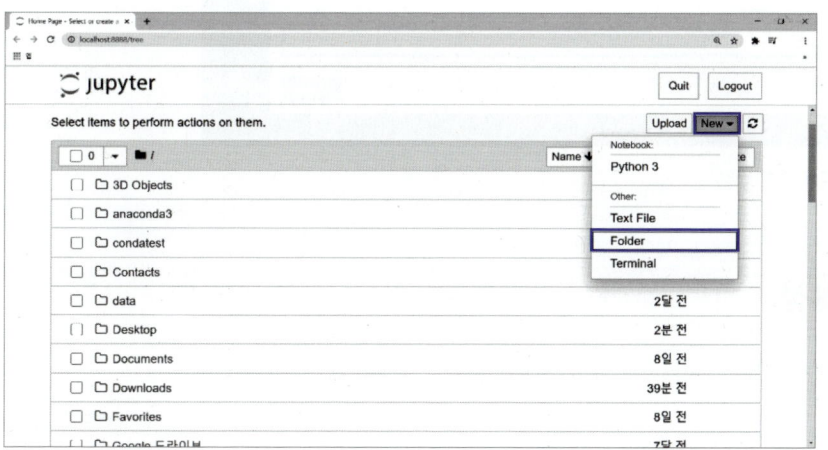

[그림 1-30] 새 폴더 만들기

08. Untitled Folder라는 새 폴더가 생성되면 왼쪽 체크 박스에 체크하고 왼쪽 상단 메뉴의 〈Rename〉 버튼을 클릭한다.

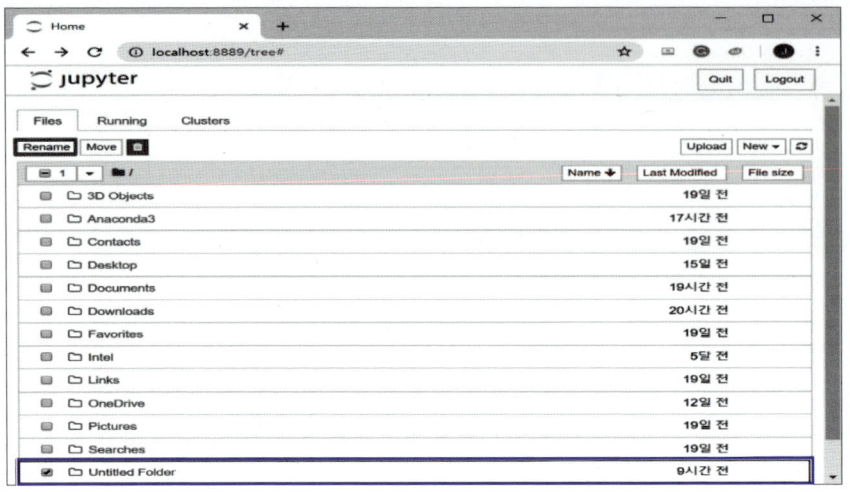

[그림 1-31] 새 폴더 확인

09. 팝업창에 'Study'라고 입력하고 우측 하단의 〈Rename〉 버튼을 클릭하면 Untitled Folder의 이름이 Study로 변경된다.

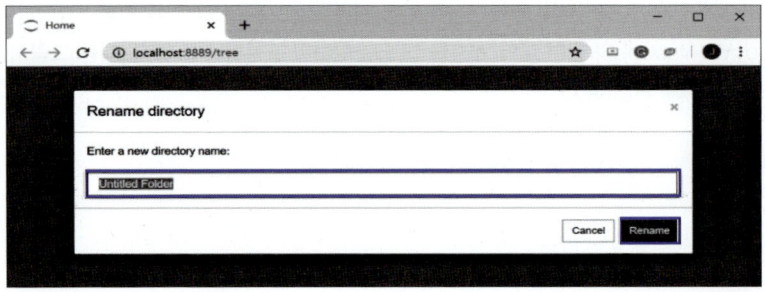

[그림 1-32] 디렉터리 이름 변경

1.2.4 노트북 생성

01. 새 노트북을 생성하려면 대시보드 오른쪽 상단에서 [New] → [Python 3]을 클릭한다.

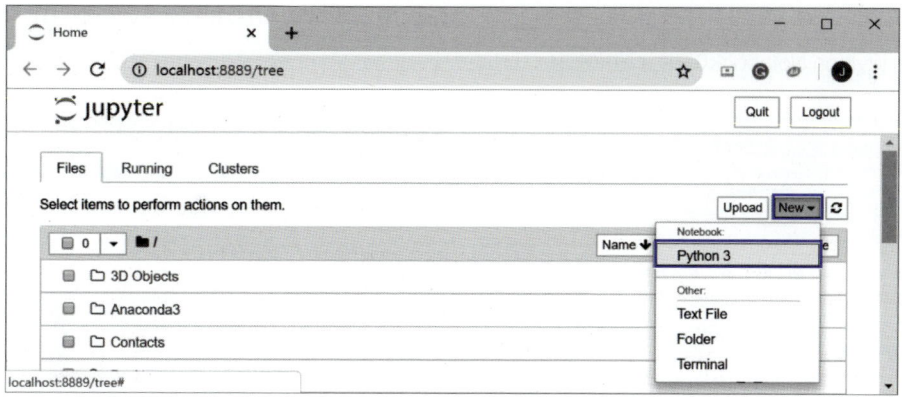

[그림 1-33] 노트북 생성 화면

02. 새로운 노트북 문서가 생성되면 노트북 이름, 메뉴 바, 툴바와 비어 있는 **코드 셀(code cell)**을 볼 수 있다. 메뉴 바는 노트북 기능들을 관리하는 옵션을 제공한다. 툴바는 자주 사용하는 기능을 빠르게 실행할 수 있도록 메뉴를 제공한다.

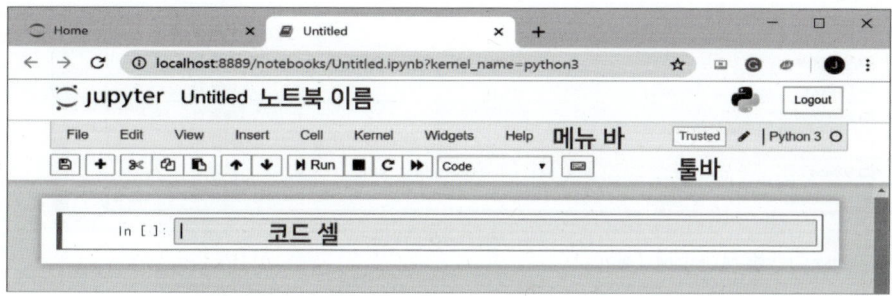

[그림 1-34] 생성된 노트북 문서

03. Untitled라는 임시 노트북 이름을 다른 이름으로 변경해보자. 메뉴 바 위의 [Untitled]를 클릭하여 팝업창이 나타나면 'Hello'라고 입력한 후 〈Rename〉 버튼을 클릭한다.

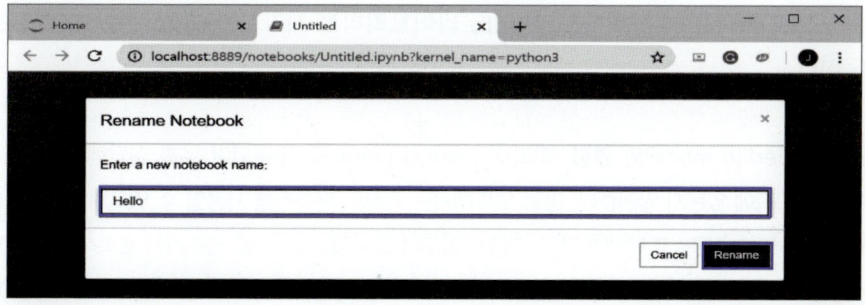

[그림 1-35] 노트북 이름 변경

04. 노트북 이름이 Hello로 변경된 것을 확인할 수 있다. 생성된 이 노트북의 파일명은 Hello.ipynb이고 확장자 ipynb는 IPython Notebook이라는 의미이다.

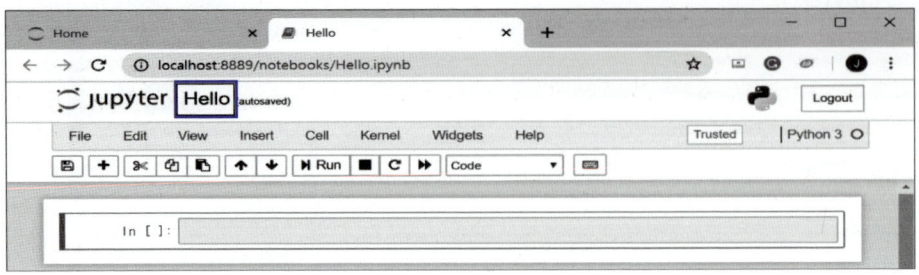

[그림 1-36] 변경된 노트북 이름

05. 생성된 노트북 Hello.ipynb는 대시보드에서 확인할 수 있다.

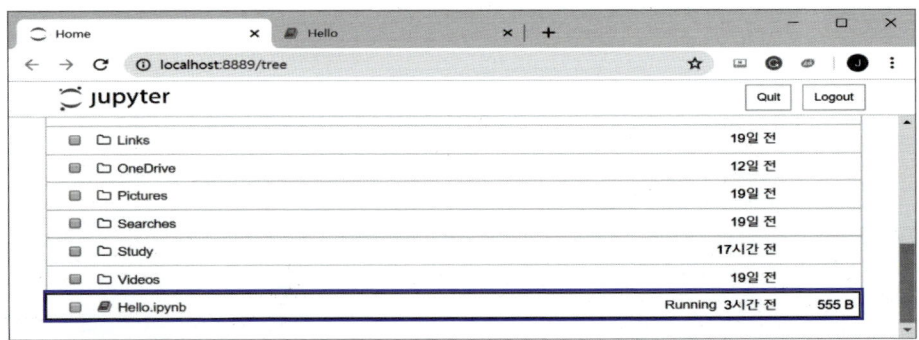

[그림 1-37] 생성된 노트북을 대시보드에서 확인

1.2.5 노트북을 이용한 프로그래밍

코드 셀에 새롭게 코딩하거나 편집하거나 실행하면 노트북과 관련된 IPython 커널로 전송되며 처리 결과가 노트북 셀에 출력된다. 셀에는 코드, 대화형 위젯(widget), 도표, 설명문, 방정식, 동영상 등으로 구성된 텍스트, HTML 테이블, matplotlib 라이브러리로 시각화한 그래프 등 다양한 결과물을 출력할 수 있다.

01. 노트북은 **편집 모드(edite mode)**와 **명령 모드(command mode)**로 구분되며 우측 상단에 있는 표시기(indicator)가 어떤 모드에 있는지 알려준다. 명령 모드에서는 키보드 단축키를 사용할 수 있으며 코드 셀 테두리가 회색이다. 편집 모드에서는 표시기에 연필 모양 아이콘이 표시되고 코드 셀 테두리가 초록색으로 바뀐다. 이 상태에서 명령 모드로 전환하려면 〈Esc〉 키를 누르거나 코드 셀 밖에서 마우스를 클릭한다. 다시 셀 안에 마우스를 클릭하면 편집 모드로 바뀌어 코딩을 할 수 있다.

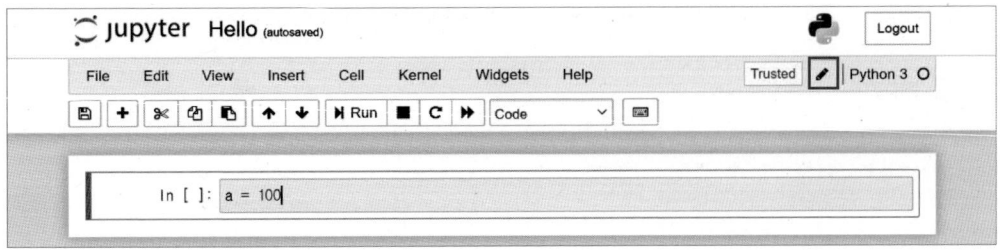

[그림 1-38] 주피터 노트북 셀

02. 주피터 노트북은 많은 셀로 구성되며 각 셀에 파이썬 코드를 입력할 수 있다. 입력한 코드를 실행하려면 〈Shift〉 + 〈Enter〉 키를 누르거나 메뉴 바에서 [Cell] → [Run Cells]를 클릭한다.

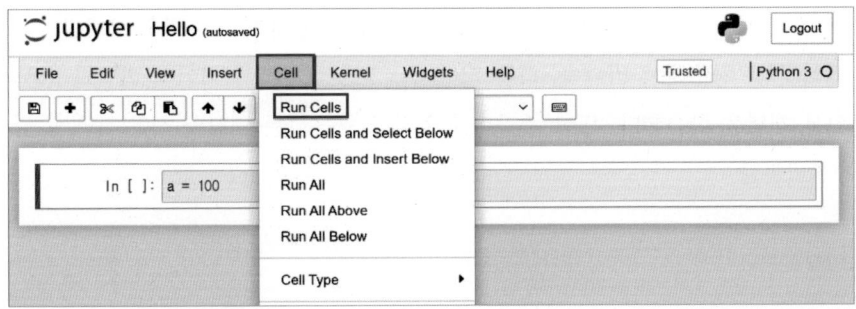

[그림 1-39] 메뉴에서 코드 셀 실행

03. 또는 **툴바**에 있는 〈▶l Run〉 버튼을 클릭하여 셀을 실행시킨다. 그러면 셀의 코드가 처리되어 다음 셀로 넘어가거나 실행 결과가 셀 아래에 표시된다. 〈Ctrl〉 + 〈Enter〉 키를 누르면 커서가 다음 셀로 넘어가지 않는다.

[그림 1-40] 툴바에서 코드 셀 실행

04. 만일 코드가 실행되지 않으면 메뉴 바의 [kernel] → [Restart]를 클릭한다.

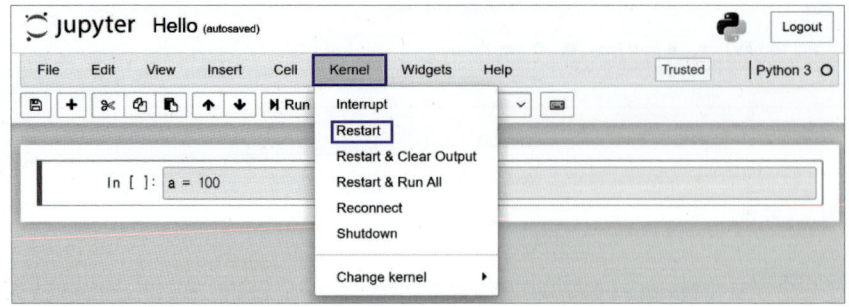

[그림 1-41] 노트북 코드 셀 재실행

지금까지 아나콘다를 설치하는 방법과 주피터 노트북을 생성하고 활용하는 방법을 살펴봤다. 더 자세한 내용은 홈페이지[6]를 참조하기 바란다. 다음 장에서는 프로그래밍 언어인 파이썬과 R을 비교하고 파이썬의 기본 개념을 학습한다. 또한 주피터 노트북을 구동하는 역할을 하는 대화형 컴퓨팅 IPython에 대해 살펴본다.

---

[6] https://jupyter.org

02장

파이썬 빅데이터 프로그래밍

1. 파이썬과 R
2. 파이썬 언어의 기본 개념
3. 대화형 컴퓨팅 IPython

이 장에서는 프로그래밍 언어인 파이썬과 R의 특징을 살펴보고 이 언어들이 어떤 분야에 더 적합한지 비교해본다. 그리고 전 세계에서 가장 많이 사용하는 **객체 지향 언어** 파이썬의 개념을 알아본다. 또한 이 책에서 데이터 분석에 사용하는 주피터 노트북의 엔진 역할을 하는 **대화형 컴퓨팅** IPython을 이해하기 위해 IPython의 기본 요소를 살펴본다.

2.1 파이썬과 R

프로그래밍 언어들은 기술 발전에 따라 새로 등장하거나 사라지기도 한다. 많은 시간과 노력을 들여 프로그래밍 언어를 학습하는데 학습한 언어가 자주 사용되지 않거나 사라지면 아쉬움이 남는다. 이 절에서는 빅데이터 분석에 활용되는 언어 중 양대 산맥인 파이썬과 R의 특징 그리고 적용 범위를 살펴봄으로써 학습 동기를 유발하고 여러분이 언어를 선택하는 데 도움을 주고자 한다.

2.1.1 파이썬과 R의 특징 및 성능 비교

파이썬은 귀도 반 로섬(Guido van Rossum)이 1991년 생산성과 코드 가독성 향상을 목적으로 개발한 인터프리터 언어로써 반복 작업 및 데이터 조작에 편리하다.

R은 로스 이하카(Ross Ihaka)와 로버트 젠틀맨(Robert Gentleman)이 사용자 친화적인 데이터 분석, 통계 처리, 그래프 모델에 초점을 맞춰 개발한 인터프리터 언어다. R은 속도를 향상시키기 위해 C와 포트란(FORTRAN)으로 보완되었고 두 개발자의 이름 첫 글자를 따 R이라고 명명했다.

[그림 2-1] 파이썬과 R의 로고

파이썬은 범용성이 있는 다목적 언어로써 학습하기 쉬운 직관적인 프로그래밍 언어라는 장점이 있다. 파이썬으로 빅데이터를 처리하고 웹 서비스와 데이터베이스에 적용할 수 있다. 또한 Java, C++, C# 등 기존 범용 프로그래밍 언어로 개발된 다양한 애플리케이션과 통합 운영하기 편리하며 다양한 인터페이스 환경에서 유연하고 효율적으로 운영할 수 있다. 그리고 구문 정의가 잘 되어 있어 코딩과 디버깅이 편리하다.

R은 단독 계산을 수행하는 데이터 분석 업무 또는 개별 서버에서 데이터를 분석할 때 주로 사용하며 컴퓨터 프로그래밍 언어에 대한 지식이 없는 통계 전문가나 엔지니어 그리고 과학자들이 학습하고 사용하기 쉬운 언어다. R은 통계학, 리서치, 데이터 과학 분야에서 주로 사용되는데 강력한 통계 처리 기능을 갖추고 있으며 통계적 모델과 테스트 대상이 정형화되어 복잡한 공식도 쉽게 처리할 수 있다. 또한 쉽게 시각화할 수 있다. 특히 생물 정보학(bioinformatics)과 같은 분야에 대한 오픈 소스가 풍부하다.

2.1.2 파이썬과 R의 글로벌 선호도

빅데이터 분석에 파이썬과 R 중 어떤 언어를 사용할 것인지 사용자의 직업 분야나 업무에 따라 선택할 수 있다. 일반적으로 다음 사항을 고려하여 선택할 수 있다.

- 해결해야 할 문제의 성격
- 직무 분야에서 사용하는 도구
- 언어 학습에 필요한 비용과 시간
- 직무 분야에서 사용하는 애플리케이션과의 상관관계
- 사용하고자 하는 소프트웨어가 미래에도 통용될 것인지 여부

글로벌 시장에서 소프트웨어 사용 선호도는 매년 변화한다. 빅데이터, 데이터 마이닝, 데이터 사이언스 및 머신러닝 분야의 시장 조사 분석 사이트인 KDnuggets[1]에서는 소프트웨어의 시장 점유율을 주기적으로 발표한다.

KDnuggets의 보고서에 따르면 파이썬의 시장 점유율은 59%에서 65.8%까지 상승했다. 또한 파이썬 환경에서 운영되는 아나콘다, Tensorflow 등 파이썬 관련 소프트웨어의 점유율 역시 동반 성장했다. 반면 R의 시장 점유율은 56.6%에서 46.6%로 떨어졌음을 알 수 있다.

---

1   https://www.kdnuggets.com/

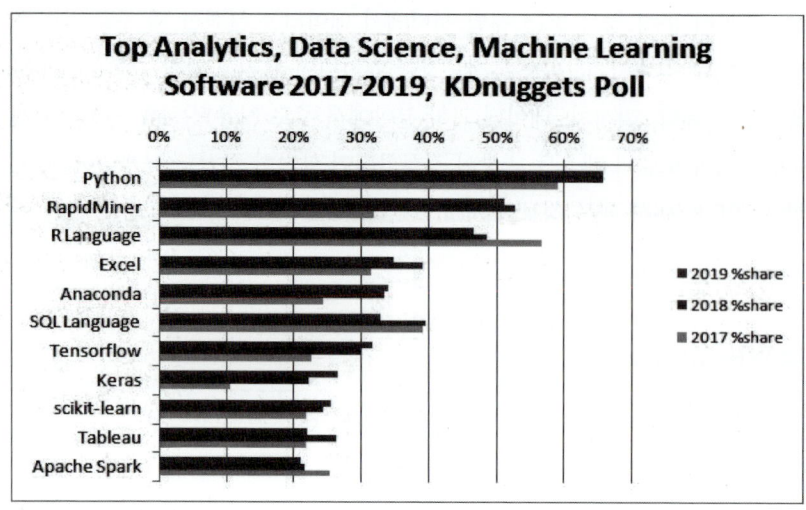

[그림 2-2] 소프트웨어별 시장 점유율(KDnuggets)

2.2 파이썬 언어의 기본 개념

파이썬을 이용해 빅데이터 프로그래밍을 학습하려면 먼저 파이썬 프로그래밍에 대해 이해해야 한다. 파이썬, Java, C++, JavaScript를 객체 지향 언어라고 한다. 객체 지향 언어는 **객체**라는 공통 개념을 채택하고 있으며 효율성을 극대화한 언어다. 이 절에서는 객체 지향 언어의 공통 원리를 살펴보고 파이썬 언어의 개념을 설명한다.

2.2.1 객체 지향 언어

파이썬은 객체 지향 프로그래밍(Object Oriented Programming, OOP) 언어이며 작성하는 코드 원문을 컴파일 작업 없이 **인터프리터**라는 해석기로 처리하는 **스크립트 언어**다.

컴퓨터 프로그래밍 분야에서는 세상에 존재하는 모든 사물을 그 기능과 속성만 정의하면 어떤 경우에서도 표현할 수 있다고 한다. 여기서 기능은 사물의 동적인 특징을 뜻하며 속성은 사물의 정적인 특징인 크기, 모양, 색 등을 뜻한다. 프로그래밍에서는 기능을 **함수**(function) 또는 **메소드** (method)로, 속성을 **프로퍼티**(property) 또는 **어트리뷰트**(attribute)로 표현한다.

파이썬에서는 속성을 어트리뷰트라고 하고 동적인 기능을 메소드와 함수로 구분하는데 이 의미 차이는 이후에 설명한다.

그렇다면 객체(object)는 무엇일까? 객체는 속성, 메소드, 함수들을 갖는 컨테이너나 바구니라고 생각할 수 있다. 객체 지향 언어는 사전에 정의된 수많은 객체와 사용자들이 편의에 따라 정의한 객체들로 구성된다. 객체 지향 언어를 다음 그림처럼 도서관의 도서 분류 체계와 연관 지으면 이해하기 쉽다

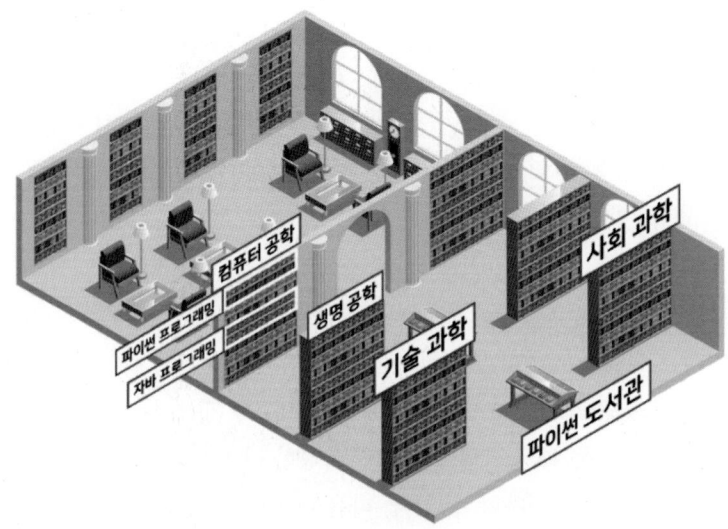

[그림 2-3] 객체 개념 설명을 위한 파이썬 도서관 개념

파이썬 프로그래밍이라는 책을 도서관에서 찾는다고 가정하면 먼저 파이썬 도서관의 출입구를 지나 기술 과학이라는 구역을 찾는다. 이 구역에서 다시 생명 공학, 컴퓨터 공학으로 분류된 책장에서 파이썬 프로그래밍 책을 찾는다. 이러한 과정을 객체 지향 언어를 코딩하는 절차로 이해할 수 있다. 이 절차를 파이썬 용어로 예를 들면 범위가 큰 순서대로 다음과 같이 표현할 수 있다.

- **파이썬 도서관**: 파이썬
- **기술 과학**: 넘파이 라이브러리
- **사회 과학**: 판다스 라이브러리
- **컴퓨터공학**: random 모듈
- **파이썬 프로그래밍 책**: randn( ) 메소드

이 같은 체계에서 파이썬은 여러 **라이브러리**로 구성되고 하나의 라이브러리는 많은 **모듈**로 구성되며 모듈은 많은 함수 또는 메소드로 구성된다고 이해할 수 있다. 결론적으로 파이썬 프로그래밍이

라는 책을 찾기 위해, 즉 randn( ) 메소드를 가져다 사용하기 위해서는 마침표를 사용해 Numpy.random.randn( )과 같이 입력할 수 있다.

파이썬에서는 모듈, 메소드, 함수, 클래스, 속성 등 모든 것을 객체라 하며 이들을 포함하는 것 역시 하나의 객체다. 그래서 프로그래밍한다는 것은 필요할 때 객체들을 꺼내 사용한다는 의미와 같다.

2.2.2 파이썬 빅데이터 분석

이 책에서는 파이썬 언어로 데이터를 처리하기 위해 **넘파이**, **사이파이**, **판다스**, **matplotlib**과 **seaborn** 5가지 라이브러리를 사용한다. 앞서 설명했듯 프로젝트에서 요구하는 기능을 구현하기 위해 이 라이브러리들에 속해 있는 많은 객체를 사용할 것이다.

빅데이터 분석을 위한 파이썬 라이브러리

라이브러리는 모듈 또는 **패키지**라는 단어로 지칭하기도 하며 직접 코딩하지 않고도 다양한 기능을 구현할 수 있도록 많은 함수와 메소드들을 모아 놓은 것이다. 과학이나 수학 계산에는 넘파이 라이브러리를 주로 이용한다. 파이썬에는 이렇듯 특정 작업에 유용한 다양한 라이브러리가 있다. 각 라이브러리는 방대한 모듈을 포함하며 임포트해 사용할 수 있다. 다음 라이브러리들은 데이터 정보를 수집, 추출하고 딥러닝 모델을 처리하는 데 유용하다.

- **NumPy**: 과학 계산 및 수학 계산
- **pandas**: 데이터 처리 및 분석
- **matplotlib**: 데이터 시각화
- **seaborn**: 데이터 시각화
- **Bokeh**: 큰 데이터 세트나 스트리밍 데이터 세트를 처리하는 실시간 대화형 시각화 라이브러리
- **Plotly**: 오픈 소스인 대화형의 고품질 도면 및 그래프 출판을 지원하는 그래픽 라이브러리
- **NLTK**: 자연어 처리
- **SciPy**: 신호 처리, 최적화, 과학 계산 및 통계 처리
- **Beautiful Soup**: HTML과 XML에서 정보를 수집
- **Scrapy**: 웹 크롤링 및 데이터 수집
- **TensorFlow**: 머신러닝 및 딥러닝
- **Keras**: 신경망 라이브러리 및 딥러닝

- **scikit-learn**: 머신러닝 및 데이터 마이닝
- **PyTorch**: GUI로 처리하는 신경망 모델링
- **SpaCy**: 대규모 텍스트 정보 수집 및 분석, 딥러닝 지원

넘파이와 사이파이

3장에서 학습할 **넘파이(NumPy)**는 같은 속성 요소로 이루어진 데이터 배열을 효율적으로 분석하고 처리할 수 있도록 하는 파이썬 확장 모듈 또는 패키지다. 넘파이는 파이썬이 수학, 통계, 수치 데이터를 빠르게 계산하고 처리하도록 하는 고수준 언어로써의 역할을 한다. 실제로 넘파이는 배열 데이터 타입 그리고 기본 연산만을 포함한다.

사이파이(SciPy)는 Scientific Python의 약자로써 과학과 수치 데이터를 처리하는 도구들을 모아 놓은 라이브러리다. 사이파이는 많은 수치 알고리즘뿐만 아니라 풍부한 선형 대수 모듈들을 포함한다.

넘파이는 사이파이와의 호환성을 유지하기 위해 사이파이에서 지원하는 많은 기능을 지원하므로 커다란 수치 데이터를 처리하고 과학 기술 연산을 수행할 수 있다.

객체와 클래스

파이썬의 모든 것이 객체(object)이므로 **클래스(class)**도 객체다. 클래스는 특정 기능을 수행하는 코드를 블록으로 구성한 것이다. 클래스 안에는 메소드, 함수, 속성들을 가지는 코드 템플릿이나 이들의 원형이 있다. 파이썬을 만들 때 이미 구성한 클래스들은 **내장 클래스**라고 하며 특정 기능을 구현하기 위해 별도로 사용자가 만든 클래스는 **사용자 정의(user-defined) 클래스**라고 한다.

클래스를 생성하려면 class 키워드를 생성할 클래스 이름 앞에 붙인다. 다음 예제의 MyPerson이라는 클래스 안에는 i라는 변수(속성)와 __init__( ), bludchp( )라는 메소드가 속해 있음을 알 수 있다.

```
class MyPerson:
    i = 5
    def __init__(self, name, age):
        self.name = name
        self.age = age

    def bluechip(self):
        return "what is your name?"
```

인스턴싱

사용자가 클래스 안에 있는 메소드나 속성을 가져다 사용하기 위해 수행하는 절차를 **인스턴싱**(instancing, instantiation)이라고 한다. 객체를 생성할 때 클래스를 통해 객체를 생성하는데 이것을 인스턴싱 또는 **객체화**라고 한다. 클래스는 결국 객체를 만들기 위한 하나의 **원형**(prototype)이며 클래스를 이용해 인스턴스 객체를 필요한 만큼 만들 수 있다.

클래스를 이용해 인스턴싱한다는 것은 클래스가 가진 속성, 함수, 메소드를 가져다 활용한다는 의미고 이것을 **참조한다**고 표현하기도 한다. 인스턴싱을 하려면 다음과 같이 클래스 이름 뒤에 소괄호( )만 추가하면 된다. 따라서 클래스라는 원형을 이용해 객체를 무한대로 생성할 수 있다. 다음 예제의 MyPerson( )을 생성자(constructor)라고 하는데 p1, p2, ..., pn과 같은 객체를 생성한다는 의미다.

```
p1 = MyPerson()
p2 = MyPerson()
(중략)
pn = MyPerson()
```

다음 예제처럼 p1 객체를 만들면 앞 예제에서 생성한 MyPerson 클래스의 i 속성과 __init__( ), bluechip( ) 메소드를 참조할 수 있다. 이때 객체 변수 또는 객체 이름에 '.' 연산자와 속성 이름 또는 함수 이름을 붙여 'p1.속성 이름', 'p1.메소드 이름'처럼 참조한다.

클래스 역시 객체이므로 같은 방식으로 참조할 수 있다. MyPerson 클래스 안에 있는 함수의 매개 변수가 **self**라는 것은 매개 변수가 자기 자신인 객체 이름 또는 객체 변수 p1이라는 의미다. 객체 이름을 p2로 지정하면 매개 변수 self는 p2가 되며 p1부터 pn까지 객체를 만들 때 각각의 객체명을 대표해 self라고 한다.

```
p1 = MyPerson("Jin", 37)

p1.name
Jin

p1.age
37

p1.i
5

p1.bluechip()
what is your name?
```

참고로 모든 클래스는 __init__( )라는 **생성자 메소드**를 가지며 클래스가 초기화될 때 항상 실행된다. self는 객체고 객체는 **컨테이너** 또는 **바구니**로 생각할 수 있으므로 self.name=name은 우변 name을 self라는 바구니 안에 있는 좌변의 name이라는 곳에 할당하라는 의미다. 이것을 **동적 할당(dynamic allocation)**이라고 한다. 동적 할당을 하면 self라는 객체에 name이라는 속성이 자리 잡게 된다.

모듈

모듈(module)은 클래스, 변수, 메소드, 함수 및 실행할 수 있는 코드에 대한 정의나 의미를 포함하는 하나의 **파일** 또는 패키지다. 모듈은 __init__.py 파일과 함께 특정 폴더에 상주한다. 파이썬에는 많은 모듈이 있는데 넘파이라는 모듈을 사용하고 싶다면 import 키워드를 이용해 'import numpy'와 같이 임포트해 사용할 수 있다. 넘파이는 매우 커다란 모듈로써 그 안에 수많은 다른 모듈을 포함한다.

파이썬 인터프리터가 스크립트 코드문에서 import를 발견하면 **검색 경로(search path)**에 존재하는 해당 모듈을 불러온다. 검색 경로는 인터프리터가 모듈을 불러오기 전 조사하는 디렉터리들의 리스트다. 검색 경로는 sys 모듈에서 변수 sys.path를 이용해 다음과 같이 확인할 수 있다.

```
import sys
sys.path

['',
 'C:\\Anaconda3\\python36.zip',
 'C:\\Anaconda3\\DLLs',
 'C:\\Anaconda3\\lib',
 'C:\\Anaconda3',
 'C:\\Anaconda3\\lib\\site-packages',
 'C:\\Anaconda3\\lib\\site-packages\\IPython\\extensions',
 'C:\\Users\\jchae\\.ipython']
```

함수와 메소드

객체 지향 언어인 Java에서는 함수(function) 대신 메소드(method)라는 용어를 사용한다. 파이썬에서는 함수와 메소드를 분리해 사용하지만 많은 프로그래머가 이 용어들을 혼용한다. 그러나 일반적으로 클래스에서는 메소드, 모듈에서는 함수라는 용어를 사용한다.

파이썬은 내장 함수와 사용자 정의 함수를 지원한다. 사용자 정의 함수는 다음 예제와 같이 사용할 수 있다. **매개 변수(parameter)** a와 b를 가지고 있는 add( ) 함수를 지정하면 add( ) 함수를 호출할 때 실행한 결괏값을 반환한다. 이러한 사용자 정의 함수는 파이썬에서 미리 정해진 함수가 아니라 사용자가 필요에 따라 로직을 정의해 사용하는 형태다. 예제에서 add( ) 함수를 호출할 때 입력한 3, 4를 **인수(argument)**라고 한다.

```
def add(a, b):
    return a+b

add(3, 4)
7
```

내장 함수는 파이썬을 만들 때 이미 지정한 함수를 의미한다. 자주 사용되거나 필수적인 기능들을 미리 파이썬에 로직으로 정의했기 때문에 필요할 때 호출해서 사용할 수 있다. 다음 예제의 sum( ), max( ), print( ) 같은 함수가 내장 함수다.

```
sm = sum([5, 15, 2])
print(sm)
22

mx = max(15, 6)
print(mx)
15
```

2.3 대화형 컴퓨팅 IPython

IPython은 Interactive Python의 약자로 파이썬에서 빅데이터 프로그래밍 작업을 할 수 있도록 하는 소프트웨어 도구다. IPython은 코딩 편집기 기능뿐만 아니라 대화형 컴퓨팅 기능을 제공함으로써 생산성을 높인다.

2.3.1 IPython의 기능

IPython은 다음과 같은 기능을 수행할 수 있도록 구성된다.

- 강력한 대화형 셸(shell)
- 주피터 노트북에서 파이썬 코드를 작업하기 위한 커널
- 대화형 데이터를 시각화하고 GUI 도구 세트(toolkit)를 지원
- 병렬 컴퓨팅을 쉽게 사용할 수 있도록 하는 고성능 도구
- 파이썬 환경에서 작업 중인 프로젝트에서 다른 프로그래밍 기능을 처리할 수 있도록 그 프로그래밍의 인터프리터를 지원

여기서 대화형이란 작업하는 순간 결과가 반영되어 즉시 확인할 수 있는 것을 의미한다. 셸은 작업을 수행하기 위해 컴퓨터의 운영 체제에 접근하고 대화할 수 있는 사용자 인터페이스며 **CLI(Command-Line Interface)** 및 **GUI(Graphical User Interface)**를 의미한다. 커널은 운영 체제의 중심 부분으로써 컴퓨터 메모리와 CPU에 관련된 모든 프로그램을 제어하고 관리한다.

2.3.2 IPyhon 설치

IPython은 공식 홈페이지[2] 상단의 install 메뉴를 이용해 설치할 수 있다.

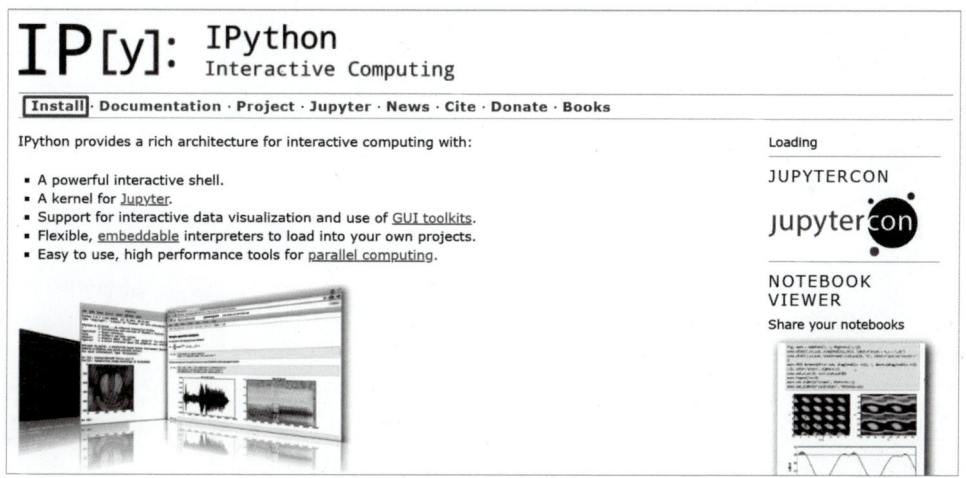

[그림 2-4] IPython 홈페이지

---

2 www.ipython.org

그러나 아나콘다를 설치하면 IPython이 자동으로 설치되므로 별도로 설치할 필요는 없다. 또한 IPython이 전환된 주피터 노트북은 사용자 작업 환경을 개선해 커맨드 라인에서 사용하는 것보다 편리하다. 따라서 아나콘다의 주피터 노트북을 활용하거나 그림 2-6과 같이 CLI 환경에서 IPython을 사용할 수도 있다.

Windows 검색창에 'cmd'를 입력하고 〈Enter〉 키를 누르면 명령 프롬프트가 열린다. 프롬프트에서 'ipython'을 입력하면 대화형으로 프로그래밍할 수 있는 환경이 된다.

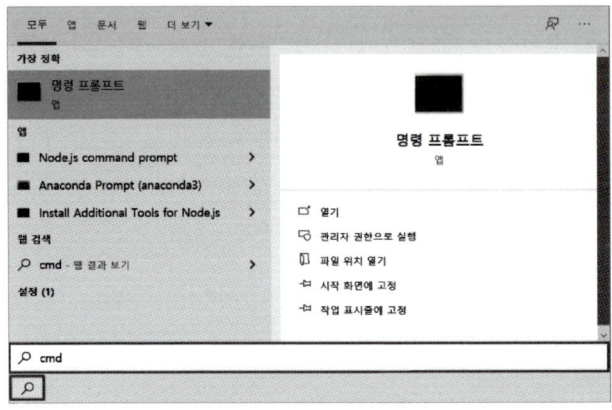

[그림 2-5] Windows 검색창

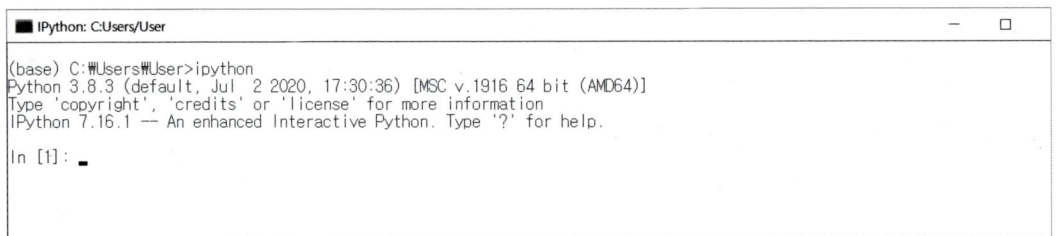

[그림 2-6] IPython 환경에서 프로그래밍

IPython은 일반적으로 한 번에 하나의 명령을 작성하고 즉시 결과를 얻는다. 이러한 대화형 방식은 데이터를 분석하거나 모델을 처리할 때 매우 효율적이며 코딩의 완성도를 높인다.

노트북

IPython은 Mathematica나 Sage 같은 과학 계산용 프로그램에서 영감을 얻어 2011년에 노트북(notebook)이라는 새 도구를 도입하였다. 노트북은 파이썬에 강력한 기능을 가진 웹 인터페이스를 제공하며 텍스트 기반 커맨드를 실행하는 초기 IPython 터미널과 비교하여 풍부한 텍스트, 편리한 텍스트 편집기, 개선된 그래프 처리 기능을 제공한다. 또한 인터넷 웹 인터페이스를 갖고 있어 데이터 시각화를 위한 많은 웹 라이브러리를 통합할 수 있다.

IPython 노트북은 주피터 노트북으로 이름이 변경되었다. 그러나 IPython 노트북이 데이터를 수월하게 처리하는 더 많은 기능이 있기 때문에 단순히 IPython 노트북이 주피터 노트북으로 변경되었다고 하기는 어렵다.

IPython **노트북 갤러리(Notebook Gallery)**는 파이썬으로 도표를 만들거나 데이터를 처리하거나 컴퓨팅하는 등 대화형 그래프 작업을 하기 위해 IPython 노트북에 모아 놓은 집합이다. 기초적인 프로그래밍부터 고급 통계학이나 양자 역학에서 다양한 작업을 하는 동안 많은 것들을 시각적으로 확인하는 방법을 제공한다. IPython 노트북은 파이썬 환경에 있는 많은 유용한 작업 도구들을 사용하여 코드를 쓰고 실행하고 데이터를 분석하고 내용을 추가하고 작업을 공유할 수 있게 한다.

2.3.3 IPython의 주요 명령어

IPython 프롬프트나 주피터 노트북을 실행하면 IPython 명령어를 사용할 수 있다.

도움 및 찾기 명령어

IPython에서 가장 많이 사용하는 도움 및 찾기 명령어는 다음 표와 같다.

명령어	기능
?	IPython의 특징 소개
%quickref	빠른 참조
help	파이썬의 도움 시스템
object?	'object'에 대한 세부 사항, 추가적 사항은 'object??'를 사용

[표 2-1] 주요 도움 및 찾기 명령어

탭 자동 완성

탭 자동 완성(tab completion)은 다루고 있는 객체의 구조를 편리하게 탐색할 수 있는 방법이다. 객체 속성을 확인하려면 object_name + ⟨Tab⟩과 같이 객체 이름을 입력하고 ⟨Tab⟩ 키를 누른다. 파이썬 객체와 키워드뿐만 아니라 파일과 디렉터리 이름에도 탭 자동 완성을 사용할 수 있다.

numpy 모듈을 임포팅해 numpy. + ⟨Tab⟩ 키를 누르면 다음과 같이 실행된다.

```
In [1] import numpy
In [2] numpy.<Tab>
numpy.abs                   numpy.add_newdoc          numpy.allclose         numpy.amin
numpy.absolute              numpy.add_newdoc_ufunc    numpy.ALLOW_THREADS    numpy.angle
numpy.absolute_import       numpy.add_newdocs         numpy.alltrue          numpy.any
numpy.add                   numpy.alen                numpy.alterdot         numpy.append
numpy.add_docstring         numpy.all                 numpy.amax
numpy.apply_along_axis
```

객체 탐색

'object_name?'을 입력하고 실행(Run)하면 탐색하고자 하는 객체의 docstrings, function definition lines(for call argument)와 클래스 생성자 내용을 포함한 모든 세부 내용을 확인할 수 있다. 객체의 세부 정보를 얻으려면 %pdoc, %pdef, %psource, pfile 같은 매직 명령어를 사용한다. 주요 매직 명령어는 표 2-2에서 확인할 수 있다.

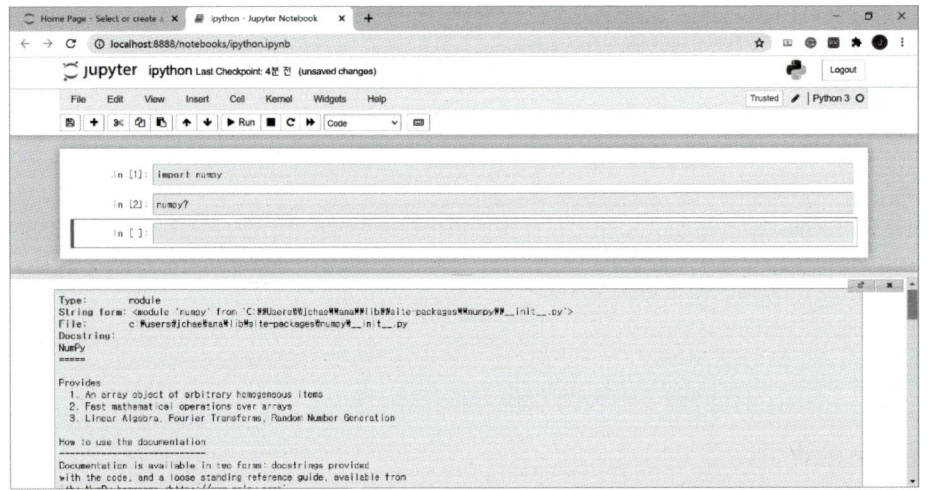

[그림 2-7] 객체 탐색의 예

셸 커맨드

커맨드 라인에서 사용할 수 있는 명령어 !pwd는 현재의 작업 디렉터리를 나타내고 !echo는 파이썬의 print( ) 함수와 기능이 같으며 ls는 작업 디렉터리 내용을 열거한다. 이 명령어들은 pwd, echo, ls의 앞에 !를 붙여 !pwd, !echo, !ls와 같이 사용해야 하나 버전에 따라 !문자 없이 사용할 수 있으며 IPython 노트북과 주피터 노트북에서 사용할 수 있다.

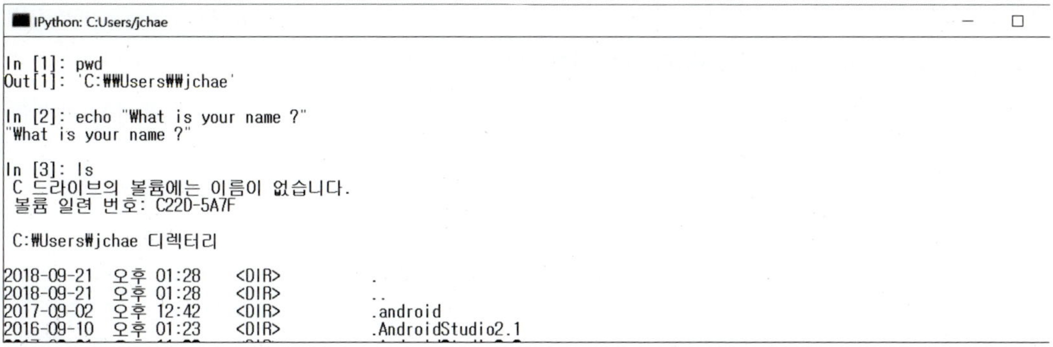

```
 IPython: C:Users/jchae

In [1]: pwd
Out[1]: 'C:\\Users\\jchae'

In [2]: echo "What is your name ?"
"What is your name ?"

In [3]: ls
 C 드라이브의 볼륨에는 이름이 없습니다.
 볼륨 일련 번호: C22D-5A7F

 C:\Users\jchae 디렉터리

2018-09-21  오후 01:28    <DIR>          .
2018-09-21  오후 01:28    <DIR>          ..
2017-09-02  오후 12:42    <DIR>          .android
2016-09-10  오후 01:23    <DIR>          .AndroidStudio2.1
```

[그림 2-8] 셀 커맨드 실행

{varname} 구문을 사용하면 파이썬 변수를 셀로 넘겨준다. 다음 예제에서는 파이썬 변수 inquiry가 { } 안으로 넘어가 반환된다.

```
In [1]: inquiry = "where is Korea?"

In [2]: !echo {inquiry}
        Where is Korea?
```

매직 함수

IPython은 IPython 커널에서 제공하고 호출할 수 있는 사전에 정의된 **매직 함수(magic function)**들을 가지고 있다. 매직 함수는 IPython 시스템에 관련된 특성들을 확인하거나 제어하는 데 사용하며 하나의 명령어로 시스템에 관련한 중요 사항들을 처리한다는 의미에서 **매직**이라 한다. IPython에는 다음과 같은 두 종류의 매직이 있다.

라인 매직

- % 문자가 앞에 붙고 OS 커맨드 라인에서 호출하는 것과 같다.
- 라인의 나머지 부분을 인수로써 가지는데 인수는 괄호나 인용 부호 없이 전달된다.

셀 매직

- %% 문자가 앞에 붙는다.
- 라인의 나머지뿐만 아니라 분리된 인수에서 아래에 있는 라인들도 인수로 가지는 함수들
- 하나의 표현 이상일 때 사용

다음 예제는 **라인**과 **셀 모드**로 내장된 %timeit 매직을 호출하는 방법이다. timeit 모듈을 사용하면 라인과 셀 모드로 파이썬 코드 실행 시간을 측정한다. 라인 모드는 단일 라인에서 처리된다. 셀 모드에서 첫 번째 라인은 설정 코드로써 실행은 되지만 시간 측정을 하지 않는다. 셀 모드에서는 셀 몸체의 시간을 측정하며 셀 몸체는 설정 코드에서 생성된 변수에 접근한다.

```
In [1]: %timeit range(1000)
        565 ns  ±54.5 ns per loop (mean ±std. dev. of 7 runs, 1000000 loops each)

In [2]: %%timeit x = range(10000)
        max(x)
        562 µs  ±64.9 µs per loop (mean ± std. dev. of 7 runs, 1000 loops each)
```

IPython의 내장 매직은 다음 함수들을 포함한다.

- 코드와 작용하는 함수: %run, %edit, %save, %macro, %recall
- 셀에 영향을 주는 함수: %colors, %xmode, %autoindent, %automagic
- 기타 함수: %reset, %timeit, %%writefile, %load, %paste

다음은 IPython에서 사용할 수 있는 주요 매직 명령어를 나타낸 표다.

매직 명령어	기능
%pwd	현재 작업 중인 디렉터리 경로를 표시
%dirs	현재 디렉터리 스택을 표시
%dhist	방문했던 디렉터리를 표시
%env	환경 변수를 얻거나 설정하거나 나열
%cd	현재 작업 중인 디렉터리를 변경
%quickref	빠른 도움말 표시
%debug	대화형 디버거를 활성화
%pdb	pdb 대화형 디버거의 자동 호출을 제어
%magic	매직 함수 시스템에 대한 정보를 출력
%config	IPython을 구성하기
%matplotlib	대화형으로 작업하기 위한 matplotlib를 설정
%time	파이썬 코드문의 기본 실행 시간을 측정
%timeit	timeit 모듈을 사용하여 파이썬 코드문의 실행 시간을 측정하는 많은 제어 기능을 제공

[표 2-2] 주요 IPython 매직 명령어

실행 및 편집

run 매직 명령어로 파이썬 스크립트를 실행하고 모든 데이터를 대화형 **네임스페이스(namespace)** 로 직접 로딩할 수 있다. 디스크에서 매번 파일을 읽기 때문에 파일의 변화가 직접 반영된다. 다음과 같이 메모장으로 작성한 파일 hi.py가 C:\Users\jchae\coding 디렉터리에 있다고 가정하자.

```python
def sum(a, b):
    return a+b

if __name__=="__main__":
    print(sum(10, 10.4))
```

IPython에서 이 파일을 실행하려면 다음과 같이 파일이 있는 경로를 지정한다.

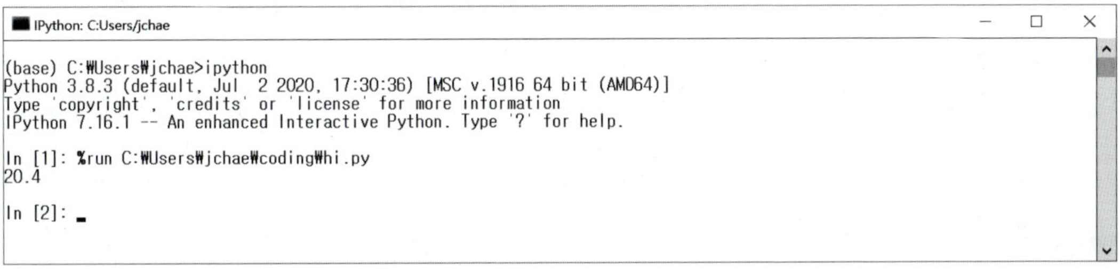

```
IPython: C:Users/jchae

(base) C:\Users\jchae>ipython
Python 3.8.3 (default, Jul  2 2020, 17:30:36) [MSC v.1916 64 bit (AMD64)]
Type 'copyright', 'credits' or 'license' for more information
IPython 7.16.1 -- An enhanced Interactive Python. Type '?' for help.

In [1]: %run C:\Users\jchae\coding\hi.py
20.4

In [2]:
```

[그림 2-9] Ipython 셸에서 파일 실행

edit 명령어는 선호하는 편집기(editor)로 멀티 라인 편집을 하도록 지원한다. IPython은 대화형으로 코딩하는 것처럼 코드를 실행한다. 실행했던 파일 hi.py에 edit 커맨드를 적용하면 hi.py코드를 작성했던 메모장으로 돌아가 편집 상태가 된다. 편집 작업을 마치면 ipython으로 복귀된다.

디버깅

예외가 발생했을 때 파이썬 **디버거(pdb)** 를 활용해 문제점을 분석하기 위해 %debug를 호출할 수 있다. 또는 %pdb를 호출하면 IPython은 발견하지 못한 예외에 대한 디버깅(debugging)을 자동으로 시작한다. 메모장이나 기타 편집기로 다음 예제와 같이 작성한 파일 hi_jin.py가 C:\Users\jchae\coding 디렉터리에 있다고 가정하자.

```python
01  def sum(a, b):
02      return a+b
03
04  c = 10
```

```
05    d = 0
06    e = c/d
07
08    if __name__=="__main__":
09        print(sum(10,20))
10        print(e)
```

IPython 노트북에서 hi_jin.py 파일을 실행하려면 IPython이 설치된 폴더나 노트북에서 해당 경로를 지정한다. 다음 그림처럼 %pdb를 타이핑할 때마다 ON이 되고 다음 줄에 %pdb를 치면 OFF로 바뀌면서 토글(toggle), 즉 전환되는 것을 확인할 수 있다. ON 상태에서는 파이썬 디버거가 자동으로 활성화되어 디버깅을 제어하는 상태가 되고 OFF에서는 비활성화된다.

pwd 명령어로 IPython이 설치되어 있는 위치를 확인할 수 있고 필자의 경우 'C:₩Users₩jchae' 위치에 설치되어 있다. 따라서 hi_jin.py 파일을 실행할 때 이 위치 또는 파일이 저장된 다른 위치를 지정해야 한다. 파일을 실행하면 7번째 줄에서 10을 0으로 나누어서 발생한 **예외**를 확인할 수 있다. 이때 커서가 자동으로 ipdb(IPython debugging) 상태, 즉 디버깅 기능을 제어하는 상태가 된다. 원래 상태로 돌아가려면 >ipdb 프롬프트에서 'q' 또는 'exit'를 입력한다.

```
■ IPython: C:Users/jchae                                          —  □

(base) C:₩Users₩jchae>ipython
Python 3.8.3 (default, Jul  2 2020, 17:30:36) [MSC v.1916 64 bit (AMD64)]
Type 'copyright', 'credits' or 'license' for more information
IPython 7.16.1 -- An enhanced Interactive Python. Type '?' for help.

In [1]: %pdb
Automatic pdb calling has been turned ON

In [2]: %pdb
Automatic pdb calling has been turned OFF

In [3]: %pdb
Automatic pdb calling has been turned ON

In [4]: pwd
Out[4]: 'C:₩₩Users₩₩jchae'

In [5]: %run C:₩Users₩jchae₩coding₩hi_jin.py
---------------------------------------------------------------------------
ZeroDivisionError                         Traceback (most recent call last)
~₩coding₩hi_jin.py in <module>
      5 c=10
      6 d=0
----> 7 e=c/d
      8
      9

ZeroDivisionError: division by zero
> c:₩users₩jchae₩coding₩hi_jin.py(7)<module>()
      5 c=10
      6 d=0
----> 7 e=c/d
      8
      9

ipdb>
```

[그림 2-10] IPython 셸에서의 디버깅

2.3.4 IPython QtConsole

IPython의 모든 기능은 **QtConsole**에서도 사용할 수 있다. 아나콘다의 커맨드 라인 상태에서 'ipython qtconsole'을 입력하면 연결 정보를 탐색해 Jupyter Qtconsole을 새 창으로 자동 시작한다. IPython QtConsole은 궁극적으로 주피터 노트북에서 처리되므로 Jupyter QtConsole에 대해 간단히 살펴본다.

주피터 커널에서 운용되는 QtConsole은 풍부한 미디어 출력을 지원한다. QtConsole은 GUI 편집기 기능을 제공하며 터미널과 같은 매우 가벼운 애플리케이션이다. GUI에서 inline figures, 문법을 강조하는 멀티 라인 편집 기능, 도표 처리 등과 같은 많은 유용한 기능들을 제공한다.

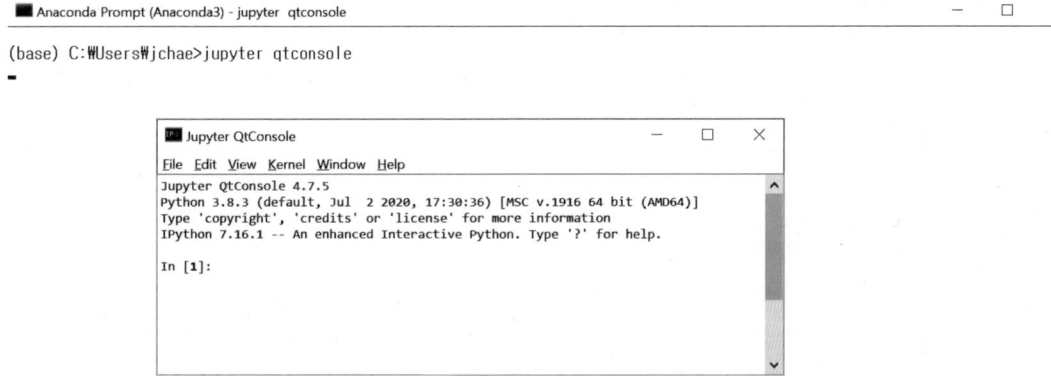

[그림 2-11] QtConsole 시작 화면

QtConsole의 특징 중 하나는 IPython에서 matplotlib 라이브러리 또는 커널에서 그래프를 지원하는 다른 라이브러리를 이용해 그래프를 그릴 수 있다는 점이다.

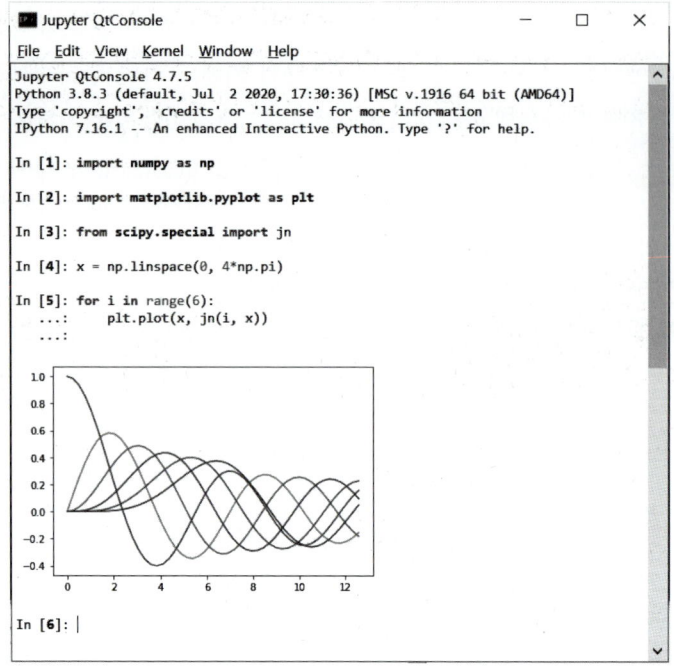

[그림 2-12] QtConsole에서 프로그래밍 및 실행

이 장에서는 파이썬의 객체 개념을 학습했다. 그리고 파이썬이 다양한 환경의 라이브러리와 접속할 수 있고 네트워킹에 더 적합한 프로그래밍 언어임을 확인했다. 또한 주피터 노트북을 사용할 수 있도록 하는 IPython의 기능과 주요 명령어들을 살펴봤다. 다음 장에서는 수치 그리고 수치로 구성되는 데이터 배열을 분석하고 해석하는 데 사용하는 넘파이 라이브러리에 대해 학습한다.

03장

넘파이

1. 넘파이 배열
2. 구조화된 배열
3. 배열 객체 관리와 연산
4. 넘파이 적용

Numerical Python의 줄임말인 넘파이(NumPy)는 파이썬의 수치 해석 프로그램인 Numeric을 개선, 보완한 패키지다. 넘파이는 매우 커다란 배열을 다룰 수 있으며 데이터 배열 수식을 빠르고 수월하게 처리할 수 있도록 한다. 또한 판다스에서 데이터를 효율적으로 분석할 수 있게 한다. 이미지나 신호를 처리하고 선형 대수 등을 다루는 많은 애플리케이션에서 넘파이를 사용한다.

넘파이는 파이썬으로 과학 계산을 하기 위한 기본적인 패키지로써 빅데이터 분석 및 머신러닝 프로젝트와 같은 인공지능 개발에 필수적인 라이브러리다. 또한 판다스, matplotlib 및 **사이킷런(scikit-learn)** 과 연계되며 데이터 항목을 읽고 쓸 때 간결하고 빠르게 접속할 수 있는 배열 데이터 구조를 제공한다. 넘파이는 다음과 같은 대표적인 기능들을 제공한다.

- 같은 데이터 타입의 값들을 저장하는 강력한 다차원 배열 객체 처리
- 탁월한 배열 브로드캐스팅
- C/C++ 및 포트란(FORTRAN) 코드 통합
- 선형 대수, 난수 생성, 푸리에 변환
- 이미지와 컴퓨터 그래픽을 빠르게 처리

3.1 넘파이 배열

이 절에서는 넘파이 배열을 생성하고 변환하기 위해 함수를 적용하는 방법을 학습한다. 또한 넘파이 배열 타입인 **ndarray** 클래스의 구조와 데이터 타입에 대해 살펴본다.

3.1.1 넘파이 모듈 임포트

넘파이를 시작하기 위해 노트북 코드 셀에 다음과 같이 넘파이 모듈을 임포트한다.

```
In [ ]: import numpy
```

그러나 넘파이에 속한 많은 함수를 호출하는 데 효율적이지 않으므로 다음과 같이 입력한다. 여기서 np는 편의를 위해 넘파이를 임의로 대체하는 사용자 정의 약칭이다.

```
In [ ]: import numpy as np
```

앞으로 주피터 노트북이나 파이썬 셸에서 코드를 실행할 때 제일 먼저 넘파이 모듈을 임포트하는 것을 기억해야 한다. 이후 이 책의 예제에서는 반복되는 임포트 문을 편의상 생략한다.

3.1.2 넘파이 배열 생성

넘파이에서는 벡터(vector)와 매트릭스(matrics)를 **배열(array)**이라고 한다. 수학이나 물리학에서 **벡터**란 크기와 방향을 가지는 기하학적 양 또는 객체를 의미하는데 넘파이에서는 1차원 배열을 벡터라고 하고 2차원 이상 배열을 **매트릭스**라고 한다. 다음은 배열을 생성하는 일반적인 방법들이다.

- 리스트(list), 튜플(tuple) 등 다른 파이썬 자료 구조에서 변환
- arange( ), ones( ), zeros( ), linspace( ) 등 넘파이 고유의 배열 생성 함수 사용
- 저장 디스크에서 배열을 읽어 들임
- 문자열이나 버퍼를 통한 바이트 스트림 데이터인 raw bytes에서 배열 생성
- random( ) 함수와 같은 특수한 라이브러리 함수 사용

배열은 요소를 연산하고 저장하기에 효율적이다. 넘파이 배열을 만드는 이유는 논리적이고 통계적인 연산과 푸리에 변환 같은 연산을 매우 효율적으로 처리할 수 있기 때문이다. 넘파이 배열은 파이썬의 리스트보다 많은 데이터를 처리할 수 있으며 리스트에서 사용할 수 없는 기능이나 방법들을 다양한 라이브러리를 이용해 처리할 수 있다. 또한 넘파이 배열은 머신러닝에서 사용되는 주요 데이터 구조다.

파이썬 유사 배열 객체를 넘파이 배열로 변환

파이썬에는 배열 데이터 구조가 없으며 리스트를 이용해 **유사 배열(array-like)**을 만든다. 넘파이에서는 numpy.array( ) 함수를 이용해 리스트로 배열을 생성하고 효율적으로 연산할 수 있다. numpy.array( ) 함수에서 매개 변수로 입력되는 리스트 배열을 유사 배열이라 한다. 정리하면 유사 배열인 리스트 데이터를 입력해 처리한 결과가 넘파이 배열이며 이 배열은 ndarray 객체다. 이것은 파이썬의 데이터 타입인 리스트 데이터를 입력하여 넘파이 배열을 생성하는 형태다.

```
In [ ]: import numpy as np
        arr1 = np.array([0, 2, 5.5, 7])
        print(arr1)
Out[ ]: [0.  2.  5.5 7. ]
```

2차원 배열은 다음과 같이 생성할 수 있다. 여기서 array( ) 함수에 매개 변수로 입력되는 데이터가 리스트형이라는 점에 주목해야 한다. arr2는 4바이트 크기의 정수 요소를 가지는 2x3 크기의 2차원 배열이며 2는 행(row)을, 3은 열(column)을 의미한다. 인덱스를 이용하면 이 행렬의 요소에 접근

할 수 있다. 예를 들어 arr2[0, 2]에서 0은 리스트 데이터의 첫 번째 요소 데이터인 [1, 2, 3]이고, 인덱스 2는 이 첫 번째 요소 데이터 중 세 번째 요소인 3이다.

```
In [ ]: arr2 = np.array([[1, 2, 3], [4, 5, 6]])
        arr2
Out[ ]: array([[1, 2, 3],
               [4, 5, 6]])
```

넘파이 배열을 생성한 결과를 보면 같은 타입의 값들을 포함하는 **그리드(grid)** 형태를 띠는데 그 결과의 타입이 ndarray 객체다. ndarray의 특성은 메모리 주소, 데이터 타입, shape 및 strides의 조합이다. 이 특성들은 이후에 설명한다.

넘파이 배열 생성 함수

넘파이는 배열을 생성하는 고유한 내장 함수들을 포함한다. 여기서는 자주 사용되는 몇몇 함수들을 예제와 함께 설명한다.

numpy.zeros( ) 함수는 0으로 채워지는 배열을 생성한다. **shape**와 **dtype**은 ndarry 객체의 속성이다. In [2]에서 arr의 타입이 ndarray 객체이므로 arr의 속성은 shape와 dtype이다. Out[3]에서 (5,)는 1차원 배열로 요소가 5개라는 뜻이고 dtype('float64')는 배열 요소의 데이터 타입이 float64라는 의미다.

```
In [1]: arr = np.zeros(5)
        arr
Out[1]: array([0., 0., 0., 0., 0.])

In [2]: type(arr)
Out[2]: numpy.ndarray

In [3]: arr.shape          In [4]: arr.dtype
Out[3]: (5,)               Out[4]: dtype('float64')
```

np.zeros(5)를 실행한 결과의 타입이 numpy.ndarray 객체이므로 arr 객체의 타입은 numpy.ndarray 객체다. 이는 arr과 numpy.ndarray 객체가 동격이므로 arr 객체는 ndarray 객체가 가지고 있는 함수, 메소드, 속성을 필요할 때 가져다 쓸 수 있다는 의미다. ndarray 객체가 shape, dtype이라는 속성을 가지므로 arr.shape가 성립한다.

zeros( ) 함수는 ones( ), empty( ) 함수와 함께 배열을 초기화하는 데 사용한다. 이때 초기화를 먼저 진행한 다음 요소에 값을 넣는다. 다음 예제에서는 shape가 (6, 2)이고 0인 값들을 가진 배열 arr이 먼저 생성되고 초기화된다. 이후 배열 arr에 인덱스가 0인 arr[0]부터 arr[5]까지 값이 채워지는 배열이 된다. 초기화에 사용되는 3개 함수 중 empty( ) 함수의 속도가 가장 빠르다.

```
In [1]: arr = np.zeros(shape=(6, 2))
        for i in range(6):
            arr[i] = (i, i)
        arr
Out[1]: array([[0., 0.],
               [1., 1.],
               [2., 2.],
               [3., 3.],
               [4., 4.],
               [5., 5.]])
```

numpy.ones( ) 함수는 값이 1로 채워지는 배열을 생성한다. 매개 변수 shape에는 **튜플형**인 정수를 입력할 수 있다. dtype=int, 즉 dtype이 정수형이란 것은 생성되는 배열의 요소 타입이 정수형이라는 의미다. shape가 (3, 4)라는 것은 생성되는 배열의 shape가 (3, 4)라는 의미다. 2차원 배열은 대괄호가 이중으로 표시된다.

```
In [1]: np.ones(5)
Out[1]: array([1., 1., 1., 1., 1.])

In [2]: np.ones((5,), dtype=int)
Out[2]: array([1, 1, 1, 1, 1])

In [3]: np.ones((3, 4))              In [4]: arr.dtype
Out[3]: array([[1., 1., 1., 1.],     Out[4]: dtype('float64')
               [1., 1., 1., 1.],
               [1., 1., 1., 1.]])
```

numpy.empty( ) 함수는 주어진 shape와 타입의 배열을 생성한다. 이때 초기화되지 않는 임의의 값들을 생성하며 초기화 함수 중 가장 빠르게 처리된다. 정수 또는 정숫값을 가지는 튜플형을 입력값으로 사용할 수 있으며 인수 dtype=int로 생성되는 요솟값의 형식을 지정할 수 있다.

```
In [1]: np.empty((2, 2))
Out[1]: array([[1.33042158e-311, 1.33040420e-311],
               [0.00000000e+000, 1.06099790e-314]])

In [2]: np.empty((2, 2), dtype=int)
Out[2]: array([[     7929940,      6619248],
               [  -130307808,          626]])
```

numpy.eye( ) 함수는 대각선에는 값 1, 그 밖의 위치에 값 0을 가지는 n x n 배열을 생성하는 함수이며 실행 결과는 2차원 배열이다. numpy.eye( ) 함수는 정수를 입력값으로 가진다. 하나의 정숫값 3을 입력하면 3행 3열인 배열 객체가 생성된다. 2개의 정숫값 (3, 2)를 입력하면 3행 2열인 배열 객체가 생성된다.

다음 예제에서 k가 정수 1이므로 대각선을 기준으로 하여 1단계 위로 1이 배치된다. k에 −2를 입력하면 대각선 기준 2단계 아래로 1이 배치된다는 의미이다.

```
In [1]: np.eye(3, dtype=int)        In [2]: np.eye(3, k=1)
Out[1]: array([[1, 0, 0],           Out[2]: array([[0., 1., 0.],
               [0, 1, 0],                          [0., 0., 1.],
               [0, 0, 1]])                         [0., 0., 0.]])
```

numpy.linspace( ) 함수는 명시된 간격으로 균등하게 분할된 값을 반환한다. 다음 예제를 살펴보면 2.0이 시작 값이고 3.0이 끝나는 값이며 그 간격을 5개의 값으로 균등하게 분할한 결과가 Out[1]이다. endpoint=False는 끝나는 값 3.0을 포함하지 않고 5개의 값이 균등한 간격을 이루도록 처리하라는 의미이다.

```
In [1]: np.linspace(2.0, 3.0, num=5)
Out[1]: array([2.  , 2.25, 2.5 , 2.75, 3.  ])

In [2]: np.linspace(2.0, 3.0, num=5, endpoint=False)
Out[2]: array([2. , 2.2, 2.4, 2.6, 2.8])
```

배열 생성 함수 numpy.arange( )

배열을 생성하는 **arange( )** 함수에는 [시작, 끝)인 범위 값을 입력한다. 이러한 표기법은 시작하는 값은 포함하고 끝 값은 포함하지 않겠다는 뜻이다. 입력값이 3개면 첫 번째는 시작, 두 번째는 끝 그리고 세 번째는 간격 값이다.

다음은 1차원 배열을 생성하는 예제다. In [3]은 시작 3, 끝 7, 간격 1이므로, 시작 값 3에 1를 더해 나가며 끝 값은 제외된다. In [2]의 arr.shape의 결괏값(5,)는 1차원 배열이며 배열의 값이 5개라는 의미의 표기다.

```
In [1]: arr = np.arange(5)            In [2]: arr.shape
        arr                           Out[2]: (5,)
Out[1]: array([0, 1, 2, 3, 4])

In [3]: np.arange(3, 7)               In [4]: np.arange(3, 9, 2)
Out[3]: array([3, 4, 5, 6])           Out[4]: array([3, 5, 7])
```

넘파이 배열 값을 변경할 때는 먼저 값을 초기화한 후 변경해야 한다. 다음 예제의 In [6]에서 문자열 jin을 배열 arr의 4번째 요소 arr[3]에 할당했으나 오류가 발생하였다. 넘파이 배열은 이와 같은 특성을 가지기 때문에 **동종 배열(homogeneous array)**이라고 한다.

```
In [5]: arr[2] = 10
        arr
Out[5]: array([0, 1, 10, 3, 4])

In [6]: arr[3] = 'jin'
---------------------------------------------------------------------------
ValueError                                Traceback (most recent call last)
<ipython-input-33-64cdf1a3660c> in <module>()
----> 1 arr[3]= 'jin'

ValueError: invalid literal for int() with base 10: 'jin'
```

arange( ) 함수를 사용하면 1차원 배열만 생성하지만 **reshape( )** 함수를 함께 사용하면 2차원 배열을 생성할 수 있다. reshape( ) 함수는 데이터를 변경하지 않고 배열을 새로운 shape로 변경시킨다. 다음 In [1] 예제에서는 arange( ) 함수로 12개 요소를 1차원으로 생성한 배열을 reshape( ) 함수로 3행, 4열인 2차원 배열로 변경한다. 생성된 배열 arr의 타입은 ndarray 객체다. shape 속성을 이용해 배열 arr이 (3, 4) shape인 튜플형임을 확인할 수 있다. 다음 예제에서 배열 arr의 값 중 2행 3열 값을 확인하려면 arr[2][3]과 같이 입력할 수 있고 결괏값은 11이다.

```
In [1]: arr = np.arange(12).reshape(3,4)
        arr
Out[1]: array([[0,  1,  2,  3],
               [4,  5,  6,  7],
               [8,  9, 10, 11]])

In [2]: arr.shape
Out[2]: (3, 4)
```

reshape( ) 함수의 매개 변수에 -1을 입력하면 다차원 배열을 1차원으로 변경하여 반환한다. 이는 **ravel( )** 함수를 실행하는 것과 같다. ravel( ) 함수는 다차원 배열을 1차원 배열로 정렬하는 함수이며 numpy.ndarray.ravel과 numpy.ravel 두 종류의 객체가 있다.

```
In [3]: arr.reshape(-1)
Out[3]: array([0, 1, 2, 3, 4, 5, 6, 7, 8, 9, 10, 11])

In [4]: arr.ravel( )
Out[4]: array([0, 1, 2, 3, 4, 5, 6, 7, 8, 9, 10, 11])
```

다음 예제의 In [5] reshape(-1, 1)에서 -1은 행, 1은 열이다. 이것은 arr 배열인 12개 값으로 행은 -1로 알 수 없고 1열인 배열을 생성하라는 뜻이다. In [6]는 arr 배열인 12개 값으로 열은 -1로 알 수 없지만 3행인 배열을 생성하라는 뜻이다. (-1, -1)을 입력하면 오류가 발생한다.

```
In [5]: arr.reshape(-1, 1)        In [6]: arr.reshape(3, -1)
Out[5]: array([[0],               Out[6]: array([[0, 1,  2,  3],
               [1],                              [4, 5,  6,  7],
               [2],                              [8, 9, 10, 11]])
               (중략)
               [11]])
```

3차원 배열을 생성하기 위해서는 reshape( ) 함수에 매개 변수가 3개 필요하다. 다음 In [1] 예제에서 배열 값들의 개수가 24개이므로 reshape( ) 함수에 들어가는 매개 변수 역시 2x3x4=24개로 같아야 한다.

3차원 배열은 대괄호가 3겹이다. reshape( ) 함수의 매개 변수 중 2는 **면(depth)**, 3은 행, 4는 열이다. 3차원 배열에서 가장 바깥의 대괄호를 기준으로 그 안에 2개의 대괄호가 있는데 가장 바깥의 바로 안쪽 첫 번째 대괄호가 면이다. 면 안에 다시 3개의 행이 있으며 마지막으로 1개의 행 안에 4개의 열이 있는 구조다.

```
In [1]: arr = np.arange(24).reshape(2, 3, 4)
        arr
Out[1]: array([[[ 0,  1,  2,  3],
                [ 4,  5,  6,  7],
                [ 8,  9, 10, 11]],

               [[12, 13, 14, 15],
                [16, 17, 18, 19],
                [20, 21, 22, 23]]])
```

매개 변수가 2개 있는 reshape(3, 4)에서 3은 행, 4는 열이다. 3개의 매개 변수가 있는 reshape(2, 3, 4)에서는 2는 면, 3은 행, 4는 열이다. 이러한 기준은 다른 많은 함수에도 적용된다.

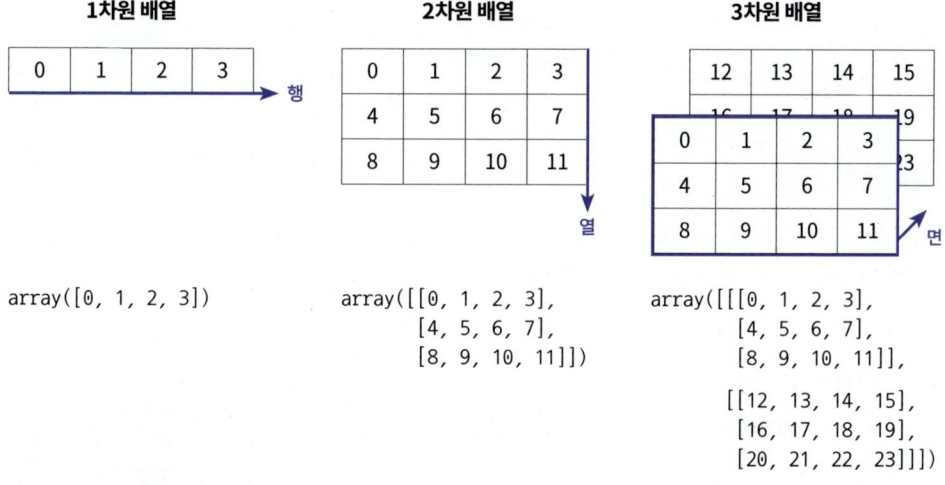

[그림 3-1] 1차원, 2차원, 3차원 배열

디스크에서 읽어서 배열 생성

커다란 배열을 생성하는 일반적인 방법이며 디스크에 있는 데이터 타입에 크게 의존한다. HDF5, FITS, CSV 파일 등을 라이브러리를 이용하여 읽어 들일 수 있다.

3.1.3 넘파이 ndarray 클래스

넘파이는 2개의 주요 객체인 다차원 배열 객체 ndarray와 **유니버설 함수** 객체인 **ufunc**를 지원한다. 그리고 이 두 객체를 중심으로 관련된 다른 객체들로 구성된다. 배열 타입인 ndarray는 같은 타입의 요소들을 모아 놓은 다차원 객체다. 정수 인덱스를 통해 ndarray 안에 있는 요소들에 접근할 수 있다.

다음 예제에서 ndarray는 arr 객체를 대표하는 객체 타입이다. 그러므로 ndarray 객체가 가진 속성이나 함수를 arr 객체에서도 사용할 수 있다. 다시 말해 numpy.ndarray가 가진 shape 속성과 dtype 속성을 arr 객체에서 사용할 수 있다.

```
In [1]: arr = np.array([[0, 1, 2],
                        [3, 4, 5]])
        type(arr)
Out[1]: numpy.ndarray

In [2]: arr.shape           In [3]: arr.dtype
Out[2]: (2, 3)              Out[3]: dtype('int32')
```

ndarray 객체 구조

ndarray 클래스는 같은 타입과 크기인 요소를 담고 있는 다차원 컨테이너다. 배열의 shape와 배열이 구성되는 요소 타입인 2개 정보로 ndarray 객체를 정의한다. 배열의 shape는 각 차원에서 N 정수의 튜플형이고 **인덱스**가 얼마나 변하는지에 대한 정보를 제공한다. 배열에서 요소의 타입은 데이터 타입 객체인 dtype 속성으로 확인할 수 있다. ndarray 클래스는 같은 데이터 타입의 요소를 모아 놓은 곳이므로 모든 요소는 같은 크기의 메모리 블록을 가지며 인터프리터가 배열의 메모리 블록을 동일한 방법으로 처리한다.

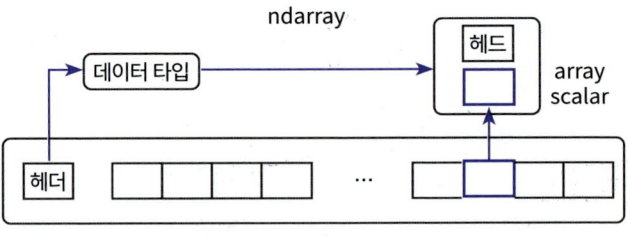

[그림 3-2] ndarray 객체의 구조

위 그림은 ndarry의 데이터 타입(dtype)과 그 타입의 배열 요소에 접근하여 연산할 때 반환되는 **array scalar** 파이썬 객체의 관계를 보여주는 개념도다. dtype은 array scalar 타입 객체를 가리키고 데이터 타입 객체와 ndarray의 관련 요소를 사용한 배열 스칼라가 반환된다.

ndarray는 인접하는 블록의 **C(행) 우선** 또는 **F(열) 우선** 형태로 부호화되어 저장된다. 이러한 데이터 처리 방식은 컴퓨터 언어인 C와 포트란의 데이터 실행 방식에서 유래한 것이다. C 우선은 0, 1, 2, 3 순으로 F 우선은 0, 4, 8 순으로 정렬된다.

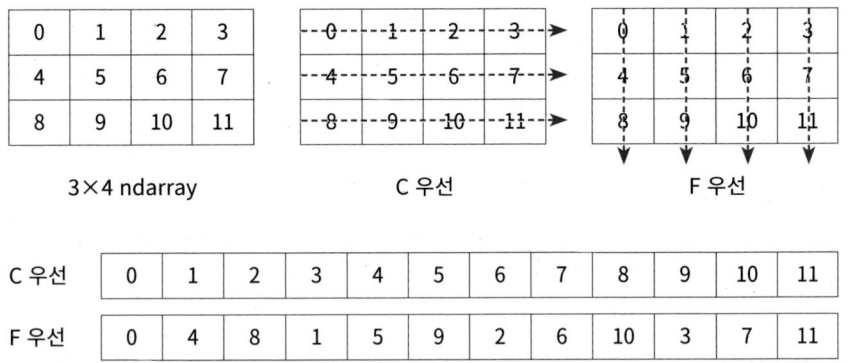

[그림 3-3] ndarray의 C 우선과 F 우선 정렬

다음으로 3차원 배열을 생성해 속성을 확인해본다. 먼저 넘파이 모듈에 속한 array( ) 함수를 사용해 ndarray 객체인 3차원 배열을 생성한다.

```
In [1]: arr = np.array([[[0,  1,  2,  3],
                         [4,  5,  6,  7],
                         [8,  9, 10, 11]],

                        [[12, 13, 14, 15],
                         [16, 17, 18, 19],
                         [20, 21, 22, 23]]])
        arr
Out[1]: array([[[0,  1,  2,  3],
                [4,  5,  6,  7],
                [8,  9, 10, 11]],

               [[12, 13, 14, 15],
                [16, 17, 18, 19],
                [20, 21, 22, 23]]])
```

다음으로 ndarray 속성을 적용해 배열 속성을 확인한다. 차원을 확인하는 **ndim** 속성으로 확인한 결과 arr은 3차원 배열이다. shape 속성을 통해 확인한 결과인 (2, 3, 4)는 가장 바깥쪽 대괄호를 기준으로 면이 2개 행이 3개 열이 4개 있다는 의미이다. **size** 속성은 전체 요소의 개수를 반환한다. arr 배열 요소는 총 24개다.

```
In [2]: arr.ndim          In [3]: arr.shape
Out[2]: 3                 Out[3]: (2, 3, 4)

In [4]: arr.size
Out[4]: 24
```

arr 배열 요소의 데이터 타입은 int32다. 요소 크기를 확인하는 **itemsize** 속성으로 확인한 결과 arr 배열의 크기는 4바이트다. 1바이트는 8비트이므로 arr 배열 요소의 크기는 4x8=32인 32비트, 즉 int32다.

```
In [5]: arr.dtype         In [6]: arr.itemsize
Out[5]: dtype('int32')    Out[6]: 4
```

다음 예제에서는 **strides** 속성으로 arr 배열의 요소 크기와 배치를 확인했다. 결과 (48, 16, 4)를 통해 열에서 다음 열로 이동하려면 4바이트, 행에서 다음 행으로 이동하려면 16(4x4)바이트, 그리고 면에서 다음 면으로 이동하려면 48(16x3)바이트가 필요함을 알 수 있다.

```
In [7]: arr.strides
Out[7]: (48, 16, 4)
```

3.1.4 넘파이 배열의 데이터 타입

넘파이 배열은 데이터 타입 객체로 생성하는 모든 요소를 포함하며 이때 요소의 데이터 타입은 동일하다.

numpy.dtype 적용

numpy.dtype 클래스의 인스턴스인 데이터 타입 객체는 고정 크기인 메모리 블록에서 바이트가 어떻게 해석되는지에 대해 다음과 같은 사항들을 나타낸다.

- 데이터 타입(정수, 실수, 파이썬 객체 등) 및 크기
- 메모리에 저장된 데이터의 바이트 순서(LSB 순서인 **little-endian** 또는 MSB 순서인 **big-endian**)
  - **LSB**는 Least Significant Bit의 약자로 예를 들면 8비트에서 가장 낮은 위치의 비트를 의미하고 **MSB**는 Most Significatn Bit의 약자로 가장 높은 위치인 가장 왼쪽에 위치하는 비트이다.
- 아래를 포함하는 구조화된 데이터라면 배열 요소의 데이터 타입에 대해 다음 사항을 입력
  - 구조화된 데이터의 필드 이름(이 이름으로 필드에 접근)

- 각 필드의 데이터 타입
- 각 필드가 위치하는 메모리 블록의 어느 부분
  - 데이터 타입이 서브배열인 경우 그 shape와 데이터 타입

numpy.dtype은 스칼라인 배열 요소를 반환한다. 이러한 배열 스칼라는 파이썬 스칼라와는 다르지만 대부분 서로 호환하여 사용할 수 있다. 또한 배열 스칼라는 ndarrays 객체와 같은 속성과 메소드를 갖지만 요소를 **변경할 수 없는(immutable)** 특징이 있어 어떤 속성도 설정할 수 없다.

넘파이는 스칼라 데이터의 타입을 설명하기 위해서 다양한 정밀도의 정수, 실수 등이 내장된 몇몇 스칼라형을 제공한다.

넘파이의 배열 스칼라형	파이썬의 관련된 타입
Int_	IntType (파이썬2)
float_	FloatType
complex_	ComplexType
bytes_	BytesType
unicode_	UnicodeType

[표 3-1] 넘파이와 파이썬의 타입 비교

numpy.dtypes 클래스는 np.float32, np.int_, np.uint16, np.bool_ 등의 타입으로 이루어진다. 이 데이터 타입은 수치를 배열 스칼라로 변환하는 함수로써 사용할 수 있고 dtype 키워드의 인수로 사용할 수도 있다.

```
>>> a = np.float32(5.0)
>>> a
5.0
>>> type(a)
<class 'numpy.float32'>
>>> b = np.int_([1, 2, 3])
>>> b
array([1, 2, 3])
>>> type(b)
<class 'numpy.ndarray'>
```

```
>>> c = np.arange(5, dtype=np.uint16)
>>> c
array([0, 1, 2, 3, 4], dtype=uint16)

>>> type(c)
<class 'numpy.ndarray'>
```

배열 데이터 타입 객체 체계를 분류한 다음 그림에서 데이터 타입 객체의 최상위 계층은 **generic array scalar** 타입 객체이고 그 아래 계층에 다양한 데이터 타입 객체가 분류되어 있음을 알 수 있다.

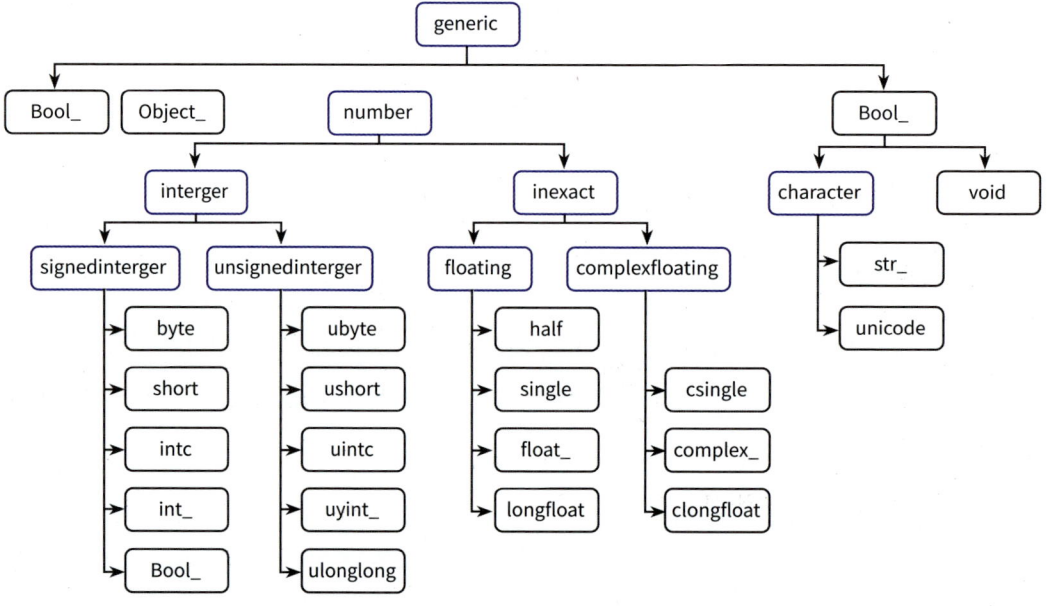

[그림 3-4] 배열 데이터 타입 객체의 분류 체계

앞 그림에서 볼 수 있듯 배열 데이터 타입 객체 중 bool_ 타입은 number 타입이 아니고 int_ 타입의 서브클래스도 아니다. 그러나 파이썬에서 bool은 int의 서브클래스이고 int는 크기가 고정되지 않은 타입이다. int_ 타입은 파이썬의 내장 int에서 온 것이 아니다. 이러한 분류 체계에서 구현된 세부적인 넘파이 데이터 타입은 다음 표와 같으며 넘파이에서 기본 데이터 타입은 float_이다.

타입 구분		문자 코드	주요 내용
불리언	bool_	'?'	파이썬 bool과 호환
	bool8		8비트
정수	byte	'b'	C 언어 char와 호환
	short	'h'	C 언어 short와 호환
	intc	'i'	C 언어 int와 호환
	Int_	'l'	파이썬 int와 호환
	longlong	'q'	C 언어 long long과 호환
	intp	'p'	signed 타입의 포인터와 같은 크기의 정수형
	Int8		8비트, $-2^7 \sim (2^7-1)$
	Int16		16비트, $-2^{15} \sim (2^{15}-1)$
	Int32		32비트, $-2^{31} \sim (2^{31}-1)$
	Int64		64비트, $-2^{63} \sim (2^{63}-1)$
Unsigned Integers	ubyte	'B'	C 언어 unsigned char와 호환
	ushort	'H'	C 언어 unsigned short와 호환
	uintc	'I'	C 언어 unsigned int와 호환
	uint	'L'	파이썬 int와 호환
	ulonglong	'Q'	C 언어 long long과 호환
	uintp	'P'	unsigned 타입의 포인터와 같은 크기의 정수형
	uint8		8비트, $0 \sim (2^8-1)$
	uint16		16비트, $0 \sim (2^{16}-1)$
	uint32		32비트, $0 \sim (2^{32}-1)$
	uint64		64비트, $0 \sim (2^{64}-1)$
실수	half	'e'	–
	single	'f'	C 언어 float와 호환
	double		C 언어 double과 호환
	float_	'd'	파이썬 float와 호환
	longfloat	'g'	C 언어 long float와 호환
	float16		16비트
	float32		32비트
	float64		64비트
	float96		96비트, 운용 체계 및 언어에 따라 호환되지 않을 수 있음
	float128		128비트, 운용 체계 및 언어에 따라 호환되지 않을 수 있음

타입 구분		문자 코드	주요 내용
복소수	csingle	'F'	–
	complex_	'D'	파이썬 complex와 호환
	clongfloat	'G'	–
	complex64		2개의 32비트 실수
	complex128		2개의 96비트 실수
	complex192		2개의 128비트 실수, 언어에 따라 호환되지 않을 수 있음
	complex256		2개의 128비트 실수, 언어에 따라 호환되지 않을 수 있음
파이썬 객체	object_	'O'	데이터는 파이썬 객체를 참조
기타	bytes_	'S#'	파이썬 bytes와 호환
	unicode_	'U#'	파이썬 unicode/str과 호환
	void	'V#'	–

[표 3-2] 배열 데이터 타입 분류

인덱싱으로 추출한 배열의 요소는 배열 데이터 타입과 관련된 파이썬 객체인 스칼라형이다. 어떤 데이터 타입을 생성하면 구조화된 데이터 타입이 형성된다. 이때 생성된 데이터 타입의 필드는 다른 데이터 타입을 포함하여 계층 구조를 형성한다. 각 필드는 이름을 가지고 있으며 이 이름을 이용해 필드에 접근할 수 있다. 부모 격 데이터 타입은 계층화된 모든 필드를 포함할 정도로 충분한 크기여야 한다. 또한 부모 격 데이터의 기본 타입은 임의의 배열 요소 크기를 허용하는 void 타입이다. 구조화된 데이터 타입의 필드 안에는 구조화된 서브배열 데이터 타입들도 포함할 수 있다.

다음은 big-endian의 32비트 정수를 가지는 데이터 타입을 확인해본다. 배열 스칼라형은 int32다.

```
>>> dt = np.dtype('>i4')

>>> dt.byteorder            >>> dt.itemsize
'>'                         4

>>> dt.name                 >>> dt.type is np.int32
'int32'                     True
```

이번에는 16문자 문자열을 포함하는 구조화된 데이터를 생성하고 타입을 확인한다. 그리고 grades 필드에서 2개의 64비트 실수의 서브배열을 확인한다.

```
>>> dt = np.dtype([('name', np.unicode_, 16), ('grades', np.float64, (2,))])

>>> dt['name']                    >>> dt['grades']
dtype('<U16')                     dtype(('<f8', (2,)))
```

name 필드의 데이터 타입은 <U16, 즉 **유니코드** 문자열 16바이트다. 데이터 순서를 LSB인 최소 유효 바이트로 처리했다는 뜻이다. grades의 데이터 타입 <f8은 float타입 64비트 실수다. 배열 요소가 2개인 1차원 데이터를 LSB 순서로 처리했다는 의미이다.

3.2 구조화된 배열

구조화된 배열(structured array)은 ndarrays를 의미한다. ndarrays의 데이터 타입은 시퀀스로 조직화된 단순한 데이터 타입인 필드들을 모은 것이다. 필드란 구조화된 데이터 타입의 각 서브타입에서 이름(string), 데이터 타입(dtype) 및 제목(title)을 의미한다. 구조화된 데이터 타입이란 서로 다른 데이터 타입으로 구성된 데이터 타입이다.

```
>>> arr = np.array([('jin', 25, 67), ('suho', 18, 77)],
            dtype = [('name', 'U10'), ('age', 'i4'), ('weight', 'f4')])

>>> arr
array([('jin', 25, 67.), ('suho', 18, 77.)], dtype=[('name', '<U10'), ('age', '<i4'), ('weight', '<f4')])
```

앞 예제의 arr은 필드가 3개인 데이터 타입 구조이며 1차원 배열이다. 첫 번째 필드는 'name'이란 이름을 갖는 길이 10 이하의 문자열이다. 두 번째 필드는 'age'라는 이름을 갖는 32비트 정수다. 세 번째 필드는 'weight'라는 이름의 32비트 실수다.

다음은 인덱싱으로 구조화된 배열의 필드에 접근하고 필드를 변경하는 예제다. 인덱스가 0부터 시작하므로 arr[1]에서 인덱스 1에 접근한다는 것은 두 번째 필드에 접근하는 것이다. 그리고 dtype에서 이름이 age인 arr['age']에 새로운 값 20을 할당하여 값을 변경했다.

```
>>> arr[1]
('suho', 18, 77)

>>> arr['age'] = 20

>>> arr
array([('jin', 20, 67.), ('suho', 20, 77.)], dtype=[('name', '<U10'), ('age', '<i4'), ('weight', '<f4')])
```

3.2.1 구조화된 데이터 타입

구조화된 배열을 사용하려면 **구조화된 데이터 타입(structured datatype)**에 대해 먼저 알아볼 필요가 있다. 구조화된 데이터 타입은 요소 크기가 바이트 단위인 시퀀스이며 필드를 모아 놓은 것이라 할 수 있다. 각 필드 구조 안에는 이름, 데이터 타입 및 오프셋을 포함한다. 오프셋은 필드 시작점에서의 위치를 바이트로 나타내는 속성으로써 필드의 오프셋은 임의적이며 중첩될 수 있다. 이들 오프셋은 보통 넘파이에 의해 자동으로 결정되지만 직접 입력하여 정할 수도 있다.

구조화된 데이터 타입 생성

numpy.dtype( ) 함수를 사용해 다음 4가지 형태로 구조화된 데이터 타입을 생성할 수 있다.

01. **1개 필드를 1개 튜플로 구성하는 튜플의 리스트 형태**

    각 튜플은 (필드 이름, 데이터 타입, shape) 구조를 가진다. 필드 이름은 문자열(타이틀을 사용할 경우 튜플), 데이터 타입은 데이터 타입으로 변경할 수 있는 객체, 그리고 shape는 서브배열 shape를 나타내는 정수들의 튜플이다.

    ```
    >>> np.dtype([('a', 'f4'), ('b', np.float32), ('c', 'f4', (2, 2))])
    dtype([('a', '<f4'), ('b', '<f4'), ('c', '<f4', (2, 2))])
    ```

    필드 이름이 빈 문자열인 ' '이라면 기본 이름인 f#의 형태로 부여된다. #은 필드의 정수 인덱스고 왼쪽부터 0, 1, 2 순으로 번호가 부여된다.

    ```
    >>> np.dtype([('a', 'f4'), ('', 'i4'), ('c', 'i8')])
    dtype([('a', '<f4'), ('f1', '<i4'), ('c', '<i8')])
    ```

02. **콤마로 구분하는 dtype 문자열 형태**

    필드의 바이트 **오프셋**과 **itemsize**는 자동으로 결정된다. 이때 필드 이름은 기본 이름인 f0, f1 등으로 부여된다.

    ```
    >>> np.dtype('i8, f4, S3')
    dtype([('f0', '<i8'), ('f1', '<f4'), ('f2', 'S3')])

    >>> np.dtype('3int8, float32, (2, 3)float64')
    dtype([('f0', 'i1', (3,)), ('f1', '<f4'), ('f2', '<f8', (2, 3))])
    ```

03. **필드 매개 변수 배열의 딕셔너리 형태**

    딕셔너리는 데이터 구조의 필드 바이트 오프셋과 itemsize를 조정할 수 있어 가장 유연한 형태다. 딕셔너리는 2개의 필수 키인 names, formats와 4개의 옵션 키 offsets, itemsize, aligned 그리고 titles를 가진다. names와 formats 키의 값은 같은 길이인 각 필드 이름의 리스트다. 이 리스트는 데이터 타입 규격의 리스트여야 한다. 오프셋을 입력하지 않으면 자동으로 결정된다. 옵션 키 itemsize 값은 모든 필드를 충분히 포함할 수 있는 데이터 타입을 총 바이트 크기로 표시한 정수여야 한다.

```
>>> np.dtype({'names': ['col1', 'col2'], 'formats': ['i4', 'f4']})
dtype([('col1', '<i4'), ('col2', '<f4')])

>>> np.dtype({'names': ['col1', 'col2'],
'formats': ['i4', 'f4'],
'offsets': [0, 4],
'itemsize': 12})
dtype({'names':['col1','col2'], 'formats':['<i4','<f4'], 'offsets':[0,4], 'itemsize':12})
```

04. 필드 이름이 딕셔너리인 형태

딕셔너리의 키는 필드 이름이고 값은 타입과 오프셋으로 구성된 튜플이다.

```
>>> np.dtype({'col1': ('i1', 0), 'col2': ('f4', 1)})
dtype([('col1', 'i1'), ('col2', '<f4')])
```

구조화된 dtype에서 필드의 순서는 의미가 있다. 그러나 파이썬 딕셔너리가 순서를 고려하지 않으므로 앞과 같은 형태를 사용하는 것은 권하지 않는다.

구조화된 데이터 타입 조작 및 표시

dtype 객체의 names 속성을 이용하면 구조화된 데이터 타입에서 필드 이름의 튜플을 구할 수 있다.

```
>>> c = np.dtype([('a', 'i8'), ('b', 'f4')])

>>> c.names
('a', 'b')
```

names 속성에 같은 길이의 문자열 시퀀스를 할당하면 필드 이름을 변경할 수 있다. dtype 객체는 딕셔너리 같은 속성 필드들을 포함한다. 이 필드들의 키는 필드 이름이고 값은 각 필드의 데이터 타입과 바이트 오프셋을 포함하는 튜플이다.

```
>>> c.fields
mappingproxy({'a': (dtype('int64'), 0), 'b': (dtype('float32'), 8)})
```

구조화되지 않은 배열에서 names와 fields 속성은 None과 같다.

자동 바이트 오프셋 및 정렬

numpy.dtype의 키워드 인수로 align=True를 입력하면 구조화된 데이터 타입의 **필드 바이트 오프셋**과 총 itemsize를 자동으로 결정한다. 기본값인 align=False일 때 넘파이는 이전 필드가 끝났던 바이트 오프셋에서 각 필드가 시작하도록 필드를 함께 팩(pack)한다. 이때 필드는 메모리에서 인접해 있다.

```
>>> def print_offsets(d):
        print("offsets:", [d.fields[name][1] for name in d.names])
        print("itemsize:", d.itemsize)
>>> print_offsets(np.dtype('u1, u1, i4, u1, i8, u2'))
offsets: [0, 1, 2, 6, 7, 15]
itemsize: 17
```

위 예제에서 d = np.dtype('u1, u1, i4, u1, i8, u2')이므로 위 예제는 다음과 같이 분석할 수 있다. Itemsize는 17바이트다. for in 문을 사용하면 오프셋을 모두 구할 수 있다. 오프셋은 정숫값이며 기준 바이트인 0에서 떨어져 있는 바이트 수다. 요소의 데이터 타입인 u1, u1, i4, u1, i8, u2는 메모리 인근에서 차례대로 0, 1, 2, 6, 7, 15 바이트 간격으로 배치되었다.

```
>>> d = np.dtype('u1, u1, i4, u1, i8, u2')
>>> d
dtype([('f0', 'u1'), ('f1', 'u1'), ('f2', '<i4'), ('f3', 'u1'),('f4', '<i8'), ('f5', '<u2')])

>>> d.itemsize
17

>>> d.fields
mappingproxy({'f0': (dtype('uint8'), 0), 'f1': (dtype('uint8'), 1), 'f2': (dtype('int32'), 2),
             'f3': (dtype('uint8'), 6), 'f4': (dtype('int64'), 7), 'f5': (dtype('uint16'), 15)})

>>> d.names
('f0', 'f1', 'f2', 'f3', 'f4', 'f5')

>>> d.fields['f0']
(dtype('uint8'), 0)

>>> d.fields['f0'][1]
0
```

많은 C 컴파일러가 C struct에 패드를 대는 것과 같이 넘파이에서 align=True를 설정하면 구조에 패드를 댄다. 패드를 댄다 함은 예를 들어 64비트 운영 체제에서 처리되는 단위 데이터의 특정 필드가 비어 있어 64비트에 맞지 않으면 64비트에 맞추기 위해 모자라는 비트를 덧붙이는 것이다. 이 작업을 하지 않으면 동기화되지 않아 오류가 발생하거나 속도가 저하될 수 있다.

구조를 정렬하여 데이터 타입 크기가 증가하면 성능을 향상시키는 경우도 있다. 다음 그림에서 각 필드 바이트 오프셋이 필드 정렬의 배수가 되도록 필드 사이에 삽입되는 것이 **패딩 바이트 (padding byte)**다. 필드 정렬은 심플 데이터 타입에 대한 바이트로써 필드 크기와 동일하다. 이때 itemsize가 가장 큰 필드 정렬의 배수가 되도록 더해진 뒷부분의 패드를 가진다. 따라서 오프셋이 끝나는 지점인 itemsize가 17이 아닌 32가 된다.

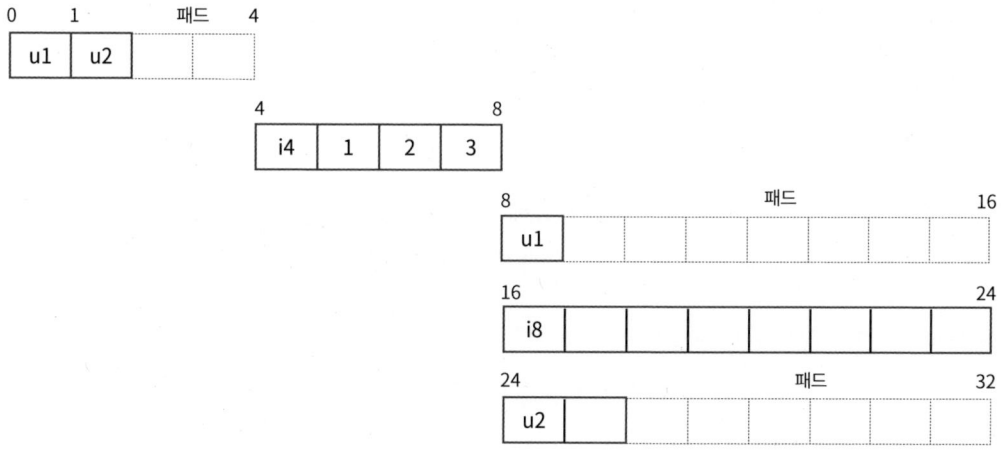

[그림 3-5] align=True인 경우 메모리상 데이터 타입 구성

```
>>> print_offsets(np.dtype('u1, u1, i4, u1, i8, u2', align=True))
offsets: [0, 1, 4, 8, 16, 24]
itemsize: 32
```

딕셔너리 기반 데이터 타입에서는 offsets 키를 사용해 오프셋을 확인한다. align=True를 설정하면 각 필드의 오프셋이 필드 크기의 배수이고 itemsize가 가장 큰 필드 크기의 배수라는 것을 확인할 수 있다. 이러한 구조가 아니면 예외가 발생한다.

필드 제목

필드는 필드 이름 외에도 관련 제목, 추가 설명을 위해 사용하는 대체 이름 또는 필드에 대한 별칭을 가질 수 있다. **제목**은 필드 이름과 같이 배열을 인덱싱하는 데 사용할 수 있다. 튜플 리스트형의 데이터 타입에서 제목을 추가할 때 필드 이름은 다음 예제처럼 하나의 문자열 대신 필드 제목과 필드 이름, 즉 2개 문자열인 튜플로 입력할 수 있다. 필드 속성에 접근하면 **mappingproxy**의 인수가 데이터 타입, 오프셋, 제목임을 확인할 수 있다.

```
>>> x = np.dtype([(('my title', 'name'), 'f4')])

>>> x.fields
mappingproxy({'name': (dtype('float32'), 0, 'my title'), 'my title': (dtype('float32'), 0,
              'my title')})

>>> x.names
('name',)
```

딕셔너리 기반 형태를 사용할 때 titles 키를 이용해 필드 제목을 입력할 수 있다. 또한 (datatype, offset, title)처럼 3개 요소로 이루어진 튜플을 이용해 제목을 입력할 수 있다.

```
>>> np.dtype({'name': ('i4', 0, 'my title')})
```

3.2.2 구조화된 배열 인덱싱 및 할당

구조화된 배열에 값을 할당하려면 파이썬 튜플, 스칼라 값 또는 다른 구조화된 배열을 이용하는 등 몇 가지 방법을 사용할 수 있다. 값을 할당한다는 것은 객체에 동적으로 할당한다는 의미이며 객체 지향 프로그래밍 언어에서 보편적으로 사용하는 개념이다. 다음으로 구조화된 배열에 값을 할당하는 대표적인 방법들을 살펴본다.

파이썬 고유 타입인 튜플로 할당

구조화된 배열에 파이썬 튜플을 이용하여 값을 할당할 수 있다. 입력값은 배열에서 필드의 요소 수와 같은 길이의 튜플이어야 하며 길이가 다르면 오류가 발생한다. 다음 예제에서 a[1]은 인덱싱 후 해당 배열 내 위치인 두 번째 요소에 동적으로 할당된다.

```
>>> a = np.array([(1, 2, 3), (4, 5, 6)], dtype='i8, f4, f8')

>>> a[1] = (7, 8, 9)

>>> a
array([(1, 2., 3.), (7, 8., 9.)], dtype=[('f0', '<i8'), ('f1', '<f4'), ('f2', '<f8')])
```

스칼라 값으로 할당

구조화된 요소에 스칼라를 할당하면 모든 필드에 할당된다. 스칼라가 구조화된 배열에 할당되거나 구조화되지 않은 배열이 구조화된 배열로 할당될 때 이러한 결과가 발생한다. 다음 예제에서 문자열 리터럴 '' 앞의 b는 bytes 리터럴임을 나타낸다.

```
>>> a = np.zeros(2, dtype='i8, f4, ?, S1')

>>> a
array([(0, 0., False, b''), (0, 0., False, b'')],
      dtype=[('f0', '<i8'), ('f1', '<f4'), ('f2', '?'), ('f3', 'S1')])

>>> a[:] = 7

>>> a
array([(7, 7., True, b'7'), (7, 7., True, b'7')],
      dtype=[('f0', '<i8'), ('f1', '<f4'), ('f2', '?'), ('f3', 'S1')])

>>> a[:] = np.arange(2)

>>> a
array([(0, 0., False, b'0'), (1, 1., True, b'1')],
      dtype=[('f0', '<i8'), ('f1', '<f4'), ('f2', '?'), ('f3', 'S1')])
```

다른 구조화된 배열로 할당

2개의 구조화된 배열 사이의 할당은 할당하는 쪽의 요소가 튜플로 변환된 다음 받는 쪽에 할당되는 것처럼 발생한다. 예를 들어 할당하는 배열의 첫 번째 필드는 받는 배열의 첫 번째 필드에 할당된다. 두 번째 세 번째 필드 역시 이름과 관계없이 이러한 방식으로 할당된다. 그러나 구조화된 배열의 필드 개수가 각각 다르면 서로 할당될 수 없다.

```
>>> a = np.zeros(3, dtype=[('a', 'i8'), ('b', 'f4'), ('c', 'S3')])
>>> b = np.ones(3, dtype=[('x', 'f4'), ('y', 'S3'), ('z', 'O')])
>>> b[:] = a
>>> b
array([(0., b'0.0', b''), (0., b'0.0', b''), (0., b'0.0', b'')],
      dtype=[('x', '<f4'), ('y', 'S3'), ('z', 'O')])
```

3.2.3 인덱싱과 슬라이싱

표준 파이썬 구문인 x[obj]를 사용하면 배열 객체인 ndarrays를 인덱싱(indexing)할 수 있다. 여기서 x는 배열이며 obj는 선택하려는 인덱스다.

기본 인덱싱 구문

배열을 인덱싱하는 기본 구문은 i:j:k다. i는 시작 인덱스, j는 종료 인덱스, k는 step으로 간격을 의미한다. k의 값을 표기하지 않으면 1로 간주한다. 배열 객체 내에서 첫 번째 요소는 인덱스 0, 그리고 다음 요소들은 순서대로 1씩 추가된다. 따라서 i는 시작 인덱스, j-1은 종료 인덱스다.

구문 유형	설명
arr[i :]	배열의 인덱스 i부터 끝까지의 요소 선택
arr[i:j:k]	i: 시작 인덱스, j -1: 종료 인덱스, k: 간격(옵션) 시작하는 인덱스 i부터 간격 k를 더하여 인덱스 j-1까지의 요소를 선택
arr[:], arr[::]	배열의 모든 요소를 선택
arr[::2]	배열의 첫 번째 인덱스인 0부터 끝 요소까지 선택하되 간격 2씩 더해서 마지막 요소 범위까지 선택
arr[-1]	배열의 마지막 요소
arr[:-1]	:를 중심으로 왼쪽은 공란이므로 첫 번째 요소이고 오른쪽은 -1, 즉 j-1이기 때문에 -2다. 그러므로 첫 번째부터 끝에서 두 번째까지의 요소를 선택
arr[-2:]	배열의 끝에서 두 번째부터 배열의 마지막 요소까지 선택
arr[:-2]	배열의 처음부터 끝에서 세 번째까지의 요소를 선택
arr[::-1]	배열의 모든 요소를 마지막 요소부터 첫 번째 요소까지 역순으로 선택
arr[1::-1]	인덱스 1부터 마지막 요소를 선택하되 간격이 -1로 역순이 되므로 두 번째 요소와 첫 번째 요소를 차례로 선택
arr[-3::-1]	배열의 끝에서 세 번째 요소부터 마지막 요소까지를 선택하되 간격이 -1이므로 역순으로 선택

[표 3-3] 배열 슬라이싱 유형

배열 객체 요소 선택

파이썬 리스트에서 요소를 선택하는 것과 같이 다차원 배열에서 요소를 간단하게 선택할 수 있다.

```
>>> arr1 = np.arange(10)

>>> arr1                                    >>> arr1[1]
array([0, 1, 2, 3, 4, 5, 6, 7, 8, 9])       1
```

2차원 배열 객체에서 요소를 선택하려면 인수 2개를 사용한다. 이때 첫 번째 인수는 행이고 두 번째 인수는 열이다.

```
>>> arr2 = np.arange(9).reshape(3, 3)

>>> arr2                                    >>> arr2[2, 1]
array([[0, 1, 2],                           7
       [3, 4, 5],
       [6, 7, 8]])
```

3차원 배열 객체에서는 인수 3개를 사용하여 요소를 선택한다. 첫 번째 인수는 면, 두 번째 인수는 행, 세 번째 인수는 열이다. 대괄호 3개 중 가장 바깥의 대괄호 레벨의 바로 안쪽 대괄호가 면이다. 각 면 안에 3개의 행이 있으며, 가장 안쪽 대괄호 안에 있는 4개의 요소는 열이다.

```
>>> arr3 = np.reshape(np.arange(24), (2, 3, 4))

>>> arr3
array([[[ 0,  1,  2,  3],
        [ 4,  5,  6,  7],
        [ 8,  9, 10, 11]],

       [[12, 13, 14, 15],
        [16, 17, 18, 19],
        [20, 21, 22, 23]]])

>>> arr3[1, 1, 2]                           >>> arr3[1][2][3]
18                                          23
```

기본 인덱싱과 슬라이싱

[start:stop:step]으로 구성된 slice 객체, 정수, slice 객체와 정수의 튜플 등을 이용해 기본 **슬라이싱(slicing)**을 실행할 수 있다. 정수 인덱스를 처리하는 가장 간단한 방법은 **배열 스칼라**를 반환하는 것이다. 기본 인덱싱 처리로 생성되는 모든 배열은 항상 원본 배열의 **뷰(view)**다. 뷰는 원본 배열 객체를 인덱싱하여 자른 후 생성된 배열을 의미한다. 뷰에 대해서는 3절에서 더 자세히 살펴본다. 다음 예제에서 실행한 구문에 대한 설명은 표 3-3을 참고하기 바란다.

```
>>> arr1[1]
1
>>> arr1[0:5]
array([0, 1, 2, 3, 4])
>>> arr1[1::2]
array([1, 3, 5, 7, 9])

>>> arr1[:6]
array([0, 1, 2, 3, 4, 5])
>>> arr1[::2]
array([0, 2, 4, 6, 8])
>>> arr1[1:7:2]
array([1, 3, 5])
```

i가 0인 경우 −1이 배열의 맨 끝 요소이므로 인덱스에 −1씩 추가하여 처리하고 j에는 −1을 추가한다.

```
>>> arr1[-3:9]
array([7, 8])
>>> arr1[-3:2:-1]
array([7, 6, 5, 4, 3])

>>> arr1[:-3]
array([0, 1, 2, 3, 4, 5, 6])
```

인덱스 시작이 종료보다 크면 길이가 0인 객체가 반환된다.

```
>>> arr1[5:2]
array([], dtype=int32)
```

[i:] 표기는 :를 중심으로 i가 인덱스 시작이고 종료의 공란 표기는 배열의 요소 끝까지 인덱스 범위를 설정하여 처리한다는 의미이다. 다음 예제에서 2차원 배열 arr2의 인덱스처럼 축을 1개만 설정하면 인덱스 범위는 행에만 적용된다.

```
>>> arr1[5:]
array([5, 6, 7, 8, 9])

>>> arr2[1:]
arrary([[3, 4, 5],
        [6, 7, 8]])
```

배열 arr2의 요소에서 특정 범위를 인덱싱하면 0축인 행과 1축인 열에 각각 슬라이싱을 실행할 수 있다.

```
>>> arr2
array([[0, 1, 2],
       [3, 4, 5],
       [6, 7, 8]])

>>> arr2[:, ::-1]
array([[2, 1, 0],
       [5, 4, 3],
       [8, 7, 6]])
```

```
>>> arr2[:2, :2]
array([[0, 1],
       [3, 4]])
```

2차원 배열을 슬라이싱할 때 0축이나 1축 중 하나에 정수를 입력하면 2차원이 1차원으로 낮아지고, 축 2개에 정수를 입력하면 스칼라가 된다.

```
>>> arr2[:, :]
array([[0, 1, 2],
       [3, 4, 5],
       [6, 7, 8]])

>>> arr2[1,2]
5
```

```
>>> arr2[1, :]
array([3, 4, 5])
```

다음 예제의 arr3[0, :, 1]은 3차원 배열인 arr3을 0면, 모든 행, 1열을 선택한 배열로 인덱싱한다. 이때 0과 1, 즉 정수가 2개 사용되었으므로 3차원 객체가 1차원 배열 객체가 된다는 점에 유의한다. arr3[1, :, :]은 정수가 1개 적용되었으므로 2차원 배열 객체가 된다.

```
>>> arr3[0, :, 1]
array([1, 5, 9])

>>> arr3
array([[[ 0,  1,  2,  3],
        [ 4,  5,  6,  7],
        [ 8,  9, 10, 11]],
```

```
>>> arr3[1, :, :]
array([[12, 13, 14, 15],
       [16, 17, 18, 19],
       [20, 21, 22, 23]])
```

```
       [[12, 13, 14, 15],
        [16, 17, 18, 19],
        [20, 21, 22, 23]]])
```

다음 예제에서 3차원 배열 arr3을 인덱싱할 때 :2는 0면과 1면, 1:은 2행과 3행 그리고 :2는 0열과 1열을 선택해 슬라이싱한다.

```
>>> arr3[:2, 1:, :2]
array([[[4, 5],
        [8, 9]],

       [[16, 17],
        [20, 21]]])
```

고급 인덱싱

고급 인덱싱(advanced Indexing)은 x[obj]에서 선택 객체인 obj가 튜플 시퀀스 객체가 아니거나 데이터 타입 정수 또는 불리언의 ndarray일 때 사용할 수 있다. 기본 인덱싱은 뷰를 반환하지만 고급 인덱싱은 항상 데이터의 복사본을 반환한다.

고급 인덱싱을 할 때 배열의 각 행에서 특정 요소를 선택해야 한다.

```
>>> arr = np.array([[1, 2], [3, 4], [5, 6]])

>>> arr                        >>> arr[[0, 1, 2], [0, 1, 0]]
array([[1, 2],                 array([1, 4, 5])
       [3, 4],
       [5, 6]])
```

앞 예제에서는 배열 arr에서 행 인덱스 [0, 1, 2]로 전체 행을 선택했다. 그리고 행 인덱스는 열 인덱스 [0, 1, 0]에 일대일로 매핑된다. 즉 0행 0열, 1행 1열, 2행 0열이 반환된다.

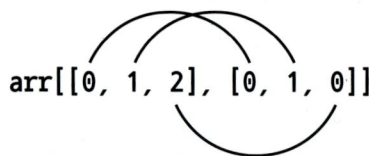

[그림 3-6] 고급 인덱싱의 요소 선택 예 1

기본 슬라이싱과 비슷한 기능을 실행하기 위해 **브로드캐스팅**(broadcasting)을 사용할 수 있다. 브로드캐스팅은 더 작은 배열이 커다란 배열의 행과 열에 호환되도록 확대하는 것으로 3절에서 더 자세히 설명한다.

고급 인덱싱을 사용하면 다음 예제처럼 4x3 배열 객체에서 행과 열을 각각 선택해 요소들을 처리할 수도 있다.

```
>>> arr = np.array([[0,  1,  2],
                    [3,  4,  5],
                    [6,  7,  8],
                    [9, 10, 11]])

>>> rows = np.array([[0, 0],
                     [3, 3]], dtype=np.intp)

>>> columns = np.array([[0, 2],
                        [0, 2]], dtype=np.intp)

>>> arr[rows, columns]
array([[0,  2],
       [9, 11]])
```

앞 예제를 분석하면 arr[rows, columns]은 다음 그림처럼 매핑되어 처리되는 것을 확인할 수 있다.

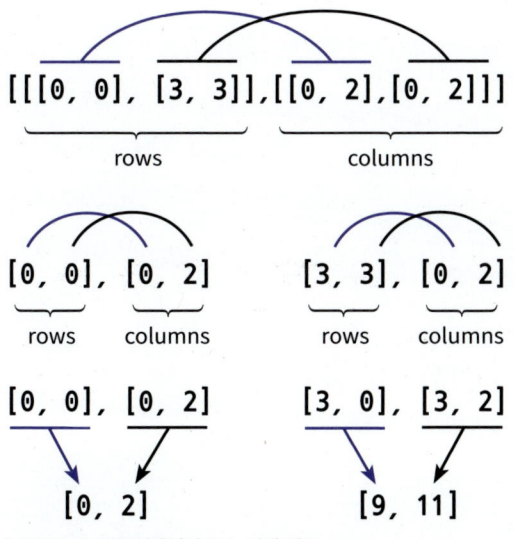

[그림 3-7] 고급 인덱싱의 요소 선택 예 2

넘파이는 약간의 상수들을 포함한다. **numpy.newaxis**는 함수가 아닌 상수이고 None의 별칭으로써 인덱싱할 때 사용될 수 있다. 1차원 배열을 2차원으로, 2차원 배열을 3차원으로 차원을 1개씩 증가시킬 수 있다.

```
>>> np.newaxis is None
True

>>> arr = np.arange(25).reshape(5, 5)      >>> arr.shape
                                           (5, 5)

>>> arr_3d = arr[np.newaxis]               >>> arr_3d.shape
                                           (1, 5, 5)
```

또한 상수 newaxis는 1차원 배열을 행 벡터나 열 벡터로 변환할 수 있다.

```
>>> arr = np.arange(10)                    >>> arr.shape
                                           (10,)

>>> arr_row = arr[np.newaxis, :]           >>> arr_row.shape
                                           (1, 10)

>>> arr_col = arr[:, np.newaxis]           >>> arr_col.shape
                                           (10, 1)
```

다음은 numpy.newaxis를 사용하여 차원을 증가시켜 연산하는 예제다.

```
>>> arr = np.array([[0, 1, 2],
                    [3, 4, 5],
                    [6, 7, 8],
                    [9, 10, 11]])
>>> rows = np.array([0, 3], dtype=np.intp)

>>> columns = np.array([0, 2], dtype=np.intp)

>>> rows[:, np.newaxis]
array([[0],
       [3]], dtype=int64)

>>> arr[rows[:, np.newaxis], columns]
array([[0, 2],
       [9,11]])
```

다음 예제에서는 인덱스에 사용하는 배열과 스칼라 값으로 인덱싱한다. 이때 스칼라 값의 인덱스가 배열의 모든 요소에 전파된다는 의미에서 브로드캐스팅이라 한다.

```
>>> arr = np.arange(15).reshape(3, 5)

>>> arr                             >>> arr[np.array([0, 2]), 3]
array([[ 0,  1,  2,  3,  4],        array([3, 13])
       [ 5,  6,  7,  8,  9],
       [10, 11, 12, 13, 14]])
```

배열의 shape가 같지 않으면 브로드캐스팅을 할 수 없다. 이때 newaxis를 사용해 차원을 증가시키면 배열 shape를 동일하게 만들 수 있다. 다음 예제에서는 arr1과 arr2의 shape가 같지 않아 arr1 + arr2 연산에서 오류가 발생했다. 따라서 연산이 가능하도록 arr1_nx와 arr2_nx의 차원을 하나 증대시켜 2개의 배열을 서로 더하면 열이 확대되는 브로드캐스팅을 할 수 있다.

```
>>> arr1= np.array([1, 2, 3, 4, 5])

>>> arr2 = np.array([11, 12, 13])

>>> arr1 + arr2
ValueError: operands could not be broadcast together with shapes (5,) (3,)

>>> arr1_nx = arr1[:, np.newaxis]

>>> arr2_nx = arr2[:, np.newaxis]

>>> arr1_nx                         >>> arr2_nx
array([[1],                         array([[11],
       [2],                                [12],
       [3],                                [13]])
       [4],
       [5]])

>>> arr1_nx + arr2                  >>> arr2_nx + arr1
array([[12, 13, 14],                array([[12, 13, 14, 15, 16],
       [13, 14, 15],                       [13, 14, 15, 16, 17],
       [14, 15, 16],                       [14, 15, 16, 17, 18]])
       [15, 16, 17],
       [16, 17, 18]])
```

불리언 배열로 인덱싱

넘파이에서는 배열 객체의 고급 인덱싱을 위해 불리언 값을 인덱스로 사용할 수 있다. 이렇게 하면 원하는 요소와 원치 않는 요소를 명시적으로 선택하는 필터링을 할 수 있다. 예를 들어 배열의 차원과 같은 shape를 가지는 불리언 배열을 인덱스로 사용하면, 행으로 처리된 1차원 배열을 반환한다.

```
>>> arr = np.arange(12).reshape(3,4)
>>> arr
array([[0, 1, 2, 3],
       [4, 5, 6, 7],
       [8, 9, 10, 11]])

>>> ind = arr>5
>>> ind
array([[False, False, False, False],
       [False, False,  True,  True],
       [ True,  True,  True,  True]])

>>> arr[ind]
array([6, 7, 8, 9, 10, 11])
```

불리언 배열을 2차원 배열의 인덱스 배열로 사용하면 2차원 배열을 반환한다.

```
>>> ind[:, 1]                          >>> arr[ind[:, 1]]
array([False, False, True])            array([[8, 9, 10, 11]])
```

2차원 불리언 배열로 3차원 배열을 인덱싱하면 2차원 배열을 반환한다. 다음 예제는 (2, 3)의 2차원 불리언 배열로 shape이 (2, 3, 4)인 3차원 배열을 인덱싱한 결과로써 shape가 (3, 4)인 2차원 배열이 된다.

```
>>> arr = np.arange(24).reshape(2, 3, 4)
>>> arr
array([[[ 0, 1, 2, 3],
        [ 4, 5, 6, 7],
        [ 8, 9, 10, 11]],

       [[12, 13, 14, 15],
```

```
      [16, 17, 18, 19],
      [20, 21, 22, 23]]])
>>> ind = np.array([[True, False, True], [False, True, False]])
>>> arr[ind]
array([[ 0,  1,  2,  3],
       [ 8,  9, 10, 11],
       [16, 17, 18, 19]])
```

슬라이싱과 인덱스 배열 처리

인덱스는 슬라이싱과 함께 사용할 수 있다.

```
>>> arr = np.arange(12).reshape(3, 4)        >>> arr[np.array([1, 2]), 1:3]
                                             array([[5,  6],
                                                    [9, 10]])
```

또한 브로드캐스팅된 불리언 인덱스와 함께 슬라이싱을 실행할 수 있다.

```
>>> ind = arr > 5
>>> ind
array([[False, False, False, False],
       [False, False,  True,  True],
       [ True,  True,  True,  True]])
>>> ind[:, 2]
array([False, True, True])
>>> arr[ind[:, 2], 1:3]
array([[5,  6],
       [9, 10]])
```

인덱스를 반환하는 numpy.nonzero( ), numpy.transpose( ) 함수

numpy.nonzero( ) 함수는 0이 아닌 요소의 인덱스들을 반환하며 **numpy.ndarray.nonzero**를 실행한 것과 같은 결과를 반환한다. 즉 각 배열의 차원에서 0이 아닌 요소의 인덱스를 포함하는 튜플을 반환한다.

다음 예제에서 0이 아닌 요소의 인덱스는 [0, 0], [1, 1], [2, 0], [2, 1]이다. 예제에서 튜플의 첫 번째 요소는 0이 아닌 값들의 첫 번째 인덱스 모음인 ([0, 1, 2, 2])이다. 튜플의 두 번째 요소는 0이 아닌 값들의 두 번째 인덱스 모음인 ([0, 1, 0, 1])이 된다.

```
>>> arr = np.array([[1, 0, 0], [0, 2, 0], [1, 1, 0]])
>>> arr
array([[1, 0, 0],
       [0, 2, 0],
       [1, 1, 0]])
>>> np.nonzero(arr)
(array([0, 1, 2, 2], dtype=int64), array([0, 1, 0, 1], dtype=int64))
```

다음 예제는 배열의 요소가 0이 아닌 값들을 정렬한다. 그리고 축을 바꾸는 전치 함수 numpy.transpose( )를 사용하면 배열에서 0이 아닌 값을 나타내는 인덱스들을 그룹으로 처리할 수 있다.

```
>>> arr[np.nonzero(arr)]          >>> np.transpose(np.nonzero(arr))
array([1, 2, 1, 1])               array([[0, 0],
                                         [1, 1],
                                         [2, 0],
                                         [2, 1]], dtype=int64)
```

nonzero( ) 함수에 불리언 조건을 적용해 True인 인덱스를 반환하게 할 수 있다.

```
>>> arr = np.arange(9).reshape(3, 3)
>>> arr > 3
array([[False, False, False],
       [False,  True,  True],
       [ True,  True,  True]])
>>> np.nonzero(arr > 3)
(array([1, 1, 2, 2, 2], dtype=int64), array([1, 2, 0, 1, 2], dtype=int64))
```

불리언 배열에 nonzero( ) 메소드를 적용해도 같은 결과를 반환한다.

```
>>> (arr > 3).nonzero()
(array([1, 1, 2, 2, 2], dtype=int64), array([1, 2, 0, 1, 2], dtype=int64))
```

numpy.transpose( ) 함수는 배열의 축을 변환하여 뷰를 반환한다.

다음 예제에서 2차원 배열인 arr을 전치하면 행이 열로, 열이 행으로 축이 변환된다. 3차원 배열 arr1의 shape는 (1, 2, 3)이다. 축은 0축, 1축, 2축 순인데 이것을 1축, 0축, 2축 순서로 전치 처리하면 shape (2, 1, 3)을 반환한다.

```
>>> arr = np.arange(4).reshape((2, 2))

>>> arr                          >>> np.transpose(arr)
array([[0, 1],                   array([[0, 2],
       [2, 3]])                         [1, 3]])

>>> arr1 = np.ones((1, 2, 3))

>>> np.transpose(arr1, (1, 0, 2)).shape
(2, 1, 3)
```

1차원 배열은 전치하면 원본 배열과 같은 뷰를 반환한다. numpy.ndarray.T 속성을 이용하는 arr.T 형태, 그리고 np.transpose(arr)와 arr.transpose( ) 함수를 사용하는 3가지 형태로 전치 처리를 할 수 있다.

```
>>> a = [1, 2, 3]                >>> b = np.array(a)

>>> b                            >>> b.T
array([1, 2, 3])                 array([1, 2, 3])

>>> arr = np.array([a])          >>> arr.transpose()
                                 array([[1],
                                        [2],
                                        [3]])
```

다차원 배열 전치

다음 예제의 배열 arr은 0축인 행 2개, 1축인 열 4개를 가진 2차원 배열이다. 전치하면 배열의 각 첫 번째 요소끼리 그룹화한 다음 두 번째 요소끼리 그룹화한다.

3차원 배열 arr1은 0축인 면이 2개, 1축인 행이 2개 2축인 열이 4개로 구성되어 있다. 이 arr1을 전치하면 shape가 (4, 2, 2)가 된다.

```
>>> arr = np.array([[1, 2, 3, 4], [5, 6, 7, 8]])

>>> arr                          >>> arr.transpose()
array([[1, 2, 3, 4],             array([[1, 5],
       [5, 6, 7, 8]])                   [2, 6],
                                        [3, 7],
                                        [4, 8]])
>>> arr1 = np.array([[[0, 1, 2, 3], [4, 5, 6, 7]],
                     [[8, 9, 10, 11], [12, 13, 14, 15]]])
>>> arr1
array([[[ 0,  1,  2,  3],
        [ 4,  5,  6,  7]],

       [[ 8,  9, 10, 11],
        [12, 13, 14, 15]]])

>>> arr1.T
array([[[ 0,  8],
        [ 4, 12]],

       [[ 1,  9],
        [ 5, 13]],

       [[ 2, 10],
        [ 6, 14]],

       [[ 3, 11],
        [ 7, 15]]])
```

다음은 3차원 배열 arr1의 축 (0, 1, 2)를 표현한 그림이다.

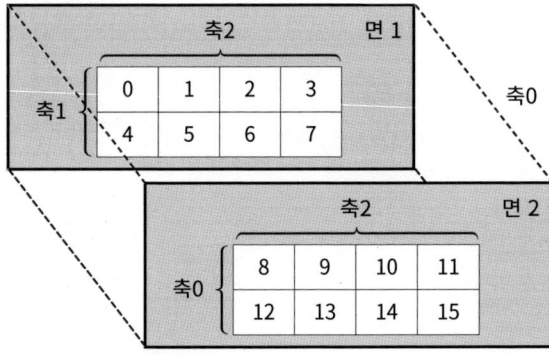

[그림 3-8] 배열 arr1의 축

다음으로 배열 arr1을 축이 (1, 0, 2)가 되도록 전치 처리해본다. 이것은 0축과 1축을 바꾸고 2축을 그대로 두는 전치다. 이 경우 면과 행은 변동되고 열이 변동되지 않으므로 전치 처리해도 형태는 같다. np.transpose와 arr.transpose 모두 전치 처리를 하므로 다음 예제에서 arr2와 arr3의 결과는 같다.

```
>>> arr2 = np.transpose(arr1, (1, 0, 2))

>>> arr3 = arr1.transpose((1, 0, 2))

>>> arr2
array([[[ 0,  1,  2,  3],
        [ 8,  9, 10, 11]],

       [[ 4,  5,  6,  7],
        [12, 13, 14, 15]]])
```

0축과 1축을 바꾸는 전치 처리 식을 알기 쉽게 표현하면 다음 그림과 같다. 그림에서 2면의 첫 번째 행이 1면의 두 번째 행으로 이동한 것이 중요한 점이다.

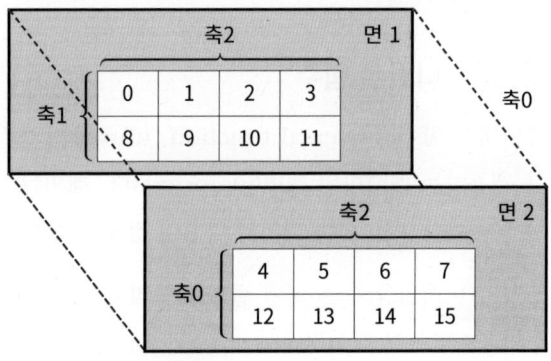

[그림 3-9] 배열 arr1의 전치

arr1.T 속성을 사용하면 축 (0, 1, 2)가 (2, 1, 0)로 전치된다. 따라서 1축은 변화가 없고 0축과 2축이 서로 교환되어 면이 4개 생긴다.

```
>>> arr4 = arr1.T

>>> arr4
array([[[ 0,  8],
        [ 4, 12]],

       [[ 1,  9],
        [ 5, 13]],

       [[ 2, 10],
        [ 6, 14]],

       [[ 3, 11],
        [ 7, 15]]])
```

다음 예제에서는 전치한 arr1, arr2, arr3, arr4의 shape를 확인한다. arr1, arr2, arr3의 shape (2, 2, 4)는 0축과 1축의 위치가 (2, 2, 4)로 바뀐 결과다. arr4는 (2, 1, 0)으로 0축과 2축을 전치해 shape가 (4, 2, 2)로 바뀜으로써 면이 4개가 된다.

```
>>> arr1.shape            >>> arr2.shape
(2, 2, 4)                 (2, 2, 4)

>>> arr3.shape            >>> arr4.shape
(2, 2, 4)                 (4, 2, 2)
```

3.2.4 유니버설 함수

유니버설 함수(universal function, ufunc)는 스칼라로 연산하는 수학적 함수들이며 인터페이스를 제공하는 벡터화된 **래퍼**(wrappers)다. 래퍼는 계산을 최소화하고 시스템을 호출할 수 있는 객체를 뜻한다. 벡터화는 데이터 타입이 정형화되었거나 실행 프로세스가 컴파일된 것을 의미한다.

또한 유니버설 함수는 실행 절차를 축약해 프로그램이 쉽게 처리되도록 하는 인터페이스들을 포함한다. 예를 들어 파이썬에서 반복문(loop)으로 배열 데이터의 요소에 다양한 연산을 실행할 때 처리 속도가 매우 느리므로 속도 개선을 위해 넘파이에서 새로운 인터페이스를 제공하는 개념이다. 따라서 넘파이 유니버설 함수인 ufunc로 배열 데이터 연산을 실행하면 매우 빠르게 처리할 수 있다.

class numpy.ufunc

유니버설 함수는 함수를 실행하기 위해 **numpy.ufunc** 클래스를 인스턴스한다. ufunc 클래스는 유용한 속성과 메소드를 가지고 있다. 모든 ufunc는 요소 단위로 배열을 연산하고 브로드캐스팅한다. 유니버설 함수를 사용하면 입력이 1개인 단항 연산과 입력이 2개인 2항 연산을 할 수 있다. 유니버설 함수는 속성을 가지고 있으나 속성을 직접 설정할 수는 없다.

속성 종류	기능
__doc__	ufunc의 docstring
__name__	ufunc의 name
ufunc.nin	입력 수
ufunc.nout	출력 수
ufunc.nargs	인수(argument) 수
ufunc.ntypes	타입 수
ufunc.types	입력에서 출력으로 그룹화된 타입의 리스트를 반환
ufunc.identity	identity 값
ufunc.signature	일반화된 ufunc가 연산하는 중심 요소 정의

[표 3-4] 유니버설 함수의 속성

유니버설 함수가 취급하는 입력 및 출력 인수 개수를 포함하는 데이터 속성은 다음과 같이 확인할 수 있다.

```
>>> np.add.nin                    >>> np.add.nout
2                                 1

>>> np.exp.nin                    >>> np.exp.nout
1                                 1
```

모든 ufunc는 reduce( ), accumulate( ), reduceat( )와 outer( ) 메소드를 가진다. 이들 메소드는 2개 인수를 입력하고 1개 출력을 반환하는 스칼라 ufunc에서 사용할 수 있다. at( ) 메소드는 고급 인덱싱을 사용할 때 연산이 제 위치에서 실행되도록 한다.

메소드 종류	기능
reduce(a[, axis, dtype, out, keepdims])	한 축을 따라 ufunc를 적용하여 a의 차원을 1개씩 축소한다.
accumulate(a[, axis, dtype, out])	모든 요소에 연산자를 적용한 결과를 축적한다.
reduceat(a, indices[, axis, dtype, out])	특정 슬라이싱 기능인 reduce를 단일 축에 실행한다.
outer(A,B, **kwargs)	A에 a, B에 b인 모든 쌍(a, b)에 유니버설 함수 연산인 ufunc op를 적용한다.
at(a, indices[, b])	인덱스로 명시된 요소의 위치에서 a에 버퍼 없이(unbuffered) 바로 연산을 실행한다.

[표 3-5] 유니버설 함수의 메소드

유니버설 함수는 단항 또는 2항 인수를 가지며 호출할 수 있는 객체다. 다음 예제에서 ufunc의 **reduce( )** 메소드는 arr 시퀀스를 인수로 가지고 호출되고 시퀀스의 요소에 대해 ufunc인 **add( )**가 실행되어 차원이 1차원에서 0차원으로 감소된다.

```
>>> np.add([1,2,3,4,5], [1,2,3,4,5])        >>> arr = np.array([1, 2, 3, 4, 5])
array([2, 4, 6, 8, 10])

>>> np.add.reduce(arr)
15
```

1차원 이상 배열 객체에 reduce( ) 메소드를 적용하면 기본 축인 0축에 감소를 실행한다. 따라서 다음 예제에서 행 2개가 1개로 축소되면서 2차원이 1차원으로 감소한다. axis=1 옵션을 설정하면 열 축에 감소를 적용하고 열 3개가 2개로 줄어들면서 1차원으로 감소한다.

```
>>> arr = np.array(([1, 2, 3], [4, 5, 6]))      >>> arr
                                                 array([[1, 2, 3],
                                                        [4, 5, 6]])

>>> np.add.reduce(arr)                           >>> np.add.reduce(arr, axis=1)
array([5, 7, 9])                                 array([6, 15])
```

유니버설 함수 add( )의 reduce( ) 메소드를 3차원 배열에 적용하면 2차원 배열이 되고 2차원 배열에 적용하면 1차원 배열이 된다. 1차원 배열에 적용하면 요소의 값을 합산한 스칼라 값이 된다.

```
>>> np.add.reduce(np.array([[[1, 2, 3, 4, 5]]]))
array([[1, 2, 3, 4, 5]])

>>> np.add.reduce(np.array([[1, 2, 3, 4, 5]]))
array([1, 2, 3, 4, 5])

>>> np.add.reduce(np.array([1, 2, 3, 4, 5]))
15
```

유니버설 함수 add( )의 **accumulate( )** 메소드는 모든 배열 요소에 연산자를 적용한 결과를 누계한다. 유니버설 함수 add( )와 multiply( )에 각각 accumulate( ) 메소드를 연산한 결과는 다음과 같다.

```
>>> np.add.accumulate([1, 2, 3, 4, 5])         >>> np.multiply.accumulate([1, 2, 3, 4, 5])
array([1, 3, 6, 10, 15], dtype=int32)          array([1, 2, 6, 24, 120], dtype=int32)
```

axis=1로 옵션을 설정하면 열에 연산을 실행한다.

```
>>> arr = np.arange(12).reshape((3, 4))

>>> np.add.accumulate(arr)
array([[ 0,  1,  2,  3],
       [ 4,  6,  8, 10],
       [12, 15, 18, 21]], dtype=int32)

>>> np.add.accumulate(arr, axis=1)
array([[0, 1, 3, 6],
       [4, 9, 15, 22],
       [8, 17, 27, 38]], dtype=int32)
```

ufunc의 reduceat( ) 메소드는 단일 축에 슬라이싱을 실행한다. 두 번째 인수인 인덱스는 len(arr)-1 이하인 수여야 한다. 다음 예제의 수행 결과는 배열 arr에서 arr[0:3], [3:5], [5:6], [6:]에 해당하는 요소를 각각 더한 값을 반환한다.

```
>>> arr = np.arange(7)                      >>> arr
                                             array([0, 1, 2, 3, 4, 5, 6])

>>> np.add.reduceat(arr, [0, 3, 5, 6])
array([3, 7, 5, 6], dtype=int32)
```

다음 예제에서 linspace(0, 15, 16)은 시작 값 0, 끝 값 15인 요소의 수가 16개가 되도록 균등한 간격으로 배열을 생성한다. 그다음 4개 행으로 구성한 배열 arr에 **np.add.reduceat**을 실행해 1행+2행+3행, 4행, 2행, 3행, 1행+2행+3행+4행을 연산해 총 5개의 배열 행이 생성되도록 처리하는 예제다. 이를 위해 arr[0:3], arr[3:1], arr[1:2], arr[2,:0], arr[0:]의 범위를 인덱스로 설정한다.

```
>>> np.linspace(0, 15, 16)
array([ 0., 1., 2., 3., 4., 5., 6., 7., 8., 9., 10., 11., 12., 13., 14., 15.])

>>> arr = np.linspace(0, 15, 16).reshape(4, 4)

>>> arr                                      >>> np.add.reduceat(arr, [0, 3, 1, 2, 0])
array([[ 0.,  1.,  2.,  3.],                 array([[12., 15., 18., 21.],
       [ 4.,  5.,  6.,  7.],                        [12., 13., 14., 15.],
       [ 8.,  9., 10., 11.],                        [ 4.,  5.,  6.,  7.],
       [12., 13., 14., 15.]])                       [ 8.,  9., 10., 11.],
                                                    [24., 28., 32., 36.]])
```

ufunc의 outer( ) 메소드는 배열 A에서 a, 배열 B에서 b를 가지는 모든 쌍인 (a, b)에 ufunc op를 적용한다. M=A.ndim, N=B.ndim이라고 할 때 op.outer(A, B)의 결과 C는 차원이 M+N인 배열이다.

```
>>> np.multiply.outer([1, 2, 3], [4, 5, 6])
array([[ 4,  5,  6],
       [ 8, 10, 12],
       [12, 15, 18]])
```

다차원 배열에 outer( ) 메소드를 적용한 예제는 다음과 같다.

```
>>> arr1 = np.array([[1, 2, 3], [4, 5, 6]])    >>> arr1.shape
                                               (2, 3)
```

```
>>> arr2 = np.array([[1, 2, 3, 4]])        >>> arr2.shape
                                           (1, 4)

>>> arr = np.multiply.outer(arr1, arr2)    >>> arr.shape; arr
                                           (2, 3, 1, 4)
                                           array([[[[ 1,  2,  3,  4]],

                                                   [[ 2,  4,  6,  8]],

                                                   [[ 3,  6,  9, 12]]],


                                                  [[[ 4,  8, 12, 16]],

                                                   [[ 5, 10, 15, 20]],

                                                   [[ 6, 12, 18, 24]]]])
```

유용한 유니버설 함수

넘파이에 정의된 60개 이상의 유니버설 함수들을 이용해 다양한 연산을 수행할 수 있다. 예를 들어 add(a, b)를 사용하는 것과 같이 배열에서 여러 ufunc를 자동으로 호출할 수 있다. 이때 a와 b는 ndarray 객체다.

다음 표에서는 수학 연산을 위한 유니버설 함수 32개를 소개한다.

유니버설 함수	기능
add($x1$, $x2$, /[, out, where, casting, order, ...])	요소별로 인수들을 더함
subtract($x1$, $x2$, /[, out, where, casting, ...])	요소별로 인수들을 뺌
multiply($x1$, $x2$, /[, out, where, casting, ...])	요소별 인수들을 곱함
divide($x1$, $x2$, /[, out, where, casting, ...])	요소별 인수들을 나눔
logaddexp($x1$, $x2$, /[, out, where, casting, ...])	입력 지수 합의 로그
logaddexp2($x1$, $x2$, /[, out, where, casting, ...])	base-2로 입력 지수 합의 로그
true_divide($x1$, $x2$, /[, out, where, ...])	요소별 입력의 나눗셈 값(true division) 반환
floor_divide($x1$, $x2$, /[, out, where, ...])	입력한 나눗셈 값과 동등하거나 더 작은 결과 중 가장 큰 정수를 반환
negative(x, /[, out, where, casting, order, ...])	요소별 음수 수치
positive(x, /[, out, where, casting, order, ...])	요소별 양수 수치
power($x1$, $x2$, /[, out, where, casting, ...])	첫 번째 배열 요소에 두 번째 배열 요소를 제곱
remainder($x1$, $x2$, /[, out, where, casting, ...])	$x1$을 $x2$로 나눈 나머지를 반환

유니버설 함수	기능
mod(x1, x2, /[, out, where, casting, order ...])	x1을 x2로 나눈 나머지를 반환
fmod(x1, x2, /[, out, where, casting, ...])	x1을 x2로 나눈 나머지를 반환
divmod(x1, x2, /[, out1, out2], / [[, out, ...])	요소별 몫과 나머지를 동시에 반환
absolute(x, /[, out, where, casting, order, ...])	요소별 절댓값을 계산(calculate)
fabs(x, /[, out, where, casting, order, ...])	요소별 절댓값을 계산(compute)
rint(x, /[, out, where, casting, order, ...])	가장 가까운 정수로 배열 요소를 반올림
sign(x, /[, out, where, casting, order, ...])	요소별 수의 부호 표시를 반환
heaviside(x1, x2, /[, out, where, casting, ...])	헤비사이드 계단 함수를 계산
conj(x, /[, out, where, casting, order, ...])	요소별 공액 복소수를 반환
exp(x, /[, out, where, casting, order, ...])	입력 배열에서 모든 요소의 지수 계산
exp2(x, /[, out, where, casting, order, ...])	입력 배열의 모든 요소(x)를 2의 x거듭제곱(2^x)으로 계산
log(x, /[, out, where, casting, order, ...])	요소별 자연로그
log2(x, /[, out, where, casting, order, ...])	x의 base-2 로그
log10(x, /[, out, where, casting, order, ...])	배열 요소별 base-10 로그
expm1(x, /[, out, where, casting, order, ...])	배열 요소별 exp(x)-1을 계산
log1p(x, /[, out, where, casting, order, ...])	배열의 각 요소에 1을 더한 자연로그를 반환
sqrt(x, /[, out, where, casting, order, ...])	배열 요소별 제곱근을 반환
square(x, /[, out, where, casting, order, ...])	배열 요소별 제곱을 반환
cbrt(x, /[, out, where, casting, order, ...])	배열 요소별 세제곱근을 반환
reciprocal(x, /[, out, where, casting, ...])	요소별 인수의 역을 반환

[표 3-6] 유니버설 함수의 종류

numpy.subtract( ) 함수는 다음 예와 같이 사용한다.

```
>>> np.subtract(1.0, 4.0)
-3.0

>>> arr2 = np.arange(3.0)

>>> arr1 = np.arange(9).reshape((3, 3))

>>> np.subtract(arr1, arr2)
array([[0., 0., 0.],
       [3., 3., 3.],
       [6., 6., 6.]])
```

numpy.power( ) 함수는 다음 예제와 같이 사용할 수 있다.

```
>>> arr1 = range(6)                    >>> arr1
                                        range(0, 6)

>>> np.power(arr1, 3)                  >>> arr2 = [1.0, 2.0, 3.0, 3.0, 2.0, 1.0]
array([0, 1, 8, 27, 64, 125], dtype=int32)

>>> np.power(arr1, arr2)
array([0., 1., 8., 27., 16., 5.])
```

유니버셜 함수에 브로드캐스팅을 적용할 수 있다.

```
>>> arr3 = np.array([[1, 2, 3, 3, 2, 1], [1, 2, 3, 3, 2, 1]])

>>> arr3                               >>> np.power(arr1, arr3)
array([[1, 2, 3, 3, 2, 1],             array([[0, 1, 8, 27, 16, 5],
       [1, 2, 3, 3, 2, 1]])                   [0, 1, 8, 27, 16, 5]], dtype=int32)
```

다음은 유니버셜 함수 중 삼각 함수들을 정리한 표다. 모든 삼각 함수의 각이 호출될 때는 라디안(radian)을 인수로 사용한다(π 라디안 = 180°).

유니버셜 함수 중 삼각 함수	기능
sin(x, /[, out, where, casting, order, ...])	요소별 사인(sine)
cos(x, /[, out, where, casting, order, ...])	요소별 코사인(cosine)
tan(x, /[, out, where, casting, order, ...])	요소별 탄젠트(tangent)
arcsin(x, /[, out, where, casting, order, ...])	요소별 역 사인
arccos(x, /[, out, where, casting, order, ...])	요소별 역 코사인
arctan(x, /[, out, where, casting, order, ...])	요소별 역 탄젠트
arctan2($x1$, $x2$, /[, out, where, casting, ...])	요소별 사분면을 선택하는 1/2의 역 탄젠트
hypot($x1$, $x2$, /[, out, where, casting, ...])	주어진 두 변의 직각 삼각형 빗변을 반환
sinh(x, /[, out, where, casting, order, ...])	요소별 쌍곡 사인(hyperbolic sine)
cosh(x, /[, out, where, casting, order, ...])	요소별 쌍곡 코사인(hyperbolic cosine)
tanh(x, /[, out, where, casting, order, ...])	요소별 쌍곡 탄젠트(hyperbolic tangent)
arcsinh(x, /[, out, where, casting, order, ...])	요소별 역 쌍곡 사인

유니버셜 함수 중 삼각 함수	기능
arccosh(x, /[, out, where, casting, order, ...])	요소별 역 쌍곡 코사인
arctanh(x, /[, out, where, casting, order, ...])	요소별 역 쌍곡 탄젠트
deg2rad(x, /[, out, where, casting, order, ...])	도(degree)를 라디안(radian)으로 변환
rad2deg(x, /[, out, where, casting, order, ...])	라디안(radian)을 도(degree)로 변환

[표 3-7] 유니버셜 함수 중 삼각 함수의 종류

numpy.sin( ) 함수는 다음 예제처럼 사용할 수 있다. sin( )에 들어가는 인수를 라디안 각도로 전달하려면 **deg2rad( )** 함수를 사용한다.

```
>>> np.sin(np.pi/2)                    >>> np.sin(np.deg2rad(90))
1.0                                    1.0

>>> np.sin(np.array((0., 30., 45., 60., 90.)) * np.pi/180.)
array([0.        , 0.5       , 0.70710678, 0.8660254 , 1.        ])
```

matplotlib은 6장에서 자세히 다루지만 matplotlib.pyplot 모듈을 사용해 sin( ) 함수를 간단히 그래프로 그려본다.

```
>>> import numpy as np

>>> import matplotlib.pyplot as plt

>>> arr = np.linspace(-np.pi, np.pi, 201)

>>> plt.plot(arr, np.sin(arr))

>>> plt.xlabel('Angle [rad]')
Text(0.5, 0, 'Angel [rad]')

>>> plt.ylabel('sin(x)')
Text(0, 0.5, 'sin(x)')

>>> plt.axis('tight')
(-3.4557519189487724, 3.4557519189487724, -1.1, 1.1)
```

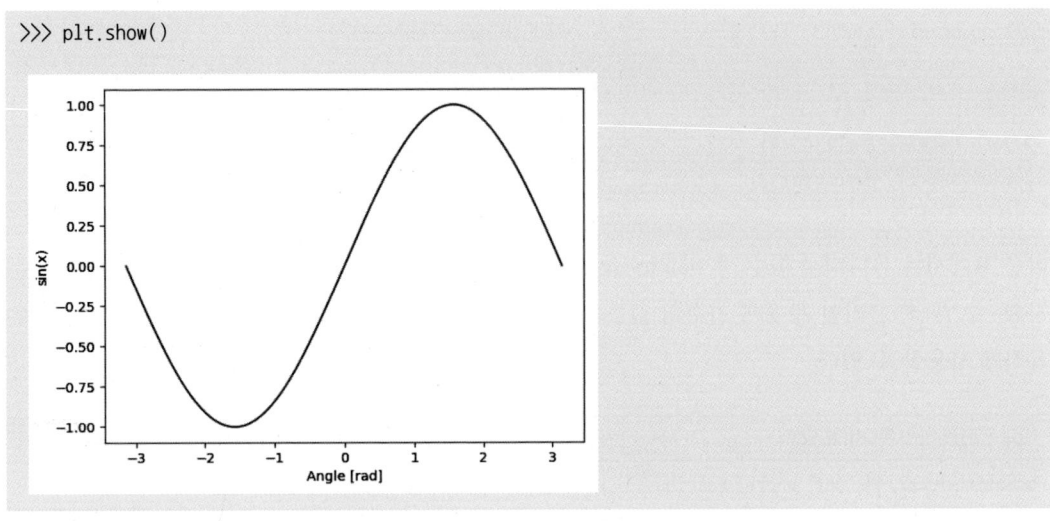

arr은 -np.pi와 np.pi 사이를 균등한 201개 간격으로 나누는 201개 요소를 가지는 배열 객체다. plot( )은 인수에서 주어진 배열 x에 따라 산출되는 배열 y의 값을 그래프로 표시한다. axis( )는 축 속성을 설정하거나 얻기 위한 메소드다. 인수의 문자열 tight는 모든 데이터를 보여주도록 범위를 충분히 크게 설정하라는 뜻이다. xlabel( )과 ylabel( )을 사용해 x축과 y축에 라벨을 덧붙인다.

다음 표에 소개하는 요소 단위 연산을 하는 유니버설 함수를 이용하면 많은 코드를 사용하지 않아도 간단히 비트 단위로 연산을 할 수 있다. 이 함수들은 모두 정수 인수를 요구하고 이 인수들을 비트 패턴으로 다룬다.

요소 단위 연산을 하는 유니버설 함수	기능
bitwise_and(x1, x2, /[, out, where, ...])	두 배열 요소별 비트 단위 AND 연산
bitwise_or(x1, x2,/[,out, where, casting, ...])	두 배열 요소별 비트 단위 OR 연산
bitwise_xor(x1, x2, /[, out, where, ...])	두 배열 요소별 비트 단위 XOR 연산
invert(x, /[, out, where, casting, order, ...])	비트 단위로 요소별 역이나 NOT 연산
left_shift(x1, x2, /[, out, where, casting, ...])	정수 비트들을 왼쪽으로 이동
right_shift(x1, x2, /[, out, where, ...])	정수 비트들을 오른쪽으로 이동

[표 3-8] 요소 단위 연산을 하는 유니버설 함수

10진수 13을 2진수로 나타내면 00001101이고 10진수 17을 2진수로 나타내면 00010001이다. 10진수 13과 17의 비트 단위 AND는 00000001 또는 1이다. 10진수를 2진수로 변환하는 함수 **numpy.binary_repr( )**을 사용해 10진수 12를 변환한 결과는 1100이다.

```
>>> np.bitwise_and(13, 17)              >>> np.binary_repr(12)
1                                       '1100'

>>> np.bitwise_and([14, 3], 13)
array([12, 1], dytpe=int32)
```

다음 표에서는 유니버설 함수 중 **비교(comparison)** 연산 함수를 소개한다. 이 함수들을 이용해 문자열, 수 배열, 불리언 등 2개 인수의 값들을 비교하는 로직을 생성할 수 있다. 또한 조건절에서 유용하게 사용할 수 있다.

비교 연산을 하는 유니버설 함수	기능
greater($x1$, $x2$, /[, out, where, casting, ...])	요소별 ($x1 > x2$)의 참값을 반환
greater_equal($x1$, $x2$, /[, out, where, ...])	요소별 ($x1 >= x2$)의 참값을 반환
less($x1$, $x2$, /[, out, where, casting, ...])	요소별 ($x1 < x2$)의 참값을 반환
less_equal($x1$, $x2$, /[, out, where, casting, ...])	요소별 ($x1 =< x2$)의 참값을 반환
not_equal($x1$, $x2$, /[, out, where, casting, ...])	요소별 ($x1 != x2$)를 반환
equal($x1$, $x2$, /[, out, where, casting, ...])	요소별 ($x1 == x2$)를 반환
logical_and($x1$, $x2$, /[, out, where, ...])	요소별 $x1$ AND $x2$의 참값을 반환
logical_or($x1$, $x2$, /[, out, where, casting, ...])	요소별 $x1$ OR $x2$의 참값을 반환
logical_xor($x1$, $x2$, /[, out, where, ...])	요소별 $x1$ XOR $x2$의 참값을 반환
logical_not($x1$, $x2$, /[, out, where, casting, ...])	요소별 NOT x의 참값을 반환
maximum($x1$, $x2$, /[, out, where, casting, ...])	배열을 요소별로 비교한 최댓값 반환
minimum($x1$, $x2$, /[, out, where, casting, ...])	배열을 요소별로 비교한 최솟값 반환
fmax($x1$, $x2$, /[, out, where, casting, ...])	배열을 요소별로 비교한 최댓값 반환
fmin($x1$, $x2$, /[, out, where, casting, ...])	배열을 요소별로 비교한 최솟값 반환

[표 3-9] 비교 연산을 하는 유니버설 함수

다음은 **플로팅(floating)** 함수들을 소개한 표다. 플로팅 함수들은 배열에서 요소 단위로 적용되고 배열을 반환하며 단일 연산만 실행한다.

유니버설 함수 중 플로팅 함수	기능
isfinite(x, /[, out, where, casting, order, ...])	요소별 유한성을 테스트
isinf(x, /[, out, where, casting, order, ...])	요소별 + 또는 - 무한대를 테스트
isnan(x, /[, out, where, casting, order, ...])	요소별 NaN에 대해 시험하고 결과를 불리언 배열로 반환
isnat(x, /[, out, where, casting, order, ...])	요소별 NaT(not a time)를 테스트하고 결과를 불리언 배열로 반환
fabs(x, /[, out, where, casting, order, ...])	요소별 절댓값을 계산
signbit(x, /[, out, where, casting, order, ...])	요소별 부호 비트가 설정된 곳에 True 반환
copysign(x1, x2, /[, out, where, casting, ...])	요소별 $x1$ 부호를 $x2$ 부호로 변경
nextafter(x1, x2, /[, out, where, casting, ...])	요소별 $x1$을 $x2$ 방향으로 다음 부동 소수점 값을 반환
spacing(x, /[, out, where, casting, order, ...])	x와 가장 가까운 인근 수 사이의 거리를 반환
modf(x[, out1, out2], / [[, out, where, ...])	x의 요소를 분수와 정수 부분으로 구분하고 부호화 분수를 반환
ldexp(x1, x2, /[, out, where, casting, ...])	요소 $x1$에 $x2$의 거듭제곱(2^{x2})을 곱함
frexp(x[, out1, out2], / [[, out, where, ...])	x의 요소들을 구간 (-1, 1)인 가수(mantissa)와 2의 지수로 분해
fmod(x1, x2, /[, out, where, casting, ...])	$x1$ 요소를 $x2$로 나눈 나머지를 반환
floor(x, /[, out, where, casting, order, ...])	x보다 작거나 같은 가장 큰 정수 반환
ceil(x, /[, out, where, casting, order, ...])	x보다 크거나 같은 가장 작은 정수 반환
trunc(x, /[, out, where, casting, order, ...])	입력 요소별 소수점 아래를 자른 값 반환

[표 3-10] 유니버설 함수 중 플로팅 함수

3.3 배열 객체 관리와 연산

넘파이는 수백만 개의 수치 데이터를 빠르게 처리함으로써 파이썬의 과학 계산을 빠르게 처리하는 라이브러리이다. 넘파이의 N차원 배열은 많은 데이터를 빠르게 처리할 수 있는 구조다. 이러한 구조는 요소의 데이터 타입과 크기가 정해져 있으며 인덱싱으로 빠르게 필드에 접근하고 변경할 수 있는 장점이 있다.

넘파이는 메모리 버퍼에 있는 같은 타입의 매트릭스나 벡터 같은 배열 데이터를 하드웨어 레벨인 저수준 형태로 메모리에 저장하고 처리한다. 또한 넘파이는 같은 크기의 메모리를 할당받고 연속된 메모리 공간에 존재하는 벡터 연산을 지원한다. 효율적인 인터페이스와 최적화된 관련 함수들, 그리고 최적화된 C 코드를 통해 CPU를 관리하는 벡터화 기능을 사용한 빠른 연산도 지원한다.

3.3.1 뷰와 복사

뷰

넘파이 배열의 **뷰(view)**는 배열 데이터를 보는 하나의 방법이다. 뷰는 기술적으로 두 객체의 데이터가 공유된다는 것을 의미한다. 뷰는 원래 배열에서 슬라이싱하는 슬라이스 뷰나 dtype을 변경하는 dtype 뷰로 생성할 수 있다. 뷰는 배열의 변화를 반영하므로 새로운 데이터 타입의 배열이 위치하는 메모리를 다시 해석한다.

슬라이스 뷰는 넘파이에서 뷰를 생성하는 가장 일반적인 방법으로 다음 예제와 같이 사용한다. 예제의 v1과 v2는 arr의 뷰다. arr의 요소를 arr[1] = 2, arr[7] =10과 같이 변경하면, v1과 v2는 이를 반영해 변경된 요소를 가진다. 이것이 뷰의 특징이다.

```
>>> arr = np.arange(10)                >>> arr
                                       array([0, 1, 2, 3, 4, 5, 6, 7, 8, 9])

>>> v1 = arr[1:2]                      >>> v1
                                       array([1])

>>> arr[1] = 2                         >>> v1
                                       array([2])

>>> v2 = arr[1::3]                     >>> v2
                                       array([2, 4, 7])

>>> arr[7] = 10                        >>> v2
                                       array([2, 4, 10])
```

배열 뷰를 생성하는 또 하나의 방법은 다음처럼 dtype 뷰로 같은 데이터 영역에 또 하나의 데이터 타입을 할당하는 것이다.

```
>>> arr = np.zeros(2, dtype=np.uint16)        >>> arr
                                              array([0, 0], dtype=np.uint16)

>>> arr.view(np.uint8)                        >>> arr.view(np.uint32)
array([0, 0, 0, 0], dtype=uint8)              array([0], dtype=uint32)
```

astype을 이용하면 새로운 데이터 타입을 가지는 배열을 복사할 수 있는데 그 결과는 뷰와 다르다.

```
>>> arr = np.zeros(2, dtype=np.uint16)        >>> arr
                                              array([0, 0], dtype=np.uint16)

>>> arr.astype(np.uint8)                      >>> arr.astype(np.uint32)
array([0, 0], dtype=uint8)                    array([0, 0], dtype=uint32)
```

다음은 2차원 배열의 뷰를 실행하는 경우다. 다음 예제에서 dtype이 uint16인 arr에 dtype이 uint8인 뷰를 실행하면 마지막 축인 열을 따라서 shape가 (2, 4)로 변경된다. 이 결과는 예를 들면 데이터 타입 unit16인 배열 요소 2는 2개의 unit8과 같으므로 배열 요소가 2와 0으로 변경되는 것과 같다.

그런데 배열 요소의 수가 255를 넘어가면 256은 0으로 세팅되어 300은 44가 된다. uint8이 8비트이므로 255의 수까지 표현할 수 있기 때문에 그 이상의 수인 256부터는 0이 된다. 따라서 데이터 타입 uint16인 300을 uint8로 변경하면 300과 0이 아니라 44와 1이 된다. 1은 255를 한 번 넘었다는 의미이다.

```
>>> arr = np.arange(4, dtype=np.uint16).reshape(2, 2)

>>> arr
array([[0, 1],
       [2, 3]], dtype=np.uint16)

>>> arr.view(np.uint8)
array([[0, 0, 1, 0],
       [2, 0, 3, 0]], dtype=uint8)

>>> arr * 100
array([[  0, 100],
       [200, 300]], dtype=uint16)
```

```
>>> (arr * 100).view(np.uint8)
array([[  0,   0, 100,   0],
       [200,   0,  44,   1]], dtype=uint8)
```

뷰는 데이터를 복사하지 않고 여러 방법으로 메모리 내에서 넘파이가 효율적으로 수행되도록 한다. 뷰는 정확한 strides와 shape로 배열을 생성한다 여기서 **strides**는 특정 축에서 한 단계 이동하기 위해 메모리에서 이동할 바이트 수들을 알려준다. strides가 (4, 2)라는 것은 다른 행으로 이동하려면 4바이트, 열을 이동하려면 2바이트가 소요된다는 의미이다.

```
>>> arr = np.arange(4, dtype=np.uint16).reshape(2, 2)

>>> arr                          >>> arr.strides
array([[0, 1]                    (4, 2)
       [2, 3]], dtype=uint16)
```

복사

다음 예제의 배열 객체 arr을 불리언으로 인덱싱하면 arr 중 해당하는 부분의 복사를 반환한다. 복사는 arr1의 요소를 변경하더라도 원본 배열인 arr의 요소에는 변화가 없다.

```
>>> arr = np.random.randn(3, 4)

>>> arr
array([[-0.88048794,  0.31455277,  2.03717416, -1.42508616],
       [ 0.4452129 , -1.2089822 ,  0.13587906,  0.60179779],
       [-0.29978905, -0.89142249, -0.86105577,  0.97908543]])

>>> arr1 = arr[arr>0]

>>> arr1
array([0.31455277, 2.03717416, 0.4452129, 0.13587906, 0.60179779, 0.97908543])

>>> arr1[:] = 0

>>> arr
array([[-0.88048794,  0.31455277,  2.03717416, -1.42508616],
       [ 0.4452129 , -1.2089822 ,  0.13587906,  0.60179779],
       [-0.29978905, -0.89142249, -0.86105577,  0.97908543]])
```

그러나 같은 원본 배열에 슬라이싱을 실행해 다른 값을 동적 할당하면 원본 배열인 arr의 요소가 변경되었음을 확인할 수 있다.

```
>>> arr1 = arr[0, :]

>>> arr1
array([-0.88048794,  0.31455277,  2.03717416, -1.42508616])

>>> arr1[:] = 0

>>> arr
array([[ 0.        ,  0.        ,  0.        ,  0.        ],
       [ 0.4452129 , -1.2089822 ,  0.13587906,  0.60179779],
       [-0.29978905,  0.89142249, -0.86105577,  0.97908543]])
```

다음으로 뷰를 사용하는 경우와 copy( ) 함수를 사용하는 경우를 비교해본다. 예제에서 볼 수 있듯 arr1을 복사한 배열 arr2의 요소에 새로운 값을 동적 할당해도 원래 배열인 arr1의 요소는 변경되지 않는다. 따라서 배열 arr의 어떤 요소도 변경되지 않는다.

```
>>> arr = np.random.randn(3, 4)

>>> arr
array([[-0.88048794,  0.31455277,  2.03717416, -1.42508616],
       [ 0.4452129 , -1.2089822 ,  0.13587906,  0.60179779],
       [-0.29978905, -0.89142249, -0.86105577,  0.97908543]])

>>> arr1 = arr[0, :]; arr1
array([-0.88048794,  0.31455277,  2.03717416, -1.42508616])

>>> arr2 = arr1[:].copy()

>>> arr2[:] = 0

>>> arr1
array([-0.88048794,  0.31455277,  2.03717416, -1.42508616])
```

넘파이는 빅데이터를 처리하는 연산에서 복사보다 뷰를 사용함으로써 메모리에 주는 부담을 줄여 처리 속도를 높인다.

3.3.2 브로드캐스팅

일반적으로 크기가 다른 배열을 더하거나 빼는 등의 산술 연산은 할 수 없다. 그러나 브로드캐스팅은 다른 shape를 가진 배열들을 산술 연산할 수 있도록 방법을 제공한다. 또한 브로드캐스팅을 하면 코드를 단순화할 수 있다.

```
>>> a = np.array([1.0, 2.0, 3.0])

>>> b = np.array([2.0, 2.0, 2.0])

>>> arr = a * b                      >>> arr
                                     array([2., 4., 6.])
```

가장 간단한 브로드캐스팅은 배열과 스칼라 값이 결합되어 연산할 때 발생한다. 다음 예제에서 산술 연산을 수행하는 동안 스칼라 b가 a와 같은 shape를 가지는 배열로 확장되는 개념으로 이해할 수 있다. 이러한 브로드캐스팅 방식은 곱셈 연산 작업 동안 메모리를 최적화하고 효율적으로 사용한다.

```
>>> a = np.array([1.0, 2.0, 3.0])

>>> b = 2.0                          >>> a * b
                                     array([2., 4., 6.])
```

예를 들어 shape가 (3,)인 배열 a와 스칼라 b의 곱셈 연산을 그림으로 표시하면 다음과 같다.

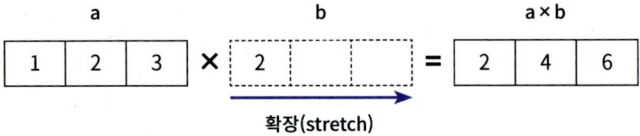

[그림 3-10] 1차원 배열과 스칼라의 브로드캐스팅

shape (4, 3)인 배열 a와 shape (3,)인 배열 b를 더하면 브로드캐스팅 규칙에 따라 다음 그림과 같은 확장 개념으로 호환성을 확보한다.

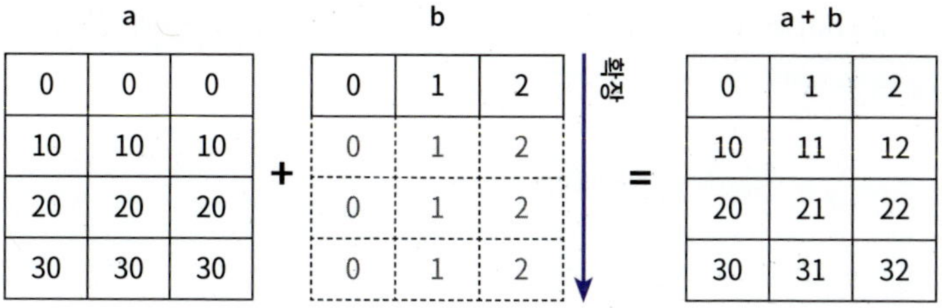

a				b				a + b		
0	0	0		0	1	2		0	1	2
10	10	10	+	0	1	2	=	10	11	12
20	20	20		0	1	2		20	21	22
30	30	30		0	1	2		30	31	32

[그림 3-11] 2차원 배열과 1차원 배열의 브로드캐스팅

브로드캐스팅 규칙

넘파이에서 두 배열을 연산할 때 요소 단위로 두 배열의 shape를 비교한 차원이 동일하거나 둘 중 하나가 1일 때 호환할 수 있다. 두 배열을 연산한 결과의 크기는 입력 배열들 중 최대 크기를 가진 차원을 따라 정해진다.

예를 들어 빛의 3원색 RGB 값이 256×256×3 배열을 가진 이미지의 색을 조정(scale)한다고 하자. 이때 이미지를 값이 3개 있는 1차원 배열로 곱한다고 할 수 있다. 브로드캐스팅 규칙에 의해 이 배열들의 후행 축을 따라 정렬하면 호환성이 있음을 알 수 있다.

다음은 브로드캐스팅의 규칙을 소개한 예다. 3개의 값이 있는 1차원 배열은 3차원 배열과 연산할 수 있다.

```
1  이미지        (3차원 배열) : 256 x 256 x 3
2  조정(scale)   (1차원 배열) :             3
3  조정 결과     (3차원 배열) : 256 x 256 x 3
```

비교 차원들 중 크기가 1인 차원이 있다면 다른 차원과 일치시키기 위해 차원을 늘리거나 복사된다. A는 4차원 배열, B는 3차원 배열로써 브로드캐스팅 연산을 하는 동안 길이가 1인 축은 더 큰 크기로 확장된다.

```
4  A       (4차원 배열) : 8 x 1 x 6 x 1
5  B       (3차원 배열) :     7 x 1 x 5
6  결과    (4차원 배열) : 8 x 7 x 6 x 5
```

A가 3차원 배열, B가 3차원 배열일 때 축의 크기가 1인 연산은 다음과 같이 수행된다.

```
7  A       (3차원 배열) : 15 x 3 x 5
8  B       (3차원 배열) : 15 x 1 x 5
9  결과    (3차원 배열) : 15 x 3 x 5
```

A가 3차원 배열, B가 2차원 배열일 때 shape가 다르거나 축의 크기가 1인 연산은 다음과 같이 수행된다.

```
A      (3차원 배열) : 15 x 3 x 5
B      (2차원 배열) :      3 x 5
결과    (3차원 배열) : 15 x 3 x 5


A      (3차원 배열) : 15 x 3 x 5
B      (2차원 배열) :      3 x 1
결과    (3차원 배열) : 15 x 3 x 5
```

다음으로 브로드캐스팅 규칙이 적용된 예제를 확인한다.

```
>>> arr1 = np.arange(4)                    >>> arr2 = arr1.reshape(4, 1)

>>> arr3 = np.ones(5)                      >>> arr4 = np.ones((3, 4))

>>> arr1.shape                             >>> arr3.shape
(4,)                                       (5,)

>>> arr1 + arr3
Traceback (most recent call last):
File "<stdin>", line 1, in <module>
ValueError: operands could not be broadcast together with shapes (4,) (5,)

>>> arr2.shape                             >>> (arr2 + arr3).shape
(4, 1)                                     (4, 5)

>>> arr2 + arr3
array([[1., 1., 1., 1., 1.],
       [2., 2., 2., 2., 2.],
       [3., 3., 3., 3., 3.],
       [4., 4., 4., 4., 4.]])

>>> arr4.shape                             >>> (arr1 + arr4).shape
(3, 4)                                     (3, 4)
```

```
>>> arr1 + arr4
array([[1., 2., 3., 4.],
       [1., 2., 3., 4.],
       [1., 2., 3., 4.]])
```

numpy.newaxis 적용

상수인 **numpy.newaixs**를 적용하면 1차원 배열을 2차원 열 벡터나 행 벡터로 변환할 수 있다.

```
>>> arr = np.array([0, 1, 2, 3])      >>> arr.shape
                                      (4,)

>>> arr[np.newaxis, :]      # 행 벡터로 변환
array([[0, 1, 2, 3]])

>>> arr[:, np.newaxis]      # 열 벡터로 변환
array([[0],
       [1],
       [2],
       [3]])
```

다음은 넘파이 인덱스 연산자인 newaxis를 사용해 1차원 shape (4,)인 배열 arr1을 2차원 shape (4x1)로 만들어 shape (3,)인 arr2와 덧셈 연산을 할 수 있도록 하는 예제다.

```
>>> arr1 = np.array([0, 1, 2, 3])        >>> arr2 = np.array([10, 20, 30])

>>> arr11 = arr1[:, np.newaxis]          >>> arr11 + arr2
                                         array([[10, 20, 30],
                                                [11, 21, 31],
                                                [12, 22, 32],
                                                [13, 23, 33]])
```

예제를 그림으로 나타내면 다음과 같다. 먼저 shape (4,)인 arr1과 shape (3,)인 arr2를 더할 수 있도록 arr1에 열 축을 추가해 shape (4, 1)로 만든다. 이후 arr2와 더할 수 있도록 호환되고 그 덧셈 결과가 shape (4, 3)이 된다.

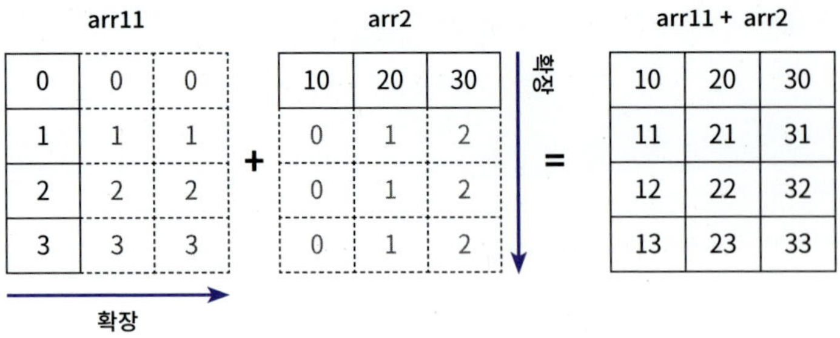

[그림 3-12] 1차원 배열과 1차원 배열의 브로드캐스팅

broadcast 클래스

broadcast 클래스는 브로드캐스팅을 모방하는 객체를 생성한다. 입력 매개 변수들을 차례로 브로드캐스팅하고 결과를 감싸는(encapsulation) 객체를 반환한다.

클래스	numpy.broadcast
매개 변수	in1, in2, ...: 유사 배열, 입력 매개 변수
반환 값	b: broadcast 객체

[표 3-11] broadcast 클래스

broadcast 클래스의 속성과 메소드는 다음 표와 같다.

구분	종류	기능
속성	index	브로드캐스팅된 결과에서 현재 인덱스
	iters	self의 요소에 따른 이터레이터(iterators)의 튜플
	nd	브로드캐스팅된 결과의 차원 수
	ndim	브로드캐스팅된 결과의 차원 수(넘파이 1.12.0 이후 버전)
	numiter	브로드캐스팅된 결과가 가진 이터레이터의 개수
	shape	브로드캐스팅된 결과의 shape
	size	브로드캐스팅된 결과의 총 크기
메소드	reset( )	브로드캐스팅된 결과의 이터레이터들을 리셋

[표 3-12] broadcast 클래스의 속성과 메소드

numiter 속성은 다음과 같이 사용할 수 있다.

```
>>> arr1 = np.array([1, 2, 3])          >>> arr2 = np.array([[4], [5], [6]])
>>> arr = np.broadcast(arr1, arr2)      >>> arr.numiter
                                        2
```

다음은 브로드캐스팅을 이용해 2개 벡터를 더해본다. 브로드캐스팅 실행 결과는 broadcast 객체이며, arr1의 shape는 (3, 1)이고 arr2의 shape가 (3,)이 되어 브로드캐스팅할 수 있는 조건이 된다. 다시 말해 arr1과 arr2가 브로드캐스팅되면 arr1의 shape는 (3, 1)로 확장되고 arr2의 shape도 (3, 3)으로 확장되어 연산할 수 있는 상태가 된다.

```
>>> arr1 = np.array([[1], [2], [3]])    >>> arr2 = np.array([4, 5, 6])
>>> arr = np.broadcast(arr1, arr2)      >>> arr
                                        <numpy.broadcast object at 0x6bb60f8>

>>> arr.shape
(3, 3)
```

다음 예제에서는 shape (3, 3)이고 empty( )로 초기화하는 객체 out을 생성한다. **out.flat**을 실행하면 반복 처리할 수 있는 상태의 객체인 **numpy.flatiter**가 된다. [u+v for (u, v) in arr]를 반복 처리한 값들을 out.flat인 flatiter 객체에 동적 할당하므로 배열 객체 out이 생성된다.

```
>>> out = np.empty(arr.shape)

>>> out.flat = [u+v for (u, v) in arr]   >>> type(out.flat)
                                         <class 'numpy.flatiter'>

>>> out                                  >>> arr1 + arr2
array([[5., 6., 7.],                     array([[5, 6, 7],
       [6., 7., 8.],                            [6, 7, 8],
       [7., 8., 9.]])                           [7, 8, 9]])
```

앞 예제에서 사용한 **numpy.ndarray.flat**은 ndarray의 속성이다. 또한 배열에 대한 1차원 이터레이터로써 배열을 반복 처리하기 위한 numpy.flatiter 클래스의 인스턴스다. 어떤 배열 x를 x.flat으로 반환하면 flatiter 이터레이터이다. 이것은 for 반복문이나 next( ) 메소드를 호출함으로써 마치 1차원 배열인 것처럼 배열의 반복 처리(iteration)를 허용한다.

flatiter 클래스의 속성과 메소드는 다음과 같다.

구분	종류	기능
속성	base	반복되는 대상인 배열을 참조(reference)
	coords	현재 좌표(coordinates)의 N차원 튜플
	index	flat 인덱스를 배열로 나타냄
메소드	copy( )	1차원 배열로써 이터레이터의 복사본을 얻음

[표 3-13] flatiter 클래스의 속성과 메소드

flatiter 이터레이터는 flatiter 생성자를 호출하여 동작하고 파이썬 코드로 직접 생성할 수는 없다.

```
>>> arr = np.arange(6).reshape(2, 3)

>>> fl = arr.flat                    >>> type(fl)
                                     <class 'numpy.flatiter'>

>>> for item in fl:                  >>> fl[2:4]
...     print(item)                  array([2, 3])
...
0
1
2
3
4
5
```

base와 index 속성은 다음과 같이 사용한다.

```
>>> arr1 = np.arange(5)              >>> fl = arr1.flat

>>> fl.base is arr1
True

>>> arr2 = np.arange(6).reshape(2, 3)

>>> f2 = arr2.flat                   >>> f2.index
                                     0
```

flatiter의 속성 중 하나인 **numpy.flatiter.coords**는 현재 좌표를 N차원의 튜플로 표기한다.

```
>>> arr1 = np.arange(6).reshape(2, 3)         >>> fl.coords
>>> fl = arr1.flat                            (0, 0)

>>> next(fl)                                  >>> fl.coords
0                                             (0, 1)
>>> next(fl)                                  >>> fl.coords
1                                             (0, 2)
```

flat 속성은 ndarray 클래스다. 또한 1차원 배열을 반복하는 이터레이터고 **numpy.flatiter** 인스턴스다. 다음 예제처럼 arr.flat을 실행하면 2차원 배열인 arr이 반복 처리할 수 있는 1차원 배열이 되어 arr.flat[3]과 같은 값을 구할 수 있다.

```
>>> arr = np.arange(1, 7).reshape(2, 3)

>>> arr                                       >>> arr.flat[3]
array([[1, 2, 3],                             4
       [4, 5, 6]])

>>> arr.T                                     >>> arr.T.flat[3]
array([[1, 4],                                5
       [2, 5],
       [3, 6]])

>>> type(arr.flat)
<class 'numpy.flatiter'>
```

다음 예제는 flat 속성을 적용하고 동적 할당을 하는 경우다.

```
>>> arr.flat[[1, 4]]                          >>> arr.flat = 3; arr
array([2, 5])                                 array([[3, 3, 3],
                                                     [3, 3, 3]])

>>> arr.flat[[1, 4]] = 1; arr
array([[3, 1, 3],
       [3, 1, 3]])
```

브로드캐스팅 연산

크기가 서로 다른 배열을 크기가 같아지도록 확장 개념을 사용해 브로드캐스팅으로 변환하면 크기가 다른 배열 간 연산을 실행할 수 있다. 입력 데이터보다 더 많은 출력을 얻는 문제를 해결할 때 이 방법을 사용할 수 있다.

```
>>> arr = np.arange(10)                >>> arr_br = arr - arr[:, np.newaxis]

>>> arr_br
array([[ 0,  1,  2,  3,  4,  5,  6,  7,  8,  9],
       [-1,  0,  1,  2,  3,  4,  5,  6,  7,  8],
       [-2, -1,  0,  1,  2,  3,  4,  5,  6,  7],
       [-3, -2, -1,  0,  1,  2,  3,  4,  5,  6],
       [-4, -3, -2, -1,  0,  1,  2,  3,  4,  5],
       [-5, -4, -3, -2, -1,  0,  1,  2,  3,  4],
       [-6, -5, -4, -3, -2, -1,  0,  1,  2,  3],
       [-7, -6, -5, -4, -3, -2, -1,  0,  1,  2],
       [-8, -7, -6, -5, -4, -3, -2, -1,  0,  1],
       [-9, -8, -7, -6, -5, -4, -3, -2, -1,  0]])
```

브로드캐스팅은 이미지 처리 및 관리 분야에도 적용할 수 있다. matplotlib은 6장에서 자세히 다룰 것이므로 여기서는 처리 결과만 확인한다. 다음 예제에서는 1차원 배열 arr1을 2차원 배열로 변환한 후 arr2와 브로드캐스팅 연산하여 제곱근을 취하고 그림으로 나타냈다.

```
>>> import numpy as np

>>> import matplotlib.pyplot as plt

>>> arr1 = np.arange(10)

>>> arr2 = np.arange(7)

>>> arr_img = np.sqrt(arr1[:, np.newaxis]**2 + arr2**2)

>>> plt.pcolor(arr_img)
<matplotlib.collections.PolyCollection object at 0x5cfc850>

>>> plt.colorbar()
```

```
<matplotlib.colorbar.Colorbar object at 0x5d36770>

>>> plt.axis('equal')
(0.0, 7.0, 0.0, 10.0)

>>> plt.show()
```

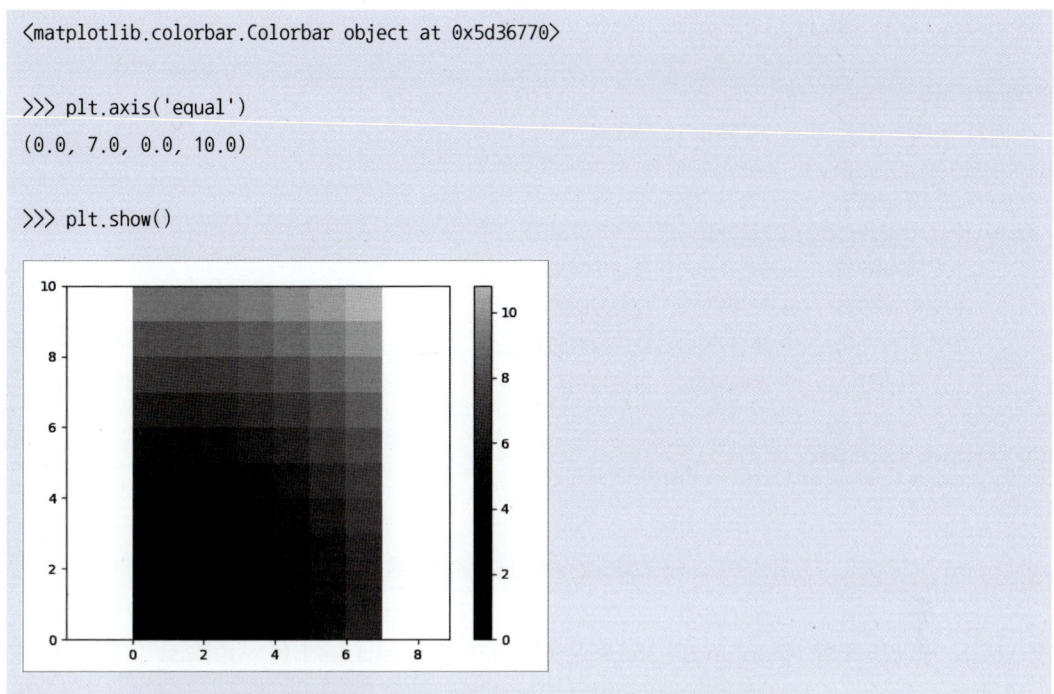

수능 성적 분석 예시

우리나라에서 매년 치르는 수능에서 국어, 영어, 수학 점수가 정규 분포를 따른다고 할 때 평균과 편차를 알고 있고 수능의 난이도가 같다면 특정 학교의 학력을 측정하는 데이터로 사용할 수 있다. 전국 학생들의 국어, 영어, 수학 평균 점수가 각각 70, 67, 59점이며 표준 편차는 각각 5, 7, 9일 때 샘플 15개를 활용한 정규 분포 그리고 브로드캐스팅을 적용한 예제를 간단히 살펴본다.

```
>>> arr = np.random.normal(loc=[70., 67., 59.], scale = [5., 7., 9.], size = (5, 3))

>>> arr
array([[68.71280363, 80.75606225, 59.27641275],
       [78.84142365, 84.7000965 , 57.97907751],
       [72.89031369, 64.35775275, 68.93271483],
       [64.46781885, 71.67188661, 54.8676874 ],
       [77.52071184, 73.68313415, 42.24427899]])
```

다음으로 열 단위 평균을 구한 후 arr에서 arr_avc를 뺀다. arr의 shape는 (5, 3), arr_avc의 shape는 (3,)으로써 브로드캐스팅 조건에 적합하므로 뺄셈을 할 수 있다.

```
>>> arr_avc = arr.mean(axis = 0)

>>> arr_avc
array([72.48661433, 75.03378645, 56.6600343 ])

>>> arr - arr_avc
array([[ -3.7738107 ,   5.7222758 ,   2.61637846],
       [  6.35480932,   9.66631005,   1.31904321],
       [  0.40369935, -10.6760337 ,  12.27268054],
       [ -8.01879548,  -3.36189984,  -1.79234689],
       [  5.03409751,  -1.35065231, -14.41575531]])

>>> arr_avr = arr.mean(axis = 1)

>>> arr_avr
array([69.58175955, 73.84019922, 68.72692709, 63.66913096, 64.48270832])
```

행 단위로 평균을 구할 때 arr_avr의 shape는 (5,)이고 arr의 shape가 (5, 3)이므로 브로드캐스팅 조건에 적합하지 않아 연산할 수 없다. 따라서 브로드캐스팅 조건에 적합하도록 np.newaxis 상수를 사용해 arr_avr의 차원을 2차원인 (5, 1)로 확장하여 연산한다.

```
>>> arr_avr[:, np.newaxis]
array([[69.58175955],
       [73.84019922],
       [68.72692709],
       [63.66913096],
       [64.48270832]])
>>> arr - arr_avr[:, np.newaxis]
array([[ -0.86895591,  11.17430271, -10.30534679],
       [  5.00122443,  10.85989728, -15.86112171],
       [  4.1633866 ,  -4.36917434,   0.20578774],
       [  0.7986879 ,   8.00275566,   8.80144355],
       [ 13.03800352,   9.20042582, -22.23842934]])
```

3.3.3 배열 조작과 정렬

이번에는 대표적인 배열 조작 관련 내용과 정렬 방법에 관해 설명한다. 그리고 지금까지 학습한 내용 중 배열 조작에 사용한 reshape( )를 적용해본다.

C 우선 배치와 F 우선 배치

넘파이 배열은 행 우선순위로 처리된다. 이것은 배열의 행에 위치한 데이터들이 서로 인접해 로딩된다는 것을 의미한다. 옵션에 F, C를 정하지 않으면 기본값인 C 우선 배치로 처리된다.

```
>>> arr = np.arange(12).reshape(3,4)
>>> arr
array([[ 0,  1,  2,  3],
       [ 4,  5,  6,  7],
       [ 8,  9, 10, 11]])

>>> arr.ravel(order='F')                >>> arr.ravel(order='C')
array([0, 4, 8, 1, 5, 9, 2, 6, 10, 3, 7, 11])   array([0, 1, 2, 3, 4, 5, 6, 7, 8, 9, 10, 11])
```

ravel( ) 함수는 **numpy.ndarray.ravel**과 **numpy.ravel**로 구분해 사용한다. 그러나 1차원 배열을 반환한다는 점에서 기능은 같다. 다음 예제에서는 배열 arr을 F순으로 인덱싱하고 shape (2, 6)으로 변형한다.

```
>>> arr.reshape(2, 6)                   >>> arr.ravel(order='F').reshape(2, 6)
array([[ 0,  1,  2,  3,  4,  5],        array([[ 0,  4,  8,  1,  5,  9],
       [ 6,  7,  8,  9, 10, 11]])              [ 2,  6, 10,  3,  7, 11]])
```

order 키워드는 배열 arr에서 값들을 가져오고 값들을 출력 배열에 배치하기 위해 인덱스 순서를 제공한다.

C 우선 배치와 F 우선 배치는 인접(contiguous) 배열과 비인접(uncontiguous) 배열 개념으로 설명할 수 있다. 배열의 요소는 메모리에 저장된다. 인접 배열은 연속된 메모리 블록에 저장되며, 배열에서 다음 요솟값으로 접근할 때는 메모리 내에서 다음 주소로 이동한다.

옵션이 설정되지 않을 때 배열 요소는 다음 그림처럼 C 우선으로 배치되어 arr이 shape (3, 2)로 표시된다. 그리고 메모리는 그림의 오른쪽과 같이 인접 배치되어 접근한다.

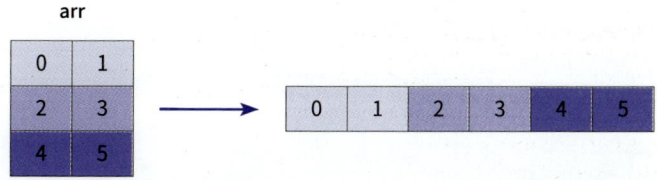

[그림 3-13] 배열 arr을 C 우선 배치

따라서 앞 그림에서는 행이 연속된 메모리 블록으로 저장되므로 C 인접 배열이 된다. 여기서 다음 그림 같이 배열 arr을 arr.T로 전치하면 열이 메모리 인접 블록으로 저장되므로 F 인접 배열이 된다.

0	2	4
1	3	5

[그림 3-14] 배열 arr을 F 우선 배치

메모리 인접 블록으로 저장된 배열을 연산하면 매우 빠르게 처리할 수 있다. C 인접 배열이 F 인접 배열보다 빠른 연산을 할 수 있으며 넘파이는 C 인접 배열을 기본으로 한다.

```
>>> arr = np.arange(6)

>>> np.reshape(arr, (2, 3))              # C 우선 배치
array([[0, 1, 2],
       [3, 4, 5]])

>>> np.reshape(np.ravel(arr), (2, 3))    # C 우선 ravel( ) 적용 후 C 우선 reshape( ) 적용
array([[0, 1, 2],
       [3, 4, 5]])

>>> np.reshape(arr, (2,3), order='F')    # F 우선 배치
array([[0, 2, 4],
       [1, 3, 5]])

>>> np.reshape(np.ravel(arr, order='F'), (2, 3), order='F')
array([[0, 2, 4],
       [1, 3, 5]])
```

배열을 이어 붙이고 스택으로 배치

배열을 이어 붙일 때 **numpy.concatenate( )** 함수를 사용한다. 이 함수는 설정한 축을 따라 배열을 이어 붙인다.

```
>>> arr1 = np.array([[1, 2], [3, 4]])         >>> arr2 = np.array([[5, 6]])

>>> np.concatenate((arr1, arr2), axis=0)
array([[1, 2],
```

```
        [3, 4],
        [5, 6]])

>>> np.concatenate((arr1, arr2.T), axis=1)
array([[1, 2, 5],
       [3, 4, 6]])

>>> np.concatenate((arr1, arr2), axis=None)
array([1, 2, 3, 4, 5, 6])
```

numpy.vstack( )은 행 단위로 수직으로 배열을 쌓는다. 따라서 axis=0을 설정한 이어 붙이기와 동일하다. **numpy.hstack( )**은 열 단위로 수평으로 배열을 쌓으므로 axis=1로 이어 붙이는 것과 같다.

```
>>> np.hstack((arr1, arr2))
ValueError: all the input array dimensions except for the concatenation axis must match exactly

>>> np.vstack((arr1, arr2))
array([[1, 2],
       [3, 4],
       [5, 6]])
```

다음 예제의 arrays는 shape (3, 4)의 2차원 배열 10개 요소로 구성되는 리스트다. 이것을 수직으로 쌓기 위해 axis=0인 stack( ) 함수를 실행하면 shape (10, 3, 4)인 3차원 배열이 된다. 수평으로 쌓기 위해 axis=1로 설정하면 shape (3, 10, 4)가 된다. axis=2로 설정하면 shape (3, 4, 10)이 된다.

```
>>> arrays = [np.random.randn(3, 4) for _ in range(10)]

>>> np.stack(arrays, axis=0).shape        >>> np.stack(arrays, axis=1).shape
(10, 3, 4)                                (3, 10, 4)

>>> np.stack(arrays, axis=2).shape        >>> arr1 = np.array([1, 2, 3])
(3, 4, 10)

>>> arr2 = np.array([2, 3, 4])            >>> np.stack((arr1, arr2))
                                          array([[1, 2, 3],
                                                 [2, 3, 4]])

>>> np.stack((arr1, arr2), axis=-1)
```

```
array([[1, 2],
       [2, 3],
       [3, 4]])
```

numpy.vstack( )은 행 단위로 수직 순서대로 배열을 쌓는다. 이것은 shape가 (N,)인 1차원 배열을 (1, N) shape로 변형한 후 첫 번째 축을 따라 이어 붙이는 것과 동일하다.

```
>>> arr1 = np.array([1, 2, 3])         >>> arr2 = np.array([2, 3, 4])

>>> np.vstack((arr1, arr2))
array([[1, 2, 3],
       [2, 3, 4]])

>>> arr3 = np.array([[1], [2], [3]])    >>> arr4 = np.array([[2], [3], [4]])

>>> np.vstack((arr3, arr4))
array([[1],
       [2],
       [3],
       [2],
       [3],
       [4]])
```

numpy.hstack( )은 열 단위로 수평 순서대로 배열들을 쌓는다. 이것은 첫 번째 축을 따라 이어 붙이는 1차원 배열을 제외하고 두 번째 축을 따라 이어 붙이는 것과 동일하다. 다음 예제의 array( )에는 리스트나 튜플형 데이터 타입을 인수로 전달할 수 있다.

```
>>> arr1 = np.array((1, 2, 3))         >>> arr2 = np.array((2, 3, 4))

>>> np.hstack((arr1, arr2))
array([1, 2, 3, 2, 3, 4])

>>> arr3 = np.array([[1], [2], [3]])    >>> arr4 = np.array([[2], [3], [4]])

>>> np.hstack((arr3, arr4))
array([[1, 2],
       [2, 3],
       [3, 4]])
```

배열 순서 정렬

넘파이에는 순서를 **정렬(sorting)**하는 여러 함수가 있다.

```
>>> arr = np.array([[1, 4], [3, 1]])

>>> np.sort(arr)                    # 마지막 축을 따라 정렬
array([[1, 4],
       [1, 3]])

>>> np.sort(arr, axis=None)         # 풀린 배열을 정렬
array([1, 1, 3, 4])

>>> np.sort(arr, axis=0)            # 첫 번째 축을 따라 정렬
array([[1, 1],
       [3, 4]])
```

다음은 구조화된 배열을 정렬할 때 order 키워드로 정렬할 필드를 지정한 예제다. 입력값은 문자열인 이름, 실수인 키, 정수인 나이 데이터의 튜플형이다.

```
>>> dtype = [('name', 'S10'), ('height', float), ('age', int)]

>>> values = [('Jin', 175, 59), ('Suho', 185, 19), ('Naeun', 162, 28)]

>>> arr = np.array(values, dtype=dtype)              # 구조화된 배열 생성

>>> np.sort(arr, order='height')
array([(b'Naeun', 162., 28), (b'Jin', 175., 59), (b'Suho', 185., 19)],
      dtype=[('name', 'S10'), ('height', '<f8'), ('age', '<i4')])
```

다음 예제는 배열을 age 기준으로 정렬한다. age가 동일하다면 다음은 height를 기준으로 정렬한다.

```
>>> np.sort(arr, order=['age', 'height'])
array([(b'Suho', 185., 19), (b'Naeun', 162., 28), (b'Jin', 175., 59)],
      dtype=[('name', 'S10'), ('height', '<f8'), ('age', '<i4')])
```

배열 정렬 함수 **numpy.ndarray.sort( )**를 이용해 정렬할 수도 있다.

```
>>> arr = np.array([[1, 4], [3, 1]])

>>> arr.sort(axis=1)                    >>> arr
                                        array([[1, 4],
                                               [1, 3]])

>>> arr.sort(axis=0)                    >>> arr
                                        array([[1, 3],
                                               [1, 4]])
```

numpy.argsort는 배열을 정렬할 인덱스를 반환한다. np.argsort를 이용해 1차원 배열을 정렬한 예제는 다음과 같으며 인덱스로 정렬된 배열을 반복문을 이용해 정렬할 수 있다.

```
>>> arr = np.array([3, 1, 2])           >>> sorted_by_index = np.argsort(arr)

>>> sorted_by_index                     >>> for i in sorted_by_index:
array([1, 2, 0], dtype=int64)           ...     print(arr[i])
                                        ...
                                        1
                                        2
                                        3
```

np.argsort를 이용해 2차원 배열을 정렬한 예제는 다음과 같다.

```
>>> arr = np.array([[0, 3], [2, 2]])

>>> arr
array([[0, 3],
       [2, 2]])

>>> np.argsort(arr, axis=0)             # 첫 번째 축을 따라 정렬
array([[0, 1],
       [1, 0]], dtype=int64)

>>> np.argsort(arr, axis=1)             # 마지막 축을 따라 정렬
array([[0, 1],
       [0, 1]], dtype=int64)
```

order 키워드로 배열을 정렬하는 예제는 다음과 같다.

```
>>> arr = np.array([(1, 0), (0, 1)], dtype=[('x', '<i4'), ('y', '<i4')])
>>> arr
array([(1, 0), (0, 1)], dtype=[('x', '<i4'), ('y', '<i4')])
>>> np.argsort(arr)
array([1, 0], dtype=int64)

>>> np.argsort(arr, order=('x', 'y'))        >>> np.argsort(arr, order=('y', 'x'))
array([1, 0]), dtype=int64)                  array([0, 1], dtype=int64)
```

numpy.lexsort는 keys 인수의 순서를 사용하여 간접적으로 안정적(stable) 정렬을 수행한다. 예제에서 lexsort는 keys 인수인 튜플(arr1, arr2) 중 먼저 arr2를 먼저 정렬하고 그다음 arr1을 정렬한다. arr2 요솟값들이 모두 같으면 arr1을 기준으로 정렬한다. 따라서 arr2의 [2, 2, 1, 1]에서 세 번째 1과 네 번째 1을 우선 정렬해야 하는데 값이 같으므로 arr1을 참조해야 한다. arr1 역시 세 번째와 네 번째 요소가 같으므로 앞부분의 1이 우선 정렬된다. 결국 arr의 세 번째 위치에 있는 1이 가장 먼저 정렬되므로 그 인덱스인 2가 가장 앞에 위치한다.

```
>>> arr1 = np.array([2, 2, 1, 1])            >>> arr2 = np.array([2, 2, 1, 1])
>>> arr = np.lexsort((arr1, arr2))           >>> arr
                                             array([2, 3, 0, 1], dtype=int64)
```

다음은 우선 성으로 정렬하고, 그다음 이름으로 정렬하는 예제다. surnames로 먼저 정렬하고, surnames가 같다면 first_name으로 정렬한다.

```
>>> surnames = ('Hong', 'Na', 'Kim')
>>> first_names = ('Gildong', 'Haeseok', 'Mandeok')
>>> ind = np.lexsort((first_names, surnames))
>>> ind
array([0, 2, 1], dtype=int64)
>>> [surnames[i] + "," + first_names[i] for i in ind]
['Hong,Gildong', 'Kim,Mandeok', 'Na,Haeseok']
```

다음 예제는 숫자들로 구성된 a와 b를 인수로 정렬한다. a열에서 1은 2개이며 위치는 인덱스 0과 2다. 따라서 동일한 숫자를 인덱싱하는 것이므로 서열을 정하기 위해 b를 참조할 때 첫 번째 1은 b에서 9고 두 번째 1은 0이므로 두 번째가 앞에 위치한다. 따라서 인덱스 2가 가장 앞에 위치하는 것이다. 이런 방법을 나머지 요소에도 적용한다.

```
>>> a = [1, 5, 1, 4, 3, 4, 4]           # 첫 번째 열

>>> b = [9, 4, 0, 4, 0, 2, 1]           # 두 번째 열

>>> ind = np.lexsort((b, a))            # a를 기준으로 정렬한 다음 b를 기준으로 정렬

>>> ind
array([2, 0, 4, 6, 5, 3, 1], dtype=int64)

>>> print(ind)
[2 0 4 6 5 3 1]

>>> [(a[i], b[i]) for i in ind]
[(1, 0), (1, 9), (3, 0), (4, 1), (4, 2), (4, 4), (5, 4)]

>>> [(a[i], b[i]) for i in np.argsort(a)]
[(1, 9), (1, 0), (3, 0), (4, 4), (4, 2), (4, 1), (5, 4)]
```

구조화된 배열은 **argsort**를 이용해 정렬할 수 있다.

```
>>> arr = np.array([(1, 9), (5, 4), (1, 0), (4, 4),(3, 0), (4,2), (4, 1)],
                   dtype = np.dtype([('x', int), ('y', int)]))

>>> np.argsort(arr)      # 또는 np.argsort(arr, order=('x', 'y'))
array([2, 0, 4, 6, 5, 3, 1], dtype=int64)
```

numpy.searchsorted는 삽입하는 위치에서 순서에 따라 인덱스들을 찾는다.

```
>>> np.searchsorted([1, 2, 3, 4, 5], 3)
2

>>> np.searchsorted([1, 2, 3, 4, 5], 3, side='right')
3
```

```
>>> np.searchsorted([1, 2, 3, 4, 5], [-10, 10, 2, 3])
array([0, 5, 1, 2], dtype=int64)
```

히스토그램 함수

numpy.histogram은 데이터 세트의 히스토그램을 그리며 **numpy.searchsorted**와 자주 함께 사용한다. 히스토그램은 연속된 데이터 집합의 도수 분포를 기둥 모양의 직사각형을 이용해 나타내는 그래프다. 예를 들어 특정 지역이나 모임에서 나이 분포에 따른 인원을 히스토그램으로 그릴 수 있다.

연령 구간	도수	연령 구간에서 나이 분포
0~20	5	15, 16, 16, 17, 19
20~40	3	20, 22, 35
40~60	4	43, 45, 55, 59
60~80	2	60, 75
80~100	1	88

[표 3-14] 연령별 분포를 나타낸 도수 분포표

앞 표를 다음과 같이 나타낸 것이 히스토그램이다.

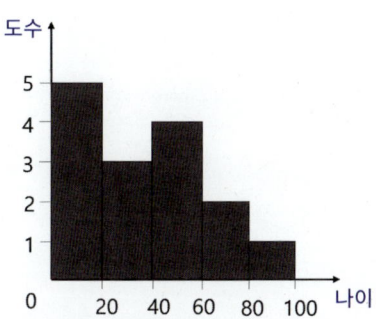

[그림 3-15] 히스토그램

numpy.histogram을 사용하면 히스토그램 값과 구간인 **bins**를 구할 수 있다. histogram( ) 함수를 실행해 반환되는 값은 요소를 2개 가지는 튜플형 데이터이다. 요소의 첫 번째 항은 도수 분포를 나타내는 히스토그램 값이고 두 번째 항은 균일한 너비의 등급을 나타내는 bins다. 따라서 요소를 a와 b, 즉 첫 번째 항과 두 번째 항으로 각각 나타낼 수 있다.

```
>>> arr = np.array([15, 16, 16, 17, 19, 20, 22, 35, 43, 45, 55, 59, 60, 75, 88])

>>> np.histogram(arr, bins=[0, 20, 40, 60, 80, 100])
(array([5, 3, 4, 2, 1], dtype=int64), array([0, 20, 40, 60, 80,100]))

>>> a, b = np.histogram(arr, bins=[0, 20, 40, 60, 80, 100])

>>> a
array([5, 3, 4, 2, 1], dtype=int64)

>>> b
array([0, 20, 40, 60, 80, 100])
```

matplotlib 모듈을 사용하면 수식으로 표현된 히스토그램을 그래프로 간단히 변환할 수 있다. matplotlib 모듈은 6장에서 자세히 학습한다.

```
>>> import matplotlib.pyplot as plt

>>> import numpy as np

>>> arr = np.array([15, 16, 16, 17, 19, 20, 22, 35, 43, 45, 55, 59, 60, 75, 88])

>>> plt.hist(arr, bins=[0, 20, 40, 60, 80, 100])

>>> plt.title("numbers depending on ages")

>>> plt.show()
```

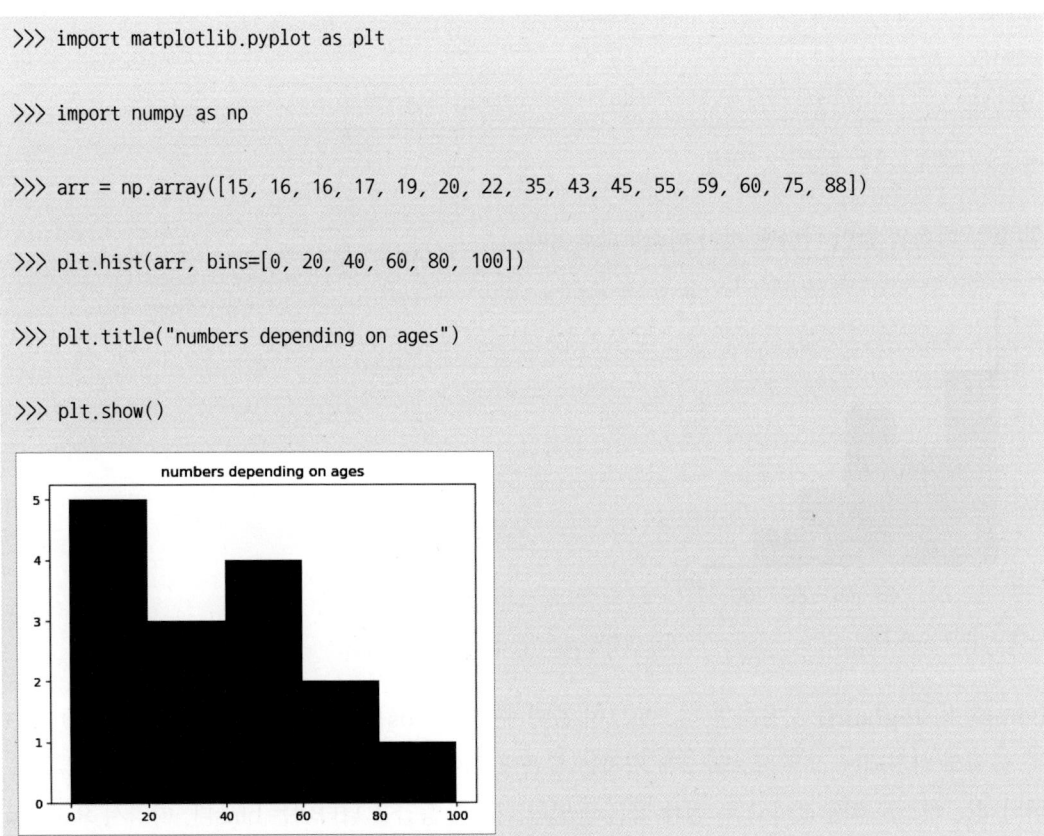

다음은 histogram( )에 다양한 인수를 적용한 예다. bins=[0, 1, 2, 3]은 첫 번째 bin [1, 2), 두 번째 bin [2, 3), 마지막 bin [3, 4) 범위를 나타낸다. [1, 2)에서 오른쪽 소괄호 앞에 있는 값은 포함되지 않음을 의미하므로 1보다 크거나 같고 2보다 작은 범위다.

```
>>> np.histogram([1, 2, 1], bins=[0, 1, 2, 3])
(array([0, 2, 1], dtype=int64), array([0, 1, 2, 3]))

>>> np.histogram(np.arange(4), bins=np.arange(5), density=True)
(array([0.25, 0.25, 0.25, 0.25]), array([0, 1, 2, 3, 4]))

>>> np.histogram([[1, 2, 1], [1, 0, 1]], bins=[0, 1, 2, 3])
(array([1, 4, 1], dtype=int64) array([0, 1, 2, 3]))
```

3.3.4 배열 연산

넘파이에서 배열은 같은 타입의 요소를 가지는 다차원 배열이다. 요소를 나타내는 인덱스는 양의 정수인 튜플이라는 데이터 타입으로 표기된다. 또한 넘파이에서 중요하게 언급되는 차원은 축이라 한다.

다차원 배열 연산

파이썬은 고수준의 동적 언어다. 파이썬의 라이브러리 넘파이는 저수준 언어인 C보다 느리다. 하지만 다차원 배열 연산을 빠르게 처리하기 위해 고성능 수치 계산을 수행하는 특별한 데이터 구조를 제공한다. 넘파이는 C로 설계된 다차원 배열 구조를 실행하면서 파이썬 인터페이스를 제공하므로 연산을 빠르게 처리할 수 있다.

다음은 넘파이에서 축이 2개인 2차원 배열을 연산하는 예제다. 0축은 열, 1축은 행 방향으로 연산을 수행한다. 예제의 axis=1은 행 방향으로 더하므로 열 방향으로 더하는 axis=0보다 빠르게 연산을 처리한다.

```
>>> arr = np.array([[1, 2, 3], [4, 5, 6]], dtype='int32')
>>> arr
array([[1, 2, 3],
       [4, 5, 6]])

>>> arr.sum(axis=0)                >>> arr.sum(axis=1)
array([5, 7, 9])                   array([ 6, 15])
```

3차원 배열은 축을 3개로 설정하여 연산을 수행할 수 있다. 다음 예제에서 axis=1은 가장 안쪽 대괄호를 기준으로 열 방향으로 더한다. axis=0은 두 번째 대괄호를 기준으로 하여 그 괄호 안에서 요소들을 각각 더한다. arr의 shape (3, 2, 4)는 순서대로 axis 0, axis 1, axis 2가 된다. 이는 axis=0을 따라 3개의 요소를, axis=1을 따라 2개의 요소를, axis=2를 따라 4개의 요소를 가진다는 의미이다.

```
>>> arr = np.arange(24).reshape(3, 2, 4)

>>> arr
array([[[ 0,  1,  2,  3],
        [ 4,  5,  6,  7]],

       [[ 8,  9, 10, 11],
        [12, 13, 14, 15]],

       [[16, 17, 18, 19],
        [20, 21, 22, 23]]])

>>> arr.shape                    >>> arr.sum(axis=0)
(3, 2, 4)                        array([[24, 27, 30, 33],
                                        [36, 39, 42, 45]])

>>> arr.sum(axis=1)              >>> arr.sum(axis=2)
array([[ 4,  6,  8, 10],         array([[ 6, 22],
       [20, 22, 24, 26],                [38, 54],
       [36, 38, 40, 42]])               [70, 86]])
```

다음 예제는 파이썬 random 모듈의 **random( )** 함수를 활용해 리스트를 생성하는 속도와 넘파이에서 배열을 연산하는 처리 속도를 비교한 것이다. 예제에서 파이썬의 random( ) 함수는 범위 [0.0, 1.0)에서 임의의 실수를 반환한다. 오른쪽의 1.0은 범위에 포함하지 않는다. IPython의 매직 함수인 %timeit을 사용하기 위해 아나콘다 프롬프트에서 'ipython'을 입력한다. 또는 주피터 노트북을 사용할 수도 있다.

```
(base) C:\Users\User>ipython
Python 3.8.5 (default, Sep 3 2020, 21:29:08) [MSC v.1916 64 bit (AMD64)]
Type 'copyright', 'credits' or 'license' for more information
IPython 7.19.0 -- An enhanced Interactive Python. Type '?' for help.
```

```
In [1]: import random

In [2]: import numpy as np

In [3]: n = 1000000

In [4]: a = [random.random() for i in range(n)]

In [5]: b = [random.random() for i in range(n)]

In [6]: arr1 = np.array(a)

In [7]: arr2 = np.array(b)

In [8]: %timeit [a[j] + b[j] for j in range(n)]
187 ms ± 624 µs per loop (mean ± std. dev. of 7 runs, 10 loops each)

In [9]: %timeit arr1 + arr2
5.66 ms ± 584 µs per loop (mean ± std. dev. of 7 runs, 100 loops each)

In [10]: %timeit np.sum(arr1)
1.34 ms ± 5.69 µs per loop (mean ± std. dev. of 7 runs, 1000 loops each)

In [11]: %timeit sum(a)
5.38 ms ± 88.4 µs per loop (mean ± std. dev. of 7 runs, 100 loops each)
```

파이썬만을 이용하는 In [8]과 넘파이 배열을 이용하는 In [9]의 연산 처리 속도에 많은 차이가 있는 것을 알 수 있다. In [8]은 리스트 a와 b의 요소를 직접 더하는 것이 아니라 결합하는 경우이므로 arr1과 arr2의 각 요소를 더하는 In [9] 연산과는 다르다. 그러나 같은 조건 연산인 In [10]과 In [11]의 연산 처리 속도를 비교하면 넘파이 배열 객체의 연산이 빠른 것을 확인할 수 있다.

배열 반복

파이썬에서 리스트를 반복하는 것처럼 배열도 반복할 수 있다.

```
>>> arr = np.array([1, 3, 5, 7])
```

```
>>> for i in arr:
...     print(i)
...
1
3
5
7
```

다차원 배열을 반복하면 첫 번째 축에서 배열의 하위 요소를 반환한다.

```
>>> arr = np.arange(8).reshape(4, 2)
>>> for i in arr:
        print(i)
[0 1]
[2 3]
[4 5]
[6 7]
```

곱셈 연산을 하는 배열은 다음 예제와 같이 반복한다.

```
>>> arr = np.arange(8).reshape(4, 2)
>>> for (a, b) in arr:
        print(a*b)
0
6
20
42
```

임의의 수 생성

random 모듈의 **rand( )** 함수는 주어진 shape에 대해 임의의 값들을 반환한다. 다음 예제는 입력한 shape 배열을 생성하고 범위 [0, 1) 안에서 일정한 분포의 임의의 값을 생성해 덧붙인다.

```
>>> np.random.rand(3, 2)
array([[0.21770171, 0.51398587],
       [0.9292597 , 0.33694608],
       [0.85389722, 0.22218065]])
```

random 모듈의 **randint(low, high)** 함수는 low를 포함하고 high를 제외하는 임의의 정수들을 반환한다. 반만 열린 범위 [low, high)에서는 특정 dtype의 이산 균등 분포에서 임의의 정수들을 반환한다. 만일 high가 기본값인 None이면 결과는 [0, low)이다.

```
>>> np.random.randint(2, size=10)           >>> np.random.randint(5, size=10)
array([1, 0, 1, 1, 0, 0, 0, 0, 0, 0])       array([2, 1, 0, 3, 4, 4, 1, 1, 2, 1])
```

다음은 0과 4 사이의 정수로 2x4 배열을 생성하는 예다.

```
>>> np.random.randint(5, size=(2, 4))
array([[0, 0, 3, 0],
       [0, 4, 4, 1]])
```

random 모듈의 **choice( )** 함수는 주어진 1차원 배열에서 임의의 샘플을 생성한다. 다음 예제에서 size가 3이고 np.arnge(5)에서 일정한 임의의 샘플을 생성하는 결과는 np.random.randint(0, 5, 3)과 같다.

```
>>> np.random.choice(5, 3)
array([0, 1, 4])
```

다음은 size가 3이고 np.arange(5) 범위에서 임의의 샘플을 생성하는 예제다. 확률을 정의하는 p 인수가 설정되었으므로 1, 4가 생성될 확률은 0이다.

```
>>> np.random.choice(5, 3, p=[0.1, 0, 0.3, 0.6, 0])
array([3, 3, 0])
```

다음 예제는 size가 10으로 일정한 배열 객체 arr에서 임의의 샘플을 생성한다. 인수 replace가 True면 **복원 추출(sample with replacement)**을 사용한다. 이는 생성되는 요소 중 반복되는 요소가 있을 수 있다는 의미이다.

```
>>> arr = np.arange(12)

>>> np.random.choice(arr, size=10, replace=True)
array([ 6, 6, 10, 0, 1, 10, 11, 4, 8, 11])

>>> np.random.choice(arr, size=10, replace=False)
array([ 4, 5, 10, 1, 8, 0, 2, 11, 9, 7])
```

다음 예제는 **재형성(reshape)** 없이 size는 3이고 np.arange(5) 범위에서 일정하지 않은 임의의 샘플을 생성한다.

```
>>> np.random.choice(5, 3, p=[0.1, 0, 0.3, 0.6, 0])
array([2, 3, 0])
```

다음과 같이 정수 대신 임의의 유사 배열을 반복할 수 있다.

```
>>> arr_like = ['yakyong', 'jegong', 'manduck', 'haeseok']

>>> np.random.choice(arr_like, 5, p=[0.5, 0.1, 0.1, 0.3])
array(['jegong', 'yakyong', 'manduck', 'yakyong', 'haeseok'], dtype='<U7')
```

선형 대수

넘파이는 선형 대수(linear algebra)를 지원하는 **numpy.linalg** 모듈을 제공한다. 이 모듈은 선형 대수에서 요구하는 많은 기능을 제공하며 넘파이 배열에 선형 대수를 적용하는 수단이다. 또한 인공지능의 머신러닝과 딥러닝에 자주 적용한다.

다음 표는 선형 대수에서 행렬과 벡터곱을 위한 함수를 나타낸다.

함수의 종류	기능
dot(a, b[, out])	2개 배열의 내적(dot product)을 계산
linalg.multi_dot(arrays)	자동으로 가장 빠른 평가 순서를 선택하면서 단일 함수 호출로 2개 이상 배열의 내적을 계산
vdot(a, b)	2개 벡터의 내적을 계산
inner(a, b)	2개 배열의 내적을 계산
outer(a, b[, out])	2개 벡터의 외적(outer product)을 계산
matmul(a, b[, out])	2개 배열의 행렬 곱셈
tensordot(a, b[, axes])	1차원 이상의 배열에 대해 명시된 축을 따라서 텐서 곱을 계산
einsum(subscripts, *operands[, out, dtype, ...])	아인슈타인 표기법 계산
einsum_path(subscripts, *operands[, optimize])	연산 횟수를 최소화하는 연산 순서를 찾음
linag.matrix_power(a, n)	정방 행렬을 정수 n인 승수로 올림
kroon(a, b)	2개 배열의 크로네커 곱

[표 3-15] 행렬과 벡터곱 관련 함수

선형 대수의 $ax = b$라는 행렬의 벡터 방정식이 있을 때 벡터 x를 구할 수 있다. 다음은 3개 변수를 가지는 연립 방정식에서 x를 구하는 예제다.

$x_1 + 2x_2 + 3x_3 = -2$

$2x_1 + x_3 = 4$

$x_1 - x_2 + x_3 = -1$

벡터 a와 b를 다음과 같이 표기할 수 있다.

$$a = \begin{bmatrix} 1 & 2 & 3 \\ 2 & 0 & 1 \\ 1 & -1 & 1 \end{bmatrix} \quad b = \begin{bmatrix} -2 \\ 4 \\ -1 \end{bmatrix}$$

벡터 a와 b를 배열로 생성한 후 다음과 같이 x를 구할 수 있는데 차례대로 x_1, x_2, x_3이다.

```
>>> a = np.array([[1, 2, 3], [2, 0, 1], [1, -1, 1]])
>>> b = np.array([-2, 4, -1])
>>> x = np.linalg.solve(a, b)
>>> x
array([ 3.42857143, 1.57142857, -2.85714286])
```

numpy.linalg.solve는 선형 매트릭스 방정식이나 선형 스칼라 방정식을 푼다. 즉 다음과 같은 매트릭스에서 벡터 [3, 1]과 [1, 2]가 선형 독립적인 선형 매트릭스 방정식 $ax = b$의 x를 구한다. 다음은 방정식 $3 \times x0 + x1 = 9$와 $x0 + 2 \times x1 = 8$을 푸는 예제다.

```
>>> a = np.array([[3, 1], [1, 2]])      >>> b = np.array([9, 8])
>>> x = np.linalg.solve(a, b)           >>> x
                                        array([2., 3.])
```

벡터는 크기와 방향을 가진다. **내적**은 방향을 가진 크기를 곱하며 비슷한 차원을 가진 벡터 사이에서 작용한다.

이와 반대되는 개념은 **외적**이라고 하며 다른 차원을 가진 벡터 사이의 작용을 의미한다. 벡터 a와 벡터 b의 내적을 계산하면 a의 절댓값에 b의 절댓값을 곱한 다음 벡터 a와 벡터 b 사이의 각도인 $\cos(\theta)$를 곱한다. 이것은 두 벡터가 같은 방향일 때 연산할 수 있음을 의미한다. 또한 같은 차원을 가진 벡터 사이에 작용하는 개념으로도 내적을 계산할 수 있다.

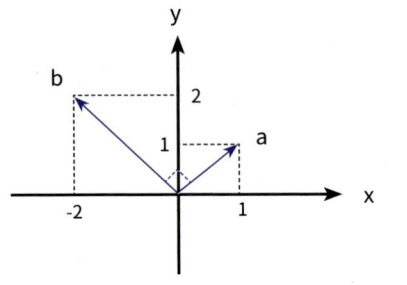

첫 번째 입력 방법:
$a \cdot b = |a| \times |b| \times \cos(\theta)$에서 θ가 90도 이므로 0

두 번째 입력 방법:
$a \cdot b = a_x b_x + a_y b_y = 1 \times (-2) + 1 \times 2 = 0$

[그림 3-16] 내적 계산을 위한 좌표

결론적으로 2개의 1차원 배열 a, b의 내적을 계산하면 a와 b 벡터 각각의 배열 내부 요소를 곱해서 더한다.

```
>>> a = np.array([1, 2, 3])          >>> b = np.array([4, 5, 6])
>>> np.dot(a, b)
32
```

2차원 배열 이상의 내적 계산은 배열 arr1의 마지막 축과 배열 arr2의 마지막의 두 번째 축을 곱해서 더하면 된다. 다음 예제에서 arr1의 마지막 축은 0축이고 arr2의 마지막 두 번째 축은 1축이다.

```
>>> arr1 = np.array([[1, 2], [3, 4]])     >>> arr2 = np.array([[4, 5], [6, 7]])
>>> np.dot(arr1, arr2)
array([[16, 19],
       [36, 43]])
```

선형 대수의 방정식 및 역행렬을 연산하는 함수는 다음과 같다.

함수 종류	기능
linalg.solve(a, b)	선형 방정식을 푼다.
linalg.tensorsolve(a, b[, axes])	x에 대한 텐서 방정식 $ax = b$를 푼다.
linalg.lstsq(a, b[, axes])	선형 방정식에 대한 최소 제곱법을 반환한다.
linalg.inv(a)	행렬의 역수를 계산한다.
linalg.pinv(a[, rcond])	무어–펜로즈 유사 역행렬을 계산한다.
linalg.tensorinv(a[, ind])	N차원 배열의 역을 계산한다.

[표 3-16] 선형 방정식 및 역행렬을 연산하는 함수

3.4 넘파이 적용

우리가 분석하고자 하는 대용량 데이터들은 어떤 파일 형태 안에 포함될 수 있다. 파이썬을 이용해 이 데이터들을 분석할 수 있고 도표나 그림 형태로 나타난 결과를 데이터 파일 형태로 만들어 저장할 수 있다.

3.4.1 데이터 파일 입력과 출력

파이썬에서 제공하는 데이터 입력과 출력 방법은 크게 3가지로 분류할 수 있다. 첫 번째는 파이썬 고유의 내장 함수를 이용해 처리하는 방법으로써 open( ), read( ), write( ), close( ) 함수를 사용한다. 두 번째는 이번 절에서 학습할 넘파이를 이용하는 방법이다. 세 번째는 4장에서 학습할 판다스에서 제공하는 read_csv( ), to_csv( ) 함수를 사용하는 방법이다.

넘파이는 파일을 읽고 데이터 파일로 쓰는 여러 방법을 제공한다. 대표적으로 넘파이 이진 파일, 텍스트 파일, **원시 이진 파일**(raw binary file) 및 **메모리 맵**(memory-mapped file) 파일 등을 읽고 쓰는 방법을 제공한다.

넘파이 이진 파일

넘파이는 다차원 배열을 효과적으로 처리한다. 또한 생성된 배열들을 컴퓨터만 읽을 수 있는 이진 파일로 저장하는 모델과 이를 처리하는 함수들을 제공한다.

NPY 형식(.npy)은 1개의 넘파이 배열을 저장 장치에 저장하는 표준 이진 파일이다. 이 형식은 구조가 다른 컴퓨터에서도 배열을 정확하게 재구성하는 데 필요한 모든 shape와 dtype 정보를 저장한다. NPZ 형식은 복수의 NPY 파일들을 하나의 ZIP 파일로 구성하는 표준 형식이다.

함수 종류	기능
load(file[, mmap_mode, allow_pickle, ...])	.npy, .npz 또는 pickled 파일에서 배열이나 pickled 객체를 불러온다.
save(file, arr[, allow_pickle, fix_imports])	넘파이 .npy 형식으로 이진 파일을 저장한다.
savez(file, *args, **kwds)	압축되지 않은 .npz 형식이며 몇 개의 배열을 하나의 파일로 저장한다.
savez_compressed(file, *args, **kwds)	압축된 .npz 형식이며 몇 개의 배열을 하나의 파일로 저장한다.

[표 3-17] 이진 파일 처리 함수

넘파이에서 데이터를 생성하고 **numpy.save( )**와 **numpy.load( )** 함수를 사용해 파일들을 저장하고 읽을 수 있다. 다음은 배열 arr을 생성하고 svd.arr 파일로 저장한 다음 다시 읽어 들이는 예제다. 필요하다면 별도의 폴더를 만들어 저장하고 읽을 때는 저장된 폴더의 경로를 명시하면 된다.

```
>>> arr = np.arange(12).reshape(3, 4)

>>> np.save('svd_arr', arr)            >>> np.load('svd_arr.npy')
                                       array([[ 0, 1, 2, 3],
                                              [ 4, 5, 6, 7],
                                              [ 8, 9, 10, 11]])
```

numpy.savez( ) 함수를 사용하면 여러 개의 배열들을 압축되지 않은 하나의 파일로 저장하고 읽을 수 있다.

```
>>> arr1 = np.arange(12).reshape(3, 4)      >>> arr2 = arr1 * 1.1

>>> np.savez('svdz_arr', a=arr2, b=arr1)    >>> np.load('svdz_arr.npz')
                                            <numpy.lib.npyio.NpzFile at 0x4ff75b0>

>>> arr_zp = np.load('svdz_arr.npz')        >>> arr_zp['a']
                                            array([[ 0. , 1.1, 2.2, 3.3],
                                                   [ 4.4, 5.5, 6.6, 7.7],
                                                   [ 8.8, 9.9, 11. , 12.1]])

>>> arr_zp['b']
array([[ 0, 1, 2, 3],
       [ 4, 5, 6, 7],
       [ 8, 9, 10, 11]])
```

텍스트 파일

데이터를 분석할 때 다양한 데이터와 파일 형식을 처리하게 된다. 이 중 일반적으로 확장자가 .txt인 원문 형태의 텍스트 파일과 확장자가 .csv인 콤마로 구분되는 텍스트 파일이 있다. 넘파이는 이 텍스트 파일들을 처리하는 함수를 제공한다.

함수 종류	기능
loadtxt(fname[, dtype, comments delimiter, ...])	텍스트 파일에서 데이터를 불러옴
savetxt(fname, X[, fmt, delimiter, newline, ...])	배열을 텍스트 파일로 저장
genfromtxt(fname[, dtype, comments, ...])	텍스트 파일에서 지정된 손실 값을 가진 데이터를 불러옴
fromregex(file, regexp, dtype[, encoding])	정규 표현식(regular expression) 파싱을 사용하여 텍스트 파일에서 배열 생성
fromstring(string[, dtype, count, sep])	문자열로 된 텍스트 데이터에서 초기화된 새로운 1차원 배열을 반환
ndarray.tofile(fid[, sep, format])	배열을 텍스트나 기본값인 이진 파일에 씀
ndarray.tolist( )	리스트로 배열을 반환

[표 3-18] 텍스트 파일 처리 함수

텍스트 파일을 읽고 쓸 때 파일을 해석하기 위해서는 행과 열의 단어들을 구분하는 **구분자(delimiter)**가 필요하다. 구분자에는 공백(space), 탭(tab), 콤마(comma) 및 콜론(colon)이 있다.

다음 예제에서는 데이터를 파일 객체로써 처리하기 위해 io 모듈의 클래스 StringIO를 임포트한다. **io.StringIO**는 유니코드 문자열을 취하고 유니코드 스트림을 반환한다.

```
>>> import numpy as np

>>> from io import StringIO

>>> x = StringIO("0 1 2\n3 4 5")

>>> np.loadtxt(x)
array([[ 0., 1., 2.],
       [ 3., 4., 5.]])
```

구분 문자를 사용해 앞 예제와 똑같은 결과를 얻을 수 있다.

```
>>> import numpy as np
>>> from io import StringIO
>>> x = StringIO("0, 1, 2\n3, 4, 5")
>>> np.loadtxt(x, delimiter=',')
array([[ 0., 1., 2.],
       [ 3., 4., 5.]])
```

다음으로 배열을 텍스트 파일로 저장한다. 매개 변수 출력 형식 fmt를 %1.4e로 지정하여 배열 arr1을 파일 test3.text에 저장하면 그 데이터가 지수 형태로 표기된다. %1.4e는 test3.txt로 저장되는 요소가 0.0000e+00의 형식을 가진다는 것을 의미한다.

```
>>> arr1 = arr2 = arr3 = np.arange(0.0, 5.0, 1.0)
>>> np.savetxt('test1.txt', arr1, delimiter=',')      # arr1은 배열
>>> np.savetxt('test2.txt', (arr1, arr2, arr3))       # 동일 크기의 2차원 배열
>>> np.savetxt('test3.txt', arr1, fmt='%1.4e')        # 지수 표기
>>> np.loadtxt('test1.txt')
array([ 0., 1., 2., 3., 4.])

>>> np.loadtxt('test2.txt')
array([[ 0., 1., 2., 3., 4.],
       [ 0., 1., 2., 3., 4.],
       [ 0., 1., 2., 3., 4.]])

>>> np.loadtxt('test3.txt')
array([ 0., 1., 2., 3., 4.])
```

test3.txt 파일을 파이썬 셸에서 **loadtxt**로 불러오면 fmt 인수를 적용한 결과를 확인할 수 없다. 이 파일은 여러분이 실행하는 주피터 노트북 또는 IPython에서 사용하는 파일이 저장된 위치에서 찾을 수 있다. 필자의 경우 주피터 노트북에서 실행하는 ipynb 파일을 C:₩Users₩User 위치에서 찾

을 수 있다. 따라서 test3.txt 파일도 이 위치에 있다. test3.txt 파일을 메모장이나 워드 등 텍스트 에디터로 읽으면 데이터 형식이 %1.4e 타입인 0.0000e00으로 변경된 것을 확인할 수 있다.

넘파이 함수 genfromtxt( )를 사용하면 텍스트 데이터를 편리하게 불러올 수 있다. 확장자가 csv인 데이터 파일을 만들어 이 함수를 실행해본다.

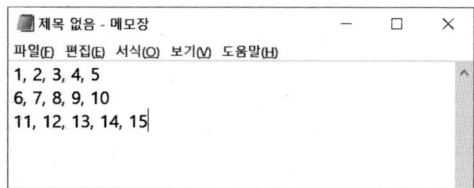

[그림 3-17] 메모장 저장 파일

필자는 메모장에 앞 그림과 같이 작성한 데이터의 파일 이름을 datafile.csv로 설정하고 파일 형식을 모든 파일로, 인코딩은 UTF-8을 선택한 후 〈저장(S)〉 버튼을 클릭해 C:\cjs 폴더에 저장했다.

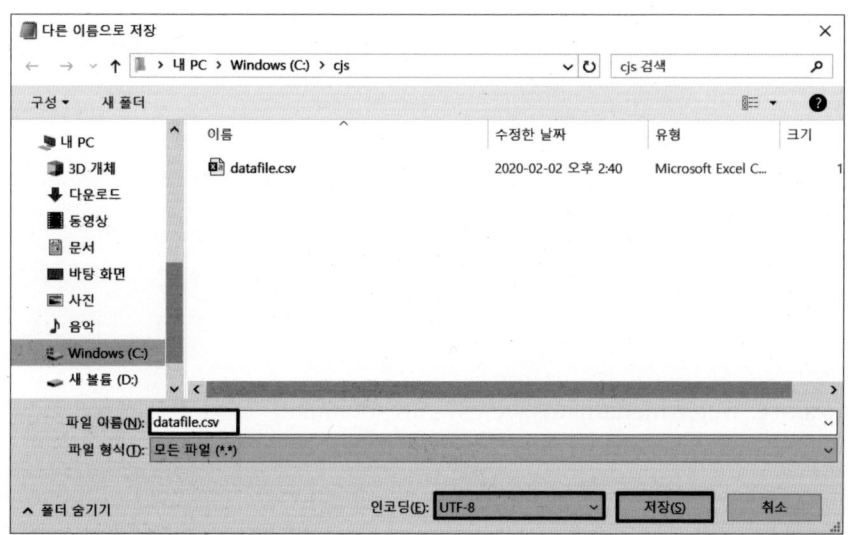

[그림 3-18] 메모장 파일의 폴더 저장

이제 genfromtxt( ) 함수를 사용해 데이터를 읽어 들인다.

```
>>> arr = np.genfromtxt('C:/cjs/datafile.csv', delimiter=',')

>>> arr
array([[ 1.,  2.,  3.,  4.,  5.],
       [ 6.,  7.,  8.,  9., 10.],
       [11., 12., 13., 14., 15.]])
```

저장한 데이터의 3개 열에 각각 no1, no2, no3로 이름을 붙여 처리할 수 있다.

```
>>> arr = np.genfromtxt('C:/cjs/datafile.csv', names=['no1', 'no2', 'no3'], delimiter=',')

>>> arr
array([( 1., 2., 3.), ( 6., 7., 8.), ( 11., 12., 13.)],
      dtype=[('no1', '<f8'), ('no2', '<f8'), ('no3', '<f8')])

>>> arr[0]
(1., 2., 3.)

>>> arr.dtype
dtype([('no1', '<f8'), ('no2', '<f8'), ('no3', '<f8')])
```

첫 번째 행을 각 열의 이름으로 사용하려면 다음과 같이 names 옵션을 True로 적용한다. 첫 번째 줄은 헤더이므로 names=True가 적용되면 두 번째 줄부터 읽는다.

```
>>> arr = np.genfromtxt('C:/cjs/datafile.csv', names=True, delimiter=',')

>>> arr
array([( 6., 7., 8., 9., 10.), ( 11., 12., 13., 14., 15.)],
      dtype=[('1', '<f8'), ('2', '<f8'), ('3', '<f8'), ('4', '<f8'), ('5', '<f8')])
```

텍스트 파일은 np.savetxt('C:₩cjs₩filenametosave.csv', arr, delimiter='x')와 같은 형식으로 저장한다.

원시 이진 파일

이진 파일은 **원시 이진(raw binary)** 형태로 저장된 데이터를 포함하는 파일이다. 이런 형태는 텍스트 문자보다 간결하고 빠르게 처리된다. 거의 모든 실행 프로그램들은 컴파일된 수치 데이터 파일인 이진 파일로 저장된다.

함수의 종류	기능
fromfile(file[, dtype, count, sep])	텍스트나 이진 파일로 된 데이터에서 배열을 생성
ndarray.tofile(fid[, sep, format])	배열을 텍스트나 이진 파일로 씀

[표 3-19] 원시 이진 파일 처리 함수

numpy.fromfile( ) 함수는 텍스트나 이진 파일 데이터에서 배열을 생성한다. 이 함수는 단순한 형태의 텍스트 파일을 파싱하고 알려진 데이터 타입을 가진 이진 데이터를 효율적으로 읽을 수 있다. 파싱(parsing)이란 컴퓨터 언어나 데이터 구조를 문법에 적합하도록 분석하는 것이다.

numpy.ndarray.tofile( ) 함수는 텍스트나 이진 배열을 파일로 저장한다. 데이터는 항상 C순으로 작성된다. fromfile( ) 함수를 사용하면 저장 데이터를 읽을 수 있다.

메모리 맵 파일

메모리 매핑(mapping)을 이용하면 저장 장치에 있는 커다란 넘파이 배열을 컴퓨터의 시스템 메모리(RAM)에서 처리하는 것처럼 처리할 수 있다. 메모리 매핑은 넘파이 배열을 사용할 수 있도록 메모리 매핑 객체를 생성한다. 넘파이는 메모리 매핑을 위한 **memmap 클래스**를 제공한다.

메모리 맵 파일은 메모리에 있는 전체 파일을 읽지 않고 저장 장치에 있는 큰 파일의 작은 부분에 접근하기 위해 사용한다. memmap은 유사 배열 객체이며 파일과 같은 객체를 사용하는 파이썬의 mmap 모듈과는 다르다. 여기서 파일과 같은 객체는 원시 이진 파일, 버퍼 이진 파일 및 텍스트 파일을 의미한다. memmap 파일을 닫으려면 memmap 인스턴스를 제거해야 한다.

memmap 객체는 ndarray가 허용되는 어디서나 사용할 수 있다. 32비트 시스템에서 메모리 맵 파일 크기는 2GB보다 클 수 없다. 파일 시스템에서 memmap 객체가 허용 크기를 넘어 생성되거나 확장되면 새로운 부분의 내용은 입력되지 않는다.

memmap을 적용하는 예제를 실행하기 전 다음과 같이 data 배열을 생성한다.

```
>>> data = np.arange(12, dtype='float32')

>>> data.resize((3, 4))

>>> data
array([[ 0., 1., 2., 3.],
       [ 4., 5., 6., 7.],
       [ 8., 9., 10., 11.]], dtype=float32)
```

임시 파일 및 디렉터리를 생성하는 tempfile 모듈의 **mkdtemp( )** 함수를 실행하면 임시 디렉터리가 생성된 것을 확인할 수 있다. 경로 조정을 위해 **os.path** 모듈을 임포트하고 해당 임시 디렉터리에 newfile.dat라는 이름을 설정했다.

```
>>> from tempfile import mkdtemp

>>> import os.path as path

>>> fname = path.join(mkdtemp(), 'newfile.dat')

>>> fname
'C:\\Users\\jchae\\AppData\\Local\\Temp\\tmp8hxj7q2j\\newfile.dat'
```

data와 같은 dtype과 shape를 가지는 fname을 생성한다. fname은 저장 장치에 이진 파일로 저장된 **memmap 배열 객체**다.

```
>>> fp=np.memmap(fname, dtype='float32', mode='w+', shape=(3, 4))

>>> fp
memmap([[ 0.,  0.,  0.,  0.],
        [ 0.,  0.,  0.,  0.],
        [ 0.,  0.,  0.,  0.]], dtype=float32)
```

다음으로 data를 memmap 배열에 쓰면 data가 memmap 배열인 fp에 매핑되는데 매핑된 파일의 경로가 앞에서 설정한 fname의 절대 경로와 같은지 확인할 수 있다. memmap 객체를 닫기 전에 저장 장치의 메모리 변경 사항을 제거한다. **os.path.abspath(path)** 함수는 경로명 path의 정규화된 절대 경로를 반환한다.

```
>>> fp[:] = data[:]

>>> fp
memmap([[ 0.,  1.,  2.,  3.],
        [ 4.,  5.,  6.,  7.],
        [ 8.,  9., 10., 11.]], dtype=float32)

>>> fp.filename == path.abspath(fname)
True

>>> del fp
```

memmap을 로딩하고 data가 저장되었는지 확인한다.

```
>>> newfp = np.memmap(fname, dtype='float32', shape=(3, 4))

>>> newfp
memmap([[ 0.,  1.,  2.,  3.],
        [ 4.,  5.,  6.,  7.],
        [ 8.,  9., 10., 11.]], dtype=float32)
```

이번에는 읽기만 가능한 memmap 객체를 생성한다. **flags**는 배열의 메모리 레이아웃 정보를 나타낸다. **a.flag['WRITEABLE']**와 같이 딕셔너리로 요소에 접근하거나 **a.flags.writeable** 속성을 이용해 flags 객체에 접근할 수 있다. flags의 writeable 속성은 데이터 영역에 쓸 수 있는지를 나타내며 속성값이 False라면 데이터를 쓸 수 없이 읽기 전용이라는 것을 의미한다.

```
>>> fpr = np.memmap(fname, dtype='float32', mode='r', shape=(3, 4))

>>> fpr.flags.writeable
False
```

메모리로 복사할 수 있는 copy-on-write memmap 객체를 생성한다.

```
>>> fpc = np.memmap(fname, dtype='float32', mode='c', shape=(3, 4))

>>> fpc.flags.writeable
True
```

copy-on-write는 mode='c'와 같아 값을 할당할 수 있지만 값들은 메모리로 복사된 배열에 쓰일 뿐이고 저장 장치에 기록되지는 않는다. 따라서 저장 장치에 있는 파일은 읽기 전용이다.

```
>>> fpc
memmap([[ 0.,  1.,  2.,  3.],
        [ 4.,  5.,  6.,  7.],
        [ 8.,  9., 10., 11.]], dtype=float32)

>>> fpc[0,:] = 0

>>> fpc
memmap([[ 0.,  0.,  0.,  0.],
        [ 4.,  5.,  6.,  7.],
        [ 8.,  9., 10., 11.]], dtype=float32)
```

저장 장치에 있는 파일이 변하지 않은 것을 확인할 수 있다.

```
>>> fpr
memmap([[ 0.,  1.,  2.,  3.],
        [ 4.,  5.,  6.,  7.],
        [ 8.,  9., 10., 11.]], dtype=float32)
```

다음 예제에서는 매개 변수 offset을 적용한다. offset=16은 16바이트에서 시작한다는 의미이다. fpo의 배열 요소 크기가 4바이트이므로 배열 요소 4개를 이동한 지점에서 시작한다.

```
>>> fpo = np.memmap(fname, dtype='float32', mode='r', offset=16)

>>> fpo
memmap([4., 5., 6., 7., 8., 9., 10., 11.], dtype=float32)
```

3.4.2 이미지 처리

파이썬은 수많은 외부 패키지를 포함하므로 매우 유용하다. 이러한 패키지 중 넘파이, 사이파이 그리고 matplotlib을 이용해 음성, 동영상, 그림 또는 다양한 신호 및 이미지 등을 처리하는 알고리즘을 실행할 수 있다. 시각화 모듈인 matplotlib은 6장에서 자세히 학습할 것이므로 여기서는 개략적으로 설명한다. 파이썬에서는 공통적으로 다음 사항을 고려해 이미지를 처리한다.

- 이미지 입력 및 출력
- 불필요한 부분을 자르기(cropping), 뒤집기(flipping) 및 회전하기(rotating) 등 기본 처리
- 잡음 제어(de-noising), 선명하게 하기(sharpening) 등 이미지 필터링(filtering)
- 이미지를 픽셀 단위의 여러 부분으로 분류하는 레이블링(labeling)
- 이미지 분류(classification)
- 특징 추출(feature extraction)
- 등록(registration)

넘파이와 matplotlib 활용

C:₩Users 폴더에 저장된 python.png 파일을 이용해 이미지 처리를 학습한다. 먼저 **imread( )** 함수 안에 인수를 'C:₩₩Users₩₩python.png' 또는 'C:/Users/python.png'를 입력해 이미지를

읽어 들인다. 루트 폴더가 아닌 D 폴더 안의 CJS 폴더에 python.png가 저장되어 있다면 'D:/CJS/python.png', 'D:\\CJS\\python.png' 또는 'D:\CJS\python.png'라고 입력한다. 이처럼 C와 D 폴더 경로를 다르게 표기하는 이유는 코덱의 해석에 차이가 있기 때문이다.

```
>>> import numpy as np
>>> import matplotlib.pyplot as plt
>>> arr1 = plt.imread('C:/Users/python.png')
>>> plt.imshow(arr1)
>>> arr1.shape
(720, 1280, 3)
>>> plt.show()
```

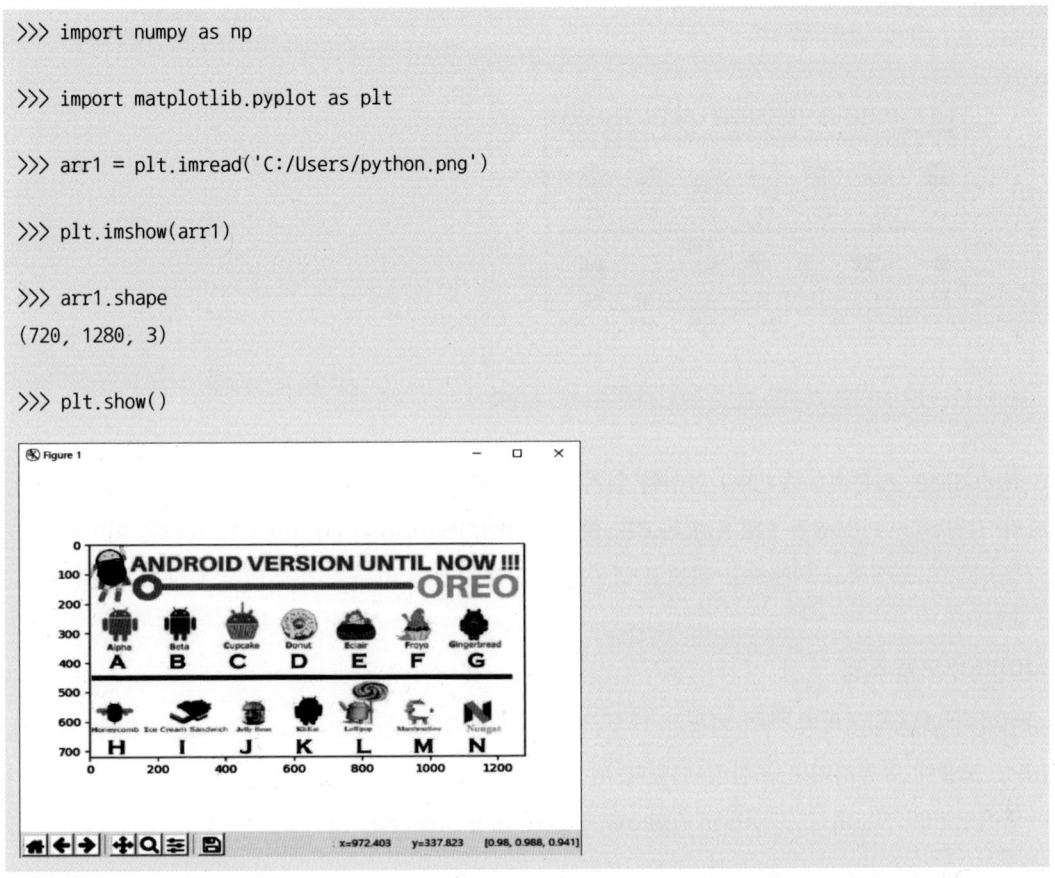

3차원 배열 arr1의 shape는 (720, 1280, 3)이다. 여기서 720은 행, 1280은 열 그리고 3은 채널을 의미하므로 720x1280픽셀이며 3개 색상, 즉 RGB 색상으로 이루어진 2차원 그림이다.

다음으로 RGB 이미지를 **그레이 스케일(gray scale)**로 변환해본다. **togray( )** 함수를 사용하여 각 픽셀에 Rx0.299 + Gx0.587 + Bx0.144를 적용해 특정 회색으로 변경한다.

```
>>> def togray(rgb):
        fil = [0.299, 0.587, 0.144]
        return np.dot(rgb, fil)
>>> arr2 = togray(arr1)
```

```
>>> plt.imshow(arr2, cmap='gray')

>>> plt.show()
```

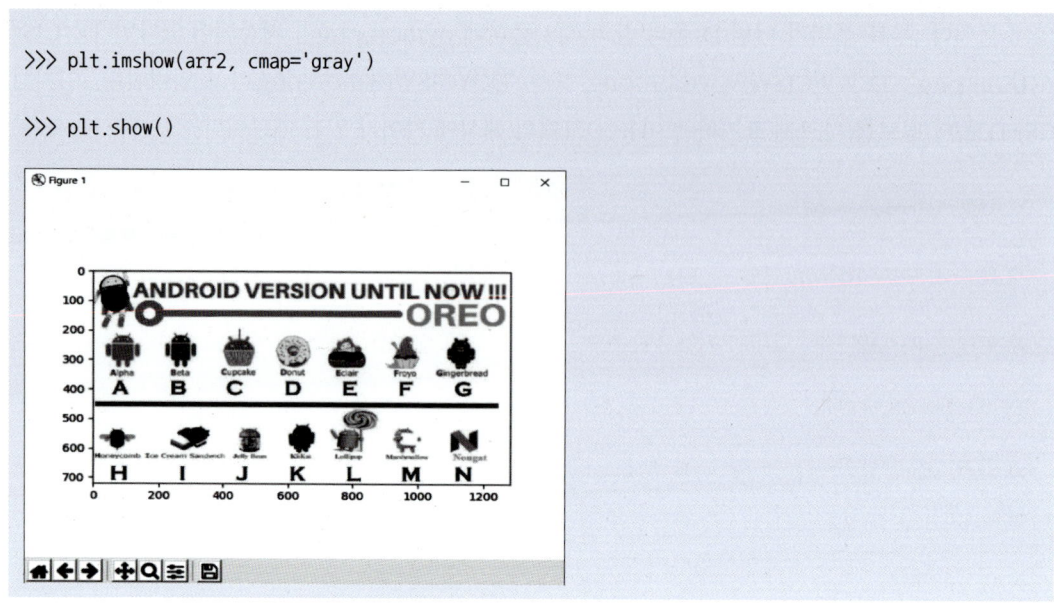

matplotlib은 기본적으로 PNG 파일을 읽기만 할 수 있다. 다른 이미지 형식은 **Pillow**에서 옵션에 따라 지원된다. Pillow는 PIL fork라고도 불린다. **PIL(Python Imaging Library)**은 이미지의 크기를 자르고 조정하고 회전하고 뒤집고 색상을 변경하는 등의 기능을 가진 많은 도구를 제공한다.

사이파이 모듈 적용

사이파이 모듈의 이미지 처리 기능은 대부분 다양한 루틴(miscellaneous routines)이라는 **scipy.misc 모듈**에 유틸리티로 포함되어 있다. misc 모듈에서 이미지를 처리하는 함수들은 사이파이와 독립적인 Pillow(https://python-pillow.org)와 함께 적용된다.

함수의 종류	기능
ascent( )	8비트 그레이 스케일인 512x512 크기 이미지를 획득
central_diff_weights(Np[, ndiv])	Np 포인트 중앙 도함수의 비중을 반환
derivative(func, x0[, dx, n, args, order])	어떤 지점에서 함수의 N 번째 도함수를 구함
face([gray])	1024x768 크기의 미국너구리 얼굴 이미지를 획득
electrocardiogram( )	1차원 신호에 대한 예제로써 심전도를 불러옴

[표 3-20] misc 모듈의 다양한 유틸리티 함수

scipy.ndimage 패키지를 활용하면 다차원 이미지를 처리할 수 있다. 이 패키지는 다차원 이미지를 처리하기 위한 필터 함수, 푸리에 필터 함수, 보간(interpolation) 함수, 측정 관련 함수 및 형태학(morphology) 관련 함수들을 지원한다. 이들 함수에 대한 자세한 설명은 사이파이 공식 홈페이지[1]를 참고하기 바란다.

다음으로 사이파이에서 미국너구리 이미지를 얻고 matplotlib으로 시각화해본다. 넘파이와 사이파이 그리고 matplotlib을 이용해 미국너구리 이미지를 처리하는 다양한 방법을 학습한다. 영상 의학, 생명 공학, 미디어 아트 등 다양한 영역에서 이미지 처리를 활용할 수 있으며 넘파이를 활용하면 전문 영상 처리 기술을 쉽게 익히고 응용할 수 있다. 예제에서는 **face( )** 함수를 이용해 최대 255, 최소 0, 평균 110.16274388631184의 요소를 가지는 배열 객체인 미국너구리 이미지를 얻을 수 있다.

```
>>> import scipy.misc

>>> import matplotlib.pyplot as plt

>>> face = scipy.misc.face()                >>> face.shape
                                            (768, 1024, 3)

>>> face.max(), face.min(), face.mean()     >>> face.dtype
(255, 0, 110.16274388631184)                dtype('uint8')

>>> plt.gray()

>>> plt.imshow(face)
<matplotlib.image.AxesImage object at 0xbaa470>

>>> plt.show()
```

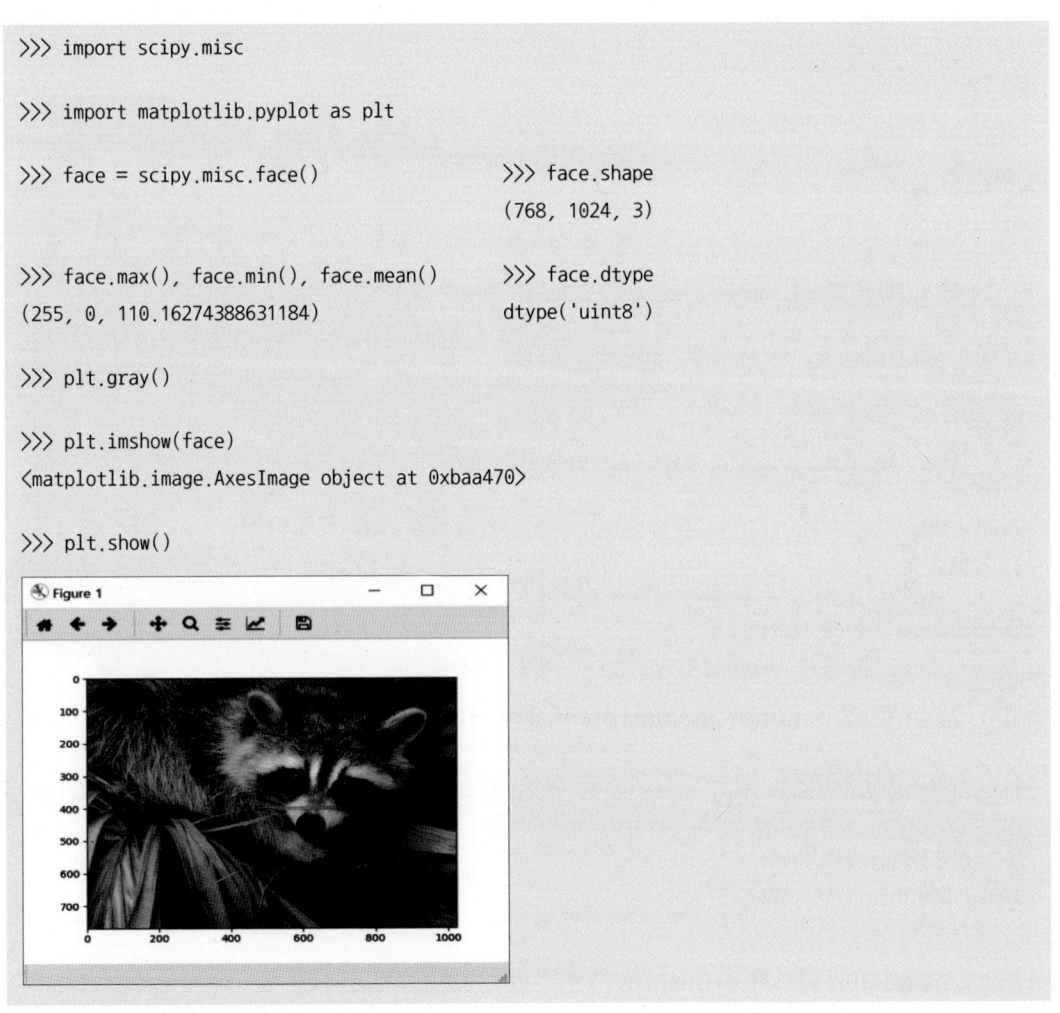

---
[1] https://docs.scipy.org/doc/scipy/reference/ndimage.html

다음 예제에서는 미국너구리 이미지를 새로운 파일로 저장하고 읽어서 속성을 살펴본 후 원시 파일을 생성한다. face1의 타입은 **imageio.core.util.Array**이다. 이는 numpy.ndarray 클래스의 서브 클래스이므로 넘파이 배열이라 할 수 있으며 넘파이 배열은 이미지 메타데이터의 속성 정보를 포함한다. 생성된 원시 파일 face1.raw를 읽어서 넘파이 배열을 생성하면 1차원임을 알 수 있다. 이것을 다시 3차원 배열로 변환한다.

```
>>> import imageio
>>> imageio.imwrite('face.png', face)
>>> face1 = imageio.imread('face.png')
>>> type(face1)
<class 'imageio.core.util.Array'>
>>> face1.dtype, face1.shape
(dtype('uint8'), (768, 1024, 3))
>>> face1.tofile('face1.raw')
>>> arr = np.fromfile('face1.raw', dtype=np.uint8)
>>> arr
array([121, 112, 131, ..., 118, 154, 92], dtype=uint8)
>>> arr.shape
(2359296,)
>>> arr.shape = (768, 1024, 3)
```

데이터 크기가 큰 경우 **numpy.memmap**을 적용해 넘파이 배열 arr1을 생성할 수 있다.

```
>>> arr1=np.memmap('face1.raw', dtype=np.uint8, shape=(768, 1024, 3))
>>> arr1.dtype, arr1.shape
(dtype('uint8'), (768, 1024, 3))
```

다음으로 matplotlib 패키지 중 **imshow( )** 함수의 다양한 매개 변수를 사용해 이미지를 나타내본다. imshow( ) 함수로 각 픽셀의 색상 맵 크기를 제어할 수 있으며 색으로 표시할 최솟값인 vmin

값은 0(그레이 스케일의 검정색)이다. 이는 기본값으로써 이미지 배열의 최솟값이다. 색으로 표시할 최댓값인 vmax 값은 255(그레이 스케일의 흰색)이며 배열의 최댓값이 기본값으로 설정된다. 트루 그레이 스케일(true gray scale) 이미지를 원한다면 8비트 그레이 스케일 이미지를 vmin=0 그리고 vmax=255로 설정한다.

```
>>> import scipy.misc

>>> import matplotlib.pyplot as plt

>>> face1 = scipy.misc.face(gray=True)

>>> plt.imshow(face1, cmap=plt.cm.gray)
<matplotlib.image.AxesImage object at 0x00000204BD79DC50>

>>> plt.imshow(face1, cmap=plt.cm.gray, vmin=20, vmax=200)
<matplotlib.image.AxesImage object at 0x00000204BD79DF60>

>>> plt.axis('off')
(-0.5, 1023.5, 767.5, -0.5)

>>> plt.show()
```

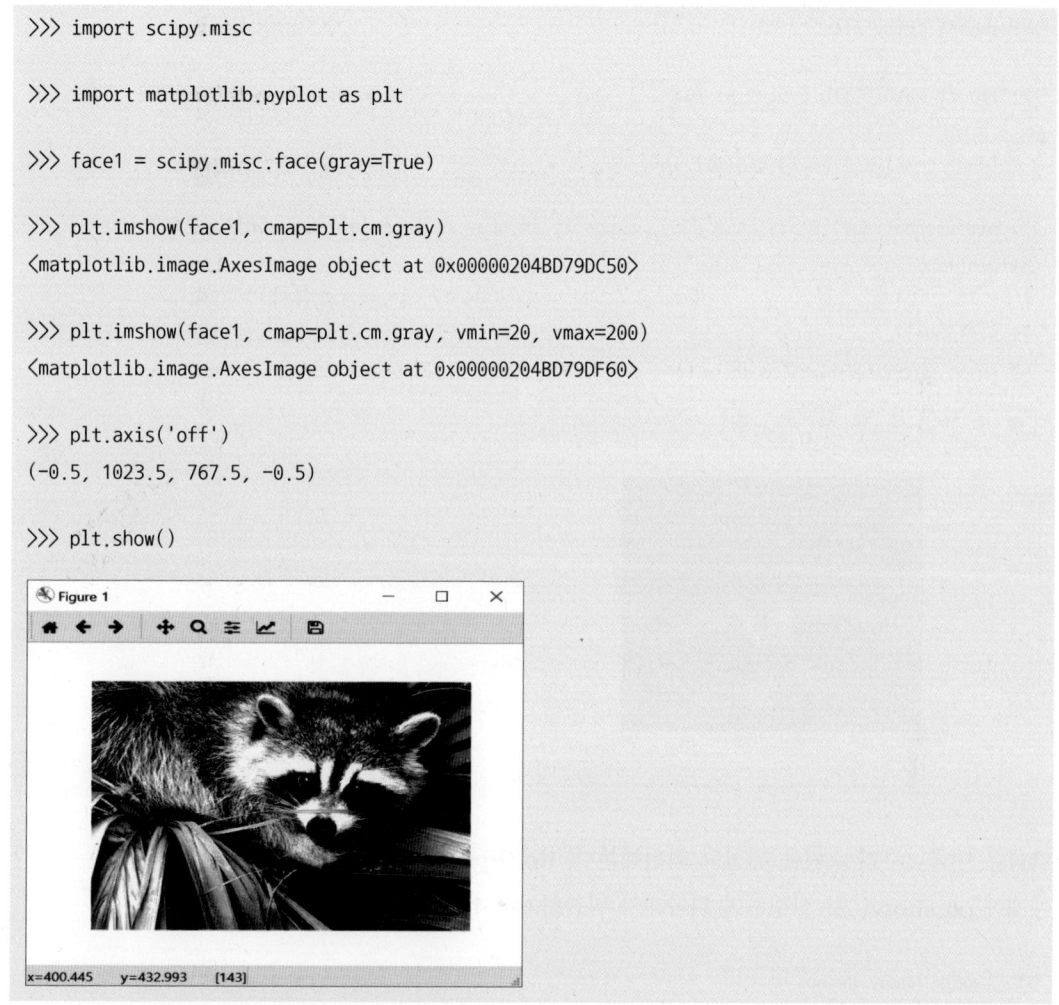

앞 예제에서는 축을 'off'로 설정하였으므로 축이 표시되지 않는다. 0축과 1축의 범위는 (-0.5, 1023.5, 767.5, -0.5)이므로 show( )를 실행하면 앞의 그림을 얻을 수 있다.

미국너구리 그림 중 일부만 이미지로 나타낼 수도 있다. 또한 이미지 크기가 이미지 매트릭스 크기보다 크거나 작다면 보간(interpolation)으로 픽셀 값을 조정할 수 있다. 매개 변수의 보간 값은 기본값 **nearest**로 적용된다. nearest는 이미지 해상도와 표시되는 해상도가 다르더라도 픽셀 사이의 보간 없이 이미지를 표시한다. 또한 nearest는 이미지가 표시되지 않는 공간에서 가장 가까운 지점의 픽셀을 선택해 이미지를 보간한다. 다음 예제에서는 배열 face1에 인덱스 슬라이싱을 실행하여 미국너구리 얼굴만 나타냈다.

```
>>> import scipy.misc

>>> import matplotlib.pyplot as plt

>>> face1 = scipy.misc.face(gray=True)

>>> plt.imshow(face1[0:500, 400:900], cmap=plt.cm.gray, interpolation='nearest')
<matplotlib.image.AxesImage object at 0x00000204BDAB0CC0>

>>> plt.show()
```

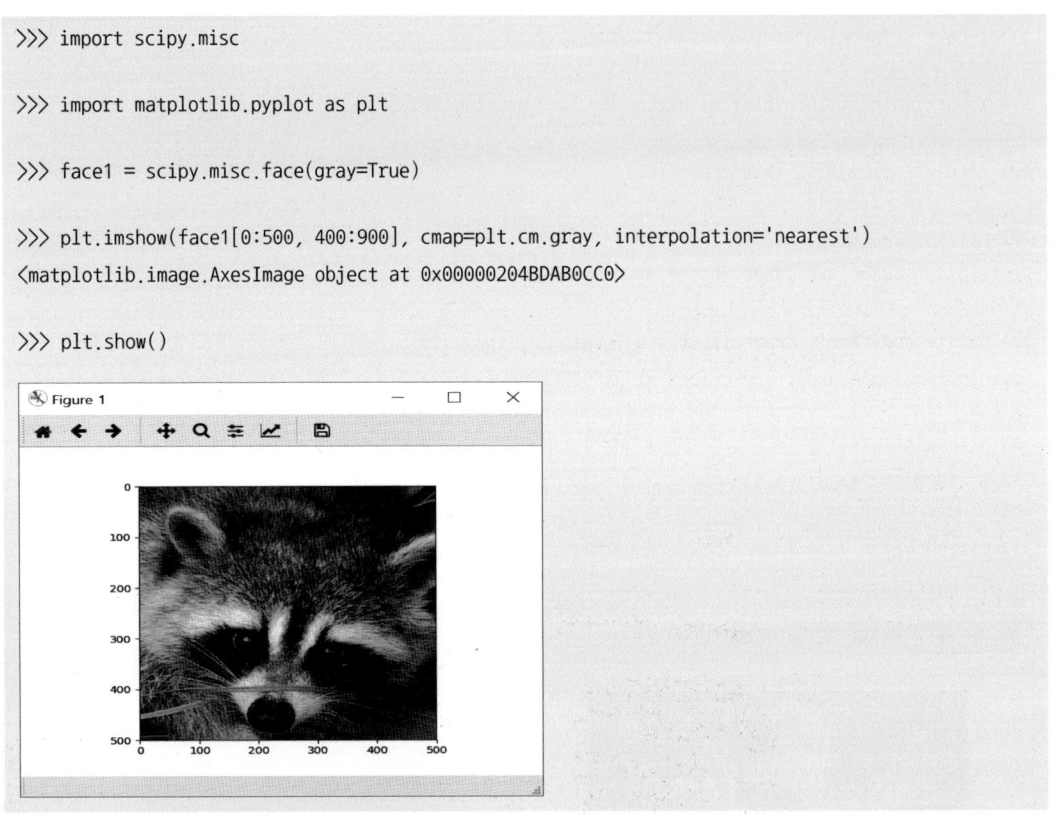

다음은 미국너구리 그림을 뒤집고 회전해본다. **np.flipud**는 배열의 위아래를 거꾸로 뒤집는다. 각 예제에 **plt.show( )**를 실행하면 위아래가 뒤집히거나 45도 회전된 이미지를 볼 수 있다.

```
>>> import numpy as np

>>> import scipy.misc

>>> import scipy.ndimage

>>> import matplotlib.pyplot as plt
```

```
>>> arr = scipy.misc.face(gray=True)

>>> arr_flipud = np.flipud(arr)

>>> arr_rotate = scipy.ndimage.rotate(arr, 45)

>>> plt.imshow(arr_flipud, cmap=plt.cm.gray)
<matplotlib.image.AxesImage object at 0x00000246EF916A90>

>>> plt.show()
```

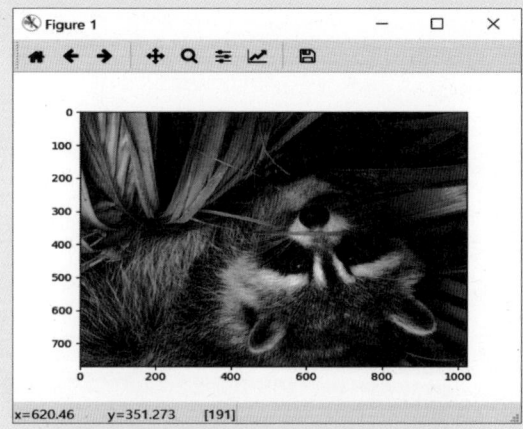

```
>>> plt.imshow(arr_rotate, cmap=plt.cm.gray)
<matplotlib.image.AxesImage object at 0x000001B9DCBD5B00>

>>> plt.show()
```

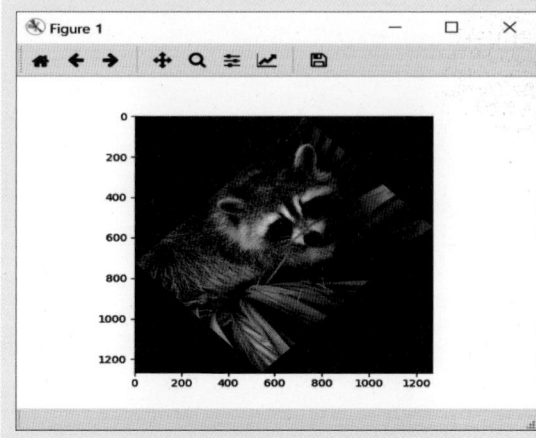

이 장에서는 배열 객체 처리, 브로드캐스팅, 수학 계산 및 이미지 처리 등 다양한 넘파이 기능을 다뤘다. 또한 빠른 처리를 위한 넘파이 배열 생성, ndarray, 데이터 타입인 넘파이 배열과 구조화된 배열을 학습하고 이 배열들을 처리하고 유니버설 함수로 연산하는 기술을 설명했다. 다음 장에서는 넘파이를 바탕으로 데이터 세트를 분석하고 처리하는 판다스 라이브러리를 학습한다.

04장

판다스

1. 판다스 데이터 구조
2. 판다스의 주요 기능
3. 데이터 처리
4. 데이터 타입과 입출력

이 장에서는 파이썬으로 빅데이터를 처리하고 분석하는 데 가장 빈번하게 사용하며 데이터 전처리에서 큰 비중을 차지하는 **판다스(pandas) 라이브러리**를 살펴본다. 판다스는 특히 수치 테이블과 시계열(time series)을 처리하는 데이터 구조와 연산 방법을 제공한다.

판다스는 금융 데이터를 계량 분석하기 위해 개발됐다. **패널 데이터(panel data)** 구조를 제공하기 위해 넘파이 위에 구성되도록 개발하였으므로 넘파이에서 쉽게 사용할 수 있다. CSV, 엑셀, SQL 등 여러 형식의 데이터를 분석하고 처리할 수 있으며 데이터 행과 열의 라벨로 데이터를 분석하고 처리할 수 있다. 판다스는 넘파이와 일체화(integrate)되어 있으며 넘파이 배열 형태의 데이터를 입력하고 반환하는 방법을 제공한다. 판다스는 대표적으로 다음과 같은 기능이 있다.

- 통합적인 인덱싱 데이터 처리를 위한 데이터프레임 객체
- 인메모리(in-memory) 데이터 구조를 가지며 여러 파일 형식 데이터를 읽고 쓰기 위한 도구
- 데이터 정렬, 손실 데이터를 통합 처리
- 데이터 세트를 재형성(reshaping), 피벗
- 라벨 기반 슬라이싱, 멀티인덱싱 및 커다란 데이터 세트를 부분 집합으로 구성(subsetting)
- 데이터 구조 열을 삽입하고 지우기
- 분할·적용·통합(split-apply-combine) 연산이 가능한 엔진으로 데이터 세트를 그룹화
- 데이터 세트를 합치고(merging) 붙이기(joining)
- 저차원 데이터 구조에서 고차원 데이터를 연산할 수 있도록 멀티레벨 인덱싱
- 다양한 시계열(time series) 처리 기능
- 데이터 여과(filtration)

판다스는 다음 요소들로 구성된다.

- 라벨 처리된 배열 데이터 구조 세트인 시리즈(Series)와 데이터프레임(DataFrame)
- 단순 축 또는 멀티인덱스의 축을 인덱싱할 수 있는 Index 객체
- 데이터 세트를 종합하고 변형하는 엔진
- 사용자 정의 도수(frequency)를 가지는 날짜 구간과 날짜 오프셋
- 입력/출력 도구: 플랫 파일들(CSV, delimiter, 엑셀)에서 테이블형 데이터를 읽고, 빠르고 효율적인 PyTables/HDF5 형식에서 판다스 객체들을 저장하고 읽음

- 손실 데이터, 고정 값 데이터를 효율적으로 저장하기 위한 메모리의 표준 데이터 구조

- 이동 윈도우 통계(이동 평균, 이동 표준 편차 등)

판다스는 다음과 같은 종류의 데이터를 처리하는 데 적합하다.

- SQL 테이블이나 엑셀처럼 여러 형식의 열을 갖는 테이블형 데이터

- 순서에 따라 정렬되거나 정렬되지 않은 시계열 데이터

- 행과 열 라벨이 있는 임의의 행렬 데이터

- 관측/통계 데이터 세트

파이썬 데이터를 분석하는 강력한 도구인 판다스 패키지에 대한 이해를 돕기 위해 다음 표에서 객체, 함수 및 메소드로 구성되는 방대한 판다스의 **API 라이브러리** 구조를 살펴본다.

분류	구성 기능	객체, 함수, 메소드
Series	Constructor	Series( )
	Attributes	Series.index, Series.values, Series.dtype 등
	Conversion	Series.astype( ), Series.infer_objects( ) 등
	Indexing, iteration	Series.get( ), Series.at, Series.loc, Series.items( ) 등
	Categorical 등	Categorical.dtype, Categorical.codes 등
DataFrame	Constructor	DataFrame( )
	Attributes and underlying data	DataFrame.index, DataFrame.columns, DataFrame.dtypes, DataFrame.values 등
	Conversion	DataFrame.astype( ), DataFrame.copy( ), DataFrame.isna( ), DataFrame.bool( ) 등
	Indexing, iteration	DataFrame.head( ), DataFrame.at, DataFrame.loc 등
	Binary operator functions 등	DataFrame.add( ), DataFrame.sub( ), DataFrame.mul( ), DataFrame.div( ) 등
Index	Attributes	Index.values, Index.is_monotonic 등
	Modifying and Computations	Index.all( ), Index.any( ), Index.argmin( ) 등
	Missing Values	Index.fillna( ), Index.dropna( ), Index.isna( ) 등
	Conversion 등	Index.astype( ), Index.item( ), Index.tolist( ) 등

분류	구성 기능	객체, 함수, 메소드
Scalars 등	Period	Period
	Attributes	Period.day, Period.dayofweek, Period.freq 등
	Methods	Period.asfreq, Period.now 등
	Timestamp	Timestamp
	Properties	Timestamp.asm8, Timestamp.day, Timestamp.hour 등
	Methods 등	Timestamp.ceil, Timestamp.astimezone 등

[표 4-1] 판다스의 API 라이브러리

표에는 표기하지 않았지만 Panel, Numeric Index, CategoricalIndex, IntervalIndex, MultiIndex, DatetimeIndex, TimedeltaIndex, PeriodIndex, Frequencies, Window, GroupBy, Resampling, Style, Plotting, General utility functions, Extensions 등의 판다스 API도 있다. 이들 역시 객체, 함수, 메소드 등으로 방대하게 구성되어 있다.

4.1 판다스 데이터 구조

판다스는 계층적으로 넘파이 바로 위에 위치하며 **시리즈**와 **데이터프레임** 데이터 구조를 지원함으로써 데이터를 빠르게 처리한다. 판다스의 시리즈와 데이터프레임은 다음과 같이 구성된다.

차원	이름	설명
1	시리즈(Series)	라벨 표시된 1차원의 동일 형태 배열
2	데이터프레임(DataFrame)	동일하지 않은 형태의 열을 가짐. 라벨 표시된 2차원의, 크기 변동이 가능한 테이블형 구조

[표 4-2] 판다스의 시리즈와 데이터프레임

판다스 데이터 구조는 저차원 데이터를 유연하게 포함하는 컨테이너다. 따라서 데이터프레임은 시리즈의 컨테이너고 시리즈는 스칼라의 컨테이너다. 딕셔너리 데이터에서 적용하는 방법을 이용해 이들 컨테이너에 객체들을 넣거나 지울 수 있다.

이 절에서는 이들 데이터 구조가 가진 기능 그리고 데이터를 분석하는 방법을 다룬다. 먼저 주피터 노트북에서 다음 모듈을 임포트한다.

```
In [1]: import numpy as np

In [2]: import pandas as pd
```

pd를 사용하고 싶지 않다면 'from pandas import Series, DataFrame'을 입력한다. 판다스 버전을 알고 싶다면 **pd.__version__**으로 확인할 수 있다.

4.1.1 시리즈

시리즈는 정수, 문자열, 실수 또는 파이썬 객체 등의 데이터 형식을 가질 수 있는, 라벨 표시된 일차원 배열이다. 시리즈를 생성하는 기본 방법은 다음과 같이 호출하는 것이다.

```
>>> ser = pd.Series(data, index=index)
```

여기서 data는 파이썬 딕셔너리형, ndarray 또는 스칼라다. 매개 변수에 전달된 index는 축 라벨의 리스트다. 시리즈 객체는 데이터와 데이터의 인덱스를 나타내는 라벨의 배열을 포함하는 컨테이너다. 이 절에서는 시리즈를 생성하거나 초기화하는 여러 방법을 알아본다.

시리즈 객체 생성 방법

시리즈 객체는 크게 세 가지 방법으로 생성할 수 있다. 첫째는 ndarray에서 시리즈 객체를 생성하는 방법이다. 데이터가 ndarray라면 이때 index는 데이터와 같은 길이여야 한다. index가 전달되지 않으면 값은 [0, ..., len(data)-1]과 같이 생성된다.

```
In [3]: ser = pd.Series(np.random.randn(4), index=['a', 'b', 'c', 'd'])

In [4]: ser
Out[4]: a   -0.176771
        b    0.070969
        c    3.710745
        d    0.413221
        dtype: float64
```

클래스 객체인 pandas.Series의 속성 values와 index를 이용해 각 값을 구할 수 있다.

```
In [5]: ser.values
Out[5]: array([-0.17677085, 0.07096917, 3.71074468, 0.41322137])

In [6]: ser.index
Out[6]: Index(['a', 'b', 'c', 'd'], dtype='object')
```

둘째는 딕셔너리 데이터에서 시리즈 객체를 생성하는 방법이다. 파이썬 딕셔너리 데이터에서 다음과 같이 시리즈 객체를 생성한다.

```
In [7]: da = {'seoul' : 2000, 'busan' : 2500, 'daejeon' : 3000}

In [8]: pd.Series(da)
Out[8]: seoul      2000
        busan      2500
        daejeon    3000
        dtype: int64
```

다음 예제와 같이 인덱스를 전달하면 인덱스의 라벨에 상응하는 da 데이터에 값을 적용해 반환한다. **NaN(Not a Number)**은 판다스에서 사용하는 표준 손실 값 표시자다.

```
In [9]: da = {'a' : 0., 'b' : 1., 'c' : 2.}

In [10]: pd.Series(da)              In [11]: pd.Series(da, index=['b', 'c', 'd', 'a'])
Out[10]: a    0.0                   Out[11]: b    1.0
         b    1.0                            c    2.0
         c    2.0                            d    NaN
         dtype: float64                      a    0.0
                                             dtype: float64
```

셋째는 스칼라 값에서 시리즈 객체를 생성하는 방법이다. 스칼라 데이터에서 시리즈 객체를 생성할 때는 라벨 표시를 위한 인덱스를 입력한다.

```
In [12]: pd.Series(7., index=['a', 'b', 'c'])
Out[12]: a    7.0
         b    7.0
         c    7.0
         dtype: float64
```

ndarray와의 유사성

시리즈는 ndarray와 매우 비슷하며 넘파이 함수의 인수로 적용할 수 있다. 또한 **슬라이싱** 같은 연산을 수행할 수 있다.

```
In [13]: ser[0]
Out[13]: -0.17677085208901352
```

```
In [14]: ser[:3]
Out[14]: a   -0.176771
         b    0.070969
         c    3.710745
         dtype: float64
```

```
In [15]: np.exp(ser)
Out[15]: a    0.837972
         b    1.073548
         c   40.884241
         d    1.511680
         dtype: float64
```

딕셔너리와의 유사성

시리즈는 인덱스 라벨로 값을 얻고 설정할 수 있다는 점에서 고정된 크기의 딕셔너리와 같다. 또한 다음과 같이 ser 객체의 요소에 새로운 값을 동적 할당해 변경할 수 있다.

```
In [16]: ser['a']
Out[16]: -0.17677085208901352
```

```
In [17]: ser['d'] = 7.
```

```
In [18]: ser
Out[18]: a   -0.176771
         b    0.070969
         c    3.710745
         d    7.000000
         dtype: float64
```

넘파이와의 유사성

시리즈 객체도 넘파이처럼 산술 연산을 할 수 있다.

```
In [19]: ser + ser
Out[19]: a   -0.353542
         b    0.141938
         c    7.421489
         d   14.000000
         dtype: float64
```

```
In [20]: ser * 2
Out[20]: a   -0.353542
         b    0.141938
         c    7.421489
         d   14.000000
         dtype: float64
```

시리즈를 연산하면 라벨에 기반해 데이터를 자동 정렬한다는 점에서 ndarray와 차이가 있다.

```
In [21]: ser[1:] + ser[:-1]
Out[21]: a         NaN
         b    0.141938
         c    7.421489
         d         NaN
         dtype: float64
```

정렬되지 않은 시리즈 간 연산을 수행하면 포함된 인덱스들의 합이 결과로 나타난다. 시리즈들을 연산할 때 한 시리즈나 다른 시리즈에서 라벨이 발견되지 않으면 결과는 NaN으로 표시된다.

시리즈 이름 설정과 변경

시리즈에 name 속성과 rename( ) 메소드를 적용하면 시리즈 이름을 설정하고 변경할 수 있다.

```
In [22]: ser = pd.Series(np.random.randn(5), name='seoul')

In [23]: ser
Out[23]: 0    1.684502
         1   -0.215933
         2    0.164194
         3    0.534132
         4   -0.320379
         Name: seoul, dtype: float64

In [24]: ser1 = ser.rename("busan")         In [25]: ser1.name
                                            Out[25]: 'busan'
```

4.1.2 데이터프레임

데이터프레임은 가장 일반적인 판다스 객체이며 서로 다른 타입의 열로 될 수 있고 2차원 행 및 열 라벨을 가진다. 데이터프레임 객체는 시리즈 객체가 갖는 속성과 메소드들을 공유한다. 또한 여러 시리즈 객체를 모아놓은 객체라고 할 수 있다. 데이터프레임은 행과 열이 정렬된 데이터로 이루어져 있다.

시리즈와 마찬가지로 데이터프레임에는 다음과 같은 형태의 데이터를 입력할 수 있다.

- 1차원 ndarrays, 리스트, 딕셔너리 또는 시리즈의 딕셔너리
- 2차원의 ndarray
- 시리즈 또는 또 다른 데이터프레임

데이터에 따라 행 라벨인 인덱스와 열 라벨인 열 인수들을 옵션으로 설정할 수 있다. 그런 경우 처리된 데이터프레임의 인덱스 또는 열을 생성한다. 지금부터 데이터프레임을 생성하는 다양한 방법을 살펴본다.

딕셔너리에서 데이터프레임 객체 생성

딕셔너리에서 인덱스로 생성한 데이터프레임은 여러 시리즈 인덱스들의 **합집합(union)**이다.

```
In [26]: d = {'one': pd.Series([1., 2., 3.], index=['a', 'b', 'c']),
              'two': pd.Series([1., 2., 3., 4.], index=['a', 'b', 'c', 'd'])}

In [27]: df = pd.DataFrame(d)

In [28]: df
Out[28]:
       one   two
   a   1.0   1.0
   b   2.0   2.0
   c   3.0   3.0
   d   NaN   4.0
```

데이터프레임 객체 df에 대한 정보는 info( ) 메소드를 사용해 확인할 수 있다. **pandas. DataFrame.info** 메소드는 인덱스 dtype, 열 dtype, non-null 값 및 사용된 메모리 크기를 포함하여 데이터프레임에 대한 정보를 출력한다.

```
In [29]: df.info()
         <class 'pandas.core.frame.DataFrame'>
         Index: 4 entries, a to d
         Data columns (total 2 columns):
          #   Column   Non-Null Count   Dtype
         ---  ------   --------------   -----
```

```
            0    one      3 non-null      float64
            1    two      4 non-null      float64
       dtypes: float64(2)
       memory usage: 96.0+ bytes

In [30]: df.dtypes
Out[30]: one    float64
         two    float64
         dtype: object
```

인덱스와 열 라벨 순서를 변경할 수 있다.

```
In [31]: pd.DataFrame(d, index=['d', 'b', 'a'])
Out[31]:
```

	one	two
d	NaN	4.0
b	2.0	2.0
a	1.0	1.0

```
In [32]: pd.DataFrame(d, index=['d', 'b', 'a'], columns=['two', 'three'])
Out[32]:
```

	two	three
d	4.0	NaN
b	2.0	NaN
a	1.0	NaN

인덱스와 열 속성을 이용해 각 행과 열 라벨에 접근할 수 있다.

```
In [33]: df.index
Out[33]: Index(['a', 'b', 'c', 'd'], dtype='object')

In [34]: df.columns
Out[34]: Index(['one', 'two'], dtype='object')
```

리스트의 딕셔너리에서 데이터프레임 객체 생성

다음으로 리스트의 딕셔너리에서 데이터프레임 객체를 생성한다.

```
In [35]: d = {'one': [1., 2., 3.], 'two': [3., 2., 1.]}

In [36]: pd.DataFrame(d)                    In [37]: pd.DataFrame(d, index=['a', 'b', 'c'])
Out[36]:                                    Out[37]:
```

	one	two
0	1.0	3.0
1	2.0	2.0
2	3.0	1.0

	one	two
a	1.0	3.0
b	2.0	2.0
c	3.0	1.0

구조화된 배열 또는 레코드 배열에서 데이터프레임 객체 생성

배열이 ndarray 객체인 구조화된 배열에서 데이터프레임 객체를 생성한다.

```
In [38]: arr = np.zeros((2,), dtype=[('A', 'i4'), ('B', 'f4'), ('C', 'a10')])

In [39]: arr[:] = [(1, 2., 'Hello'), (2, 3., 'World')]

In [40]: arr
Out[40]: array([(1, 2., b'Hello'), (2, 3., b'World')],
         dtype=[('A', '<i4'), ('B', '<f4'), ('C', 'S10')])

In [41]: pd.DataFrame(arr)
Out[41]:
```

	A	B	C
0	1	2.0	b'Hello'
1	2	3.0	b'World'

```
In [42]: pd.DataFrame(arr, index=['first', 'second'])
Out[42]:
```

	A	B	C
first	1	2.0	b'Hello'
second	2	3.0	b'World'

```
In [43]: pd.DataFrame(arr, columns=['C', 'A', 'B'])
Out[43]:
```

	C	A	B
0	b'Hello'	1	2.0
1	b'World'	2	3.0

딕셔너리의 리스트에서 데이터프레임 객체 생성

이번에는 **딕셔너리의 리스트**에서 데이터프레임 객체를 생성하고 In [46]에서는 특정 열을 선택해 본다.

```
In [44]: data = [{'a': 1, 'b': 2}, {'a': 5, 'b': 10, 'c': 20}]

In [45]: pd.DataFrame(data)
Out[45]:
```

	a	b	c
0	1	2	NaN
1	5	10	20.0

```
In [46]: pd.DataFrame(data, columns=['a', 'b'])
Out[46]:
```

	a	b
0	1	2
1	5	10

튜플의 딕셔너리에서 데이터프레임 객체 생성

다음과 같이 **튜플의 딕셔너리**에서 데이터프레임 객체를 생성할 수 있다.

```
In [47]: pd.DataFrame({('a', 'b'): {('A', 'B'): 1, ('A', 'C'): 2},
                      ('a', 'a'): {('A', 'C'): 3, ('A', 'B'): 4},
                      ('a', 'c'): {('A', 'B'): 5, ('A', 'C'): 6},
                      ('b', 'a'): {('A', 'C'): 7, ('A', 'B'): 8},
                      ('b', 'b'): {('A', 'D'): 9, ('A', 'B'): 10}})
```

Out[47]:

		a	a	a	b	b
		b	a	c	a	b
A	B	1.0	4.0	5.0	8.0	10.0
	C	2.0	3.0	6.0	7.0	NaN
	D	NaN	NaN	NaN	NaN	9.0

데이터프레임 생성자

다음은 **DataFrame.from_dict** 생성자(constructors)를 이용해 데이터프레임 객체를 생성하는 방법이다. 이 생성자는 딕셔너리 또는 유사 배열 시퀀스인 리스트가 있는 **dict( )**를 입력으로 받아서 데이터프레임을 반환한다.

```
In [48]: dict([('A', [1, 2, 3]), ('B', [4, 5, 6])])
Out[48]: {'A': [1, 2, 3], 'B': [4, 5, 6]}

In [49]: pd.DataFrame.from_dict(dict([('A', [1, 2, 3]), ('B', [4, 5, 6])]))
Out[49]:
```

	A	B
0	1	4
1	2	5
2	3	6

생성자에 **orient='index'**를 전달하면 키인 A와 B는 행 라벨이 된다. columns에는 원하는 열 이름을 전달할 수 있다.

```
In [50]: pd.DataFrame.from_dict(dict([('A', [1, 2, 3]), ('B', [4, 5, 6])]), orient='index',
                    columns=['one', 'two', 'three'])
Out[50]:
```

	one	two	three
A	1	2	3
B	4	5	6

이번에는 클래스 객체인 **DataFrame.from_records** 생성자를 이용해 데이터프레임 객체를 생성한다. 이 생성자에는 **튜플의 리스트** 또는 구조화된 dtype인 **ndarray**를 입력할 수 있다.

```
In [51]: arr
Out[51]: array([(1, 2., b'Hello'), (2, 3., b'World')],
          dtype=[('A', '<i4'), ('B', '<f4'), ('C', 'S10')])

In [52]: pd.DataFrame.from_records(arr, index='C')
Out[52]:
```

	A	B
C		
b'Hello'	1	2.0
b'World'	2	3.0

4.1.3 행과 열의 기본 처리

데이터프레임은 행과 열의 테이블 형태인 2차원 배열 데이터 구조를 가진다. 이런 데이터를 처리한다는 것은 행과 열을 선택하고, 지우고, 산술 연산을 하고, 이름을 부여하는 등 기본적인 처리를 한다는 의미이다.

행 또는 열 선택, 추가, 삭제

데이터프레임에서는 딕셔너리형을 연산하는 것과 같은 방법으로 열을 선택하고, 추가하고, 지울 수 있다. In [27]을 참고해 다음 예제에 적용한다.

```
In [53]: df['one']                          In [54]: df['two']
Out[53]: a    1.0                           Out[54]: a    1.0
         b    2.0                                    b    2.0
         c    3.0                                    c    3.0
         d    NaN                                    d    4.0
         Name: one, dtype: float64                   Name: two, dtype: float64

In [55]: df['three'] = df['one'] * df['two']   In [56]: df['flag'] = df['one'] > 2

In [57]: df
Out[57]:
```

	one	two	three	flag
a	1.0	1.0	1.0	False
b	2.0	2.0	4.0	False
c	3.0	3.0	9.0	True
d	NaN	4.0	NaN	False

열은 삭제할 수 있다. In [59]에서는 pandas.DataFrame.pop 메소드를 이용해 프레임에서 열을 추출하고 그 요소를 시리즈로 반환한다.

```
In [58]: del df['two']

In [59]: df.pop('three')
Out[59]: a    1.0
         b    4.0
         c    9.0
         d    NaN
Name: three, dtype: float64

In [60]: df
Out[60]:
```

	one	flag
a	1.0	False
b	2.0	False
c	3.0	True
d	NaN	False

데이터프레임에 스칼라 값을 동적 할당하면 브로드캐스팅으로 열을 채운다.

```
In [61]: df['ha'] = 'hiho'

In [62]: df
Out[62]:
```

	one	flag	ha
a	1.0	False	hiho
b	2.0	False	hiho
c	3.0	True	hiho
d	NaN	False	hiho

데이터프레임과 다른 인덱스를 가진 시리즈를 삽입할 때는 데이터프레임의 인덱스에 맞춘다. In [63]에서 삽입하는 df['one'][:2]는 **시리즈 객체(pandas.core.series.Series)** 타입이다.

```
In [63]: df['trunced_one'] = df['one'][:2]

In [64]: df
Out[64]:
```

	one	flag	ha	trunced_one
a	1.0	False	hiho	1.0
b	2.0	False	hiho	2.0
c	3.0	True	hiho	NaN
d	NaN	False	hiho	NaN

DataFrame.insert 함수를 사용하면 데이터프레임의 특정 위치에 열을 삽입할 수 있다. In [65]에서 1은 두 번째 열을 의미한다. hi는 삽입할 열 라벨이다. df['one']은 삽입할 값으로써 시리즈형이다. 여기에는 정수, 시리즈, 또는 유사 배열 객체를 입력할 수 있다.

```
In [65]: df.insert(1, 'hi', df['one'])

In [66]: df
Out[66]:
```

	one	hi	flag	ha	trunced_one
a	1.0	1.0	False	hiho	1.0
b	2.0	2.0	False	hiho	2.0
c	3.0	3.0	True	hiho	NaN
d	NaN	NaN	False	hiho	NaN

pandas.Series.drop 함수를 이용하면 인덱스 라벨을 기준으로 시리즈의 요소를 제거하며 요소를 제거한 시리즈 객체를 결과로 반환한다.

```
In [67]: ser = pd.Series(data=np.arange(3), index=['A', 'B', 'C'])

In [68]: ser                          In [69]: ser.drop(labels=['B', 'C'])
Out[68]: A    0                       Out[69]: A    0
         B    1                                dtype: int32
         C    2
         dtype: int32
```

다음은 열 라벨이 A, B, C, D인 데이터프레임을 생성하는 예제다.

```
In [70]: df1= pd.DataFrame(np.arange(12).reshape(3, 4), columns=['A', 'B', 'C', 'D'])

In [71]: df1
Out[71]:
```

	A	B	C	D
0	0	1	2	3
1	4	5	6	7
2	8	9	10	11

pandas.DataFrame.drop에 라벨 이름과 이에 해당하는 축을 입력하거나 직접 인덱스나 열 이름을 입력해 행이나 열을 제거할 수 있다. 다음 예제에서는 라벨 이름과 축으로 열을 제거하고 인덱스로 행을 제거한다.

```
In [72]: df1.drop(['B', 'C'], axis=1)
Out[72]:
```

	A	D
0	0	3
1	4	7
2	8	11

```
In [73]: df1.drop([0, 1])
Out[73]:
```

	A	B	C	D
2	8	9	10	11

인덱싱과 선택

기본적인 인덱싱 적용 방법은 다음 표와 같다.

적용 방법	구문	결과 타입
열 선택	df[col]	Series
라벨로 행 선택	df.loc[label]	Series
정수 위치로 행 선택	df.iloc[loc]	Series
행 슬라이스	df[5:10]	DataFrame
불리언 벡터로 행 선택	df[bool_vec]	DataFrame

[표 4-3] 인덱싱 적용 방법

pandas.DataFrame.loc와 pandas.DataFrame.iloc

데이터프레임의 **DataFrame.loc[ ]** 속성은 라벨이나 불리언 배열을 이용해 행과 열 그룹에 접근하며 다음과 같은 형태를 입력할 수 있다.

- 5 또는 a와 같은 단일 라벨
- ['a', 'b', 'c']와 같은 리스트나 라벨의 배열
- a:f와 같이 라벨이 있는 처음과 끝의 범위를 포함하는 슬라이스 객체
- [True, False, True]와 같이 슬라이싱할 축과 같은 길이의 불리언 배열
- 호출하는 시리즈나 데이터프레임을 인수로 가지는 호출 함수

DataFrame.iloc[ ]는 주로 축 정수 위치(축의 0부터 length-1까지)와 함께 사용하지만 불리언 배열도 사용할 수 있다. DataFrame.iloc[ ]에는 다음과 같은 형태의 데이터를 입력할 수 있다.

- 정수
- [4, 3, 0]과 같은 리스트나 정수들의 배열
- 1:7과 같은 정숫값을 가지는 슬라이스 객체
- 불리언 배열
- 호출하는 시리즈나 데이터프레임을 인수로 가지는 호출 함수

다음 예제의 df는 In [66]의 결과다. 행을 선택하면 시리즈를 반환하는데 이때 시리즈의 인덱스가 데이터프레임의 열이다.

```
In [74]: df.loc['b']                    In [75]: df.iloc[2]
Out[74]: one           2                Out[75]: one           3
         hi            2                         hi            3
         flag      False                         flag       True
         ha         hiho                         ha         hiho
         trunced_one   2                         trunced_one  NaN
         Name: b, dtype: object                  Name: c, dtype: object
```

데이터 정렬 및 산술 연산

데이터프레임 객체 간 연산을 실행하면 이들 객체의 행과 열을 기준으로 자동으로 정렬된다.

```
In [76]: df = pd.DataFrame(np.random.randn(5, 4), columns=['A', 'B', 'C', 'D'])

In [77]: df2 = pd.DataFrame(np.random.randn(3, 3), columns=['A', 'B', 'C'])

In [78]: df + df2
Out[78]:
```

	A	B	C	D
0	-0.068407	1.839816	-0.569438	NaN
1	-1.680045	-1.077916	-0.977470	NaN
2	-0.042756	0.718759	0.208215	NaN
3	NaN	NaN	NaN	NaN
4	NaN	NaN	NaN	NaN

데이터프레임과 시리즈 간 연산을 실행할 때는 데이터프레임 열에 시리즈 인덱스를 정렬한다. 이것은 행 방향으로 브로드캐스팅하는 것과 같다.

```
In [79]: df - df.iloc[0]
Out[79]:
```

	A	B	C	D
0	0.000000	0.000000	0.000000	0.000000
1	-1.527926	-1.774687	-0.487519	-3.521325
2	-0.067284	0.244405	0.241739	-0.260162
3	0.180521	-0.357735	-0.745556	-2.295999
4	-1.059465	0.480222	0.132358	-3.241641

데이터프레임과 스칼라 간 연산은 다음과 같이 실행된다.

```
In [80]: df * 10 + 2
Out[80]:
```

	A	B	C	D
0	-0.355748	6.299232	0.191424	22.067428
1	-15.635010	-11.447639	-4.683761	-13.145820
2	-1.028590	8.743284	2.608815	19.465804
3	1.449465	2.721883	-7.264138	-0.892562
4	-10.950402	11.101455	1.515003	-10.348986

불리언 연산자는 다음 예제처럼 적용된다.

```
In [81]: df1 = pd.DataFrame({'a': [1, 0, 1], 'b': [0, 1, 1]}, dtype=bool)

In [82]: df2 = pd.DataFrame({'a': [0, 1, 1], 'b': [1, 1, 0]}, dtype=bool)
```

In [83]: df1
Out[83]:

	a	b
0	True	False
1	False	True
2	True	True

In [84]: df2
Out[84]:

	a	b
0	False	True
1	True	True
2	True	False

In [85]: df1 & df2
Out[85]:

	a	b
0	False	False
1	False	True
2	True	False

In [86]: df1 | df2
Out[86]:

	a	b
0	True	True
1	True	True
2	True	True

In [87]: df1 ^ df2
Out[87]:

	a	b
0	True	True
1	True	False
2	False	True

In [88]: -df1
Out[88]:

	a	b
0	False	True
1	True	False
2	False	False

전치

행과 열을 **전치(transpose)**하려면 ndarray에서 사용한 것과 같이 T 속성을 적용한다.

```
In [89]: df[:2]
Out[89]:
```

	A	B	C	D
0	-0.235575	0.429923	-0.180858	2.006743
1	-1.763501	-1.344764	-0.668376	-1.514582

```
In [90]: df[:2].T
Out[90]:
```

	0	1
A	-0.235575	-1.763501
B	0.429923	-1.344764
C	-0.180858	-0.668376
D	2.006743	-1.514582

넘파이 함수들과 데이터프레임 연동

log, exp, sqrt 등 **넘파이 유니버설 함수**와 다른 넘파이 함수들을 데이터프레임과 연동해 사용할 수 있다.

```
In [91]: df3 = pd.DataFrame(np.arange(12).reshape(3, 4), columns=['A', 'B', 'C', 'D'])

In [92]: np.exp(df3)
Out[92]:
```

	A	B	C	D
0	1.000000	2.718282	7.389056	20.085537
1	54.598150	148.413159	403.428793	1096.633158
2	2980.957987	8103.083928	22026.465795	59874.141715

```
In [93]: np.asarray(df3)
Out[93]: array([[ 0,  1,  2,  3],
                [ 4,  5,  6,  7],
                [ 8,  9, 10, 11]])
```

4.1.4 인덱스 관련 객체

판다스에서는 Index, RangeIndex, CategoricalIndex, MultiIndex, IntervalIndex, DatetimeIndex, TimedeltaIndex, PeriodIndex, Int64Index, UInt64Index, Float64Index를 인덱스 관련 객체로 정한다. 이러한 **Index 객체**들은 순서가 있고 자를 수 있는 세트(set)를 연산 처리하는 불변(immutable) ndarray다. Index 객체들은 넘파이 배열과 유사하며 넘파이 배열 객체가 가진 많은 속성을 사용할 수 있다.

```
>>> ind = pd.Index([1, 3, 5, 7, 9, 11])

>>> ind
Int64Index([1, 3, 5, 7, 9, 11], dtype='int64')

>>> ind[::2]
Int64Index([1, 5, 9], dtype='int64')

>>> ind.ndim, ind.shape
(1, (6,))

>>> ind[1] = 6
TypeError: Index does not support mutable operations
```

앞 예제에서 동적 할당으로 두 번째 위치 요소를 6으로 변경하려 했으나 오류가 발생했다. Index 객체의 변경 불가능한 특성은 다양한 데이터 연산을 안전하고 신뢰성 있게 처리할 수 있도록 한다. 이 것이 넘파이 배열과 판다스 Index 객체의 차이점이다.

pandas.Index 클래스

Index 클래스는 순서가 정렬된 요솟값을 가지며 요솟값은 자를 수 있지만 불변 ndarray다. Index 클래스는 모든 판다스 객체들의 축 라벨을 저장하기 위한 기본 객체다.

```
>>> pd.Index([1, 2, 3])
Int64Index([1, 2, 3], dtype='int64')

>>> pd.Index(list('abc'))
Index(['a', 'b', 'c'], dtype='object')
```

pandas.RangeIndex 클래스

RangeIndex 클래스는 정수 범위에서 실행하는 불변 인덱스다. 또한 제한된 메모리에 변하지 않는 범위의 데이터를 저장하는 특수한 **Int64Index**다. RangeIndex는 데이터프레임과 시리즈에 명시적인 인덱스를 제공하지 않을 때 기본으로 사용하는 인덱스 타입이다.

```
>>> df = pd.DataFrame(np.arange(12).reshape(2, 6), columns=list('ABCDEF'))

>>> df
   A  B  C  D   E   F
0  0  1  2  3   4   5
1  6  7  8  9  10  11

>>> df.index
RangeIndex(start=0, stop=2, step=1)
```

Int64Index, Uint64Index, Float64Index 클래스

Int64Index 클래스는 모든 판다스 객체의 축 라벨을 저장하기 위한 기본 객체다. 순수하게 정수 라벨을 갖는 특별한 인덱스며 64비트 정수의 불변 배열을 나타낸다. 이것은 인덱스를 명시하지 않거나 정수를 사용할 때의 기본 인덱스 타입이다.

Uint64Index 클래스는 순서가 정렬되고 자를 수 있는 데이터 세트를 실행할 수 있는 불변 ndarray다. 모든 판다스 객체의 축 라벨을 저장하는 기본 객체이며 부호가 할당되지 않은 정수 라벨을 가진 경우 사용되는 특별한 인덱스다.

Float64Index 클래스는 순서가 정렬되고 자를 수 있는 데이터 세트를 실행할 수 있는 불변 ndarray다. 모든 판다스 객체의 축 라벨을 저장하는 기본 객체로써 실수 라벨을 가진 경우 사용되는 특별한 인덱스다.

pandas.CategoricalIndex 클래스

CategoricalIndex 클래스는 범주(categorical)를 갖는 산재한 인덱스를 나타낸다. 판다스에서 데이터 타입이 범주형이라는 것은 통계학의 범주형 변수와 상응하는 데이터 타입이라는 의미이다. 성별, 혈액형, 학년, 출신지, 국적, 주식 시장에서 회사 명칭을 나타내는 심벌 등은 반복적이면서 범위가 제한되어 있다. 판다스는 이러한 텍스트 데이터 분류들을 수식 연산처럼 처리할 수 있는 기능을 제공한다. 이러한 문자열 변수를 범주형 변수로 변환하면 사용 메모리를 절약할 수 있다. 다음 예제를 살펴보면 16,000바이트 데이터를 2,016바이트로 변환하여 메모리를 절약했음을 알 수 있다. 범주형 변수는 일반적으로 병렬로 처리보다 빠르게 처리된다.

```
>>> ser = pd.Series(['ha', 'hi'] * 1000)

>>> ser.nbytes
16000
```

```
>>> ser
0       ha
1       hi
       ...
1998    ha
1999    hi
Length: 2000, dtype: object

>>> ser.astype('category')
0       ha
1       hi
       ...
1999    hi
Length: 2000, dtype: category
Categories (2, object): ['ha', 'hi']
```

```
>>> ser.astype('category').nbytes
2016
```

pandas.Categorical 클래스

Categorical 클래스는 다음과 같이 사용한다.

```
>>> s1 = pd.Categorical([1, 2, 3, 1, 2, 3])

>>> s1
[1, 2, 3, 1, 2, 3]
Categories (3, int64): [1, 2, 3]

>>> type(s1)
<class 'pandas.core.categorical.Categorical'>

>>> s1.dtype
CategoricalDtype(categories=[1, 2, 3], ordered=False)
```

```
>>> s2 = pd.Categorical(['a', 'b', 'c', 'a', 'b', 'c'])

>>> s2
['a', 'b', 'c', 'a', 'b', 'c']
Categories (3, object): ['a', 'b', 'c']
```

ordered=True를 입력하면 범주 순서에 따라 정렬되며 최솟값과 최댓값을 가질 수 있다.

```
>>> s3 = pd.Categorical(['a','b','c','a','b','c'], ordered=True, categories=['c', 'b', 'a'])

>>> s3
['a', 'b', 'c', 'a', 'b', 'c']
Categories (3, object): ['c' < 'b' < 'a']

>>> s3.min(), s3.max()
('c', 'a')
```

범주를 가지는 시리즈나 데이터프레임의 열에서 범주형 데이터를 생성할 수 있는 몇 가지 방법이 있다. 첫 번째로 시리즈를 구성할 때 **dtype='category'**를 명시해 범주형 데이터를 생성하는 방법이다.

```
In [94]: ser = pd.Series(['a', 'b', 'c', 'a'], dtype='category')

In [95]: ser
Out[95]: 0    a
         1    b
         2    c
         3    a
         dtype: category
         Categories (3, object): ['a', 'b', 'c']
```

두 번째로 시리즈나 데이터프레임의 열을 **category dtype**으로 변환하는 방법이다.

```
In [96]: df = pd.DataFrame({'A': ['a', 'b', 'c', 'a']})

In [97]: df['B'] = df['A'].astype('category')
```

```
In [98]: df                              In [99]: df.dtypes
Out[98]:                                 Out[99]: A     object
                                                  B     category
         A    B                                   dtype: object
    0    a    a
    1    b    b
    2    c    d
    3    a    a
```

세 번째는 데이터프레임 생성자에 **dtype='category'**를 명시하는 방법이다. 데이터프레임의 모든 행은 객체가 생성되는 도중 혹은 생성 후에 범주형으로 한꺼번에 변환할 수 있다. 따라서 데이터프레임 생성자에 dtype='category'를 명시함으로써 데이터프레임 생성 중 범주형으로 변환할 수 있다.

```
In [100]: df = pd.DataFrame({'A': list('abca'), 'B': list('bccd')}, dtype='category')

In [101]: df.dtypes
Out[101]: A     category
          B     category
          dtype: object
```

각 열에 존재하는 범주는 다를 수 있으며 변환은 열 단위로 이뤄진다.

```
In [102]: df['A']                              In [103]: df['B']
Out[102]: 0    a                               Out[103]: 0    b
          1    b                                         1    c
          2    c                                         2    c
          3    a                                         3    d
          Name: A, dtype: category                      Name: B, dtype: category
          Categories (3, object): ['a', 'b', 'c']       Categories (3, object): ['b', 'c', 'd']
```

네 번째로 **DataFrame.astype( )**을 사용하면 데이터프레임의 모든 열을 한꺼번에 범주형으로 변환할 수 있다.

```
In [104]: df = pd.DataFrame({'A': list('abca'), 'B': list('bccd')})

In [105]: df_cat = df.astype('category')       In [106]: df_cat.dtypes
```

```
Out[106]: A    category
         B    category
         dtype: object
```

pandas.MultiIndex 클래스

멀티레벨 인덱싱(multilevel indexing) 또는 **계층적 인덱싱(hierarchical indexing)**은 특히 고차원 데이터를 분석하고 연산할 때 사용한다. 또한 1차원 시리즈나 2차원 데이터프레임 같은 저차원 데이터 구조에 고차원 데이터를 저장하거나 연산할 수 있게 한다.

MultiIndex 객체는 판다스 객체에서 축 라벨을 저장하는 표준 인덱스를 계층적으로 처리하는 것과 같다. 또한 이 객체는 유일하게 튜플 배열을 가진다. 멀티인덱스(multiindex)를 생성하려면 헬퍼 메소드인 MultiIndex.from_arrays( ), MultiIndex.from_product( ), MultiIndex.from_tuples( ) 중 하나를 사용한다. 헬퍼 메소드란 주어진 일을 실행하기 위해 클래스를 넘나들며 반복적인 작업을 수행하는 메소드를 의미한다.

```
In [107]: arr = [[1, 1, 2, 2], ['red', 'blue', 'red', 'blue']]

In [108]: pd.MultiIndex.from_arrays(arr, names=('number', 'color'))
Out[108]: MultiIndex([(1,  'red'),
                     (1, 'blue'),
                     (2,  'red'),
                     (2, 'blue')],
                    names=['number', 'color'])
```

다음으로 인덱스 생성자로 튜플의 리스트를 전달해 멀티인덱스를 반환하도록 한다. 또한 In [114]에서는 멀티인덱스를 초기화한다.

```
In [109]: arr=[['ha', 'ha', 'hi', 'hi', 'ho', 'ho',], ['one', 'two', 'one', 'two', 'one', 'two']]

In [110]: tuples = list(zip(*arr))

In [111]: tuples
Out[111]: [('ha', 'one'),
          ('ha', 'two'),
          ('hi', 'one'),
          ('hi', 'two'),
          ('ho', 'one'),
```

```
                    ('ho', 'two')]

In [112]: ind = pd.MultiIndex.from_tuples(tuples, names=['first', 'second'])

In [113]: ind
Out[113]: MultiIndex([('ha', 'one'),
                      ('ha', 'two'),
                      ('hi', 'one'),
                      ('hi', 'two'),
                      ('ho', 'one'),
                      ('ho', 'two')],
                     names=['first', 'second'])

In [114]: ser = pd.Series(np.random.randn(6), index=ind)

In [115]: ser
Out[115]: first  second
          ha     one        0.041401
                 two       -0.706565
          hi     one        0.150882
                 two       -0.344491
          ho     one       -1.677327
                 two        0.201942
          dtype: float64
```

시리즈나 데이터프레임에 배열의 리스트를 직접 전달하면 멀티인덱스를 자동 생성할 수 있다.

```
In [116]: arr = [np.array(['ha', 'ha', 'hi', 'hi', 'ho', 'ho']),
                 np.array(['one','two','one','two','one','two'])]

In [117]: ser = pd.Series(np.random.randn(6), index=arr)

In [118]: ser
Out[118]: ha  one   -0.091042
              two    1.621730
          hi  one    1.163854
              two    0.978612
          ho  one    1.454086
              two    0.591144
          dtype: float64
```

```
In [119]: df = pd.DataFrame(np.random.randn(6, 4), index=arr)

In [120]: df
Out[120]:
```

		0	1	2	3
ha	one	-0.311899	-0.412566	-0.567436	-2.067396
	two	1.813604	1.197431	-1.485865	0.446609
hi	one	1.942169	-0.066383	-0.180526	-0.116490
	two	-0.298365	0.601444	0.720684	0.579568
ho	one	0.156028	0.281931	-0.877952	-0.343425
	two	-0.041553	0.315618	1.120340	1.187591

데이터프레임 df의 인덱스를 다음과 같이 구한다.

```
In [121]: df.index
Out[121]: MultiIndex([('ha', 'one'),
                     ('ha', 'two'),
                     ('hi', 'one'),
                     ('hi', 'two'),
                     ('ho', 'one'),
                     ('ho', 'two')],
                    )
```

판다스 객체의 행이나 열 축에 In [113]의 ind를 인수로 적용한다.

```
In [122]: df = pd.DataFrame(np.random.randn(3, 6), index=['A', 'B', 'C'], columns=ind)

In [123]: df
Out[123]:
```

first	ha		hi		ho	
second	one	two	one	two	one	two
A	0.085235	1.135795	0.189772	1.353067	-0.304535	-1.492287
B	0.620485	0.376922	0.276060	-0.233102	0.620913	-0.373441
C	-0.344607	0.718504	0.767272	0.600585	-0.850623	0.031018

```
In [124]: pd.DataFrame(np.random.randn(3, 4), index=ind[:3], columns=ind[:4])
Out[124]:
```

	first	ha		hi	
	second	one	two	one	two
first	second				
ha	one	-0.242012	1.184453	1.440099	-1.045020
	two	-1.170718	0.591252	0.484346	-0.089207
hi	one	-0.926274	0.432415	-0.356466	-0.060871

튜플을 축의 행 라벨로 사용할 수도 있다.

```
In [125]: pd.Series(np.random.randn(6), index=tuples)
Out[125]: (ha, one)   -1.130844
          (ha, two)   -1.230179
          (hi, one)   -0.792757
          (hi, two)    0.024292
          (ho, one)   -0.269411
          (ho, two)    0.179646
          dtype: float64
```

멀티인덱스는 그룹화, 선택 및 재형성(reshaping) 연산을 가능하게 한다는 점에서 중요하다.

4.2 판다스의 주요 기능

이번 절에서는 판다스 데이터 구조에 공통적으로 적용되는 필수 기능을 설명한다. 다음 예제는 판다스 객체를 생성하는 예다. **head**와 **tail** 메소드를 사용하여 시리즈나 데이터프레임의 내용을 살펴볼 수 있다.

```
In [126]: ser = pd.Series(np.random.randn(1000))

In [127]: ser.head()                    In [128]: ser.tail(3)
Out[127]: 0    2.703586                 Out[128]: 997   -0.268477
          1   -0.160062                           998    0.408776
          2   -0.280833                           999    0.745260
          3    1.164471                           dtype: float64
          4    0.270123
          dtype: float64
```

판다스는 메타데이터에 접근하도록 하는 많은 속성을 가지고 있다. **shape 속성**으로 객체의 축 차원을 알 수 있다. 축 라벨을 확인하기 위해 시리즈에는 index, 데이터프레임의 행에는 index 그리고 열에는 **columns 속성**을 사용할 수 있다.

```
In [129]: ind = pd.date_range('1/1/2021', periods=5)

In [130]: ser = pd.Series(np.random.randn(5), index=['a', 'b', 'c', 'd', 'e'])

In [131]: df = pd.DataFrame(np.random.randn(5, 3), index=ind, columns=['A', 'B', 'C'])

In [132]: df[:2]
Out[132]:
```

	A	B	C
2021-01-01	-0.896522	-0.379790	-0.764134
2021-01-02	1.291108	-0.741889	-0.907735

4.2.1 판다스 객체 이진 연산

판다스 데이터 구조 사이에 이진 연산을 할 때 고려해야 하는 2가지 사항이 있다. 첫 번째로 데이터프레임과 시리즈 객체들 사이에서 연산을 할 때 브로드캐스팅을 고려해야 한다. 두 번째로 계산 시 손실 데이터의 처리 방법을 고려해야 한다.

데이터프레임은 이진 연산을 위한 **add( )**, **sub( )**, **mul( )**, **div( )** 메소드와 이와 관련된 **radd( )**, **rsub( )** 등의 함수를 갖는다. 브로드캐스팅 연산 시에는 주로 시리즈를 입력한다. 함수를 적용할 때는 축 키워드에서 지정해 해당 index나 열에 맞게 사용한다.

```
In [133]: df = pd.DataFrame({'one': pd.Series(np.random.randn(2), index=['a','b']),
                             'two': pd.Series(np.random.randn(3), index=['a','b','c']),
                             'three': pd.Series(np.random.randn(2), index=['b','c'])})

In [134]: df
Out[134]:
```

	one	two	three
a	-0.547681	0.038919	NaN
b	-2.007628	-0.969163	-0.041668
c	NaN	-.0.012054	-0.012054

```
In [135]: df.iloc[1]                          In [136]: df['two']
Out[135]: one     -2.007628                   Out[136]: a     0.038919
          two     -0.969163                             b    -0.969163
          three   -0.041668                             c    -0.012054
          Name: b, dtype: float64                       Name: two, dtype: float64

In [137]: row = df.iloc[1]                    In [138]: col = df['two']
```

이번에는 축의 값을 다르게 하여 **sub( )** 메소드를 적용해본다. In [139]는 df의 열 축을 기준으로 각 열의 값에서 인덱스 b의 값을 빼는 연산이다. axis=1을 입력해도 axis='columns'와 같은 연산 결과를 얻는다. axis=0을 입력하면 axis='index'와 같은 연산 결과를 얻을 수 있다.

```
In [139]: df.sub(row, axis='columns')
Out[139]:
```

	one	two	three
a	1.459947	1.008082	NaN
b	0.000000	0.000000	0.000000
c	NaN	-.0.957109	-0.943731

```
In [140]: df.sub(col, axis=0)
Out[140]:
```

	one	two	three
a	0.586600	0.0	NaN
b	-1.038465	0.0	0.927495
c	NaN	0.0	-0.973345

시리즈와 데이터프레임의 산술 연산 함수들은 매개 변수로 **fill_value** 옵션을 가진다. 이 옵션으로 어떤 위치의 손실 값을 대체할 수 있지만 최대 1개의 손실 값만을 대체할 수 있다.

```
In [141]: d = {'one': [1., 2., np.nan], 'two': [3., 2., 1.], 'three': [np.nan, 1., 1.]}

In [142]: df = pd.DataFrame(d, index=list('abc'))

In [143]: df
Out[143]:
```

	one	two	three
a	1.0	3.0	NaN
b	2.0	2.0	1.0
c	NaN	1.0	1.0

```
In [144]: d1 = {'one': pd.Series([1., 2.], index=['a', 'b']),
                'two': pd.Series([1., 1., 1.], index=['a', 'b', 'c']),
                'three': pd.Series([2., 2., 2.], index=['a', 'b', 'c'])}

In [145]: df1 = pd.DataFrame(d1)          In [146]: df1
                                          Out[146]:
```

	one	two	three
a	1.0	1.0	2.0
b	2.0	1.0	2.0
c	NaN	1.0	2.0

2개의 데이터프레임 객체를 더할 때 두 데이터프레임에 손실 값이 있으면 손실 값을 0으로 바꾸어 연산할 수 있다. 또한 **fillna( )**를 사용하여 손실 값을 다른 값으로 변경할 수 있다.

```
In [147]: df + df1                        In [148]: df.add(df1, fill_value=0)
Out[147]:                                 Out[148]:
```

	one	two	three		one	two	three
a	2.0	4.0	NaN	a	2.0	4.0	2.0
b	4.0	3.0	3.0	b	4.0	3.0	3.0
c	NaN	2.0	3.0	c	NaN	2.0	3.0

다음은 **DataFrame.sub** 메소드를 사용하는 연산 예제다.

```
>>> df = pd.DataFrame({'angles': [0, 3, 4], 'degrees': [360, 180, 360]},
                      index=['circle', 'triangle', 'rectangle'])

>>> df
           angles    degrees
circle         0        360
```

```
         angles    degrees
triangle    3       180
rectangle   4       360
```

데이터프레임 df에 스칼라인 1을 더한다.

```
>>> df + 1
         angles    degrees
circle      1       361
triangle    4       181
rectangle   5       361
```

다음 예제는 연산자를 이용해 리스트를 빼는 연산 그리고 sub( ) 메소드에서 축을 지정하여 리스트를 빼는 연산이다.

```
>>> df - [1, 2]                          >>> df.sub([1, 2], axis='columns')
         angles    degrees                       angels   degrees
circle     -1       358                 circle     -1      358
triangle    2       178                 triangle    2      178
rectangle   3       358                 rectangel   3      358
```

다음은 df에서 index축을 기준으로 인덱스가 circle, triangle, rectangle인 시리즈 객체를 빼는 연산이다. df와 시리즈 객체의 인덱스가 동일하므로 서로 뺄셈 연산을 할 수 있다.

```
>>> df1 = df.sub(pd.Series([1, 2, 3], index=['circle', 'triangle', 'rectangle']), axis='index')
>>> df1
         angles    degrees
circle     -1       359
triangle    1       178
rectangle   1       357
```

4.2.2 요약과 통계 연산

시리즈와 데이터프레임에는 요약과 통계 연산을 위한 많은 메소드가 있다. 이 메소드들은 **ndarray. {sum, std 등}**에서 axis 인수를 가지는데 이 인수는 이름이나 정수 형태로 입력한다.

통계 처리를 위한 연산을 할 때는 다음과 같은 손실 데이터 처리 방법을 고려한다.

- 데이터를 더할 때 손실 값(NA)들은 0으로 취급한다.
- 데이터가 모두 NA이면 그 결과는 0이다.
- cumsum( )과 cumprod( )는 기본으로 손실 값들을 무시하지만 결과 배열에서는 유지한다.

다음 예제의 df는 In [143]의 df를 적용한 결과다.

```
In [149]: df
Out[149]:
         one    two    three
    a    1.0    3.0    NaN
    b    2.0    2.0    1.0
    c    NaN    1.0    1.0
```

```
In [150]: df.mean(0)
Out[150]: one      1.5
          two      2.0
          three    1.0
          dtype: float64
```

```
In [151]: df.mean(1)
Out[151]: a    2.000000
          b    1.666667
          c    1.000000
          dtype: float64
```

다음은 손실 데이터를 배제할지 결정하는 **skipna** 옵션이 있는 예제다. skipna 옵션의 기본값은 True이다.

```
In [152]: df.sum(0, skipna=False)
Out[152]: one      NaN
          two      6.0
          three    NaN
          dtype: float64
```

```
In [153]: df.sum(1, skipna=True)
Out[153]: a    4.0
          b    5.0
          c    2.0
          dtype: float64
```

브로드캐스팅과 산술 연산을 함께 처리할 수 있으면 '평균이 0, 표준 편차가 1인 정규 분포'와 같은 다양한 통계 절차를 입력할 수 있다. 다음 예제를 보면 넘파이와 데이터프레임에서 std 함수를 적용했을 때 결과에 다소 차이가 있음을 알 수 있다. 데이터프레임에서 인수 **ddof**의 기본값은 1이고, 넘파이에서 인수 ddof의 기본값이 0이기 때문이다. 통계학의 자유도에 관한 지식은 이 책의 범위에서 벗어나므로 필요한 경우 독자가 개별 학습하기 바란다.

```
In [154]: df.std()
Out[154]: one      0.707107
          two      1.000000
          three    0.000000
          dtype: float64

In [155]: df.std(axis=1)          # 기본값은 ddof=1
Out[155]: a    1.414214
          b    0.577350
          c    0.000000
          dtype: float64

In [156]: np.std(df, axis=1)      # 기본값은 ddof=0
Out[156]: a    1.000000
          b    0.471405
          c    0.000000
          dtype: float64

In [157]: np.std(df, ddof=1, axis=1)      In [158]: df[['one', 'two', 'three']].std()
Our[157]: a    1.414214                   Out[158]: one      0.707107
          b    0.577350                             two      1.000000
          c    0.000000                             three    0.000000
          dtype: float64                            dtype: float64
```

누적 합을 계산하는 cumsum( ) 메소드는 다음과 같이 적용할 수 있다.

```
In [159]: df.cumsum()
Out[159]:
```

	one	two	three
a	1.0	3.0	NaN
b	3.0	5.0	1.0
c	NaN	6.0	1.0

mean( ), std( ) 및 sum( )과 같은 넘파이 함수들은 시리즈 입력값에 있는 손실 값을 기본으로 제외한다.

```
In [160]: np.mean(df['one'])
Out[160]: 1.5
```

Series.nunique( )는 시리즈에서 손실 값을 제외한 유일한 요소의 개수를 반환한다.

```
In [161]: ser = pd.Series(np.random.randn(500))

In [162]: ser[20:500] = np.nan         In [163]: ser[10:20] = 5

In [164]: ser.nunique()
Out[164]: 11
```

describe( ) 메소드는 데이터프레임의 행이나 시리즈에서 다양한 요약 통계를 계산할 수 있다.

```
In [165]: ser = pd.Series(np.random.randn(1000))

In [166]: ser[::2] = np.nan

In [167]: ser.describe()
Out[167]: count    500.000000
         mean       0.029807
         std        0.956518
         min       -2.979180
         25%       -0.617061
         50%        0.029865
         75%        0.664963
         max        2.596280
         dtype: float64
```

다음은 데이터프레임의 행에 다양한 **요약 통계**를 계산하는 예제다.

```
In [168]: df = pd.DataFrame(np.random.randn(1000, 4), columns=['a', 'b', 'c', 'd'])

In [169]: df.iloc[::2] = np.nan

In [170]: df.describe()
Out[170]:
```

	a	b	c	d
count	500.000000	500.000000	500.000000	500.000000
mean	-0.044447	0.013170	-0.031408	-0.037557
std	0.976161	1.006787	1.025799	1.007421

min	-3.376715	-3.015532	-2.973155	-2.690998
25%	-0.694126	-0.680727	-0.751055	-0.750834
50%	-0.079415	-0.013200	-0.013807	-0.031278
75%	0.610854	0.702130	0.749346	0.596636
max	2.908953	2.986737	3.098321	2.703924

출력에 포함할 특정 백분위수를 선택할 수 있다. 확률 통계에서 **분위수(quantile)**는 범위나 샘플의 관찰 구간을 같은 확률을 가진 연속 구간으로 나누거나, 동등한 크기의 구간으로 구분하는 지점이다. **사분위수(quartile)** 중 2사분위수는 **중앙값(median)**이라 한다.

```
In [171]: ser.describe(percentiles=[0.05, 0.25, .75, .95])
Out[171]: count    500.000000
         mean       0.029807
         std        0.956518
         min       -2.979180
         5%        -1.553969
         25%        0.617061
         50%        0.029865
         75%        0.664963
         95%        1.666703
         max        2.596280
         dtype: float64
```

수치가 아닌 객체에 describe( ) 메소드를 적용하면 다음 예와 같이 유일 값의 수와 가장 빈번히 발생하는 값들의 간단한 요약을 반환한다.

```
In [172]: ser = pd.Series(['a','a','b','c','c',np.nan, 'c', 'd'])

In [173]: ser.describe()
Out[173]: count     7
         unique    4
         top       c
         freq      3
         dtype: object
```

범주형과 수치가 혼합된 타입의 데이터프레임 객체에 describe( ) 메소드를 적용하면 수치로 이루어진 열만 반환한다.

```
In [174]: df = pd.DataFrame({'a': ['Yes', 'Yes', 'No', 'No'], 'b': range(4)})

In [175]: df.describe()
Out[175]:
```

	b
count	4.000000
mean	1.500000
std	1.290994
min	0.000000
25%	0.750000
50%	1.500000
75%	2.250000
max	3.000000

describe( )에 include와 exclude 인수를 적용할 수 있다. **exclude**에는 적용하지 않을 열을 전달한다. 다음 예제의 객체 a와 수치 b에 대해 인수 all을 적용하면 객체와 수치 모두를 포함한다.

```
In [176]: df.describe(include=['object'])
Out[176]:
```

	a
count	4
unique	2
top	No
freq	2

```
In [177]: df.describe(include=['number'])
Out[177]:
```

	b
count	4.000000
mean	1.500000
std	1.290994
min	0.000000
25%	0.750000
50%	1.500000
75%	2.250000
max	3.000000

```
In [178]: df.describe(include='all')
Out[178]:
```

	a	b
count	4	4.000000
unique	2	NaN
top	No	NaN
freq	2	NaN
mean	NaN	1.500000
std	NaN	1.290994
min	NaN	0.000000
25%	NaN	0.750000
50%	NaN	1.500000
75%	NaN	2.250000
max	NaN	3.000000

idxmax( )와 idxmin( ) 메소드는 시리즈와 데이터프레임의 요소가 최댓값과 최솟값을 가지는 인덱스의 라벨을 계산한다. 넘파이의 **argmax( )**와 **argmin( )** 메소드와 동일하다. 다음 예제에서 ser의 최솟값 −0.715322의 인덱스는 1이고 최댓값 0.544287의 인덱스는 2다.

```
In [179]: ser = pd.Series(np.random.randn(5))

In [180]: ser                          In [181]: ser.idxmin(), ser.idxmax()
Out[180]: 0   -0.163140                 Out[181]: (1, 2)
          1   -0.715322
          2    0.544287
          3    0.511733
          4    0.089834
          dtype: float64
```

다음은 idxmax( )와 idxmin( ) 메소드에 축을 인수로 전달하여 실행하는 예제다. idxmin( )의 인수 axis의 기본값이 0인 행을 기준으로 A의 최솟값 인덱스가 2이므로 A의 최솟값은 −1.949408이다. B의 최솟값 인덱스는 0, C의 최솟값 인덱스는 1이다.

```
In [182]: df = pd.DataFrame(np.random.randn(4, 3), columns=['A', 'B', 'C'])

In [183]: df
```

Out[183]:

	A	B	C
0	0.476362	-1.881514	1.987312
1	1.823732	1.374084	0.342868
2	-1.949408	1.648837	0.767233
3	2.101190	1.316875	0.750644

```
In [184]: df.idxmin(axis=0)
Out[184]: A    2
          B    0
          C    1
          dtype: int64
```

```
In [185]: df.idxmin()
Out[185]: A    2
          B    0
          C    1
          dtype: int64
```

```
In [186]: df.idxmax(axis=1)
Out[186]: 0    C
          1    A
          2    B
          3    A
          dtype: object
```

최솟값과 최댓값에 일치하는 행이나 열이 다수라면 idxmin( )과 idxmax( )는 첫 번째로 일치하는 인덱스를 반환한다.

```
In [187]: df1 = pd.DataFrame([2, 1, 1, 3, np.nan], columns=['A'], index=list('edcba'))
```

```
In [188]: df1
Out[188]:
```

	A
e	2.0
d	1.0
c	1.0
b	3.0
a	NaN

```
In [189]: df1['A'].idxmin()
Out[189]: 'd'
```

시리즈 메소드인 value_counts( )는 1차원 배열 값의 도수를 계산한다. 이 메소드는 규칙적 배열에 사용할 수 있다.

```
In [190]: data = np.random.randint(0, 7, size=30)

In [191]: data
Out[191]: array([5, 2, 3, 0, 6, 2, 6, 4, 2, 6, 1, 1, 3, 5, 5, 6, 6, 3, 2, 6, 6, 6, 0, 1, 3, 4,
                 2, 0, 3, 5])

In [192]: ser1 = pd.Series(data)

In [193]: ser1.value_counts()            In [194] : pd.value_counts(data)
Out[193]: 6    8                         Out[194] : 6    8
          3    5                                    3    5
          2    5                                    2    5
          5    4                                    5    4
          1    3                                    1    3
          0    3                                    0    3
          4    2                                    4    2
          dtype: int64                              dtype: int64
```

함수 cut( )과 qcut( )을 사용하면 연속하는 값들을 **구간(bin)**으로 나눌 수 있다. 구간은 범주(category)를 가지는 저장소로 이해할 수 있다. cut( ) 함수는 데이터 값들을 개별적인 간격으로 나누어 구간으로 분할하거나 순서를 정렬할 때 사용한다. 또한 이 함수는 연속적인 값의 변수나 범주형 변수의 범위를 다룰 때 적용할 수 있다. 예를 들어 나이를 나이 범위의 그룹으로 변환할 수 있다.

다음은 배열을 동등한 3개 길이 (0.994, 3.0], (3.0, 5.0], (5.0, 7.0]으로 구분하고 배열 객체의 각 요소가 해당 구간에 속하는 것을 나타내는 예제다.

```
In [195]: pd.cut(np.array([1, 7, 5, 4, 6, 3]), 3)
Out[195]: [(0.994, 3.0], (5.0, 7.0], (3.0, 5.0], (3.0, 5.0], (5.0, 7.0], (0.994, 3.0]]
          Categories (3, interval[float64]): [(0.994, 3.0] < (3.0, 5.0] < (5.0, 7.0]]
```

인수 retbins=True를 입력하면 구간 값을 반환한다.

```
In [196]: pd.cut(np.array([1, 7, 5, 4, 6, 3]), 3, retbins=True)
Out[196]: [(0.994, 3.0], (5.0, 7.0], (3.0, 5.0], (3.0, 5.0], (5.0, 7.0], (0.994, 3.0]]
          Categories (3, interval[float64]): [(0.994, 3.0] < (3.0, 5.0] < (5.0, 7.0]],
          array([0.994, 3.  , 5.  , 7.  ]))
```

다음은 구간에 특정 라벨 'bad', 'medium', 'good'을 할당하여 labels 범주를 반환하는 예제다.

```
In [197]: pd.cut(np.array([1, 7, 5, 4, 6, 3]), 3, labels=['bad', 'medium', 'good'])
Out[197]: ['bad', 'good', 'medium', 'medium', 'good', 'bad']
          Categories (3, object): ['bad' < 'medium' < 'good']
```

labels=False 인수를 입력하면 범주형 시리즈나 정수 배열을 반환한다. 다음 예제의 구간은 차례대로 (−0.002, 0.5], (0.5, 1.0], (0.5, 1.0], (1.5, 2.0]이다. 예제의 결과는 정수 배열이고 0부터 시작하는 구간의 순서가 된다.

```
In [198]: pd.cut([0, 1, 1, 2], bins=4, labels=False)
Out[198]: array([0, 1, 1, 3], dtype=int64)
```

cut( ) 함수에 시리즈를 입력하면 categorical dtype인 시리즈를 반환한다.

```
In [199]: ser = pd.Series(np.array([2, 4, 6, 8, 10]), index=['a', 'b', 'c', 'd', 'e'])

In [200]: pd.cut(ser, 3)
Out[200]: a    (1.992, 4.667]
          b    (1.992, 4.667]
          c    (4.667, 7.333]
          d    (7.333, 10.0]
          e    (7.333, 10.0]
          dtype: category
          Categories (3, interval[float64]): [(1.992, 4.667] < (4.667, 7.333] < (7.333, 10.0]]
```

qcut( )은 분위(quantile) 기반의 **이산(discretization)** 함수다. 이 함수는 순위나 샘플 분위에 기반하여 변수를 동등한 크기로 나눈다. 범위 밖의 값들은 결과인 범주형 객체에서 NA가 된다.

```
In [201]: pd.qcut(range(5), 4)
Out[201]: [(-0.001, 1.0], (-0.001, 1.0], (1.0, 2.0], (2.0, 3.0], (3.0, 4.0]]
          Categories (4, interval[float64]): [(-0.001, 1.0] < (1.0, 2.0] < (2.0, 3.0] < (3.0, 4.0]]

In [202]: pd.qcut(range(5), 3, labels=['good', 'medium', 'bad'])
Out[202]: ['good', 'good', 'medium', 'bad', 'bad']
          Categories (3, object): ['good' < 'medium' < 'bad']

In [203]: pd.qcut(range(5), 4, labels=False)
Out[203]: array([0, 0, 1, 2, 3], dtype=int64)
```

다음 예제를 통해 cut( ) 함수와 qcut( ) 함수의 차이를 확인한다. cut( ) 함수는 구간 범위에 해당하는 길이가 동등하도록 나눈다. qcut( ) 함수는 구간 범위에 해당하는 개수가 동등하도록 나눈다.

```
In [204]: pd.cut(np.random.randn(25), 5).value_counts()
Out[204]: (-1.79, -0.874]     3
          (-0.874, 0.0375]    8
          (0.0375, 0.949]     9
          (0.949, 1.861]      2
          (1.861, 2.772]      3
          dtype: int64

In [205]: pd.qcut(np.random.randn(25), 5).value_counts()
Out[205]: (-2.27, -0.811]     5
          (-0.811, -0.288]    5
          (-0.288, 0.13]      5
          (0.13, 0.879]       5
          (0.879, 2.093]      5
          dtype: int64
```

4.2.3 함수 적용

사용자 정의 함수나 다른 라이브러리에 속한 함수들을 판다스 객체에 적용할 때 이 함수들은 다음과 같이 행, 열 또는 요소 단위의 데이터프레임이나 시리즈에 적용된다.

- 테이블 형태의 함수를 적용: pipe( )
- 행 또는 열 단위의 함수를 적용: apply( )
- Aggregation API: agg( )와 transform( )
- 요소 단위로 함수를 적용: applymap( )

테이블 형태의 함수 적용

테이블 형태의 함수를 적용할 때는 데이터프레임이나 시리즈에 함수로 입력할 수 있다. 함수를 체인(chain) 형태로 호출해야 한다면 **pipe( )** 메소드를 사용할 수 있다. 시리즈나 데이터프레임, GroupBy 객체들을 여러 함수와 함께 연쇄적으로 묶을 때 .pipe를 사용한다. 예를 들어 f(g(h(df), arg1=a), arg2=b, arg3=c)와 같이 사용하는 대신 다음과 같은 로직으로 작성한다.

```
>>> (df.pipe(h)
     .pipe(g, arg1=a)
     .pipe(f, arg2=b, arg3=c)
    )
```

다음으로 데이터에 pipe( ) 메소드를 이용해 사칙 연산을 차례대로 수행하는 예제를 살펴본다. 먼저 다음과 같이 데이터를 생성한다.

```
In [206]: data = pd.DataFrame([[1, 1, 1], [2, 2, 2], [3, 3, 3]], index=['A', 'B', 'C'],
                              columns=['one', 'two', 'three'])

In [207]: data
Out[207]:
```

	one	two	three
A	1	1	1
B	2	2	2
C	3	3	3

생성된 data 객체에 사용자 정의 함수를 사용한 사칙 연산을 pipe( ) 메소드를 이용해 체인 형태로 묶어 실행한다.

```
In [208]: def add(data, arg1):            In [209]: def div(data1, arg2):
              data1 = data + arg1                       data2 = data1/arg2
              return data1                              return data2

In [210]: def mul(data2, arg3):           In [211]: def sub(data3, arg4):
              data3 = data2 * arg3                      data4 = data3 - arg4
              return data3                              return data4

In [212]: (data.pipe(add, arg1=2)      # data에 2를 더하기
           .pipe(div, arg2=3)          # data에 2를 더한 결과에 3으로 나누기
           .pipe(mul, arg3=5)          # 위 결과를 3으로 나눈 후 5를 곱하기
           .pipe(sub, arg4=1))         # 위 결과에서 1을 빼기
Out[212]:
```

	one	two	three
A	4.000000	4.000000	4.000000
B	5.666667	5.666667	5.666667
C	7.333333	7.333333	7.333333

다음으로 가족 구성원들의 성별에 따라 평균 나이를 구해본다. 먼저 다음과 같이 빈 데이터프레임 객체를 생성하고 가족 구성원 데이터를 동적 할당한다.

```
In [213]: df = pd.DataFrame()

In [214]: df['name'] = ['jsun', 'jin', 'ujung', 'naeun', 'suho']
          df['sex'] = ['female', 'male', 'female', 'female', 'male']
          df['age'] = [84, 58, 53, 27, 18]

In [215]: df
Out[215]:
```

	name	sex	age
0	jsun	female	84
1	jin	male	58
2	ujung	female	53
3	naeun	female	27
4	suho	male	18

데이터를 성별인 sex로 그룹화하고 각 성별 그룹의 평균 나이를 연산하는 함수를 구성한다. 또한 모든 열 라벨을 대문자로 바꾼 후 데이터프레임 열에 동적 할당한다.

```
In [216]: def mean_age_group(dataframe, col):
              return dataframe.groupby(col).mean()

In [217]: def cap_column(dataframe):
              dataframe.columns = dataframe.columns.str.upper()
              return dataframe
```

In [216]은 성별로 그룹화하여 나이의 평균값을 구하는 함수고 In [217]은 해당하는 열 라벨을 대문자로 변환하여 적용하는 함수다. 함수의 첫 번째 인수인 dataframe은 pipe( ) 메소드의 체인 연산 과정에서 df 객체로 매핑되어 처리되는 것을 확인할 수 있다.

```
In [218]: (df.pipe(mean_age_group, col='sex')
            .pipe(cap_column))
Out[218]:
```

	sex	AGE
	female	54.666667
	male	38.000000

이처럼 pipe( )는 여러 연산을 담당하는 다수의 함수를 순차적으로 연계해 처리함으로써 복잡한 연산 과정을 단순화하는 유용한 메소드다.

행 또는 열 단위의 함수 적용

apply( ) 메소드는 axis 인수를 선택적으로 취하므로 이 메소드를 사용하면 데이터프레임의 행 또는 열에 함수를 적용할 수 있다. In [220]의 df는 딕셔너리형 데이터로 구성된 리스트에서 데이터프레임 객체를 생성한다.

```
In [219]: data = [{'one': 1.0, 'two': 1.2}, {'one': 0.5, 'two': 1.1, 'three': 0.7},
                  {'one': 0.7, 'two': 0.9, 'three': -1.6}, {'two': 1.4, 'three': -1.2}]

In [220]: df = pd.DataFrame(data, index=list('abcd'))

In [221]: df
Out[221]:
```

	one	two	three
a	1.0	1.2	NaN
b	0.5	1.1	0.7
c	0.7	0.9	-1.6
d	NaN	1.4	-1.2

앞 결과에 apply( ) 메소드를 사용해 **np.mean**을 적용하면 기본으로 열을 중심으로 평균값을 구한다. 인수 axis=1을 설정하면 행을 기준으로 연산한다.

```
In [222]: df.apply(np.mean)              In [223]: df.apply(np.mean, axis=1)
Out[222]: one      0.733333              Out[223]: a    1.100000
          two      1.150000                        b    7.666667
          three   -0.700000                        c    0.000000
          dtype: float64                           d    0.100000
                                                   dtype: float64
```

다음 예제에서는 df에 apply( ) 메소드로 람다 함수를 적용하여 최댓값과 최솟값의 차이를 구한다. 그리고 df에 **np.cumsum**과 **np.exp**를 적용하여 누적 합과 지수를 구한다.

```
In [224]: df.apply(lambda x: x.max() - x.min())
Out[224]: one      0.5
          two      0.5
          three    2.3
          dtype: float64

In [225]: df.apply(np.cumsum)            In [226]: df.apply(np.exp)
Out[225]:                                Out[225]:
```

	one	two	three
a	1.0	1.2	NaN
b	1.5	2.3	0.7
c	2.2	3.2	-0.9
d	NaN	4.6	-2.1

	one	two	three
a	2.718282	3.320117	NaN
b	1.648721	3.004166	2.013753
c	2.013753	2.459603	0.201897
d	NaN	4.055200	0.301194

apply( ) 메소드에는 다음과 같이 문자열인 메소드 이름을 적용할 수도 있다.

```
In [227]: df.apply('mean')               In [228]: df.apply('mean', axis=1)
Out[227]: one      0.733333              Out[228]: a    1.100000
          two      1.150000                        b    7.666667
          three   -0.700000                        c    0.000000
          dtype: float64                           d    0.100000
                                                   dtype: float64
```

4.2.4 Aggregation API 함수 적용

Aggregation API는 다중 종합 연산을 수행할 수 있도록 한다. **agg( )** 메소드는 **aggregate( )**의 약칭으로 데이터프레임과 시리즈에 적용할 수 있다. agg( )는 명시한 축에 한 개 이상의 연산을 통합하여 실행하며 반환된 객체의 차원이 축소된다.

transform( ) 메소드를 사용하면 원형과 같은 크기의 Index 객체를 반환한다. 이 API는 하나보다는 여러 연산을 동시에 수행하도록 하며 Aggregation API와 유사하게 동작한다.

agg( )로 행에 여러 함수를 종합하여 연산하기 위해 먼저 다음과 같이 df 객체를 생성한다.

```
>>> df = pd.DataFrame([[1, 2, 3],
                       [4, 5, 6],
                       [7, 8, 9],
                       [np.nan, np.nan, np.nan]], columns=['A', 'B', 'C'])

>>> df
     A    B    C
0  1.0  2.0  3.0
1  4.0  5.0  6.0
2  7.0  8.0  9.0
3  NaN  NaN  NaN

>>> df.agg(['sum', 'min'])
        A     B     C
sum  12.0  15.0  18.0
min   1.0   2.0   3.0
```

메소드 agg( )에 축을 명시하지 않으면 각 열에 각기 다른 종합 연산을 실행한다. axis='columns'인 경우 행의 평균을 구한다.

```
>>> df.agg({'A' : ['sum', 'min'], 'B' : ['min', 'max']})
        A    B
sum  12.0  NaN
min   1.0  2.0
max   NaN  8.0

>>> df.agg("mean", axis="columns")
0    2.0
```

```
1    5.0
2    8.0
3    NaN
dtype: float64
```

Aggregation API를 사용해 종합 연산을 수행하기 위해 먼저 다음과 같이 데이터프레임을 생성한다.

```
In [229]: adf = pd.DataFrame(np.random.randn(6, 3), columns=['A','B','C'],
                             index=pd.date_range('7/1/2021', periods=6))

In [230]: adf.iloc[2:4] = np.nan

In [231]: adf
Out[231]:
```

	A	B	C
2021-07-01	0.995384	-0.806825	0.535283
2021-07-02	1.474910	0.338108	1.039890
2021-07-03	NaN	NaN	NaN
2021-07-04	NaN	NaN	NaN
2021-07-05	0.159342	0.766251	0.130568
2021-07-06	-0.742893	-0.932762	1.429411

단일 함수를 사용하는 방법은 **apply( )** 메소드를 사용하는 방법과 동일하다. 또한 문자열인 메소드 이름을 전달할 수도 있다. 이 연산들은 시리즈를 반환한다.

```
In [232]: adf.agg(np.sum)           In [233]: adf.agg('sum')
Out[232]: A    1.886742             Out[233]: A    1.886742
          B   -0.635228                       B   -0.635228
          C    3.135152                       C    3.135152
          dtype: float64                      dtype: float64

In [234]: adf.sum()
Out[234]: A    1.886742
          B   -0.635228
          C    3.135152
          dtype: float64
```

시리즈에 단일 종합 연산을 실행하면 스칼라 값을 반환한다.

```
In [235]: adf.A.agg('sum')
Out[235]: 1.8867421715566726
```

복수의 함수로 종합 연산을 실행할 때 여러 인수를 리스트로 전달할 수 있다. 전달한 함수는 연산 결과에서 데이터프레임의 행으로 나타난다.

```
In [236]: adf.agg(['sum'])
Out[236]:
```

	A	B	C
sum	1.886742	0.635228	3.135152

복수의 함수를 사용하면 복수의 행을 반환한다.

```
In [237]: adf.agg(['sum', 'mean'])
Out[237]:
```

	A	B	C
sum	1.886742	0.635228	3.135152
mean	0.471686	-0.158807	0.783788

람다 함수를 입력하면 〈lambda〉 이름의 행을 반환한다.

```
In [238]: adf.A.agg(['sum', lambda x: x.mean()])
Out[238]: sum         1.886742
          <lambda>    0.471686
          Name: A, dtype: float64
```

사용자 정의 함수를 입력하면 행에 그 함수의 이름을 반환한다.

```
In [239]: def mymean(x):            In [240]: adf.A.agg(['sum', mymean])
              return x.mean()       Out[240]: sum       1.886742
                                              mymean    0.471686
                                              Name: A, dtype: float64
```

DataFrame.agg( )로 각 열에 함수 이름을 딕셔너리형으로 전달하면 각 열에 해당 함수를 적용한다.

```
In [241]: adf.agg({'A': 'mean', 'B': 'sum'})
Out[241]: A    0.471686
          B   -0.635228
          dtype: float64
```

열 라벨에 유사 리스트로 함수를 전달하면 데이터프레임 형태로 출력된다. 다음 예제에서 A열에는 평균과 최솟값을 연산하고 해당되지 않는 합계는 NaN으로 처리한다. B열에는 합계만 연산하고 나머지는 NaN으로 처리한다.

```
In [242]: adf.agg({'A': ['mean', 'min'], 'B': 'sum'})
Out[242]:
```

	A	B
mean	0.471686	NaN
min	-0.742893	NaN
sum	NaN	-0.635228

transform( ) 메소드를 사용하면 데이터프레임에 람다 함수를 적용하여 연산할 수 있다.

```
>>> df = pd.DataFrame({'A': range(3), 'B': range(1, 4)})

>>> df                          >>> df.transform(lambda x: x + 1)
   A  B                            A  B
0  0  1                         0  1  2
1  1  2                         1  2  3
2  2  3                         2  3  4
```

transform( ) 메소드에는 넘파이 함수, 문자열인 함수 이름 또는 사용자 정의 함수를 입력할 수 있으며 전체 프레임을 반환한다. 다음 예제에서 np.abs 대신 abs 또는 lambda x: x.abs( )를 입력해도 결과는 같다. 이는 np.abs(adf)의 연산 결과와도 동일하다.

```
In [243]: adf.transform(np.abs)
Out[243]:
```

	A	B	C
2021-07-01	0.995384	0.806825	0.535283
2021-07-02	1.474910	0.338108	1.039890
2021-07-03	NaN	NaN	NaN
2021-07-04	NaN	NaN	NaN
2021-07-05	0.159342	0.766251	0.130568
2021-07-06	0.742893	0.932762	1.429411

시리즈에 함수 하나를 입력하면 단일 시리즈를 반환한다.

```
In [244]: adf.A.transform(np.abs)
Out[244]: 2021-07-01    0.995384
          2021-07-02    1.474910
          2021-07-03         NaN
          2021-07-04         NaN
          2021-07-05    0.159342
          2021-07-06    0.742893
          Freq: D, Name: A, dtype: float64
```

복수의 함수를 전달하면 멀티인덱스를 가진 열로 이루어진 데이터프레임을 반환한다. 첫 번째 레벨은 원래 데이터프레임의 열 이름이고 두 번째 레벨은 변환하는 함수들의 이름이다.

```
In [245]: adf.transform([np.abs, lambda x: x + 1])
Out[245]:
```

	A		B		C	
	absolute	⟨lambda⟩	absolute	⟨lambda⟩	absolute	⟨lambda⟩
2021-07-01	0.995384	1.995384	0.806825	0.193175	0.535283	1.995384
2021-07-02	1.474910	2.474910	0.338108	1.338108	1.039890	2.474910
2021-07-03	NaN	NaN	NaN	NaN	NaN	NaN
2021-07-04	NaN	NaN	NaN	NaN	NaN	NaN
2021-07-05	0.159342	1.159342	0.766251	1.766251	0.130568	1.159342
2021-07-06	0.742893	0.257107	0.932762	0.067238	1.429411	0.257107

복수의 함수를 시리즈로 입력하면 데이터프레임을 반환한다. 결과의 열 이름은 변환 함수의 이름이다.

```
In [246]: adf.A.transform([np.abs, lambda x: x + 1])
Out[246]:
```

	absolute	<lambda>
2021-07-01	0.995384	1.995384
2021-07-02	1.474910	2.474910
2021-07-03	NaN	NaN
2021-07-04	NaN	NaN
2021-07-05	0.159342	1.159342
2021-07-06	0.742893	0.257107

함수들로 이루어진 딕셔너리를 전달하면 각 열마다 연산을 적용할 수 있다. 다음 예제에서 A열에는 절댓값을, B열에는 람다 함수를 적용한다.

```
In [247]: adf.transform({'A': np.abs, 'B': lambda x: x + 1})
Out[247]:
```

	A	B
2021-07-01	0.995384	0.193175
2021-07-02	1.474910	1.338108
2021-07-03	NaN	NaN
2021-07-04	NaN	NaN
2021-07-05	0.159342	1.766251
2021-07-06	0.742893	0.067238

리스트가 있는 딕셔너리를 전달하면 각 열에 함수를 호출하여 연산을 실행하며 멀티인덱스를 가진 데이터프레임을 생성한다. 다음 예제의 sqrt는 원본 데이터 adf 중 B열의 제곱근이다.

```
In [248]: adf.transform({'A': np.abs, 'B': [lambda x: x + 1, 'sqrt']})
Out[248]:
```

	A		B
	absolute	⟨lambda⟩	sqrt
2021-07-01	0.995384	0.193175	NaN
2021-07-02	1.474910	1.338108	0.581470
2021-07-03	NaN	NaN	NaN
2021-07-04	NaN	NaN	NaN
2021-07-05	0.159342	1.766251	0.875358
2021-07-06	0.742893	0.067238	NaN

요소 단위로 함수들을 적용

데이터프레임에 **applymap( )** 메소드로 사용자 정의 함수를 적용할 수 있다. 시리즈에 사용자 정의 함수를 적용하려면 map( ) 메소드를 사용한다. 이때 사용자 정의 함수에는 단일 값을 입력하고 반환한다. apply( ) 메소드는 데이터프레임과 시리즈에 모두 적용할 수 있다. applymap( ) 메소드는 요소별로 함수를 적용한다. applymap( )와 apply( ) 메소드는 호출할 수 있는 사용자 정의 함수만 인수로 가질 수 있다. map( ) 메소드는 딕셔너리, 시리즈, 사용자 정의 함수를 인수로 가질 수 있다.

다음은 데이터프레임에 **람다 함수**를 인수로 갖는 applymap( ) 메소드를 적용하는 예제다. 파이썬 함수 str(x)는 데이터프레임의 요소인 숫자를 문자로 변환하고 len( )은 해당 요소의 문자 개수를 반환한다.

```
In [249]: df = pd.DataFrame([[1, 2.12], [3.356, 4.567]])

In [250]: df                          In [251]: df.applymap(lambda x: len(str(x)))
Out[250]:                              Out[251]:
```

	0	1
0	1.000	2.120
1	3.356	4.567

	0	1
0	3	4
1	5	5

다음은 데이터프레임 df에 **람다 함수**를 적용하거나 제곱 연산을 실행한 예제다.

```
In [252]: df.applymap(lambda x: x**2)    In [253]: df ** 2
Out[252]:                                 Out[253]:
```

	0	1
0	1.000000	4.494400
1	11.262736	20.857489

	0	1
0	1.000000	4.494400
1	11.262736	20.857489

인수가 딕셔너리형일 때, 딕셔너리 내에 키로써 존재하지 않는 시리즈 값들은 NaN으로 변환된다. 이를 확인하기 위해 먼저 다음과 같이 시리즈 객체 ser을 생성한다.

```
In [254]: ser = pd.Series(['cat', 'dog', np.nan, 'rabbit'])

In [255]: ser
Out[255]: 0        cat
          1        dog
          2        NaN
          3     rabbit
          dtype: object
```

map( ) 메소드에는 딕셔너리, 시리즈, 사용자 정의 함수를 사용할 수 있다. 딕셔너리에 존재하지 않는 값들은 NaN으로 변환된다.

```
In [256]: ser.map({'cat': 'kitten', 'dog': 'puppy'})
Out[256]: 0     kitten
          1      puppy
          2        NaN
          3        NaN
          dtype: object
```

다음은 map( ) 메소드에 사용자 정의 함수를 인수로 사용한 예제다.

```
In [257]: ser.map('I am a {}'.format)
Out[257]: 0       I am a cat
          1       I am a dog
          2       I am a nan
          3    I am a rabbit
          dtype: object
```

손실 값에 함수를 적용하지 않고 NaN 값을 유지하려면 다음과 같이 na_action='ignore'를 입력한다.

```
In [258]: ser.map('I am a {}'.format, na_action='ignore')
Out[258]: 0          I am a cat
          1          I am a dog
          2                 NaN
          3       I am a rabbit
          dtype: object
```

4.3 데이터 처리

판다스 객체에서 데이터 세트를 서브세트로 설정하거나 서브세트를 얻으려면 축을 라벨 처리한다. 축을 라벨 처리하는 것은 데이터 분석, 시각화, 양방향 디스플레이 기능에서 중요한 과정이며 데이터를 자동 정렬하고 명시적으로 표현한다. 이 절에서는 판다스 객체의 서브세트를 얻고 설정하며 슬라이싱하는 방법을 알아본다.

4.3.1 데이터 선택

데이터는 라벨(label), 위치(position), 호출(call)을 이용해 선택할 수 있다.

라벨로 데이터 선택

라벨을 이용한 데이터 선택은 임의의 축을 따라서 범위를 나누는 일관성 있는 방법으로써 **loc 속성**을 사용한다. loc 속성에는 1 또는 a와 같은 단일 라벨, ['a', 'b', 'c'] 같은 리스트나 라벨들의 배열, a:f 같은 슬라이스 객체, 불리언 배열, 그리고 호출 함수를 입력할 수 있다.

loc 속성은 데이터의 인덱스 타입이 일치하지 않으면 오류가 발생하므로 인덱스 타입을 일치시켜야 한다. 예를 들어 다음 In [260]에서 df1.loc[2:3]을 실행하면 오류가 발생한다.

```
In [259]: df1 = pd.DataFrame(np.random.randn(5, 4), columns=list('ABCD'),
                             index=pd.date_range('20210701', periods=5))

In [260]: df1
Out[260]:
```

	A	B	C	D
2021-07-01	1.886818	1.233936	-0.712543	-0.193664
2021-07-02	-2.558602	2.857422	0.575343	0.604930
2021-07-03	-1.965174	-0.002043	-1.524103	-0.196919
2021-07-04	1.322641	-0.947970	-0.772164	0.111799
2021-07-05	1.200929	-0.710678	-1.159351	-0.659144

```
In [261]: df1.loc['20210702':'20210703']
Out[261]:
```

	A	B	C	D
2021-07-02	-2.558602	2.857422	0.575343	0.604930
2021-07-03	-1.965174	-0.002043	-1.524103	-0.196919

인덱스를 이용해 라벨을 선택하려면 모든 라벨이 인덱스에 포함되어야 하며 그렇지 않으면 오류가 발생한다.

```
In [262]: ser1 = pd.Series(np.random.randn(4), index=list('abcd'))

In [263]: ser1                              In [264]: ser1.loc['c':]
Out[263]: a   -0.702293                     Out[264]: c    1.314285
          b    1.372672                               d    1.768059
          c    1.314285                               dtype: float64
          d    1.768059
          dtype: float64

In [265]: ser1.loc['b']
Out[265]: 1.3726715170784902
```

다음과 같이 loc 속성을 사용해 시리즈 객체에 동적 할당을 할 수 있다.

```
In [266]: ser1.loc['c':] = 0              In [267]: ser1
                                          Out[267]: a   -0.702293
                                                    b    1.372672
                                                    c    0.000000
                                                    d    0.000000
                                                    dtype: float64
```

다음으로 라벨을 이용해 데이터프레임의 요소를 선택하는 방법을 살펴본다. In [270]의 df1.loc[['a', 'b', 'd'], :]와 df1.loc[['a', 'b', 'd']]를 입력하는 결과는 같다.

```
In [268]: df1 = pd.DataFrame(np.random.randn(5, 4), index=list('abcde'), columns=list('ABCD'))

In [269]: df1
Out[269]:
```

	A	B	C	D
a	-1.021413	-0.862937	0.759677	-0.020736
b	-0.147637	-0.418223	-0.498537	-1.000637
c	-0.412724	-0.675408	0.434357	0.620771
d	0.199549	0.299097	0.939225	-1.484346
e	0.658422	0.969015	-0.272971	-3.739310

```
In [270]: df1.loc[['a', 'b', 'd'], :]
Out[270]:
```

	A	B	C	D
a	-1.021413	-0.862937	0.759677	-0.020736
b	-0.147637	-0.418223	-0.498537	-1.000637
d	0.199549	0.299097	0.939225	-1.484346

하나의 라벨과 슬라이싱을 이용해 데이터를 선택한다.

```
In [271]: df1.loc['c':, 'A':'C']
Out[271]:
```

	A	B	C
c	-0.412724	-0.675408	0.434357
d	0.199549	0.299097	0.939225
e	0.658422	0.969015	-0.272971

```
In [272]: df1.loc['a']
Out[272]: A   -1.021413
          B   -0.862937
          C    0.759577
          D   -0.020736
          Name: a, dtype: float64
```

다음은 loc 속성을 이용해 슬라이싱을 실행할 때 시작과 끝 라벨이 인덱스에 있다면 문자열로 인식해서 시작과 끝을 포함해 둘 사이에 위치하는 요소를 반환하는 경우다. 인덱스를 수치로 간주한다면 속성 iloc를 적용한다.

```
In [273]: ser = pd.Series(list('abcde'), index=[0, 3, 2, 5, 4])

In [274]: ser                          In [275]: ser.loc[3:5]
Out[274]: 0    a                       Out[275]: 3    b
         3    b                                 2    c
         2    c                                 5    d
         5    d                       dtype: object
         4    e
dtype: object
```

ser.loc[1:6]을 적용하면 2개의 라벨 요소 중 6이 인덱스 범위를 초과해 존재하지 않으므로 오류가 발생한다. 그러나 인덱스 라벨을 순서 정렬한 후 loc[1:6]를 적용하면 범위에 맞는 결과가 나타난다. 여기서 loc의 2개 라벨은 위치를 나타내는 것이 아니라 라벨 명칭인 점에 주의해야 한다.

```
In [276]: ser.sort_index()             In [277]: ser.sort_index().loc[1:6]
Out[276]: 0    a                       Out[277]: 2    c
         2    c                                 3    b
         3    b                                 4    e
         4    e                                 5    d
         5    d                       dtype: object
dtype: object
```

위치로 데이터 선택

위치를 이용해 데이터를 선택할 때 슬라이싱 영역의 시작은 포함되고 끝은 제외된다. **iloc 속성**으로 위치를 지정할 수 있으며 정수, 리스트, 정수 배열을 입력으로 사용한다. 예를 들어 정수 1:5와 같은 슬라이스 객체, 불리언 배열 그리고 호출 함수를 입력할 수 있다.

```
In [278]: ser1 = pd.Series(np.random.randn(5), index=list(range(0, 10, 2)))

In [279]: ser1                         In [280]: ser1.iloc[:3]
Out[279]: 0    0.096511                Out[280]: 0    0.096511
         2    0.551766                          2    0.551766
         4    0.651633                          4    0.651633
```

```
6   -0.660554                          dtype: float64
8   -1.124512
dtype: float64

In [281]: ser1.iloc[3]
Out[281]: -0.66055442692110766
```

데이터프레임 객체를 생성하고 위치를 이용해 선택해본다.

```
In [282]: df1 = pd.DataFrame(np.random.randn(5, 4), index=list(range(0, 10, 2)),
                             columns=list(range(0, 8, 2)))

In [283]: df1
Out[283]:
```

	0	2	4	6
0	0.956328	-0.173248	-0.093391	-0.083772
2	-0.801748	1.586352	-0.020246	-0.683019
4	0.436613	-1.393027	1.117183	1.073296
6	-0.674454	0.177331	0.190972	-0.062220
8	-2.222666	-1.328922	0.316226	0.611755

정수를 범위로 가지는 슬라이싱을 이용해 데이터를 선택한다. [n:m]은 위치 n부터 m-1까지의 범위다.

```
In [284]: df1.iloc[:2]
Out[284]:
```

	0	2	4	6
0	0.956328	-0.173248	-0.093391	-0.083772
2	-0.801748	1.586352	-0.020246	-0.683019

```
In [285]: df1.iloc[1:3, 0:3]
Out[285]:
```

	0	2	4
2	-0.801748	1.586352	-0.020246
4	0.436613	-1.393027	1.117183

정수 리스트를 이용해 데이터를 선택한다.

```
In [286]: df1.iloc[[0, 2, 3], [1, 3]]
Out[286]:
```

	2	6
0	-0.173248	-0.083772
4	-1.393027	1.073296
6	0.177331	-0.062220

이번에는 df1 객체를 횡단으로 슬라이싱한다.

```
In [287]: df1.iloc[1]
Out[287]: 0    -0.801748
          2     1.586352
          4    -0.020246
          6    -0.683019
          Name: 2, dtype: float64
```

호출 함수로 데이터 선택

호출 함수(callable)는 호출할 수 있는 함수를 의미한다. loc, iloc 및 [ ]를 이용해 인덱싱할 때 호출 함수를 인수인 인덱스 연산자로 사용할 수 있다. 시리즈나 데이터프레임에서 호출 함수는 하나의 인수를 가진다. 그리고 인덱싱에 합당한 출력을 반환한다.

먼저 데이터프레임을 생성한다.

```
In [288]: df1 = pd.DataFrame(np.random.randn(5, 4), index=list('abcde'), columns=list('ABCD'))

In [289]: df1
Out[289]:
```

	A	B	C	D
a	0.623216	-0.185657	-1.696208	-0.182868
b	0.371650	1.240962	-1.099413	-1.141788
c	-0.709763	-1.004348	-0.230225	-0.428078
d	-0.872024	0.781595	-0.636984	-0.988898
e	-0.772045	-0.249888	1.441730	-0.020915

다음으로 호출 함수를 인덱스 연산자로 사용하여 데이터를 선택해본다. df1.A가 0보다 큰 라벨 a와 b를 행 축으로 선택하고, [:]인 모든 구간을 열 축으로 선택한다. 함수의 대표성을 가져야 하므로 df로 표기했다. 결과를 보면 df에 df1이 매핑되어 실행된 것을 알 수 있다.

```
In [290]: df1.loc[lambda df: df.A>0, :]
Out[290]:
```

	A	B	C	D
a	0.623216	-0.185657	-1.696208	-0.182868
b	0.371650	1.240962	-1.099413	-1.141788

모든 행 구간을 선택하고 A와 B열을 선택한다.

```
In [291]: df1.loc[:, lambda df: ['A', 'B']]
Out[291]:
```

	A	B
a	0.623216	-0.185657
b	0.371650	1.240962
c	-0.709763	-1.004348
d	-0.872024	0.781595
e	-0.772045	-0.249888

위치를 이용해 데이터를 선택하기 위해 **iloc 속성**을 사용할 수 있다.

```
In [292]: df1.iloc[:, lambda df: [0, 1]]
Out[292]:
```

	A	B
a	0.623216	-0.185657
b	0.371650	1.240962
c	-0.709763	-1.004348
d	-0.872024	0.781595
e	-0.772045	-0.249888

다음은 columns 속성을 이용해 첫 번째 열을 선택하는 예제다.

```
In [293]: df1[lambda df: df.columns[0]]
Out[293]: a    0.623216
         b    0.371650
         c   -0.709763
         d   -0.872024
         e   -0.772045
         Name: A, dtype: float64
```

시리즈에도 호출 함수 인덱스를 사용할 수 있다. 다음 예제에서 ser은 df1.A로 매핑된다.

```
In [294]: df1.A.loc[lambda ser: ser > 0]
Out[294]: a    0.623216
         b    0.371650
         Name: A, dtype: float64
```

4.3.2 데이터 설정과 검색

이번 절에서는 다양한 방법으로 데이터를 설정 또는 변형하고 필요한 데이터를 검색하는 방법을 학습한다.

데이터 확장 및 변경

판다스의 데이터프레임이나 시리즈에 라벨을 지정하거나 슬라이싱을 실행하거나 loc, at, iat 메소드를 이용해 값을 할당하여 데이터를 확장하고 변경할 수 있다. 먼저 시리즈 객체에 라벨을 지정하고 값을 동적 할당해 데이터를 확장하는 방법을 살펴본다.

```
In [295]: ser = pd.Series(np.arange(3))

In [296]: ser                        In [297]: ser[5] = 7
Out[296]: 0    0
         1    1                      In [298]: ser
         2    2                      Out[298]: 0    0
         dtype: int32                         1    1
                                              2    2
                                              5    7
                                              dtype: int64
```

loc를 축에 적용하면 데이터프레임을 확장할 수 있다. 전체 행과 A열을 선택한 요소를 전체 행과 D열의 범위에 할당한다.

```
In [299]: df = pd.DataFrame(np.arange(9).reshape(3, 3), columns=['A', 'B', 'C'])

In [300]: df
Out[300]:
```

	A	B	C
0	0	1	2
1	3	4	5
2	6	7	8

```
In [301]: df.loc[:, 'D'] = df.loc[:, 'A']

In [302]: df
Out[302]:
```

	A	B	C	D
0	0	1	2	0
1	3	4	5	3
2	6	7	8	6

loc를 이용하면 인덱스 라벨을 추가하고 새로운 값을 동적 할당할 수 있다. 다음은 인덱스로 행을 추가하고 값 7을 할당해 데이터를 확장한 예제다.

```
In [303]: df.loc[3] = 7        In [304]: df
                                Out[304]:
```

	A	B	C	D
0	0	1	2	0
1	3	4	5	3
2	6	7	8	6
3	7	7	7	7

모든 데이터 구조에서 사용할 수 있는 at과 iat 메소드를 사용하면 스칼라 값에 접근할 수 있다. **at**는 loc와 유사하게 라벨 기반의 스칼라에 접근한다. **iat**는 iloc와 유사하게 정수 기반 값에 접근할 때 사용한다.

다음 예제에서 iat[3]의 3은 정수로 인식하고, at[5]의 5는 라벨로 인식하는 차이가 있다. In [307]에서는 df의 행 라벨 3과 열 E의 범위에 7을 할당한다. In [308]에서 iat[3, 0]의 3, 0은 정수로 인식하여 df에 적용되지 않는다.

```
In [305]: ser.iat[3]                In [306]: ser.at[5]
Out[305]: 7                         Out[306]: 7

In [307]: df.at[3, 'E'] = 7         In [308]: df.iat[3, 0] = 2

In [309]: df
Out[309]:
```

	A	B	C	D	E
0	0	1	2	0	NaN
1	3	4	5	3	NaN
2	6	7	8	6	NaN
3	2	7	7	7	7.0

불리언 벡터로 데이터 필터링

데이터를 필터링할 때 불리언 벡터를 사용하는 연산을 주로 활용한다. 이때 연산자 or은 |, and는 &, not은 ~로 사용한다.

```
In [310]: ser = pd.Series(range(-3, 3))

In [311]: ser                       In [312]: ser[ser > 0]
Out[311]: 0   -3                    Out[312]: 4    1
          1   -2                              5    2
          2   -1                              dtype: int64
          3    0
          4    1
          5    2
          dtype: int64
```

```
In [313]: ser[(ser < -1) | (ser > 1)]        In [314]: ser[~(ser < 2)]
Out[313]: 0   -3                              Out[314]: 5    2
          1   -2                                        dtype: int64
          5    2
          dtype: int64
```

불리언 벡터에 조건을 부여해 데이터프레임에서 행을 선택할 수 있다.

```
In [315]: df[df['A'] < 3]
Out[315]:
```

	A	B	C	D	E
0	0	1	2	0	NaN
3	2	7	7	7	7.0

isin( ) 메소드는 시리즈 객체에서 선택된 범위 요소 중 isin( ) 메소드의 인수로 전달된 요소가 존재하면 True, 그렇지 않으면 False를 반환한다. ser[::-1]은 인덱스 라벨을 역으로 나타낸다. In [317]의 라벨을 5, 2, 0 순으로 나타내고 싶다면 ser 대신 ser[::-1]을 입력한다.

```
In [316]: ser[::-1].isin([-3, -1, 2])        In [317]: ser[ser[::-1].isin([-3, -1, 2])]
Out[316]: 5    True                           Out[317]: 0   -3
          4    False                                    2   -1
          3    False                                    5    2
          2    True                                    dtype: int64
          1    False
          0    True
          dtype: bool
```

Index 객체에도 isin( ) 메소드를 적용할 수 있으며 이 메소드는 찾는 라벨이 존재하는지 알 수 없는 경우 유용하다.

```
In [318]: ser.index.isin([2, 4, 6])
Out[318]: array([False, False, True, False, True, False])

In [319]: ser[ser.index.isin([2, 4, 6])]
Out[319]: 2   -1
          4    1
          dtype: int64
```

데이터프레임에도 isin( ) 메소드를 사용할 수 있다. isin( ) 메소드 호출 시 배열이나 딕셔너리 중 하나의 형태로 값들의 세트를 전달한다. 값이 배열이면 isin( )은 원래 데이터프레임과 같은 shape인 불리언 데이터프레임을 반환한다.

```
In [320]: df = pd.DataFrame({'no': [1, 2, 3], 'ha': ['a', 'b', 'c'], 'hi': ['m', 'n', 'o']})

In [321]: val = ['a', 'n', 1, 3]

In [322]: df                          In [323]: df.isin(val)
Out[322]:                             Out[323]:
```

	no	ha	hi
0	1	a	m
1	2	b	n
2	3	c	o

	no	ha	hi
0	True	True	False
1	False	False	True
2	True	False	False

특정 열에서 값을 선택할 수도 있다. 다음 예제는 키가 열이고 값은 탐색하려는 요소들의 리스트인 딕셔너리형을 인수로 가지는 경우다.

```
In [324]: val = {'ha': ['a', 'c'], 'no': [1, 2]}    In [325]: df.isin(val)
                                                    Out[325]:
```

	no	ha	hi
0	True	True	False
1	True	False	False
2	False	True	False

데이터의 서브세트를 빠르게 선택하기 위해 데이터프레임의 isin( ) 메소드를 any( ), all( ) 메소드와 조합해 사용할 수 있다. In [325]의 결과에 all(1) 메소드를 적용해 행이 모두 True면 True, False가 하나라도 있으면 False를 반환하는 것이 In [327]의 mask 객체다. 이 객체를 In [328]과 같이 데이터프레임의 인수로 입력하면 True인 행만 결과에 표시한다.

```
In [326]: val = {'ha': ['a', 'c'], 'hi': ['m', 'o'], 'no': [1, 2]}

In [327]: mask = df.isin(val).all(1)
```

```
In [328]: df[mask]
Out[328]:
              no    ha    hi
         0     1     a     m
```

take( ) 메소드로 검색

판다스의 인덱스, 시리즈 및 데이터프레임은 인덱스에서 축에 따른 요소를 검색하는 take( ) 메소드를 제공한다. 이때 인덱스는 리스트 혹은 정수 인덱스 위치의 ndarray이어야 한다. 다음 예제에서는 positions인 [0, 2, 5]를 take( ) 메소드의 인수로 입력해 해당 인덱스 값을 요소로 가지는 객체를 반환한다.

```
In [329]: index = pd.Index(np.random.randint(0, 1000, 6))

In [330]: index
Out[330]: Int64Index([962, 762, 359, 860, 548, 290], dtype='int64')

In [331]: positions = [0, 2, 5]

In [332]: index[positions]
Out[332]: Int64Index([962, 359, 290], dtype='int64')

In [333]: index.take(positions)
Out[333]: Int64Index([962, 359, 290], dtype='int64')

In [334]: ser = pd.Series(np.random.randn(10))

In [335]: ser.iloc[positions]              In [336]: ser.take(positions)
Out[335]: 0     0.038941                   Out[336]: 0     0.038941
          2    -1.727112                             2    -1.727112
          5     0.147916                             5     0.147916
          dtype: float64                             dtype: float64
```

다음은 데이터프레임에 적용하는 take( ) 메소드에 행이나 열 위치를 나타내는 1차원 리스트와 ndarray를 인덱스로 입력하는 예제다.

```
In [337]: df = pd.DataFrame(np.random.randn(5, 3))

In [338]: df.take([1, 4, 3])
Out[338]:
```

	0	1	2
1	0.654122	-0.417555	-1.825405
4	0.301183	-1.271460	0.246298
3	-0.380891	1.628809	0.445825

```
In [339]: df.take([0, 2], axis=1)
Out[339]:
```

	0	2
0	1.094119	-1.553184
1	0.654122	-1.825405
2	-0.410319	0.377384
3	-0.380891	0.445825
4	0.301183	0.246298

4.3.3 손실 데이터 처리

판다스는 손실 데이터를 매우 유연하게 처리할 수 있다. 다음 예제에서는 **reindex( )** 메소드를 사용하여 존재하지 않는 요솟값 NaN을 갖도록 df에 새로운 인덱스를 추가했다.

```
In [340]: d = {'one': [1.5, 2.2, -3.0], 'two': [1.0, -1.2, 5.0], 'three': [-1.1, 2.0, 4.0]}

In [341]: df = pd.DataFrame(d, index = ['a', 'c', 'f'])

In [342]: df['four'] = 'ha'              In [343]: df['five'] = df['one'] > 0

In [344]: df
Out[344]:
```

	one	two	three	four	five
a	1.5	1.0	-1.1	ha	True
c	2.2	-1.2	2.0	ha	True
f	-3.0	5.0	4.0	ha	False

```
In [345]: df1 = df.reindex(['a', 'b', 'c', 'd', 'e', 'f'])

In [346]: df1
Out[346]:
```

	one	two	three	four	five
a	1.5	1.0	-1.1	ha	True
b	NaN	NaN	NaN	NaN	NaN
c	2.2	-1.2	2.0	ha	True
d	NaN	NaN	NaN	NaN	NaN
e	NaN	NaN	NaN	NaN	NaN
f	-3.0	5.0	4.0	ha	False

판다스는 손실 값을 쉽게 탐지할 수 있도록 시리즈와 데이터프레임의 isna( )와 notna( ) 메소드를 제공한다.

```
In [347]: df1['one']
Out[347]: a    1.5
          b    NaN
          c    2.2
          d    NaN
          e    NaN
          f   -3.0
          Name: one, dtype: float64

In [348]: pd.isna(df1['one'])       In [349]: df1['four'].notna()
Out[348]: a    False                Out[349]: a    True
          b    True                           b    False
          c    False                          c    True
          d    True                           d    False
          e    True                           e    False
          f    False                          f    True
          Name: one, dtype: bool             Name: four, dtype: bool
```

파이썬의 None과 None은 서로 같지만 넘파이의 nan과 nan은 서로 다르다는 점에 주의해야 한다.

```
In [350]: None == None          In [351]: np.nan == np.nan
Out[350]: True                  Out[351]: False
```

손실 데이터 계산

판다스 객체들을 산술 연산할 때 손실 값들은 브로드캐스팅되어 연산된다. 다음 예제에서는 df1을 브로드캐스팅해 df2와 같은 형태로 만든 후 연산한다.

```
In [352]: d1 = {'one': [1.0, 2.0, 3.0], 'two': [4.0, 5.0, 6.0]}

In [353]: df1 = pd.DataFrame(d1, index = ['a', 'b', 'c'])

In [354]: df2 = df1.copy()              In [355]: df2.loc['d'] = np.nan

In [356]: df2['three'] = 2.0            In [357]: df2.iloc[1:2, 1:2] = np.nan

In [358]: df1                           In [359]: df2
Out[358]:                               Out[359]:
```

	one	two
a	1.0	4.0
b	2.0	5.0
c	3.0	6.0

	one	two	three
a	1.0	4.0	2.0
b	2.0	NaN	2.0
c	3.0	6.0	2.0
d	NaN	NaN	2.0

```
In [360]: df1 + df2
Out[360]:
```

	one	three	two
a	2.0	NaN	8.0
b	4.0	NaN	NaN
c	6.0	NaN	12.0
d	NaN	NaN	NaN

값이 비어 있거나 모두 NA인 시리즈의 합은 0이고 곱은 1이다.

```
In [361]: pd.Series([np.nan]).sum()
Out[361]: 0.0

In [363]: pd.Series([np.nan]).prod()
Out[363]: 1.0
```

```
In [362]: pd.Series([], dtype=object).sum()
Out[362]: 0

In [364]: pd.Series([], dtype=object).prod()
Out[364]: 1
```

GroupBy에서 NA는 자동으로 제외된다. 이는 5장에서 더 자세히 살펴본다.

```
In [365]: df2
Out[365]:
```

	one	two	three
a	1.0	4.0	2.0
b	2.0	NaN	2.0
c	3.0	6.0	2.0
d	NaN	NaN	2.0

```
In [366]: df2.groupby('two').mean()
Out[366]:
```

two	one	three
4.0	1.0	2.0
6.0	3.0	2.0

손실 데이터 채우기

판다스는 손실 데이터를 처리하는 다양한 방법을 제공한다. 다음은 fillna( ) 메소드를 이용해 NA를 스칼라 값으로 대체하는 예제다.

```
In [367]: df2.fillna(0)
Out[367]:
```

	one	two	three
a	1.0	4.0	2.0
b	2.0	0.0	2.0
c	3.0	6.0	2.0
d	0.0	0.0	2.0

```
In [368]: df2['one'].fillna('missing')
Out[368]: a         1
          b         2
          c         3
          d    missing
Name: one, dtype: object
```

다음은 method='pad'를 이용해 손실 값을 앞 데이터의 값으로 채우는 예제다.

In [369]: df2
Out[369]:

	one	two	three
a	1.0	4.0	2.0
b	2.0	NaN	2.0
c	3.0	6.0	2.0
d	NaN	NaN	2.0

In [370]: df2.fillna(method='pad')
Out[370]:

	one	two	three
a	1.0	4.0	2.0
b	2.0	4.0	2.0
c	3.0	6.0	2.0
d	3.0	6.0	2.0

fillna( ) 메소드에 판다스 객체를 인수로 입력해 손실 값을 채울 수 있다. 딕셔너리의 라벨이나 시리즈의 인덱스는 채우고자 하는 프레임의 열에 맞춰야 한다. 다음은 열의 평균값으로 데이터프레임의 손실 값을 채우는 예제다.

In [371]: df2.loc['c', 'three'] = np.nan

In [372]: df2
Out[372]:

	one	two	three
a	1.0	4.0	2.0
b	2.0	NaN	2.0
c	3.0	6.0	NaN
d	NaN	NaN	2.0

In [373]: df2.mean()
Out[373]: one   2.0
two   5.0
three   2.0
dtype: float64

In [374]: df2.fillna(df2.mean())
Out[374]:

	one	two	three
a	1.0	4.0	2.0
b	2.0	5.0	2.0
c	3.0	6.0	2.0
d	2.0	5.0	2.0

fillna( ) 메소드를 적용하기 위해 먼저 데이터프레임 객체를 다음과 같이 생성한다.

```
>>> df = pd.DataFrame([[np.nan, 2, 0, np.nan], [3, 4, np.nan, 1], [np.nan, 5, np.nan, 2],
                       [np.nan, 1, 2, 3]], columns=list('ABCD'))

>>> df
     A    B    C    D
0  NaN    2  0.0  NaN
1  3.0    4  NaN  1.0
2  NaN    5  NaN  2.0
3  NaN    1  2.0  3.0
```

모든 손실 값을 0으로 대체한다. 파이썬은 NaN을 실수로 인식하여 0이 아닌 0.0으로 표현하고 B열은 정수로 표현한다.

```
>>> df.fillna(0)
     A    B    C    D
0  0.0    2  0.0  0.0
1  3.0    4  0.0  1.0
2  0.0    5  0.0  2.0
3  0.0    1  2.0  3.0
```

non-null 값들을 앞이나 뒤로 브로드캐스팅할 수 있다. 다음 예제에서 A열과 D열의 NaN 앞에는 아무것도 없으므로 변동이 없다.

```
>>> df.fillna(method='ffill')
     A    B    C    D
0  NaN    2  0.0  NaN
1  3.0    4  0.0  1.0
2  3.0    5  0.0  2.0
3  3.0    1  2.0  3.0
```

다음 예제는 열 'A', 'B', 'C', 'D'에 있는 모든 손실 값을 각각 0, 1, 2 그리고 3으로 대체한다.

```
>>> val = {'A': 0, 'B': 1, 'C': 2, 'D': 3}

>>> df.fillna(value=val)
     A    B    C    D
```

```
   A    B   C    D
0  0.0  2  0.0  3.0
1  3.0  4  2.0  1.0
2  0.0  5  2.0  2.0
3  0.0  1  2.0  3.0
```

다음은 val을 기준으로 손실 값을 대체하는 예제다. limit=1은 열을 기준으로 첫 번째 손실 값만 대체하라는 의미이다.

```
>>> df.fillna(value=val, limit=1)
   A    B   C    D
0  0.0  2  0.0  3.0
1  3.0  4  2.0  1.0
2  NaN  5  NaN  2.0
3  NaN  1  2.0  3.0
```

데이터 세트에서 손실 데이터를 갖는 라벨을 제외하려면 drop( ) 메소드를 사용한다. 먼저 In [372]의 df2에서 iloc로 선택한 해당 요소 위치에 값 2.0을 동적 할당한다. 그리고 열 two에 있는 손실 값을 제거한다.

```
In [375]: df2.iloc[2:3, 2:3] = 2.0
```

```
In [376]: df2
Out[376]:
   one  two  three
a  1.0  4.0   2.0
b  2.0  NaN   2.0
c  3.0  6.0   2.0
d  NaN  NaN   2.0
```

```
In [377]: df2.dropna(axis=0)
Out[377]:
   one  two  three
a  1.0  4.0   2.0
c  3.0  6.0   2.0
```

```
In [378]: df2.dropna(axis=1)
Out[378]:
   three
a   2.0
b   2.0
c   2.0
d   2.0
```

```
In [379]: df2['two'].dropna()
Out[379]: a    4.0
          c    6.0
          Name: two, dtype: float64
```

다음 예제는 데이터 타입이 datetime64[ns]인 경우 손실 값을 NaT인 요소로 나타내는 df 객체를 생성한다.

```
>>> df = pd.DataFrame({'name': ['haena', 'suho', 'naeun'],
                       'hobby': ['jogging', 'reading', np.nan],
                       'born': [pd.NaT, pd.Timestamp('2001-01-01'), pd.NaT]})

>>> df
    name    hobby        born
0   haena   jogging      NaT
1   suho    reading      2001-01-01
2   naeun   NaN          NaT
```

앞 데이터프레임에서 최소한 1개 요소에 손실 값이 있는 행 또는 열을 제거한다.

```
>>> df.dropna()                              >>> df.dropna(axis='columns')
    name    hobby        born                    name
1   suho    reading      2001-01-01          0   haena
                                             1   suho
                                             2   naeun
```

다음 예제에서 모든 요소가 손실 값을 가지는 행을 제거하는 옵션을 적용했지만 해당 사항이 없어 행이 변경되지 않았다.

```
>>> df.dropna(how='all')
    name    hobby        born
0   haena   jogging      NaT
1   suho    reading      2001-01-01
2   naeun   NaN          NaT
```

이번에는 최소한 2개의 손실 값이 있는 행만 제거한다.

```
>>> df.dropna(thresh=2)
    name    hobby       born
0   haena   jogging     NaT
1   suho    reading     2001-01-01
```

옵션에 해당하는 열에 손실 값이 있는 행을 제거한다.

```
>>> df.dropna(subset=['name', 'born'])     >>> df.dropna(subset=['hobby'])
    name    hobby       born                   name    hobby       born
1   suho    reading     2001-01-01         0   haena   jogging     NaT
                                           1   suho    reading     2001-01-01
```

dropna( )에 **inplace=True** 옵션을 입력하면 제거한 손실 값을 반영한 사항을 바로 저장한다.

```
>>> df.dropna(inplace=True)

>>> df
    name    hobby       born
1   suho    reading     2001-01-01
```

지금까지 손실 값을 대체하기 위해 fillna( ) 메소드를 사용했다. 이번에는 **replace( )** 메소드를 이용해 간단하면서 유연하게 손실 값을 처리하는 방법을 살펴본다. 다음 예제에서는 np.nan을 1.0으로 대체한다.

```
In [380]: ser = pd.Series([0, np.nan, 2, 3, 5])

In [381]: ser                               In [382]: ser.replace(np.nan, 1.0)
Out[381]: 0    0.0                          Out[382]: 0    0.0
          1    NaN                                    1    1.0
          2    2.0                                    2    2.0
          3    3.0                                    3    3.0
          4    5.0                                    4    5.0
          dtype: float64                              dtype: float64
```

replace( ) 메소드는 ser 객체의 요소를 대체할 수 있지만 원래 ser 객체의 요소를 변경할 수는 없다. 이는 3장에서 학습한 뷰와 복사의 차이점과 유사하다.

```
In [383]: ser.replace({np.nan: 1, 5: 4})
Out[383]: 0    0.0
         1    1.0
         2    2.0
         3    3.0
         4    4.0
         dtype: float64
```

여러 요소를 하나의 값으로 대체하려면 리스트를 사용한다. 또한 리스트를 사용해 해당 요소들을 각각 다른 값으로 대체할 수도 있다.

```
In [384]: ser.replace([0, 2], 1)          In [385]: ser.replace([np.nan, 5], [1, np.nan])
Out[384]: 0    1.0                         Out[385]: 0    0.0
         1    NaN                                   1    1.0
         2    1.0                                   2    2.0
         3    3.0                                   3    3.0
         4    5.0                                   4    NaN
         dtype: float64                             dtype: float64
```

데이터프레임의 손실 값을 대체할 때는 열을 기준으로 개별 값을 딕셔너리형으로 입력하고 대체하려는 값을 입력한다.

```
In [386]: df = pd.DataFrame({'A': [0, 1, np.nan], 'B': [3, 4, 5]})

In [387]: df.replace({'A': np.nan, 'B': 3}, 10)
Out[387]:
```

	A	B
0	0.0	10
1	1.0	4
2	10.0	5

4.3.4 멀티인덱스

계층적 인덱스라고도 불리는 멀티인덱스는 하나의 축에 둘 이상의 인덱스를 지정할 수 있도록 한다. 이는 고차원 데이터 행에 대해 열이 여러 인덱스 라벨을 가지는 구조다. 이러한 멀티인덱싱은 고차원 데이터를 1차원인 시리즈나 2차원인 데이터프레임 같은 저차원 데이터 구조로 저장하고 관리할 수 있게 한다.

멀티인덱스를 이용하면 그룹화, 선택 및 재형성 연산을 할 수 있다. 또한 파일에서 데이터를 읽어 데이터 세트를 준비할 때 원하는 멀티인덱스를 생성할 수 있다. 이번 절에서는 멀티인덱스의 의미 그리고 판다스의 모든 인덱스 기능과 통합하는 방법을 설명한다.

멀티인덱스 객체 생성

판다스 객체에서는 다음과 같은 방법으로 축의 멀티인덱스를 생성한다.

- MultiIndex.from_array( )를 사용하는 배열 리스트
- MultiIndex.from_tuples( )를 사용하는 튜플 배열
- MultiIndex.from_product( )를 사용하는 교차 세트의 이터러블
- MultiIndex.from_frame( )을 사용하는 데이터프레임

인덱스 연산자가 튜플 리스트를 전달받으면 멀티인덱스를 반환한다. 다음 예제에서는 멀티인덱스를 생성하기 위해 먼저 튜플을 요소로 가지는 리스트 객체를 생성한다.

```
In [388]: li = [['ha', 'ha', 'hi', 'hi', 'ho', 'ho'], ['one', 'two', 'one', 'two', 'one', 'two']]

In [389]: li1 = list(zip(*li))

In [390]: li1
Out[390]: [('ha', 'one'),
           ('ha', 'two'),
           ('hi', 'one'),
           ('hi', 'two'),
           ('ho', 'one'),
           ('ho', 'two')]
```

MultiIndex 클래스의 from_tuples( ) 메소드를 이용해 멀티인덱스 객체를 인수로 하는 시리즈 객체를 생성한다.

```
In [391]: ind = pd.MultiIndex.from_tuples(li1, names=['1st', '2nd'])

In [392]: ind
Out[392]: MultiIndex([('ha', 'one'),
                     ('ha', 'two'),
                     ('hi', 'one'),
                     ('hi', 'two'),
                     ('ho', 'one'),
                     ('ho', 'two')],
                    names=['1st', '2nd'])

In [393]: ser = pd.Series(np.random.randn(6), index=ind)

In [394]: ser
Out[394]: 1st  2nd
          ha   one   -0.478049
               two   -0.730953
          hi   one   -1.109438
               two   -0.324913
          ho   one    1.536411
               two    1.292237
          dtype: float64
```

MultiIndex.from_product( )를 이용해 2개 이터러블을 짝지으면 멀티인덱스 객체를 더 쉽게 생성할 수 있다.

```
In [395]: iter = [['ha', 'hi', 'ho'], ['one', 'two']]

In [396]: pd.MultiIndex.from_product(iter, names=['1st', '2nd'])
Out[396]: MultiIndex([('ha', 'one'),
                     ('ha', 'two'),
                     ('hi', 'one'),
                     ('hi', 'two'),
                     ('ho', 'one'),
                     ('ho', 'two')],
                    names=['1st', '2nd'])
```

MultiIndex.from_frame( ) 메소드를 이용하면 데이터프레임에서 직접 멀티인덱스 객체를 구성할 수 있다. 이 메소드는 판다스 라이브러리 0.24.0버전부터 새로 추가되었으므로 이전 버전에서는 오류가 발생할 수 있다.

```
In [397]: df = pd.DataFrame([['ha', 'one'], ['ha', 'two'], ['ho', 'one'], ['ho', 'two']],
                            columns=['1st', '2nd'])

In [398]: pd.MultiIndex.from_frame(df)
Out[398]: MultiIndex([('ha', 'one'),
                     ('ha', 'two'),
                     ('ho', 'one'),
                     ('ho', 'two')],
                    names=['1st', '2nd'])
```

배열 리스트를 직접 시리즈나 데이터프레임에 입력하면 멀티인덱스를 자동으로 생성할 수 있다.

```
In [399]: arr = [np.array(['ha', 'ha', 'hi', 'hi', 'ho', 'ho']), np.array(['one', 'two', 'one',
          'two', 'one', 'two'])]

In [400]: ser = pd.Series(np.random.randn(6), index=arr)

In [401]: ser
Out[401]: ha  one    1.365117
              two   -1.606167
          hi  one    0.639958
              two    0.025335
          ho  one   -1.139375
              two   -0.300826
          dtype: float64

In [402]: df = pd.DataFrame(np.random.randn(6, 3), index=arr)

In [403]: df
Out[403]:
```

		0	1	2
ha	one	-0.114286	-1.044282	0.860250
	two	0.544913	-0.311011	-1.029933

hi	one	-0.137893	0.628392	0.391361
	two	-0.393623	-0.021546	-0.966287
ho	one	0.070008	-1.614971	-1.568777
	two	-1.151820	0.854080	-0.133140

판다스 객체의 행 또는 열 축에 인덱스를 적용할 수 있고 인덱스 레벨 수는 필요한 만큼 지정할 수 있다. 다음 예제의 데이터에서 소수점 3자리 이하 숫자는 편의상 삭제했다.

```
In [404]: df = pd.DataFrame(np.random.randn(3, 6), index=['A', 'B', 'C'], columns=ind)

In [405]: df
Out[405]:
```

1st		ha		hi		ho	
2nd		one	two	one	two	one	two
A		1.83	2.29	-1.37	-1.65	0.04	0.75
B		2.33	0.75	1.45	0.80	0.34	-0.79
C		-0.03	-1.75	-0.13	0.25	0.18	-2.52

멀티인덱스 인덱싱

멀티인덱스 인덱싱의 주요 특징 중 하나는 데이터 세트에서 서브그룹을 지정하는 인덱스 라벨로 서브그룹을 생성할 수 있다는 것이다.

```
In [406]: df['ha']
Out[406]:
```

2nd	one	two
A	1.831554	2.292907
B	2.335184	0.754870
C	-0.030013	-1.750690

```
In [407]: df['ha']['one']
Out[407]: A    1.831554
          B    2.335184
          C   -0.030013
Name: one, dtype: float64
```

시리즈와 데이터프레임의 reindex( ) 메소드는 다른 멀티인덱스, 리스트 또는 튜플 배열과 함께 호출할 수 있다. 다음 예제는 In [392]의 ind를 튜플 배열인 ind[:3]으로 인덱싱한 것이다.

```
In [408]: ser.reindex(ind[:3])
Out[408]: 1st  2nd
          ha   one    1.365117
               two   -1.606167
          hi   one    0.639958
          dtype: float64

In [409]: ser.reindex([('ho', 'one'), ('ha', 'two')])
Out[409]: ho   one   -1.139375
          ha   two   -1.606167
          dtype: float64
```

loc 속성에 멀티인덱스를 적용하여 인덱싱할 수 있으며 이때 키는 튜플 형태다.

```
In [410]: df = df.T

In [411]: df
Out[411]:
```

1st	2nd	A	B	C
ha	one	1.831554	2.335184	-0.030013
	two	2.292907	0.754870	-1.750690
hi	one	-1.377482	1.456449	-0.139669
	two	-1.656399	0.802466	0.252445
ho	one	0.041359	0.342918	0.189662
	two	0.751923	-0.796687	-2.522923

```
In [412]: df.loc[('ha', 'two')]
Out[412]: A    2.292907
          B    0.754870
          C   -1.750690
          Name: (ha, two), dtype: float64
```

loc 속성을 이용해 특정 열을 인덱싱할 수 있다.

```
In [413]: df.loc[('ha', 'two'), 'A']
Out[413]: 2.2929073915855724

In [414]: df.loc['ha']
Out[414]:
```

	A	B	C
2nd			
one	1.831554	2.335184	-0.030013
two	2.292907	0.754870	-1.750690

다음은 df 객체를 부분 슬라이싱하는 예제다.

```
In [415]: df.loc['ha':'hi']
Out[415]:
```

1st	2nd	A	B	C
ha	one	1.831554	2.335184	-0.030013
	two	2.292907	0.754870	-1.750690
hi	one	-1.377482	1.456449	-0.139669
	two	-1.656399	0.802466	0.252445

범위를 튜플 형태로 지정해 데이터를 슬라이싱할 수 있다.

```
In [416]: df.loc[('hi', 'two'):('ho', 'one')]
Out[416]:
```

1st	2nd	A	B	C
hi	two	-1.656399	0.802466	0.252445
ho	one	0.041359	0.342918	0.189662

```
In [417]: df.loc[('hi', 'two'):'ho']
Out[417]:
```

	1st	2nd	A	B	C
	ha	two	2.292907	0.754870	-1.750690
	ho	one	0.041359	0.342918	0.189662
		two	0.751923	-0.796687	-2.522923

loc 속성에 라벨이나 튜플의 리스트를 전달하면 인덱스 재배열처럼 작용한다.

```
In [418]: df.loc[[('ha', 'two'), ('ho', 'one')]]
Out[418]:
```

1st	2nd	A	B	C
ha	two	2.292907	0.754870	-1.750690
ho	one	0.041359	0.342918	0.189662

멀티인덱스 순서 정렬

효과적인 슬라이싱과 인덱싱을 위해 멀티인덱스 처리된 객체의 순서를 정렬해야 한다. 먼저 shuffle( ) 함수를 사용해 li1 객체의 요소들을 섞는다. li1은 In [390]의 코드다.

```
In [419]: li1                          In [420]: np.random.shuffle(li1)
Out[419]: [('ha', 'one'),
          ('ha', 'two'),
          ('hi', 'one'),
          ('hi', 'two'),
          ('ho', 'one'),
          ('ho', 'two')]

In [421]: li1
Out[421]: [('hi', 'one'),
          ('ho', 'two'),
          ('ho', 'one'),
          ('ha', 'two'),
          ('hi', 'two'),
          ('ha', 'one')]
```

sort_index( ) 메소드를 사용해 멀티인덱스 순서에 맞춰 정렬한다.

```
In [422]: ser = pd.Series(np.random.randn(6), index=pd.MultiIndex.from_tuples(li1))

In [423]: ser                              In [424]: ser.sort_index()
Out[423]: hi  one    1.354375              Out[424]: ha  one    0.407157
          ho  two   -0.924882                        two    0.226737
          ho  one    0.103626                        hi  one    1.354375
          ha  two    0.226737                        two    1.846871
          hi  two    1.846871                        ho  one    0.103626
          ha  one    0.407157                        two   -0.924882
          dtype: float64                             dtype: float64

In [425]: ser.sort_index(level=0)          In [426]: ser.sort_index(level=1)
Out[425]: ha  one    0.407157              Out[426]: ha  one    0.407157
              two    0.226737                        hi  one    1.354375
          hi  one    1.354375                        ho  one    0.103626
              two    1.846871                        ha  two    0.226737
          ho  one    0.103626                        hi  two    1.846871
              two   -0.924882                        ho  two   -0.924882
          dtype: float64                             dtype: float64
```

set_names( ) 메소드를 사용하면 멀티인덱스 레벨에 이름을 설정할 수 있다. sort_index( ) 메소드에 level 인수를 사용하면 인덱스 레벨 이름의 순서를 정렬할 수 있다.

```
In [427]: ser.index.set_names(['1st', '2nd'], inplace=True)

In [428]: ser.sort_index(level='1st')      In [429]: ser.sort_index(level='2nd')
Out[428]: 1st  2nd                          Out[429]: 1st  2nd
          ha   one    0.407157                        ha   one    0.407157
               two    0.226737                        hi   one    1.354375
          hi   one    1.354375                        ho   one    0.103626
               two    1.846871                        ha   two    0.226737
          ho   one    0.103626                        hi   two    1.846871
               two   -0.924882                        ho   two   -0.924882
          dtype: float64                              dtype: float64
```

고차원 객체가 멀티인덱스를 가지면 level 인수로 특정 축을 정렬할 수 있다. Out[431]의 소수점 3자리 이하 숫자는 편의상 삭제했다.

```
In [430]: df
Out[430]:
```

1st	2nd	A	B	C
ha	one	1.831554	2.335184	-0.030013
	two	2.292907	0.754870	-1.750690
hi	one	-1.377482	1.456449	-0.139669
	two	-1.656399	0.802466	0.252445
ho	one	0.041359	0.342918	0.189662
	two	0.751923	-0.796687	-2.522923

```
In [431]: df.T.sort_index(level=1, axis=1)
Out[431]:
```

1st	ha	hi	ho	ha	hi	ho
2nd	one	one	one	two	two	two
A	1.83	-1.37	0.04	2.29	-1.65	0.75
B	2.33	1.45	0.34	0.75	0.80	-0.79
C	-0.03	-0.13	0.18	-1.75	0.25	-2.52

4.4 데이터 타입과 입출력

지금까지 넘파이와 판다스에서 직접 데이터를 생성하고 라이브러리의 다양한 메소드, 함수, 속성 등을 이용해 데이터를 처리했다. 이 절에서는 판다스에서 제공하는 함수들을 이용해 직접 데이터를 읽고 출력하는 방법을 다룬다.

판다스에서 데이터를 입력하고 출력하는 함수들의 세트를 I/O API라고 한다. 예를 들어 I/O API의 대표적인 읽기 함수인 pandas.read_csv( )는 일반적으로 판다스 객체를 반환한다. 판다스 I/O API를 이용해 다루는 데이터 타입은 텍스트 파일, 이진 데이터 그리고 SQL인 데이터베이스다.

형식	데이터 타입	읽기 함수	쓰기 함수
텍스트	CSV	read_csv	to_csv
	JSON	read_json	to_json
	HTML	read_html	to_html
	local clipboard	read_clipboard	to_clipboard
이진 데이터	MS 엑셀	read_excel	to_excel
	HDF5	read_hdf	to_hdf
	Feather	read_feather	to_feather
	Parquet	read_parquet	to_parquet
	Msgpack	read_msgpack	to_msgpack
	Stata	read_stata	to_stata
	SAS	read_sas	
	Python Pickle	read_pickle	to_pickle
SQL	SQL	read_sql	to_sql
	Google Big Query	read_gbq	to_gbq

[표 4-4] 판다스 I//O API

4.4.1 텍스트 파일

판다스는 다양한 형식의 **텍스트 파일**을 판다스 객체로 읽고, 텍스트 파일로 쓰는 데 탁월한 기능을 제공한다. 텍스트 파일은 콤마(,), 탭(\t), 세미콜론(;), 버티컬 바(|)나 공백(스페이스)으로 데이터 요소를 구분한 형태다. 따라서 이 구분자들을 기준으로 데이터를 처리한다.

CSV 파일

CSV(comma-separated values) 파일은 기본적인 텍스트 파일이다. CSV 파일은 엑셀 같은 테이블형 데이터로 구성되는데 열 구분에는 콤마를 사용하고 행 구분에는 〈Enter〉 키 같은 줄 바꿈을 사용한다. 엑셀 파일을 메모장으로 읽으면 각 셀이 콤마로 구분되는 것을 확인할 수 있다. 이러한 파일을 읽을 때 read_csv( ) 함수를 사용하고 쓸 때 to_csv( ) 함수를 사용한다.

먼저 이름, 나이, 주소, 점수, 등급 데이터를 이용해 다음과 같이 데이터프레임 객체를 생성한다.

```
In [432]: data = {'name': ['haena', 'naeun', 'una', 'bum', 'suho'],
                  'age': [30, 27, 28, 23, 18],
```

```
                   'address': ['dogok', 'suwon', 'mapo', 'ilsan', 'yeoyi'],
                   'grade': ['A', 'B', 'C', 'B', 'A'],
                   'score': [100, 88, 73, 83, 95]}
In [433]: df = pd.DataFrame(data, columns=['name', 'age', 'address', 'score', 'grade'])

In [434]: df
Out[434]:
```

	name	age	address	score	grade
0	haena	30	dogok	100	A
1	naeun	27	suwon	88	B
2	una	28	mapo	73	C
3	bum	23	ilsan	83	B
4	suho	18	yeoyi	95	A

to_csv( ) 메소드를 사용하면 원하는 디렉터리에 CSV 파일을 생성하고 저장할 수 있다. 필자는 루트 디렉터리인 C 아래 C:/Users/jchae/data 폴더에 'student_grade.csv'라는 파일을 만들어 저장할 것이다. 다음 코드를 실행하면 data 폴더에서 student_grade.csv 파일을 찾을 수 있다. 이 파일을 열면 엑셀 차트 형식으로 데이터가 저장된 것을 확인할 수 있다. 이는 'Microsoft Excel 쉼표로 구분된 값 파일'인 CSV 파일이다.

```
In [435]: df.to_csv('C:/Users/jchae/data/student_grade.csv')
```

주피터 노트북이 실행되는 디렉터리나 파이썬 프로세스가 실행되는 곳을 **CWD(Current Working Directory)**라고 하는데 read_csv( ) 함수를 사용하면 파이썬은 이곳에 텍스트 파일이 있는지 찾는다. 처리하려는 파일이 이 위치에 없다면 read_csv( ) 같은 함수에 텍스트 파일이 위치하는 경로명을 입력해야 한다.

다음으로 CSV 파일의 내용을 확인하고 read_csv( ) 함수를 이용해 데이터프레임으로 읽는다. 컴퓨터 운영 체제가 UNIX, macOS면 'cat', Windows라면 'type'이나 'more'를 내용 확인 명령어로 사용한다.

```
In [436]: !type C:\Users\jchae\data\student_grade.csv
,name,age,address,score,grade
0,haena,30,dogok,100,A
1,naeun,27,suwon,88,B
```

```
2,una,28,mapo,73,C
3,bum,23,ilsan,83,B
4,suho,18,yeoyi,95,A
```

In [437]: df1=pd.read_csv('C:/Users/jchae/data/student_grade.csv')

In [438]: df1
Out[438]:

	Unnamed: 0	name	age	address	score	grade
0	0	haena	30	dogok	100	A
1	1	naeun	27	suwon	88	B
2	2	una	28	mapo	73	C
3	3	bum	23	ilsan	83	B
4	4	suho	18	yeoyi	95	A

불필요한 열 Unnamed: 0을 제거하여 정리한다.

In [439]: df1 = df1.iloc[0:5, 1:6]

In [440]: df1
Out[440]:

	name	age	address	score	grade
0	haena	30	dogok	100	A
1	naeun	27	suwon	88	B
2	una	28	mapo	73	C
3	bum	23	ilsan	83	B
4	suho	18	yeoyi	95	A

편의를 위해 파이썬이나 주피터 노트북이 실행되는 디렉터리와 같은 디렉터리에 파일을 생성한다. 다음으로 read_csv( ) 메소드의 **nrows**와 **header** 인수를 사용해 3행만 읽고 헤더를 표시하지 않는 옵션을 적용한다.

In [441]: df.to_csv('student_grade.csv')

In [442]: df2 = pd.read_csv('student_grade.csv', header=None, nrows=3)

In [443]: df2
Out[443]:

	0	1	2	3	4	5
0	NaN	name	age	address	score	grade
1	0.0	haena	30	dogok	100	A
2	1.0	naeun	27	suwon	88	B

index_col=0을 인수로 전달해 첫 번째 열인 Unnamed: 0을 제거하여 정리한다. 열 라벨이 index_col의 값이면 인덱스로 전환되어 처리된다.

```
In [444]: df2 = pd.read_csv('student_grade.csv', index_col=0)
```

In [445]: df2
Out[445]:

	name	age	address	score	grade
0	haena	30	dogok	100	A
1	naeun	27	suwon	88	B
2	una	28	mapo	73	C
3	bum	23	ilsan	83	B
4	suho	18	yeoyi	95	A

```
In [446]: df2 = pd.read_csv('student_grade.csv', index_col=['name'])
```

In [447]: df2
Out[447]:

name	Unnamed: 0	age	address	score	grade
haena	0	30	dogok	100	A
naeun	1	27	suwon	88	B
una	2	28	mapo	73	C
bum	3	23	ilsan	83	B
suho	4	18	yeoyi	95	A

names 인수에 열 이름을 전달해 CSV 파일을 읽으면 기존 열 라벨이 첫 번째 행의 데이터 요소가 된다.

```
In [448]: df2 = pd.read_csv('student_grade.csv', names=['No', 'name', 'age', 'address', 'score', 'grade'], nrows=3)

In [449]: df2
Out[449]:
```

	No	name	age	address	score	grade
0	NaN	name	age	address	score	grade
1	0.0	haena	30	dogok	100	A
2	1.0	naeun	27	suwon	88	B

다음과 같이 인수 **na_valuse**에 열의 특정 위치를 딕셔너리 형태로 전달하여 특정 값을 NaN으로 지정하거나 NaN을 지정한 값으로 변경할 수 있다.

```
In [450]: to_na = {'address': ['mapo', 'NA'], 'score': [83]}

In [451]: df2 = pd.read_csv('student_grade.csv', na_values=to_na)

In [452]: df2
Out[452]:
```

	Unnamed: 0	name	age	address	score	grade
0	0	haena	30	dogok	100.0	A
1	1	naeun	27	suwon	88.0	B
2	2	una	28	NaN	73.0	C
3	3	bum	23	ilsan	NaN	B
4	4	suho	18	yeoyi	95.0	A

앞서 nrows가 전체 CSV 파일 중 위 몇 행만 취할 수 있는 옵션임을 확인했다. **skiprows**에 행들을 명시하면 가장 위의 인덱스 라벨을 건너뛰어 출력한다. skiprows=3이면 맨 위 행 라벨부터 3행을 제외하고 나머지 행을 출력한다.

```
In [453]: df2 = pd.read_csv('student_grade.csv', skiprows=3)

In [454]: df2
Out[454]:
```

	2	una	28	mapo	73	C
0	3	bum	23	ilsan	83	B
1	4	suho	18	yeoyi	95	A

예제 파일 student_grade1.csv를 다운로드해 아나콘다가 설치된 폴더와 같은 폴더에 저장한다. 명령어를 사용해 저장된 파일 내용을 확인하면 텍스트 데이터의 각 요소 사이를 구분하는 것이 콤마가 아님을 볼 수 있다. 운영 체제가 UNIX나 macOS면 cat, Windows라면 type이나 more 명령어로 내용을 확인한다. student_grade1.csv 데이터에 사용된 구분자인 버티컬 바(|)를 read_csv( ) 함수의 매개 변수 sep에 지정해야 한다.

```
In [455]: !type student_grade1.csv
         name|age|address|score|grade
         haena|30|dogok|100|A
         naeun|27|suwon|88|B
         una|28|mapo|73|C
         bum|23|ilsan|83|B
         suho|18|yeoyi|95|A

In [456]: pd.read_csv('student_grade1.csv', sep='|')
Out[456]:
```

	name	age	address	score	grade
0	haena	30	dogok	100	A
1	naeun	27	suwon	88	B
2	una	28	mapo	73	C
3	bum	23	ilsan	83	B
4	suho	18	yeoyi	95	A

JSON 파일

JSON(JavaScript Object Notation)은 인터넷 웹 브라우저가 서버와 통신할 때 사용하는 표준 데이터 타입 중 하나다. JSON은 자바스크립트 프로그래밍 언어의 서브세트로써 가볍고 사용하기 쉽다. JSON 형식 파일이나 문자열을 사용할 때는 시리즈나 데이터프레임을 유효한 JSON 문자열로 변환하고 매개 변수와 함께 **to_json( )** 메소드를 실행한다. 이때 객체 타입은 str이다.

시리즈나 데이터프레임을 JSON 문자열로 변환하는 여러 방법이 있으며 매개 변수 orient에 그 값을 설정한다. orient='split'이면 {'index'→[index], 'columns'→ [columns], 'data'→[values]}와 같은 딕셔너리형이 된다.

```
In [457]: dfj = pd.DataFrame([['a', 'b'], ['c', 'd']], index=['row1', 'row2'], columns=['col1',
                    'col2'])

In [458]: dfj.to_json()
Out[458]: '{"col1":{"row1":"a","row2":"c"}, "col2":{"row1":"b","row2":"d"}}'

In [459]: dfj.to_json(orient='split')
Out[459]: '{"columns":["col1","col2"], "index":["row1","row2"], "data":[["a","b"],["c","d"]]}'
```

orient='records'는 [{column→value}, ..., {column→value}]와 같은 리스트형이다. orient='index'로 설정하면 {index→{column→value}}와 같은 딕셔너리형이 된다.

```
In [460]: dfj.to_json(orient='records')
Out[460]: '[{"col1":"a","col2":"b"},{"col1":"c","col2":"d"}]'

In [461]: dfj.to_json(orient='index')
Out[461]: '{"row1":{"col1":"a","col2":"b"}, "row2":{"col1":"c","col2":"d"}}'
```

orient='columns'를 입력하면 {column→{index→value}} 같은 딕셔너리형이 되며 orient='values'는 values의 배열이다.

```
In [462]: dfj.to_json(orient='columns')
Out[462]: '{"col1":{"row1":"a","row2":"c"}, "col2":{"row1":"b","row2":"d"}}'

In [463]: dfj.to_json(orient='values')
Out[463]: '[["a","b"],["c","d"]]'
```

orient='table'은 {'schema':{schema}, 'data':{data}}와 같이 데이터를 설명하는 딕셔너리형으로써 데이터의 요소는 orient='records'를 입력한 것과 같다.

```
In [464]: dfj.to_json(orient='table')
Out[464]: '{"schema": {"fields":[{"name":"index", "type":"string"}, {"name":"col1",
          "type":"string"}, {"name":"col2","type":"string"}],
          "primaryKey":["index"],"pandas_version":"0.20.0"},
          "data": [{"index":"row1","col1":"a","col2":"b"},
          {"index":"row2","col1":"c","col2":"d"}]}'
```

앞서 'student_grade.csv' 파일을 원하는 폴더에 생성했듯 JSON 파일도 생성하고 저장할 수 있다. 다음 예제를 실행하면 지정한 폴더에 'student_grade.json' 파일이 생성되며 내용도 확인할 수 있다. 예제의 data는 In [432]와 같다.

```
In [465]: df = pd.DataFrame(data, columns=['name', 'age', 'address', 'score', 'grade'])

In [466]: df.to_json('C:/Users/jchae/data/student_grade.json')
```

read_json( ) 함수를 사용해 저장한 JSON 문자열 파일을 읽는다.

```
In [467]: pd.read_json('C:/Users/jchae/data/student_grade.json')
Out[467]:
```

	name	age	address	score	grade
0	haena	30	dogok	100	A
1	naeun	27	suwon	88	B
2	una	28	mapo	73	C
3	bum	23	ilsan	83	B
4	suho	18	yeoyi	95	A

이번에는 주피터 노트북이 실행되는 디렉터리나 파이썬 프로세스가 실행되는 CWD에 JSON 파일을 생성하고 읽어본다. 먼저 df 객체를 생성한 후 열 요소의 형식을 확인한다.

```
In [468]: df = pd.DataFrame({'ha': [1, 2, 3, 4],
                             'hi': ['a', 'b', 'c', 'd'],
                             'ho': pd.date_range('2021-09-01', freq='d', periods=4),
```

```
                    'hu': pd.Categorical(['a', 'b', 'c', 'd'])},
                index=pd.Index(range(4), name='ind'));df
Out[468]:
```

ind	ha	hi	ho	hu
0	1	a	2021-09-01	a
1	2	b	2021-09-02	b
2	3	c	2021-09-03	c
3	4	d	2021-09-04	d

```
In [469]: df.dtypes
Out[469]: ha              int64
          hi             object
          ho     datetime64[ns]
          hu           category
          dtype: object
```

이제 hello.json이라는 파일을 CWD에 저장하고 저장한 파일을 읽는다. 메모장으로도 내용을 확인할 수 있다.

```
In [470]: df.to_json('hello.json', orient='table')

In [471]: dfj = pd.read_json('hello.json', orient='table')

In [472]: dfj                              In [473]: dfj.dtypes
Out[472]:                                  Out[473]: ha              int64
                                                     hi             object
                                                     ho     datetime64[ns]
                                                     hu           category
                                                     dtype: object
```

ind	ha	hi	ho	hu
0	1	a	2021-09-01	a
1	2	b	2021-09-02	b
2	3	c	2021-09-03	c
3	4	d	2021-09-04	d

HTML 파일

HTML(Hyper Text Markup Language)을 읽을 때 사용하는 **read_html( )** 함수는 HTML 문자열/파일/URL을 읽고 HTML 테이블을 판다스 데이터프레임의 리스트로 파싱한다. 이 함수는 테이블 태그인 〈table〉 요소와 관련되는 태그 요소들만 검색하고 리스트를 반환한다.

다음 예제는 위키피디아에서 서울을 소개하는 사이트를 검색한 것이다. 실제로 해당 사이트를 웹 브라우저로 검색하여 비교해보기 바란다. 홈페이지 운영자가 내용을 변경할 경우 이 책의 내용과 차이가 있을 수 있다.

```
In [474]: url = 'https://en.wikipedia.org/wiki/Seoul'

In [475]: dfh = pd.read_html(url)

In [476]: dfh[4]
Out[476]:        Year      Pop.      ±% p.a
              ----------------------------------
           0    1950     1021000     ----
           1    1960     2361000     +8.74%
           2    1970     5312000     +8.45%
           3    1980     8244000     +4.49%
           4    1990    10518000     +2.47%
                        ----         ----
           7    2020     9963000     +0.17%
                        ----         ----
```

데이터프레임의 인스턴스 메소드인 **to_html( )**을 사용하면 데이터프레임 객체를 HTML 테이블로 처리할 수 있다. 먼저 테이블 형식의 데이터프레임 객체를 생성한다.

```
In [477]: df = pd.DataFrame(np.random.randn(2, 2))

In [478]: df
Out[478]:
```

	0	1
0	0.797233	1.214894
1	0.876993	1.305746

다음과 같이 to_html( )을 실행하면 HTML 태그가 덧붙여진 테이블을 나타내는 웹 프로그램을 만든다.

```
In [479]: print(df.to_html())
          <table border="1" class="dataframe">
            <thead>
              <tr style="text-align: right;">
                <th></th>
                <th>0</th>
                <th>1</th>
              </tr>
            </thead>
            <tbody>
              <tr>
                <th>0</th>
                <td>0.797233</td>
                <td>1.214894</td>
              </tr>
              <tr>
                <th>1</th>
                <td>0.876993</td>
                <td>1.305746</td>
              </tr>
            </tbody>
          </table>
```

생성된 HTML 웹 프로그램을 Windows 메모장에 붙여넣고 hello.html이라는 파일명으로 저장했다.

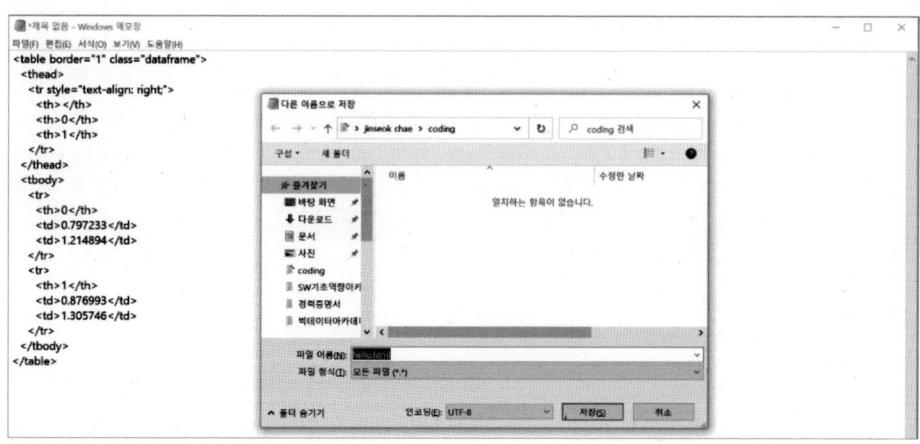

[그림 4-1] 웹 프로그램 저장

이제 크롬이나 인터넷 익스플로러 같은 웹 브라우저로 읽을 수 있는 형태의 파일이 생성되었다. 이 파일을 더블 클릭하면 다음과 같이 웹 브라우저에서 결과를 확인할 수 있다.

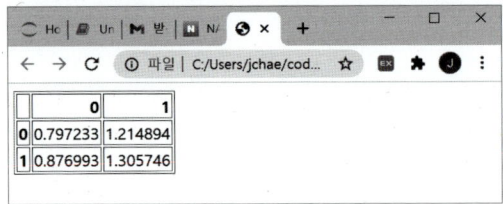

[그림 4-2] 웹 브라우저로 HTML 파일 읽기

클립보드

클립보드(clipboard)는 컴퓨터에서 〈Ctrl〉 + 〈C〉 키를 이용한 복사하기와 〈Ctrl〉 + 〈V〉를 이용한 붙여넣기 등을 사용하기 위해 확보된 임시 저장 공간이다. read_clipboard( ) 메소드를 사용하면 이 데이터를 간단히 읽을 수 있다. 이 메소드는 클립보드에서 텍스트를 읽어 read_csv( ) 메소드로 전달한다. to_clipboard( ) 메소드는 객체를 시스템 클립보드로 복사한다. to_clipboard( ) 메소드를 사용하면 객체의 텍스트 표현을 시스템 클립보드에 쓰거나 엑셀에 붙일 수도 있다.

다음은 데이터프레임의 내용을 클립보드로 복사하고 다시 읽는 예제다.

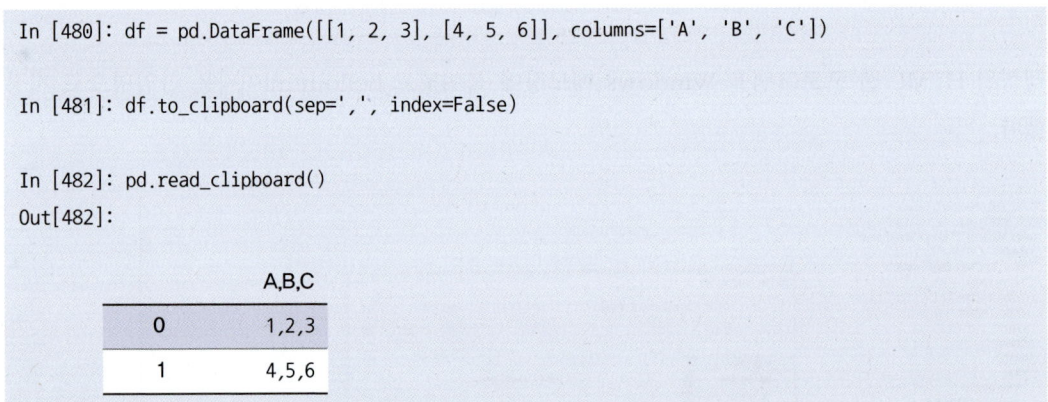

4.4.2 이진 데이터

이진(binary) 데이터는 0과 1, 두 개의 상태로만 구성되는 형식의 데이터이며 엑셀, HDF5(Hierarchical Data Format Version 5), SAS(Statistical Analysis Software) 및 파이썬 pickle 모듈 등에서 사용된다.

엑셀 파일

read_excel( ) 메소드는 엑셀 파일에서 데이터를 추출하는 파이썬 라이브러리인 xlrd 모듈을 이용해 확장자가 xls, xlsx인 엑셀 파일을 읽을 수 있다. to_excel( ) 메소드를 사용하면 데이터프레임을 엑셀로 저장할 수 있다.

엑셀 파일을 입력하고 출력하기 위해 2018년도 전국 상가 업력 현황을 정리한 예제 엑셀 파일을 사용한다. shoppingcenter.xlsx 예제 파일은 '2018년 상반기 업력현황'과 '2018년 하반기 업력현황' 2개의 시트로 구성되어 있다. 이 파일을 원하는 폴더에 저장하거나 아나콘다가 설치된 폴더에 저장한다.

```
In [ ]: df1 = pd.read_excel('C:/Users/jchae/shoppingcenter.xlsx')

In [ ]: df2 = pd.read_excel('shoppingcenter.xlsx')
```

이 파일을 read_excel( ) 메소드로 읽어 내용을 확인한다.

```
In [483]: df = pd.read_excel('shoppingcenter.xlsx')

In [484]: df
Out[484]:
```

	광역시도	시군구	업종대분류	업종중분류	1년미만	1~2년	2~3년	3~5년	5년 이상
0	서울특별시	종로구	관광/여가/오락	연극/영화/극장	1.0	2.0	42.0	39.0	16.0
1	서울특별시	종로구	관광/여가/오락	전시/관람	0.0	6.0	18.0	35.0	44.0
			(중략)						
20624	제주특별자치도	서귀포시	학문/교육	특수교육기관	0.0	1.0	0.0	0.0	3.0

20625 rows x 9 columns

2개 시트로 구성된 엑셀 파일을 실행한 결과 기본으로 첫 번째 시트인 '2018년 상반기 업력현황' 내용만을 나타낸다. '2018년 하반기 업력현황'은 다음과 같은 방법으로 읽을 수 있다.

```
In [485]: df1 = pd.read_excel('shoppingcenter.xlsx', sheet_name='2018년 하반기 업력현황')

In [486]: df1
Out[486]:
```

	광역시도	시군구	업종대분류	업종중분류	1년미만	1~2년	2~3년	3~5년	5년 이상
0	서울특별시	종로구	관광/여가/오락	연극/영화/극장	1	1	16	64	19
1	서울특별시	종로구	관광/여가/오락	전시/관람	0	0	13	45	46
				(중략)					
20624	제주특별자치도	서귀포시	학문/교육	특수교육기관	0	0	1	0	3

20625 rows x 9 columns

sheet_name=None 옵션을 사용하면 2018년 상반기와 하반기 업력 현황 시트를 한꺼번에 읽을 수 있다. 데이터프레임 객체를 엑셀 파일의 시트에 쓰려면 to_excel( ) 메소드를 사용한다. to_csv( )에서 사용하는 인수들을 to_excel( ) 메소드에도 적용할 수 있다.

```
In [ ]: df.to_excel('file_with_path.xlsx', sheet_name='Sheet1')
```

HDF5 파일

HDF5는 매우 크고 복잡한 이종(heterogeneous) 데이터를 지원하는 오픈 소스 파일 형식이다. HDF5는 진화하는 컴퓨팅 및 저장 환경에서 다양하고 복잡한 데이터를 조작, 저장, 탐색, 접근, 분석 그리고 보전하기 위해 설계되었다. 인공위성의 원격 센싱 데이터, 원자력 시험 모델 데이터, 고해상도 MRI 뇌 스캔 데이터 등 디지털로 저장된 모든 형태의 이진 데이터는 HDF5 파일로 저장하고 관리할 수 있다.

HDF5의 특징은 다음과 같다.

- 데이터를 관리하고 저장하기 위한 모델 구현
- 데이터 객체의 수나 크기에 제한이 없는 완전한 이식성(portable)을 제공하는 파일 형식
- PC부터 대용량 병렬 시스템까지 다양한 연산 플랫폼에서 실행되는 소프트웨어 라이브러리
- C, C++, 포트란 90 및 Java 인터페이스에서 고차원 API를 실행하는 소프트웨어 라이브러리
- 디렉터리 접속을 빠르게 하고 저장 공간을 최적화하는 헤더와 데이터 배열로 이루어진 데이터 세트
- 데이터를 관리, 조작, 시각화 및 분석하기 위한 도구 및 애플리케이션

pandas.io.pytables.HDFStore 클래스는 PyTables 라이브러리를 사용해 고성능 HDF5 파일을 읽고 쓸 수 있도록 하는 유사 딕셔너리 객체다. HDF5 데이터를 살펴보기 위해 먼저 다음과 같이 폴더에 store.h5 파일을 생성하고 저장한다.

```
In [487]: hfs = pd.HDFStore('D:/cjs/data/store.h5')

In [488]: hfs
Out[488]: <class 'pandas.io.pytables.HDFStore'>
          File path: D:/cjs/data/store.h5
```

HDFStore 객체인 데이터프레임을 생성하는 데 필요한 객체를 다음과 같이 생성한다.

```
In [489]: ind = pd.date_range('1/1/2021', periods=8)

In [490]: ser = pd.Series(np.random.randn(5), index=['a', 'b', 'c', 'd', 'e'])

In [491]: df = pd.DataFrame(np.random.randn(8, 3), index=ind, columns=['A', 'B', 'C'])

In [492]: country = ['KOR', 'US', 'ITALY']
          mind = pd.MultiIndex.from_product([country, ind])
          col = ["item_%d" % i for i in range(1, 4)]
          data = np.random.randn(24, 3)
```

다음으로 데이터프레임 객체 df1을 생성하고 내용을 확인한다.

```
In [493]: df1 = pd.DataFrame(data, index=mind, columns=col)

In [494]: df1
Out[494]:
```

		item_1	item_2	item_3
KOR	2021-01-01	-0.889405	-0.673840	0.704453
	(중략)			
US	2021-01-01	-0.466562	-0.923552	0.133424
	(중략)			
ITALY	2021-01-01	-1.101979	-1.337430	-0.485628
	(중략)			
	2021-01-08	1.266321	0.725747	0.248712

HDFStore 객체인 hfs에 ser, df, df1을 동적 할당한다.

```
In [495]: hfs['ser'] = ser          In [496]: hfs['df'] = df

In [497]: hfs['df1'] = df1

In [498]: hfs
Out[498]: <class 'pandas.io.pytables.HDFStore'>
          File path: D:/cjs/data/store.h5
```

HDFStore 객체인 hfs에 저장된 데이터프레임 객체 df는 다음과 같이 확인할 수 있다. hfs['df']의 결과는 hfs.df나 hfs.get('df')를 사용한 결과와 같으며 파일에 저장된 판다스 객체를 반환한다.

```
In [499]: hfs['df']
Out[499]:
```

	A	B	C
2021-01-01	-0.958227	-0.520965	0.553885
2021-01-02	0.330649	-2.282955	-0.215535
(중략)			
2021-01-08	0.840738	-0.986792	0.190386

del 명령어에 객체 이름인 df1을 키로 사용하면 df1 객체를 삭제할 수 있다. hfs.remove('df1')을 실행해도 다음 예제와 같은 결과가 나타난다. 파일을 닫으려면 close( )를 적용한다.

```
In [500]: del hfs['df1']

In [501]: hfs['df1']
Out[501]: KeyError: 'No object named df1 in the file'

In [502]: hfs.close()

In [503]: hfs['ser']
Out[503]: ClosedFileError: store.h5 file is not open!
```

HDFStore는 HDF5 파일을 읽고 쓰기 위해 **read_hdf( ), to_hdf( )** 메소드를 사용하는 API를 지원한다. 데이터프레임 객체의 to_hdf( ) 메소드는 HDFStore를 이용해 데이터를 HDF5 파일에 쓴다.

```
In [504]: df_s = pd.DataFrame({'A': list(range(5)), 'B': list(range(5))})

In [505]: df_s.to_hdf('D:/cjs/data/hfs_s.h5', 'table', append=True)

In [506]: pd.read_hdf('D:/cjs/data/hfs_s.h5', 'table', where=['index>2'])
Out[506]:
```

	A	B
3	3	3
4	4	4

4.4.3 SQL 데이터베이스

pandas.io.sql 모듈은 데이터를 쉽게 검색할 수 있게 한다. 또한 특정 DB API에 대한 의존성을 낮추기 위해 **질의어 래퍼(query wrapper)**를 제공한다. 데이터베이스를 운용하려면 드라이버가 필요하며 PostgreSQL 데이터베이스 운용에는 psycopg2, MySQL 운용에는 pymysql 드라이버가 필요하다. 파이썬 표준 라이브러리에는 SQLite가 기본으로 포함된다.

SQLAlchemy의 엔진 구성

SQLAlchemy는 애플리케이션 개발을 위해 SQL의 유연성과 강력한 기능을 제공하는 파이썬의 SQL 툴킷(toolkit) 및 ORM(Object Relational Mapping, 객체 관계 매핑)이다. ORM은 객체 지향 프로그래밍 언어와 호환될 수 없는 시스템 사이에서 데이터를 변환하는 프로그래밍 기술이다. 즉 ORM은 애플리케이션 코드에서 공통적으로 사용되는 객체들로써 관계형 데이터베이스 테이블들에 저장된 데이터의 이동을 자동화하는 코드 라이브러리다. SQLAlchemy는 MySQL, Oracle, PostgreSQL, Microsoft SQL Server, Firebird, Sybase 등 다양한 타입의 데이터베이스인 **방언(dialect)**들이 소통하도록 한다. 파이썬에서는 SQLite 또는 SQLAlchemy를 임포트하여 SQL 데이터베이스를 관리하고 연산할 수 있다.

엔진(engine)은 SQLAlchemy 응용을 위한 시작점이며 실제 데이터베이스와 DBAPI에서 홈 베이스 같은 역할을 한다. **DBAPI**는 'Python Database API Specification'의 줄임말로써 모든 데이터베이스 연결 패키지에 공통 사용 패턴을 정의하기 위해 파이썬 내에서 널리 사용되는 규격이다. 엔진은 파이썬 애플리케이션이 데이터베이스와 대화하기 위해 사용하는 가장 낮은 수준의 시스템인 저수준 API다. 여기서 저수준이란 응용 레벨이 아닌 시스템 속성에 해당하는 레벨을 의미한다. SQLAlchemy의 방언은 다양한 형태의 DBAPI를 구현하고 데이터베이스와 통신하기 위해

SQLAlchemy가 사용하는 시스템이다. 엔진은 연결 **풀(pool)**과 **방언**을 통해 SQLAlchemy 애플리케이션에 전달되고 특정 종류의 **database/DBAPI** 조합과 대화하는 방법을 설정한다. 데이터베이스 엔진의 일반적인 구조는 다음과 같다.

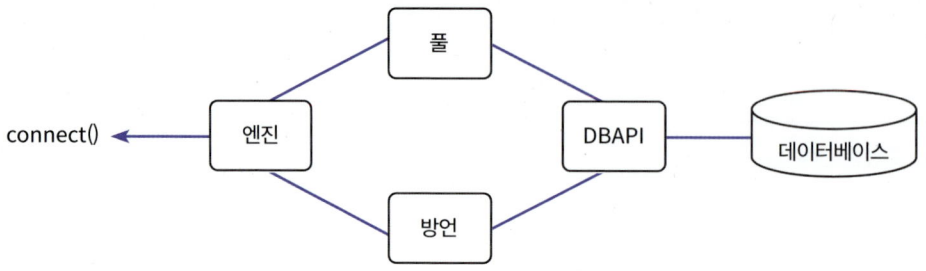

[그림 4-3] 데이터베이스 엔진 구조

방언과 풀은 데이터베이스의 형태와 DBAPI 모듈 기능을 해석하며 엔진은 이들을 참조한다. **create_engine( )**으로 엔진을 생성할 수 있으며 엔진은 개개로 이루어진 많은 DBAPI 연결을 관리한다.

```
In [ ]: from sqlalchemy import create_engine

In [ ]: engine = create_engine('postgresql://scott:tiger@localhost:5432/mydb')
```

앞 예제에서 엔진은 PostgreSQL 서버에서 연결 요청을 받을 때 서버 사용자인 scott, 비밀번호인 tiger, 서버 데이터베이스 주소인 localhost:5432에서 DBAPI 연결을 설정하는 pool 객체뿐만 아니라 PostgreSQL과도 맞춰진 dialect 객체를 생성한다. 엔진과 그 아래에 있는 풀은 **Engine.connect( )**나 **Engine.execute( )**와 같이 메소드에 의존하는 연산이 수행될 때 실제 DBAPI 연결을 설정한다. 엔진과 풀은 이 같은 방법으로 늦은 초기화 작업을 수행한다. 한 번 생성된 엔진은 데이터베이스와 소통하거나 ORM과 함께 작업하기 위해 session 객체로 전달될 수 있다.

SQLAlchemy는 다양한 서버와 관련된 많은 방언들을 실행할 수 있다. 데이터베이스에서 가장 많이 사용되는 방언은 SQLAlchemy에 포함되어 있다. 이번 절에서는 여러 데이터베이스 중 SQLite에 대해 설명한다.

SQLite는 파이썬에 기본으로 내장된 **sqlite3** 모듈을 사용하여 파일 기반의 데이터베이스에 연결한다. SQLite가 로컬 파일에 연결될 때 사용하는 URL 형식은 기존에 파일과 연결할 때 사용하던 URL 형식과 조금 다르다. URL의 파일 부분은 데이터베이스의 파일명이다. sqlite3 모듈을 사용해 엔진

이 생성되는 곳을 기준으로 하는 상대적 파일 경로를 설정할 때 다음과 같이 슬래시 3개 다음 파일명이 위치한다.

```
In [ ]: # sqlite://<nohostname>/<path>
        # where <path> is relative:
        engine = create_engine('sqlite:///jin.db')
```

절대 파일 경로를 입력할 때는 슬래시 3개 다음 절대 경로가 위치한다.

```
In [ ]: # windows
        engine = create_engine('sqlite:///C:\\path\\to\\jin.db')

In [ ]: # windows alternative using raw string
        engine = create_engine(r'sqlite:///C:\path\to\jin.db')

In [ ]: # Unix/Mac  -  4 initial slashes in total
        engine = create_engine('sqlite:////absolute/path/to/jin.db')
```

SQLite 데이터베이스가 단일 디스크 파일이 아닌 메모리에 저장하는 **SQLite :memory: database**를 명시할 때는 다음과 같이 2가지 형태를 사용할 수 있다. 여기서 파일명은 :memory: 와 같다.

```
In [ ]: engine = create_engine('sqlite://')

In [ ]: engine = create_engine('sqlite:///:memory:')
```

판다스 SQL 관련 함수 적용

판다스에서 제공하는 SQL 관련 주요 함수는 다음과 같다.

종류	기능
read_sql_table	SQL 데이터베이스 테이블을 데이터프레임으로 읽는다.
read_sql_query	SQL 쿼리를 데이터프레임으로 읽는다.
read_sql	SQL 쿼리 또는 데이터베이스 테이블을 데이터프레임으로 읽는다.
DataFrame.to_sql	데이터프레임에 저장된 레코드를 SQL 데이터베이스로 쓴다.

[표 4-5] 판다스의 SQL 관련 주요 함수

SQLAlchemy에 연결하기 위해 데이터베이스 URI에서 engine 객체를 생성하는 create_engine() 함수를 사용한다. SQLAlchemy에 연결할 때 하나의 데이터베이스마다 엔진을 한 번씩 생성해야 한다. SQLite 데이터베이스는 보통 하나의 디스크 파일에 저장되지만, 메모리에 저장되는 경우도 있다. SQLite 데이터베이스를 메모리에 상주하도록 하는 보편적인 방법은 특수한 파일명인 ':memory:'를 사용해 데이터베이스를 여는 것이다. 다음 예제에서는 SQLite SQL 데이터베이스 엔진을 사용하며 데이터가 메모리에 저장되는 임시 SQLite 데이터베이스를 사용한다.

```
In [507]: from sqlalchemy import create_engine

In [508]: engine = create_engine('sqlite:///:memory:')
```

먼저 **to_sql( )** 함수를 이용해 데이터프레임의 데이터를 데이터베이스에 저장한다. 다음 예제의 df2는 In [445]에서 생성한 df2 = pd.read_csv('student_grade.csv', index_col=0) 와 같다. 크기가 매우 큰 데이터를 포함하는 데이터프레임을 데이터베이스에 저장하는 경우 패킷 크기 제한으로 인해 오류가 발생할 수 있다. 이때는 In [510]과 같이 **chunksize** 인수를 실행해 **청크(chunk)** 크기를 제한한다. 청크란 데이터를 일정 크기로 쪼갠 덩어리를 뜻한다. chunksize는 뒤에서 자세히 설명한다.

```
In [509]: df2.to_sql('data_db', engine)

In [510]: df2.to_sql('data_db1', engine, chunksize=1000)
```

read_sql_table( )에 테이블 이름과 읽을 열의 서브세트를 옵션으로 지정하면 데이터베이스 테이블을 읽는다.

```
In [511]: pd.read_sql_table('data_db', engine)
Out[511]:
```

	index	name	age	address	score	grade
0	0	haena	30	dogok	100	A
1	1	naeun	27	suwon	88	B
2	2	una	28	mapo	73	C
3	3	bum	23	ilsan	83	B
4	4	suho	18	yeoyi	95	A

다음 예제와 같이 인덱스를 이용해 행의 이름을 데이터프레임의 인덱스로 지정하고 열의 서브세트를 설정해 일부 열만 읽을 수도 있다.

```
In [512]: pd.read_sql_table('data_db', engine, index_col='name')
Out[512]:
```

name	index	age	address	score	grade
haena	0	30	dogok	100	A
naeun	1	27	suwon	88	B
una	2	28	mapo	73	C
bum	3	23	ilsan	83	B
suho	4	18	yeoyi	95	A

```
In [513]: pd.read_sql_table('data_db', engine, columns=['name', 'grade'])
Out[513]:
```

	name	grade
0	haena	A
1	naeun	B
2	una	C
3	bum	B
4	suho	A

read_sql_query( ) 함수에 원시 SQL을 사용하여 질의할 수 있다. 이때 read_sql_query( )의 인수로 데이터베이스에 적합한 sql_variant 타입을 사용해야 한다.

```
In [514]: pd.read_sql_query('SELECT * FROM data_db', engine)
Out[514]:
```

	index	name	age	address	score	grade
0	0	haena	30	dogok	100	A
1	1	naeun	27	suwon	88	B
2	2	una	28	mapo	73	C
3	3	bum	23	ilsan	83	B
4	4	suho	18	yeoyi	95	A

다음은 grade가 A인 name과 address를 검색하는 조건을 부여해 질의한 예제다.

```
In [515]: pd.read_sql_query("SELECT name, address FROM data_db WHERE grade='A';", engine)
Out[515]:
       name    address
   0   haena   dogok
   1   suho    yeoyi
```

read_sql_query( ) 함수는 chunksize 인수를 지원한다. chunksize 인수의 기능을 살펴보기 위해 먼저 다음과 같이 데이터프레임을 생성하고 데이터베이스에 저장한다.

```
In [516]: dfc = pd.DataFrame(np.random.randn(9, 3), columns=list('abc'))

In [516]: dfc.to_sql('data_ck', engine, index=False)
```

chunksize를 인수로 전달하면 질의 결과에 청크가 적용된 이터레이터를 반환한다.

```
In [517]: for chunk in pd.read_sql_query("SELECT * FROM data_ck", engine, chunksize=3):
     ...:     print(chunk)
          a         b         c
0  1.186947 -0.197864 -0.904807
1  0.816600  0.579327 -1.117642
2 -0.158633 -1.361981  0.162645
          a         b         c
0 -0.258449  0.052144  0.204545
1 -1.033853 -0.405067 -0.211095
2 -0.009372 -0.008021 -0.791491
          a         b         c
0 -0.649290 -0.930493 -0.048289
1  1.116438  0.200300 -1.805764
2  1.013878 -1.255496  1.346769
```

sqlite3

sqlite3는 SQLAlchemy를 사용하지 않고 파이썬 내장 드라이버로 지원된다. 이 모드는 파이썬 DBAPI를 준수하는 파이썬 데이터베이스 어댑터를 요구한다. 다음은 sqlite3 연결을 설정하고 데이터베이스가 메모리에 저장되도록 설정한 후 쿼리를 통해 조회할 수 있도록 하는 절차이다.

```
In []: import sqlite3

In []: con = sqlite3.connect(':memory:')

In []: data.to_sql('data', con)

In []: pd.read_sql_query("SELECT * FROM data", con)
```

4.4.4 기상청 대용량 데이터 세트의 처리

수십 GB 이상인 대용량 데이터 파일을 이용해 작업할 때 컴퓨터의 제한된 RAM 용량 때문에 작업이 수월하지 않은 경우가 있다. 판다스는 이를 해결할 여러 방법을 제시한다. 중요하지 않은 데이터를 삭제하거나, int64를 int32로 변경하는 dtype 매개 변수를 사용하는 등 데이터 요소 타입을 변경할 수 있다. 또한 파일 크기를 쪼개 처리하고 분석할 수 있는 **chunk 옵션**을 적용할 수 있다.

chunk 옵션의 핵심 기능은 메모리 사용을 효과적으로 줄이는 것이다. 이를 위해 read_csv( )의 chunksize 매개 변수를 이용하는데 이 매개 변수는 대용량 텍스트 파일을 데이터프레임으로 읽을 때 일정한 크기로 나누어 처리한다. 예를 들어 1천만 행으로 구성된 데이터 세트가 있을 때 chunksize를 1백만 행으로 명시하면 원활하게 처리할 수 있다.

다음으로 우리나라 기상청에서 대기를 3개 항목을 기준으로 측정한 예제 데이터 'air_test.csv'를 읽어 처리해본다. 이 데이터 세트는 291,600행으로 이루어졌다. 이 파일의 용량은 3.3MB에 불과하지만 실제 기상청에서 산출되는 엄청난 규모의 데이터는 컴퓨팅 메모리에 기준 이상의 과부하를 발생시켜 실행이 어려울 수 있다. 이를 방지하기 위해 **chunksize**를 적용한다.

```
In [518]: df = pd.read_csv('air_test.csv')

In [519]: df
Out[519]:
```

	site_code	test_no	average
0	104	1	0.008
1	102	8	101.000
...	...	...	...
291598	110	9	11.000
291599	116	6	0.025

291600 rows x 3 columns

이 파일을 나누어 처리하기 위해 chunksize를 10,000으로 전달해 실행하면 291,600행을 10,000행으로 이루어진 29개 청크와 1,600행으로 이루어진 1개 청크, 총 30개의 청크로 처리한다.

```
In [520]: df_chunk = pd.read_csv('air_test.csv', chunksize=10000)

In [521]: df_chunk
Out[521]: <pandas.io.parsers.TextFileReader at 0x72c4b90>
```

chunksize 매개 변수로 처리한 연산 결과인 df_chunk는 DataFrame 객체가 아니라 **TextFileReader** 객체다. TextFileReader 객체는 반복 처리를 할 수 있다. 이는 청크 단위로 연산하여 그 결과를 결합해 DataFrame 객체를 산출하는 원리다. 이를 확인하기 위해 다음과 같이 실행한다.

```
In [522]: for chunk in df_chunk:
     ...:     print(chunk)
         site_code  test_no  average
0              104        1    0.008
1              102        8  101.000
...            ...      ...      ...
9999           125        5    0.900

[10000 rows x 3 columns]
         site_code  test_no  average
10000          125        1    0.005
10001          125        3    0.050
...            ...      ...      ...
19999          110        9   38.000
               (중략)

[10000 rows x 3 columns]
         site_code  test_no  average
290000         109        5    0.600
290001         109        6    0.017
...            ...      ...      ...
291599         116        6    0.025

[1600 rows x 3 columns]
```

TextFileReader 객체인 df_chunk를 연산한 chunk의 타입은 DataFrame 객체다. In [524]와 같이 df_chunk를 이어 붙이면 In [519]의 df와 같아진다. 그러나 In [522]를 실행했다면 포인터가 청크의 마지막 부분을 가리키므로 이어 붙일 객체가 없어 오류가 발생한다. 다시 말해 데이터 크기를 일정하게 나눈 청크들을 차례로 실행하고 나면 포인터가 마지막 청크의 끝을 가리키므로 더 이상 처리할 수 없다. 이 오류를 피하려면 In [522]를 실행하지 않고 바로 In [524]를 실행한다.

```
In [523]: type(chunk)
Out[523]: pandas.core.frame.DataFrame

In [524]: pd.concat(df_chunk, ignore_index=True)
Out[524]:
```

	site_code	test_no	average
0	104	1	0.008
1	102	8	101.000
2	102	9	64.000
...	...	...	...
291598	110	9	11.000
291599	116	6	0.025

291600 rows x 3 columns

df_chunk를 이어 붙일 때 인덱스를 중복하지 않고 순차적으로 표시하려면 **ignore_index=True**를, 인덱스를 중복 표시하려면 기본값인 **ignore_index=False**를 입력한다.

```
>>> ser1 = pd.Series(['a', 'b'])

>>> ser2 = pd.Series(['c', 'd'])

>>> pd.concat([ser1, ser2])
0    a
1    b
0    c
1    d
dtype: object
```

```
>>> pd.concat([ser1, ser2], ignore_index=True)
0    a
1    b
2    c
3    d
dtype: object
```

이 장에서는 데이터 처리와 분석에 사용하는 판다스 라이브러리와 판다스 데이터 구조, 주요 기능, 데이터 처리, 데이터 타입, 데이터 입출력에 대한 기본 기술을 설명했다. 다음 장에서는 판다스 데이터 가공과 연산 등 고급 기술을 다룬다.

05장

판다스 고급

1. 데이터 가공
2. 데이터의 그룹 연산
3. 수학 계산

4장에서는 판다스의 개별 요소에 관해 설명했다. 이 장에서는 불러온 데이터를 정제하고 분석하며 통합하는 작업을 중심으로 데이터에 가치를 부여하는 **전처리 과정**을 다룬다. 분석하려는 원본 데이터는 사용자가 원하는 형태가 아니며 활용하기 어려운 구조이기 때문에 이러한 절차가 필요하다. 데이터를 원하는 형태로 변형해 분석하기 쉽게 만드는 것은 빅데이터 분석의 궁극적인 목적, 즉 데이터 활용을 극대화하는 작업이며 시각화 전 단계로써 매우 중요한 과정이다.

데이터 세트를 합치고 붙이고 변형하는 기능과 분할·적용·통합(split-apply-combine), 그룹화 연산, 정렬, 데이터 여과하기 등을 중심으로 전처리를 과정을 설명한다. 또한 간단하고 경제적인 코딩을 위한 파이썬 정규 표현식을 살펴본다. 이는 우리가 원하는 형태의 데이터를 만들기 위해 수행하는 데이터 전처리의 핵심 기술들이다.

5.1 데이터 가공

판다스는 우리가 원하는 데이터 세트를 구성할 수 있도록 인덱스에 다양한 종류의 로직과 선형 대수 기능을 포함하는 시리즈와 데이터프레임을 쉽게 결합하는 여러 방법을 제공한다. 이 방법들을 이용해 서로 다른 데이터 세트를 가공하면 새로운 가치를 창출할 수 있다.

5.1.1 데이터 이어 붙이기

판다스의 **concat( )** 함수를 이용하면 시리즈와 데이터프레임들을 이어 붙일 수 있다. 특히 같은 길이의 행이나 열을 따라 데이터를 이어 붙일 때 이 함수를 주로 적용한다.

```
In [1]: df1 = pd.DataFrame({'A': ['A0', 'A1', 'A2'],
                            'B': ['B0', 'B1', 'B2'],
                            'C': ['C0', 'C1', 'C2']}, index=[0, 1, 2])

In [2]: df2 = pd.DataFrame({'A': ['A3', 'A4', 'A5'],
                            'B': ['B3', 'B4', 'B5'],
                            'C': ['C3', 'C4', 'C5']}, index=[3, 4, 5])

In [3]: df3 = pd.DataFrame({'A': ['A6', 'A7', 'A8'],
                            'B': ['B6', 'B7', 'B8'],
                            'C': ['C6', 'C7', 'C8']}, index=[6, 7, 8])
```

pandas.concat( )은 numpy.concatenate( )와 같이 매개 변수로 리스트 또는 같은 타입인 객체들의 딕셔너리를 가진다.

```
In [4]: frames = [df1, df2, df3]

In [5]: result = pd.concat(frames)

In [6]: result1 = pd.concat(frames, keys=['x', 'y', 'z'])

In [7]: result                      In [8]: result1
Out[7]:                             Out[8]:
```

	A	B	C
0	A0	B0	C0
1	A1	B1	C1
2	A2	B2	C2
3	A3	B3	C3
4	A4	B4	C4
5	A5	B5	C5
6	A6	B6	C6
7	A7	B7	C7
8	A8	B8	C8

		A	B	C
x	0	A0	B0	C0
	1	A1	B1	C1
	2	A2	B2	C2
y	3	A3	B3	C3
	4	A4	B4	C4
	5	A5	B5	C5
z	6	A6	B6	C6
	7	A7	B7	C7
	8	A8	B8	C8

DataFrame 객체 result1의 인덱스는 멀티인덱스다. 이는 키를 이용해 다음과 같이 해당하는 데이터를 선택할 수 있다는 의미이다.

```
In [9]: result1.loc['z']
Out[9]:
```

	A	B	C
6	A6	B6	C6
7	A7	B7	C7
8	A8	B8	C8

축의 로직 설정과 append를 사용하는 이어 붙이기

여러 데이터프레임을 이용해 연산할 때 이어 붙이는 축은 제외하고 다른 축을 처리하는 방법은 다음과 같다.

- join='outer'로 합집합(union)을 취한다.
- join='inner'로 교집합(intersection)을 취한다.

생성된 객체 df1과 df4를 축 열을 기준으로 이어 붙이면 join='outer'를 사용한 것과 같은 결과가 나타난다.

```
In [10]: df4 = pd.DataFrame({'B': ['B2', 'B6', 'B7'],
                             'C': ['C2', 'C6', 'C7'],
                             'E': ['E2', 'E6', 'E7']}, index=[2, 6, 7])

In [11]: result = pd.concat([df1, df4], axis=1, sort=False)

In [12]: result
Out[12]:
```

	A	B	C	B	C	E
0	A0	B0	C0	NaN	NaN	NaN
1	A1	B1	C1	NaN	NaN	NaN
2	A2	B2	C2	B2	C2	E2
6	NaN	NaN	NaN	B6	C6	E6
7	NaN	NaN	NaN	B7	C7	E7

join='inner'를 입력하면 행 인덱스가 겹치는 부분만 나타낸다.

```
In [13]: result = pd.concat([df1, df4], axis=1, join='inner')

In [14]: result
Out[14]:
```

	A	B	C	B	C	E
2	A2	B2	C2	B2	C2	E2

다음은 df1의 index를 기준으로 결합한 결과다.

```
In [15]: result = pd.concat([df1, df4], axis=1).reindex(df1.index)

In [16]: result
Out[16]:
```

	A	B	C	B	C	E
0	A0	B0	C0	NaN	NaN	NaN
1	A1	B1	C1	NaN	NaN	NaN
2	A2	B2	C2	B2	C2	E2

데이터프레임 객체들 사이에 인덱스가 중복되는 경우 **ignore_index** 인수를 사용하여 무시할 수 있다.

```
In [17]: result = pd.concat([df1, df4], ignore_index=True)

In [18]: result
Out[18]:
```

	A	B	C	E
0	A0	B0	C0	NaN
1	A1	B1	C1	NaN
2	A2	B2	C2	NaN
3	NaN	B2	C2	E2
4	NaN	B6	C6	E6
5	NaN	B7	C7	E7

시리즈와 데이터프레임에 **append( )** 메소드를 사용하면 concat( )을 사용한 것과 같은 결과를 얻을 수 있다.

```
In [19]: result = df1.append(df2)

In [20]: result
Out[20]:
```

	A	B	C
0	A0	B0	C0
1	A1	B1	C1
2	A2	B2	C2
3	A3	B3	C3
4	A4	B4	C4
5	A5	B5	C5

append( ) 메소드를 사용한 결과 df1과 df4의 인덱스가 중복되더라도 개별 순서대로 표시된다. 통합된 열 라벨에 해당하는 요솟값이 없을 때는 손실 값으로 처리되어 표시된다.

```
In [21]: result = df1.append(df4, sort=False)

In [22]: result
Out[22]:
```

	A	B	C	E
0	A0	B0	C0	NaN
1	A1	B1	C1	NaN
2	A2	B2	C2	NaN
2	NaN	B2	C2	E2
6	NaN	B6	C6	E6
7	NaN	B7	C7	E7

append( )로 시리즈나 딕셔너리를 전달하면 1개 행을 데이터프레임에 이어 붙일 수 있다.

```
In [23]: s1 = pd.Series(['Q0', 'Q1', 'Q2', 'Q3'], index=['A', 'B', 'C', 'D'])

In [24]: result = df1.append(s1, ignore_index=True)

In [25]: result
Out[25]:
```

	A	B	C	D
0	A0	B0	C0	NaN
1	A1	B1	C1	NaN
2	A2	B2	C2	NaN
3	Q0	Q2	Q2	Q3

데이터프레임과 딕셔너리 사이에 append( )를 적용할 때 **ignore_index** 인수를 이용해 인덱스를 차례대로 표기할 것인지 두 객체에서 독립적으로 표기할지 정할 수 있다. 다음 예제에서 NaN은 실수로 간주하므로 X열과 Y열의 3.0과 6.0은 소수점이 추가된 실수 형태로 출력되었다.

```
In [26]: dicts = [{'A': 1, 'B': 2, 'X': 3}, {'A': 4, 'B': 5, 'Y': 6}]

In [27]: result = df1.append(dicts, ignore_index=True, sort=False)

In [28]: result
Out[28]:
```

	A	B	C	X	Y
0	A0	B0	C0	NaN	NaN
1	A1	B1	C1	NaN	NaN
2	A2	B2	C2	NaN	NaN
3	1	2	NaN	3.0	NaN
4	4	5	NaN	NaN	6.0

차원이 다른 시리즈와 데이터프레임 이어 붙이기

시리즈와 데이터프레임 객체를 이어 붙일 수 있다. 이때 시리즈의 이름을 이어 붙이는 객체의 열 이름으로 바꾸어 처리한다.

```
In [29]: s2 = pd.Series(['Z0', 'Z1', 'Z2', 'Z3'], name='Z')

In [30]: result = pd.concat([df1, s2], axis=1)

In [31]: result
Out[31]:
```

	A	B	C	Z
0	A0	B0	C0	Z0
1	A1	B1	C1	Z1
2	A2	B2	C2	Z2
3	NaN	NaN	NaN	Z3

데이터프레임을 이름이 없는 시리즈와 이어 붙이면 열 이름을 연속적인 숫자로 표시한다.

```
In [32]: s3 = pd.Series(['*0', '*1', '*2'])

In [33]: result = pd.concat([df1, s3, s3, s3], axis=1)

In [34]: result
Out[34]:
```

	A	B	C	0	1	2
0	A0	B0	C0	*0	*0	*0
1	A1	B1	C1	*1	*1	*1
2	A2	B2	C2	*2	*2	*2

그룹 키로 이어 붙이기

그룹 키로 데이터를 이어 붙이는 방법을 알아보기 위해 먼저 시리즈 객체 3개를 결합해 하나의 프레임을 만든다.

```
In [35]: s4 = pd.Series([0, 1, 2, 3], name='J')    In [36]: s5 = pd.Series([0, 1, 2, 3])

In [37]: s6 = pd.Series([0, 1, 4, 5])              In [38]: pd.concat([s4, s5, s6], axis=1)
                                                   Out[38]:
```

	J	0	1
0	0	0	0
1	1	1	1
2	2	2	4
3	3	3	5

keys 인수를 이용해 현재 열 이름을 수정할 수 있다.

```
In [39]: pd.concat([s4, s5, s6], axis=1, keys=['ha', 'hi', 'ho'])
Out[39]:
```

	ha	hi	ho
0	0	0	0
1	1	1	1
2	2	2	4
3	3	3	5

다음 예제에서는 키를 적용해 In [4]의 frames를 구성하는 df1, df2, df3을 이어 붙인다. In [42]의 result1과 같이 concat( ) 안에 딕셔너리를 전달한 결과는 In [40]의 result 결과와 동일하다.

```
In [40]: result = pd.concat(frames, keys=['ha', 'hi', 'ho'])

In [41]: pic = {'ha': df1, 'hi': df2, 'ho': df3}

In [42]: result1 = pd.concat(pic)

In [43]: result1
Out[43]:
```

		A	B	C
ha	0	A0	B0	C0
	1	A1	B1	C1
	2	A2	B2	C2
hi	3	A3	B3	C3
	4	A4	B4	C4
	5	A5	B5	C5
ho	6	A6	B6	C6
	7	A7	B7	C7
	8	A8	B8	C8

keys 인수로 순서를 변경하거나 이 인수를 부분적으로 적용해 데이터를 이어 붙일 수 있다.

```
In [44]: result = pd.concat(pic, keys=['ho', 'hi'])

In [45]: result
Out[45]:
```

		A	B	C
ho	6	A6	B6	C6
	7	A7	B7	C7
	8	A8	B8	C8
hi	3	A3	B3	C3
	4	A4	B4	C4
	5	A5	B5	C5

5.1.2 데이터베이스 타입의 데이터프레임 또는 시리즈를 합치기

데이터프레임은 데이터의 행이나 열이 테이블 형태로 정렬되는 2차원 데이터 구조다. 시리즈는 행이나 열로 정렬되므로 데이터프레임과 연산할 수 있다. 이러한 객체들은 **merge( )**, **join( )**, **concat( )**과 같은 함수들을 이용해 합치거나 붙일 수 있다.

앞서 객체를 이어 붙이는 여러 방법을 살펴봤다. 이번에는 merge( )와 join( ) 함수를 사용해 판다스에서 제공하는 데이터프레임이나 이름을 가진 시리즈 객체들을 결합하는 연산을 살펴본다.

merge( ) 함수로 합치기

merge( ) 함수의 인수 on, how를 사용해 데이터를 합치는 연산을 할 때 inner, left, outer, right, full 값을 활용할 수 있다.

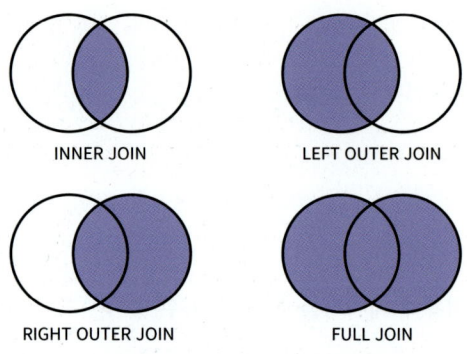

[그림 5-1] merge( ) 함수를 이용한 데이터 합치기

merge( ) 함수를 이용해 데이터를 합치는 방법을 살펴보기 위해 먼저 다음과 같이 연산 대상 객체 df1과 df2를 생성한다.

```
In [46]: df1 = pd.DataFrame({'key': ['A', 'B', 'C', 'D'], 'value': np.random.randn(4)})

In [47]: df2 = pd.DataFrame({'key': ['B', 'D', 'D', 'E'], 'value': np.random.randn(4)})
```

앞에서 생성한 df1, df2 객체와 같은 이름과 구조를 가진 2개의 데이터베이스 테이블이 있다고 가정한다. 그리고 4개의 연산 타입 중 **INNER JOIN**을 실행한다. INNER JOIN은 인수 how의 기본값이므로 how는 생략할 수 있다. 예제에서는 데이터베이스의 SQL 구문을 먼저 표시하고 이 연산을 주피터 노트북을 통해 실행한다. 이렇게 하면 표준 SQL의 코딩을 판다스 코딩과 비교할 수 있어 이해하기 쉽다.

```
SELECT *
FROM df1
INNER JOIN df2
ON df1.key = df2.key;
```

```
In [48]: pd.merge(df1, df2, on='key')
Out[48]:
```

	key	value_x	value_y
0	B	0.462436	1.844897
1	D	-1.484935	0.053953
2	D	-1.484935	0.702192

두 데이터프레임 객체에 **LEFT OUTER JOIN** 연산을 실행하는 SQL 구문과 판다스 연산의 결과는 다음과 같다.

```
SELECT *
FROM df1
LEFT OUTER JOIN df2
ON df1.key = df2.key;
```

```
In [49]: pd.merge(df1, df2, on='key', how='left')
Out[49]:
```

	key	value_x	value_y
0	A	0.372325	NaN
1	B	0.462436	1.844897
2	C	1.668910	NaN
3	D	-1.484935	0.053953
4	D	-1.484935	0.702192

두 객체에 **RIGHT OUTER JOIN** 연산을 실행하는 SQL 구문과 판다스 연산 결과는 다음과 같다.

```
SELECT *
FROM df1
RIGHT OUTER JOIN df2
ON df1.key = df2.key;
```

```
In [50]: pd.merge(df1, df2, on='key', how='right')
Out[50]:
```

	key	value_x	value_y
0	B	0.462436	1.844897
1	D	-1.484935	0.053953
2	D	-1.484935	0.702192
3	E	NaN	0.517705

판다스는 두 객체를 모두 나타내는 **FULL JOIN** 연산을 허용한다. 이 연산은 MySQL 같은 모든 **관계형 데이터베이스 관리 시스템**(Relational Database Management System, RDMS)에서 지원하지는 않는다.

```
SELECT *
FROM df1
FULL OUTER JOIN df2
ON df1.key = df2.key;
```

```
In [51]: pd.merge(df1, df2, on='key', how='outer')
Out[51]:
```

	key	value_x	value_y
0	A	0.372325	NaN
1	B	0.462436	1.844897
2	C	1.668910	NaN
3	D	-1.484935	0.053953
4	D	-1.484935	0.702192
5	E	NaN	0.517705

다음은 key1, key2를 기준으로 데이터프레임을 합치는 예제다. merge( ) 함수의 인수 how='inner'가 기본값이므로 인수 on에 key1, key2를 입력하여 교집합으로 연산한다. 데이터프레임 left와 right를 결합하는 merge( )의 인수 on에서 key1과 key2의 교집합 범위로 연산한 결과가 result이다.

```
In [52]: left = pd.DataFrame({'key1': ['Z0', 'Z0', 'Z1', 'Z2'],
                              'key2': ['Z0', 'Z1', 'Z0', 'Z1'],
                              'A': ['A0', 'A1', 'A2', 'A3'],
                              'B': ['B0', 'B1', 'B2', 'B3']})

In [53]: right = pd.DataFrame({'key1': ['Z0', 'Z1', 'Z1', 'Z2'],
                               'key2': ['Z0', 'Z0', 'Z0', 'Z0'],
                               'C': ['C0', 'C1', 'C2', 'C3'],
                               'D': ['D0', 'D1', 'D2', 'D3']})

In [54]: result = pd.merge(left, right, on=['key1', 'key2'])

In [55]: result
Out[55]:
```

	key1	key2	A	B	C	D
0	Z0	Z0	A0	B0	C0	D0
1	Z1	Z0	A2	B2	C1	D1
2	Z1	Z0	A2	B2	C2	D2

merge( ) 함수에 how 인수를 적용하면 결과 테이블에 어떤 키를 포함할지 결정할 수 있다. key로 조합할 때 왼쪽이나 오른쪽 중 해당 요솟값이 없으면 결과 테이블에서 NA로 나타난다. merge( ) 함수에서 사용하는 how 옵션과 SQL에서 사용하는 JOIN Name의 내용은 다음 표와 같다.

how 옵션	SQL 조인(JOIN) 문	내용
left	LEFT OUTER JOIN	왼쪽 프레임의 키들을 사용
right	RIGHT OUTER JOIN	오른쪽 프레임의 키들을 사용
outer	FULL OUTER JOIN	양쪽 프레임 키들의 합집합 사용
inner	INNER JOIN	양쪽 프레임 키들의 교집합 사용

[표 5-1] merge( ) 함수의 how 옵션

how='left'인 LEFT OUTER JOIN은 다음과 같이 실행한다. result는 left 객체의 key1과 key2를 기준으로 표시된다.

```
In [56]: result = pd.merge(left, right, how='left', on=['key1', 'key2'])

In [57]: result
Out[57]:
```

	key1	key2	A	B	C	D
0	Z0	Z0	A0	B0	C0	D0
1	Z0	Z1	A1	B1	NaN	NaN
2	Z1	Z0	A2	B2	C1	D1
3	Z1	Z0	A2	B2	C2	D2
4	Z2	Z1	A3	B3	NaN	NaN

how='right'인 RIGHT OUTER JOIN은 다음과 같이 실행한다. result는 right 객체의 key1과 key2를 기준으로 표시된다.

```
In [58]: result = pd.merge(left, right, how='right', on=['key1', 'key2'])

In [59]: result
Out[59]:
```

	key1	key2	A	B	C	D
0	Z0	Z0	A0	B0	C0	D0
1	Z1	Z0	A2	B2	C1	D1
2	Z1	Z0	A2	B2	C2	D2
3	Z2	Z0	NaN	NaN	C3	D3

how='outer'인 FULL OUTER JOIN은 다음과 같이 실행한다. result는 left와 right 객체의 key1과 key2의 합집합 범위를 기준으로 표시된다.

```
In [60]: result = pd.merge(left, right, how='outer', on=['key1', 'key2'])

In [61]: result
Out[61]:
```

	key1	key2	A	B	C	D
0	Z0	Z0	A0	B0	C0	D0
1	Z0	Z1	A1	B1	NaN	NaN
2	Z1	Z0	A2	B2	C1	D1
3	Z1	Z0	A2	B2	C2	D2
4	Z2	Z1	A3	B3	NaN	NaN
5	Z2	Z0	NaN	NaN	C3	D3

join( ) 메소드로 합치기

DataFrame.join( ) 메소드를 사용하면 2개의 다른 인덱스를 갖는 데이터프레임을 하나의 데이터프레임으로 편리하게 결합할 수 있다.

```
In [62]: left = pd.DataFrame({'A': ['A0', 'A1', 'A2'],
                              'B': ['B0', 'B1', 'B2']},  index=['Z0', 'Z1', 'Z2'])

In [63]: right = pd.DataFrame({'C': ['C0', 'C2', 'C3'],
                               'D': ['D0', 'D2', 'D3']}, index=['Z0', 'Z2', 'Z3'])

In [64]: result = left.join(right)

In [65]: result
Out[65]:
```

	A	B	C	D
Z0	A0	B0	C0	D0
Z1	A1	B1	NaN	NaN
Z2	A2	B2	C2	D2

다음은 합집합 범위인 인수 **how='outer'**로 연산한 예제다.

```
In [66]: result = left.join(right, how='outer')

In [67]: result
Out[67]:
```

	A	B	C	D
Z0	A0	B0	C0	D0
Z1	A1	B1	NaN	NaN
Z2	A2	B2	C2	D2
Z3	NaN	NaN	C3	D3

다음은 교집합 범위인 인수 **how='inner'**로 연산한 예제다.

```
In [68]: result = left.join(right, how='inner')

In [69]: result
Out[69]:
```

	A	B	C	D
Z0	A0	B0	C0	D0
Z2	A2	B2	C2	D2

join( ) 메소드는 열 또는 여러 열의 이름을 입력할 수 있는 on 인수를 옵션으로 갖는다. 이 인수를 데이터프레임에 전달하면 on에 입력된 열을 기준으로 정렬한다.

```
In [70]: left = pd.DataFrame({'A': ['A0', 'A1', 'A2', 'A3'],
                              'B': ['B0', 'B1', 'B2', 'B3'],
                              'key': ['Z0', 'Z1', 'Z0', 'Z1']})

In [71]: right = pd.DataFrame({'C': ['C0', 'C1'],
                               'D': ['D0', 'D1']}, index=['Z0', 'Z1'])

In [72]: result = left.join(right, on='key')

In [73]: result
Out[73]:
```

	A	B	key	C	D
0	A0	B0	Z0	C0	D0
1	A1	B1	Z1	C1	D1
2	A2	B2	Z0	C0	D0
3	A3	B3	Z1	C1	D1

멀티인덱스 객체 합치기

다음은 데이터프레임 left의 열 라벨인 key1과 key2를 리스트로 묶은 인수 on을 join( ) 메소드에 적용하여 데이터프레임 right와 결합하는 예제다. left의 key1, key2의 요솟값과 같은 이름을 가지는 데이터프레임 right의 멀티인덱스 라벨에 해당하는 요솟값을 결합할 때 join( )의 인수 on에 전달한 left의 열 라벨을 기준으로 결합한다.

```
In [74]: left = pd.DataFrame({'A': ['A0', 'A1', 'A2', 'A3'],
                              'B': ['B0', 'B1', 'B2', 'B3'],
                              'key1': ['Z0', 'Z0', 'Z1', 'Z2'],
                              'key2': ['Z0', 'Z1', 'Z0', 'Z1']})

In [75]: ind = pd.MultiIndex.from_tuples([('Z0', 'Z0'), ('Z1', 'Z0'), ('Z2', 'Z0'), ('Z2', 'Z1')])

In [76]: right = pd.DataFrame({'C': ['C0', 'C1', 'C2', 'C3'],
                               'D': ['D0', 'D1', 'D2', 'D3']}, index=ind)

In [77]: result = left.join(right, on=['key1', 'key2'])

In [78]: result
Out[78]:
```

	A	B	key1	key2	C	D
0	A0	B0	Z0	Z0	C0	D0
1	A1	B1	Z0	Z1	NaN	NaN
2	A2	B2	Z1	Z0	C1	D1
3	A3	B3	Z2	Z1	C3	D3

멀티인덱스를 가지는 데이터프레임을 하나의 인덱스를 가지는 데이터프레임과 합칠 수 있다. 이때 레벨은 하나의 인덱스를 가지는 데이터프레임의 인덱스 이름을 기준으로 결정된다.

```
In [79]: left = pd.DataFrame({'A': ['A0', 'A1', 'A2'], 'B': ['B0', 'B1', 'B2']},
                             index=pd.Index(['Z0', 'Z1', 'Z2'], name='key'))

In [80]: ind = pd.MultiIndex.from_tuples([('Z0', 'Y0'), ('Z1', 'Y1'), ('Z2', 'Y2'), ('Z2', 'Y3')],
                                          names=['key', 'Y'])

In [81]: right = pd.DataFrame({'C': ['C0', 'C1', 'C2', 'C3'],
                               'D': ['D0', 'D1', 'D2', 'D3']}, index=ind)

In [82]: result = left.join(right, how='inner')

In [83]: result
Out[83]:
```

key	Y	A	B	C	D
Z0	Y0	A0	B0	C0	D0
Z1	Y1	A1	B1	C1	D1
Z2	Y2	A2	B2	C2	D2
	Y3	A2	B2	C3	D3

merge( ) 함수를 이용한 다음 예제의 결과는 In [83]의 result와 같다.

```
In [84]: result = pd.merge(left.reset_index(), right.reset_index(),
                           on=['key'], how='inner').set_index(['key', 'Y'])
```

멀티인덱스를 가지는 left와 right를 join( ) 메소드를 이용해 다음과 같이 결합한다.

```
In [85]: l_ind = pd.MultiIndex.from_product([list('abc'), list('xy'),
                                             [1, 2]], names=['abc', 'xy', 'num'])

In [86]: left = pd.DataFrame({'z1': range(12)}, index=l_ind)

In [87]: r_ind = pd.MultiIndex.from_product([list('abc'), list('xy')], names=['abc', 'xy'])

In [88]: right = pd.DataFrame({'z2': [100 * i for i in range(1, 7)]}, index=r_ind)

In [89]: left                           In [90]: right
Out[89]:                                Out[90]:
```

			z1
abc	xy	num	
a	x	1	0
		2	1
	y	1	2
		2	3
b	x	1	4
		2	5
	y	1	6
		2	7
c	x	1	8
		2	9
	y	1	10
		2	11

		z2
abc	xy	
a	x	100
	y	200
b	x	300
	y	400
c	x	500
	y	600

join( ) 메소드에 on=['abc', 'xy'], how='inner' 인수를 전달해서 left 객체에 right 객체를 결합한다.

```
In [91]: left.join(right, on=['abc', 'xy'], how='inner')
Out[91]:
```

abc	xy	num	z1	z2
a	x	1	0	100
		2	1	100
	y	1	2	200
		2	3	200
b	x	1	4	300
		2	5	300
	y	1	6	400
		2	7	400
c	x	1	8	500
		2	9	500
	y	1	10	600
		2	11	600

열과 인덱스 레벨을 조합해 합치기

다음은 merge( ) 메소드의 인수 on에 인덱스 레벨과 열 조합으로 구성된 key1과 key2의 리스트를 적용하는 경우다. 이렇게 두 데이터프레임을 결합할 때는 이 프레임들의 key1과 key2의 요소가 같아야만 연산할 수 있다.

```
In [92]: l_ind = pd.Index(['Z0', 'Z0', 'Z1', 'Z2'], name='key1')

In [93]: left = pd.DataFrame({'A': ['A0', 'A1', 'A2', 'A3'],
                              'B': ['B0', 'B1', 'B2', 'B3'],
                              'key2': ['Z0', 'Z1', 'Z0', 'Z1']}, index=l_ind)

In [94]: r_ind = pd.Index(['Z0', 'Z1', 'Z2', 'Z2'], name='key1')

In [95]: right = pd.DataFrame({'C': ['C0', 'C1', 'C2', 'C3'],
                               'D': ['D0', 'D1', 'D2', 'D3'],
                               'key2': ['Z0', 'Z0', 'Z0', 'Z1']}, index=r_ind)

In [96]: result = left.merge(right, on=['key1', 'key2'])

In [97]: result
Out[97]:
```

key1	A	B	key2	C	D
Z0	A0	B0	Z0	C0	D0
Z1	A2	B2	Z0	C1	D1
Z2	A3	B3	Z1	C3	D3

중복되는 열 처리하기

merge( ) 함수의 연산 결과에서 중복되는 열을 명확히 구분하기 위해 다음과 같이 **접미사(suffixes)**를 붙일 수 있다.

```
In [98]: left = pd.DataFrame({'z': ['Z0', 'Z1', 'Z2'], 'v': [1, 2, 3]})

In [99]: right = pd.DataFrame({'z': ['Z0', 'Z0', 'Z3'], 'v': [4, 5, 6]})
```

```
In [100]: result = pd.merge(left, right, on='z')

In [101]: result1 = pd.merge(left, right, on='z', suffixes=['_l', '_r'])

In [102]: result                    In [103]: result1
Out[102]:                           Out[103]:
```

	z	v_x	v_y
0	Z0	1	4
1	Z0	1	5

	z	v_l	v_r
0	Z0	1	4
1	Z0	1	5

DataFrame.join( )에 **lsuffix**와 **rsuffix** 인수를 적용하면 왼쪽 열 이름에 l 접미사를, 오른쪽 열 이름에 r 접미사를 붙일 수 있다.

```
In [104]: left = left.set_index('v')

In [105]: right = right.set_index('v')

In [106]: result = left.join(right, lsuffix='_l', rsuffix='_r')

In [107]: result
Out[107]:
```

v	z_l	z_r
1	Z0	NaN
2	Z1	NaN
3	Z2	NaN

시리즈나 데이터프레임의 열 안에서 값을 합치기

다음은 combine_first( ) 메소드를 이용해 시리즈나 데이터프레임 객체의 인덱스를 다른 객체의 인덱스와 매칭하면서 손실 값들을 수정(patch)하는 예제다. In [110]에서는 df1의 인덱스를 기준으로 df1의 요솟값에 손실 값이 있으면 df2의 같은 위치에 있는 요솟값으로 수정한다. In [111]에서는 df1에 있는 행 0을 df2에 추가한다.

```
In [108]: df1 = pd.DataFrame([[np.nan, 3., 5.], [-4.6, np.nan, np.nan], [np.nan, 7., np.nan]])

In [109]: df2 = pd.DataFrame([[-2.6, np.nan, -8.2], [-5., 1.6, 4]], index=[1, 2])

In [110]: result = df1.combine_first(df2)    In [111]: result1 = df2.combine_first(df1)

In [112]: result                              In [113]: result1
Out[112]:                                     Out[113]:
```

	0	1	2
0	NaN	3.0	5.0
1	-4.6	NaN	-8.2
2	-5.0	7.0	4.0

	0	1	2
0	NaN	3.0	5.0
1	-2.6	NaN	-8.2
2	-5.0	1.6	4.0

다음 예제에서 **update( )** 메소드는 df1을 df2로 업데이트하며 In [111]의 df2.combine_first(df1)과 결과가 같다.

```
In [114]: df1.update(df2)

In [115]: df1
Out[115]:
```

	0	1	2
0	NaN	3.0	5.0
1	-2.6	NaN	-8.2
2	-5.0	1.6	4.0

5.1.3 데이터 재형성하기

빅데이터를 분석하려면 수집한 원본 데이터를 분석하기 쉽도록 원하는 형태로 변경해야 한다. 판다스에서 제공하는 **재형성(reshaping)** 도구들은 데이터를 변경할 수 있게 한다. 테이블, 데이터프레임, 시리즈의 구조를 변경하는 이 도구들은 빅데이터 관련 애플리케이션 중 판다스에서만 제공하는 독특한 기능이다. 다음으로 데이터를 재형성하는 방법들을 살펴본다.

데이터프레임 객체 피벗

피벗(pivot)은 회전 또는 균형을 맞추는 중심축이나 고정점을 뜻한다. 데이터 처리에서 피벗 테이블이란 데이터베이스, 엑셀 같은 스프레드시트, 인공지능 개발 프로그램 등에서 사용하는 더 확장적인 테이블이다. 또한 행, 열 값의 데이터들을 요약하는 통계 분야에서 중요하게 사용된다. 피벗 테이블은 데이터를 유용한 정보 형태로 변형시키기 위해 통계를 배열하고, 재배열하기 쉽게 한다.

데이터프레임 객체를 피벗하는 방법을 살펴보기 위해 체육 시간에 수영과 테니스 종목에 참여한 학생들의 정보와 성과를 나타내는 데이터프레임 객체를 다음과 같이 생성한다.

```
In [116]: data = {'name': ['haena', 'naeun', 'una', 'bum', 'suho'],
                  'type': ['tennis', 'tennis', 'swim', 'swim', 'tennis'],
                  'records': ['A', 'B', 'C', 'A', 'B'],
                  'sex': ['F', 'F', 'F', 'M', 'M'],
                  'period': [3, 3, 1, 5, 2]}

In [117]: df = pd.DataFrame(data)

In [118]: df
Out[118]:
```

	name	type	records	sex	period
0	haena	tennis	A	F	3
1	naeun	tennis	B	F	3
2	una	swim	C	F	1
3	bum	swim	A	M	5
4	suho	tennis	B	M	2

데이터프레임의 **pivot( )** 메소드에 index와 columns 인수를 전달하면 재형성된 데이터프레임 객체를 결과로 반환한다. pivot( ) 메소드는 index, columns, values 인수를 가진다.

df 객체의 테이블을 학생들이 활동하는 스포츠 종목에 따라 기록과 성별로 구분하여 알기 쉽게 재형성 또는 피벗할 수 있다. 다음 예제에서는 이름을 인덱스로 하고 참가하는 스포츠 종목을 열로 배치한 다음 이에 따른 기록과 성별에 해당하는 값들을 재배치하여 일목요연하게 확인할 수 있다. 기록인 records 값 관련 내용만 확인하고 싶다면 values='records' 인수를 설정한다. 이때 매칭되지 않는 요소는 NaN으로 채워진다.

```
In [119]: dfp = df.pivot(index='name', columns='type', values=['records', 'sex'])

In [120]: dfp
Out[120]:
```

	records		sex	
type	swim	tennis	swim	tennis
name				
bum	A	NaN	M	NaN
haena	NaN	A	NaN	F
naeun	NaN	B	NaN	F
suho	NaN	B	NaN	M
una	C	NaN	F	NaN

피벗 테이블

pivot( ) 메소드를 사용하면 문자열, 수치 등 여러 데이터 타입을 피벗할 수 있다. 판다스에서는 수치 데이터를 결합하는 pivot_table( ) 메소드를 제공한다. pivot_table( ) 메소드는 스프레드시트 스타일의 피벗 테이블을 생성하는 데 사용한다.

In [118] 데이터 중 테니스와 수영 2개 스포츠 종목에서 A, B, C 각 성적을 획득하는 데 필요한 기간을 확인하고 싶다면 목적에 맞도록 데이터를 다음과 같이 재형성한다. 테니스를 배우고 B 등급을 획득한 2명의 학생 중 한 명은 B 등급을 획득하기까지 3개월, 다른 한 명은 2개월이 걸렸다. 따라서 해당 테이블 요소에 들어가는 period가 중복되어 파이썬에서 기간을 결정할 수 없으므로 aggfunc=np.max 인수를 전달해 최대치로 결정했다. np.max 대신 필요에 따라 np.min, np.mean 등으로 대체할 수 있다.

```
In [121]: dfp = df.pivot_table(index='type', columns='records', values='period', aggfunc=np.max)

In [122]: dfp
Out[122]:
```

records	A	B	C
type			
swim	5.0	NaN	1.0
tennis	3.0	3.0	NaN

pivot_table( ) 메소드를 실행하기 위해 먼저 다음과 같이 데이터프레임 객체를 생성한다.

```
In [123]: import datetime

In [124]: df = pd.DataFrame({'A': ['one', 'one', 'two', 'three'] * 6,
                             'B': ['x', 'y', 'w'] * 8,
                             'C': ['ha', 'ha', 'ha', 'hi', 'hi', 'hi'] * 4,
                             'D': np.arange(24),
                             'E': [datetime.datetime(2021, i, 1) for i in range(1, 13)]
                                + [datetime.datetime(2021, i, 15) for i in range(1, 13)]})

In [125]: df
Out[125]:
```

	A	B	C	D	E
0	one	x	ha	0	2021-01-01
1	one	y	ha	1	2021-02-01
		(중략)			
11	three	w	hi	11	2021-12-01
12	one	x	ha	12	2021-01-15
		(중략)			
23	three	w	hi	23	2021-12-15

In [125]의 데이터에서 다음과 같이 피벗 테이블을 생성한다. 열 A의 one, 열 B의 w, 열 C의 ha는 열 D의 요솟값으로써 8과 20의 2개의 값이 있다. 따라서 피벗 테이블 생성 시 기본으로 처리되는 값인 평균값, 즉 이 2개 값을 평균한 14.0이 결과로 나타난다.

```
In [126]: pd.pivot_table(df, values='D', index=['A', 'B'], columns='C')
Out[126]:
```

A	C B	ha	hi
one	w	14.0	11.0
	x	6.0	15.0
	y	7.0	10.0
three	w	NaN	17.0

		x	NaN	9.0
		y	13.0	NaN
	two	w	8.0	NaN
		x	12.0	NaN
		y	NaN	16.0

이번에는 **aggfunc=np.sum** 인수를 전달하고 다른 매개 변수를 설정하여 객체를 재형성한다. aggfunc=np.sum 인수를 설정하였으므로 테이블 생성 시 중복되는 값은 서로 더한다.

```
In [127]: pd.pivot_table(df, values='D', index=['B'], columns=['A', 'C'], aggfunc=np.sum)
Out[127]:
```

A	one		three		two	
C	ha	hi	ha	hi	ha	hi
B						
w	28.0	22.0	NaN	34.0	16.0	NaN
x	12.0	30.0	NaN	18.0	24.0	NaN
y	14.0	20.0	26.0	NaN	NaN	32.0

손실 값인 NaN을 지우고 빈 공간으로 나타내고 싶다면 데이터프레임의 **to_string( )** 메소드에 **na_rep** 인수를 전달한다. 다음 예제에서 df_pt의 타입은 데이터프레임이고 str_df의 타입은 문자열이다.

```
In [128]: df_pt = pd.pivot_table(df, values='D', index=['B'], columns=['A', 'C'], aggfunc=np.sum)

In [129]: str_df = df_pt.to_string(na_rep='')

In [130]: print(str_df)
A      one       three       two
C      ha   hi   ha   hi    ha   hi
B
w     28.0 22.0      34.0  16.0
x     12.0 30.0      18.0  24.0
y     14.0 20.0 26.0            32.0
```

교차표

판다스의 **crosstab( )** 함수를 사용하면 교차표를 생성하고 데이터프레임을 반환한다. 교차표(cross tabulations)는 분석을 수월하게 할 수 있도록 2개 이상의 범주를 단순하게 교차하여 그룹화하는, 표 형태로 작성한 데이터이다. index와 columns에는 유사 배열, 시리즈 또는 배열의 리스트나 시리즈의 리스트를 입력한다. values 옵션에는 유사 배열을 전달한다. **values** 옵션 배열과 **aggfunc**를 전달하지 않으면 기본으로 테이블의 도수를 계산한다.

다음 예제에서는 그룹별 데이터의 도수를 나타내는 교차표를 생성한다. 행 라벨과 열 라벨을 표시하려면 **rownames**와 **colnames** 인수를 사용한다. 인수를 명시하지 않으면 행과 열에 자동으로 라벨을 부여한다.

```
In [131]: ha, hi, top, down, one, two = 'ha', 'hi', 'top', 'down', 'one', 'two'

In [132]: a = np.array([ha, ha, hi, hi, ha, ha], dtype=object)

In [133]: b = np.array([one, one, two, one, two, one], dtype=object)

In [134]: c = np.array([top, top, down, top, top, down], dtype=object)

In [135]: pd.crosstab(a, [b, c], rownames=['a'], colnames=['b', 'c'])
Out[135]:
```

b	one		two	
c	down	top	down	top
a				
ha	1	2	0	1
hi	0	1	1	0

crosstab( ) 함수에 2개의 시리즈를 전달하면 도수 테이블을 생성한다. 예를 들어 다음 예제에서 df의 그룹 A를 인덱스로, 그룹 B를 열로 나타내며 하나의 변수를 취하는 것을 의미한다. 행과 열 각각의 조합으로 관찰치 수인 도수를 계산한다.

```
In [136]: df = pd.DataFrame({'A': [1, 2, 2, 2, 2], 'B': [3, 3, 7, 7, 7], 'C': [1, 1, np.nan, 1, 1]})

In [137]: df                        In [138]: pd.crosstab(df.A, df.B)
Out[137]:                           Out[138]:
```

	A	B	C
0	1	3	1.0
1	2	3	1.0
2	2	7	NaN
3	2	7	1.0
4	2	7	1.0

B A	3	7
1	1	0
2	1	3

다음은 crosstab( ) 함수에 **normalize 옵션**을 사용해 백분율 교차표를 생성하는 방법이다.

```
In [139]: pd.crosstab(df.A, df.B, normalize=True)
Out[139]:
```

B A	3	7
1	0.2	0.0
2	0.2	0.6

normalize 옵션을 사용하면 각 행이나 열 내에서 값들을 **정규화(normalization)**할 수 있다. 일반적으로 서로 다른 데이터 세트에 동일한 스케일로 최솟값 0, 최댓값 1을 적용해 0과 1 사이의 값으로 변환된 값을 비교하거나 영향도를 평가하기 위해 정규화를 사용한다.

```
In [140]: pd.crosstab(df.A, df.B, normalize='columns')
Out[140]:
```

B A	3	7
1	0.5	0.0
2	0.5	1.0

다음 예제에서 crosstab( ) 함수의 첫 번째 2개 시리즈인 df.A와 df.B가 교차할 때 해당 요소의 값인 value는 C열의 요솟값이다. aggfunc=np.sum을 적용했으므로 df.A와 df.B가 교차하는 C열의 요솟값이 같으면 서로 더한다.

```
In [141]: pd.crosstab(df.A, df.B, values=df.C, aggfunc=np.sum)
Out[141]:
```

B A	3	7
1	1.0	NaN
2	1.0	2.0

다음으로 margins 인수를 추가하고 출력을 정규화한다. In [142]에서 normalize=True를 인수로 취한 NaN은 0.0으로 취급한다. 여기에 margins=True 인수를 추가하면 행과 열의 모든 요솟값을 더한 결과가 나타난다.

```
In [142]: pd.crosstab(df.A, df.B, values=df.C, aggfunc=np.sum, normalize=True, margins=True)
Out[142]:
```

B A	3	7	All
1	0.25	0.0	0.25
2	0.25	0.5	0.75
All	0.50	0.5	1.00

더미 변수 계산

더미(dummy) 변수는 **지표(indicator) 변수**라고도 불리며 통계학과 계량 경제학의 회기 분석에서 사용하는 용어다. 이는 영역별로 효과 유무를 나타나기 위해 0이나 1을 취하는 변수를 의미하며 이를 위해 get_dummies( ) 함수를 사용한다. 예를 들어 남, 여와 같은 범주형 변수를 데이터프레임의 더미 변수로 변환해 범주형 변수를 연속형 범주처럼 정량화하고 비교할 수 있게 한다.

```
In [143]: df = pd.DataFrame({'key': list('bbacab'), 'data1': range(6)})

In [144]: pd.get_dummies(df['key'])
Out[144]:
```

	a	b	c
0	0	1	0
1	0	1	0
2	1	0	0

3	0	0	1
4	1	0	0
5	0	1	0

다음 예제에서는 df 객체의 열 이름에 접두사 key를 붙이는 dummies 객체를 생성한다. 그리고 df 객체에서 열 이름이 data1인 객체를 새로 생성한 후 dummies 객체를 덧붙인다. In [147]에서 df['data1']은 시리즈고 df[['data1']]은 데이터프레임이라는 점에 주의한다. 여기에 적용한 join( )은 데이터프레임의 메소드다.

```
In [145]: dummies = pd.get_dummies(df['key'], prefix='key')
```

```
In [146]: dummies
Out[146]:
```

	key_a	key_b	key_c
0	0	1	0
1	0	1	0
2	1	0	0
3	0	0	1
4	1	0	0
5	0	1	0

```
In [147]: df[['data1']].join(dummies)
Out[147]:
```

	data1	key_a	key_b	key_c
0	0	0	1	0
1	1	0	1	0
2	2	1	0	0
3	3	0	0	1
4	4	1	0	0
5	5	0	1	0

get_dummies( ) 함수는 종종 cut( )과 같은 이산 함수와 함께 사용한다.

```
In [148]: val = np.random.randn(7)

In [149]: val
Out[149]: array([ 0.30605444, -0.4132435 ,  0.50374724,  0.62145687, -0.62985095, -0.22875535,
                  0.41886331])

In [150]: bins = [0, 0.2, 0.4, 0.6, 0.8, 1]

In [151]: pd.get_dummies(pd.cut(val, bins))
Out[151]:
```

	(0.0, 0.2]	(0.2, 0.4]	(0.4, 0.6]	(0.6, 0.8]	(0.8, 1.0]
0	0	1	0	0	0
1	0	0	0	0	0
2	0	0	1	0	0
3	0	0	0	1	0
4	0	0	0	0	0
5	0	0	0	0	0
6	0	0	1	0	0

stack( )과 unstack( ) 메소드로 재형성

시리즈와 데이터프레임에 적용하는 stack( )과 unstack( ) 메소드는 pivot( ) 메소드와 밀접하게 연관된다. 이들 메소드는 MultiIndex 객체와 함께 작용하도록 설계되었다. stack( )은 열 라벨을 가장 안쪽의 인덱스로 지정한 레벨을 쌓는다.

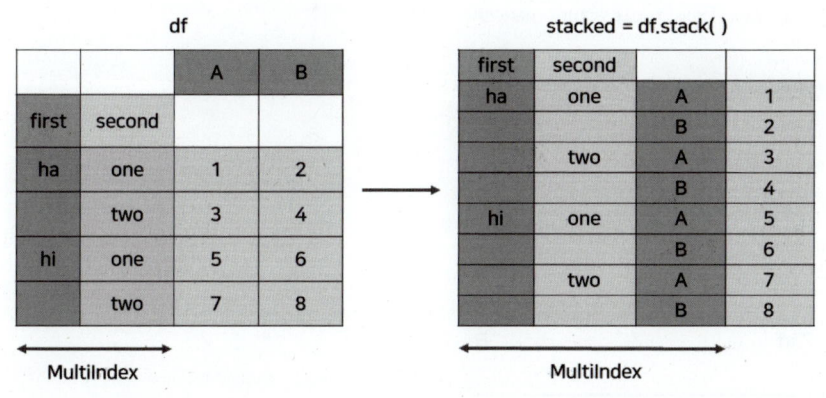

[그림 5-2] stack( ) 메소드 적용

unstack( )은 가장 안쪽의 인덱스 레벨을 새로운 열 라벨로 가지는 데이터프레임을 반환한다.

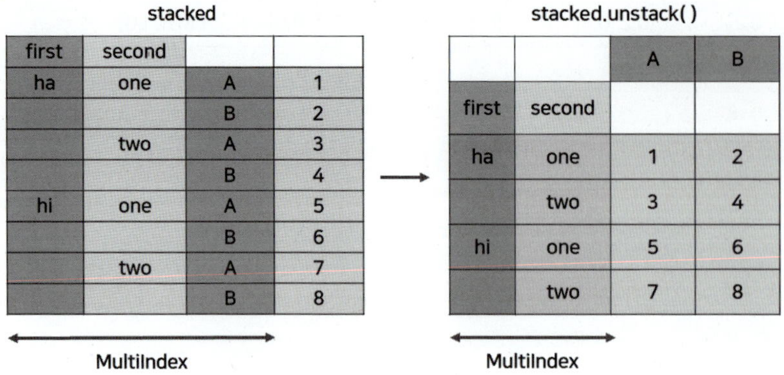

	stacked		
first	second		
ha	one	A	1
		B	2
	two	A	3
		B	4
hi	one	A	5
		B	6
	two	A	7
		B	8

	stacked.unstack( )		
		A	B
first	second		
ha	one	1	2
	two	3	4
hi	one	5	6
	two	7	8

[그림 5-3] unstack( ) 메소드 적용

stack( )과 unstack( ) 메소드를 이해하기 위해 멀티인덱스를 가진 객체를 다음과 같이 생성한다.

```
In [152]: tup = list(zip(*[['ha', 'ha', 'hi', 'hi', 'ho', 'ho', 'hu', 'hu'],
                          ['one', 'two', 'one', 'two', 'one', 'two', 'one', 'two']]))

In [153]: ind = pd.MultiIndex.from_tuples(tup, names=['1st', '2nd'])

In [154]: df = pd.DataFrame(np.random.randn(8, 2), index=ind, columns=['A', 'B'])

In [155]: df1 = df[:4]

In [156]: df1
Out[156]:
```

1st	2nd	A	B
ha	one	0.889022	-0.752096
	two	0.387907	-0.123241
hi	one	-1.189898	-0.023828
	two	-2.465397	0.145745

df1에 stack( )을 실행하면 df1의 열 라벨이 멀티인덱스에서 가장 안쪽에 위치하는 가장 낮은 레벨이 된다. 예제에서는 A, B가 가장 낮은 레벨이 된다.

```
In [157]: stacked = df1.stack()

In [158]: stacked
Out[158]: 1st  2nd
          ha   one  A    0.889022
                    B   -0.752096
               two  A    0.387907
                    B   -0.123241
          hi   one  A   -1.189898
                    B   -0.023828
               two  A   -2.465397
                    B    0.145745
          dtype: float64

In [159]: type(stacked)
Out[159]: pandas.core.series.Series
```

데이터프레임이나 시리즈에 stack( ) 메소드를 실행한 결과의 인덱스가 멀티인덱스일 때 stack( )의 역연산인 unstack( )을 실행하면 기본으로 A, B가 열의 라벨이 된다.

```
In [160]: stacked.unstack()
Out[160]:
```

		A	B
1st	2nd		
ha	one	0.889022	-0.752096
	two	0.387907	-0.123241
hi	one	-1.189898	-0.023828
	two	-2.465397	0.145745

다음은 unstack( ) 메소드에 숫자 1 또는 이름인 2nd를 인덱스 레벨 인수로 전달해 두 번째 인덱스 라벨이 열이 되도록 연산하는 예제다.

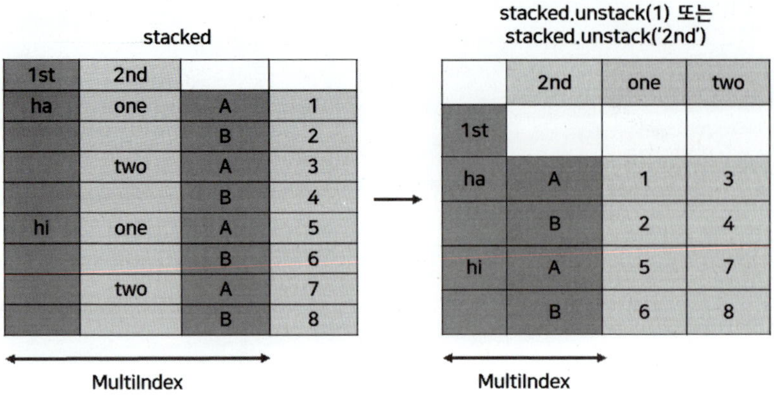

[그림 5-4] unstack( ) 메소드에 인수 1 적용

```
In [161]: stacked.unstack(1)
Out[161]:
```

	2nd	one	two
1st			
ha	A	0.889022	0.387907
	B	-0.752096	-0.123241
hi	A	-1.189898	-2.465397
	B	0.023828	0.145745

다음은 unstack( ) 메소드에 숫자 0 또는 이름인 1st를 인덱스 레벨 인수로 전달해 연산하는 예제다.

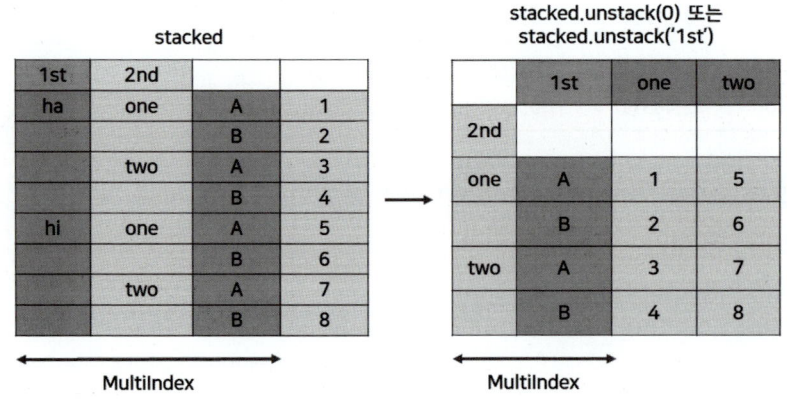

[그림 5-5] unstack( ) 메소드에 인수 0 적용

```
In [162]: stacked.unstack('1st')
Out[162]:
```

	1st	ha	hi
2nd			
one	A	0.889022	-1.189898
	B	-0.752096	-0.023828
two	A	0.387907	-2.465397
	B	-0.123241	0.145745

stack( )과 unstack( ) 메소드는 포함된 인덱스 레벨의 순서를 내부적으로 정렬한다. 따라서 df와 df를 unstack, stack 연산한 결과의 순서는 같지 않다.

```
In [163]: ind = pd.MultiIndex.from_product([[2, 1], ['a', 'b']])

In [164]: df = pd.DataFrame(np.random.randn(4), index=ind, columns=['top'])

In [165]: df                              In [166]: df.unstack().stack()
Out[165]:                                 Out[166]:
```

		top
2	a	-1.329502
	b	1.011035
1	a	0.449998
	b	-0.975978

		top
1	a	0.449998
	b	-0.975978
2	a	-1.329502
	b	1.011035

```
In [167]: all(df.unstack().stack() == df.sort_index())
Out[167]: True

In [168]: all(df.unstack().stack() == df)
          ValueError: Can only compare identically-labeled DataFrame objects
```

melt( ) 메소드로 재형성

pandas.melt( ) 함수와 **DataFrame.melt( )** 메소드는 1개 이상 열들을 식별자 변수 형식으로 재형성할 때 유용하다. 다음 그림에서 식별자 변수는 first 열과 last 열이다. 측정 변수인 age와 score

열은 비식별 열인 variable과 value로 변하여 행 축으로 재형성된다. 이것은 열을 축소하고 행을 확장하는 의미이다.

	df			
	first	last	age	score
1	Haena	Kang	30	100
2	Suho	Chae	18	85

→

	df.melt(id_vars=['first', 'last'])			
	first	last	variable	value
0	Haena	Kang	age	30
1	Suho	Chae	age	18
2	Haena	Kang	score	100
3	Suho	Chae	score	85

[그림 5-6] melt( ) 메소드 적용

매개 변수 var_name과 value_name을 이용해 열 이름을 다음 예제와 같이 설정할 수 있다.

```
In [169]: df = pd.DataFrame({'first': ['Haena', 'Suho'],
                             'last': ['Kang', 'Chae'],
                             'age': [30, 18], 'score': [100, 85]})

In [170]: df
Out[170]:
```

	first	last	age	score
0	Haena	Kang	30	100
1	Suho	Chae	18	85

```
In [171]: df.melt(id_vars=['first', 'last'])
Out[171]:
```

	first	last	variable	value
0	Haena	Kang	age	30
1	Suho	Chae	age	18
2	Haena	Kang	score	100
3	Suho	Chae	score	85

```
In [172]: df.melt(id_vars=['first', 'last'], var_name='personal')
out[172]:
```

	first	last	personal	value
0	Haena	Kang	age	30
1	Suho	Chae	age	18
2	Haena	Kang	score	100
3	Suho	Chae	score	85

5.1.4 파이썬 정규 표현식 사용하기

REs, regexes 또는 regex patterns라 불리는 **정규 표현식(regular expression)**은 문자열 집합에 정규 표현식 규칙을 적용해 원하는 문자열의 집합으로 나타나도록 연산한다. 정규 표현식은 파이썬에 내장된 특수한 프로그래밍 언어로써 소프트웨어 패키지인 re 모듈을 임포트해 사용할 수 있다. 간단히 설명하면 정규 표현식은 찾기 패턴을 정의하는 문자들의 시퀀스이며 패턴은 문자열을 찾는 알고리즘이다. 즉 명시하는 찾기 패턴이 문자열에 포함되는지 확인한다. 정규 표현식은 코딩 스크립트를 줄여 경제적이고 간략하게 만들기 위해 사용한다.

정규 표현식 구문

정규 표현식에서는 특별한 형식이나 특수 문자를 나타내기 위해 백슬래시(\)를 사용하며 백슬래시 다음 문자가 특별한 의미를 가진다. 정규 표현식 패턴에는 가공하지 않은 파이썬 원문 그대로의 문자열 표기법을 사용한다. 또한 앞에 'r'이 표기된 백슬래시 문자열은 특별하게 취급하지 않는다. 예를 들어 r"\n"은 \와 n을 포함하는 2개 문자열이며 \n은 새로운 줄을 의미하는 1개 문자열이다.

다음 표는 백슬래시 다음 위치하는 문자에 매칭하는 특수 문자다. 표에서 캐럿(^)은 반대라는 의미이다. **화이트 스페이스(white space)**는 텍스트의 행이나 열 위치를 맞추는 데 사용되는 문자로써 공백, 탭, 줄 바꿈, 캐리지 리턴(carriage return), 폼 피드(form feed), 수직 탭(vertical tab)을 의미한다.

특수 문자	기능
\d	어떤 숫자에 매칭한다. 클래스 [0-9]와 같다.
\D	숫자가 아닌 문자에 매칭한다. 클래스 [^0-9]와 같다.
\s	화이트 스페이스 문자에 매칭한다. 클래스 [\t\n\r\f\v]와 같다.
\S	화이트 스페이스 문자가 아닌 문자에 매칭한다. 클래스 [^\t\n\r\f\v]와 같다.
\w	영숫자(alphanumeric) 문자에 매칭한다. 클래스 [a-zA-Z0-9_]와 같다.

특수 문자	기능
\W	영숫자 문자가 아닌 문자에 매칭한다. [^a-zA-Z0-9_]와 같다.
\number	같은 수의 그룹들의 내용을 매칭한다. 예를 들어 (.+)\1는 '77 77' 또는 'love love'에 매칭하나 'lovelove'에 매칭할 수는 없다.
\A	문자열 시작에서만 매칭한다.
\b	단어 경계(word boundary)로써 빈 문자열에 매칭하나 단어의 처음과 끝에서만 매칭한다. 예를 들어 r'\bha\b'는 'ha', 'ha.', 'hi ha ho'에 매칭하나 'hahi'와 'ha7'에 매칭하지 않는다. 특수 문자 '.'는 단어 경계로 취급한다.
\B	단어 경계가 아닌 빈 문자열에 매칭하나 단어의 처음이나 끝에 있지 않을 때만 적용된다. r'py\B'는 'python', 'py3', 'py2'에 매칭하나 'py', 'py.', 또는 'py!'에는 매칭하지 않는다. \b와는 반대이다.
\Z	문자열 끝에서만 매칭한다.

[표 5-2] 정규 표현식의 특수 문자

다음 표는 반복을 위한 정규 표현식 패턴이나 기타 문자열의 **메타 문자(meta character)**들을 나타낸다. 메타 문자는 1개 문자 이상인 임의의 문자열을 나타내는 문자다.

특수 문자	기능
+	왼쪽을 1개 이상 패턴과 매칭한다. i+는 1개 이상의 i이다.
*	왼쪽을 0개 이상 패턴과 매칭한다.
?	왼쪽을 0개 또는 1개 패턴과 매칭한다.
\	이스케이프(escape) 문자를 나타내는 메타 문자
{m}	이전 정규 표현식에 m번 복사하여 적용한다. a{6}은 6개의 a 문자에 매칭한다.
{m, n}	연산 결과의 정규 표현식이 이전 정규 표현식에 m부터 n까지 반복 매칭한다. a{3, 5}는 3개부터 5개까지의 'a' 문자에 매칭한다.
{m, n}?	연산 결과의 정규 표현식이 이전 정규 표현식에 m부터 n까지 가능한 한 적게 반복 매칭한다. 예를 들어 6문자 'aaaaaa'에 대해 a{3, 5}는 5개의 'a'에 매칭하고 a{3, 5}?는 3개 문자에만 매칭한다.
.	기본 모드에서 새로운 줄을 제외하고 어떤 문자에도 매칭하며 DOTALL flag를 명시하면 새로운 줄을 포함하여 어떤 문자에도 매칭한다.
^	문자열 시작에 매칭하고 MULTILINE 모드에서 각각 새로운 줄 뒤에 직접 매칭한다.
$	문자열의 끝이나 문자열 끝에서 새로운 줄 전에 매칭한다. ha는 ha 및 hahi에 매칭하나 ha$는 ha에만 매칭한다.
|	A|B는 A나 B에 매칭하는 정규 표현식을 생성한다.

[표 5-3] 정규 표현식의 메타 문자

[ ]는 문자들의 집합을 나타내어 문자 클래스라고도 하며 집합에서 다음과 같이 적용된다.

- 문자들은 개별 나열할 수 있다. 예를 들어 [you]는 y, o 또는 u에 매칭한다.
- 문자 범위는 2개의 문자를 -으로 분할해 표시한다. 예를 들어 [a-z]는 소문자 ASCII 문자를 매칭하고 [0-5][0-9]는 00부터 59까지 모든 두 자리 숫자에 매칭한다.
- 집합 내에서 특수 문자들은 그 의미를 잃는다. 예를 들어 [(+*)]는 문자 '(', '+', '*', ')'에 매칭한다.
- \w 또는 \S 같은 문자 클래스는 집합 내부에서 허용된다.
- 범위 내에 없는 문자들은 집합을 여집합으로 연산하여 매칭할 수 있다. 집합의 첫 번째 문자가 ^이면 집합에 없는 모든 문자를 매칭한다. 예를 들어 [^7]은 7을 제외한 모든 문자에 매칭한다.
- 집합에서 +, *, ., |, ( ), $, { }는 특별한 의미를 가지지 않는다. 그러므로 [+]는 문자열에서 어떤 +에 대한 매칭을 반환한다.
- 집합 내에 문자 그대로의]에 매칭하려면 백슬래시 뒤에 두거나 집합의 처음에 위치시킨다. 예를 들어 [()[\\]{}]와 []()[{}]는 둘 다 괄호에 매칭한다.

앞 내용을 예제를 통해 살펴본다.

```
>>> import re
>>> txt = "You + I am smart + (special)"
>>> lst = re.findall('[+,()]', txt)
>>> lst
['+', '+', '(', ')']
```

괄호 안에 다양한 패턴의 정규 표현식을 그룹화에 적용하며 적용 패턴은 다음과 같다.

- (...)는 괄호 안의 어떤 정규 표현식이라도 매칭하며 그룹의 처음과 끝을 의미한다.
- (?...)는 확장 표기로써 ? 뒤의 첫 번째 문자는 구문의 의미, 구문이 무엇인지를 결정한다.
- (?aiLmsux)는 집합 a, i, L, m, s, u, x에서 1개 이상의 철자를 의미한다. 그룹은 빈 문자를 매칭하고 철자는 전체적인 정규 표현식에 대해 re.A(ASCII-only matching), re.I(ignore case), re.L(locale dependent), re.M(multi-line), re.S(dot matches all), re.U(Unicode matching) 및 re.X(verbose)와 같은 해당하는 flags를 설정한다.
- (?:...)는 정규 표현식이 괄호 안의 무엇에든 매칭하지만 그룹으로 매칭된 문자열은 패턴에서 매칭한 후 복구할 수 없거나 이후에 참조할 수 없다.
- (?P<name>...)은 괄호와 비슷하지만 그룹에 의해 매칭된 문자열은 그룹을 상징하는 이름을 사용해 접근할 수 있다. 즉 <name>이라 이름 붙여진 그룹이 텍스트에 매칭한다. 그룹 이름은 유효한 파이썬 확인자여야 하고 각 그룹 이름은 정규 표현식 안에서 한 번만 정의해야 한다. 상징 그룹(symbolic group)은 문자가 아닌 숫자로 이름 붙여진 그룹이다.
- 이름이 있는 그룹은 다음 표와 같은 3가지 경우에 참조할 수 있다. 만약 패턴이 (?P<quote>["']).*?(?P=quote)라면, 즉 작은따옴표나 큰따옴표로 인용된 문자열을 매칭하면 다음과 같은 3가지 경우에 참조할 수 있다.

'quote'를 그룹화하는 참조	참조 방법
같은 패턴 자체에서	(?P=quote)
	\1
매치 객체 m을 처리할 때	m.group('quote')
	m.end('quote') 등
re.sub( )의 repl 인수로 전달된 문자열에서	\g<quote>
	\g<1>
	\1

[표 5-4] 이름이 있는 그룹을 참조하는 3가지 방법

- (?P=name)은 이름이 있는 그룹을 역참조(backreference)하란 의미이다. 역참조는 괄호로 묶은 그룹이 이전에 매칭한 것과 같은 텍스트에 매칭하는 것이다. 이 경우 name으로 이름 붙여진 초기 그룹에 매칭했던 어떤 텍스트에도 매칭한다. 예를 들어 ([a-c])d\1e\1는 adaea, bdbeb 및 cdcec와 매칭한다. 괄호로 묶은 그룹 [a-c]의 이름이 1이고, \는 그룹 1을 역참조하라는 의미이다.

- (?#...)은 주석이며 괄호의 내용은 무시된다.

- (?=...)는 ...가 뒤에 있다면 매칭하지만 문자열의 어떤 것도 소모하지 않는다. 예를 들어 yaho(?=suho)는 'suho'가 뒤에 있으면 'yaho'에 매칭한다.

- (?!...)는 ...가 뒤에 없으면 매칭한다. 예를 들어 yaho(?!suho)는 'suho'가 뒤에 없으면 'yaho'에 매칭한다.

- (?<=...)는 문자열에서 현재 위치 앞에 ...가 있다면 매칭한다. 예를 들어 (?<=abc)def는 'abcdef'에서 매칭을 구한다.

```
>>> import re

>>> m = re.search('(?<=abc)def', 'abcdef')

>>> m.group()
'def'
```

하이픈 이후에 있는 단어를 참조하는 예제는 다음과 같다.

```
>>> m = re.search('(?<=-)\w+', 'spam-egg')

>>> m.group(0)
'egg'
```

- (?<!...)는 문자열에서 현재 위치 앞에 ...가 없다면 매칭한다.

- (?(id/name)yes-pattern|no-pattern)는 주어진 id나 name이 존재하면 yes-pattern으로 매칭하고 그렇지 않으면 no-pattern으로 매칭한다.

- (\d*)(?P<haena>[a-d]+)|(\w*)(?P<haena>[0-7]+)는 다음과 같은 의미를 가진다.
  - (\d*)는 group1이다.
  - (?P<haena>[a-d]+)는 'haena'라 불리는 group2다.
  - (\w*)는 분기이므로 group2다.
  - (?P<haena>[0-7]+)는 또한 'haena'라 불리므로 group2다.

re 모듈

정규 표현식에 사용하는 파이썬의 **re 모듈**은 함수, 상수 및 예외 사항을 정의한다. re 모듈과 관련된 주요 함수에는 compile( ), search( ), match( ), split( ), findall( ), sub( ) 등이 있다.

```
re.compile(regex_pattern, flags=0)
```

re.compile( ) 함수는 정규 표현식 패턴을 정규 표현식 객체로 컴파일한다. 컴파일된 정규 표현식 객체는 대표적으로 pattern으로 표현된다. 그리고 pattern.search, pattern.match 등으로 표기하는 메소드와 이 메소드에 적용되는 속성을 지원한다. 메소드 인수에 상수 flags 값을 명시하면 함수의 연산 결과를 변경할 수 있다. 연산자 '|'를 사용하면 여러 값을 조합할 수 있다.

flag 종류	기능
re.I re.IGNORECASE	대소 문자에 관계없이 매칭을 실행한다. [A-Z]와 같은 표현식도 소문자에 매칭한다.
re.L re.LOCALE	\w, \W, \b, \B와 대소 문자에 관계없는 매칭이 현재의 locale에 의존하도록 한다.
re.M re.MULTILINE	명시하면 패턴 문자 '^'는 문자열의 시작과 각각의 줄의 시작에 매칭한다. 패턴 문자 '$'는 문자열 끝과 각각의 줄의 끝에 매칭한다.
re.S re.DOTALL	특수 문자 '.'를 새로운 줄을 포함하여 어떤 문자에도 매칭하도록 한다. 이 flag가 없으면 '.'는 새로운 줄을 제외하고 매칭한다.
re.X re.VERBOSE	패턴의 논리적 부분을 시각적으로 분할하고 코멘트를 추가하도록 함으로써 정규 표현식을 더 가독성 있게 만든다.

[표 5-5] flag의 종류

다음 함수 연산 결과인 result는 **re.match(regex_pattern, string)**의 결과와 같다. 그러나 단일 프로그램에서 정규 표현식이 여러 번 사용될 때는 이 함수를 사용하는 것이 더 효과적이다.

```
pattern = re.compile(regex_pattern)
result = pattern.match(string)
```

다음은 re 모듈의 **compile( )** 메소드를 적용하는 것이 아닌, re 모듈이 지원하는 메소드들을 직접 적용하는 방법이다. **re.search( )** 메소드는 정규 표현식 regex_pattern이 매칭하는 첫 번째 위치의 문자열을 탐색하고 이에 상응하는 Match 객체를 반환한다. 문자열의 어떤 위치도 패턴에 매칭하지 않으면 None을 반환한다. Match 객체는 이후 자세히 설명한다.

```
re.search(regex_pattern, string, flags=0)
```

다음은 'The'로 시작하고 'ful'로 끝나며 정규 표현식 '.*'에 의해 'The' 뒤가 어떤 문자일 수도 있는 문자열을 탐색하여 연산한 후 매칭하면 Match 객체를 반환하는 예제다. 연산 결과인 mat에서 매칭한 문자열의 인덱스 구간이 0~23이고 txt와 일치함을 확인할 수 있다.

```
>>> txt = "The azalea is beautiful"
>>> mat = re.search('^The.*ful$', txt)
>>> mat
<re.Match object; span=(0, 23), match='The azalea is beautiful'>
```

re.match( ) 메소드는 문자열의 시작에서 0개 이상의 문자가 정규 표현식인 regex_pattern에 매칭하면 이에 상응하는 Match 객체를 반환한다. 문자열이 패턴에 매칭하지 않으면 None을 반환한다.

```
re.match(regex_pattern, string, flags=0)
```

re.split( ) 메소드는 문자열을 패턴인 regex_pattern을 기준으로 분할한다. regex_pattern으로 연산해 괄호에서 얻는 결과는 패턴이며 모든 그룹의 텍스트 또한 연산 결과인 리스트의 부분으로 반환된다. 즉 각각 매칭할 때 문자열을 분할한 리스트를 반환한다. maxsplit은 최대 몇 개까지 문자열을 분할할지 결정한다. 0이 아닐 경우 maxsplit에 입력한 만큼 최대 분할이 발생하고 문자열의 나머지는 리스트의 마지막 요소로 반환한다.

```
re.split(regex_pattern, string, maxsplit=0, flags=0)
```

다음 예제에서 문자열 txt를 정규 표현식 패턴으로 매칭하면 그 결과로 문자열을 분할하며 분할한 문자열은 리스트형이다. 3번째 매개 변수는 maxsplit이다.

```
>>> txt = "The azalea in Korea"

>>> lst = re.split('\s', txt)

>>> lst
['The', 'azalea', 'in', 'Korea']

>>> type(lst)
<class 'list'>

>>> lst1 = re.split('\s', txt, 2)

>>> lst1
['The', 'azalea', 'in Korea']
```

다음은 다양한 형태의 패턴과 문자열에 정규 표현식을 적용하는 예제다.

```
>>> re.split('\W+', 'Ha, hi, ho')
['Ha', 'hi', 'ho']

>>> re.split('\W+', 'Ha, hi, ho.')
['Ha', 'hi', 'ho', '']

>>> re.split('(\W+)', 'Ha, hi, ho.')
['Ha', ',', 'hi', ',', 'ho', '.', '']

>>> re.split('\W+', 'Ha, hi, ho.', 1)
['Ha', 'hi, ho.']

>>> re.split('[a-f]+', '0a3B7', flags=re.IGNORECASE)
['0', '3', '7']
```

re.findall( ) 메소드는 문자열에서 regex_pattern과 겹치지 않는 모든 매칭 결과를 포함하는 문자열 리스트를 반환한다. 이때 문자열을 왼쪽에서 오른쪽으로 탐색하고 탐색 순서대로 반환한다. 패턴에 1개 이상의 그룹이 존재하면 그룹들의 리스트를 반환한다.

```
re.findall(regex_pattern, string, flags=0)
```

```
>>> txt = "The azalea in Korea"
>>> lst = re.findall('a', txt)
>>> lst
['a', 'a', 'a', 'a']
```

re.sub( ) 메소드는 기존 regex_pattern 문자열을 repl에 전달하는 문자열로 바꾸는 새로운 문자열을 반환한다. 이때 repl은 문자열이나 함수일 수 있다. 문자열이면 백슬래시 이스케이프가 적용된다. 즉 \n는 새로운 단일 줄 문자로 변환되고 \r는 캐리지 리턴으로 변환된다. repl이 함수면 단일 Match 객체를 인수로 취하고 대신하는 문자열을 반환한다. regex_pattern은 문자열 또는 Pattern 객체일 수 있다. 옵션 인수 count는 치환할 패턴의 최대 발생 수다.

```
o re.sub(regex_pattern, repl, string, count=0, flags=0)
```

다음은 패턴을 txt에 매칭하고 연산 결과로 문자열을 반환하는 예제이며 2는 매개 변수 count다.

```
>>> txt = "The azalea in Korea"
>>> str = re.sub('\s', '_', txt)
>>> str
'The_azalea_in_Korea'
>>> str1 = re.sub('\s', '_', txt, 2)
>>>str
'The_azalea_in Korea'
```

정규 표현식 객체

다음은 re 모듈의 **compile( ) 메소드**를 실행해 컴파일된 Pattern 객체를 정규 표현식으로 적용하는 방법이다. re 모듈이 메소드들을 지원하는 것과 같이 Pattern 객체는 다음과 같은 메소드들을 지원한다.

Pattern.search( ) 메소드는 문자열에서 정규 표현식과 매칭하는 첫 번째 위치를 찾기 위해 탐색하고 이에 해당하는 Match 객체를 반환한다. 문자열에서 어떤 위치도 패턴에 매칭하지 않으면 None을 반환한다. 매개 변수 pos는 탐색을 시작하는 문자열에서의 인덱스이며 기본값은 0이다. 매개 변수 endpos는 찾는 문자열이 얼마나 떨어져 있는지를 제한한다.

```
Pattern.search(string[, pos[, endpos]])
```

다음 예제에서 'e'는 인덱스 2에서 매칭함을 나타낸다. 두 번째 매개 변수인 pos=3은 인덱스 3부터 탐색을 시작하는데 매칭하지 않으므로 결과가 없다.

```
>>> pattern = re.compile('e')

>>> pattern.search('haena')
<re.Match object; span=(2, 3), match='e'>

>>> pattern.search('haena', 2)
<re.Match object; span=(2, 3), match='e'>

>>> pattern.search('haena', 3)
```

Pattern.match( ) 메소드의 문자열 시작에서 0개 이상의 문자가 정규 표현식에 매칭하면 해당하는 Match 객체를 반환한다. 문자열이 패턴과 매칭하지 않으면 None을 반환한다. 매개 변수 pos와 endpos는 search( ) 메소드와 같이 사용할 수 있다.

```
Pattern.match(string[, pos[, endpos]])
```

예제에서 'u'는 'naeun'의 시작에 없으므로 매칭하지 않는다. u가 인덱스 3에 위치하므로 pos=3은 매칭하고, pos=2는 매칭하지 않는다.

```
>>> pattern = re.compile('u')

>>> pattern.match('naeun')

>>> pattern.match('naeun', 3)
<re.Match object; span=(3, 4), match='u'>

>>> pattern.match('haena', 2)
```

- Pattern.split(string, maxsplit=0)는 컴파일된 패턴을 사용할 때 split( ) 함수와 기능이 같다.
- Pattern.findall(string[, pos[, endpos]])는 컴파일된 패턴을 사용할 때 findall( ) 함수와 기능이 같으나 옵션으로 pos와 endpos를 받는다.
- Pattern.sub(repl, string, count=0)는 컴파일된 패턴을 사용할 때 sub( ) 함수와 기능이 같다.

Match 객체

Match 객체는 span( ), group( ) 같은 메소드와 string 같은 속성을 지원하며 탐색하는 정보와 그 결과를 포함하는 객체다. span( ) 메소드는 매칭하는 부분의 처음과 끝의 위치를 포함하는 튜플을 반환한다. group( ) 메소드는 매칭하는 문자열의 부분을 반환한다. string 속성은 함수로 전달한 문자열을 반환한다.

Match.group([group1, …]) 에서 매칭된 결과는 1개 이상의 서브그룹을 반환한다.

- 단일 인수가 있으면 단일 문자열이 결과로 나타난다. 인수가 여러 개면 1개 인수마다 1개 아이템이 있는 튜플을 결과로 반환한다.
- 인수가 없다면 group1의 기본값은 0이고 매칭하는 모든 결과를 반환한다.
- groupN 인수가 0이면 매칭하는 전체 문자열을 반환한다.
- 범위 [1, 99] 안에 있다면 해당하는 괄호의 그룹을 매칭하는 문자열을 반환한다.
- 그룹 번호가 음수거나 패턴에서 정의한 그룹들의 수보다 크면 오류가 발생한다.
- 그룹이 매칭하지 않은 패턴의 부분에 포함되면 결과는 None이다.
- 그룹이 여러 번 매칭된 패턴의 부분에 포함된다면 마지막 매칭을 반환한다.

다음은 Match 객체와 group( ) 메소드를 적용하는 예제다.

```
>>> mat = re.match(r'(\w+) (\w+) (\w+)', 'I love Korea')
>>> mat.group(0)
'I love Korea'
>>> mat.group(1)
'I'
>>> mat.group(2)
'love'
>>> mat.group(1, 3)
('I', 'Korea')
```

다음 예제에서는 txt에서 대문자 K로 시작하는 단어를 찾고 첫 번째 매칭이 발생하는 위치를 구한다. 또한 함수에 전달한 문자열을 구하고 매칭한 문자열의 부분을 구한다.

```
>>> txt = "The azalea in Korea"

>>> mat = re.search(r'\bK\w+', txt)

>>> mat
<re.Match object; span=(14, 19), match='Korea'>

>>> mat.span()
(14, 19)

>>> mat.string
'The azalea in Korea'

>>> mat.group()
'Korea'
```

다음은 문자열에서 이메일 주소를 추출하기 위해 여러 패턴에 매칭하는 예제다.

```
>>> txt = 'smart jchae-justin@google.com expert'

>>> mat = re.search(r'\w+@\w+', txt)

>>> mat.group()
'justin@google'

>>> mat1 = re.search(r'[\w.-]+@[\w.-]+', txt)

>>> mat1.group()
'jchae-justin@google.com'
```

정규 표현식에서 **group()** 메소드는 매칭하는 문자열에서 부분을 선택하도록 한다. 따라서 정규 표현식을 그룹별로 구분하기 위해 소괄호를 이용해 묶어서 패턴을 적용한다.

```
>>> txt2 = 'smart jchae-justin79@google.com expert'

>>> mat2 = re.search(r'[a-zA-Z0-9.+-]+@[a-zA-Z]+\.com', txt2)
```

```
>>> mat2.group()
'jchae-justin79@google.com'

>>> mat3 = re.search(r'([\w.-]+)@([\w.-]+)', txt2)

>>> mat3.group()
'jchae-justin79@google.com'

>>> mat3.group(1)
'jchae-justin79'

>>> mat3.group(2)
'google.com'
```

5.1.5 텍스트 데이터 가공하기

텍스트 데이터는 해석이 까다롭고 복잡하며 많은 문자와 기호 등을 포함하고 있어 원하는 형태로 가공하기 어렵다. pandas.Series와 pandas.Index 클래스에는 배열 요소를 쉽게 연산하도록 하는 str 메소드가 있어 텍스트 데이터를 가공할 수 있다.

str 메소드는 **pandas.core.strings.StringMethods**의 별칭으로써 str로 간단히 사용한다. str 메소드에는 다음 표와 같이 문자열을 처리하는 다양한 메소드가 있다. 특히 정규 표현식을 사용하고자 할 때 정규 표현식 모듈인 re를 임포트해 적용하는 것 외에도 **StringMethods**의 메소드 패턴을 적용할 수 있다.

메소드	기능
lower( )	배열의 문자열을 소문자로 변경
upper( )	배열의 문자열을 대문자로 변경
len( )	배열의 각 문자열의 길이를 계산
strip( )	배열의 각 문자열로부터 공백(줄 바꿈 포함)을 제거
lstrip( )	배열의 각 문자열의 왼쪽부터 공백을 제거
rstrip( )	배열의 각 문자열의 오른쪽부터 공백을 제거
replace( )	Series/Index에서 pattern/regex가 적용된 것으로 대체
split( )	주어진 정규 표현식의 패턴이나 구분자로 각 문자열을 분할
cat( )	주어진 구분자로 문자열 배열을 이어 붙인다.
contains( )	각 문자열이 주어진 정규 표현식 패턴을 포함하는지를 불리언 배열로 반환

메소드	기능
count( )	각 문자열에서 패턴이 일치하는 개수를 계산
findall( )	패턴이나 정규 표현식이 발생하는 모든 경우를 구한다.
get( )	배열 요소에 있는 리스트, 튜플 또는 문자열에서 요소를 추출
extract( )	전달한 정규 표현식을 사용하여 각 문자열에서 그룹들을 찾는다.
extractall( )	정규 표현식의 패턴에 모두 매칭하는 그룹들을 찾는다.
endswith( )	각 문자열이 전달한 패턴으로 끝나는지를 나타내는 불리언 배열을 반환한다.
startswith( )	각 문자열이 전달한 패턴으로 시작하는지를 나타내는 불리언 배열을 반환한다.

[표 5-6] 문자열 메소드

str 메소드는 호출할 수 없는 메소드이므로 소괄호를 생략한다. 이를 예제를 통해 확인한다.

```
In [173]: ser = pd.Series(['Suho', 'AA', np.nan, 'rabbit'])

In [174]: type(ser.str)
Out[174]: pandas.core.strings.StringMethods

In [175]: ser.str.lower()          In [176]: ser.str.upper()
Out[175]: 0      suho              Out[176]: 0      SUHO
          1        aa                        1        AA
          2       NaN                        2       NaN
          3    rabbit                        3    RABBIT
          dtype: object                      dtype: object

In [177]: ser.str.len()
Out[177]: 0    4.0
          1    2.0
          2    NaN
          3    6.0
          dtype: float64
```

다음은 텍스트에 있는 공백을 제거하기 위해 str 메소드를 적용하는 예제다.

```
In [178]: ind = pd.Index([' ha', 'hi ', ' ho ', 'hu'])

In [179]: ind.str.strip()
Out[179]: Index(['ha', 'hi', 'ho', 'hu'], dtype='object')
```

```
In [180]: ind.str.lstrip()
Out[180]: Index(['ha', 'hi ', 'ho ', 'hu'], dtype='object')

In [181]: ind.str.rstrip()
Out[181]: Index(['  ha', 'hi', ' ho', 'hu'], dtype='object')
```

Index 클래스에도 str 메소드를 적용할 수 있어 데이터프레임 열을 정리하거나 변환하는 데 유용하다.

```
In [182]: df = pd.DataFrame(np.random.randn(2, 2), columns=[' Column A ', ' Column B '],
                            index=range(2))

In [183]: df
Out[183]:
          Column A   Column B
      0   0.431065  -0.333916
      1   0.717270  -0.250455

In [184]: df.columns
Out[184]: Index([' Column A ', ' Column B '], dtype='object')
```

예제의 df.columns 객체는 Index 객체이므로 str 메소드를 사용할 수 있다.

```
In [185]: df.columns.str.strip()
Out[185]: Index(['Column A', 'Column B'], dtype='object')

In [186]: df.columns.str.lower()
Out[186]: Index([' column a ', ' column b '], dtype='object')
```

다음 예제에서는 str 메소드를 이용해 열 텍스트 양쪽 끝에 있는 공백을 제거한다. 또한 열 라벨을 소문자로 변경하고 나머지 공간을 언더 바(_)로 대체한 결과를 열에 동적 할당한다.

```
In [187]: df.columns = df.columns.str.strip().str.lower().str.replace(' ', '_')

In [188]: df
Out[188]:
```

	column_a	column_b
0	0.431065	-0.333916
1	0.717270	-0.250455

문자열을 분할하고 대체하기

split( ) 메소드는 리스트의 시리즈를 반환한다.

```
In [189]: ser1 = pd.Series(['ha_a_b', 'hi_c_d', np.nan, 'ho_e_f'])

In [190]: ser1.str.split('_')
Out[190]: 0    [ha, a, b]
          1    [hi, c, d]
          2           NaN
          3    [ho, e, f]
          dtype: object
```

get( ) 메소드나 [ ] 표기법을 사용하면 분할한 리스트에 있는 요소에 접근할 수 있다.

```
In [191]: ser1.str.split('_').str.get(1)      In [192]: ser1.str.split('_').str[1]
Out[191]: 0      a                             Out[292]: 0      a
          1      c                                       1      c
          2    NaN                                       2    NaN
          3      e                                       3      e
          dtype: object                                  dtype: object
```

다음 예제에서는 결과로 데이터프레임을 얻기 위해 인수 expand=True를 전달한다. 예제의 expand 인수는 시리즈를 데이터프레임으로 확장한다.

```
In [193]: ser1.str.split('_', expand=True)
Out[193]:
```

	0	1	2
0	ha	a	b
1	hi	c	d
2	NaN	NaN	NaN
3	ho	e	f

replace( ) 메소드는 기본으로 정규 표현식을 대체한다. In [196]의 정규 표현식에서 ^는 입력 라인의 시작이다. .a는 맨 첫 문자를 포함하고 a로 끝나는 부분을 매칭한다는 의미이다. |는 '또는'이라는 의미이며 dog은 입력 라인에서 dog에 해당하는 부분을 매칭한다는 뜻이다. 따라서 매칭하는 부분을 ***로 대체하는 연산이다. case=False는 대소 문자를 구분하지 않는다는 의미이다.

```
In [194]: ser = pd.Series(['Suho', 'bAAa', np.nan, 'cute_dog'])

In [195]: ser
Out[195]: 0        Suho
          1        bAAa
          2         NaN
          3    cute-dog
          dtype: object

In [196]: ser.str.replace('^.a|dog', '***', case=False)
Out[196]: 0        Suho
          1       ***Aa
          2         NaN
          3    cute_***
          dtype: object
```

replace( ) 메소드는 re.complie( ) 패턴에서 컴파일 처리된 정규 표현식을 수용한다. 이때 모든 flags는 컴파일된 정규 표현식 객체에 포함되어야 한다.

```
In [197]: import re

In [198]: pattern = re.compile('^.a|dog', flags=re.IGNORECASE)

In [199]: ser.str.replace(pattern, '***')
Out[199]: 0        Suho
          1       ***Aa
          2         NaN
          3    cute_***
          dtype: object
```

텍스트 이어 붙이기

cat( ) 메소드를 사용해 시리즈나 인덱스를 이어 붙일 수 있다. 기본값은 인수 sep=' '이다. 단일 시리즈를 문자열로 이어 붙이는 예제는 다음과 같다.

```
In [200]: ser = pd.Series(['ha', 'hi', 'ho'])          In [201]: ser.str.cat(sep=',')
                                                       Out[201]: 'ha,hi,ho'


In [202]: ser.str.cat()
Out[202]: 'hahiho'
```

손실 값은 기본으로 무시한다. na_rep를 사용하면 원하는 값을 이어 붙일 수 있다.

```
In [203]: ser1 = pd.Series(['ha', np.nan, 'hi'])       In [204]: ser1.str.cat(sep=',')
                                                       Out[204]: 'ha,hi'


In [205]: ser1.str.cat(sep=',', na_rep='*')
Out[205]: 'ha,*,hi'
```

cat( ) 메소드에 인수를 전달하면 호출하는 시리즈의 각 요소에 덧붙일 수 있다.

```
In [206]: ser.str.cat(['A', 'I', 'O'])
Out[206]: 0    haA
          1    hiI
          2    hoO
          dtype: object
```

손실 값이 있고 na_rep 옵션을 명시하지 않으면 손실 값이 결과에 표시된다. na_rep 옵션을 명시하면 입력한 부분을 덧붙인다.

```
In [207]: ser.str.cat(ser1)            In [208]: ser.str.cat(ser1, na_rep='*')
Out[207]: 0    haha                    Out[208]: 0    haha
          1    NaN                               1    hi*
          2    hohi                              2    hohi
          dtype: object                          dtype: object
```

다음 예제에서 ser과 ser1을 판다스의 concat( ) 함수를 이용해 axis=1, 즉 열 기준으로 이어 붙이면 2차원 데이터프레임이 된다.

```
In [209]: df = pd.concat([ser1, ser], axis=1)

In [210]: df                              In [211]: ser.str.cat(df, na_rep='*')
Out[210]:                                 Out[211]: 0    hahaha
                                                    1    hi*hi
                                                    2    hohoho
                                                    dtype: object
```

	0	1
0	ha	ha
1	NaN	hi
2	hi	ho

길이가 같지 않은 객체들을 이어 붙일 때 **join 옵션**을 사용할 수 있다.

```
In [212]: ser2 = pd.Series(['z', 'a', 'b', 'd'], index=[-1, 0, 1, 3])

In [213]: ser2                    In [214]: ser
Out[213]: -1    z                 Out[214]: 0    ha
           0    a                           1    hi
           1    b                           2    ho
           3    d                           dtype: object
          dtype: object

In [215]: ser.str.cat(ser2, join='left', na_rep='*')
Out[215]: 0    haa
          1    hib
          2    ho*
          dtype: object

In [216]: ser.str.cat(ser2, join='outer', na_rep='*')
Out[216]: -1    *z
           0    haa
           1    hib
           2    ho*
           3    *d
          dtype: object
```

str로 인덱스 변경하기

[ ] 표기법을 사용하면 인덱스 위치를 직접 선택할 수 있다.

```
In [217]: ser = pd.Series(['Suho', 'AB', np.nan, 'rabbit', 'C'])

In [218]: ser.str[0]                    In [219]: ser.str[1]
Out[218]: 0      S                      Out[219]: 0      u
          1      A                                1      B
          2    NaN                                2    NaN
          3      r                                3      a
          4      C                                4    NaN
          dtype: object                           dtype: object
```

일기 형식의 텍스트 데이터 가공

일과를 표현한 일기 형식의 텍스트를 예제와 같이 생성해 원하는 형태의 데이터로 가공해본다.

```
In [220]: day_plan = ["1st_seq: getting up at 05:45am",
                      "2nd_seq: swimming from 06:00am to 07:00am",
                      "3rd_seq: My morning food is American style",
                      "4th_seq: Writing some proposal from 02:00pm to 06:00pm",
                      "5th_seq: Arriving at JongGak at 07:00pm",
                      "6th_seq: Fun with friends enjoying beer till 09:30pm",
                      "7th_seq: My house at 10:30pm and sleeping by 12:00pm"]
```

다음으로 열이 schedule인 데이터프레임 객체 df를 생성한다.

```
In [221]: df = pd.DataFrame(day_plan, columns=['schedule'])

In [222]: df
Out[222]:
```

	schedule
0	1st_seq: getting up at 05:45am
1	2nd_seq: swimming from 06:00am to 07:00am
2	3rd_seq: My morning food is American style
3	4th_seq: Writing some proposal from 02:00pm to 06:00pm
4	5th_seq: Arriving at JongGak at 07:00pm

5	6th_seq: Fun with friends enjoying beer till 09:30am	
6	7th_seq: My house at 10:30pm and sleeping by 12:00pm	

split( ) 메소드를 이용해 문자열을 리스트형으로 분할한다.

```
In [223]: df['schedule'].str.split()
Out[223]: 0                  [1st_seq:, getting, up, at, 05:45am]
         1           [2nd_seq:, swimming, from, 06:00am, to, 07:00am]
         2            [3rd_seq:, My, morning, food, is, American, style]
         3         [4th_seq:, Writing, some, proposal, from, 02:00...
         4             [5th_seq:, Arriving, at, JongGak, at, 07:00pm]
         5         [6th_seq:, Fun, with, friends, enjoying, beer, t...
         6         [7th_seq:, My, house, at, 10:30am, and, sleeping...
         Name: schedule, dtype: object
```

데이터프레임에서 분할한 각 문자열의 수를 연산한다.

```
In [224]: df['schedule'].str.split().str.len()
Out[224]: 0    5
         1    6
         2    7
         3    8
         4    6
         5    8
         6    9
         Name: schedule, dtype: int64
```

문자열이 단어 My를 포함하는지 불리언으로 확인한다.

```
In [225]: df['schedule'].str.contains('My')
Out[225]: 0    False
         1    False
         2     True
         3    False
         4    False
         5    False
         6     True
         Name: schedule, dtype: bool
```

각 문자열에 숫자가 몇 개 있는지 연산한다.

```
In [226]: df['schedule'].str.count('\d')
Out[226]: 0    5
          1    9
          2    1
          3    9
          4    5
          5    5
          6    9
          Name: schedule, dtype: int64
```

문자열에서 모든 숫자만 구한다.

```
In [227]: df['schedule'].str.findall('\d')
Out[227]: 0              [1, 0, 5, 4, 5]
          1    [2, 0, 6, 0, 0, 0, 7, 0, 0]
          2                          [3]
          3    [4, 0, 2, 0, 0, 0, 6, 0, 0]
          4              [5, 0, 7, 0, 0]
          5              [6, 0, 9, 3, 0]
          6    [7, 1, 0, 3, 0, 1, 2, 0, 0]
          Name: schedule, dtype: object
```

정규 표현식 패턴에 매칭하는 연산 결과를 구한다.

```
In [228]: df['schedule'].str.findall('(\d\d):(\d\d)')
Out[228]: 0              [(05, 45)]
          1    [(06, 00), (07, 00)]
          2                      []
          3    [(02, 00), (06, 00)]
          4              [(07, 00)]
          5              [(09, 30)]
          6    [(10, 30), (12, 00)]
          Name: schedule, dtype: object
```

글자 _seq를 제거하는 패턴을 적용해 결과를 기수 형태로 나타낸다.

```
In [229]: df['schedule'].str.replace(r'(\w+_seq\b)', lambda x: x.groups()[0][0:3])
Out[229]: 0                    1st: getting up at 05:45am
          1                2nd: swimming from 06:00am to 07:00am
          2                3rd: My morning food is American style
          3         4th: Writing some proposal from 02:00pm to 06:00pm
          4                    5th: Arriving at JongGak at 07:00pm
          5         6th: Fun with friends enjoying beer till 09:30pm
          6         7th: My house at 10:30pm and sleeping by 12:00pm
          Name: schedule, dtype: object
```

시간을 추출하기 위해 정규 표현식 패턴을 매칭한다.

```
In [230]: df['schedule'].str.extract('(\d\d):(\d\d)')
Out[230]:
```

	0	1
0	05	45
1	06	00
2	NaN	NaN
3	02	00
4	07	00
5	09	30
6	10	30

전체 시간을 나타내기 위해 정규 표현식 패턴을 매칭해 연산한다.

```
In [231]: df['schedule'].str.extractall('((\d?\d):(\d\d) ?([ap]m))')
Out[231]:
```

	match	0	1	2	3
0	0	05:45am	05	45	am
1	0	06:00am	06	00	am
	1	07:00am	07	00	am
3	0	02:00pm	02	00	pm
	1	06:00pm	06	00	pm
4	0	07:00pm	07	00	pm

5	0	09:30pm	09	30	pm
6	0	10:30pm	10	30	pm
	1	12:00pm	12	00	pm

전체 시간을 표시하면서 열을 시간 단위별로 나타내기 위해 다음과 같이 패턴을 매칭한다.

```
In [232]: dfx = df['schedule'].str.extractall('(?P<times>(?P<hr>\d\d):(?P<min>\d\d)?
                                                (?P<periods>[ap]m))')
```

```
In [233]: dfx
Out[233]:
```

		times	hr	min	periods
	match				
0	0	05:45am	05	45	am
1	0	06:00am	06	00	am
	1	07:00am	07	00	am
3	0	02:00pm	02	00	pm
	1	06:00pm	06	00	pm
4	0	07:00pm	07	00	pm
5	0	09:30pm	09	30	pm
6	0	10:30pm	10	30	pm
	1	12:00pm	12	00	pm

멀티인덱스 객체를 출력해 상태를 확인하고 행과 열의 이름을 변경한다.

```
In [234]: dfx.index
Out[234]: MultiIndex([(0, 0),
                      (1, 0),
                      (1, 1),
                      (3, 0),
                      (3, 1),
                      (4, 0),
                      (5, 0),
                      (6, 0),
                      (6, 1)],
                     names=[None, 'match'])
```

```
In [235]: dfx.index = pd.MultiIndex(levels=[['one', 'two', 'three', 'four', 'five', 'six'],
                                            ['1st', '2nd']],
                                    codes=[[0, 1, 1, 2, 2, 3, 4, 5, 5], [0, 0, 1, 0, 1, 0, 0, 0, 1]],
                                    names=['step', 'match'])
```

마지막으로 가공된 데이터프레임 객체 dfx를 확인한다.

```
In [236]: dfx
Out[236]:
```

step	match	times	hr	min	periods
one	1st	05:45am	05	45	am
two	1st	06:00am	06	00	am
	2nd	07:00am	07	00	am
three	1st	02:00pm	02	00	pm
	2nd	06:00pm	06	00	pm
four	1st	07:00pm	07	00	pm
five	1st	09:30pm	09	30	pm
six	1st	10:30pm	10	30	pm
	2nd	12:00pm	12	00	pm

5.2 데이터의 그룹 연산

데이터의 그룹 연산은 원본 데이터 세트 객체를 그룹별로 분할(split)하고 분할된 각 그룹에 함수를 적용(apply)하고 결과를 통합(combine)하는 연산을 수행한다. 이를 하나의 용어로 **split-apply-combine**이라 한다. 대다수의 경우 데이터를 여러 집합(sets)으로 분할하고 분할된 각 부분 집합에 함수와 같은 기능을 적용한다. 또는 분할하지 않더라도 여러 데이터 세트의 값들을 원하는 조건에 따라 어떤 인덱스나 라벨에 하나의 값으로 변환하는 형태로써 데이터를 합치는 연산이 바로 그룹 연산이다.

groupby( )는 원본 데이터를 개별 그룹으로 나누어 이 그룹들에 특정 연산을 수행하고 수행 결과를 나타내는 각 그룹들을 합치기 위한 메소드다. 예를 들어 다음 그림과 같이 초등학생들을 남녀 그룹으로 구분하고 다시 학년별로 구분하고 그룹들의 평균을 구하는 함수를 적용해 이 그룹들을 다시 통합하는 데 적용할 수 있다.

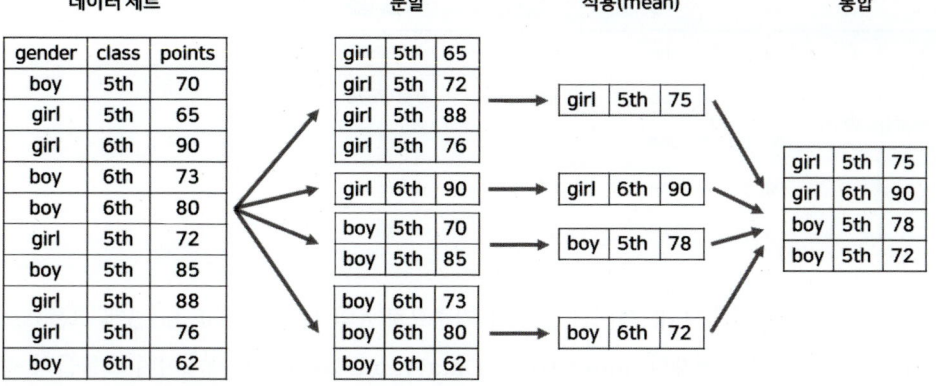

[그림 5-7] 데이터 그룹 연산 절차

그룹 연산은 분할된 각 그룹에 통계 요약이나 통계 계산을 수행하기 위해 **집계(aggregation)**하거나 그룹 내에서 데이터를 표준화하거나 손실 값들을 각 그룹에서 도출된 값으로 채우는 등 그룹에 특정 연산을 수행하는 것이다. 또는 인덱스 처리된 객체를 반환하는 **변환(transformation)**을 실행한다. 혹은 몇몇 요소만 가지는 그룹에 속하는 데이터를 삭제하거나 그룹 총합 또는 평균에 따라 데이터를 필터링(filtration)하는 작업 등을 실행한다는 의미이다.

5.2.1 데이터 객체를 그룹 연산

판다스는 **DataFrame.groupby( )**와 **Series.groupby( )** 메소드를 호출하여 GroupBy 객체를 반환하는 데이터 그룹 연산 기능을 제공한다.

GroupBy 객체 속성

GroupBy 객체를 생성한다는 것은 groupby( ) 메소드에 어떤 기준에 따라 인수들을 적용해 데이터 객체를 더 작은 그룹들로 분할한다는 의미이다. 이를 이해하기 위해 먼저 다음과 같이 df를 생성한다.

```
In [237]: df = pd.DataFrame({'A': ['ha', 'hi', 'ho', 'ha', 'ho'],
                             'B': ['one', 'two', 'one', 'one', 'two'],
                             'Data1': np.random.randn(5),
                             'Data2': np.random.randn(5)})

In [238]: df
Out[238]:
```

	A	B	Data1	Data2
0	ha	one	0.925169	0.827582
1	hi	two	-0.964132	0.317676
2	ho	one	0.345608	1.090303
3	ha	one	-0.642167	0.523911
4	ho	two	1.244183	-0.986792

다음은 groupby 메소드를 이용해 df 객체를 열 A를 기준으로 A의 요소 ha, hi, ho 3개 그룹으로 분할한 grouped1을 반환하는 예제다. grouped1은 **DataFrameGroupBy** 객체이며 그룹들의 속성은 키가 반영된 단일 그룹이다. 또한 gr_dict는 각 그룹에 속하는 축 라벨에 해당하는 값이 있는 딕셔너리다.

```
In [239]: grouped1 = df.groupby('A')

In [240]: grouped1
Out[240]: <pandas.core.groupby.generic.DataFrameGroupBy object at 0x000001F7F64D7630>

In [241]: gr_dict = dict(list(grouped1))

In [242]: gr_dict
Out[242]: {'ha':      A    B     Data1     Data2
           0        ha   one   0.925169  0.827582
           3        ha   one  -0.642167  0.523911,
           'hi':     A    B     Data1     Data2
           1        hi   two  -0.964132  0.317676,
           'ho':     A    B     Data1     Data2
           2        ho   one   0.345608  1.090303
           4        ho   two   1.244183 -0.986792 }

In [243]: grouped1.groups
Out[243]: {'ha': [0, 3], 'hi': [1], 'ho': [2, 4]}
```

특정 그룹인 ho를 선택해 해당 데이터를 구하는 방법에는 2가지가 있다. gr_dict에서 ho에 해당하는 데이터를 구하는 방법과 GroupBy 객체인 group1에 **get_group( )** 메소드를 사용하는 방법이다.

```
In [244]: gr_dict['ho']
Out[244]:
```

	A	B	Data1	Data2
2	ho	one	0.345608	1.090303
4	ho	two	1.244183	-0.986792

```
In [245]: grouped1.get_group('ho')
Out[245]:
```

	A	B	Data1	Data2
2	ho	one	0.345608	1.090303
4	ho	two	1.244183	-0.986792

다음 예제에서는 반환된 객체 grouped1에서 ha, hi, ho 3개 그룹을 기준으로 Data1과 Data2의 평균값을 구한다.

```
In [246]: grouped1.mean()
Out[246]:
```

A	Data1	Data2
ha	0.141501	0.675746
hi	-0.964132	0.317676
ho	0.794895	0.051755

다른 조건은 동일하게 하고 Data2의 평균값만 구하려면 다음과 같이 실행한다. 여기서 grouped2는 SeriesGroupBy 객체라는 점에 주목한다. 따라서 이 객체의 평균값을 구한 결과는 시리즈 객체다.

```
In [247]: grouped2 = df['Data2'].groupby(df['A'])

In [248]: grouped2
Out[248]: <pandas.core.groupby.generic.SeriesGroupBy object at 0x000001F7F6617550>

In [249]: grouped2.mean()
Out[249]: A
          ha    0.675746
          hi    0.317676
```

```
            ho    0.051755
Name: Data2, dtype: float64
```

다음은 df의 A열과 B열을 기준으로 한 인수를 groupby( )에 전달하고 Data1의 평균값만 구하는 예제다. grouped3은 df 객체를 4개 그룹으로 분할한 SeriesGroupBy 객체임을 확인할 수 있다.

```
In [250]: grouped3 = df['Data1'].groupby([df['A'], df['B']])

In [251]: grouped3.groups
Out[251]: {('ha', 'one'): [0, 3], ('hi', 'two'): [1], ('ho', 'one'): [2], ('ho', 'two'): [4]}

In [252]: grouped3
Out[252]: <pandas.core.groupby.generic.SeriesGroupBy object at 0x000001F7F678DF28>

In [253]: grouped3.mean()
Out[253]: A    B
          ha   one    0.141501
          hi   two   -0.964132
          ho   one    0.345608
               two    1.244183
Name: Data1, dtype: float64
```

df와 길이가 같은 배열로 이루어진 시리즈 객체와 리스트를 groupby( )에 전달하여 연산을 실행할 수도 있다. 다음 예제는 이러한 조건에서 인덱스를 변경한다.

```
In [254]: material = np.array(['water', 'oil', 'oil' ,'water', 'oil'])

In [255]: time = ['1hr', '1hr', '2hr', '2hr', '1hr']

In [256]: df['Data1'].groupby([material, time]).mean()
Out[256]: oil     1hr    0.140025
                  2hr    0.345608
          water   1hr    0.925169
                  2hr   -0.642167
Name: Data1, dtype: float64
```

GroupBy 순서 정렬

groupby( ) 연산을 수행할 때 그룹 키의 순서는 기본으로 정렬된다.

```
In [257]: df2 = pd.DataFrame({'A': ['ho', 'hi', 'ha'],
                              'B': ['two', 'one', 'two'],
                              'Data1': np.random.randn(3)})

In [258]: df2.groupby(['A']).sum()          In [259]: df2.groupby('A', sort=False).sum()
Out[258]:                                   Out[259]:
```

A	Data1
ha	-1.593255
hi	0.325844
ho	-0.355458

A	Data1
ho	-0.355458
hi	0.325844
ha	-1.593255

멀티인덱스가 있는 객체를 그룹 연산

멀티인덱싱된 데이터의 계층 레벨 중 한 레벨로 groupby( ) 연산을 실행할 수 있다. 이를 확인하기 위해 2개 레벨을 가진 멀티인덱스가 있는 시리즈를 생성한다.

```
In [260]: arr = [['ha', 'ha', 'hi', 'hi', 'ho', 'ho'], ['one', 'two', 'one', 'one', 'two', 'two']]

In [261]: ind = pd.MultiIndex.from_arrays(arr, names=['1st', '2nd'])

In [262]: ser = pd.Series(np.random.randn(6), index=ind)

In [263]: ser
Out[263]: 1st  2nd
          ha   one   -1.113864
               two   -0.857866
          hi   one    0.270270
               one    0.255322
          ho   two    1.983886
               two   -0.716226
          dtype: float64
```

ser의 레벨 중 하나로 groupby( ) 연산을 수행한다. level=0은 1st열의 인덱스인 ha, hi, ho를 의미하며 level=1은 2nd열의 one, two를 의미한다.

```
In [264]: ser.index
Out[264]: MultiIndex([('ha', 'one'),
                     ('ha', 'two'),
                     ('hi', 'one'),
                     ('hi', 'one'),
                     ('ho', 'two'),
                     ('ho', 'two')],
                    names=['1st', '2nd'])
In [265]: grouped = ser.groupby(level=0)

In [266]: grouped.sum()
Out[266]: 1st
         ha    -1.971730
         hi     0.525602
         ho     1.267661
         dtype: float64
```

다음과 같이 멀티인덱스의 names에 명시한 2nd를 level의 값으로 전달해 그룹 연산을 실행할 수 있다.

```
In [267]: ser.groupby(level='2nd').sum()
Out[267]: 2nd
         one   -0.588262
         two    0.409795
         dtype: float64
```

그룹 객체의 반복 처리

GroupBy 객체를 이용해 반복 연산을 수행할 수 있다. 다음은 생성된 GroupBy 객체 grouped1을 이용해 반복 연산을 수행하는 예제다.

```
In [268]: grouped1 = df.groupby('A')

In [269]: for name, group in grouped1:
             print(name)
```

```
ha
hi
ho
```

사용자 정의 변수 name과 group을 출력한 결과는 다음과 같다.

```
In [270]: for name, group in grouped1:
              print(name)
              print(group)

          ha
              A    B    Data1      Data2
          0   ha   one   0.925169   0.827582
          3   ha   one  -0.642167   0.523911
          hi
              A    B    Data1      Data2
          1   hi   two  -0.964132   0.317676
          ho
              A    B    Data1      Data2
          2   ho   one   0.345608   1.090303
          4   ho   two   1.244183  -0.986792
```

다음은 A와 B를 df의 인수로 설정해 그룹 연산을 실행하고 반복 연산을 이용해 변수인 튜플 (n1, n2)와 group을 구하는 예제다.

```
In [271]: for (n1, n2), group in df.groupby(['A', 'B']):
              print((n1, n2))
              print(group)

          ('ha', 'one')
              A    B    Data1      Data2
          0   ha   one   0.925169   0.827582
          3   ha   one  -0.642167   0.523911
          ('hi', 'two')
              A    B    Data1      Data2
          1   hi   two  -0.964132   0.317676
          ('ho', 'one')
              A    B    Data1      Data2
```

```
2    ho    one    0.345608    1.090303
('ho', 'two')
     A     B      Data1       Data2
4    ho    two    1.244183   -0.986792
```

5.2.2 GroupBy 객체를 그룹별 연산 및 변환

1개 이상의 열로 이루어진 GroupBy 연산 결과에 aggregate( ) 또는 agg( ) 메소드를 사용하면 1개 이상의 집계 연산을 수행할 수 있다. 이번에는 각 그룹에 count( ), max( ), min( ), sum( ), avg( ) 등과 같은 함수를 용도에 따라 적용하고 집계된 결과들을 하나의 데이터프레임으로 나타내는 방법을 설명한다. 또한 각 그룹을 표준화하는 등의 변환을 실행한다.

데이터 집계하기

데이터를 집계하는 연산을 실행하기 위해 먼저 다음과 같이 df 객체를 생성한다.

```
In [272]: df = pd.DataFrame({'A': ['ha', 'hi', 'ho', 'ha', 'ho'],
                             'B': ['one', 'two', 'one', 'one', 'two'],
                             'Data1': np.random.randn(5),
                             'Data2': np.random.randn(5)})

In [273]: df
Out[273]:
```

	A	B	Data1	Data2
0	ha	one	-0.286727	0.353276
1	hi	two	1.147193	-1.575155
2	ho	one	2.782214	1.412982
3	ha	one	0.076430	-0.107499
4	ho	two	-1.246555	-0.142354

GroubBy 객체가 생성되면 그 데이터에 계산을 실행하는 몇몇 메소드를 적용할 수 있다. 다음 예제에서는 데이터를 집계하는 **agg( )** 메소드를 적용한다.

```
In [274]: grouped1 = df.groupby('A')          In [275]: grouped1.agg(np.sum)
                                              Out[275]:
```

	Data1	Data2
A		
ha	-0.210298	0.245777
hi	1.147193	-1.575155
ho	1.153659	1.270628

```
In [276]: grouped2 = df.groupby(['A', 'B'])

In [277]: grouped2.agg('sum')
Out[277]:
```

A	B	Data1	Data2
ha	one	-0.210298	0.245777
hi	two	1.147193	-1.575155
ho	one	2.782214	1.412982
	two	-1.246555	-0.142354

키가 여러 개인 경우 groupby( )에 **as_index=True** 인수를 사용하면 열들을 멀티인덱스로 변경할 수 있다. 다음 예제는 as_index가 False로써 열 A, B가 멀티인덱스가 아닌 요솟값을 가진다. 인수 as_index의 기본값은 True다.

```
In [278]: grouped3 = df.groupby(['A', 'B'], as_index=False)

In [279]: grouped3.aggregate(np.sum)
Out[279]:
```

	A	B	Data1	Data2
0	ha	one	-0.210298	0.245777
1	hi	two	1.147193	-1.575155
2	ho	one	2.782214	1.412982
3	ho	two	-1.246555	-0.142354

```
In [280]: df.groupby('A', as_index=False).sum()
Out[280]:
```

	A	Data1	Data2
0	ha	-0.210298	0.245777
1	hi	1.147193	-1.575155
2	ho	1.535659	1.270628

다음과 같이 GroupBy 객체에 **size( )** 메소드를 사용해 각 그룹의 크기를 구할 수 있다.

```
In [281]: grouped2.size()
Out[281]: A    B
          ha   one    2
          hi   two    1
          ho   one    1
               two    1
          dtype: int64
```

지금까지 살펴본 함수들을 포함하여 **aggregation( )** 함수들은 반환된 객체의 차원을 축소시킬 수 있다. 다음은 대표적인 aggregation( ) 함수들이다.

함수	기능
mean( )	그룹들의 평균을 계산
sum( )	그룹 값들의 합계를 계산
size( )	손실 값을 포함한 그룹 수를 계산
count( )	손실 값을 제외한 그룹 수를 계산
std( )	그룹들의 표준 편차를 계산
var( )	그룹들의 분산을 계산
sem( )	그룹 평균의 표준 편차를 계산
describe( )	요약된 통계를 반환
first( )	그룹 값들 중에서 첫 번째 행을 반환
last( )	그룹 값들 중에서 마지막 행을 반환
nth( )	n번째 행을 반환하거나 n이 리스트이면 서브세트 반환
min( )	그룹 값들의 최솟값을 계산
max( )	그룹 값들의 최댓값을 계산

[표 5-7] aggregation( ) 함수

한 번에 여러 함수 적용하기

데이터 집계 연산을 위해 SeriesGroupBy 객체인 grouped['Data1']에 리스트 또는 딕셔너리를 인수로 전달한 **agg( )** 함수를 적용하면 데이터프레임을 반환한다.

```
In [282]: grouped = df.groupby('A')

In [283]: grouped['Data1'].agg([np.sum, np.mean, np.std])
Out[283]:
```

A	sum	mean	std
ha	-0.210298	-0.105149	0.256791
hi	1.147193	1.147193	NaN
ho	1.535659	0.767829	2.848769

각 열에 적용할 함수들의 리스트를 DataFrameGroupBy 객체인 grouped에 전달할 수 있으며 집계 연산으로 처리된 결과는 멀티인덱스를 가진다.

```
In [284]: grouped.agg([np.sum, np.mean])
Out[284]:
```

	Data1		Data2	
A	sum	mean	sum	mean
ha	-0.210298	-0.105149	0.245777	0.122889
hi	1.147193	1.147193	-1.575155	-1.575155
ho	1.535659	0.767829	1.270628	0.635314

처리 결과를 살펴보면 함수 자체가 열의 이름이 되는데 이름을 변경하고 싶다면 다음과 같이 **rename( )** 메소드를 실행한다.

```
In [285]: grouped['Data1'].agg([np.sum, np.mean]).rename(columns={'sum': '합계', 'mean': '평균'})
Out[285]:
```

A	합계	평균
ha	-0.210298	-0.105149
hi	1.147193	1.147193
ho	1.535659	0.767829

DataFrameGroupBy 객체의 이름도 rename( ) 메소드로 변경할 수 있다.

```
In [286]: grouped.agg([np.sum, np.mean]).rename(columns={'sum': '합계','mean': '평균'})
Out[286]:
```

	Data1		Data2	
A	합계	평균	합계	평균
ha	-0.210298	-0.105149	0.245777	0.122889
hi	1.147193	1.147193	-1.575155	-1.575155
ho	1.535659	0.767829	1.270628	0.635314

데이터프레임 열들에 각각 다른 함수 적용하기

데이터를 집계 연산하기 위해 여러 함수로 이루어진 딕셔너리를 전달하면 데이터프레임의 각 열에 서로 다른 연산을 수행할 수 있다.

```
In [287]: grouped.agg({'Data2': np.sum, 'Data1': lambda x: np.sum(x)})
Out[287]:
```

A	Data1	Data2
ha	-0.210298	0.245777
hi	1.147193	-1.575155
ho	1.535659	1.270628

aggregate( ) 함수에 딕셔너리를 전달하면 열의 순서를 임의로 출력한다. 특정 순서로 열을 정렬해 출력하고 싶다면 **OrderedDict( )** 메소드를 사용한다.

```
In [288]: from collections import OrderedDict

In [289]: grouped.agg({'Data2': 'sum', 'Data1': np.mean})
Out[289]:
```

A	Data1	Data2
ha	0.245777	-0.105149
hi	-1.575155	1.147193
ho	1.270628	0.767829

```
In [290]: df_grd = grouped.agg(OrderedDict([('Data2', 'sum'), ('Data1', 'mean')]))

In [291]: df_grd
Out[291]:
```

A	Data2	Data1
ha	-0.105149	0.245777
hi	1.147193	-1.575155
ho	0.767829	1.270628

다음 예제에서는 df_grd에서 인덱스 ha를 gold로, hi를 silver로, ho를 gold로 변경한 후 gold와 silver 각각의 합계를 구한다.

```
In [292]: ind = ['gold', 'silver', 'gold']

In [293]: df_grd.groupby(ind).sum()
Out[293]:
```

	Data2	Data1
gold	1.516405	0.66268
silver	-1.575155	1.147193

자동차 판매 대리점별 영업 현황 데이터 연산과 변환

transform( ) 메소드는 groupby와 연관해 데이터를 효율적으로 요약하는 데 사용한다. **aggregate( )** 메소드는 차원이 감소된 데이터를 반환하지만 transform( ) 메소드는 shape가 같은 재결합된 온전한 데이터를 반환한다.

다음으로 현대자동차 3개 대리점의 그랜저, 소나타, 아반떼 차종 영업 현황을 나타낸 'car_sales.xlsx' 예제 데이터를 활용한다. 데이터에는 연남, 성산, 연희 3개 현대자동차 대리점의 판매 차종, 판매 수량, 단가, 총 판매가가 저장되어 있다. 읽어 들인 데이터로 3개 대리점에서 판매된 차종별 매출액 비율을 agg( ) 메소드 그리고 transform( ) 메소드를 사용하는 2가지 방법으로 구한다. transform( ) 메소드를 사용하면 인덱스를 리셋할 필요가 없어 효율적으로 연산할 수 있는 차이점이 있다. agg( )를 이용해 매출액 비율을 구하는 방법은 다음과 같다.

```
In [294]: df = pd.read_excel('car_sales.xlsx')

In [295]: df
Out[295]:
```

	Branch	Car Name	Quantity	Unit Price	Ext Price
0	Yeonnam	Grandeur	7	35	245
1	Yeonnam	Sonata	11	20	220
2	Yeonnam	Avante	3	15	45
3	Sungsan	Grandeur	5	36	180
4	Sungsan	Sonata	19	19	361
5	Sungsan	Avante	9	14	126
6	Yeonhi	Grandeur	10	34	340
7	Yeonhi	Sonata	13	19	247
8	Yeonhi	Avante	15	13	195

데이터를 지점을 의미하는 Branch로 그룹화하고 Ext Price열을 기준으로 그룹별로 더한다.

```
In [296]: df.groupby('Branch')['Ext Price'].agg('sum')
Out[296]: Branch
          Sungsan    667
          Yeonhi     782
          Yeonnam    510
          Name: Ext Price, dtype: int64
```

시리즈의 인덱스 라벨 또는 이름을 변경하는 **rename( )** 메소드를 적용해 Ext Price의 이름을 Br_Total로 변경한다.

```
In [297]: df.groupby('Branch')['Ext Price'].agg('sum').rename('Br_Total')
Out[297]: Branch
          Sungsan    667
          Yeonhi     782
          Yeonnam    510
          Name: Br_Total, dtype: int64
```

인덱스를 초기화하여 새로운 데이터프레임을 생성하기 위해 **reset_index( )** 메소드를 적용한다.

```
In [298]: br_total = df.groupby('Branch')['Ext Price'].agg('sum').rename('Br_Total').reset_index()

In [299]: br_total
Out[299]:
```

	Branch	Br_Total
0	Sungsan	667
1	Yeohhi	782
2	Yeonnam	510

원본 데이터 df에 대리점별 매출액을 나타내는 Br_Total 데이터를 합친다.

```
In [300]: df_m = df.merge(br_total)

In [301]: df_m
Out[301]:
```

	Branch	Car Name	Quantity	Unit Price	Ext Price	Br_Total
0	Yeonnam	Grandeur	7	35	245	510
1	Yeonnam	Sonata	11	20	220	510
			(중략)			
8	Yeohhi	Avante	15	13	195	782

다음으로 각 대리점의 차종별 매출액 비율을 구한다. 이를 위해 Br_Pct 열을 생성하고 값들을 동적 할당한다.

```
In [302]: df_m['Br_Pct'] = df_m['Ext Price'] / df_m['Br_Total']

In [303]: df_m
Out[303]:
```

	Branch	Car Name	Quantity	Unit Price	Ext Price	Br_Total	Br_Pct
0	Yeonnam	Grandeur	7	35	245	510	0.480392
1	Yeonnam	Sonata	11	20	220	510	0.431373
			(중략)				
8	Yeohhi	Avante	15	13	195	782	0.249361

이번에는 transfrom( ) 메소드를 이용해 같은 결과인 Br_Pct를 더 간단하게 연산하는 방법을 알아본다.

```
In [304]: df.groupby('Branch')['Ext Price'].transform('sum')
Out[304]: 0    510
          1    510
          2    510
          3    667
          4    667
          5    667
          6    782
          7    782
          8    782
          Name: Ext Price, dtype: int64
```

대리점별 자동차 매출액을 구한 후 각 대리점에서 차량별 매출액 비율을 구한다.

```
In [305]: df['Br_Total'] = df.groupby('Branch')['Ext Price'].transform('sum')

In [306]: df['Br_Pct'] = df['Ext Price'] / df['Br_Total']

In [307]: df
Out[307]:
(결과 생략)
```

이처럼 GroupBy 객체에 transform( ) 메소드를 적용하면 agg( ) 메소드를 적용한 것보다 효율적으로 연산을 실행할 수 있다.

5.2.3 GroupBy 객체를 이용한 분할, 적용, 통합

학교별 수학 성적에 분할, 적용, 통합 연산 실행

GroupBy 객체를 이용해 분할, 적용, 통합 연산을 실행하기 위해 학교 이름, 학생 이름 그리고 수학 성적 데이터로 이루어진 객체를 다음과 같이 생성한다. 생성된 객체로 데이터를 전처리하여 학교별 수학 성적 평균을 구하고 학생 개인별 성적과 비교하고 학생들의 학점을 산출해본다.

```
In [308]: df = pd.DataFrame({'School': ['Yeonhi', 'Yeonhi', 'Sungsan', 'Sungsan', 'Sungsan'],
                             'Name': ['Haena', 'Gisu', 'Una', 'Naeun', 'Ziho'],
                             'Math_S': [92, 70, 88, 92, 70]})
```

```
In [309]: df
Out[309]:
```

	School	Name	Math_S
0	Yeonhi	Haena	92
1	Yeonhi	Gisu	70
2	Sungsan	Una	88
3	Sungsan	Naeun	92
4	Sungsan	Ziho	70

School 인수를 가지는 GroupBy 객체의 수학 성적인 Math_S 열에서 학교별 평균을 구한다.

```
In [310]: mean_s = df.groupby('School')['Math_S'].agg('mean')

In [311]: mean_s
Out[311]: School
          Sungsan    83.333333
          Yeonhi     81.000000
          Name: Math_S, dtype: float64
```

rename( ) 메소드를 이용해 mean_s 객체의 이름인 Math_S를 Avg_S로 변경한다.

```
In [312]: mean_s.rename('Avg_S')
Out[312]: School
          Sungsan    83.333333
          Yeonhi     81.000000
          Name: Avg_S, dtype: float64
```

인덱스를 초기화하면 avg_score의 인덱스는 시퀀스 형태가 된다.

```
In [313]: avg_score = mean_s.rename('Avg_S').reset_index()

In [314]: avg_score
Out[314]:
```

	School	Avg_S
0	Sungsan	83.333333
1	Yeonhi	81.000000

df 객체에 avg_score 객체를 합친다.

```
In [315]: df1 = df.merge(avg_score)

In [316]: df1
Out[316]:
```

	School	Name	Math_S	Avg_S
0	Yeonhi	Haena	92	81.000000
1	Yeonhi	Gisu	70	81.000000
2	Sungsan	Una	88	83.333333
3	Sungsan	Naeun	92	83.333333
4	Sungsan	Ziho	70	83.333333

apply( ) 메소드를 적용하여 수학 성적을 1 이하로 변환해본다. 이 변환은 다양한 응용 사례에 적용할 수 있도록 하는 예제다.

```
In [317]: df['Rating_S'] = df['Math_S'].apply(lambda x: x/100)

In [318]: df
Out[318]:
```

	School	Name	Math_S	Rating_S
0	Yeonhi	Haena	92	0.92
1	Yeonhi	Gisu	70	0.70
2	Sungsan	Una	88	0.88
3	Sungsan	Naeun	92	0.92
4	Sungsan	Ziho	70	0.70

학생들의 점수를 A, B, C, F 학점으로 변환하기 위해 수학 성적을 나타내는 Math_S 열을 math_score 변수에 다음과 같이 할당한다.

```
In [319]: math_score = df['Math_S']
```

수학 성적을 학점으로 변환한다.

```
In [320]: grade = []
          for x in math_score:
              if x > 90:
                  grade = grade + ['A']
              elif x > 80:
                  grade = grade + ['B']
              elif x > 70:
                  grade = grade + ['C']
              else:
                  grade = grade + ['F']
```

학점을 나타내는 리스트인 grade를 df 객체에 동적 할당한다.

```
In [321]: grade
Out[321]: ['A', 'F', 'B', 'A', 'F']

In [322]: df['Grade'] = grade
```

학점 데이터가 추가된 df 객체를 확인한다.

```
In [323]: df
Out[323]:
```

	School	Name	Math_S	Rating_S	Grade
0	Yeonhi	Haena	92	0.92	A
1	Yeonhi	Gisu	70	0.70	F
2	Sungsan	Una	88	0.88	B
3	Sungsan	Naeun	92	0.92	A
4	Sungsan	Ziho	70	0.70	F

이번에는 transform( ) 메소드를 사용해 학점을 연산하는 방법이다. 먼저 transform( ) 메소드로 수학 성적 평균을 구하고 df 객체에 Avg_S를 추가한다.

```
In [324]: df['Avg_S'] = df.groupby('School')['Math_S'].transform('mean')

In [325]: df
Out[325]:
```

	School	Name	Math_S	Rating_S	Grade	Avg_S
0	Yeonhi	Haena	92	0.92	A	81.000000
1	Yeonhi	Gisu	70	0.70	F	81.000000
2	Sungsan	Una	88	0.88	B	83.333333
3	Sungsan	Naeun	92	0.92	A	83.333333
4	Sungsan	Ziho	70	0.70	F	83.333333

평균 점수보다 큰 수학 점수를 불리언으로 나타내는 열 Above_Avg를 추가하고 데이터를 완성한다.

```
In [326]: df['Above_Avg'] = df['Avg_S'] < df['Math_S']

In [327]: df
Out[327]:
```

	School	Name	Math_S	Rating_S	Grade	Avg_S	Above_Avg
0	Yeonhi	Haena	92	0.92	A	81.000000	True
1	Yeonhi	Gisu	70	0.70	F	81.000000	False
2	Sungsan	Una	88	0.88	B	83.333333	True
3	Sungsan	Naeun	92	0.92	A	83.333333	True
4	Sungsan	Ziho	70	0.70	F	83.333333	False

apply( ) 메소드 적용

apply( ) 메소드는 함수를 그룹별로 적용하고 그 결과를 통합하는 연산을 수행한다. apply( ) 메소드에 전달하는 함수는 데이터프레임을 첫 번째 인수로 가져야 하며 결과로 데이터프레임, 시리즈, 또는 스칼라를 반환한다.

지금까지 groupby( ) 메소드와 관련 속성을 이용한 분할, 적용, 통합(split-apply-combine) 연산을 예제와 함께 학습했다. 이번에는 apply( ) 메소드를 이용해 분할된 그룹에 함수들을 적용하고 통합하는 과정을 살펴본다. In [317]에서는 시리즈 객체인 df['Math_S']에 apply( ) 메소드를 적용했다. 다음 예제는 GroupBy 객체에 apply( ) 메소드를 적용한다. In [329]에서는 수학 점수인 Math_S열의 값들을 오름차순으로 정렬한다. 이를 위해 먼저 순서를 정렬하는 사용자 정의 함수 sort_math( )를 입력하고 호출하는 코드를 다음과 같이 실행한다.

```
In [328]: def sort_math(dfs, n=3, column='Math_S'):
              return dfs.sort_values(by=column)[:n]

In [329]: sort_math(df, n=5)
Out[329]:
```

	School	Name	Math_S	Rating_S	Grade	Avg_S	Above_Abg
1	Yeonhi	Gisu	70	0.70	F	81.000000	False
4	Sungsan	Ziho	70	0.70	F	83.000000	False
2	Sungsan	Una	88	0.88	B	83.000000	True
0	Yeonhi	Haena	92	0.92	A	81.000000	True
3	Sungsan	Naeun	92	0.92	A	83.000000	True

이제 학교별로 그룹을 분할한 후 apply( ) 메소드를 적용하고 sort_math 함수를 인수로 전달한다. apply(sort_math, n=2)를 입력하면 sort_math( ) 함수에 n=2라는 인수를 전달해 연산한다. apply(sort_math, n=2, column='Rating_S')는 sort_math( ) 함수에 n=2, column='Rating_S'를 전달하라는 의미이다.

```
In [330]: df.groupby('School').apply(sort_math, n=2, column='Rating_S')
Out[330]:
```

School		School	Name	Math_S	Rating_S	Grade	Avg_S	Above_Abg
Sungsan	4	Sungsan	Ziho	70	0.70	F	83.000000	False
	2	Sungsan	Una	88	0.88	B	83.000000	True
Yeonhi	1	Yeonhi	Gisu	70	0.70	F	81.000000	False
	0	Yeonhi	Haena	92	0.91	A	81.000000	True

5.2.4 기타 그룹 연산

불필요한 부분을 자동으로 제거

다음은 특정 열을 기준으로 표준 편차를 계산하는 예제다. 이 데이터에 집계 연산을 위한 함수를 적용할 때 연산 범주에 해당하지 않는 B열을 제거해도 어떤 문제도 발생하지 않는다.

```
In [331]: df = pd.DataFrame({'A': ['ha', 'hi', 'ho', 'ha', 'ho'],
                             'B': ['one', 'two', 'one', 'one', 'two'],
                             'Data1': np.random.randn(5),
                             'Data2': np.random.randn(5)})

In [332]: df
Out[332]:
```

	A	B	Data1	Data2
0	ha	one	0.925169	0.827582
1	hi	two	-0.964132	0.317676
2	ho	one	0.345608	1.090303
3	ha	one	-0.642167	0.523911
4	ho	two	1.244183	-0.986792

```
In [333]: df.groupby('A').std()
Out[333]:
```

A	Data1	Data2
ha	0.048482	0.866771
hi	NaN	NaN
ho	0.146389	0.184884

그룹 키에 NaN이나 NaT가 있다면 이 키들은 자동으로 배제된다. 즉 NA 그룹이나 NaT 그룹은 존재하지 않는다.

순서가 정렬된 요소를 그룹화

판다스 Categorical 클래스의 인스턴스인 범주형 변수들을 그룹 키로써 사용할 수 있다. 이때 레벨 순서가 유지된다. 다음은 data에 동일한 개수로 범주를 적용한 결과를 그룹화하여 평균을 구하는 예제다.

```
In [334]: data = pd.Series(np.random.randn(16))

In [335]: data
Out[335]: 0    -0.195179
```

```
             1      0.117120
                (중략)
            15      1.131278
            dtype: float64

In [336]: factor = pd.qcut(data, [0, .25, .5, .75, 1.])

In [337]: factor
Out[337]: 0       (-0.56, 0.115]
          1       (0.115, 0.424]
          2       (-2.191, -0.56]
              (중략)
          15      (0.424, 1.131]
          dtype: Category
          Categories (4, interval[float64]): [(-2.191, -0.56] < (-0.56, 0.115] < (0.115, 0.424]
                                              < (0.424, 1.131]]

In [338]: data.groupby(factor).mean()
Out[338]: (-2.191, -0.56]    -1.488490
          (-0.56, 0.115]     -0.131563
          (0.115, 0.424]      0.227374
          (0.424, 1.131]      0.908746
          dtype: float64
```

각 그룹의 행 확인하기

데이터프레임이나 시리즈와 같이 GroupBy 객체에서도 **head**와 **tail**을 호출할 수 있다. 다음 예제에서 head(1)은 A열 값의 2개 그룹인 1과 5에서 첫 번째 행을 출력한다. tail(1)은 각 그룹의 마지막 행을 출력한다.

```
In [339]: df = pd.DataFrame([[1, 2], [1, 4], [5, 6], [5, 8]], columns=['A', 'B'])

In [340]: df                                In [341]: gr = df.groupby('A')
Out[340]:
```

	A	B
0	1	2
1	1	4
2	5	6
3	5	8

In [342]: gr.head(1)
Out[342]:

	A	B
0	1	2
2	5	6

In [343]: gr.tail(1)
Out[343]:

	A	B
1	1	4
3	5	8

다음은 각 그룹에서 n번째 행을 선택하는 예제다. 데이터프레임이나 시리즈에서 n번째 행을 선택하려면 **nth( ) 메소드**를 사용한다. 이것은 **감소(reduction)** 메소드이며 n에 정수를 전달하면 그룹당 1개 또는 0개 행을 반환한다. 감소 메소드란 데이터프레임의 연산 결과가 시리즈로 변화되어 차원이 낮아진다는 의미이다. 예제의 nth(0)은 gr.first( )와 같다.

In [344]: gr.nth(0)
Out[344]:

A	B
1	2
5	6

In [345]: gr.nth(1)
Out[345]:

A	B
1	4
5	8

In [346]: gr.nth(-1)
Out[346]:

A	B
1	4
5	8

null이 아닌 n번째 요소를 선택하고 싶다면 **dropna kwarg**를 사용한다. kwarg는 키워드 인수의 총칭을 나타낸다. 데이터프레임에 **dropna( )** 메소드를 전달하는 것 같이 any나 all 값을 선택한다.

```
In [347]: df = pd.DataFrame([[1, np.nan], [1, 4], [5, 6], [5, 8]], columns=['A', 'B'])

In [348]: df
Out[348]:
       A    B
   0   1    NaN
   1   1    4.0
   2   5    6.0
   3   5    8.0

In [349]: gr = df.groupby('A')

In [350]: gr.nth(0)                         In [351]: gr.nth(0, dropna='any')
Out[350]:                                   Out[351]:
       B                                           B
   A                                         A
   1   NaN                                   1    4.0
   5   6.0                                   5    6.0

In [352]: gr.first()                        In [353]: gr.last()
Out[352]:                                   Out[353]:
       B                                           B
   A                                         A
   1   4.0                                   1    4.0
   5   6.0                                   5    8.0
```

groupby( ) 함수에 as_index=False 인수를 전달하면 그룹화된 행을 반환한다.

```
In [354]: gr1 = df.groupby('A', as_index=False)

In [355]: gr1.nth(0)
Out[355]:
```

	A	B
0	1	NaN
2	5	6.0

5.3 수학 계산

넘파이와 판다스 라이브러리는 과학 계산을 포함하는 데이터 분석에서 중요하게 사용된다. 3장에서 설명했듯 넘파이는 ndarray 객체의 요소를 빠르게 계산할 수 있도록 강력한 기능을 가진 많은 함수를 제공한다. 넘파이와 판다스는 같은 플랫폼에서 설계되었으므로 넘파이의 함수들을 판다스에서도 그대로 사용할 수 있다. 판다스에서는 이러한 함수들을 사용해 메타데이터를 제외한 시리즈와 데이터프레임의 데이터 구조에서 수학 계산을 쉽게 할 수 있다.

5.3.1 통계 함수

지금까지 min( ), max( ), std( ), var( ), median( ), count( ), sum( ), cumsum( ), count( ), prod( ) 등의 통계 함수를 사용했다. 이번에는 **pct_change( )**, **cov( )**, **corr( )**, **rank( )** 통계 함수를 살펴본다.

퍼센트 변화율

시리즈와 데이터프레임에서 **퍼센트 변화율(percent change)**을 계산하기 전 pct_change( )의 **fill_method** 인수를 이용해 NA나 Null 값을 채운다. 다음 예제에서는 주어진 수의 기간에 대한 퍼센트 변화율을 계산하기 위해 pct_change( ) 메소드를 적용한다.

```
In [356]: ser = pd.Series([1, 2, 3, 4, 5, 6])

In [357]: ser                    In [358]: ser.pct_change()
Out[357]: 0    1                 Out[358]: 0         NaN
          1    2                           1    1.000000
          2    3                           2    0.500000
          3    4                           3    0.333333
          4    5                           4    0.250000
          5    6                           5    0.200000
dtype: int64                     dtype: float64
```

다음 예제에서 periods의 기본값은 1이다. ser 객체에 pct_change( ) 메소드를 적용하면 기준인 인덱스 0은 NaN이다. 인덱스 1 값은 ser 객체의 인덱스 0 값이 분모이며 인덱스 1에서 인덱스 0의 값을 뺀 값이 분자 값이다. 이때 분자가 0보다 크거나 같으면 +, 작으면 -가 된다.

periods=3 인수를 전달하여 실행한 후 퍼센트 변화율을 확인해본다.

```
In [359]: ser.pct_change(periods=3)
Out[359]: 0    NaN
          1    NaN
          2    NaN
          3    3.0
          4    1.5
          5    1.0
          dtype: float64
```

앞 예제에서 periods=3은 이동 주기가 3이라는 뜻으로 ser 객체의 첫 3행이 NaN이 된다. ser 객체에 pct_change( )를 적용해 인덱스가 3인 값을 구할 때 분모는 ser 객체의 인덱스 0의 값인 1이다. 분자는 ser 객체의 인덱스 3의 값인 4에서 인덱스 0의 값인 1을 뺀 값, 즉 3이 분자가 된다. 이후 값은 동일한 방식으로 구할 수 있다.

다음 예제에서 df 객체의 퍼센트 변화율을 구할 때 axis에 기본값과 columns 인수를 각각 전달한다. 인수 index의 값은 이산화탄소와 물의 화학식으로 첨자는 LaTeX 표기법을 사용했다.

```
In [360]: df = pd.DataFrame({'2021': [0.12, 0.24], '2022': [0.14, 0.26], '2023': [0.10, 0.22]},
                            index=['CO$_2$', 'H$_2$O'])
```

In [361]: df
Out[361]:

	2021	2022	2023
CO_2	0.12	0.14	0.10
H_2O	0.24	0.26	0.22

In [362]: df.pct_change()
Out[362]:

	2021	2022	2023
CO_2	NaN	NaN	NaN
H_2O	1.0	0.857143	1.2

```
In [363]: df.pct_change(axis='columns')
Out[363]:
```

	2021	2022	2023
CO_2	NaN	0.166667	-0.285714
H_2O	NaN	0.083333	-0.153846

공분산

Series.cov( ) 함수는 시리즈 사이에서 손실 값을 제외한 **공분산(covariance)**을 계산한다. 공분산은 확률론과 통계학 분야에서 확률 변수 2개의 상관 정도를 나타내는 값이다. 공분산에 대한 자세한 설명은 이 책의 범위를 벗어나므로 생략한다.

```
In [364]: ser1 = pd.Series(np.random.randn(100))

In [365]: ser2 = pd.Series(np.random.randn(100))

In [366]: ser1.cov(ser2)
Out[366]: 0.038770206951135186
```

DataFrame.cov( ) 함수는 데이터프레임 사이에서 손실 값을 제외하고 쌍(pair) 단위의 공분산을 계산한다.

```
In [367]: df = pd.DataFrame(np.random.randn(1000, 3), columns=['a', 'b', 'c'])

In [368]: df.cov()
Out[368]:
```

	a	b	c
a	0.976078	-0.078611	0.018707
b	-0.078611	1.008912	0.065214
c	0.018707	0.065214	1.072027

DataFrame.cov( )는 손실 값, null 값을 제외하고 열의 공분산 쌍을 구한다. 여기서 옵션인 **min_periods** 키워드는 유효한 결괏값을 얻기 위해 열의 쌍당 요구되는 최소수의 관찰치를 뜻한다. 이것은 손실 값이 존재하는 데이터에서 정확한 결과를 얻기 위해 적용하는 인수다.

```
In [369]: df = pd.DataFrame(np.random.randn(10, 3), columns=['a', 'b', 'c'])

In [370]: df.loc[df.index[:3], 'a'] = np.nan    In [371]: df.loc[df.index[3:6], 'b'] = np.nan

In [372]: df.cov()
Out[372]:
```

	a	b	c
a	0.692328	0.405402	0.366920
b	0.405402	0.766412	0.083848
c	0.366920	0.083848	1.192287

```
In [373]: df.cov(min_periods=5)
Out[373]:
```

	a	b	c
a	0.692328	NaN	0.366920
b	NaN	0.766412	0.083848
c	0.366920	0.083848	1.192287

객체 df는 a열에 3개, b열에 3개 손실 값이 존재한다. In [372]에는 손실 값이 공분산의 결과에 반영되지 않았다. 따라서 타당한 결과를 얻기 위해서 각 열의 쌍에 대해 최소수인 관찰 값, 즉 min_period 값을 인수로 전달해야 한다. 예제에서 총 관찰 수는 10개고 손실 값 수는 5개다. 따라서 관찰 값의 최소수는 총 관찰 수 10개에서 손실 값 6개를 뺀 4개이므로 이보다 큰 값에서 정한다. In [373]에서는 nin_periods=5를 전달했다.

상관관계

상관 계수(correlation coefficient)는 두 변량 사이 상관관계 정도를 의미하며 corr( ) 메소드로 상관 계수를 계산할 수 있다. 판다스에서는 corr( ) 메소드의 인수로 사용할 수 있는 몇몇 method를 제공한다.

method 이름	기능
pearson(기본)	표준 상관 계수
kendall	Kendall Tau 순위 상관 계수
spearman	Spearman 상관 계수

[표 5-8] corr( ) 메소드의 인수 method

상관관계를 확인하기 위해 다음과 같이 df 객체를 생성하고 짝수 행에 손실 값을 할당한다.

```
In [374]: df = pd.DataFrame(np.random.randn(500, 3), columns=['a', 'b', 'c'])

In [375]: df.iloc[::2] = np.nan

In [376]: df.head(6)
Out[376]:
```

	a	b	c
0	NaN	NaN	NaN
1	0.743999	-1.294912	0.341671
2	NaN	NaN	NaN
3	-1.869476	-0.127462	1.196464
4	NaN	NaN	NaN
5	-1.178090	1.389744	0.654095

df에서 a열과 b열의 상관 계수를 구하고 df 열들의 쌍 단위(pairwise) 상관 계수를 구한다. method='spearman'은 순위가 매겨진 두 변수 간 상관 계수를 계산하며 통계학에서 주로 사용한다.

```
In [377]: df['a'].corr(df['b'])
Out[377]: 0.06164335283977118

In [378]: df['a'].corr(df['b'], method='spearman')
Out[378]: 0.08545327125234002

In [379]: df.corr()
Out[379]:
```

	a	b	c
a	1.000000	0.061643	-0.089983
b	0.061643	1.000000	-0.081301
c	-0.089983	0.081301	1.000000

상관 계수를 계산할 때 수치가 아닌 열들은 제외된다. 따라서 다음처럼 데이터프레임 열들의 쌍 단위에서 상관 계수를 구할 때는 NaN이 적용되지 않는다. 그러므로 min_periods 인수로 타당한 요소를 설정해야 df1에 있는 NaN이 적용된다.

```
In [380]: df1 = pd.DataFrame(np.random.randn(20, 3), columns=['a', 'b', 'c'])

In [381]: df1.loc[df1.index[:5], 'a'] = np.nan

In [382]: df1.loc[df1.index[5:10], 'b'] = np.nan

In [383]: df1.corr()
Out[383]:
```

	a	b	c
a	1.000000	0.052838	0.043483
b	-0.052838	1.000000	0.289826
c	0.043483	0.289826	1.000000

```
In [384]: df1.corr(min_periods=12)
Out[384]:
```

	a	b	c
a	1.000000	NaN	0.043483
b	NaN	1.000000	0.289826
c	0.043483	0.289826	1.000000

corrwith( ) 메소드는 두 데이터프레임 객체의 행들 또는 열들 사이 쌍 단위 상관 계수를 구한다. 두 데이터프레임 객체들의 shape가 다르면 NaN 값을 가진다.

```
In [385]: ind = ['a', 'b', 'c', 'd']         In [386]: col = ['one', 'two', 'three']

In [387]: df1 = pd.DataFrame(np.random.randn(4, 3), index=ind, columns=col)

In [388]: df2 = pd.DataFrame(np.random.randn(3, 3), index=ind[:3], columns=col)

In [389]: df1.corrwith(df2)                  In [390]: df2.corrwith(df1, axis=1)
```

```
Out[389]: one      0.842801          Out[390]: a   -0.943520
         two     -0.912700                    b   -0.555234
         three   -0.921101                    c   -0.490384
         dtype: float64                       d        NaN
                                              dtype: float64
```

데이터 순위

rank( ) 메소드는 시리즈나 데이터프레임에서 데이터의 순위(ranking)를 구한다. 같은 값을 가지는 항목은 기본으로 평균값의 순위를 매긴다.

```
In [391]: ser = pd.Series(np.random.randn(5), index=list('abcde'))

In [392]: ser                          In [393]: ser['d'] = ser['b']
Out[392]: a   -0.555076
          b    0.991218
          c    0.467533
          d    0.021595
          e    0.340465
          dtype: float64

In [394]: ser.rank()
Out[394]: a    1.0
          b    4.5
          c    3.0
          d    4.5
          e    2.0
          dtype: float64
```

데이터프레임에 rank( ) 메소드를 사용하면 행들(axis=0) 또는 열들(axis=1) 중 하나에 대해 순위를 매길 수 있다. NaN 값은 순위에서 제외된다.

```
In [395]: df = pd.DataFrame(np.random.randn(5, 3))

In [396]: df
Out[396]:
```

	0	1	2
0	-0.218562	0.576506	-0.389764
1	-2.086191	0.330545	0.774106
2	-0.242201	1.584305	0.944607
3	-0.324713	1.748334	1.038680
4	-0.292425	0.638569	-0.337336

```
In [397]: df[0][:2]
Out[397]: 0   -0.218562
          1   -2.086191
          Name: 0, dtype: float64
```

열 2에 df[0][:2]를 동적 할당하고 순위를 구한다.

```
In [398]: df[2] = df[0][:2]

In [399]: df
Out[399]:
```

	0	1	2
0	-0.218562	0.576506	-0.218562
1	-2.086191	0.330545	-2.086191
2	0.242201	1.584305	NaN
3	-0.324713	1.748334	NaN
4	-0.292425	0.638569	NaN

```
In [400]: df.rank(1)
Out[400]:
```

	0	1	2
0	1.5	3.0	1.5
1	1.5	3.0	1.5
2	1.0	2.0	NaN
3	1.0	2.0	NaN
4	1.0	2.0	NaN

5.3.2 윈도우 함수

판다스는 데이터에서 **window**나 **rolling** 등 기간을 이동하는 통계 자료를 계산할 수 있는 다양한 **윈도우 함수**를 제공한다. 윈도우란 주어진 행과 떨어진 특정 행인 두 행 사이의 수를 뜻한다. 일반적으로 윈도우 함수들은 시간 순서를 가지는 시계열 데이터에서 평균값을 계산하는 데 많이 사용하는데 이러한 함수들을 이용해 변화하는 트렌드를 확인할 수 있기 때문이다. count( ), sum( ), mean( ), median( ), corr( ), var( ), cov( ), std( ), skew( ) 및 kurt( )가 윈도우 함수에 속한다.

판다스는 이동 윈도우 계산을 위한 rolling( ) 메소드, 윈도우 확장 변환을 위한 expanding( ) 메소드, 지수 가중 이동 평균 계산을 위한 ewm( ) 메소드를 제공한다. rolling( )과 expanding( ) 메소드는 DataFrameGroupBy 객체에서 직접 사용할 수 있다. 예제를 통해 확인해본다.

```
In [401]: s = pd.Series(np.random.randn(1000), index=pd.date_range('1/1/2021', periods=1000))

In [402]: s
Out[402]: 2021-01-01    0.622201
          2021-01-02    0.540563
          2021-01-03    0.366648
          2021-01-04    0.852495
                  (중략)
          2023-09-27   -1.831179
          Freq: D, Length: 1000, dtype: float64
```

시리즈 객체 s에 누적 합을 계산하는 cumsum( ) 함수를 적용한다.

```
In [403]: ser = s.cumsum()

In [404]: ser
Out[404]: 2021-01-01    0.622201
          2021-01-02    1.162764
          2021-01-03    1.529412
          2021-01-04    2.381907
                  (중략)
          2023-09-27   -19.806944
          Freq: D, Length: 1000, dtype: float64
```

시리즈 객체 s에 **rolling( )** 메소드를 적용하고 인수 window=60을 전달한다. Rolling 객체에 속한 여러 메소드와 속성은 In [408]과 같이 roll.을 타이핑한 후 〈Tab〉 키를 누르면 확인할 수 있으며 이 메소드들은 모두 호출할 수 있다. In [409]에서는 mean( ) 메소드를 호출한다.

다음 예제에서는 1천 개 행으로 이루어진 s 객체 데이터에서 첫 번째 60개 행의 평균값을 roll. mean( ) 메소드로 계산한다. 결과 데이터의 60번째 행에 첫 번째 연산 결과를 나타내고 0부터 59번째 행은 NaN으로 처리한다. 또한 전체 데이터의 2번째 행부터 61번째 행까지 평균값을 연산하는 결과를 61번째 행에 나타낸다. 이러한 방법으로 1천 개 행의 변화하는 평균값을 구할 수 있다.

```
In [405]: roll = s.rolling(window=60)

In [406]: roll
Out[406]: Rolling [window=60,center=False,axis=0]

In [407]: type(roll)
Out[407]: pandas.core.window.Rolling

In [408]: roll.<Tab>
agg     apply    count    exclusions    max    median

In [409]: roll.mean()
Out[409]: 2021-01-01         NaN
          2021-01-02         NaN
          2021-01-03         NaN
          2021-01-04         NaN
                (중략)
          2023-09-27         0.038290
Freq: D, Length: 1000, dtype: float64
```

rolling( ) 메소드를 실행하면 라벨은 기본으로 윈도우의 오른쪽 테두리에 설정된다. center=True 로 설정하면 윈도우의 중심으로 라벨을 변경할 수 있다.

Rolling 객체는 통계를 계산하는 다음과 같은 메소드를 지원한다.

메소드 종류	기능
count( )	null이 아닌 관찰치의 수
sum( )	값들의 합
mean( )	값들의 평균
median( )	중앙값
min( )	최솟값
max( )	최댓값
std( )	Bessel 보정의 표본 표준 편차

메소드 종류	기능
var( )	편향되지 않는(unbiased) 분산
skew( )	표본 왜도(sample skewness)
kurt( )	표본 첨도(sample kurtosis)
quantile( )	표본 분위수(sample quantile)로 %로 표기되는 값
apply( )	일반적인 적용
cov( )	편향되지 않는 공분산(binary)
corr( )	상관 계수(binary)

[표 5-9] Rolling 객체 지원 메소드

시리즈에 cumsum( ) 메소드를 이용해 누적 합을 계산한 In [403]의 ser을 그래프로 그려본다.

```
In [410]: ser.plot(style='k')

Out[410]: <AxeSubplot :>
```

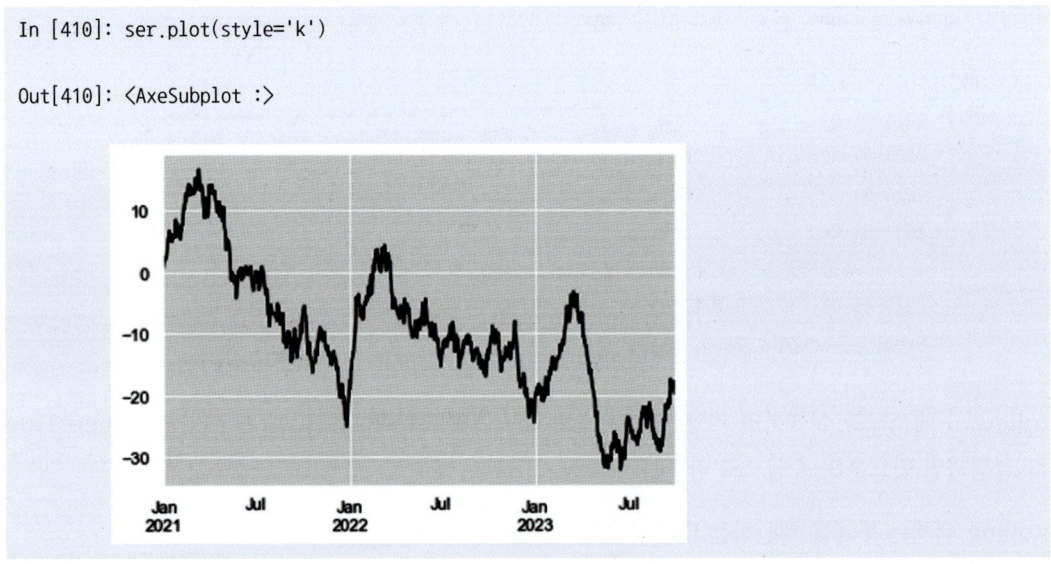

이번에는 데이터프레임 객체에 cumsum( ) 메소드를 적용하고 이 결과에 window=60인 rolling( ) 메소드 연산 후 sum( ) 연산을 실행한다. 그리고 결과 데이터 3개 열의 그래프를 최종 반환한다. 먼저 다음과 같이 데이터프레임을 생성한다.

```
In [411]: df = pd.DataFrame(np.random.randn(1000, 3),
            index=pd.date_range('1/1/2021', periods=1000), columns=['A', 'B', 'C'])

In [412]: df
Out[412]:
```

	A	B	C
2021-01-01	-1.103412	-0.349294	-0.402910
2021-01-02	0.472383	-0.577367	0.086899
2021-01-03	-0.295368	0.607331	1.176855
(중략)			
2023-09-27	-1.584260	0.937089	3.417941

1000 rows × 3 columns

데이터프레임 객체 df에 cumsum( ) 메소드를 적용해 열 방향 누적 합을 구한다.

```
In [413]: dfc = df.cumsum()

In [414]: dfc
Out[414]:
```

	A	B	C
2021-01-01	-1.103412	-0.349294	-0.402910
2021-01-02	-0.631028	-0.926661	-0.316011
2021-01-03	-0.926396	-0.319331	0.860844
(중략)			
2023-09-27	0.436000	20.413773	3.191193

1000 rows × 3 columns

데이터프레임 객체 dfc에 인수 window=60인 rolling( ) 메소드 그리고 sum( ) 함수를 적용한다.

```
In [415]: dfc.rolling(window=60).sum()
Out[415]:
```

	A	B	C
2021-01-01	NaN	NaN	NaN
2021-01-02	NaN	NaN	NaN
2021-01-03	NaN	NaN	NaN
(중략)			
2023-09-27	-6356.505685	-1536.113337	3267.069856

1000 rows × 3 columns

최종 연산 결과인 In [415]를 그래프로 나타낸다.

```
In [416]: dfc.rolling(window=60).sum().plot(subplots=True)
Out[416]: array([<AxesSubplot:>, <AxesSubplot:>, <AxesSubplot:>], dtype=object)
```

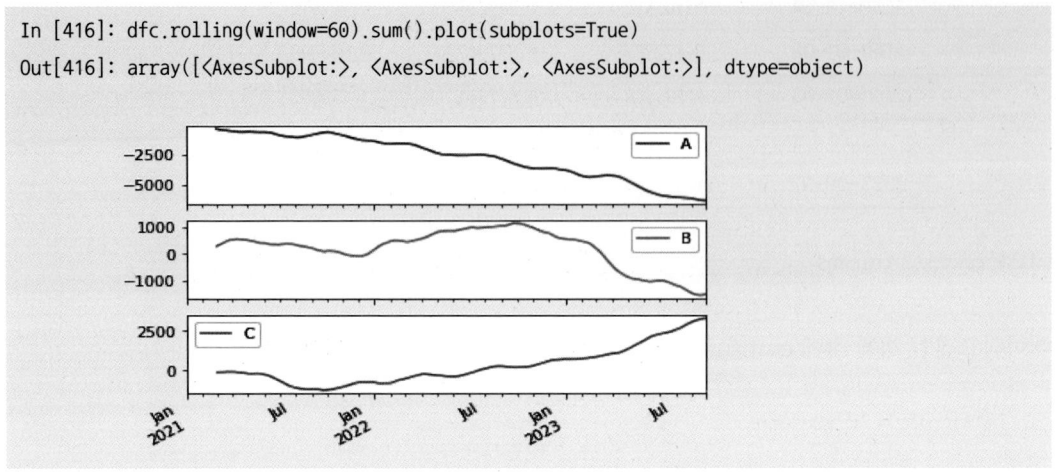

이번에는 이동 합계를 구하기 위한 시리즈 객체를 다음과 같이 생성한다.

```
>>> ser = pd.Series([1, 2, 3, 4, 5])         >>> ser
                                             0    1
                                             1    2
                                             2    3
                                             3    4
                                             4    5
                                             dtype: int64
```

window=3인 이동 합계를 구한다. center=True를 입력하면 윈도우 중심에서 라벨을 설정한다. 이것은 NaN 값을 처음과 마지막 부분에 배치한다는 의미로 윈도우가 3이면 맨 처음과 마지막 값이 NaN이 된다.

```
>>> ser.rolling(3).sum()          >>> ser.rolling(3, center=True).sum()
0    NaN                          0    NaN
1    NaN                          1    6.0
2    6.0                          2    9.0
3    9.0                          3    12.0
4    12.0                         4    NaN
dtype: float64                    dtype: float64
```

시간 인식 이동

시간 인식 이동(time-aware rolling)은 rolling( ) 메소드에 오프셋이나 이와 동등한 것을 전달하고 이를 기반으로 다양한 크기의 윈도우를 가질 수 있도록 한다. 이렇게 하면 지정한 시간 구간 내에서 발생하는 모든 선행 값들을 포함한다.

시간 인식 이동을 예제를 통해 확인한다. 먼저 데이터프레임 객체 dfc를 생성한다.

```
In [417]: dft = pd.DataFrame({'val': [0, 1, 2, np.nan, 4]},
                    index=pd.date_range('20210101 09:00:00', periods=5, freq='s'))

In [418]: dft
Out[418]:
```

	val
2021-01-01 09:00:00	0.0
2021-01-01 09:00:01	1.0
2021-01-01 09:00:02	2.0
2021-01-01 09:00:03	NaN
2021-01-01 09:00:04	4.0

In [417]의 연산 결과는 규칙적인 도수 인덱스를 가진다. In [419]와 같이 윈도우 매개 변수로 정수를 사용하는 것은 윈도우 도수에 따라 이동시킨다는 의미이다.

```
In [419]: dft.rolling(2).sum()
Out[419]:
```

	val
2021-01-01 09:00:00	NaN
2021-01-01 09:00:01	1.0
2021-01-01 09:00:02	3.0
2021-01-01 09:00:03	NaN
2021-01-01 09:00:04	NaN

윈도우가 2고 NaN이 1개이므로 sum( ) 연산으로 유효한 값을 얻기 위해 min_periods를 1로 설정했다.

```
In [420]: dft.rolling(2, min_periods=1).sum()
Out[420]:
```

	val
2020-01-01 09:00:00	0.0
2020-01-01 09:00:01	1.0
2020-01-01 09:00:02	3.0
2020-01-01 09:00:03	2.0
2020-01-01 09:00:04	4.0

window 함수에 전달한 오프셋 '2s'는 시간 간격을 의미한다. 즉 윈도우를 2초 단위로 나누어 계산한다는 뜻이다. 이러한 방식으로 오프셋을 입력하는 것은 이동 도수를 더 직관적인 규격으로 설정하는 것이다.

```
In [421]: dft.rolling('2s').sum()
Out[421]:
```

	val
2021-01-01 09:00:00	0.0
2021-01-01 09:00:01	1.0
2021-01-01 09:00:02	3.0
2021-01-01 09:00:03	2.0
2021-01-01 09:00:04	4.0

다음 예제에서는 단조(monotonic) 인덱스를 가지는 dft1의 이동 합계를 계산한다. 단조는 변화가 없거나 일정함을 의미한다.

```
In [422]: dft1 = pd.DataFrame({'val': [0, 1, 2, np.nan, 4]},
                              index=pd.Index([pd.Timestamp('20210101 09:00:00'),
                                              pd.Timestamp('20210101 09:00:01'),
                                              pd.Timestamp('20210101 09:00:02'),
                                              pd.Timestamp('20210101 09:00:03'),
                                              pd.Timestamp('20210101 09:00:04')], name='ha'))

In [423]: dft1                          In [424]: dft1.rolling(2).sum()
Out[423]:                               Out[424]:
```

	val
ha	
2021-01-01 09:00:00	0.0
2021-01-01 09:00:01	1.0
2021-01-01 09:00:02	2.0
2021-01-01 09:00:03	NaN
2021-01-01 09:00:04	4.0

	val
ha	
2021-01-01 09:00:00	NaN
2021-01-01 09:00:01	1.0
2021-01-01 09:00:02	3.0
2021-01-01 09:00:03	NaN
2021-01-01 09:00:04	NaN

오프셋에 시간 규격을 설정하면 데이터에서 변화하는 윈도우를 생성한다.

```
In [425]: dft1.rolling('2s').sum()
Out[425]:
```

	val
ha	
2021-01-01 09:00:00	0.0
2021-01-01 09:00:01	1.0
2021-01-01 09:00:02	3.0
2021-01-01 09:00:03	2.0
2021-01-01 09:00:04	4.0

on 매개 변수를 전달하면 데이터프레임 열에 윈도우 함수를 적용할 수 있다.

```
In [426]: dft2 = dft1.reset_index()
```

```
In [427]: dft2
Out[427]:
```

	ha	val
0	2021-01-01 09:00:00	0.0
1	2021-01-01 09:00:01	1.0
2	2021-01-01 09:00:02	2.0
3	2021-01-01 09:00:03	NaN
4	2021-01-01 09:00:04	4.0

```
In [428]: dft2.rolling('2s', on='ha').sum()
Out[428]:
```

	ha	val
0	2021-01-01 09:00:00	0.0
1	2021-01-01 09:00:01	1.0
2	2021-01-01 09:00:02	3.0
3	2021-01-01 09:00:03	2.0
4	2021-01-01 09:00:04	4.0

이진 윈도우 함수

cov( )와 corr( ) 함수는 2개의 시리즈 조합이나 데이터프레임과 시리즈 조합 또는 2개의 데이터프레임 조합에서 이동 윈도우 통계를 계산할 수 있으며 다음과 같이 연산을 수행한다.

- **시리즈와 시리즈**: 쌍의 통계를 계산한다.
- **데이터프레임과 시리즈**: 데이터프레임에 시리즈를 전달해 데이터프레임 각 열의 통계를 계산하고 데이터프레임을 반환한다.
- **데이터프레임과 데이터프레임**: 열 이름에 매칭하는 통계를 계산하고 기본으로 데이터프레임을 반환한다. 키워드 인수 pairwise=True를 전달하면 각 열의 쌍에 대한 통계를 계산하고 멀티인덱스로 이루어진 데이터프레임을 반환한다.

앞 3가지 연산을 예제를 통해 확인해본다.

```
In [429]: df = pd.DataFrame(np.random.randn(500, 3),
            index=pd.date_range('1/1/2021', periods=500), columns=['A', 'B', 'C'])

In [430]: dfc = df.cumsum()

In [431]: dfc.head()
Out[431]:
```

	A	B	C
2021-01-01	-0.689735	0.511213	-0.211961
2021-01-02	-0.001976	0.519401	0.361778
2021-01-03	1.354408	1.042340	-0.078178
2021-01-04	1.589834	-0.302771	0.158844
2021-01-05	2.981116	1.012224	2.132501

df1 객체를 생성하고 dfc 객체에서 20개 행을 df1 객체에 할당한다.

```
In [432]: df1 = dfc[:20]

In [433]: df1.head()
Out[433]:
```

	A	B	C
2021-01-01	-0.689735	0.511213	-0.211961
2021-01-02	-0.001976	0.519401	0.361778

2021-01-03	1.354408	1.042340	-0.078178
2021-01-04	1.589834	-0.302771	0.158844
2021-01-05	2.981116	1.012224	2.132501

df1 객체에 window=5 인수를 갖는 rolling( ) 함수를 적용하고 df1['B']와의 상관관계를 구한다.

```
In [434]: df1.rolling(window=5).corr(df1['B'])
Out[434]:
```

	A	B	C
2021-01-01	NaN	NaN	NaN
2021-01-02	NaN	NaN	NaN
2021-01-03	NaN	NaN	NaN
2021-01-04	NaN	NaN	NaN
2021-01-05	0.218089	1.0	0.382130
2021-01-06	-0.109227	1.0	-0.062368
(중략)			
2021-01-20	0.650993	1.0	-0.462972

쌍 단위의 공분산과 상관관계를 이동 윈도우로 계산하기

금융 데이터 분석 분야 등에서는 시계열 모음의 공분산과 상관관계 매트릭스 계산을 이용한다. 상관관계 매트릭스란 변수 사이에서 상관계수를 나타내는 테이블을 의미한다. 이동 윈도우 공분산과 상관관계는 pairwise 키워드 인수를 전달해 계산할 수 있다. 데이터프레임을 입력하면 멀티인덱스로 이루어진 데이터프레임이 결과로 나타난다. 이때 인덱스는 날짜이며 단일 데이터프레임에서 pairwise 인수는 생략할 수 있다.

다음 예제에서는 df 객체의 B와 C열 요소에 rolling( ) 함수를 적용하고 A와 B열 요소와의 공분산을 구한다.

```
In [435]: cvar = (df[['B', 'C']].rolling(window=50).cov(df[['A', 'B']], pairwise=True))

In [436]: cvar
Out[436]:
```

		B	C
2021-01-01	A	NaN	NaN
	B	NaN	NaN
	(중략)		
2022-05-13	A	1.364238	-0.148641
	B	-0.053193	0.474139
2022-05-14	A	-0.053193	0.474139
	B	1.368980	-0.137885
2022-05-15	A	-0.060299	0.508889
	B	1.313828	-0.042596

1000 rows x 2 columns

loc 속성으로 2022년 5월 13일부터 2022년 5월 15일까지의 요소로 이루어진 데이터프레임 객체를 구한다.

```
In [437]: cvar.loc['2022-05-13':]
Out[437]:
```

		B	C
2022-05-13	A	-0.081230	0.464166
	B	1.364238	-0.148641
2022-05-14	A	-0.053193	0.474139
	B	1.368980	-0.137885
2022-05-15	A	-0.060299	0.508889
	B	1.313828	-0.042596

다음으로 df 객체에 rolling( ) 함수를 적용한 후 상관관계를 구한다. 이 결과에 loc 메소드를 적용해 2022년 5월 13일부터 2022년 5월 15일까지 요소로 이루어진 데이터프레임 객체를 구한다.

```
In [438]: dfr = df.rolling(window=50).corr()

In [439]: dfr.loc['2022-05-13':]
Out[439]:
```

		A	B	C
2022-05-13	A	1.000000	-0.063542	0.388097
	B	-0.063542	1.000000	-0.116460
	C	0.388097	-0.116460	1.000000
2022-05-14	A	1.000000	-0.040369	0.386208
	B	-0.040369	1.000000	-0.108105
	C	0.386208	-0.108105	1.000000
2022-05-15	A	1.000000	-0.046196	0.438012
	B	-0.046196	1.000000	-0.036424
	C	0.438012	-0.036424	1.000000

재형성과 인덱스를 이용하면 2개 열 사이에서 시계열의 상관관계를 효율적으로 검색할 수 있다. 예제에서는 unstack( ) 메소드를 적용한다.

```
In [440]: dfr.unstack().tail(3)
Out[440]:
```

	A			B			C		
	A	B	C	A	B	C	A	B	C
2022-05-13	1.0	-0.063542	0.388097	-0.063542	1.0	-0.116460	0.388097	-0.116460	1.0
2022-05-14	1.0	-0.040369	0.386208	-0.040369	1.0	-0.108105	0.386208	-0.108105	1.0
2022-05-15	1.0	-0.046196	0.438012	-0.046196	1.0	-0.036424	0.438012	-0.036424	1.0

dfr.unstack( ) 객체에서 요소가 ('A', 'C')인 객체를 구하고 마지막 3행을 반환하는 객체를 다음과 같이 구한다.

```
In [441]: dfr.unstack()[('A', 'C')]
Out[441]: (결과 생략)

In [442]: dfr.unstack()[('A', 'C')].tail(3)
Out[442]: 2022-05-13    0.388097
         2022-05-14    0.386208
         2022-05-15    0.438012
         Name: (A, C), dtype: float64
```

In [441]의 시리즈 객체 dfr.unstack( )[('A', 'C')]를 그래프로 나타낸다.

```
In [443]: dfr.unstack()[('A', 'C')].plot()
Out[443]: <AxesSubplot:>
```

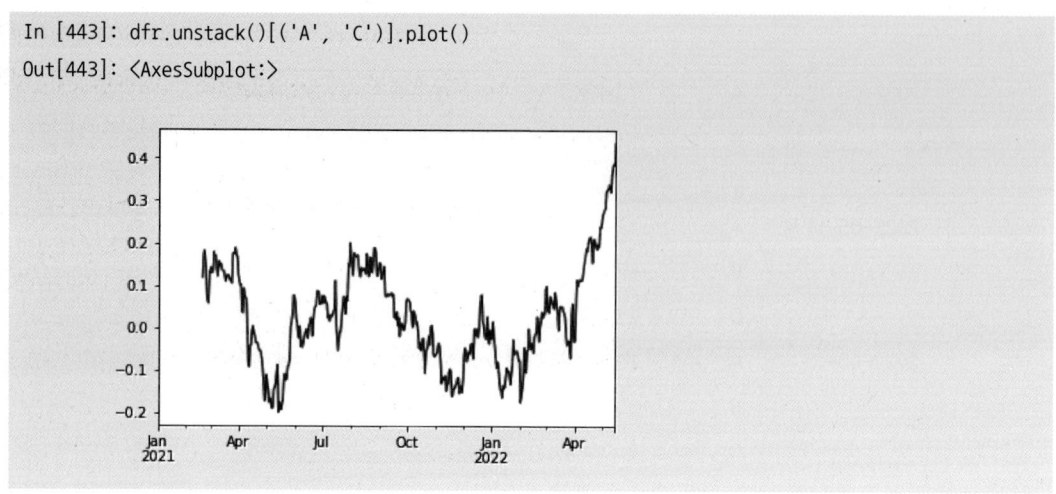

5.3.3 집계 연산

Rolling 객체를 생성하면 여러 메소드를 이용해 데이터에서 하나 이상의 계산을 수행할 수 있다. 이렇게 여러 메소드를 적용하는 데이터 집계는 aggregate( ) 메소드를 사용하는 방법과 유사하다. Rolling 객체에 aggregate( ) 메소드를 적용하는 예제를 살펴본다.

```
In [444]: df = pd.DataFrame(np.random.randn(1000, 3),
            index=pd.date_range('1/1/2021', periods=1000), columns=['A', 'B', 'C'])

In [445]: df
Out[445]:
```

	A	B	C
2021-01-01	-0.503316	1.738569	1.974328
2021-01-02	-0.467909	0.699608	-0.259144
2021-01-03	1.554227	-1.065766	0.646178
(중략)			
2023-09-27	-1.804757	0.943358	0.494145

1000 rows x 3 columns

```
In [446]: rol = df.rolling(window=60, min_periods=1)

In [447]: rol
Out[447]: Rolling [window=60,min_periods=1,center=False, axis=0]
```

생성한 rol 객체에 aggregate( ) 메소드를 적용하고 numpy.sum 함수를 인수로 전달하여 연산 결과를 집계한다. 또한 A열에 연산을 실행하고 A와 C열에 동일하게 연산을 실행한다. In [449]를 연산한 결과는 시리즈이고 In [448]과 [450]을 연산한 결과는 데이터프레임이다.

```
In [448]: rol.aggregate(np.sum)
Out[448]:
```

	A	B	C
2021-01-01	-0.503316	1.738569	1.974328
2021-01-02	-0.971225	2.438178	1.715185
2021-01-03	0.583002	1.372411	2.361363
	(중략)		
2023-09-27	0.572423	0.380003	-17.030944

1000 rows x 3 columns

```
In [449]: rol['A'].aggregate(np.sum)
Out[449]: 2021-01-01   -0.503316
          2021-01-02   -0.971225
          2021-01-03    0.583002
                          ...
          2023-09-27    0.572423
          Freq: D, Name: A, Length: 1000, dtype: float64

In [450]: rol[['A', 'C']].agg(np.sum)
Out[450]:
```

	A	C
2021-01-01	-0.503316	1.974328
2021-01-02	-0.971225	1.715185
2021-01-03	0.583002	2.361363
	(중략)	
2023-09-27	0.572423	-17.030944

1000 rows x 2 columns

복수의 함수를 적용하기

윈도우가 적용된 시리즈에 집계 연산을 실행하기 위해 함수들을 전달할 수 있다. 이때 결과로 데이터프레임을 반환한다.

```
In [451]: rol['A'].agg([np.sum, np.mean, np.std])
Out[451]:
```

	sum	mean	std
2021-01-01	-0.503316	-0.503316	NaN
2021-01-02	-0.971225	-0.485612	0.025037
2021-01-03	0.583002	0.194334	1.177835
(중략)			
2023-09-27	0.572423	0.009540	1.033705

1000 rows x 3 columns

윈도우가 적용된 데이터프레임의 각 열에 집계 연산을 실행하기 위해 함수들을 전달할 수 있다. 이때 멀티인덱스를 갖는 집계 결과를 반환한다.

```
In [452]: rol[['A', 'C']].agg([np.sum, np.mean])
Out[452]:
```

	A sum	A mean	C sum	C mean
2021-01-01	-0.503316	-0.503316	1.974328	1.974328
2021-01-02	-0.971225	-0.485612	1.715185	0.857592
2021-01-03	0.583002	0.194334	2.361363	0.787121
(중략)				
2023-09-27	0.572423	0.009540	-17.030944	-0.283849

1000 rows x 4 columns

데이터프레임 열들에 여러 함수를 적용하기

데이터프레임 열들에 함수를 딕셔너리로 전달하면 집계 연산을 수행할 수 있다. **ddof 옵션**은 델타 자유도를 설정하며 기본값은 0이다. ddof=1은 n-1로 표준 편차를 계산하라는 의미이다.

```
In [453]: rol.agg({'A': np.sum, 'C': lambda x: np.std(x, ddof=1)})
Out[453]:
```

	A	C
2021-01-01	-0.503316	NaN
2021-01-02	-0.971225	1.579303
2021-01-03	0.583002	1.123387
(중략)		
2023-09-27	0.572423	0.809514

1000 rows x 2 columns

문자열로 된 함수 이름을 사용해 연산을 실행할 수 있다. 이때 윈도우가 적용된 객체에서 연산을 실행해야 문자열이 유효하다.

```
In [454]: rol.agg({'A': 'sum', 'C': 'std'})
Out[454]:
```

	A	C
2021-01-01	-0.503316	NaN
2021-01-02	-0.971225	1.579303
2021-01-03	0.583002	1.123387
(중략)		
2023-09-27	0.572423	0.809514

1000 rows x 2 columns

중첩된 딕셔너리를 전달하면 행에 여러 집계 연산을 지정할 수 있다.

```
In [455]: rol.agg({'A': ['sum', 'std'], 'C': ['mean', 'std']})
Out[455]:
```

	A		C	
	sum	std	mean	std
2021-01-01	-0.503316	NaN	1.974328	NaN
2021-01-02	-0.971225	0.025037	0.857592	1.579303
2021-01-03	0.583002	1.177835	0.787121	1.123387

	(중략)			
2023-09-27	0.572423	1.033705	-0.283849	0.809514

1000 rows × 24 columns

5.3.4 기타 윈도우 적용

확장 윈도우

확장 윈도우(expanding window)를 적용하면 해당 시간 지점까지 사용 가능한 모든 데이터를 이용해 값을 산출한다. 이때 **expanding( )** 메소드를 이용한다. 다음 예제에서는 rolling( ) 메소드에 df의 전체 요소 수를 설정하고 expanding( ) 메소드를 적용한다. 표 5-9에서 소개한 Rolling 객체에서 사용하는 메소드들을 expanding( ) 메소드에서도 사용할 수 있다. 먼저 rolling( ) 메소드 연산을 실행한 후 expanding( ) 메소드 연산 결과와 비교해본다.

```
In [456]: df = pd.DataFrame(np.random.randn(100, 3),
            index=pd.date_range('7/1/2021', periods=100), columns=['A', 'B', 'C'])

In [457]: df.rolling(window=len(df), min_periods=1).mean()[:5]
Out[457]:
```

	A	B	C
2021-07-01	-0.724355	2.014966	0.584575
2021-07-02	-1.747313	0.620338	0.270245
2021-07-03	-1.565268	0.040049	0.253145
2021-07-04	-0.828670	0.386853	0.252352
2021-07-05	-0.751711	-0.095296	0.305312

다음 예제에서는 expanding( ) 메소드를 사용하여 1개 행 단위로 열 방향 평균을 구한다. min_periods=1은 기본값으로써 첫 행부터 관찰한다는 의미며 min_periods=2인 경우 첫 행은 관찰하지 않으므로 NaN으로 처리된다.

```
In [458]: df.expanding(min_periods=1)
Out[458]: Expanding [min_periods=1, center=False, axis=0]
```

```
In [459]: df.expanding(min_periods=1).mean()[:5]
Out[459]:
```

	A	B	C
2021-07-01	-0.724355	2.014966	0.584575
2021-07-02	-1.747313	0.620338	0.270245
2021-07-03	-1.565268	0.040049	0.253145
2021-07-04	-0.828670	0.386853	0.252352
2021-07-05	-0.751711	-0.095296	0.305312

다음 예제에서는 시리즈 객체를 생성해 expanding( ) 메소드와 cumsum( ) 메소드를 적용하고 결과를 비교해본다.

```
In [460]: ser = pd.Series([1, 2, np.nan, 3, np.nan, 4])

In [461]: ser.expanding().sum()         In [462]: ser.cumsum()
Out[461]: 0     1.0                     Out[462]: 0     1.0
          1     3.0                               1     3.0
          2     3.0                               2     NaN
          3     6.0                               3     6.0
          4     6.0                               4     NaN
          5    10.0                               5    10.0
          dtype: float64                          dtype: float64

In [463]: ser.cumsum().fillna(method='ffill')
Out[463]: 0     1.0
          1     3.0
          2     3.0
          3     6.0
          4     6.0
          5    10.0
          dtype: float64
```

rolling( )에서는 윈도우가 일정하게 유지되는 반면 expanding( )에서는 윈도우가 변화한다. 예를 들면 윈도우가 60인 이동 윈도우는 계속 이동하면서 크기가 일정하다. 그러나 확장 윈도우를 mean( )과 함께 연산하는 경우 1행 → 2행, 1행 → 3행 등으로 계속 확장하면서 연산한다.

```
In [464]: df = pd.DataFrame({'A' : [1, 2, 3, 4, 5, 6, 7]}, index=pd.date_range('7/1/2021', periods=7))
          df
Out[464]:
```

	A
2021-07-01	1
2021-07-02	2
2021-07-03	3
2021-07-04	4
2021-07-05	5
2021-07-06	6
2021-07-07	7

```
In [465]: df.expanding(min_periods=2).mean()
Out[465]:
```

	A
2021-07-01	NaN
2021-07-02	1.5
2021-07-03	2.0
2021-07-04	2.5
2021-07-05	3.0
2021-07-06	3.5
2021-07-07	4.0

```
In [466]: df.rolling(window=2).mean()
Out[466]:
```

	A
2021-07-01	NaN
2021-07-02	1.5
2021-07-03	2.5
2021-07-04	3.5
2021-07-05	4.5
2021-07-06	5.5
2021-07-07	6.5

이동 윈도우 통계보다 확장 윈도우 통계가 더 안정적이다. 다음 예제에서 시리즈 객체를 생성한 후 rolling( ) 메소드와 expanding( ) 메소드를 이용한 연산 결과를 그래프로 확인한다.

```
In [467]: s = pd.Series(np.random.randn(1000), index=pd.date_range('1/1/2021', periods=1000))

In [468]: ser = s.cumsum()

In [469]: rol = ser.rolling(window=60)
```

생성된 시리즈 객체 ser을 그래프로 나타내 비교한다.

```
In [470]: rol.mean().plot(style='k--')
     ...: ser.expanding().mean().plot(style='k')
Out[470]: <AxesSubplot:>
```

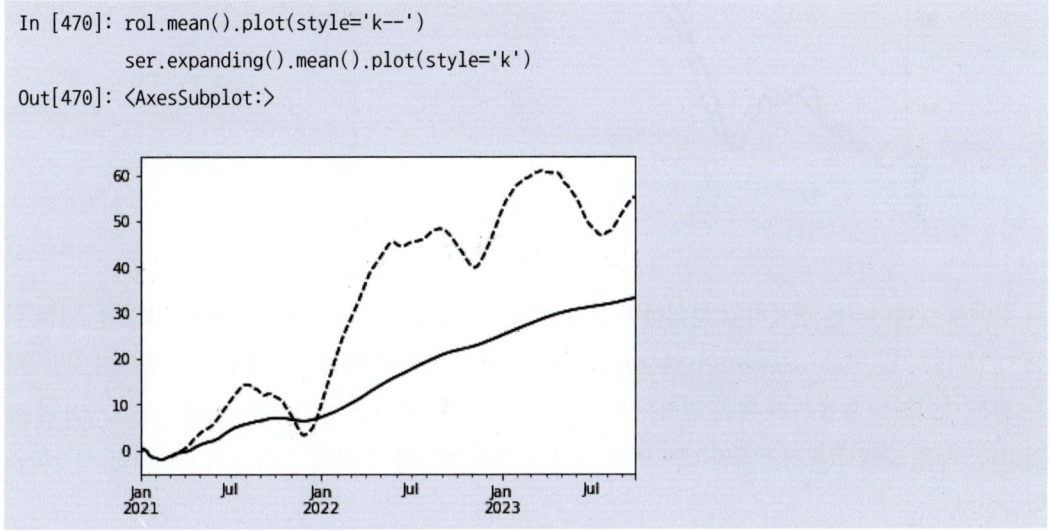

지수 가중 윈도우

rolling( ), expanding( ), ewm( ) 메소드를 사용하면 윈도우 객체를 반환한다. ewm( ) 메소드는 지수적으로 이동하는 윈도우 객체를 얻기 위해 다음 표의 함수들을 제공한다.

함수	기능
mean( )	지수 가중 이동 평균
var( )	지수 가중 이동 분산
std( )	지수 가중 이동 표준 편차
corr( )	지수 가중 이동 상관관계
cov( )	지수 가중 이동 공분산

[표 5-10] ewm 윈도우 함수

지수 가중 윈도우의 통계 이론은 이 책의 범위에서 벗어나므로 생략하고 평균을 구하는 간단한 연산만 실행하여 이동 윈도우 평균과 비교하는 그래프를 그린다.

```
In [471]: ser.ewm(span=20).mean().plot(style='k')
          rol.mean().plot(style='k--')
Out[471]: <AxesSubplot:>
```

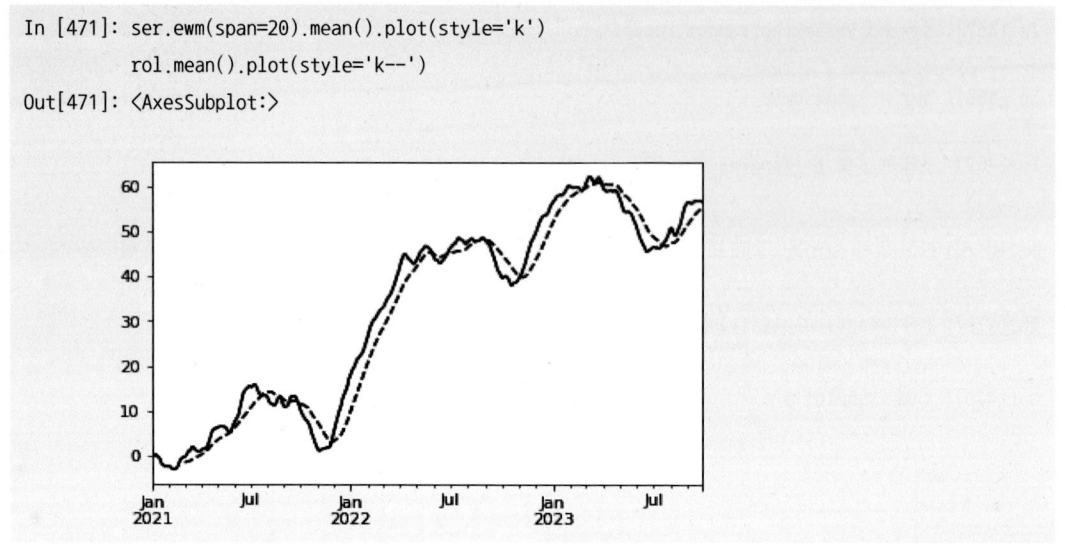

이 장에서는 데이터를 정제하고 분석하며 통합하는 작업을 중심으로 전처리 기술을 다뤘다. 이를 위해 데이터를 가공하고 그룹화하여 연산하고 각종 함수를 이용해 계산하는 방법을 학습했다. 전처리는 원본 데이터를 활용하기 위해 원하는 형태로 데이터를 가공하고 가치를 부여하는 매우 중요한 작업이다. 다음 장에서는 전처리된 데이터에 대한 통찰을 제공하기 위해 그래프로 표현하는 시각화를 학습한다.

06장

matplotlib

1. matplotlib 기본
2. matplotlib API
3. seaborn 라이브러리
4. 판다스 시각화

이 장에서는 **matplotlib**을 이용해 데이터를 시각화하는 기술을 설명한다. 여러분이 완벽하게 데이터 전처리를 실행했더라도 데이터가 의미하는 것을 온전히 파악하기 어렵다. 따라서 데이터를 손쉽게 이해하고 통찰을 제공하여 효용을 극대화하기 위해 **시각화**한다.

matplotlib은 파이썬에서 2차원 그래프를 그리는 라이브러리 또는 모듈로써 다양한 인쇄 플랫폼에서 반응형 환경으로 출판 인쇄 품질을 제공한다. 반응형 환경이란 시각화 코딩 즉시 환경에 적합하게 결과가 나타나는 것을 의미한다. 이 모듈은 매우 방대해 세부 내용을 모두 설명하기 어렵지만 모듈의 구성과 체계를 알면 세부 항목에 접근하기 수월해진다. 다음 표에는 matplotlib 라이브러리에서 사용하는 주요 서브모듈을 설명했다.

서브모듈 종류	내용
matplotlib	backend, rc params 등을 설정
matplolib.artist	FigureCanvas로 렌더링을 위한 객체들
matplotlib.axes	figure 요소들과 좌표 관련 설정
matplotlib.axis	눈금과 x 및 y축에 대한 클래스들
matplotlib.backends	시스템에서 운용되는 그래프 렌더링
matplotlib.collections	그림을 효율적으로 그리기 위한 속성들을 공유하는 객체 모음의 클래스들
matplotlib.figure	모든 그래프 요소들을 포함하는 상위 계층 아티스트(Artist)
matplotlib.image	이미지 로딩, 크기 조정 및 표현 지원
matplotlib.pyplot	반응형 그래프, 그래프를 생성하는 프로그래밍 지원
matplotlib.text	figure에 텍스트를 포함하기 위한 클래스들
matplotlib.transforms	캔버스(canvas)에 그려진 모든 요소의 위치를 최종 결정하기 위한 기하학적 변환 관련 프레임워크

[표 6-1] matplotlib의 주요 서브모듈

motplotlib은 파이썬 스크립트, IPython 셸, 주피터 노트북, 웹 애플리케이션 서버 그리고 3차원 시각화를 제공하는 mplot3d와 같은 여러 GUI 툴킷에서 사용한다. **GUI 툴킷**은 matplotlib을 확장 응용할 수 있게 하는 함수들의 모음이다. 다음은 툴킷의 종류를 정리한 표다.

툴킷 종류	기능
mplot3d	기본적인 3차원 시각화(scatter, surf, line, mesh) 도구들을 제공
axes_grid1	멀티 이미지를 쉽게 나타내기 위한 클래스들의 모음
axisartist	축 선, 눈금, 눈금 라벨 및 라벨을 그리는 개별 아티스트를 가지는 각 axis의 Axes 클래스를 제공

툴킷 종류	기능
axes_grid	axes_grid1과 axisartist로 분리되었다. 기존 기능과 호환성을 위해 유지되고 있지만 axes_grid1과 axisartist 사용을 권장한다.

[표 6-2] GUI 툴킷의 종류

matplotlib을 사용하면 데이터 처리 과정이나 결과를 몇 줄의 코드만으로 히스토그램, 파워 스펙트럼, 막대그래프, 오류 차트, 산점도 등으로 쉽게 그릴 수 있어 유용하다.

6.1 matplotlib 기본

matplotlib은 계층적으로 구성된다. 이 계층 구조의 최상위는 pyplot 모듈이 제공하는 matplotlib **상태 머신(state-machine)** 환경이다. 상태 머신은 주어진 시간에 어떤 상태 정보를 저장하는 컴퓨터와 같은 장치를 의미한다. 최상위 계층에서 사용되는 간단한 함수들은 축에 그래프 요소인 선, 그림, 텍스트 등을 추가한다.

6.1.1 figure 구성

matplotlib에서 제공하는 figure는 모든 축(axis), 캔버스(canvas), 제목(title), 범례(legend) 등으로 구성된다. 객체는 크게 **Figure 객체**, **Axes 객체**, **Axis 객체** 등으로 구분된다. Figure 객체는 Axes 객체들을 포함하고, Axes 객체는 Axis 객체들을 포함한다. 전체 영역은 캔버스, Axes 객체는 그래프, Axis 객체는 축을 의미한다.

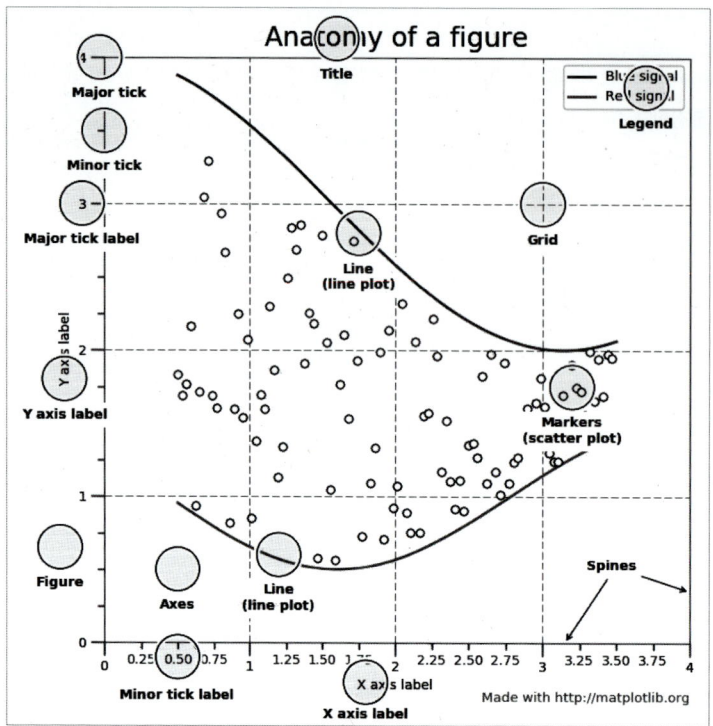

[그림 6-1] figure 구성

Figure 객체를 생성하려면 먼저 다음과 같이 pyplot 모듈을 임포트한다. In [2]를 실행하면 축이 없는 빈 figure를 생성한다. In [3]을 실행하면 제목(title)을 추가한다. 결과인 Out[3]에서 0.5는 그림 좌표에서 텍스트의 x 위치, 0.98은 텍스트의 y 위치를 나타낸다. 넘파이, 판다스, matplotlib은 In [1]처럼 모든 예제의 첫 줄에서 임포트할 것을 권한다. 이후 이 코드 표기는 편의상 생략한다.

```
In [1]: import numpy as np
        import matplotlib.pyplot as plt
        import matplotlib

In [2]: fig = plt.figure()
        <Figure size 432x288 with 0 Axes>

In [3]: fig.suptitle('No axes on this figure')
Out[3]: Text(0.5, 0.98, 'No axes on this figure')
```

앞과 같이 속성을 적용한 후 Axes에서 2x2 그리드인 서브플롯 객체 4개를 생성한다.

```
In [4]: fig, ax_lst = plt.subplots(2, 2)
```

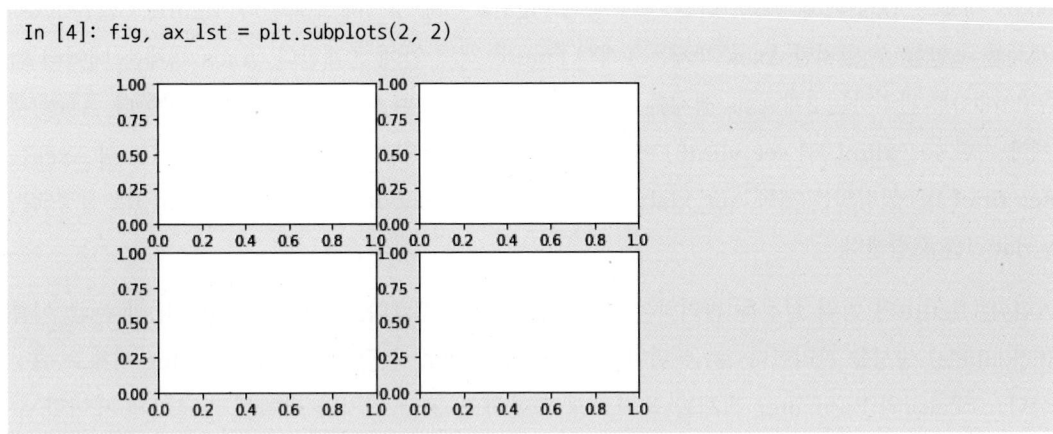

In [6]과 같이 fig의 타입을 확인한다. fig의 타입은 Figure 객체다.

```
In [5]: fig
Out[5]:
```

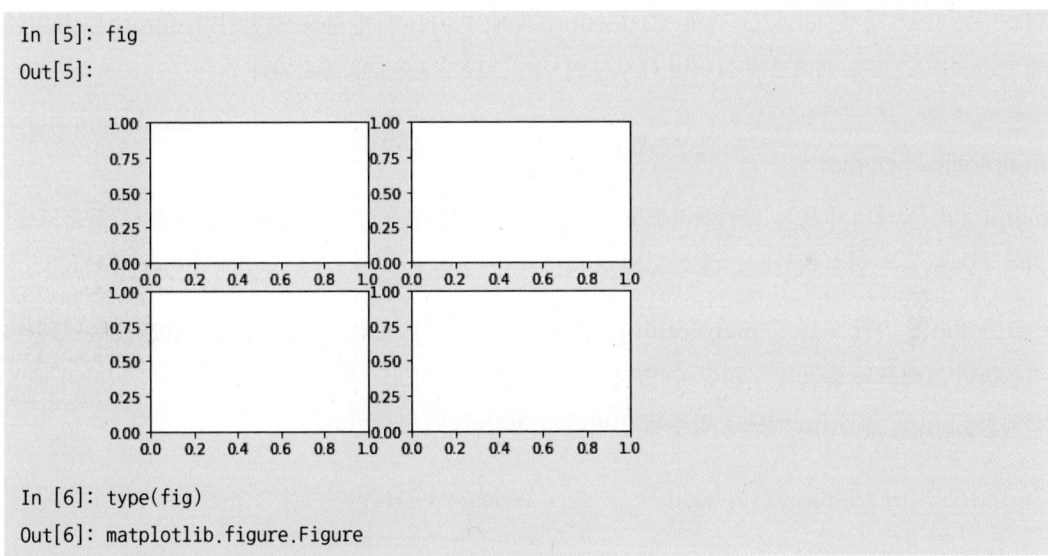

```
In [6]: type(fig)
Out[6]: matplotlib.figure.Figure
```

ax_lst는 numpy.ndarray 객체임을 확인할 수 있다.

```
In [7]: ax_lst
Out[7]: array([[<AxesSubplot:>, <AxesSubplot:>],
        [<AxesSubplot:>, <AxesSubplot:>]], dtype=object)
In [8]: type(ax_lst)
Out[8]: numpy.ndarray
```

Axes, Axis, Artist

Axes 객체는 Axis 객체, 제목, 라벨 등과 함께 Figure 객체 영역에 포함된다. figure는 많은 Axes 객체를 포함할 수 있지만 Axes 객체는 1개의 Figure 객체 안에 존재한다. Axes 객체는 데이터 범위(limits)를 관리하는 2개 Axis 객체를 포함하며 3차원인 경우 3개 Axis 객체를 포함한다. Axes 객체에 속한 **set_xlim( )**과 **set_ylim( )** 메소드를 이용하면 데이터 범위를 설정할 수 있다. 각 Axes는 **set_title( )**로 설정되는 제목, **set_xlabel( )**로 설정되는 x-label 그리고 **set_ylabel( )**로 설정되는 y-label를 포함한다.

Axis는 figure의 범위 설정을 관리하는 숫자, 선과 같은 객체다. 축 위의 눈금(tick)과 눈금 이름(ticklabels) 생성을 관리한다. 눈금 위치는 **Locator 객체**로, 눈금 이름은 **Formatter 객체**로 설정한다. Locator와 Formatter 객체를 올바르게 조합하면 눈금 위치와 라벨을 정교하게 제어할 수 있다.

기본적으로 Figure, Axes, Axis 객체 등 figure에서 볼 수 있는 모든 것이 **아티스트(Artist)**다. 아티스트는 Text 객체, Line2D 객체, Collection 객체, Patch 객체 등도 포함한다. figure를 표현할 때 모든 아티스트를 캔버스에 그리며 대부분의 아티스트는 Axes에 종속된다.

matplotlib과 pyplot

matplotlib은 패키지 또는 모듈이라고도 한다. matplotlib 3.3.2 버전은 총 72개 서브모듈로 구성되며 서브모듈은 함수, 클래스, 메소드 및 속성들로 구성된다.

matplotlib에 속한 모듈 중 **matplotlib.pyplot**을 가장 많이 사용한다. pyplot 모듈에 있는 함수를 이용하면 그래프와 축들을 구현할 수 있다. 다음 예제에서 plot( ) 함수에 전달하는 x는 넘파이 배열 객체인 numpy.ndarray이므로 함수에 입력하기 적합하다.

```
In [9]: x = np.linspace(0, 2, 100)       In [10]: type(x)
                                         Out[10]: numpy.ndarray
```

다음 예제는 첫 번째 plt.plot 호출로 axes를 생성한 후 다음 plt.plot 호출로 1, 2, 3차 방정식을 같은 x축과 y축에 선으로 나타낸다. 이후 plt.xlabel과 plt.ylabel로 x축과 y축 이름을, plt.title로 그래프 제목을, plt.legend로 범례를 각각 추가한다.

```
In [11]: plt.plot(x, x, label='linear')
         plt.plot(x, x**2, label='quadratic', linestyle='dashed')
```

```
    plt.plot(x, x**3, label='qubic')

    plt.xlabel('x label')
    plt.ylabel('y label')

    plt.title('Simple Plot')
    plt.legend()
    plt.show()
```

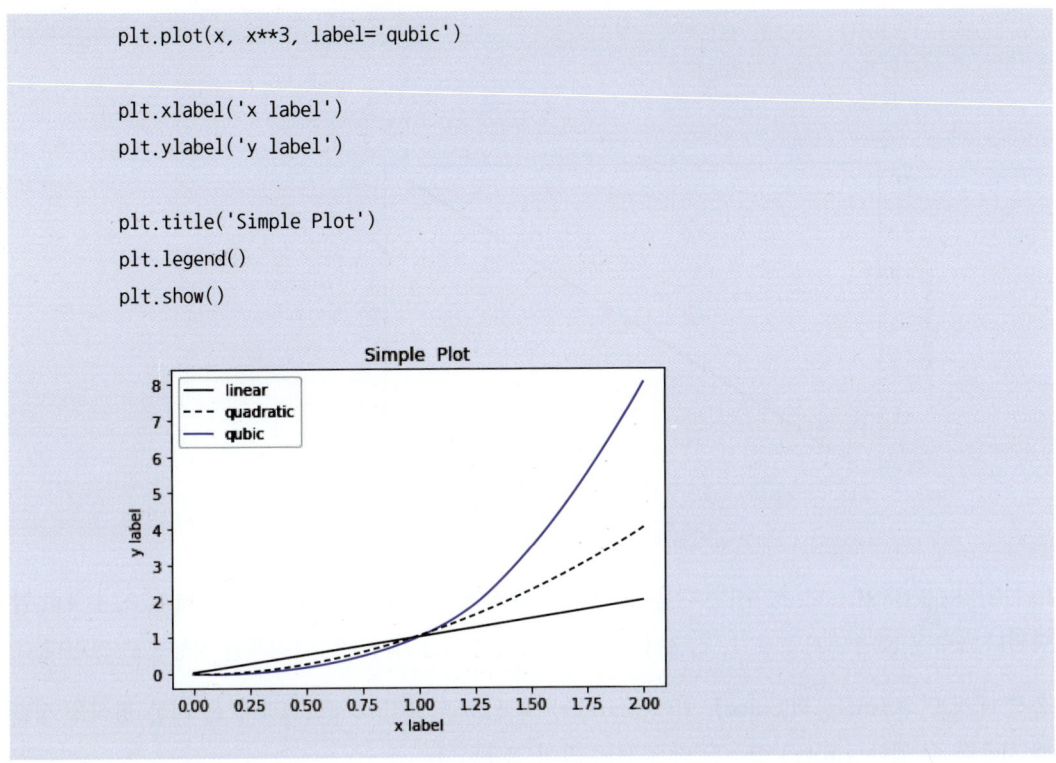

6.1.2 pyplot 모듈

pyplot 모듈은 matplotlib이 MATLAB과 같이 작용하도록 하는 명령 스타일 함수들의 모음이며 matplotlib의 상태 기반 인터페이스이다. 이러한 함수들은 figure를 생성하고 figure에 그래프 공간을 만들고 그래프 공간에 선을 추가하거나 그래프에 라벨을 추가하는 등의 작업을 한다. MATLAB은 엔지니어와 과학자를 위해 설계된 프로그래밍 플랫폼으로써 수학 계산을 가장 자연스럽게 표현하도록 하는 매트릭스 기반의 언어다.

pyplot을 이용하면 간단하고 빠르게 시각화할 수 있다. 파이썬 셸과 주피터 노트북은 pyplot 코드를 실행하는 데 약간 차이가 있다. 파이썬 셸에서 In [12]의 코드를 실행하면 3개의 코드문이 개별적으로 처리되어 바로 결과를 확인할 수 있다. 주피터 노트북에서 In [12]를 일괄 실행하면 원하는 결과를 얻을 수 있다. 이는 show( ) 함수를 처리하는 주피터 노트북의 처리 매커니즘이 파이썬과 다르다는 것을 의미한다. 주피터 노트북에서 plot( ) 함수를 실행할 때 바로 그래프가 나타나고 show( ) 함수에는 응답이 없는 경우가 있는데 이는 주피터 노트북의 오류다. 이는 함수 실행 논리에 어긋나지만 주피터 노트북은 반응형으로 처리된다는 것으로 이해할 수 있다.

```
In [12]: plt.plot([1, 2, 3, 4])
         plt.ylabel('some numbers')
         plt.show()
```

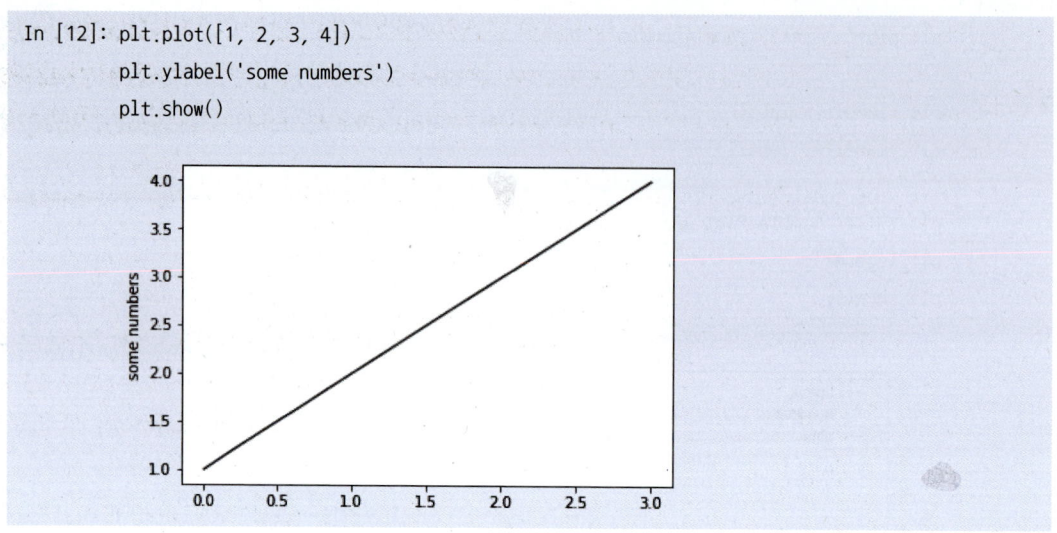

In [12]의 plt.plot([1, 2, 3, 4])는 다음 표의 plot(y)에 해당한다. 따라서 y축 좌표에 1, 2, 3, 4로 할당된다. x축은 N-1이므로 0, 1, 2, 3이 x축에 매핑되며 기울기가 1인 그래프를 자동으로 그린다.

옵션 매개 변수 **fmt**는 색(color), 마커(marker) 및 선 스타일(line style)과 같은 기본 형식을 정할 때 사용할 수 있다. plot( ) 함수는 다음 표와 같이 적용한다.

적용 예	기능
plot(x, y)	기본으로 설정된 선 스타일과 색을 이용해 x-y 그래프를 그린다.
plot(x, y, 'bo')	파란 원 마커를 사용하여 x-y 그래프를 그린다.
plot(y)	0부터 N-1을 x의 인덱스 배열로 사용해 y 그래프를 그린다.
plot(y, 'r+')	plot(y)와 동일하나 마커 모양이 빨간 +다.

[표 6-3] plot( ) 함수 적용 예

그래프를 그릴 때 color, marker 등과 같은 Line2D 속성을 사용하면 그래프 스타일을 세밀하게 제어할 수 있다. 선 속성과 fmt는 혼용할 수 있으며 다음 예제에서 2개의 plot 호출은 동일한 결과를 나타낸다. fmt와 키워드 인수가 상충할 때는 키워드 인수가 우선순위를 갖는다. g1--에서 g는 색인 green, 1은 마커, --는 선 스타일이며 이 순서는 변경할 수 있다.

```
>>> x = np.linspace(0, 2, 100)

>>> y = np.linspace(0, 1, 100)
```

```
>>> plt.plot(x, y, 'g1--', linewidth=2, markersize=12)

>>> plt.plot(x, y, color='green', marker=1, linestyle='dashed', linewidth=2, markersize=12)

>>> plt.show()
```

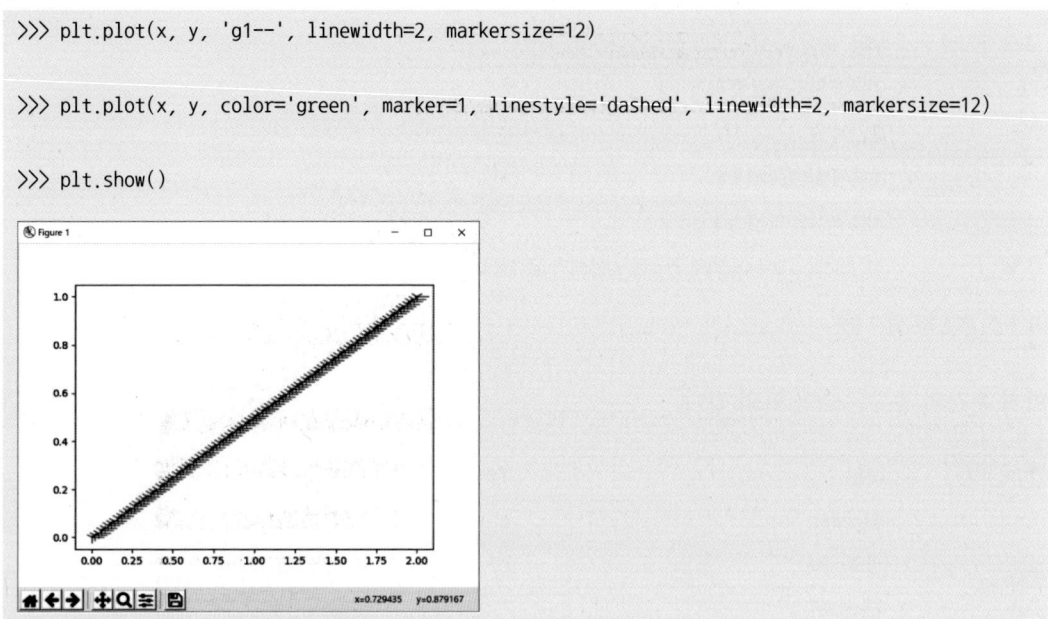

plot( ) 함수의 매개 변수인 **kwargs는 Line2D의 속성이며 대표적인 속성은 다음 표와 같다.

속성 종류	내용
color 또는 c	색상
fillstyle	{'full', 'left', 'right', 'bottom', 'top', 'none'}
linestyle 또는 ls	{'-', '--', '-.', ':', '',(offset, on-off-seq), ...}
linewidth 또는 lw	선 너비
marker	마커 스타일
marker 또는 ms	선 너비(실수)
url	str
visible	불리언
xdata	1D array
ydata	1D array

[표 6-4] plot( ) 함수의 속성

포맷 문자열은 마커, 선스타일, 색상으로 구성되며 다음 예제와 같이 사용할 수 있다.

```
fmt = '[marker][line][color]'
```

포맷 문자열	내용
'b'	기본 모양의 파란색 마커
'or'	빨간색 원
'-g'	초록색 실선(solid line)
'--'	기본 색상의 파선(dashed line)
'^k'	점선(dotted line)에 의해 연결된 검은색 삼각형 마커

[표 6-5] 포맷 문자열의 종류

마커 문자의 종류는 다음 표와 같다.

마커 문자	내용	마커 문자	내용
'.'	점(point)	's'	사각형(square)
','	쉼표(pixel)	'p'	오각형(pentagon)
'o'	원(circle)	'*'	별(star)
'v'	역삼각형(triangle_down)	'h'	육각형1(hexagon1)
'^'	삼각형(triangle_up)	'H'	육각형2(hexagon2)
'<'	왼쪽 삼각형(triangle_left)	'+'	더하기표(plus)
'>'	오른쪽 삼각형(triangle_right)	'x'	x
'1'	역삼각형(tri_down)	'D'	다이아몬드(diamond)
'2'	삼각형(tri_up)	'd'	얇은 다이아몬드(thin_diamond)
'3'	왼쪽 삼각형(tri_left)	'|'	수직선(vline)
'4'	오른쪽 삼각형(tri_right)	'_'	수평선(hline)

[표 6-6] 마커 문자의 종류

다음 표는 선 스타일 종류를 나타낸다.

문자	내용
'-'	실선 스타일
'--'	파선 스타일
'-.'	일점쇄선 스타일
':'	점선 스타일

[표 6-7] 선 스타일 종류

다음 표는 pyplot 모듈에서 지원하는 색상을 소개한다.

문자	색상	문자	색상
'b'	blue	'm'	magenta
'g'	green	'y'	yellow
'r'	red	'k'	black
'c'	cyan	'w'	white

[표 6-8] pyplot 모듈에서 지원하는 색상

6.2 matplotlib API

matplotlib API에는 matplotlib.pyplot을 적용하는 pyplot API가 있다. 또한 **pyplot.subplots**로 하나의 Figure 및 하나 이상의 Axes 객체를 이용해 작업하는 객체 지향 API가 있다. 이번 장에서는 이를 적용하는 시각화에 대해 살펴본다.

6.2.1 그래프 그리기

그래프는 선, 그림, 텍스트 등의 요소들로 구성되어 있다. 이러한 요소들을 figure에 있는 axes에 추가하면 그래프를 그릴 수 있다. 대표적으로 plot( ) 함수를 이용해 그래프를 그릴 수 있으며 plot( ) 함수는 임의의 수인 인수들을 융통성 있게 취할 수 있다. 다음 예제에서 plot( ) 함수는 x축에 [1, 2, 3, 4]값을, y축에 [1, 4, 9, 16] 값을 갖는 그래프를 그린다.

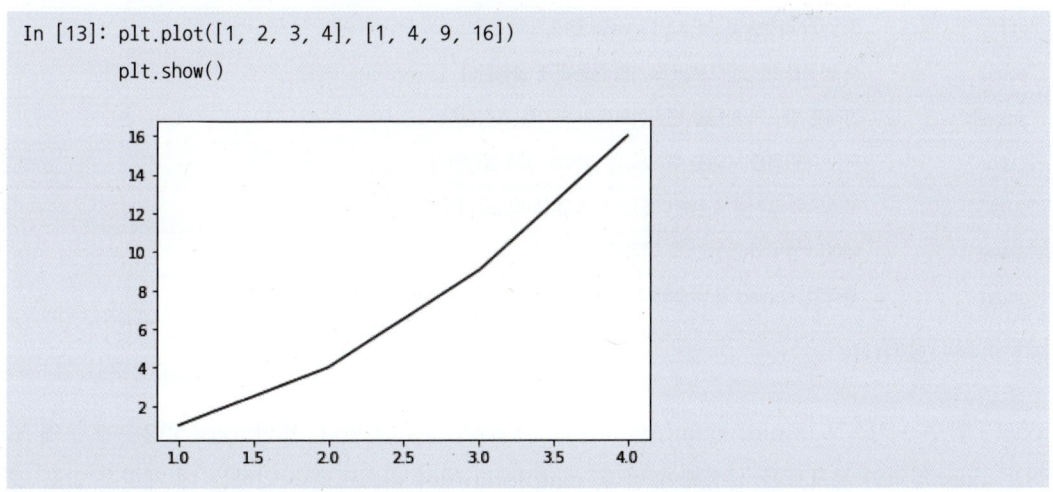

그래프 스타일 꾸미기

다음 예제의 plot( ) 함수에는 x, y 쌍의 인수에 색상과 선 타입을 지정하는 옵션인 세 번째 인수가 있다. 세 번째 인수의 r은 색상, o는 선 타입을 지정한다. 기본 타입은 파란 실선인 b-이다. In [14]에서 빨간 원은 x, y의 쌍인 (1, 1), (2, 4), (3, 9), (4, 10)에 위치한다. axis( ) 함수로 x와 y축 범위를 정한다.

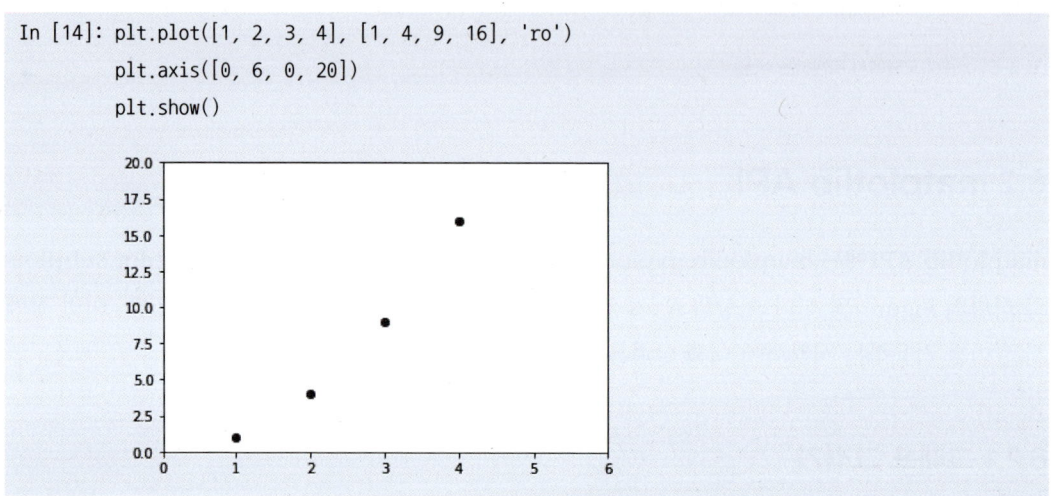

axis( ) 함수의 매개 변수 option에 다음 표와 같은 문자열 값을 사용해 선을 꾸밀 수 있다.

값	기능
'on'	축 선과 라벨들을 나타낸다. True와 같다.
'off'	축 선과 라벨들을 숨긴다. False와 같다.
'equal'	축 범위를 변경함으로써 크기를 동등하게 설정한다.
'scaled'	그래프 박스의 차원을 변경함으로써 크기를 조정한다.
'tight'	모든 데이터를 보여줄 수 있도록 범위를 크게 설정한다.
'auto'	자동으로 크기를 조정한다(플롯 박스를 데이터로 채운다).
'image'	데이터 범위와 동등한 축 범위로 'scaled'
'square'	사각형. 'scaled'와 비슷하나 초기에는 xmax-xmin = ymax-ymin을 강제한다.

[표 6-9] axis( ) 함수의 옵션

axis( ) 함수는 리스트 [xmin, xmax, ymin, ymax]를 인수로 취한다. 또한 axis( ) 함수에 눈에 보이는 axes 영역인 뷰포트를 설정해야 한다. matplotlib에서 리스트로 작업하는 데 제한을 받을 경우 수치를 처리할 때 문제가 발생하므로 일반적으로 넘파이 배열을 사용한다. 모든 시퀀스는 내부에서 넘파이 배열로 변환된다. 다음은 배열을 입력하고 하나의 명령어로 여러 선 스타일을 설정하면서 몇 개의 선을 그리는 예제다. r--은 빨간 점선, bs는 파란 사각형 마커인 선, g^는 초록색 삼각형 마커인 선을 그린다.

```
In [15]: t = np.arange(0, 5., 0.2)

In [16]: plt.plot(t, t, 'r--', t, t**2, 'bs', t, t**3, 'g^')
         plt.show()
```

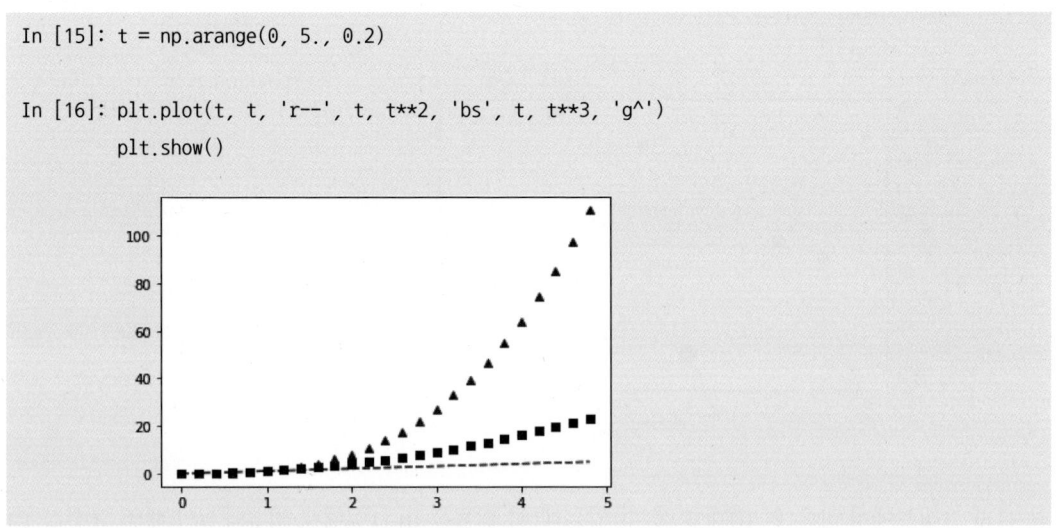

plot( ) 함수에 x, y 및 fmt를 3번씩 차례로 전달해 3개의 선을 그린다.

matplotlib은 data 키워드 인수를 가지는 객체를 제공한다. 따라서 변수가 문자열로 이루어진 그래프를 생성할 수 있고 이를 figure로 표시할 수 있다. 다음 예제에서는 scatter( ) 함수의 data 인수로 입력할 dat를 생성하고 dat의 요소인 c의 절댓값에 100을 곱한 후 그 값을 다시 c 요소에 할당한다. 이때 dat는 딕셔너리형이다.

```
In [17]: dat = {'a': np.arange(10), 'b': np.random.randint(0, 50, 10), 'c': np.random.randn(10)}

In [18]: dat['c'] = np.abs(dat['c'])*100

In [19]: dat
Out[19]: {'a': array([0, 1, 2, 3, 4, 5, 6, 7, 8, 9]),
         'b': array([29, 39, 48, 47, 15, 22, 45, 39, 40, 6]),
         'c': array([ 19.29407335, 71.0978509, 10.63432529, 126.61240653,
                86.76236668, 122.44989815, 37.70117634, 85.7117886,
                11.89868788, 190.9043604 ])}
```

산점도를 그리는 scatter( ) 함수는 data 키워드를 인수로 취할 수 있다. data 인수를 입력하면 x, y, s, color, c, linewidths, edgecolors 인수들은 data[ ]로 대체된다.

```
In [20]: plt.scatter('a', 'b', c='b', s='c', data=dat)
         plt.xlabel('axis x')
         plt.ylabel('axis y')
         plt.show()
```

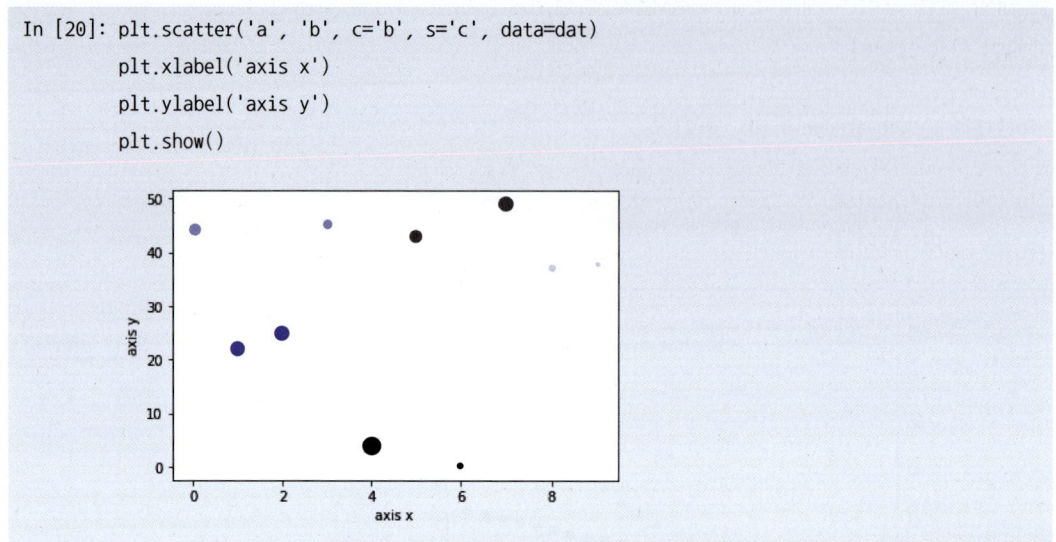

앞 결과 그래프에서 작은 원 10개를 볼 수 있는데 이 원들은 In [19]에서 키 a와 b의 배열 요솟값 10개 쌍을 좌표로 나타낸 것이다. 키워드 c='b' 값에 따라 색상이, 키워드 s='c' 값에 따라 마커 크기가 결정되었다.

범주형 변수로 서브플롯 생성

matplotlib은 범주형 변수를 직접 그래프 함수로 전달할 수 있다. 다음은 변수 names와 values를 함수로 전달해 여러 그래프를 출력하는 예제다.

```
>>> names = ['group_a', 'group_b', 'group_c']

>>> values = [1, 10, 100]
```

너비 9인치, 높이 3인치인 새로운 figure를 생성한다.

```
>>> plt.figure(figsize=(9, 3))
<Figure size 900x300 with 0 Axes>
```

많은 figure를 생성하는 경우 **pyplot.close( )** 함수로 사용하지 않는 figure를 닫는다. pyplot.close( ) 함수를 이용하면 pyplot이 메모리를 비울 수 있다. pyplot.colse( )로 메모리를 비우면 연산 속도가 빨라진다.

서브플롯을 생성하는 2가지 방법이 있는데 첫 번째는 subplot( ) 함수를 이용하는 것이고 두 번째는 **add_subplot( )** 함수를 이용하는 것이다. 다음은 1행 3열로 이루어진 서브플롯을 생성하는 예제다. 먼저 subplot( ) 함수를 이용해 첫 번째 열의 Subplot 객체와 막대그래프를 생성한다. plt.subplot(131)을 실행한 결과와 plt.figure(figsize=(9, 3)).add_subplot(131)을 실행한 결과는 동일하다.

```
>>> plt.subplot(131)
<AxesSubplot:>

>>> plt.bar(names, values)
<BarContainer object of 3 artists>
```

다음으로 1행 3열로 이루어진 서브플롯들 중 두 번째 열의 Subplot 객체를 생성하고 산점도를 그린다. 세 번째 열로 plot( ) 함수의 fmt 기본값이 'b-'인 Subplot 객체를 생성하고 제목이 중앙에 위치한 그래프를 나타낸다.

```
>>> plt.subplot(132)
<AxesSubplot:>

>>> plt.scatter(names, values)
<matplotlib.collections.PathCollection object at 0x0000022A98B46400>

>>> plt.subplot(133)
<AxesSubplot:>

>>> plt.plot(names, values)
[<matplotlib.lines.Line2D object at 0x000001ECF4A3FF70>]

>>> plt.suptitle('Categorical Plotting')
Text(0.5, 0.98, 'Categorical Plotting')

>>> plt.show()
```

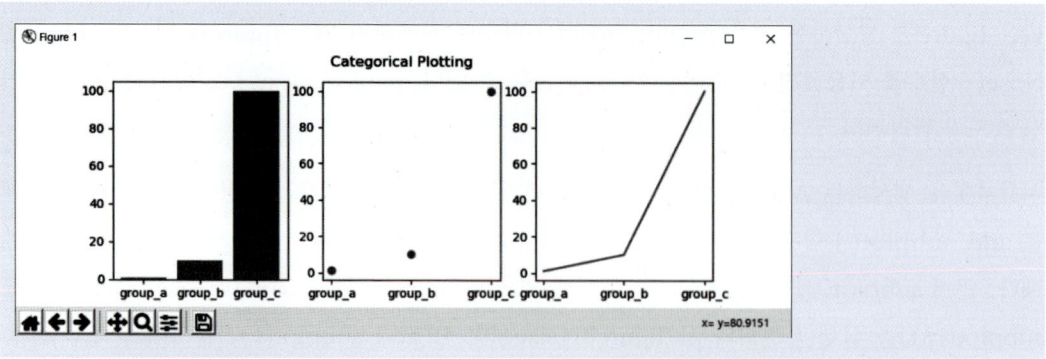

Figure 객체로 서브플롯 생성

이번에는 subplots( ) 함수로 서브플롯 4개를 생성하는 방법을 살펴본다. 다음 예제에서 fig와 ax로 2개 변수를 지정하는 결과 그래프와 sp 1개 변수만 지정하는 결과 그래프는 동일하다. In [21]의 fig로 4개의 서브플롯을 그리며 ax는 4개의 서브플롯을 요소로 가지는 ndarray다.

```
In [21]: fig, ax = plt.subplots(2, 2)
         plt.show()
```

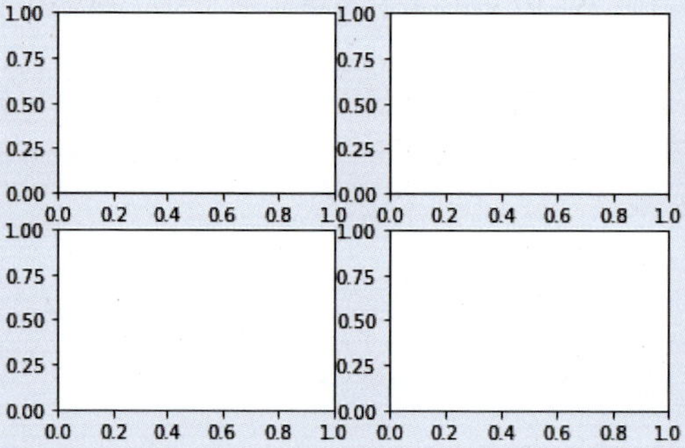

```
In [22]: sp = plt.subplots(2, 2)
         plt.show()
```

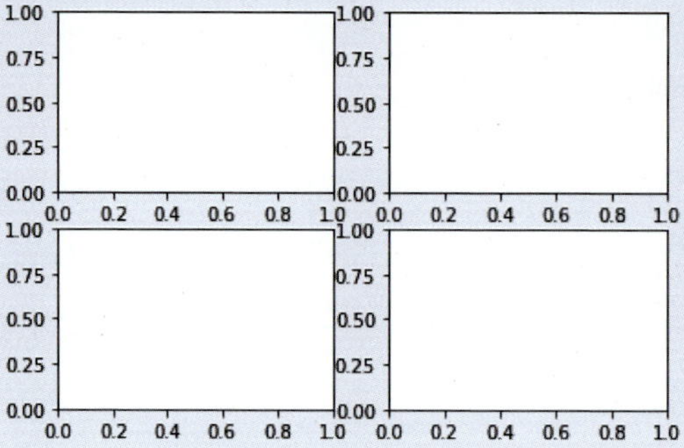

fig, ax 그리고 sp를 각각 실행해 확인한다. 하나의 변수로 처리된 sp는 fig 객체와 ax 객체를 튜플형으로 포함하고 있음을 확인할 수 있다. fig는 4개 Axes로 구성된 Figure 객체고 ax는 4개의 AxesSubplot 객체다.

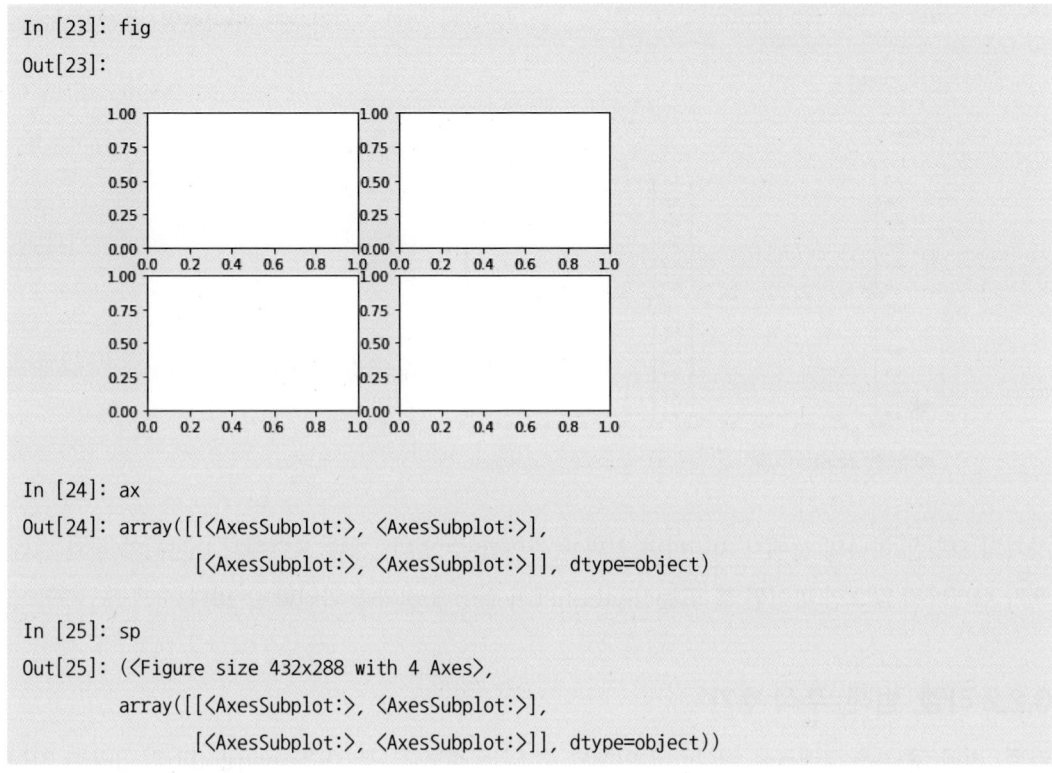

fig, ax 및 sp의 타입을 확인한다. sp는 실행된 fig와 ax 객체를 포함하는 튜플이다.

```
In [26]: type(fig)                    In [27]: type(ax)
Out[26]: matplotlib.figure.Figure     Out[27]: numpy.ndarray

In [28]: type(sp)
Out[28]: tuple
```

이번에는 **add_subplot( )** 함수를 적용해 Subplot 객체를 생성한다. fig1은 Figure 객체이고 Axes가 없으므로 실행해도 빈 figure가 나타난다. 따라서 빈 figure에 2행, 2열인 2x2 배열 형태로 배치되는 Subplot 객체 ax1, ax2, ax3, ax4를 생성한다. add_subplot(2, 2, 1)은 왼쪽 상단의 첫 번째 서브플롯을 생성하라는 의미이다. add_subplot(2, 2, 4)는 오른쪽 하단의 네 번째 서브플롯을 생성하라는 의미이다.

```
In [29]: fig1 = plt.figure()              In [30]: fig1
                                          Out[30]: <Figure size 432x288 with 0 Axes>

In [31]: ax1 = fig1.add_subplot(2, 2, 1)  In [32]: ax2 = fig1.add_subplot(2, 2, 2)

In [33]: ax3 = fig1.add_subplot(2, 2, 3)  In [34]: ax4 = fig1.add_subplot(2, 2, 4)

In [35]: plt.show()
```

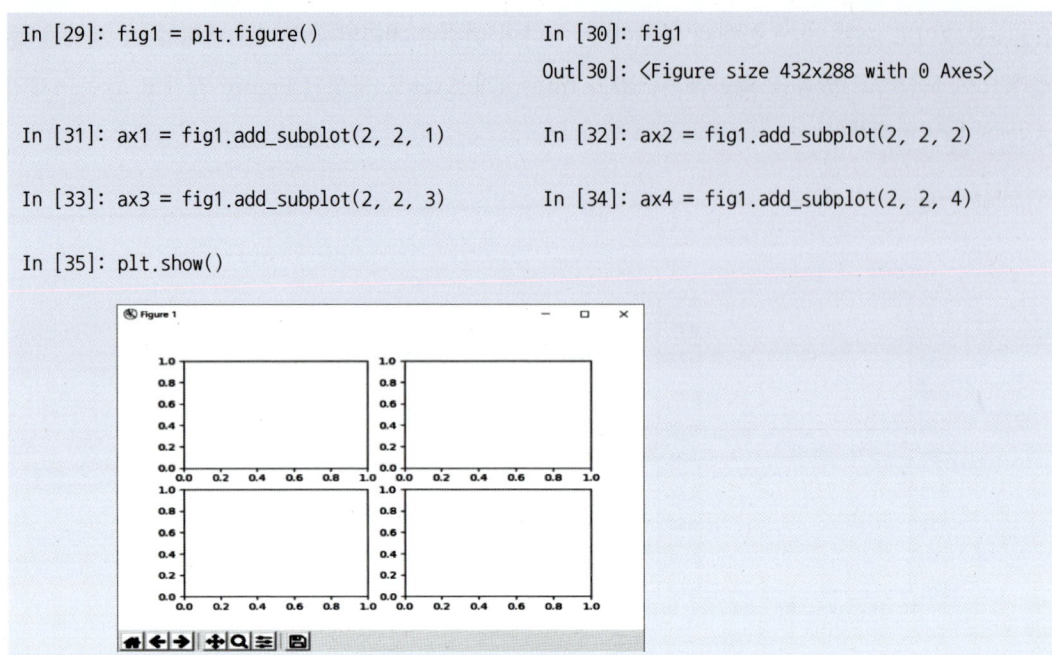

상기의 코딩은 하나의 셀에서 처리하면 결과를 확인할 수 있다. 개별 코딩에서 In[35]의 결과 그래프가 나타나지 않으면 파이썬 셸 또는 IPython에서 실행해 결과를 확인할 수 있다.

6.2.2 라벨, 범례, 주석 추가

라벨, 범례, 주석은 그래프를 해석하고 이해할 수 있는 정보를 나타내는 matplotlib의 유용한 기능이다. 라벨은 데이터의 이름이나 특징을 알 수 있게 한다. 범례는 그래프 안에서 간략한 표기로 데이터 그룹 간 차이를 나타내는 등 그래프를 이해할 수 있게 한다. 주석은 데이터를 이해할 수 있도록 돕는다. 이번에는 라벨, 범례, 주석을 적용하는 방법을 설명한다.

add_subplot( )과 add_axes( ) 함수로 그래프를 그리고 라벨 붙이기

add_subplot( ) 함수로 출력한 그래프와 **add_axes( )** 함수로 출력한 그래프에는 차이가 있다. add_subplot( ) 함수는 전체 figure를 배열의 그리드로 구분한다. 반면 add_axes는 figure 좌측 하단을 0으로 하여 메소드 인수로 x, y 기준점을 잡고 그 기준점에서 너비와 높이를 계산하여 그래프를 그린다.

다음 예제의 ax2는 배열 3x4에서 3번째에 자리를 잡는다. ax3은 기준점 (0.5, 0.1)에서 너비 0.4, 높이 0.3의 범위로 이루어진 직사각형 axes 그래프를 그린다.

```
In [36]: fig = plt.figure()
         ax1 = fig.add_subplot(341)
         ax2 = fig.add_subplot(343)
         ax3 = fig.add_axes([0.5, 0.1, 0.4, 0.3])
         ax4 = fig.add_axes([0.8, 0.3, 0.17, 0.5])

         ax1.set_title('ax1')
         ax2.set_title('ax2')

         ax3.set_title('ax3')
         ax3.set_xlabel('x-axis')

         ax4.set_title('ax4')
         ax4.set_ylabel('y-axis')

         plt.show()
```

그림의 전체 크기를 기본값으로 설정하지 않고 사용자가 원하는 크기로 설정하고 싶다면 다음 코드를 In [36]에 추가한다. (3, 3)은 그림의 가로와 세로 비율을 3:3으로 조정한다는 의미이다.

```
plt.rcParams['figure.figsize'] = (3, 3)
```

다음 예제에서는 axes 객체를 생성하고 히스토그램을 그리고 x축과 y축에 라벨을 설정한다. add_subplot(2, 1, 1)의 첫 번째 숫자 2는 2행, 두 번째 숫자인 1은 1열을 의미하고 세 번째 숫자 1은 인덱스로 생성된 서브플롯 2개 중 첫 번째 서브플롯을 의미한다. lw는 linewidth의 약자로 선 너비를 뜻한다.

예제의 **np.random.seed(77)**은 시드 값이 77이라는 의미이며 이후 np.random.randn 메소드에 의해 난수 50개가 발생한다. seed(77)이 적용된 상태에서 In [37]을 재실행해 np.random.randn(50)으로 난수를 발생시켜도 이전에 발생한 난수와 같은 값을 가진다.

코드를 재실행할 때 seed 메소드를 실행하지 않거나 77이 아닌 다른 시드 값을 갖는 seed( ) 메소드를 실행하면 전과 다른 50개 난수 값이 생성된다. 또한 **seed( )** 메소드를 실행하지 않고 In [37]을 재실행하면 실행할 때마다 히스토그램 모양이 바뀐다. 이처럼 seed( ) 메소드를 실행하지 않으면 매번 난수 값이 달라져 디버깅이 어렵다. seed(77)을 실행하는 이유는 컴퓨터 시스템에서 77인 난수 세트를 재사용해야 할 경우를 대비하는 것이다. 인공지능에서는 이러한 세트를 **검증 세트 (validation set)**라는 블록으로 사용하기도 한다.

```
In [37]: fig = plt.figure()
         ax1 = fig.add_subplot(211)
         ax1.set_ylabel('amplitude')

         t = np.arange(0.0, 1.0, 0.01)
         s = np.sin(2 * np.pi * t)
         line = ax1.plot(t, s, lw=2)

         np.random.seed(77)

         ax2 = fig.add_axes([0.2, 0.1, 0.6, 0.3])
         n, bin, patch = ax2.hist(np.random.randn(50), 5)
         ax2.set_title('histogram')

         plt.show()
```

스타일시트와 rcParams로 matplotlib 실행하기

matplotlib의 **스타일 시트(style sheet)**는 산점도, 이미지, 막대그래프, 패치, 선 그래프 및 히스토그램을 표현할 때 유용하다. 레이아웃 스타일을 정의하는 스타일 시트는 웹 프로그래밍 언어인 HTML에 적용하는 **CSS(Cascading Style Sheet)**처럼 matplotlib 그래프에도 적용할 수 있다. matplotlib으로 그래프를 그릴 때 기본값 설정을 이용할 수 있지만 사용자가 원하는 정교한 그래프를 표현하기 위해서는 matplotlib 속성을 커스터마이징해 실행한다.

일반적으로 matplotlib을 구성하기 시작할 때 읽히는 **matplotlibrc** 파일에서 기본값을 설정하고 변경할 수 있는데 이것을 **rc 설정** 또는 **rc 매개 변수**라고 한다. 따라서 matplotlib에서 그림 크기, 선 너비, 색상 및 스타일, axes, axis, 그리드, 텍스트 및 폰트 속성 등을 변경할 수 있다. URL이나 경로를 style.use('⟨path⟩/⟨style-name⟩.mplstyle') 호출에 명시하지 않으면 matplolib은 다른 위치에 있는 matplotlibrc를 찾는다. matplotlibrc의 경로는 다음과 같이 확인한다.

```
>>> import matplotlib as mpl

>>> mpl.matplotlib_fname()
'C:\\Users\\jchae\\ana\\lib\\site-packages\\matplotlib\\mpl-data\\matplotlibrc'
```

rc 설정은 파이썬 스크립트나 파이썬 셸에서 변경할 수 있다. 모든 rc 설정은 **matplotlib.rcParams**라 불리는 딕셔너리형 변수에 저장된다. **rcParams**는 다음과 같이 직접 변경할 수 있다.

```
>>> mpl.rcParams['lines.linewidth'] = 2

>>> mpl.rcParams['lines.linestyle'] = '--'
```

matplotlib에는 사전에 정의된 많은 스타일이 있다. 예를 들어 **ggplot**이라는 스타일은 다음과 같이 적용할 수 있으며 사용 가능한 스타일 리스트도 확인할 수 있다. 그러나 이 스타일을 사용하면 인쇄 품질이 저하되는 단점이 있다.

```
In [38]: import matplotlib.pyplot as plt

In [39]: from matplotlib import rcParams

In [40]: plt.style.use('ggplot')
```

```
In [41]: print(plt.style.available)
         ['Solarize_Light2', '_classic_test_patch', 'bmh', 'classic', (중략)
          'tableau-colorblind10']
```

matplotlib.pyplot.legend 함수로 범례 설정하기

legend( ) 함수는 축에 **범례**를 설정한다. 다음 3가지 방법으로 legend( ) 함수를 호출할 수 있다.

```
legend()
legend(labels)
legend(handles, labels)
```

legend( ) 함수를 호출하는 방법 중 첫 번째인 legend( )는 함수에 인수를 전달하지 않을 때 legend 요소를 자동으로 설정하는 경우다. legend( ) 함수를 이용해 범례를 설정하기 전에 아티스트를 이용해 라벨을 결정한다. 이 라벨들은 아티스트를 생성할 때 설정되거나 아티스트에서 **set_label( )** 메소드를 호출해 설정할 수 있다.

다음 예제에서는 아티스트에 속한 ax.plot( ) 함수의 인수인 label을 범례로 사용한다. 라벨의 범례 크기를 14로 설정하고 그래프 배경을 점선 그리드로 설정했으며 눈금 라벨의 크기를 14로 설정했다.

```
In [42]: fig, ax = plt.subplots()
         ax.plot([1, 2, 3], label = 'label in creating artist')
         params = {'legend.fontsize' : 14}
         plt.rcParams.update(params)
         
         
         plt.rcParams['axes.grid'] = True
         plt.rc('grid', linestyle='--')
         plt.grid(True)
         
         plt.rcParams['xtick.labelsize'] = 14
         plt.rcParams['ytick.labelsize'] = 14
         
         ax.legend()
         plt.show()
```

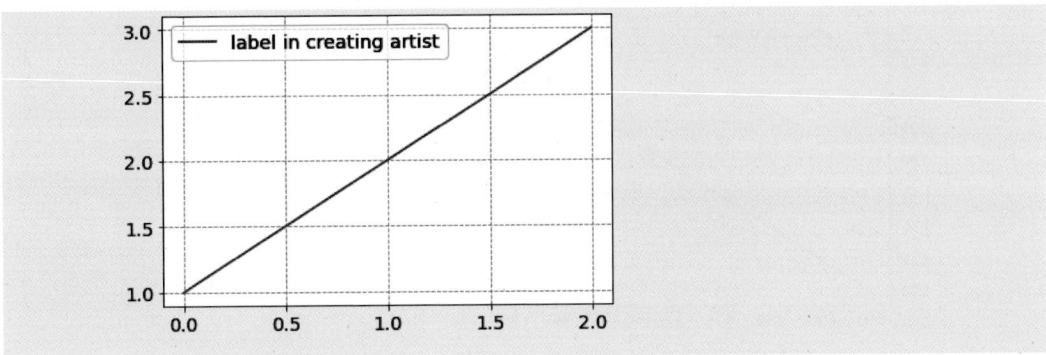

다음은 set_label( ) 메소드를 적용해 호출하는 예제다. line,은 **matplotlib.lines.Line2D** 타입이다. line,을 line으로 코딩하면 오류가 발생하며 이때 line은 리스트형으로 서로 다른 타입이다.

```
In [43]: fig, ax = plt.subplots()
         line, = ax.plot([1, 2, 3])
         line.set_label('label by calling method')
         ax.legend()
         plt.show()
```

legend( ) 함수를 호출하는 방법 중 두 번째인 **legend(labels)**는 현재 그래프 요소에 라벨을 설정하는 방법이다. axes에 이미 존재하는 선에 대한 범례를 만들기 위해 범례에 설정할 문자열을 포함하는 함수를 다음과 같이 호출한다.

```
In [44]: fig, ax = plt.subplots()
         ax.plot([1, 2, 3])
         ax.legend(['calling with strings'])
         plt.show()
```

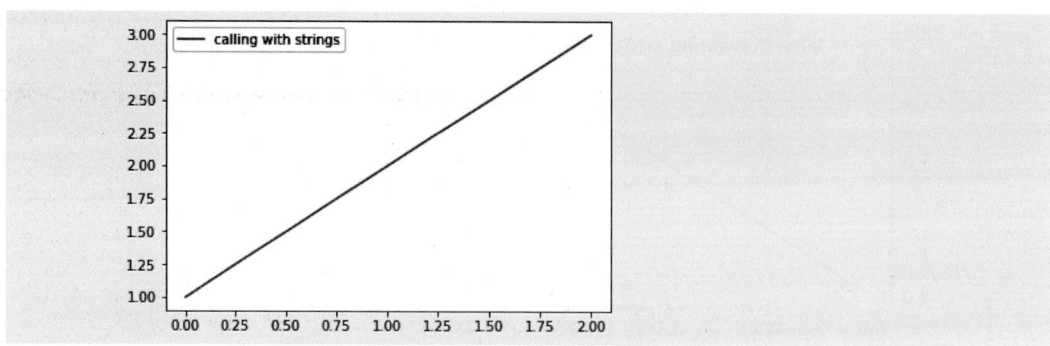

legend( ) 함수를 호출하는 방법 중 세 번째인 **legend(handles, labels)**는 legend( ) 함수에 요소들을 명확히 정의하는 방법이다. 이때 legend((line1, line2, line3), ('label1', 'label2', 'labe3'))과 같은 형식으로 입력한다. 다음 코드에서 line이 리스트형인 점에 주목한다.

```
In [45]: line = []
         linestyle = ['-', '--', ':', '-.']
         x = np.linspace(0, 1, 100)
         fig, ax = plt.subplots()

         for i in range(4):
             line += ax.plot(x, np.sin(2*np.pi*x+i), linestyle[i])

         ax.legend(line[:4], ['line1', 'line2', 'line3', 'line4'])
         plt.show()
```

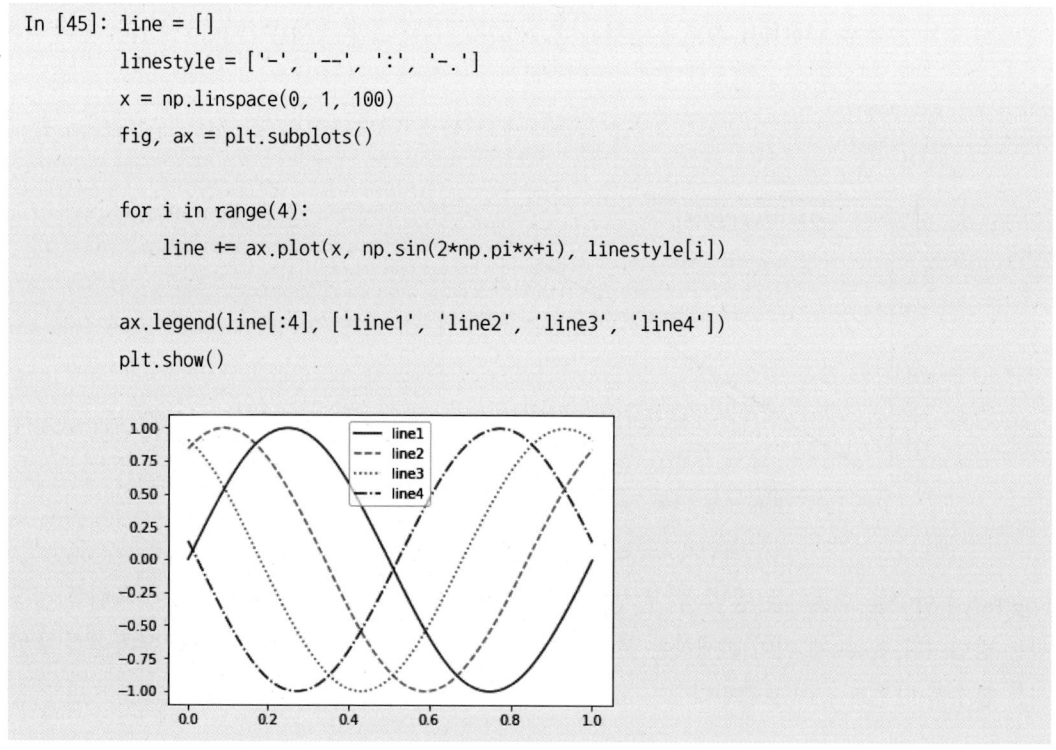

다음은 4개의 AxesSubplot 객체 중 원하는 AxesSubplot 객체에 범례를 설정하는 예제다. 예제에서는 2행 2열로 총 4개 서브플롯을 설정한 후 첫 번째 2개 행에는 선 그래프를, 두 번째 2개 행에는 산점도를 그린다.

```
In [46]: x = np.linspace(0, 1, 30)
         y1 = np.random.randn(30)
         y2 = np.random.randn(30)

         fig, ax = plt.subplots(2, 2)

         ax[0][0].plot(x, y1)
         ax[0][1].plot(x, y2, 'r-')
         ax[1][0].scatter(x, y1, s=np.linspace(1, 20, num=30))
         ax[1][1].scatter(x, y2, s=np.random.randint(20, size=30))

         ax[1][0].legend(['AxesSubplot 3'])

         plt.show()
```

legend( ) 함수를 적용할 때 리스트를 인수로 넘기거나 plot( ) 함수에 매개 변수 label을 적용하고 legend( ) 함수를 호출할 수 있다. 먼저 legend( ) 함수에 리스트를 인수로 전달하는 예를 살펴본다.

```
In [47]: x = np.linspace(0, 1, 50)
         y = np.random.randn(50)

         plt.plot(x, y)
         plt.legend(['Line A'])
         plt.show()
```

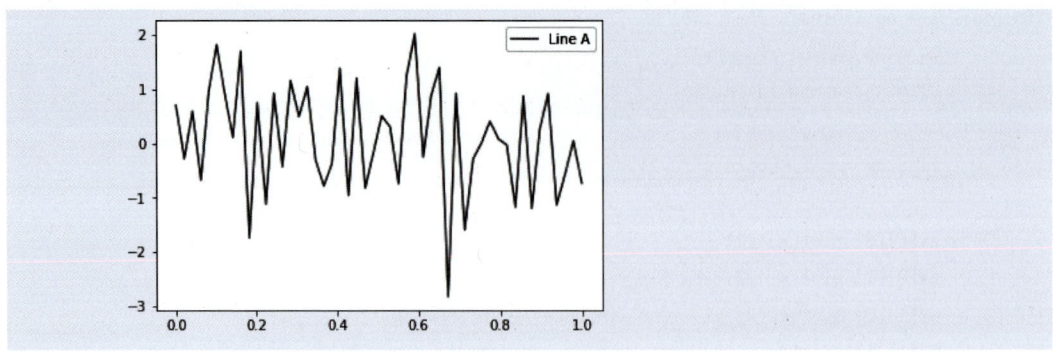

다음은 plot( ) 함수에 매개 변수로 label을 적용하고 legend( ) 함수를 호출하는 예제다.

```
In [48]: x = np.linspace(0, 1, 50)
         y1 = np.random.randn(50)
         y2 = np.random.randn(50)

         plt.plot(x, y1, 'r--', label='Line A')
         plt.plot(x, y2, '-', label='Line B')
         plt.legend()
         plt.show()
```

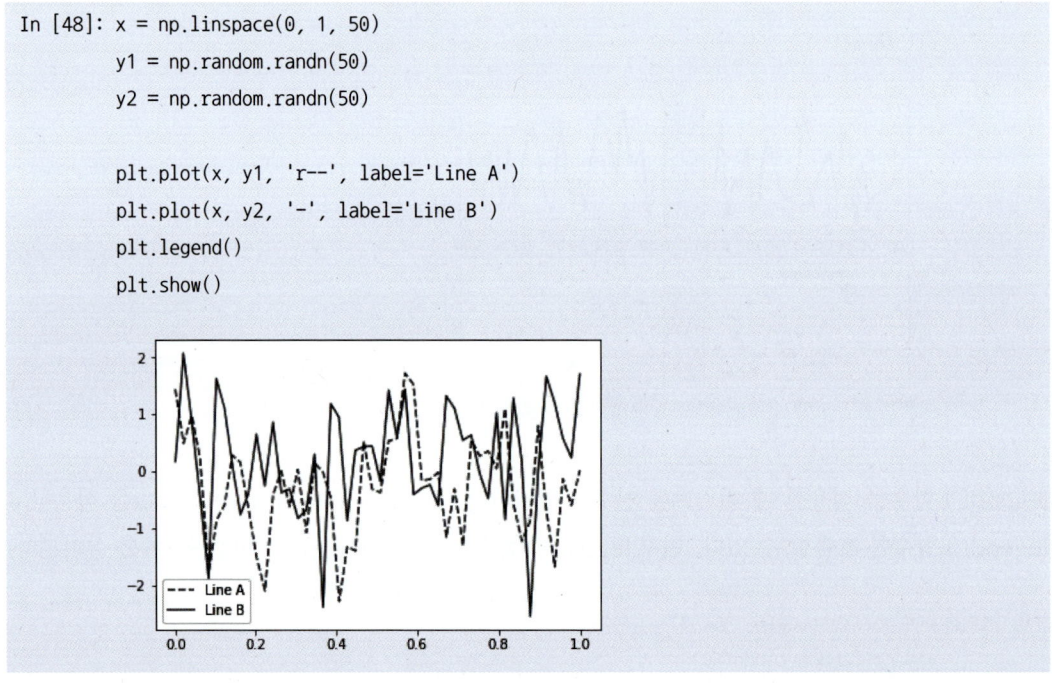

범례 위치 정하기

키워드 인수 loc로 범례 위치를 설정할 수 있다. legend( ) 함수에 입력하는 loc 인수는 문자열 또는 실수(float) 쌍의 형태다. rcParams['legend.loc']에서 axes에 **rcParams['legend.loc'] = 'best'**로 위치를 설정하면 가장 적절한 위치에 범례가 자리 잡는다. figure의 기본 범례 위치는 upper right다.

범례에 입력하는 문자열 upper left, upper right, lower left, lower right는 axes/figure는 해당하는 모퉁이에 범례를 위치시킨다. upper center, lower center, center left, center right는 해당하는 테두리 중심에, center는 중앙에 범례를 위치시킨다. 다음 표처럼 숫자를 이용해 문자열 위치를 설정할 수도 있다.

위치 문자열	위치 코드	위치 문자열	위치 코드
best	0	center left	6
upper right	1	center right	7
upper left	2	lower center	8
lower left	3	upper center	9
lower right	4	center	10
right	5		

[표 6-10] 범례에 입력하는 위치 문자열

다음은 범례 위치를 설정하는 예제다.

```
In [49]: fig, ax = plt.subplots(2, 1, figsize=(5, 3))

        x = np.linspace(0, 10, 12)
        y1 = np.random.randint(10, size=12)
        y2 = np.random.randint(10, size=12)
        y3 = np.arange(12)
        y4 = np.random.randint(10, size=12)
        lab = ['Line A', 'Line B', 'Line C', 'Line D']

        ax[0].plot(x, y1, 'g-')
        ax[0].plot(x, y2, '--')
        ax[1].plot(x, y3, 'r.')
        ax[1].plot(x, y4, 'b:')

        ax[0].legend(labels=lab[:2], loc='upper right')
        ax[1].legend(labels=lab[2:], loc=2)

        plt.show()
```

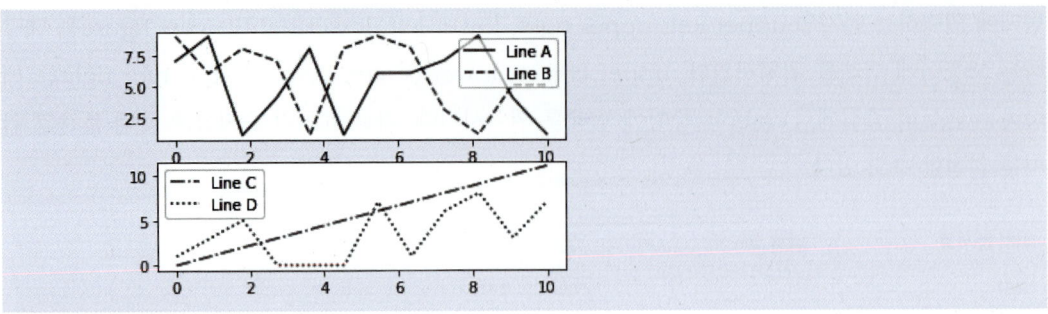

주석 달기

text( ) 함수를 사용하면 Axes의 임의 위치에 텍스트를 위치시킬 수 있다. **annotate( )** 함수는 matplotlib.pyplot 모듈 안에 포함된다. **annotate( )** 메소드는 matplotlib.axes.Axes 클래스에 포함되며 주석(annotation)을 쉽게 만들 수 있는 기능들을 제공한다. 주석을 만들 때 xy 인수로 표현하는 화살표 머리 위치, xytext 인수로 표현하는 텍스트 주석의 위치를 고려해야 한다. facecolor는 화살표 색상을, shrink는 화살표 길이를 나타내는 매개 변수이다.

```
In [50]: fig, ax = plt.subplots()

    t = np.arange(0.0, 5.0, 0.01)
    s = np.cos(2*np.pi*t)
    line, = ax.plot(t, s, lw=2)

    ax.annotate('accent point', xy=(2, 1), xytext=(3, 1.5),
                arrowprops=dict(facecolor='red', shrink=0.05),)
    ax.set_ylim(-2, 2)
    plt.show()
```

xycoords 인수에 다음 표와 같은 좌표 문자열을 사용할 수 있다. In [50]의 xy와 xytext 인수에는 data 값의 좌표 시스템을 사용했다.

지원되는 값	내용
'figure points'	figure의 왼쪽 하단부터의 지점(points)
'figure pixels'	figure의 왼쪽 하단부터의 픽셀(pixels)
'figure fraction'	figure의 왼쪽 하단부터의 부분(fraction)
'axes points'	axes의 왼쪽 하단 구석으로부터의 지점
'axes pixels'	axes의 왼쪽 하단 구석으로부터의 픽셀
'axes fraction'	axes의 왼쪽 하단부터의 부분
'data'	주석이 달리는 객체의 좌표 시스템을 사용(기본값)
'polar'	native 'data' 좌표가 아니면 (theta, r)

[표 6-11] xycoords와 textcoords에 적용되는 좌표 문자열

다음은 앞 표에서 설명하는 값들을 적용한 예제다.

```
In [51]: fig, ax = plt.subplots()

         t = np.arange(0.0, 5.0, 0.01)
         s = np.cos(2*np.pi*t)
         line, = ax.plot(t, s, lw=2)
         ax.set_ylim(-2, 2)

         ax.annotate('accent point', fontsize=15, xy=(3, 1), xycoords='data', xytext=(5, 1.5),
                     textcoords='data', arrowprops=dict(facecolor='blue', shrink=1.5),
                     horizontalalignment='right', verticalalignment='top',
                     )
         plt.show()
```

xycoords 인수는 다음 표와 같은 문자열 값을 가질 수 있다. **textcoords**는 xytext가 주어진 좌표계이며 기본값은 xycoords의 값이다.

xycoords 값	내용
'offset points'	xy 값으로부터 points의 오프셋
'offset pixels'	xy 값으로부터 pixels의 오프셋

[표 6-12] xycoords의 문자열

다음은 textcoords에 'offset points' 값이 적용되는 예제다.

```
In [52]: fig, ax = plt.subplots()

        t = np.arange(0.0, 5.0, 0.01)
        s = np.cos(2*np.pi*t)
        line, = ax.plot(t, s, lw=2)
        ax.set_ylim(-2, 2)

        ax.annotate('point offset from data', fontsize=15, xy=(3, 1), xycoords='data', xytext=(-15, 25),
                    textcoords='offset points', arrowprops=dict(facecolor='black', shrink=1.25,
                    headwidth=10), horizontalalignment='right', verticalalignment='top',
                    )
        plt.show()
```

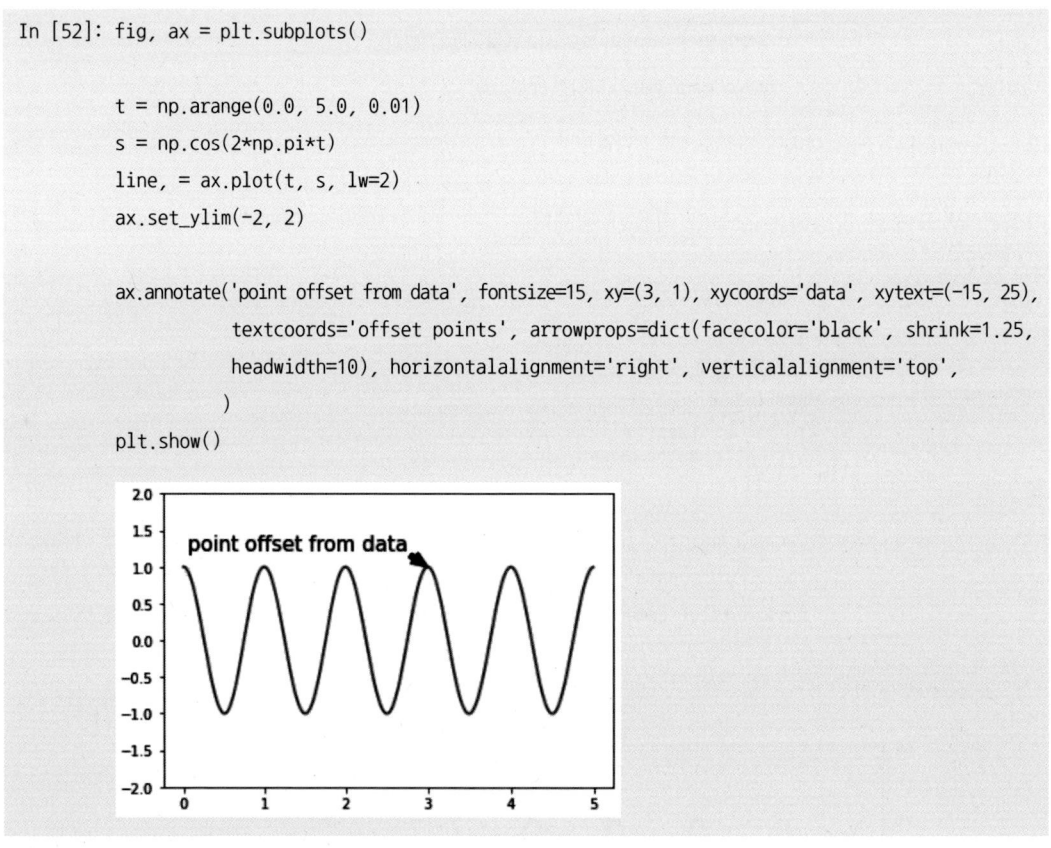

화살표 속성을 정의하는 매개 변수 **arrowprops**가 arrowstyle 키를 포함하지 않으면 다음 표와 같은 키들을 입력할 수 있다. headwith=10을 적용하면 In [52]와 같은 결과가 나타난다.

키	내용
width	points의 화살의 너비
headwidth	points의 화살 머리의 base 너비
headlength	points의 화살 머리의 길이
shrink	양쪽 끝에서부터 줄어들 총 길이의 비율
?	matplotlib.patches.FancyArrowPatch에 대한 어떤 key

[표 6-13] 화살표 속성 정의 키

매개 변수 arrowprops가 arrowstyle 키를 포함하면 표 6-13의 키는 사용할 수 없고 다음 표와 같이 허용된 arrowstyle 값을 입력할 수 있다.

값	속성
'-'	None
'->'	head_length=0.4,head_width=0.2
'-['	widthB=1.0,lengthB=0.2,angleB=None
'|-|'	widthA=1.0,widthB=1.0
'-|>'	head_length=0.4,head_width=0.2
'<-'	head_length=0.4,head_width=0.2
'<->'	head_length=0.4,head_width=0.2
'<|-'	head_length=0.4,head_width=0.2
'<|-|>'	head_length=0.4,head_width=0.2
'fancy'	head_length=0.4,head_width=0.4,tail_width=0.4
'simple'	head_length=0.5,head_width=0.5,tail_width=0.2
'wedge'	tail_width=0.3,shrink_factor=0.5

[표 6-14] arrowstyle 적용 값

다음은 arrowstyle에 양방향 화살표인 〈-〉를 적용하는 예제다.

```
In [53]: fig, ax = plt.subplots()
         plt.plot(np.arange(10), np.arange(10))

         ax.annotate('here',
                     xy=(-3, -3), xytext=(0, 0),
                     arrowprops=dict(arrowstyle='<->', linewidth=3.5),
                     )
```

```
plt.xlim(-10, 10)
plt.ylim(-10, 10)
plt.show()
```

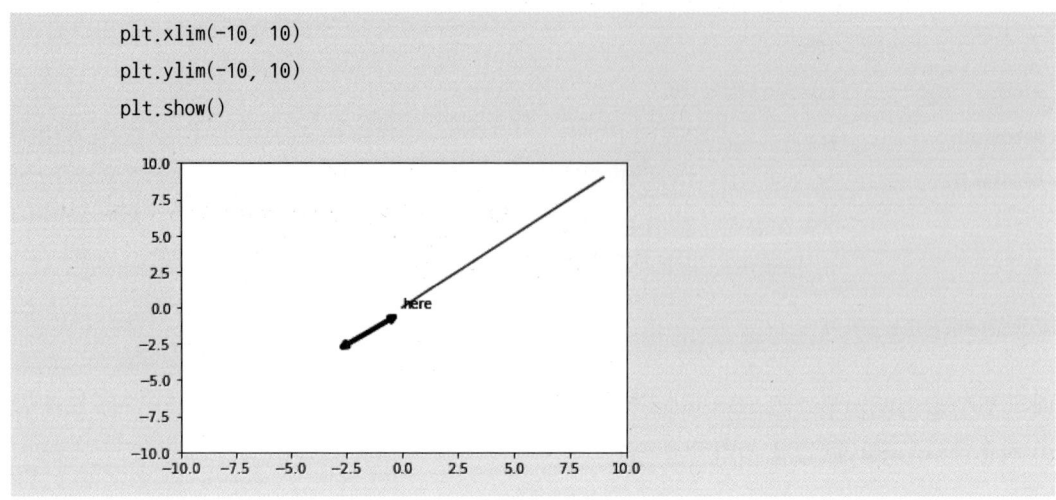

다음 예제에서는 annotate( ) 메소드에 여러 매개 변수를 적용해 주석을 달아본다. 화살표 속성을 적용하려면 arrowprops 매개 변수를 사용한다. 주석에 속성을 적용하려면 bbox 매개 변수를 사용한다. 연산 결과를 그림 파일로 저장하려면 matplotlib.pyplot_savefig를 적용한다.

```
In [54]: fig, ax = plt.subplots()

        t = np.arange(-1.0, 1.0, 0.01)
        s = np.multiply(t, t**2)

        ax.plot(t, s)

        ap = dict(arrowstyle='->', color='red', linewidth=3, mutation_scale=20)
        bb = dict(facecolor='orange', alpha=0.3, edgecolor='red', boxstyle='square', pad=0.5)

        ax.annotate('coordinate system of object annotating', fontsize=14, xy=(0, 0),
                    xycoords='data', xytext=(-0.8, 0.4), arrowprops=ap)
        ax.annotate('data scientist', xy=(0.0, -0.75),  xytext=(-0.25, -0.5), color='green',
                    size=20, bbox=bb)

        ax.set_ylim(-1.5, 1.5)

        plt.savefig('annotate.png', dpi=300)
        plt.show()
```

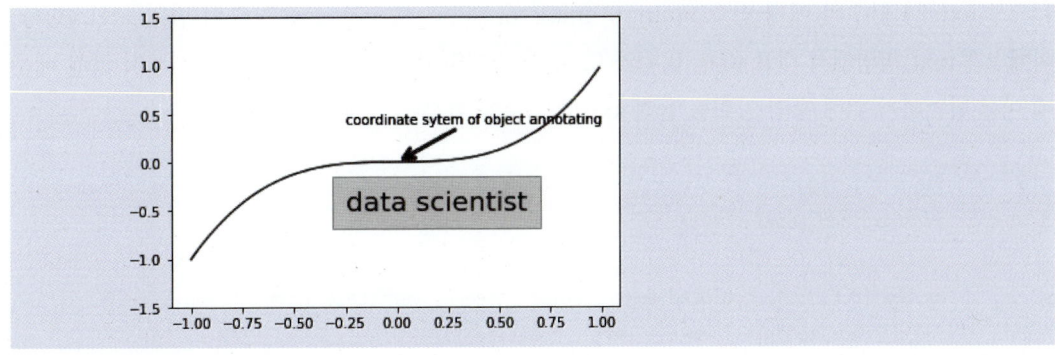

6.2.3 텍스트 추가

이번에는 matplotlib에서 텍스트를 추가하는 방법을 다룬다.

텍스트 생성 명령어

다음은 **pyplot 인터페이스**와 **객체 지향 API**에서 텍스트를 생성하는 데 사용하는 명령어들을 나타낸 표다.

pyplot API	객체 지향 API	내용
text	text	Axes의 임의 위치에 텍스트를 추가한다.
annotate	annotate	Axes의 임의 위치에 옵션 arrow가 있는 주석을 추가한다.
xlabel	set_xlabel	Axes의 x축에 라벨을 추가한다.
ylabel	set_ylabel	Axes의 x축에 라벨을 추가한다.
title	set_title	Axes에 제목을 추가한다.
figtext	text	Figure의 임의 위치에 텍스트를 추가한다.
suptitle	suptitle	Figure에 제목을 추가한다.

[표 6-15] 텍스트 생성 명령어

다음 예제에서는 텍스트 생성 명령어를 사용하기 위해 **AxesSubplot** 객체인 ax를 생성한다. 첫 번째 text 명령은 생성된 ax 객체의 x=0.6, y=0.4 좌표에 녹색이며 글자 크기 15인 colored-text 주석을 추가한다. 두 번째 text 명령은 x=2, y=4.5 좌표에 텍스트를 추가하며 투명도 0.5인 오렌지색 박스 안쪽 여백 10으로 설정된 위치에 이탤릭체 텍스트를 위치시키라는 의미이다.

plot( ) 함수는 x=3, y=2 좌표에 원을 그린다. annotate( ) 함수는 x=4.5, y=3 좌표에 글자 크기 12인 파란색 주석 this point를 추가하고 이 지점에서 x=3, y=2 위치까지 빨간색 화살표를 그린다.

끝으로 **axis( )** 함수의 매개 변수 xmin=0 xmax=6, ymin=0, ymax=6은 축의 범위를 설정한다. 이때 2개 text 명령에서 좌표 (0.6, 0.4)와 (2, 4.5) 스케일 범위가 달라 결과에 표시되지 않기 때문에 이를 방지하기 위해 축의 범위를 늘려 axis( ) 함수를 설정한 점에 주목한다.

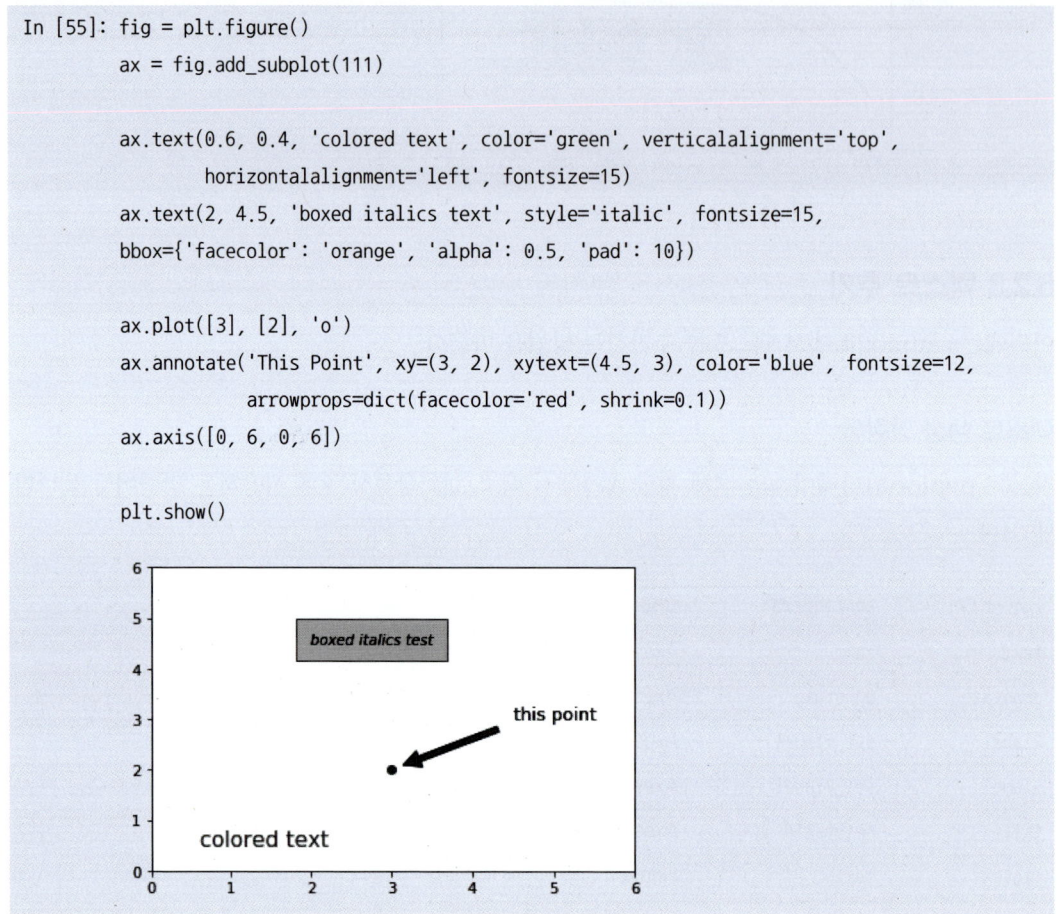

matplotlib.axis 모듈

matplotlib 모듈의 서브모듈인 **axis 모듈**은 눈금과 x, y축에 대한 클래스들을 제공한다. **Artist 모듈**의 구성 및 상속 계통도는 다음과 같다. axis 모듈은 **Axis, XAxis, YAxis, Tick, XTick, YTick, Ticker** 총 7개 클래스로 구성된다. 이 클래스들에는 많은 메소드와 속성들이 있지만 책에서는 주요 구성만 다룬다.

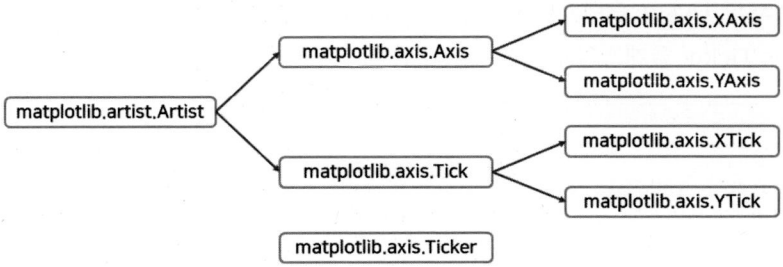

[그림 6-2] Artist 모듈의 구성 및 상속 계통

Axis 객체의 Axis, XAxis, YAxis 클래스와 사용할 수 있는 매개 변수는 다음 표와 같다.

클래스	matplotlib.axis.Axis(axes, pickradius=15), XAxis와 YAxis에 대한 기본 클래스
	matplotlib.axis.XAxis(axes, pickradius=15),
	matplotlib.axis.YAxis(axes, pickradius=15)
매개 변수	axes: matplotlib.axes.Axes, 생성된 Axis가 속하는 Axes
	pickradius: float, containment tests에 적용. Axis.contains 참조

[표 6-16] Axis 객체의 클래스

다음은 Axis 클래스의 속성들을 소개한 표다.

속성	내용
isDefault_label: bool	-
axes: matplotlib.axes.Axes	아티스트가 상주하는 Axes 인스턴스, 또는 None
major: matplotlib.axis.Ticker	주 눈금 위치와 주 눈금의 라벨 형식을 결정
minor: matplotlib.axis.Ticker	보조 눈금 위치와 보조 눈금의 라벨 형식을 결정
callbacks: matplotlib.cbook.CallbackRegistry	-
label: Text	축 라벨
labelpad: float	축 라벨과 눈금 라벨 사이의 거리, 기본값은 rcParams["axes.labelpad"] ==4
offsetText: Text	눈금의 데이터 오프셋을 포함하는 Text 객체
pickradius: float	속성 또는 이벤트 포함 여부를 테스트하기 위한 허용 반경, Axis.contains 참조
majorTicks: list of Tick	주 눈금
minorTicks: list of Tick	보조 눈금

[표 6-17] Axis 클래스의 속성

Axis 객체인 **matplotlib.axis.Ticker** 클래스는 눈금 위치와 형식을 정의하는 객체를 포함하는 컨테이너다. matplotlib.axis.Ticker 클래스의 속성은 다음과 같다.

속성	내용
locator: matplotlib.ticker.Locator subclass	눈금 위치를 결정한다.
formatter: matplotlib.ticker.Formagtter subclass	눈금 라벨 형식을 결정한다.

[표 6-18] Ticker 클래스의 속성

다음은 Tick 객체인 **Tick** 클래스를 나타낸 표다.

클래스	matplotlib.axis.Tick(axes, loc, label, size=None, width=None, color=None, tickdir=None, pad=None, labelsize=None, labelcolor=None, zorder=None, grid0n=None, tick10n=True, tick20n=True, label10n=True, label20n=False, major=True, labelrotation=0, grid_color=None, grid_linestyle=None, grid_linewidth=None, grid_alpha=None, **kw)
내용	축 눈금, 그리드 선들(grid lines) 및 라벨들에 대한 abstract base class. ticks는 축에 위치를 나타낸다. ticks는 2개의 라벨과 markers로 이루어지며 2개의 선을 포함하는데 XAxis는 아래와 위에 각 1개, YAxis는 왼쪽과 오른쪽 위치에 각 1개씩 포함한다.

[표 6-19] Tick 클래스

다음은 Tick 클래스의 속성을 나타낸 표다.

속성	내용
tick1line: Line2D	왼쪽/바닥 눈금 마커.
tick2line: Line2D	오른쪽/위 눈금 마커
gridline: Line2D	라벨 위치에 관련된 그리드 선
label1: Text	왼쪽/바닥 눈금 라벨
label2: Text	오른쪽/위 눈금 라벨

[표 6-20] Tick 클래스의 속성

Tick 객체인 **XTick, YTick** 클래스의 기능은 다음과 같다.

클래스	matplotlib.axis.XTick(Tick 클래스와 같은 매개 변수를 사용할 수 있다.) matplotlib.axis.YTick(Tick 클래스와 같은 매개 변수를 사용할 수 있다.)
내용	x축 눈금(XTick 클래스), y축 눈금(YTick)을 표시하는 데 필요한 모든 아티스트(눈금 선, 라벨, 텍스트 및 그리드 선)를 포함한다.

[표 6-21] Tick 객체의 클래스

지금까지 Axis 객체와 Tick 객체에 속한 클래스들을 설명했다. 이 객체들은 다양한 메소드들을 포함하지만 예제를 통해 일부만 소개한다.

눈금 위치와 형식 정하기

matplotlib.ticker 모듈은 눈금 위치와 형식을 지정하는 클래스들을 포함한다. Axis 클래스의 로케이터(locator)는 주 눈금과 보조 눈금의 위치와 형식을 정하기 위해 사용한다.

Locator 클래스는 모든 눈금 위치를 설정하는 기본 클래스다. Locator 객체는 데이터 범위에 기반한 뷰 범위를 자동으로 조정 및 관리하고 눈금 위치를 관리한다. 다음은 **matplotlib.ticker.Locator** 클래스의 서브클래스를 나타낸 표다.

Locator 서브클래스 종류	서브클래스 정의
AutoLocator	기본으로 MaxNLocator. AutoLocator는 대부분의 그래프에서 기본값인 눈금 로케이터(Locator).
MaxNLocator	모듈이 최대 수의 범위까지 자동으로 눈금 결정
LinearLocator	최소부터 최대까지 동등한 간격의 눈금
LogLocator	최소부터 최대까지 로그 간격의 눈금
MultipleLocator	눈금과 범위가 정수나 실수의 기본 배수
FixedLocator	눈금 위치가 고정됨
IndexLocator	인덱스에 대한 로케이터
NullLocator	눈금이 없음
SymmetricalLogLocator	symlog norm으로 사용하기 위한 로케이터. 범위 밖의 부분에서는 LogLocator과 같이 작용하고 범위 내에 있다면 0을 더함
LogitLocator	logit scaling에 대한 로케이터
OldAutoLocator	MultipleLocator를 선택하고 자동으로 눈금 위치를 설정하기 위해 동적으로 재할당
AutoMinorLocator	축이 선형적이고 주 눈금이 일정한 간격일 때 보조 눈금에 대한 로케이터. 주 눈금을 기본값인 4 또는 5 간격으로 분할하거나 특정 수 간격으로 분할

[표 6-22] Locator 클래스의 서브클래스

다음은 **Locator**의 종류를 나타낸 그림이다.

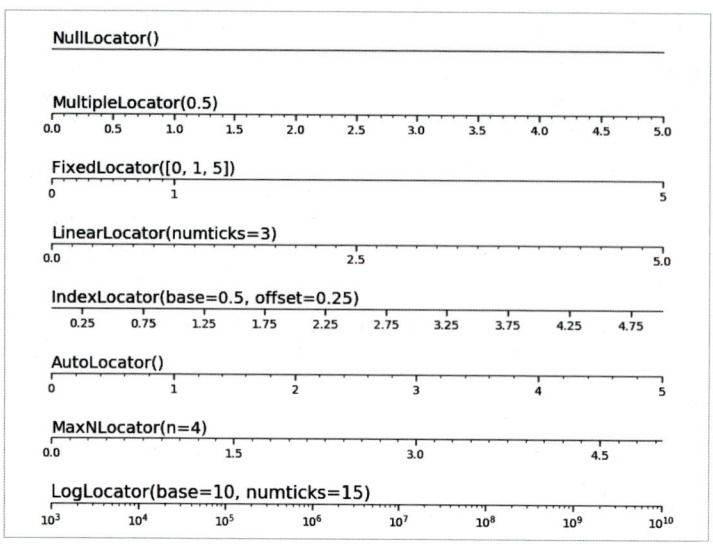

[그림 6-3] Locator의 종류

눈금 형식은 Formatter 클래스의 서브클래스에서 설정할 수 있다. **Formatter**는 단일 눈금 값에서 사용하고 축에 문자열을 적용한다. 다음 표는 **matplotlib.ticker.Formatter**의 서브클래스를 나타낸다.

Formatter 서브클래스 종류	서브클래스 정의
NullFormatter	눈금에 라벨이 없음
IndexFormatter	라벨들의 리스트에 문자열 설정
FixedFormatter	라벨들에 문자열 설정
FuncFormatter	사용자 정의 함수로 라벨 설정
StrMethodFormatter	문자열 format( ) 메소드 사용
FormatStrFormatter	구형인 sprint 문자열 사용
ScalarFormatter	스칼라에 대한 기본 포매터(Formatter), format 문자열을 자동 선택
LogFormatter	log axes에 대한 포매터
LogFormatterExponent	exponent=log_base(value)를 사용하는 log axis에 대한 format 값들
LogFormatterMathtext	수학 텍스트를 사용할 때 exponent=log_base(value)를 사용하는 log axis에 대한 format 값들
LogFormatterSciNotation	과학적인 표기를 사용하는 log axis에 대한 format 값들
LogitFormatter	확률 포매터
EngFormatter	공학적 표기 형식 라벨
PercentFormatter	백분율 형식 라벨

[표 6-23] Formatter의 서브클래스

다음은 종류별 **눈금** Formatter **클래스**를 나타낸 그림이다.

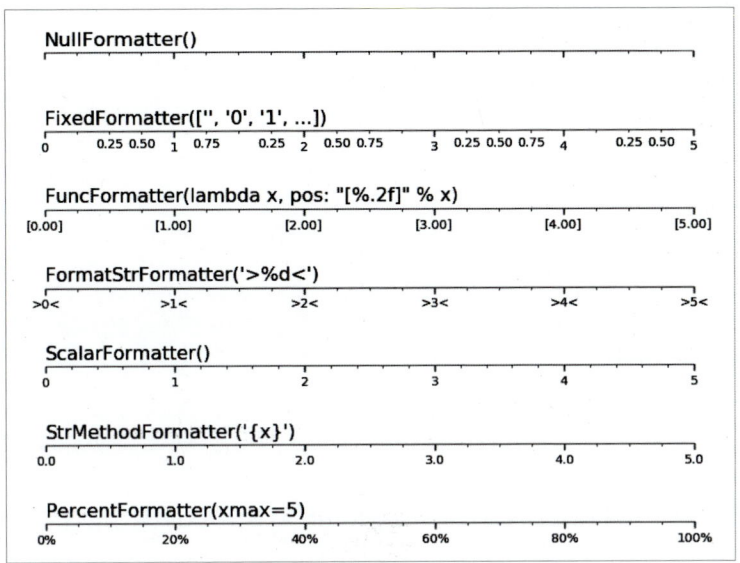

[그림 6-4] 눈금 Formatter 클래스의 종류

눈금과 눈금 라벨

Axes는 축에 라벨을 나타내는 방법을 나타내는 정보인 **matplotlib.axis** 객체를 포함하며 이 객체는 ax.xaxis와 ax.yaxis 객체를 포함한다. Axis 객체는 주 눈금과 보조 눈금을 포함하고 이 눈금들의 위치를 결정하는 데 사용하는 matplotlib.xaxis 객체의 **set_major_locator**와 **set_minor_locator** 메소드를 포함한다. 또한 눈금 라벨을 설정하는 데 사용하는 **matplotlib.xaxis.set_major_formatter**와 **matplotlib.xaxis.set_minor_formatter** 메소드를 포함한다.

로케이터와 포매터의 기본값을 사용하면 눈금 값과 눈금 라벨을 간단히 설정할 수 있다. 다음 예제는 x1에 0~5까지 범위를 설정하고 그 값들을 변수로 가지는 y1에서 눈금을 설정한다. 이때 매개 변수 ticks 시퀀스에 눈금 위치를 설정하는 **matplotlib.axis.Xaxis.set_ticks(self, ticks, minor=False)** 메소드를 적용한다. 매개 변수 ticks는 실수 시퀀스이며 minor는 불리언이다. 다음 예제에서 subplots( ) 메소드의 인수 **tight_layout**를 False로 적용해 차이를 확인해보기 바란다.

```
In [56]: x1 = np.linspace(0.0, 5.0, 100)
         y1 = np.cos(2 * np.pi * x1) * np.exp(-x1)

In [57]: fig, ax = plt.subplots(2, 1, figsize=(5, 3), tight_layout=True)
```

```
      ax[0].plot(x1, y1)
      ax[1].plot(x1, y1)
      ax[1].xaxis.set_ticks(np.arange(0., 8.1, 2.))

plt.show()
```

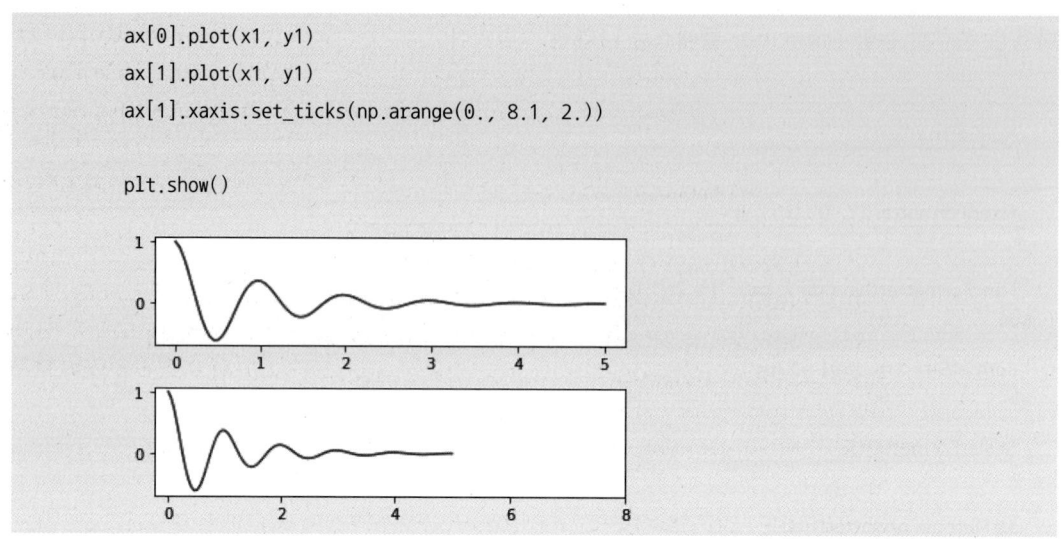

ax, ax[1], ax[1].xaxis의 타입을 확인한다. ax[1].xaxis는 **matplotlib.axis.XAxis** 객체임을 확인할 수 있다.

```
In [58]: type(ax)
Out[58]: numpy.ndarray

In [59]: type(ax[1])
Out[59]: matplotlib.axes._subplots.AxesSubplot

In [60]: type(ax[1].xaxis)
Out[60]: matplotlib.axis.XAxis
```

In [57]에서 ax[0]와 ax[1] 그래프 크기가 서로 다른 것을 확인할 수 있다. 다음 예제에서는 그래프 크기가 같도록 설정한다. **set_ticklabels** 메소드를 이용해 눈금 라벨의 텍스트 값을 설정하는데 **tickla**는 텍스트 값들의 모음인 리스트다. 예제의 ax[1].set_xlim(ax[0].get_xlim( ))에서 **set_xlim( )**은 x축 뷰 범위를 설정하며 인수에 입력하는 첫 번째 서브플롯인 **get_xlim( )**은 ax[0]에서 x축 범위를 가져와 반환한다. 결과를 보면 ax[1] 그래프가 첫 번째 서브플롯인 ax[0]의 x축 뷰 범위에 맞춰진 것을 확인할 수 있다.

```
In [61]: fig, ax = plt.subplots(2, 1, figsize=(5, 3), tight_layout=True)

         ax[0].plot(x1, y1)
```

```
ax[1].plot(x1, y1)

ticks = np.arange(0., 8.1, 2.)
tickla = ['%1.2f' % tick for tick in ticks]

ax[1].xaxis.set_ticks(ticks)
ax[1].xaxis.set_ticklabels(tickla)
ax[1].set_xlim(ax[0].get_xlim())

plt.show()
```

기본값이 아닌 로케이터와 포매터를 사용해 눈금 위치와 라벨을 설정하려면 각 축에 Formatter 객체와 Locator 객체를 설정하여 변경할 수 있다. 다음 예제에서 fomt에 의해 눈금 수치를 소수점 한 자릿수로 표시하고 **FixedLocator** 타입이 되는 것을 확인할 수 있다.

```
In [62]: fig, ax = plt.subplots(2, 1, figsize=(5, 3), tight_layout=True)

        ax[0].plot(x1, y1)
        ax[1].plot(x1, y1)
        ticks = np.arange(0., 8.1, 2.)

        fomt = matplotlib.ticker.FormatStrFormatter('%1.1f')
        loc = matplotlib.ticker.FixedLocator(ticks)

        ax[1].xaxis.set_major_locator(loc)
        ax[1].xaxis.set_major_formatter(fomt)

        plt.show()
```

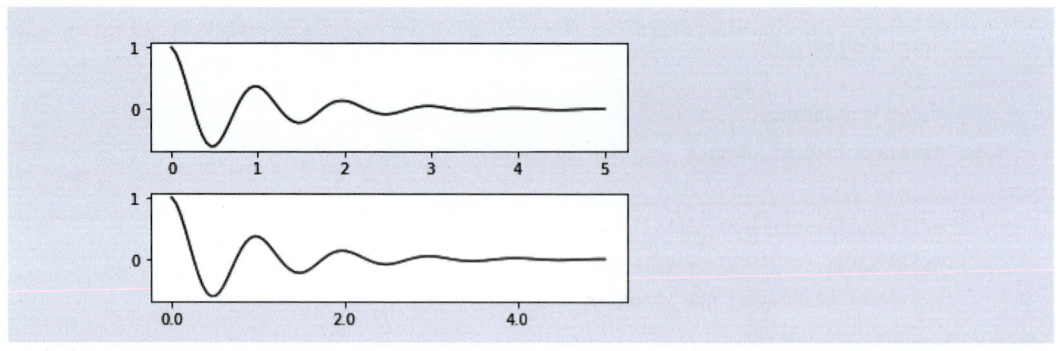

6.2.4 기타 그래프

이번에는 지금까지 설명한 선 그래프, 서브플롯, 산점도, 히스토그램을 제외한 다른 그래프들을 살펴본다.

막대그래프

bar( )와 **barh( )** 함수를 사용해 막대그래프를 만들 수 있다. 다음은 bar( ) 함수를 적용해 오차 막대(error bar)가 있는 막대그래프를 그리는 예제다. 예제에서는 매개 변수 bottom을 사용해 bar1과 bar2, 2개 그래프를 1개로 나타내고 yerr 매개 변수를 사용해 오차 막대를 나타낸다. 또한 주석과 범례를 추가하고 눈금을 표시한다.

```
In [63]: girl_weight = (30, 25, 29, 27, 22, 35)
         boy_weight = (33, 37, 28, 25, 20, 23)
         girl_err = (3, 2, 1, 2, 4, 1)
         boy_err = (1, 2, 3, 2, 3, 1)
         num = np.arange(6)
         width = 0.40

         bar1 = plt.bar(num, girl_weight, width, yerr=girl_err)
         bar2 = plt.bar(num, boy_weight, width, bottom=girl_weight, yerr=boy_err)

         plt.title('Sample Weight of girls and boys', fontsize=14)
         plt.ylabel('Student Weight', fontsize=14)
         plt.xticks(num, ('S1', 'S2', 'S3', 'S4', 'S5', 'S6'))
         plt.yticks(np.arange(0, 81, 5))
         plt.legend((bar1, bar2), ('Girl', 'Boy'))
```

```
plt.show()
```

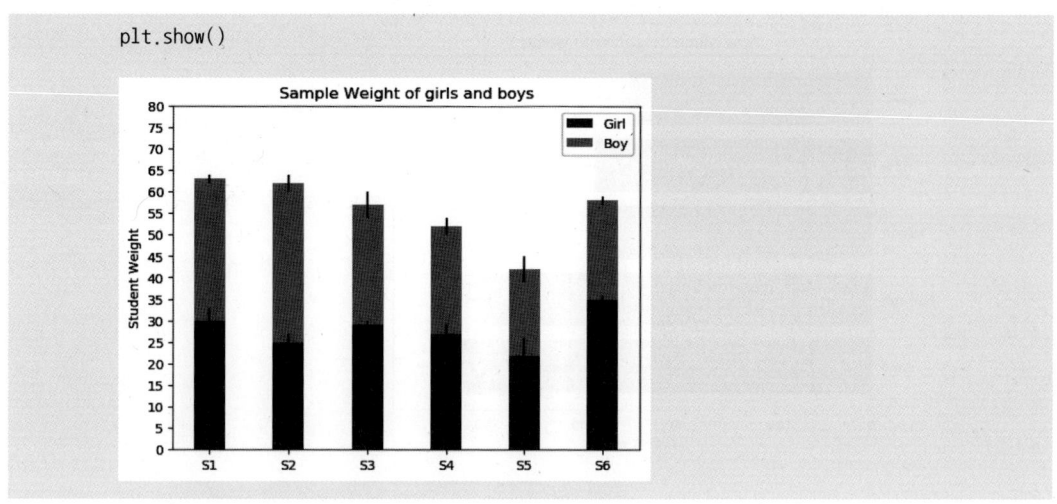

다음은 barh( ) 함수를 이용해 간단한 수평 막대그래프를 그리는 예제다. set_yticklabels( ) 함수를 이용해 학생 이름을 수직 라벨로 설정한다. invert_yaxis( ) 는 y축 라벨의 순서를 바꾸는 함수다.

```
In [64]: fig, ax = plt.subplots()
         student = ('Haena', 'Yuna', 'Naeun', 'Bumsuk', 'Suho')
         y_coord = np.arange(len(student))

         weight = np.array([50, 57, 55, 80, 88])
         weight_error = np.random.randn(len(student))

         ax.barh(y=y_coord, width=weight, xerr=weight_error, align='center')

         ax.set_yticks(y_coord)
         ax.set_yticklabels(student)
         ax.invert_yaxis()
         ax.set_xlabel('student weight', fontsize=14)
         ax.set_title('How much do students weigh?', fontsize=14)

         plt.show()
```

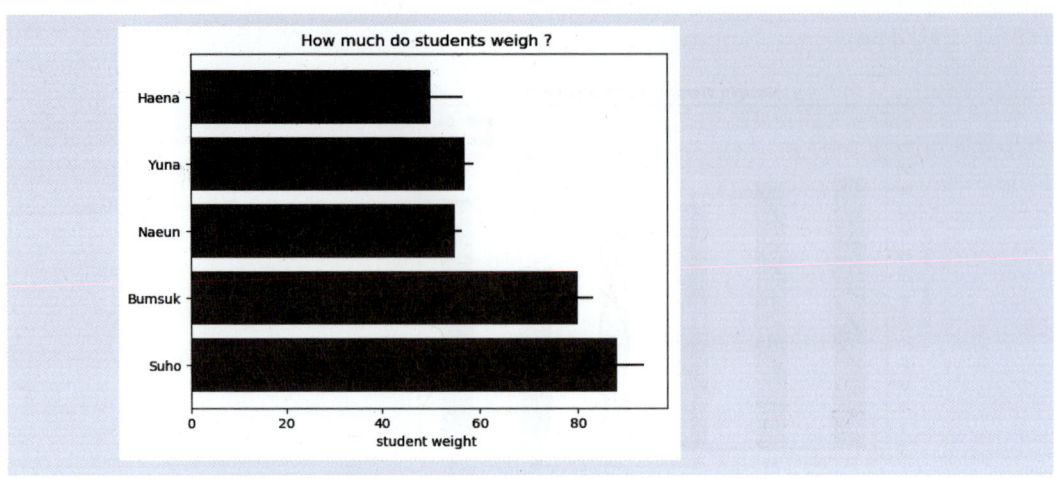

다음 표는 bar( ) 함수와 barh( ) 함수에 적용할 수 있는 매개 변수들을 나타낸다.

매개 변수	내용
color	스칼라 또는 유사 배열, 선택적 매개 변수, 막대 표면(faces) 색상
edgecolor	스칼라 또는 유사 배열, 선택적 매개 변수, 막대 가장자리(edges) 색상
linewidth	스칼라 또는 유사 배열, 선택적 매개 변수, 막대 가장자리 너비. 0이면 가장자리를 그리지 않음
tick_label	문자열 또는 유사 배열, 선택적 매개 변수, 막대의 눈금 라벨. 기본값은 None(기본 수치 라벨을 사용)
xerr, yerr	shape(N,) 또는 shape(2, N)의 스칼라 또는 유사 배열, 선택적 매개 변수, None이 아니면 막대 끝부분에 수평/수직 오차 막대를 더함. 오류 값들은 데이터에 상대적인 +/− 크기 − 스칼라: 모든 막대에 대한 대칭적 +/−값들 − shape(N,): 각각의 막대에 대한 대칭적 +/−값들 − shape(2, N): 각각의 막대에 대한 개별적인 −와 +값들. 첫 번째 행은 하위 오류를 포함하고 두 번째 행은 상위 오류를 포함 − None: 오차 막대가 없음(기본값)
ecolor	스칼라 또는 유사 배열, 선택적 매개 변수, 기본값은 black, 오차 막대의 선 색상
capsize	스칼라, 선택적 매개 변수, points로 된 오차 막대 caps의 길이. 기본값은 None, 이것은 rcParams["errorbar.capsize"]의 값, 즉 rcParams 모듈 속성의 값
error_kw	딕셔너리, 선택적 매개 변수, errorbar( ) 메소드로 전달할 딕셔너리형 kwargs. 여기서 정의된 ecolor 또는 capsize 값들은 독립적인 kwargs보다 우선함
log	불리언, 선택적 매개 변수, 기본값은 False. True이면 y축을 로그 스케일이 되도록 설정
orientation	{'vertical', 'horizontal'}, 선택적 매개 변수, 내부 사용만을 위한 용도. 수평 막대그래프를 그리려면 barh 사용. 기본값은 vertical

[표 6-24] bar( ) 및 barh( ) 함수의 매개 변수

다른 옵션을 사용할 수 있는 사각형 속성인 **kwargs**는 다음과 같다.

속성	내용
agg_filter	(m, n, 3)의 실수 배열과 dpi 값을 취하고 (m, n, 3) 배열을 반환하는 필터 함수
alpha	실수(float) 또는 None
animated	불리언
antialiased 또는 aa	그래프 왜곡을 바로잡음
capstyle	{'butt', 'round', 'projecting'}
clip_box	Bbox
clip_on	불리언
clip_path	[(Path, Transform)¦Patch¦None]
color	색상
contains	호출 함수
edgecolor 또는 ec	색상 또는 None 또는 auto
facecolor 또는 fc	색상 또는 None
figure	Figure
fill	불리언
gid	문자열
hatch	{'/','\\','¦','-','+','x','o','O','.','*'}
in_layout	불리언
joinstyle	{'meter', 'round', 'bevel'}
label	객체
linestyle 또는 ls	{'-','--','-.',':','',(offset, on-off-seq), ...}
linewidth 또는 lw	실수 또는 None
path_effects	AbstractPathEffect(경로를 정의하는 객체)
picker	None 또는 불리언 또는 실수 또는 호출 함수
rasterized	불리언 또는 None
sketch_params	(scale(실수), length(실수), randomness(실수))
snap	불리언 또는 None
transform	아티스트 변환(matplotlib.transforms 참조)
url	문자열
visible	불리언
zorder	실수

[표 6-25] bar( ) 및 barh( ) 함수의 kwargs

원그래프

pie( ) 함수는 원그래프(pie chart)를 생성한다. 원 중심에서 한 개 이상의 쐐기(wedges)를 확장하면서 면적 백분율의 자동 라벨과 음영 효과를 포함한다. 여기서 쐐기는 치즈나 케이크 조각 모양의 V자 부분을 의미한다. 예제에서는 기본 원그래프 외에도 다음의 추가 기능들을 다룬다.

- 슬라이스 라벨
- 백분율의 자동 라벨링
- explode로 슬라이스를 오프셋
- 그림자 설정
- 쐐기를 그리는 시작 각도 조정

다음 예제에서 explode 인수의 **epd** 중 두 번째 0.1 값은 두 번째 라벨인 Grape 쐐기가 원에서 떼어지는 간격이다. **autopct**는 쐐기 내부에서 수치로 표현되는 라벨의 형식이다. **ax.axis('equal')**은 x축과 y축 비율이 동등함을 의미한다.

```
In [65]: lbl = 'Apple', 'Grape', 'Pear', 'Lemon'
         size = [35, 30, 25, 10]
         epd = (0, 0.1, 0, 0)

         fig, ax = plt.subplots()
         ax.pie(size, textprops={'fontsize': 14}, explode=epd, labels=lbl, autopct='%1.1f%%',
                shadow=True, startangle=45)
         ax.axis('equal')

         plt.show()
```

6.3 seaborn 라이브러리

seaborn은 matplotlib을 기반으로 만든 파이썬 데이터 시각화 라이브러리다. matplotlib 상위에서 구성되는 고수준 인터페이스를 제공하며 판다스 데이터 구조를 이용해 연산한다. matplotlib은 다양한 옵션을 제공하므로 유연하게 사용할 수 있고 seaborn은 사용이 간편하지만 많은 옵션을 제공하지 않는 차이점이 있다.

6.3.1 seaborn

seaborn은 matplotlib과 완전히 별개의 라이브러리가 아니라 matplotlib을 보완하고 장점을 확대하며 통계 데이터를 유연하게 시각화할 수 있는 그래픽 특화 패키지다. seaborn은 다음과 같은 주요 기능들을 제공한다.

- 복수의 변수들 사이에 관련성을 테스트하는 데이터 세트를 지향하는 API
- 관찰치 또는 통합 통계를 나타내기 위해 범주형 변수 사용 지원
- 데이터 서브세트들을 비교하고 일변량(univariate)이나 이변량(bivariate) 분포를 시각화하는 옵션
- 다른 종류의 종속 변수에 대한 선형 회귀 모델을 자동 평가하고 그래프 그리기
- 복잡한 데이터 세트 구조를 간편하게 분석
- 멀티플롯 그리드를 구성하기 위한 고수준의 추상화
- 내장된 테마로 matplotlib의 figure 스타일을 간단하게 제어
- 데이터에서 패턴을 나타내는 색상 팔레트를 선택하는 도구들

seaborn은 데이터를 탐색하고 이해하기 위해 중요 부분을 시각화하는 데 사용한다. 데이터 세트와 관련되는 그래프 함수들은 전체 데이터 세트를 포함하는 데이터프레임과 배열을 기준으로 연산한다. 내부적으로는 정보를 제공하는 그래프를 생성하기 위해 연산을 처리하고 통계적 종합 연산을 수행한다. 이 책의 예제들은 주피터 노트북에서 실행한다.

먼저 seaborn 라이브러리를 다음과 같이 임포트한다. seaborn은 matplotlib을 사용해 그래프를 그린다. seaborn( ) 함수들로 다양한 작업을 수행할 수 있지만 사용자가 원하는 설정으로 변경하려면 matplotlib을 사용한다.

```
In [66]: import seaborn as sns
```

다음으로 기본 seaborn 테마, 크기 조정 및 색상 팔레트에 다음과 같은 설정을 적용한다. 예제에서는 글자 크기 font_scale을 1.7로 설정한다. 그러나 이 책에서는 그래프 가독성을 위해 각 예제 글자 크기를 다르게 설정하였으므로 여러분이 직접 실행했을 때 그래프의 텍스트 크기나 눈금 간격이 책과 다를 수 있다.

```
In [67]: sns.set(font_scale=1.7)
```

get_dataset_names( ) 함수를 이용해 seaborn 라이브러리에서 제공하는 데이터 세트를 확인해 본다.

```
In [68]: print(sns.get_dataset_names())
         ['anagrams', 'anscombe', 'attention', 'barin_network', 'car_crashes', 'diamonds', ..., 'tips', 'titanic']
```

데이터 세트 중 하나인 tips를 다음과 같이 읽는다. load_dataset( ) 함수를 사용하면 데이터 세트에 빠르게 접근할 수 있다. 판다스의 read_csv로 데이터 세트를 읽거나 사용자가 직접 작업한 데이터 세트를 읽을 수도 있다. 예제에서는 사용하는 tips 데이터 세트는 음식점을 방문한 고객들이 지불한 팁 데이터 모음이다.

```
In [69]: tips = sns.load_dataset('tips')
```

데이터 세트 tips의 구성을 확인한다.

```
In [70]: tips
```

	total_bill	tip	sex	smoker	day	time	size
0	16.99	1.01	Female	No	Sun	Dinner	2
1	10.34	1.66	Male	No	Sun	Dinner	3
(중략)							
243	18.78	3.00	Female	No	Thur	Dinner	2

244 rows x 7 columns

다음은 다수의 **의미론적(semantic) 변수**로 면적을 나타내는 산점도를 그리는 예제다. 이 플롯은 tips 데이터 세트에서 수치 3개, 범주형 2개인 총 5개 변수 사이의 관계를 나타낸다. 수치 변수인 total_bill과 tip은 axes상 각 지점 위치를 결정하고 size 변수는 각 지점의 크기를 결정한다. 범주형 변수 time은 데이터 세트를 2개의 다른 axes로 분리하고 smoker 변수는 각 지점의 색과 모양을 결정한다. 예제를 실행하면 다음과 같은 결과 그래프가 나타난다.

```
In [71]: sns.relplot(x='total_bill', y='tip', col='time', hue='smoker', style='smoker',
                     size='size', data=tips)

         plt.show()
```

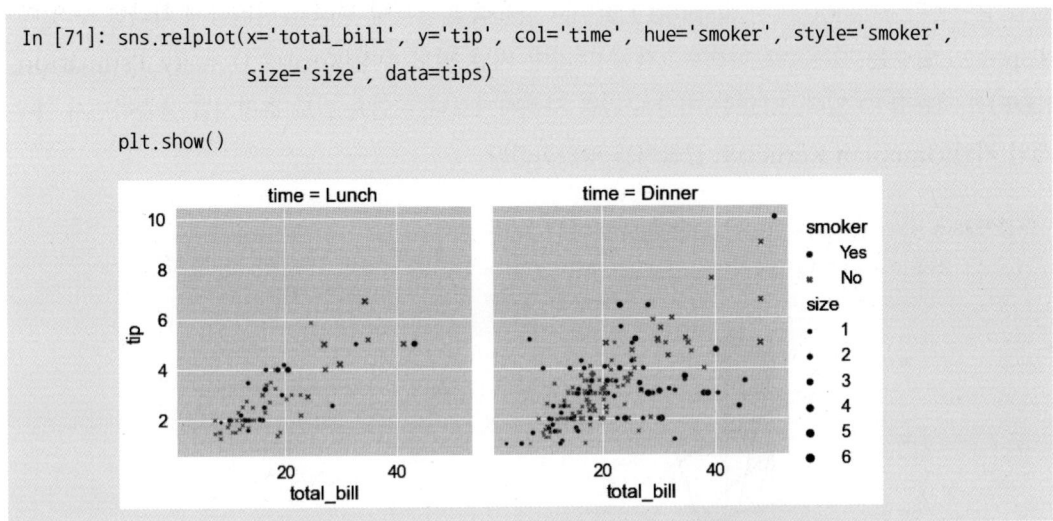

relplot( ) 함수는 시각화 표현을 변환하는 매개 변수 kind를 포함한다. 이 함수는 기본으로 산점도를 나타내지만 kind='line' 옵션을 적용하면 선 그래프를 나타낸다. 다음 예제의 sns.replot은 **seaborn.axisgrid.FacetGrid** 타입이다. sharex=False는 두 그래프의 x축을 공유하지 않는다는 의미이다.

```
In [72]: dots = sns.load_dataset('dots')
         sns.relplot(x='time', y='firing_rate', col='align', hue='choice', size='coherence',
                     style='choice', facet_kws=dict(sharex=False),
                     kind='line', legend='full', data=dots);

         plt.show()
```

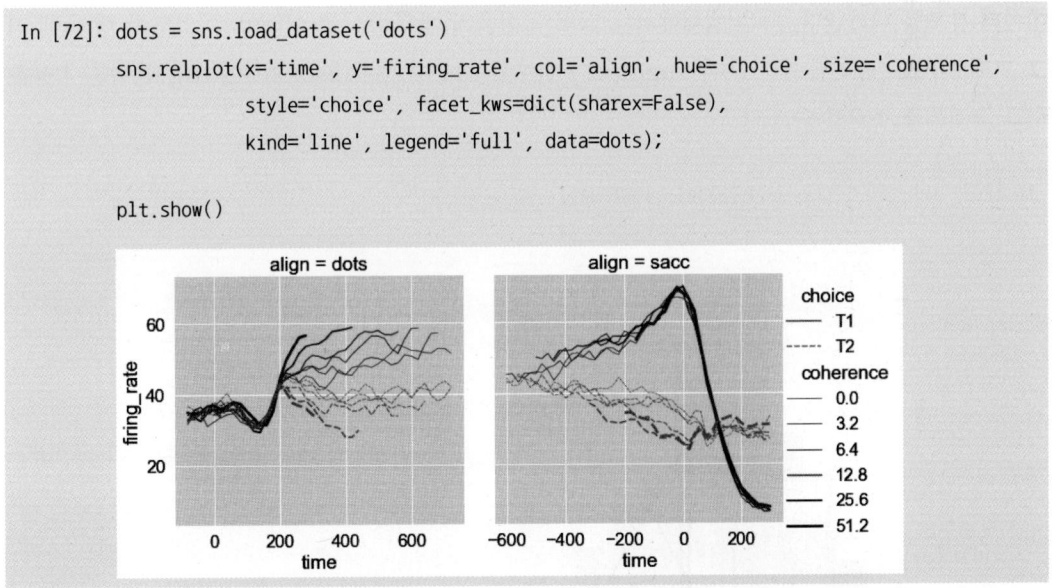

단변량 데이터 세트 분포를 시각화

데이터 세트에 많이 사용되는 단변량(univariate)과 이변량(bivariate) 분포를 분석하는 간단한 방법을 알아본다. seaborn에서 **displot( )** 함수를 사용하면 단변량 분포를 편리하게 확인할 수 있다. displot( ) 함수는 기본으로 히스토그램을 그리며 **커널 밀도 추정(Kernel Density Estimation, KDE)**을 적용할 수 있다. KDE는 이산 구간을 사용하기보다는 연속 밀도 추정치를 산출하면서 **가우시안 커널(Gaussian Kernel)**로 관찰치를 평활화한다.

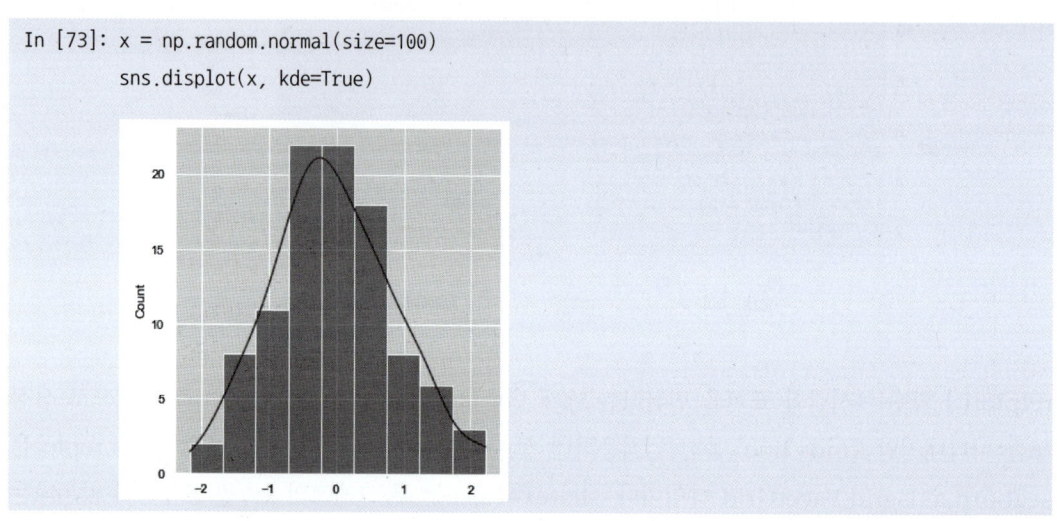

히스토그램은 데이터 범위에 따라 구간을 구성하고, 각 간격에 관찰치 수를 보여주는 막대를 그려 데이터 분포를 나타낸다. 다음 예제에서는 밀도 곡선을 없애고 분포를 이해할 수 있도록 행 축에 **러그 그래프(rug plot)**를 추가한다. **rugplot( )** 함수를 사용하거나 displot( )에 **rug 인수**를 적용해 러그 그래프를 추가할 수 있다.

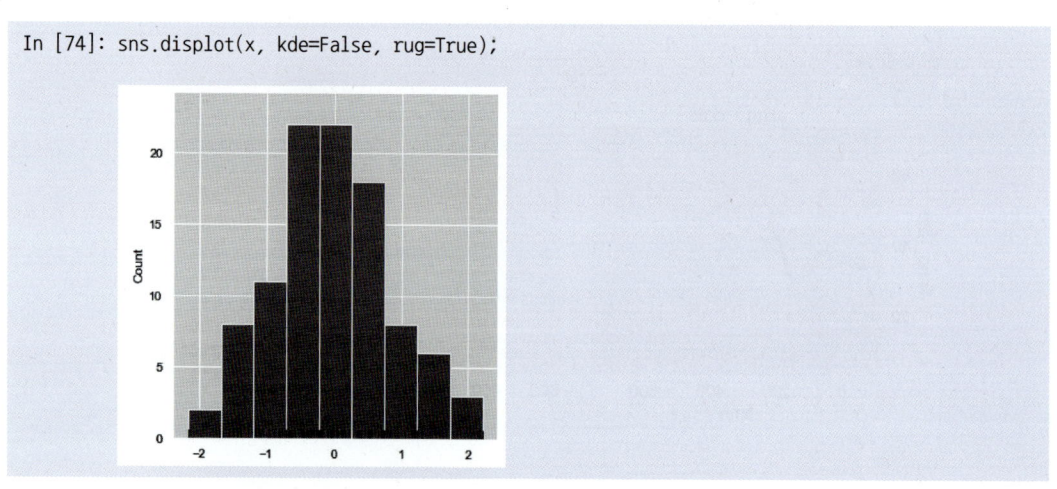

bins 인수를 적용해 구간 개수를 설정할 수 있다.

```
In [75]: sns.displot(x, bins=20, kde=False, rug=True);
```

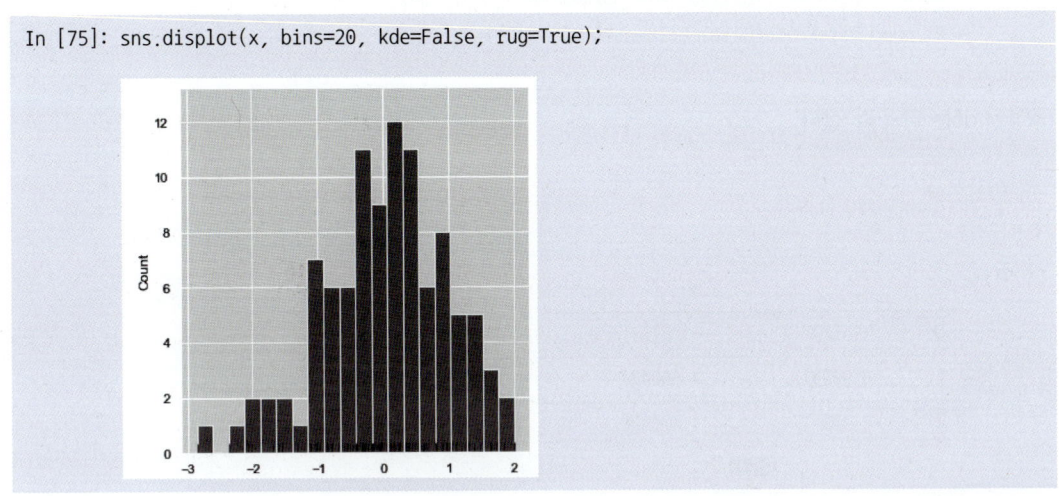

커널 밀도 추정 그래프는 데이터 분포의 모양을 그리는 데 유용하며 연속된 곡선을 나타내어 확률 밀도 함수를 더 잘 평가할 수 있다.

```
In [76]: sns.displot(x, rug=True, kde=True);
```

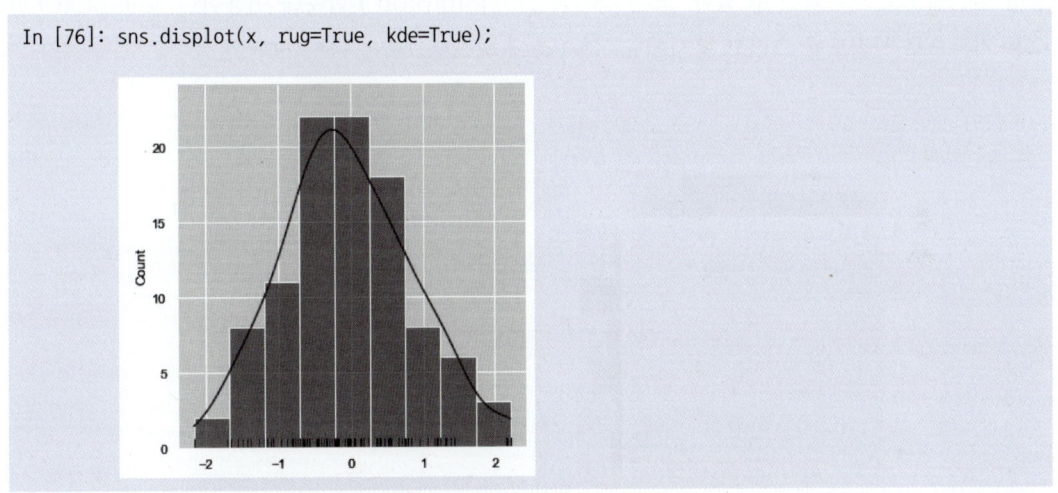

이변량 데이터 세트 분포를 시각화

seaborn에서 **jointplot( )** 함수를 사용하면 2개 변수의 이변량 분포를 쉽게 시각화할 수 있다. jointplot( )은 개별 axes의 각 단변량(또는 한계) 분포를 이용해 2개 변수 사이 관계 또는 공동 관계를 확인할 수 있도록 하는 멀티 패널 figure를 생성한다.

```
In [77]: mean, cov = [0, 1], [(1, .5), (.5, 1)]
         data = np.random.multivariate_normal(mean, cov, 30)
         df = pd.DataFrame(data, columns=['x', 'y'])
```

생성된 df는 다음과 같다.

```
In [78]: df
Out[78]:
```

	x	y
0	-1.523712	-1.012814
1	0.909913	1.696477
2	0.423717	1.478339
	(중략)	
29	-1.405877	1.480022

산점도를 이용하면 이변량 분포를 가장 편리하게 시각화할 수 있다. matplotlib의 **plt.scatter**를 이용하면 산점도로 시각화할 수 있다. 또는 다음과 같이 **jointplot( )** 함수를 이용한다. jointplot( ) 함수는 기본으로 산점도를 그리고 동시에 x축과 y축에 히스토그램을 나타낸다.

```
In [79]: sns.jointplot(x='x', y='y', data=df);
```

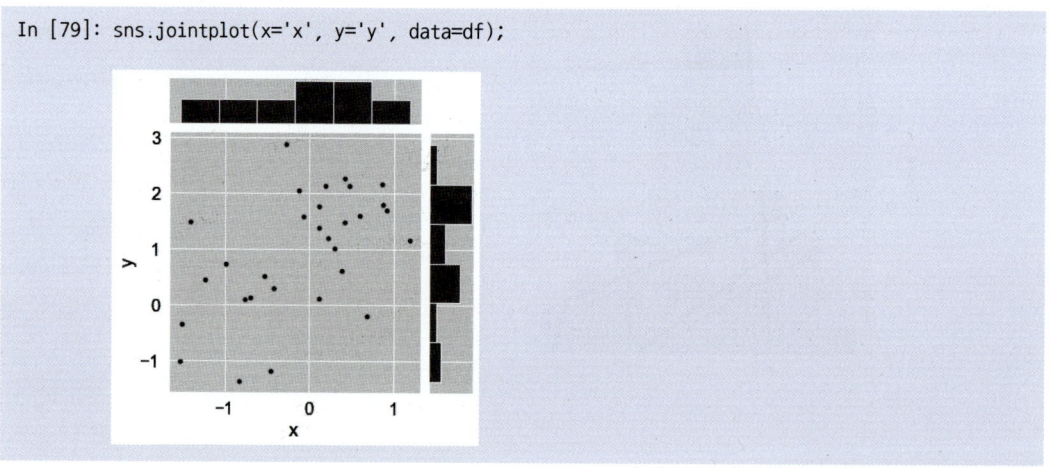

육각 산점도를 이용하면 이변량을 히스토그램으로 그릴 수 있다. 육각 산점도는 데이터 범위 내에서 육각형 관찰치의 계산을 나타내며 상대적으로 크기가 큰 데이터 세트를 시각화하는 데 적합하다. matplotlib의 plt.hexbin( ) 함수를 이용하거나 jointplot( ) 함수에서 kind='hex' 매개 변수를 적용하여 육각 산점도를 그릴 수 있다.

```
In [80]: x, y = np.random.multivariate_normal(mean, cov, 1000).T
         with sns.axes_style('white'):
             sns.jointplot(x=x, y=y, kind='hex', color='b');
```

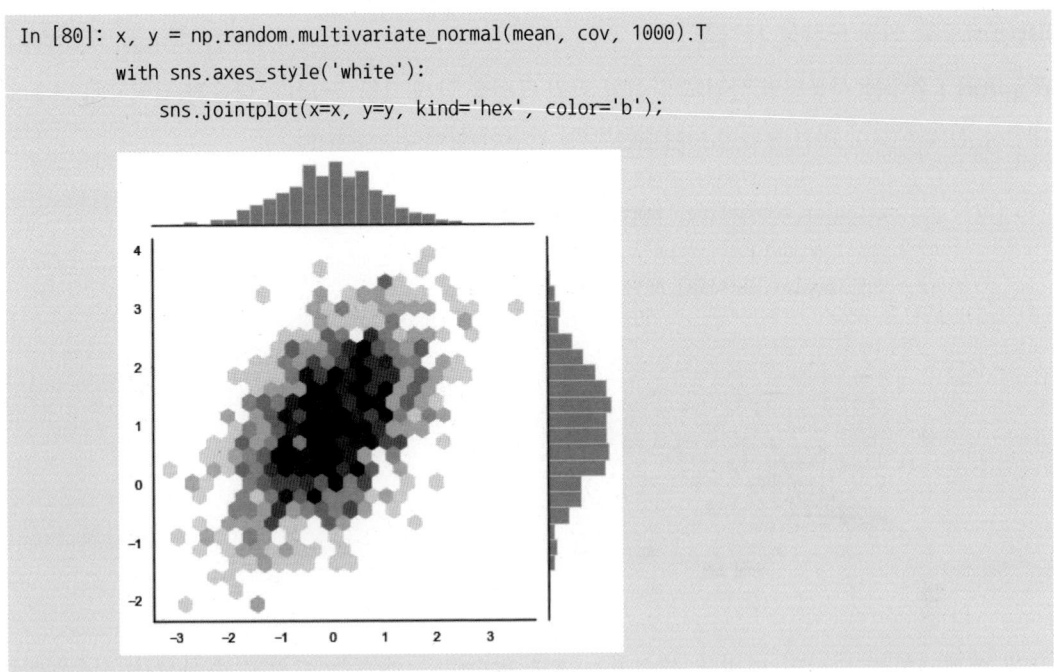

커널 밀도 추정을 적용해 이변량 분포를 시각화할 수도 있다. seaborn에서 **jointplot( )** 함수를 이용하면 이변량 분포를 커널 밀도 추정을 적용한 등고선(contour) 그래프로 나타낼 수 있다.

```
In [81]: sns.jointplot(x='x', y='y', data=df, kind='kde');
```

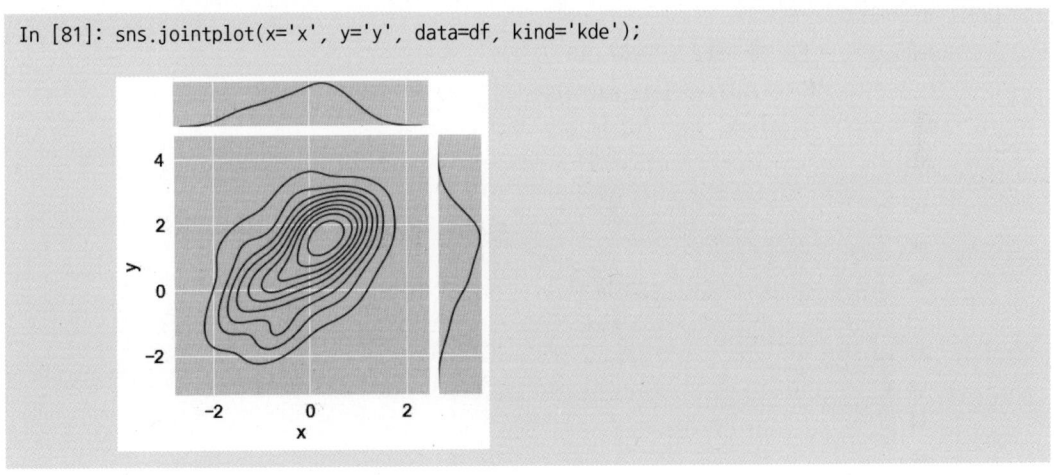

regplot으로 회귀 모델을 시각화

regplot( ) 함수를 사용하면 산점도와 선형 회귀 곡선을 함께 그릴 수 있다. 다음과 같이 2개 변수에 대한 산점도를 그려 회귀 모델을 나타내는 것이 간단한 형태다.

```
In [82]: sns.set(color_codes=True, font_scale=1.5)
         tp = sns.load_dataset('tips')
         ax = sns.regplot(x='total_bill', y='tip', data=tp)
```

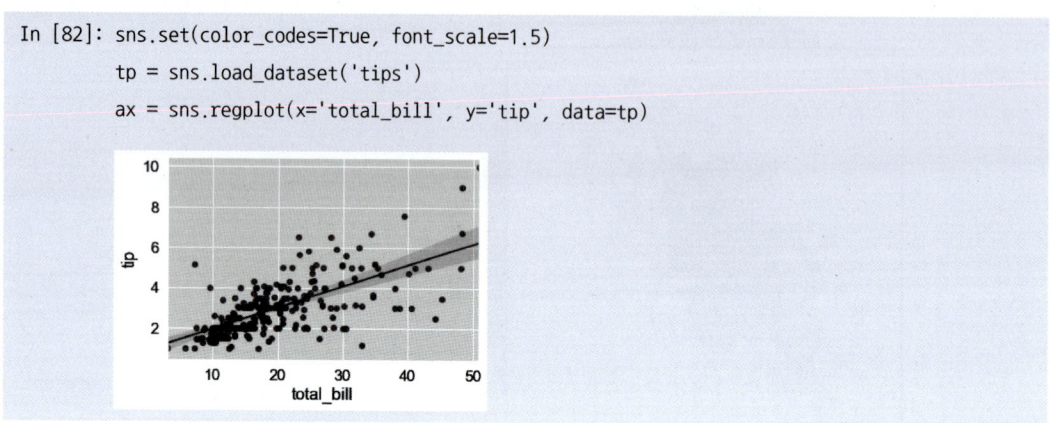

다음 예제에서는 넘파이 배열을 생성하는 2개 변수로 그래프를 그리고 초록색을 적용한다. **multivariate_normal( )** 함수는 다변량의 정규 분포에서 임의의 샘플을 추출한다. size인 30은 샘플의 개수다.

```
In [83]: np.random.seed(112)
         mean, cov = [2, 3], [(1.5, 0.6), (0.6, 1)]
         x, y = np.random.multivariate_normal(mean, cov, 30).T
         ax = sns.regplot(x=x, y=y, color='g')
```

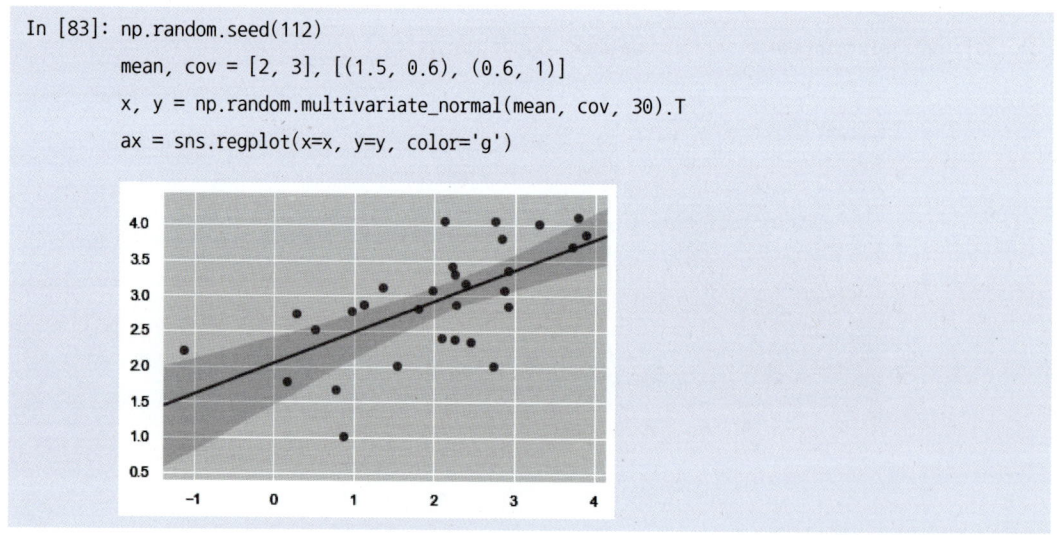

추정치의 표준 오류와 일치하는 신뢰 구간(confidence interval) 68%를 사용하여 regplot( ) 그래프를 그린다.

```
In [84]: ax = sns.regplot(x=x, y=y, ci=68)
```

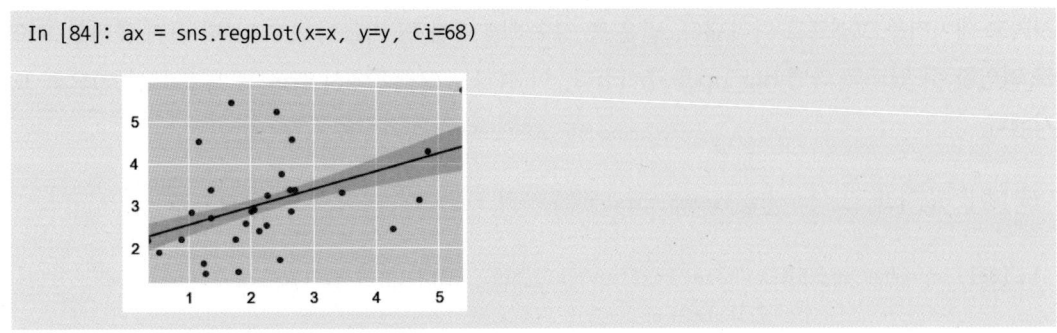

이산 변수 x, y로 그래프를 그리고 밀도를 확인하기 위해 약간의 **지터(jitter)**를 추가한다. 지터는 x 또는 y 변수에 변수 크기의 일정한 임의의 잡음을 의미한다. 이 잡음은 회귀를 적용한 후에 데이터에 추가되는데 조밀한 이산 값을 취하는 변수를 그래프로 나타낼 때 쉽게 분석할 수 있게 한다.

```
In [85]: ax = sns.regplot(x='size', y='total_bill', data=tp, x_jitter=0.1)
```

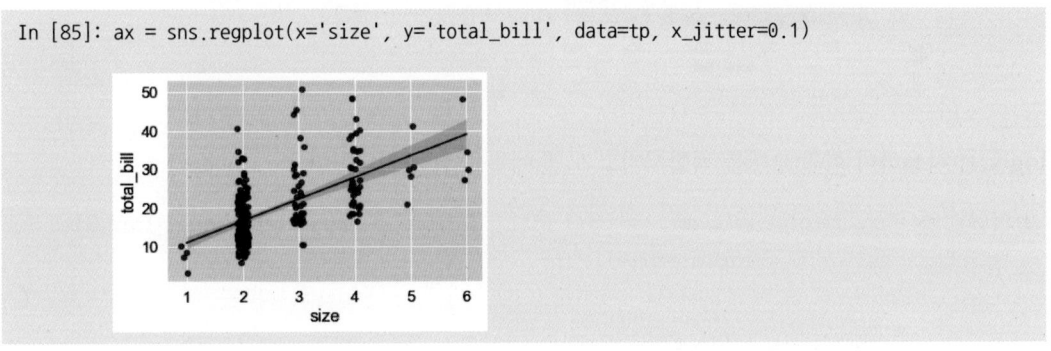

유일 값들에 대한 평균과 신뢰 구간을 나타내면서 이산 변수 x, y로 그래프를 그린다.

```
In [86]: ax = sns.regplot(x='size', y='total_bill', data=tp, x_estimator=np.mean)
```

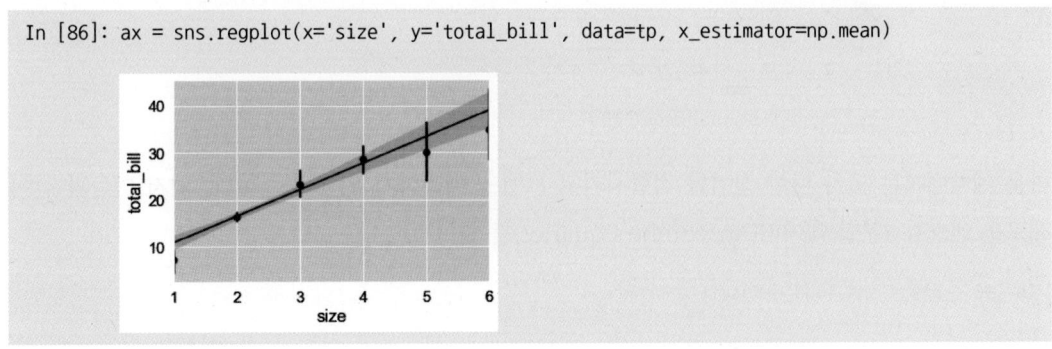

다음 예제에서는 y 변수에 지터를 설정하고 인수 n_boot를 사용한다. n_boot 인수는 신뢰 구간을 평가하기 위해 샘플링하여 반복하는 부트스트랩 인수다. 이 인수들을 적용해 선형 회귀 모델을 적합시키고 데이터를 그래프로 나타낸다. 받은 총 영수액에 대한 팁 비율이 0.175보다 큰지 불리언 요소로 확인할 수 있도록 라벨 big_tip을 추가한다. 이 결과는 그래프에서 True는 1, False는 0으로 표시된다.

```
In [87]: tp['big_tip'] = (tp.tip/tp.total_bill) > 0.175

In [88]: ax = sns.regplot(x='total_bill', y='big_tip', data=tp, logistic=True, n_boot=500,
                          y_jitter=.03)
```

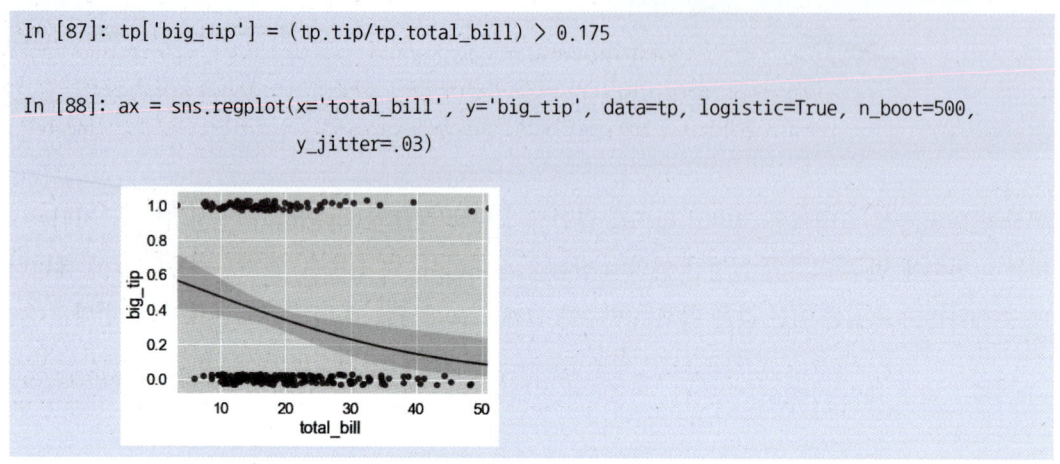

log(x)를 사용하여 회귀 모델을 적합시키고 모델 예측을 위해 정렬한다.

```
In [89]: ax = sns.regplot(x='size', y='total_bill', data=tp, x_estimator=np.mean, logx=True,
                          truncate=True)
```

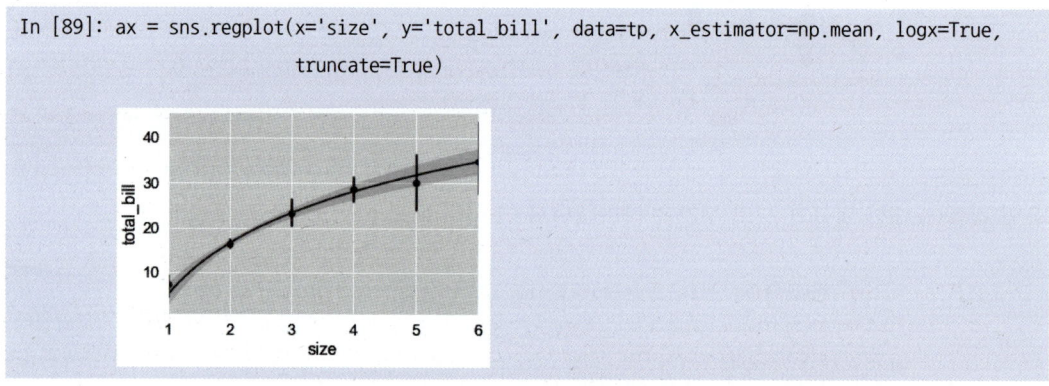

다음 예제에서는 고차 다항 회귀를 적합시키고 모델을 예측하기 위해 정렬한다. 먼저 다음과 같이 새로운 앤스컴 4분할 데이터(Anscombe's quartet)를 읽어 들인다.

```
In [90]: ans = sns.load_dataset('anscombe')

In [91]: ans[0:3]
Out[91]:
```

	dataset	x	y
0	I	10.0	8.04
1	I	8.0	6.95
2	I	13.0	7.58

다음으로 regplot( )을 이용해 그래프를 그린다. 매개 변수 **scatter_kws**는 산점도의 마커 크기를 나타낸다.

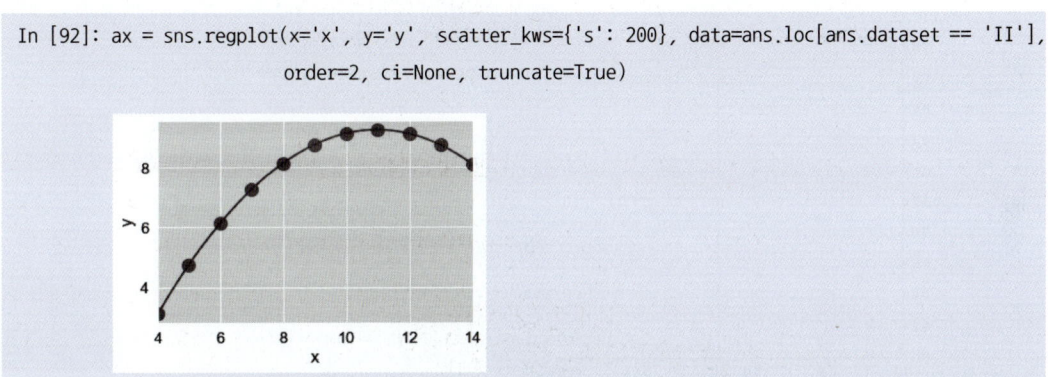

robust=True 인수를 사용해 로버스트(Robust) 회귀로 적합시키고 신뢰 구간은 플롯하지 않는다.

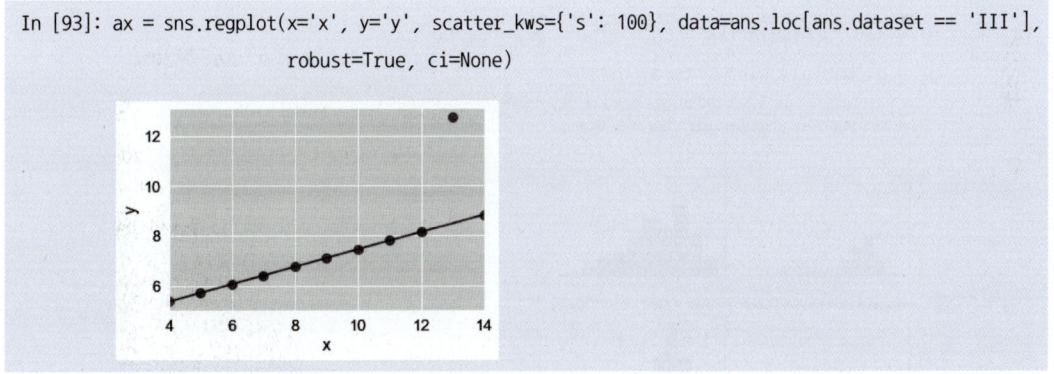

figure 레벨과 axes 레벨의 함수들

seaborn에서 가장 많이 사용하는 relplot( ) 함수는 산점도와 선그래프를 이용해 통계를 시각화하는 **figure 레벨 함수**다. relplot( ) 함수는 axes 레벨 함수인 scatterplot( ), lineplot( ) 2개 함수 중 하나의 함수를 **패싯 그리드(FacetGrid)**에 결합한다.

다음 예제에서 FacetGrid 클래스는 판다스 데이터프레임인 tips를 matplotlib figure로 연동하는 객체다. 데이터 세트에서 변수들의 레벨에 상응하는 열과 행들을 그리드로 배열 처리된 복수 axes 로 매핑한다. 변수인 row, col, hue를 **차원**이라고도 한다. 다음 예제에서는 4개 서브플롯이 하나의 figure를 구성한다.

```
In [94]: sns.set(style='ticks', font_scale=1.29, color_codes=True)
         tips = sns.load_dataset('tips')
         g = sns.FacetGrid(tips, col='time', row='smoker')
```

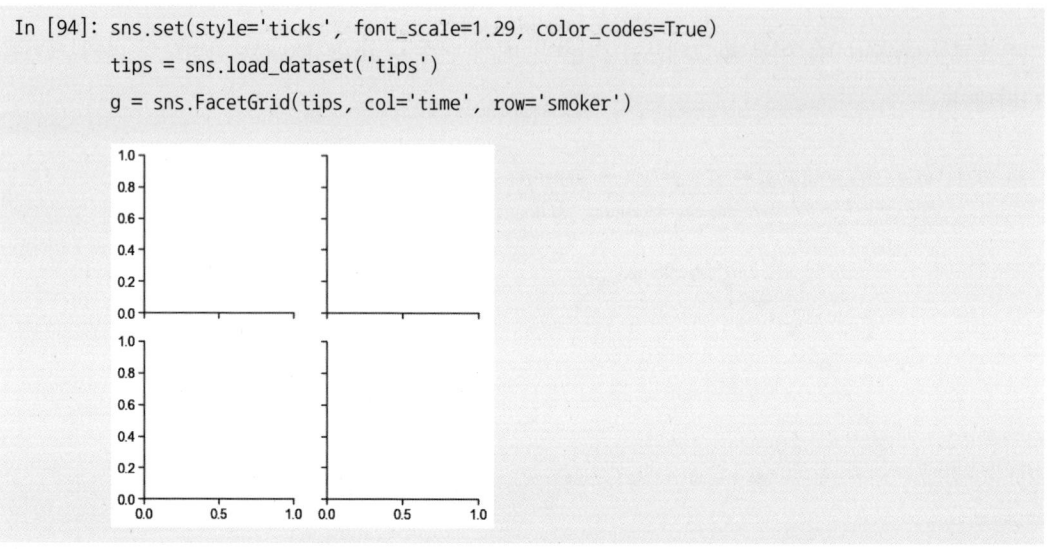

다음으로 각 패싯에 단변량 그래프를 그린다. 이때 g1과 g2는 FacetGrid 타입이다.

```
In [95]: g1 = sns.FacetGrid(tips, col='time', row='smoker')
         g2 = g1.map(plt.hist, 'total_bill')
```

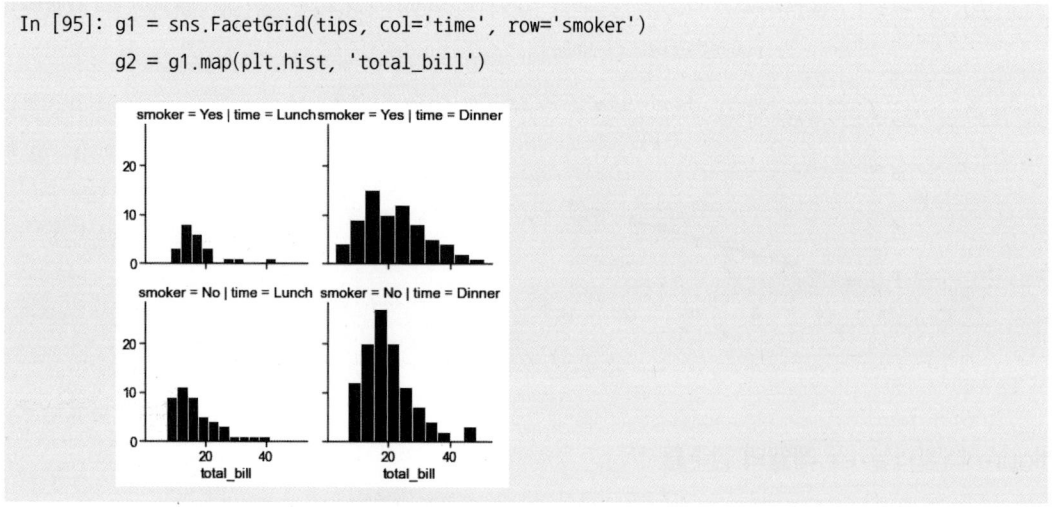

산점도

산점도(scatter plot)는 2개 수치 변수 사이의 상관관계를 이해할 수 있도록 하는 그래프다. 다음과 같이 산점도를 생성하고 간단한 스타일을 설정하는 예제를 살펴본다.

```
In [96]: sns.set(font_scale=1.4)
         tips = sns.load_dataset('tips')
         ax = sns.scatterplot(x='total_bill', y='tip', data=tips)
```

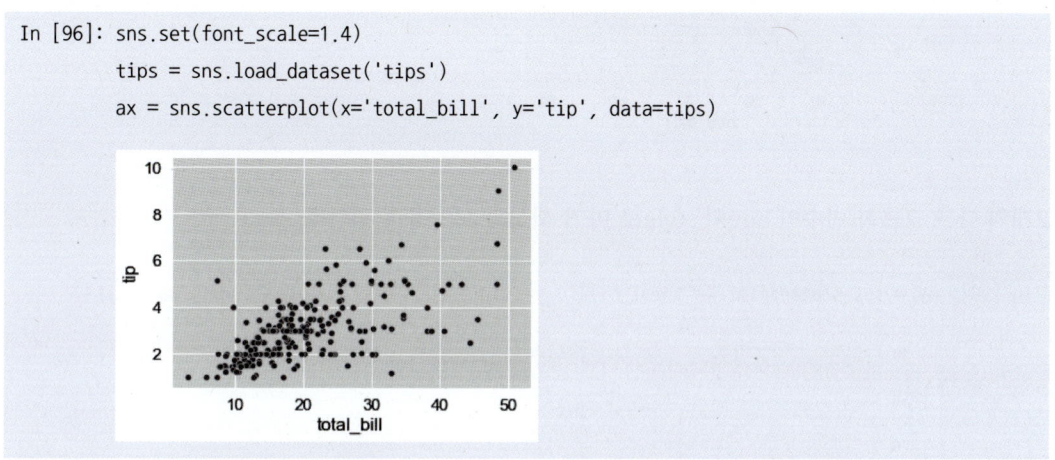

변수 hue를 이용해 각 그룹을 다른 색상으로 나타낸다.

```
In [97]: ax = sns.scatterplot(x='total_bill', y='tip', hue='time', data=tips)
```

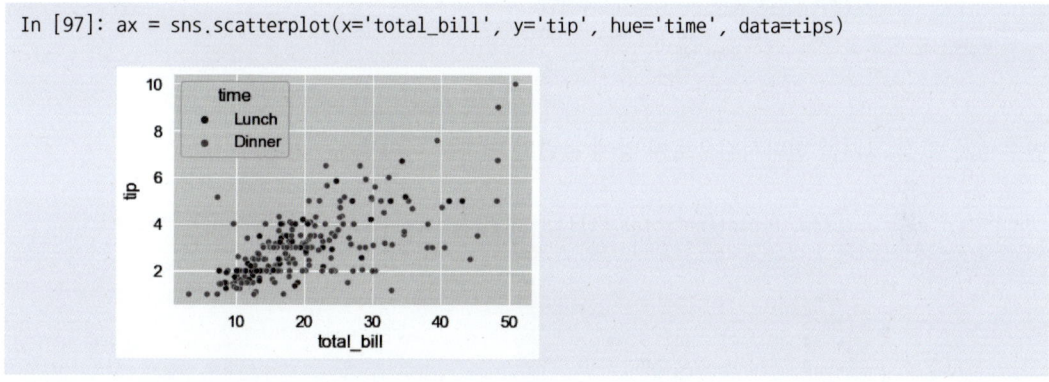

style 변수로 마커를 변경하고 hue 변수로 time인 Lunch와 Dinner를 다른 색으로 구분한다.

```
In [98]: ax = sns.scatterplot(x='total_bill', y='tip', hue='time', style='time', data=tips)
```

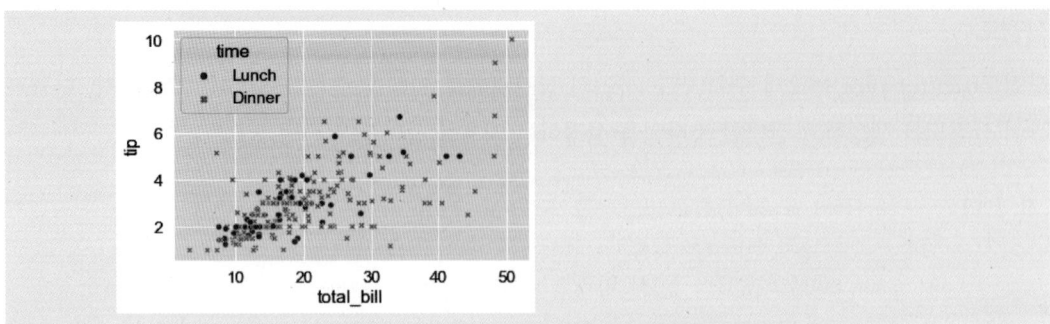

2개의 다른 그룹화 변수인 hue와 style로 마커 색상과 모양을 변경한다.

In [99]: ax = sns.scatterplot(x='total_bill', y='tip', hue='day', style='time', data=tips)

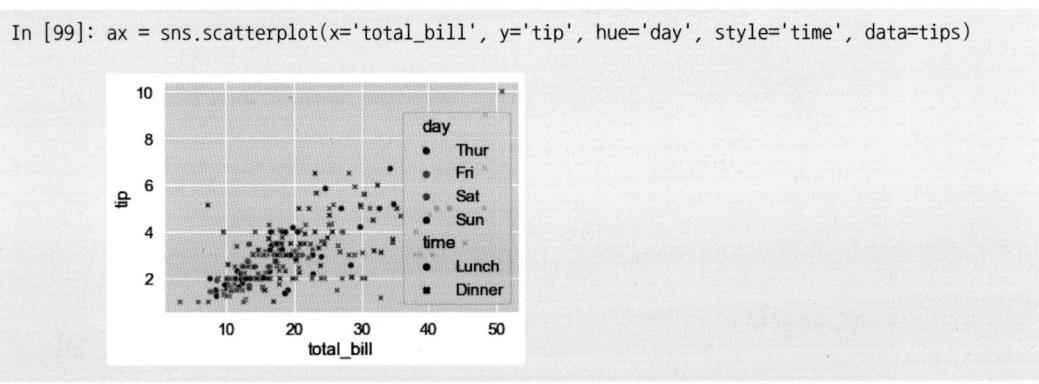

변수 size로 점 크기를 변화시킴으로써 양에 관련된 변수를 나타낼 수 있다.

In [100]: ax = sns.scatterplot(x='total_bill', y='tip', size='size', data=tips)

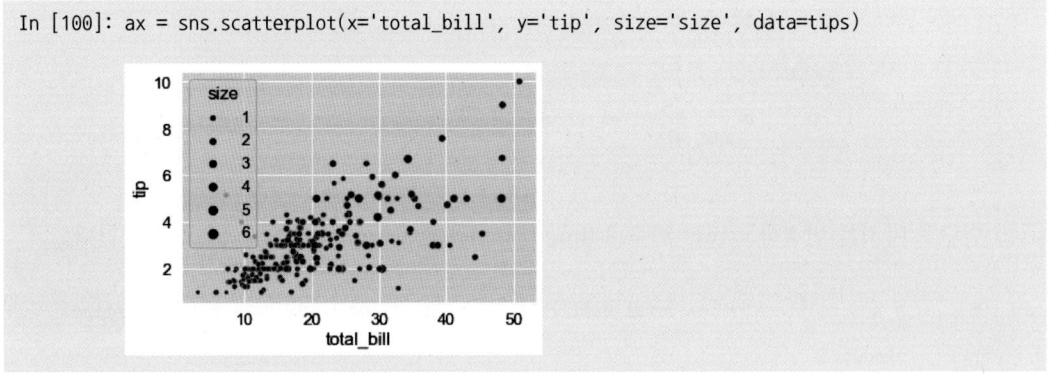

변수 hue를 이용해 사이즈별로 다른 색상을 사용해 양에 관련되는 변수를 더욱 분명하게 나타낼 수 있다.

In [101]: ax = sns.scatterplot(x='total_bill', y='tip', hue='size', size='size', data=tips)

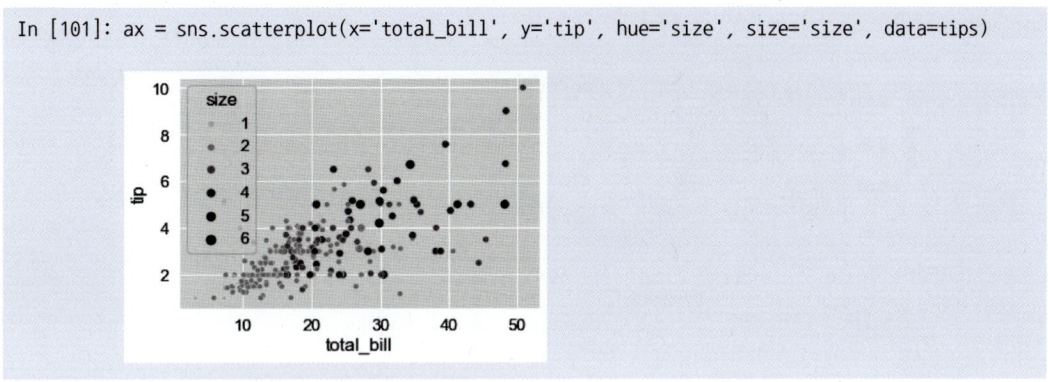

선 그래프

다음은 전처리 데이터에 대한 신뢰 구간을 나타내고 오차 구간이 있는 하나의 선 그래프를 그리는 예제들을 살펴본다. 먼저 fmri 데이터 세트를 불러온다. fmri는 행 1064개, 열 5개로 구성된 데이터 프레임 데이터이다.

In [102]: sns.set(font_scale=1.4)
          fm = sns.load_dataset('fmri')

읽어 들인 fmri 데이터 세트의 일부 내용을 확인한다.

In [103]: fm.head()
Out[103]:

	subject	timepoint	event	region	signal
0	s13	18	stim	parietal	-0.017552
1	s5	14	stim	parietal	-0.080883
2	s12	18	stim	parietal	-0.081033
3	s11	18	stim	parietal	-0.046134
4	s10	18	stim	parietal	-0.037970

다음과 같이 선 그래프를 그린다.

In [104]: ax = sns.lineplot(x='timepoint', y='signal', data=fm)

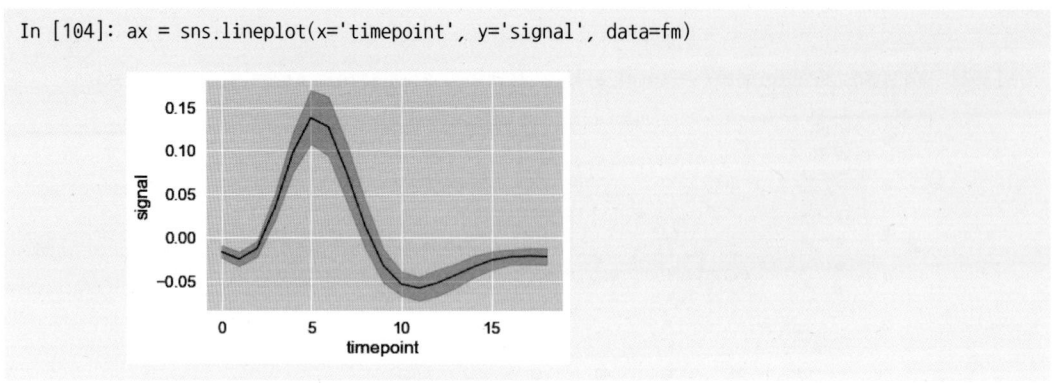

hue 변수를 추가해 그룹화하고 각 변수를 다른 색상으로 나타낸다.

In [105]: ax = sns.lineplot(x='timepoint', y='signal', hue='event', data=fm)

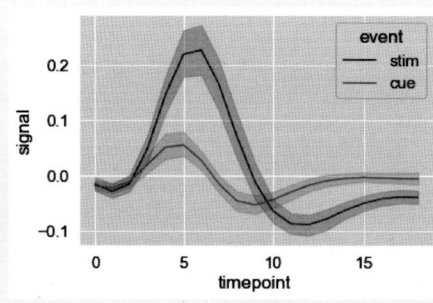

hue와 style 2개 변수로 그룹을 각각 다른 선과 색으로 나타낸다.

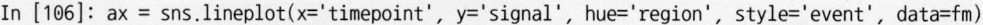

In [106]: ax = sns.lineplot(x='timepoint', y='signal', hue='region', style='event', data=fm)

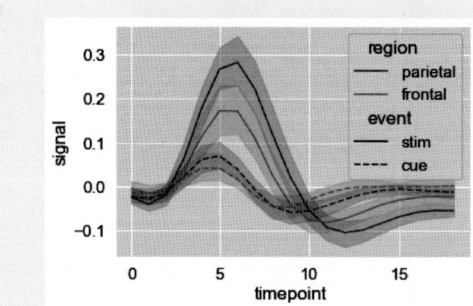

파선 대신 서로 다른 모양의 마커를 사용해 각 그룹을 확인한다.

```
In [107]: ax = sns.lineplot(x='timepoint', y='signal', hue='event', style='event', markers=True,
                            dashes=False, data=fm)
```

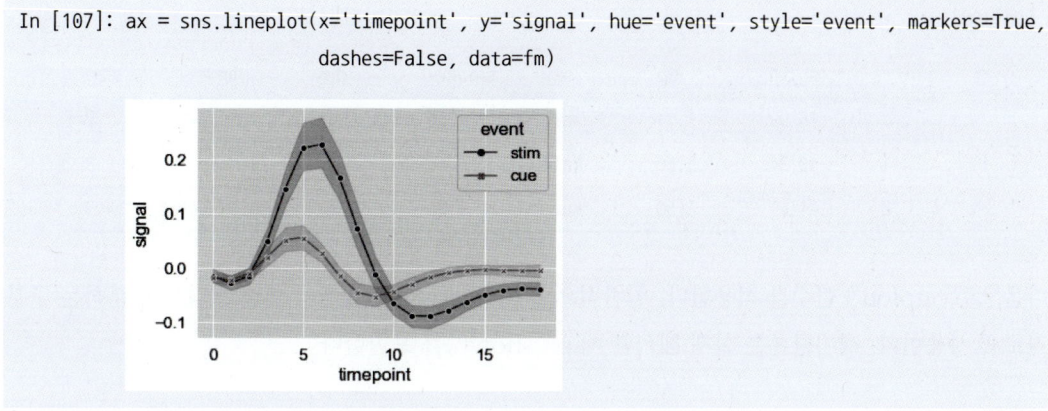

오차 구간 대신 오차 막대를 나타내고 표준 오차 그래프를 그린다.

```
In [108]: ax = sns.lineplot(x='timepoint', y='signal', hue='event', err_style='bars', ci=68, data=fm)
```

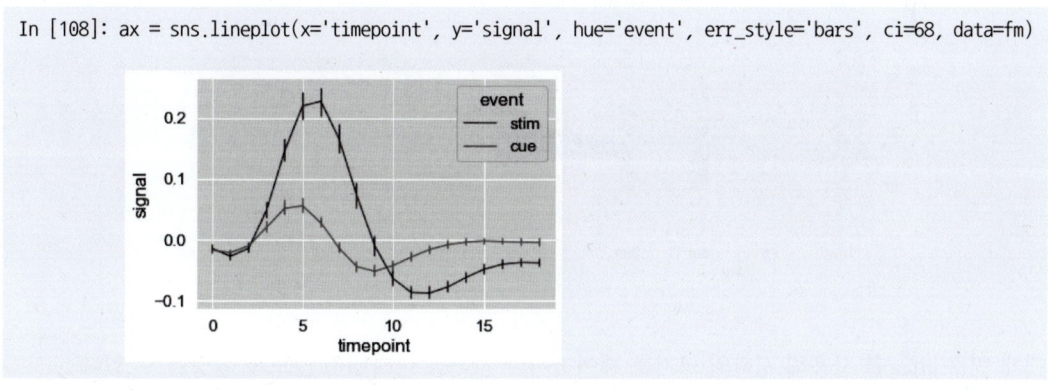

6.3.2 범주형 데이터 시각화

지금까지 데이터 세트에서 변수들 사이의 관계를 나타내기 위해 여러 시각적 표현을 사용했다. 지금부터는 개별 그룹으로 나눌 수 있는 범주형 변수를 시각화하는 방법을 살펴본다. 이를 위해 figure 레벨 인터페이스인 catplot( ) 함수를 사용한다.

범주형 산점도

catplot( ) 함수로 데이터를 시각화하면 산점도가 나타난다. 예제를 통해 확인해보자. 먼저 tips 데이터 세트를 읽는다.

```
In [109]: tip = sns.load_dataset('tips')
          tip[0:3]
Out[109]:
```

	total_bill	tip	sex	smoker	day	time	size
0	16.99	1.01	Female	No	Sun	Dinner	2
1	10.34	1.66	Male	No	Sun	Dinner	3
2	21.01	3.50	Male	No	Sun	Dinner	3

다음으로 catplot( ) 함수를 적용한다. 일반적으로 세미콜론은 한 줄에서 여러 코딩을 구분하는 구분자로써 사용한다. 세미콜론은 실제 해석할 때 plt.show( )를 포함한다.

```
In [110]: sns.catplot(x='day', y='total_bill', data=tip);
```

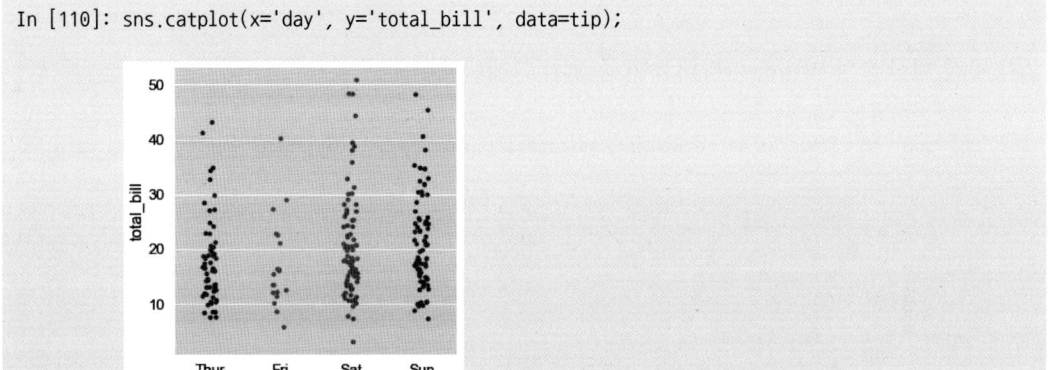

매개 변수 jitter를 사용해 지터의 크기를 제어하거나 지터를 나타내지 않도록 설정할 수 있다

```
In [111]: sns.catplot(x='day', y='total_bill', jitter=False, data=tip)
Out[111]: <seaborn.axisgrid.FacetGrid at 0x1e52d5f55f8>
```

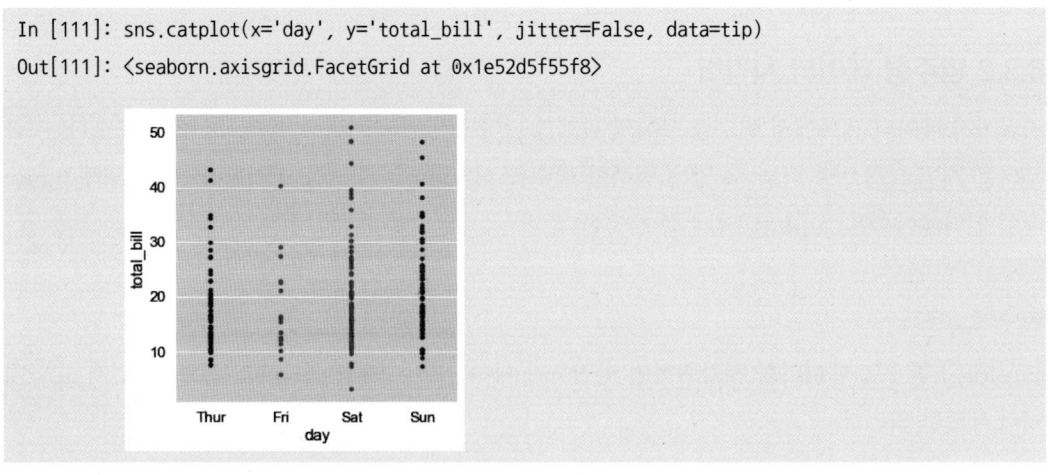

그래프에서 점들이 겹치는 문제를 해결하기 위해 **beeswarm**이라 부르는 그래프를 사용할 수 있다. seaborn에서 **swarmplot( )** 함수를 사용하거나 catplot( ) 함수에 매개 변수 **kind='swarm'**을 적용해 beeswarm 그래프를 나타낼 수 있다.

```
In [112]: sns.catplot(x='day', y='total_bill', kind='swarm', data=tip);
```

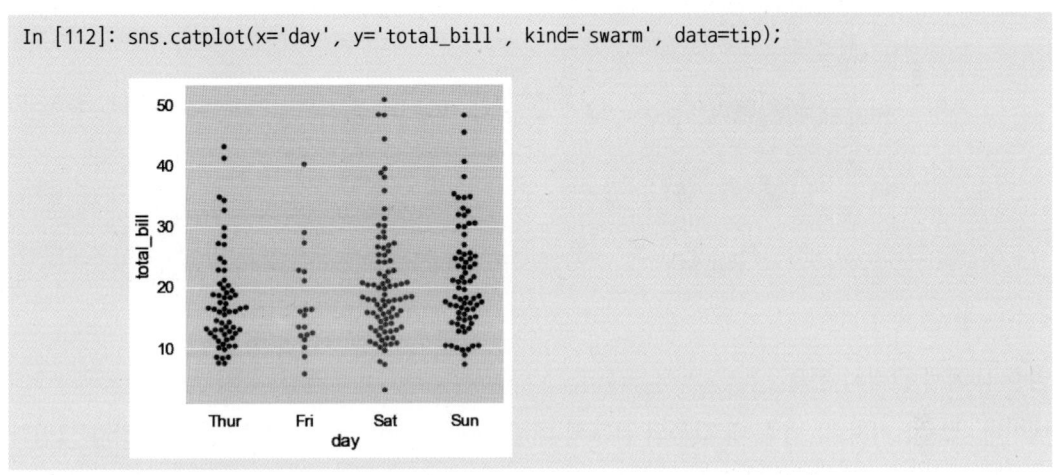

성별을 구분하는 hue 변수를 이용해 범주형 그래프에 또 다른 차원을 추가한다.

```
In [113]: sns.catplot(x='day', y='total_bill', hue='sex', kind='swarm', data=tip);
```

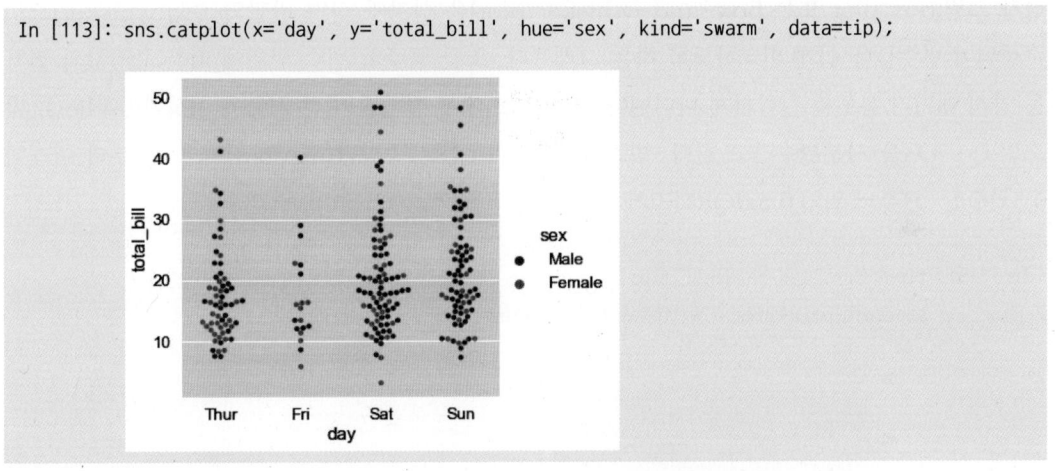

범주형 변수를 수직 축으로 나타내기 위해 각 축에 할당한 변수를 변경한다.

```
In [114]: sns.catplot(x='total_bill', y='day', hue='time', kind='swarm', data=tip);
```

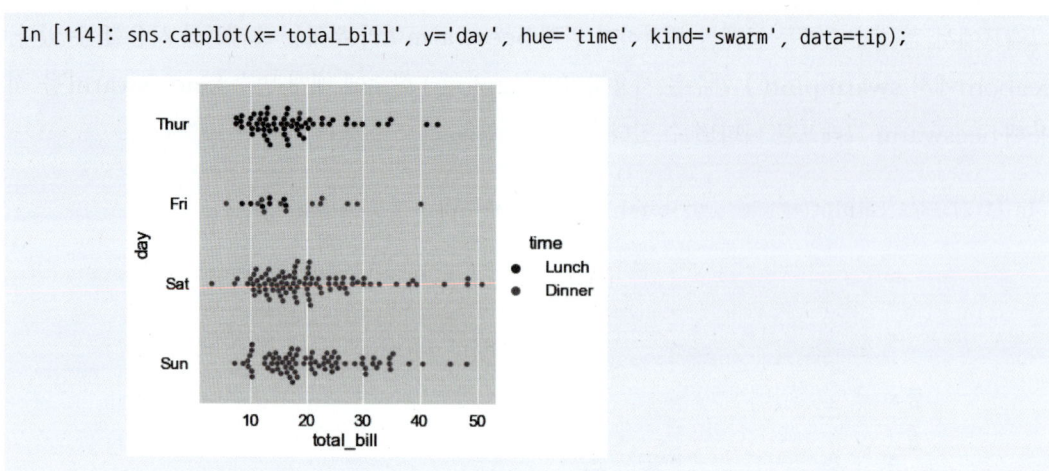

범주 내에서 관찰치 분포

데이터 세트가 커져 각 범주 내 값들의 분포에 대해 제공할 수 있는 정보가 한정될 때 상자 그림과 바이올린 그래프를 적용해 해결할 수 있다. 여기서는 catplot( ) 함수의 매개 변수를 적용해 한정된 정보를 해결하는 예제를 살펴본다.

상자 그림(box plot 또는 box-and-whisker plot)은 상자와 상자 바깥의 **수염**(whisker)으로 구성되며 변수들을 쉽게 비교하도록 하는 그래프다. 또한 범주형 변수 범위에 따른 중앙값과 편차 등 양적 데이터 분포를 간략하게 나타낸다. 이때 박스에서 떨어진 바깥 점들을 **이상치**(outlier), 박스의 Q1-Q3을 **사분위수**라고 한다. 박스 내부의 가로선은 **중앙값**(median)이고 Q1부터 아래의 0.5xIQR, Q3부터 위의 0.5xIQR까지가 **수염**이다.

```
In [115]: tip = sns.load_dataset('tips')
          sns.catplot(x='day', y='total_bill', kind='box', data=tip);
```

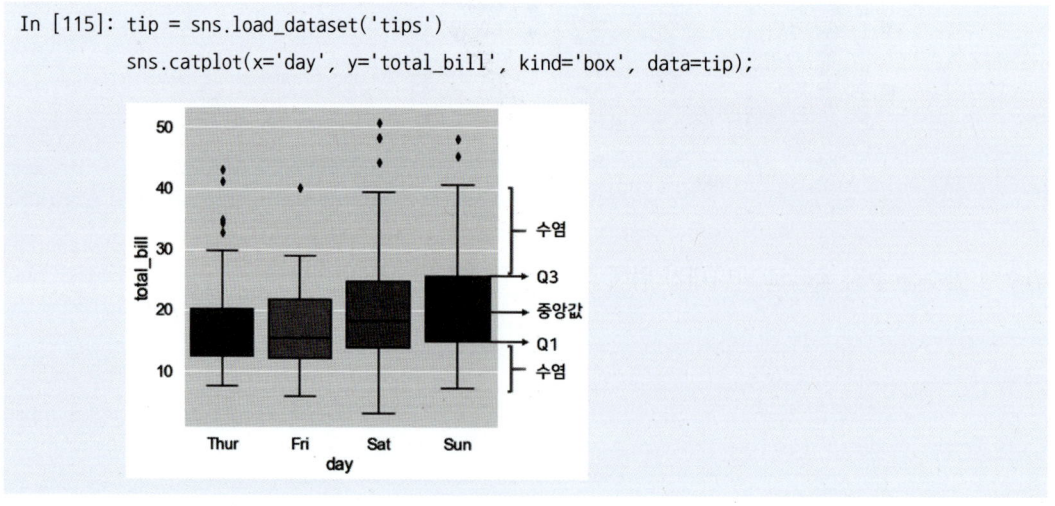

hue 변수를 적용하면 흡연자와 비흡연자가 겹치지 않도록 범주형 축을 따라 그래프가 나타난다.

```
In [116]: sns.catplot(x='day', y='total_bill', hue='smoker', kind='box', data=tip);
```

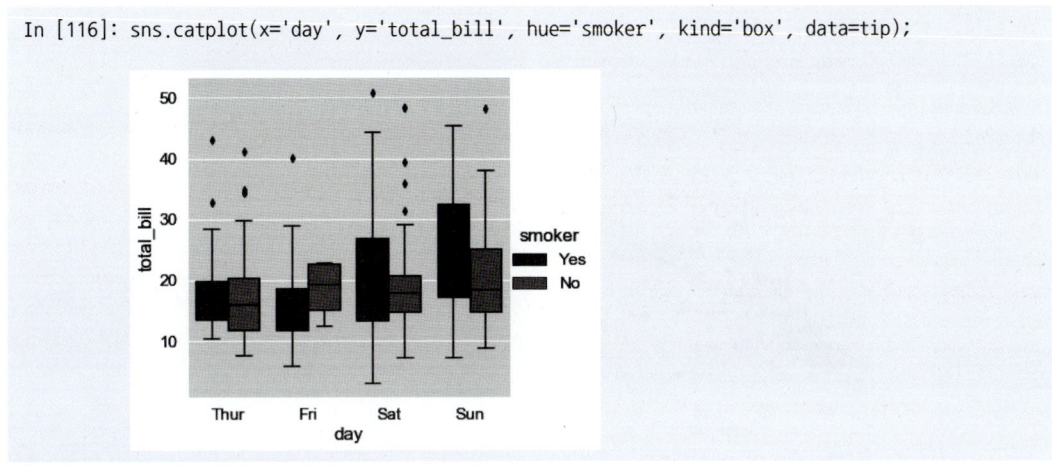

6.3.3 선형 관계 시각화

데이터 세트를 분석하는 목적은 데이터 세트에 포함된 **양적 변수**(quantitative variables)들을 서로 연관 짓는 것이다. 이를 위해 선형 회귀 모델을 빠르고 쉽게 시각화하는 regplot( ), lmplot( ) 같은 함수들을 적용할 수 있다.

선형 회귀 모델을 시각화하는 함수들

선형 회귀 모델을 시각화할 때 사용하는 regplot( )과 lmplot( ) 함수는 2개 변수인 x와 y의 산점도를 그리고 회귀 모델 y-x에 적합시키며 결과 처리된 회귀선과 그 회귀에 대한 95% 신뢰 구간을 그래프로 나타낸다. 다음 예제에서 tips 데이터 세트를 불러와 regplot( ) 함수로 그래프를 그려본다.

```
In [117]: sns.set(color_codes=True, font_scale=1.4)
          tp = sns.load_dataset('tips')
          sns.regplot(x='total_bill', y='tip', data=tp);
```

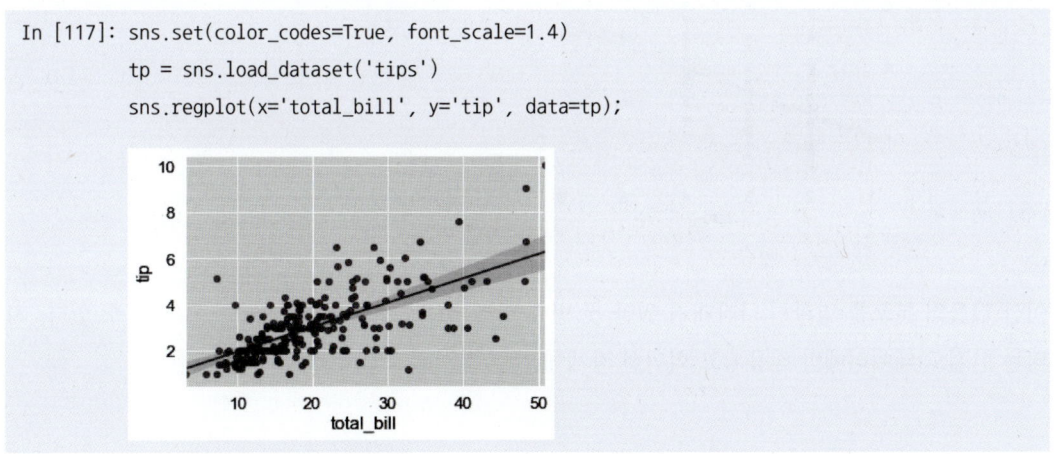

이번에는 lmplot( ) 함수로 그래프를 그려본다.

```
In [118]: sns.lmplot(x='total_bill', y='tip', data=tp);
```

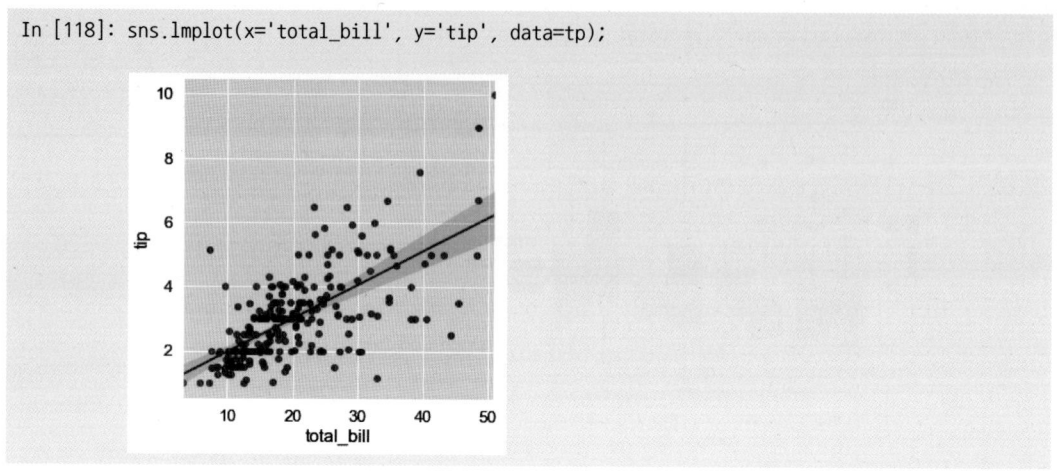

regplot( )과 lmplot( ) 함수를 사용해 나타난 그래프는 figure 모양만 다를 뿐 결과가 동일하다. regplot( ) 함수는 axes 레벨 함수이며 lmplot( ) 함수는 regplot( ) 함수와 패싯 그리드를 결합하는 figure 레벨 함수다.

변수들 중 하나가 이산 값들을 가질 때 선형 회귀에 적합시킬 수는 있지만 이러한 데이터 세트로 생성된 산점도는 종종 최적화되어 있지 않아 변수 간 유사성과 관련성을 알 수 없다.

```
In [119]: sns.lmplot(x='size', y='tip', data=tp);
```

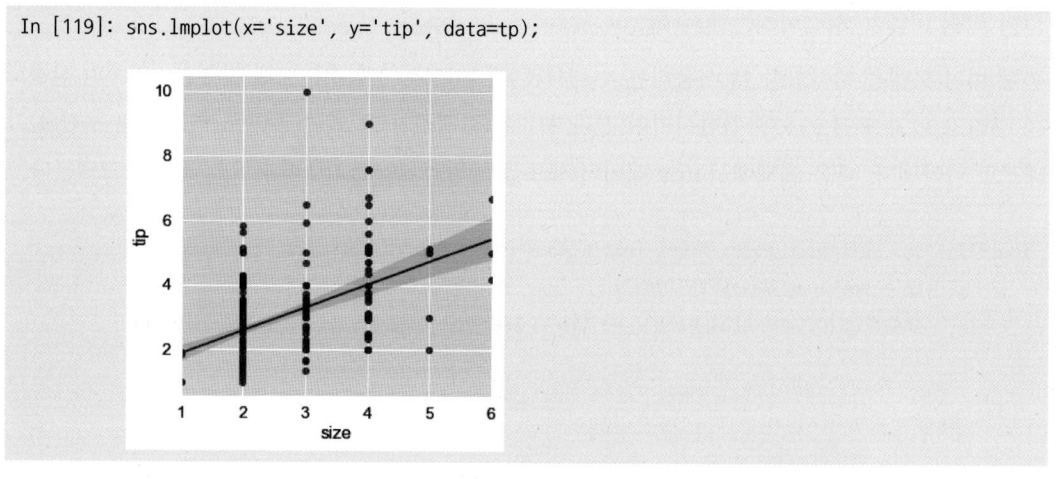

이산 값들의 분포를 명확히 나타내기 위한 첫 번째 방법으로 이산 값들에 지터를 추가할 수 있다. 지터는 산점도 데이터에만 적용되고 회귀선 자체에는 영향을 주지 않는다.

In [120]: sns.lmplot(x='size', y='tip', data=tp, x_jitter=.05);

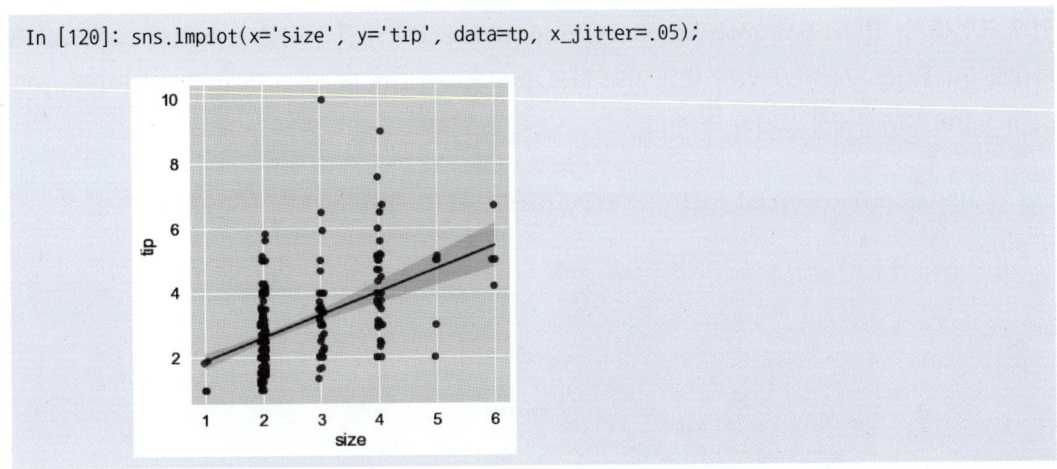

이산 값들의 분포를 명확히 나타내는 두 번째 방법은 신뢰 구간에 따라 **집중 경향치**(central tendency)의 추정치를 그래프로 나타내기 위해 각 이산 구간의 관찰치가 어디를 중심으로 분포를 형성하는지 확인할 수 있도록 하는 것이다. 관찰치 분포는 수직선으로 나타내고 그 중심 값을 신뢰 구간과 함께 표시한다.

In [121]: sns.lmplot(x='size', y='tip', data=tp, x_estimator=np.mean);

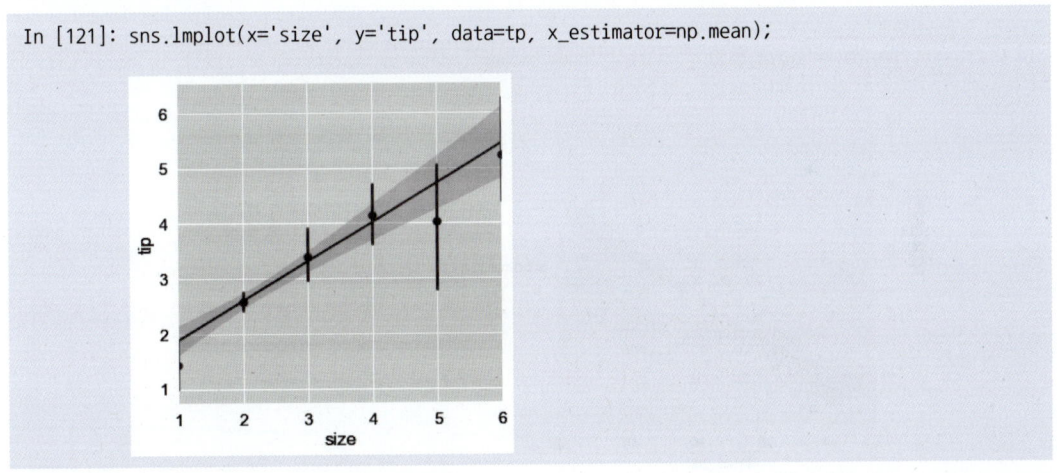

다른 변수들에 조건 부여

이번에는 세 번째 변수에 따라 2개 변수 사이 관계가 어떻게 변하는지 살펴본다. regplot( ) 함수는 항상 단일 관계를 나타낸다. 반면 lmplot( ) 함수를 사용하면 다음 예제와 같이 3개의 범주형 변수 x, y, hue의 상호 작용을 탐색할 수 있다. regplot( ) 함수를 패싯 그리드와 결합하면 선형 회귀를 쉽게 표현할 수 있다. 예제에서는 smoker와 nonsmoker 2개 레벨을 같은 axes상에 그래프로 나타내고 두 레벨을 구분하기 위해 색을 각각 다르게 설정하여 smoker와 nonsmoker 사이의 tip과 total_bill의 상관관계를 분석할 수 있다.

```
In [122]: sns.lmplot(x='total_bill', y='tip', hue='smoker', data=tp);
```

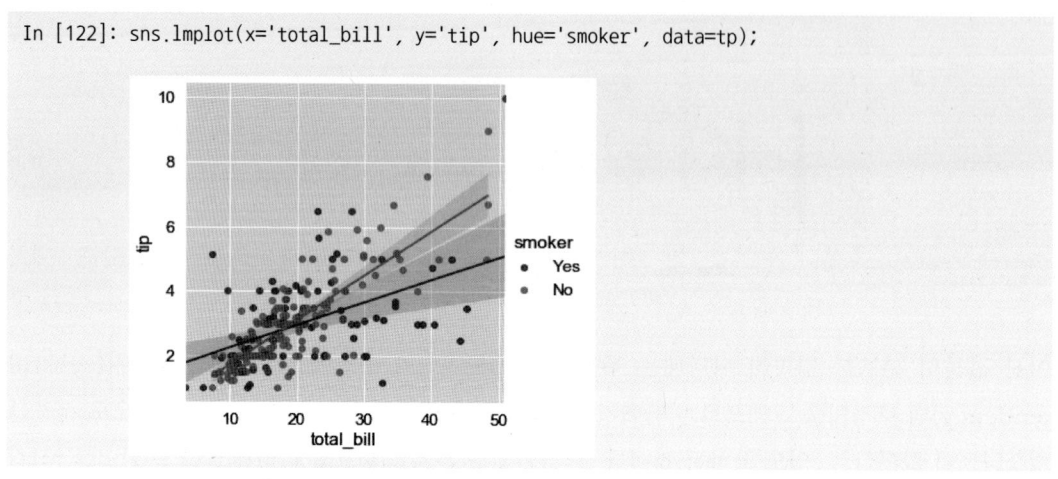

다음과 같이 산점도 마커를 각각 다르게 표현할 수 있으며 마커 색상도 변경할 수 있다.

```
In [123]: sns.lmplot(x='total_bill', y='tip', hue='smoker', data=tp, markers=['o', 'x'], palette='Set1');
```

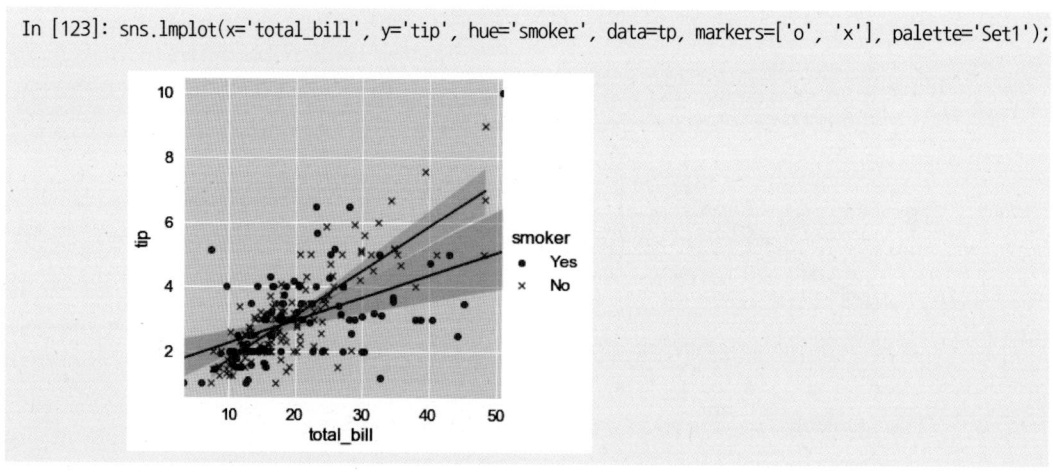

또 다른 변수를 추가하면 그리드의 행 또는 열에 변수가 나타나면서 패싯을 추가할 수 있다. 다음은 열을 추가한 예제다.

In [124]: sns.lmplot(x='total_bill', y='tip', hue='smoker', col='time', data=tp);

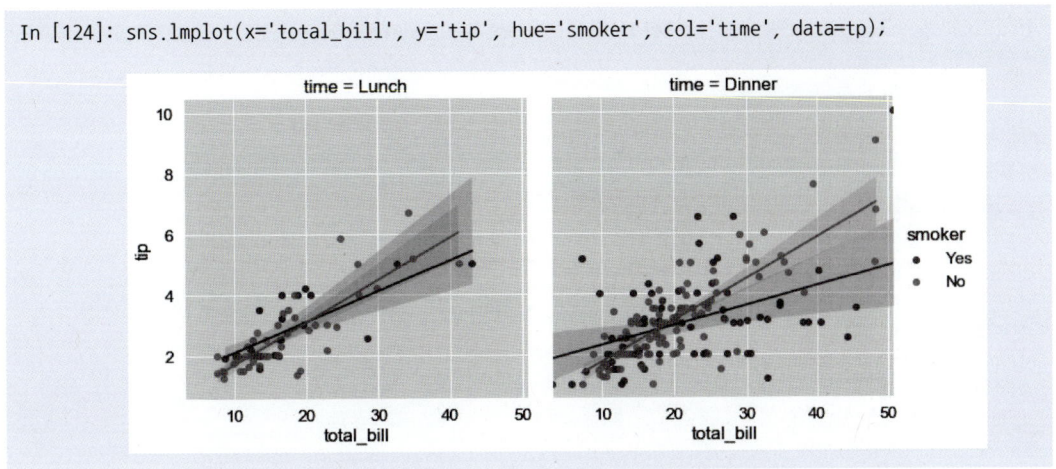

매개 변수 row를 추가해 성별에 따른 그래프를 추가로 나타낸다.

In [125]: sns.lmplot(x='total_bill', y='tip', hue='smoker', col='time', row='sex', data=tp);

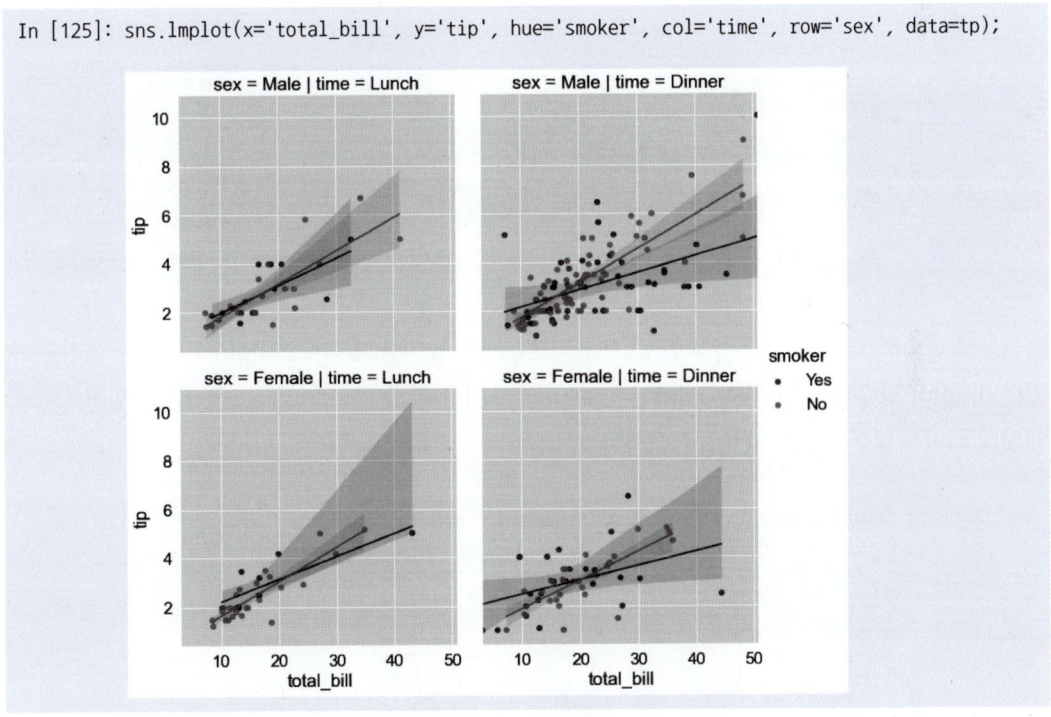

그래프 크기와 모양 수정

그래프의 크기와 모양을 수정하는 방법을 살펴보기 위해 먼저 tips 데이터 세트에 인수 hue='day'를 전달해 다음과 같이 그래프를 그린다.

```
In [126]: sns.lmplot(x='size', y='total_bill', hue='day', data=tp);
```

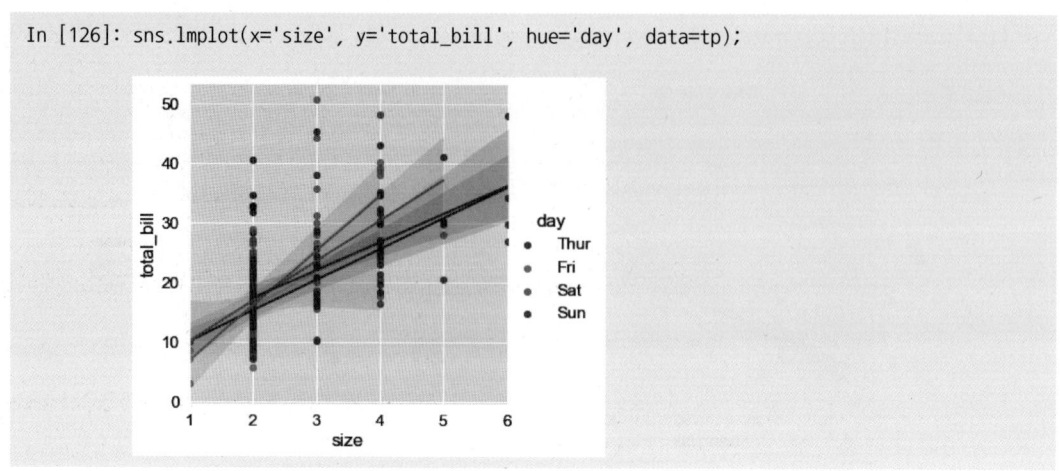

날짜를 개별적으로 나타내도록 인수 col='day'를 전달해 그래프를 각각 그린다.

```
In [127]: sns.lmplot(x='size', y='total_bill', hue='day', col='day', data=tp);
```

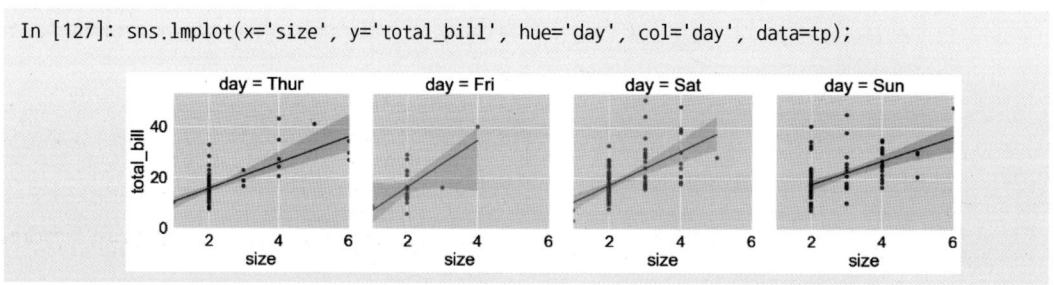

다음으로 figure 너비를 줄인다. aspect 비율과 각 패싯 높이를 입력하면 figure 크기를 설정할 수 있다. lmplot 함수의 매개 변수 height=5, aspect=1이 기본값이므로 aspect를 0.5로 설정하여 각 패싯의 너비를 줄이고 지터를 0.2로 설정한다.

```
In [128]: sns.lmplot(x='size', y='total_bill', hue='day', col='day', data=tp, aspect=0.5, x_jitter=0.2);
```

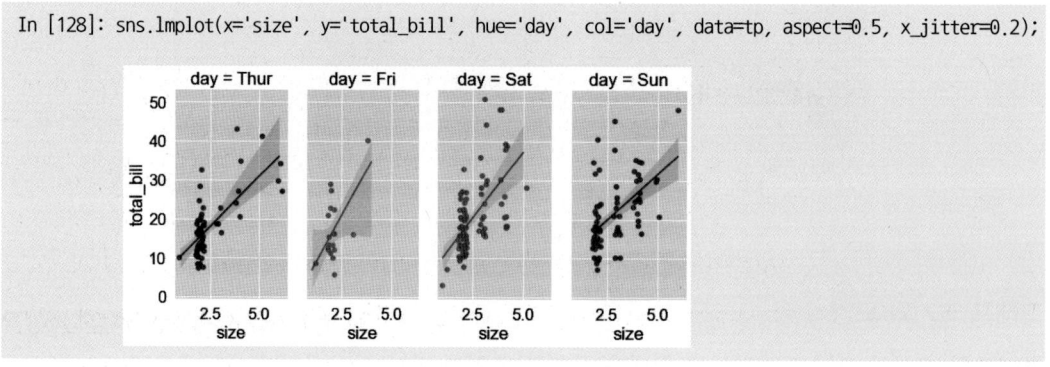

col_wrap=2 옵션으로 행을 2개로 만들고 높이를 조정하여 그래프를 그린다.

```
In [129]: sns.lmplot(x='size', y='total_bill', hue='day', col='day', data=tp, aspect=1,
                    x_jitter=0.2, col_wrap=2, height=3);
```

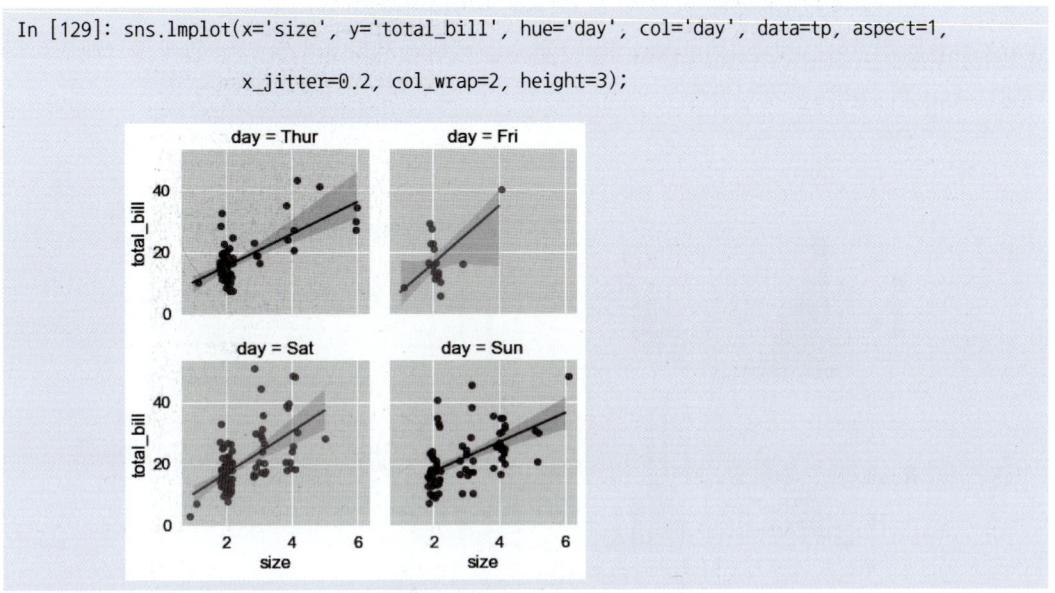

컨텍스트에서 회귀 그래프 그리기

컨텍스트(context)란 그 환경이 가지고 있는 속성을 가져다 사용한다는 의미이다. 컨텍스트에서 선형 회귀 그래프를 그리는 첫 번째 방법은 **jointplot( )**에 인수 **kind='reg'**를 전달하는 것이다.

```
In [130]: sns.jointplot(x='total_bill', y='tip', data=tp, kind='reg');
```

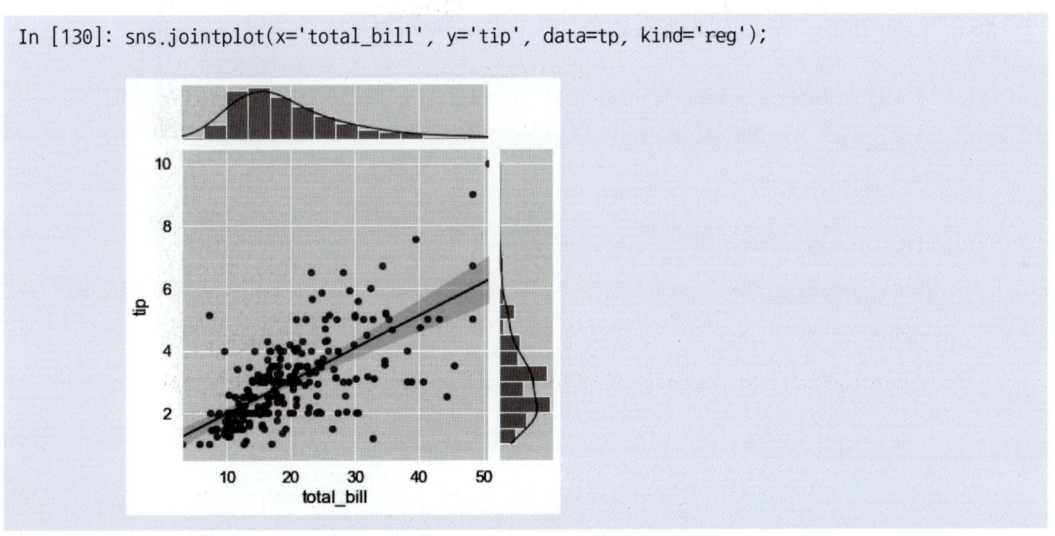

컨텍스트에서 선형 회귀 그래프를 그리는 두 번째 방법은 **pairplot( )** 함수를 사용하는 것이다. 이 방법은 데이터 세트에서 변수들 사이 선형 관계를 나타내기 위해 regplot( ) 함수와 **페어 그리드 (PairGrid)**를 결합하는 것과 같다. pariplot( ) 함수는 데이터 세트에서 쌍 단위 관계를 그래프로 나타내고 Axes의 그리드를 생성한다.

```
In [131]: sns.pairplot(tp);
```

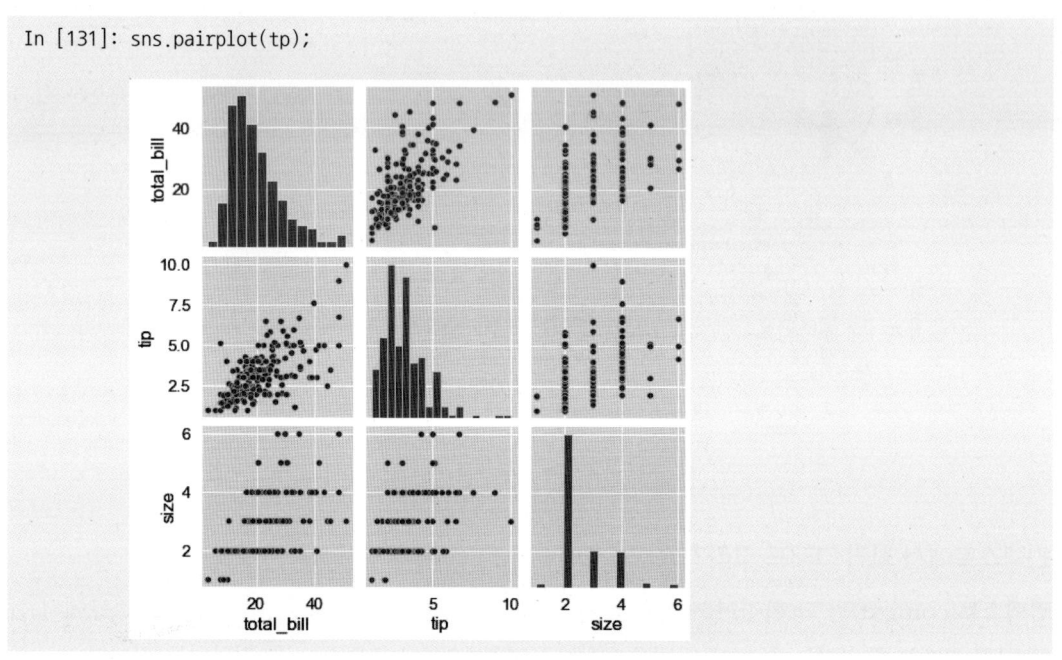

다음과 같이 pairplot( ) 함수에 매개 변수를 사용하여 그래프를 그릴 수 있다.

```
In [132]: sns.pairplot(tp, x_vars=['total_bill', 'size'], y_vars=['total_bill', 'size'],
                height=4, aspect=1.2, kind='reg');
```

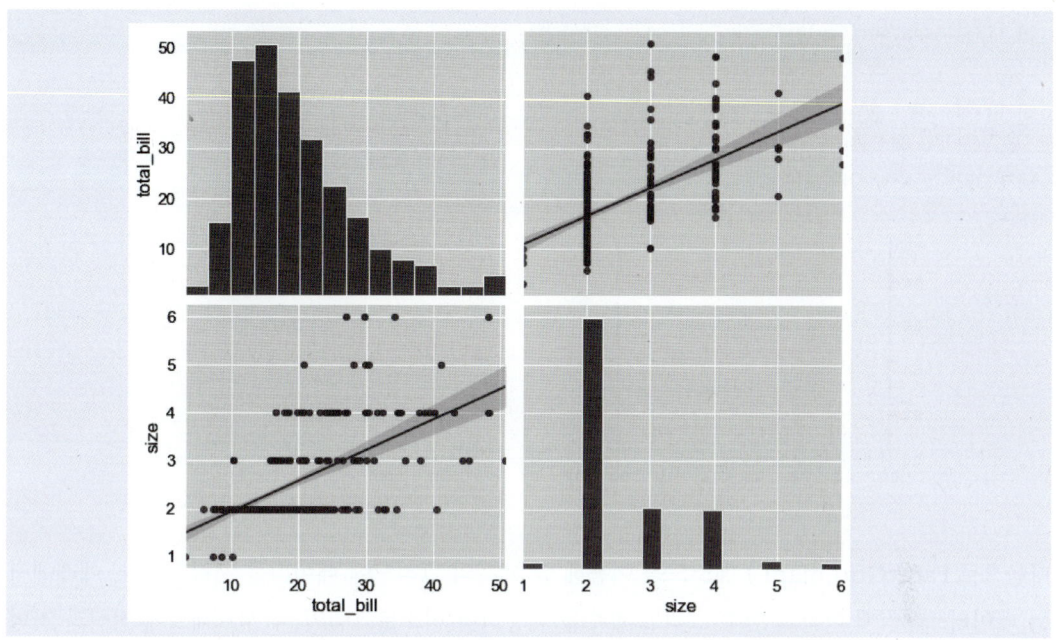

6.3.4 멀티플롯 그리드 시각화

복잡한 데이터 세트를 같은 값과 유형을 사용해 여러 그리드로 이루어진 개별 그래프로 나타내면 데이터를 쉽게 비교할 수 있다. 이렇듯 데이터 세트에서 여러 부분을 분할 시각화해 많은 정보를 간단하게 제공할 수 있다.

스몰 멀티플스

스몰 멀티플스(small multiples)는 같은 데이터 값을 같은 유형의 시각화 그래프로 나열한 세트다. 데이터 세트의 서브세트 내에서 하나의 변수 또는 복수의 변수 사이 관련성을 시각화하는 FacetGrid 클래스를 사용한다.

데이터프레임과 그리드의 차원들인 행, 열, 또는 hue를 형성하는 변수 이름을 FacetGrid 클래스 객체에 적용하는 것을 초기화라고 한다. 이때 변수들은 범주형이나 이산형이어야 하고 데이터는 변수의 각 레벨에서 축을 따라 패싯에 사용된다. 다음 예제에서는 tips 데이터 세트를 사용하여 열 축을 따라 변수를 적용했다. 이와 같은 그리드 초기화는 matplotlib figure와 axes만을 설정하고 아무것도 그려 넣지 않은 상태로 만드는 것이다.

```
In [133]: sns.set(style='ticks', font_scale=1.4)

In [134]: tp = sns.load_dataset('tips')

In [135]: g = sns.FacetGrid(tp, col='time')
```

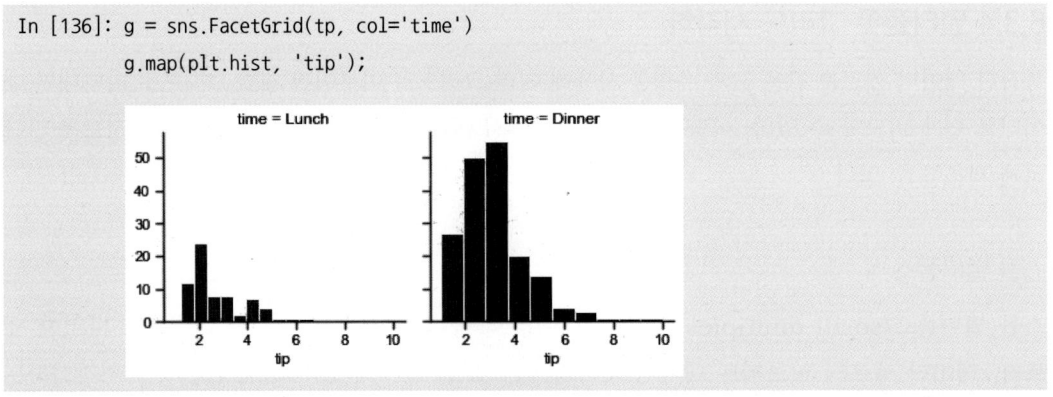

다음으로 **FacetGrid.map( )** 메소드를 이용해 앞 예제의 그리드에 데이터를 시각화한다. 예제에서는 데이터프레임에 이름과 변수 그리고 함수를 적용하여 히스토그램의 각 서브세트에 점심과 저녁의 팁 분포를 나타냈다.

```
In [136]: g = sns.FacetGrid(tp, col='time')
          g.map(plt.hist, 'tip');
```

다음은 FacetGrid 객체를 초기화하고 map( ) 메소드로 데이터프레임에 복수의 변수 이름을 전달하며 smoker 변수를 범례로 추가해 그래프를 그리는 예제다.

```
In [137]: g = sns.FacetGrid(tp, col='sex', hue='smoker')
          g.map(plt.scatter, 'total_bill', 'tip', alpha=0.7)
          g.add_legend();
```

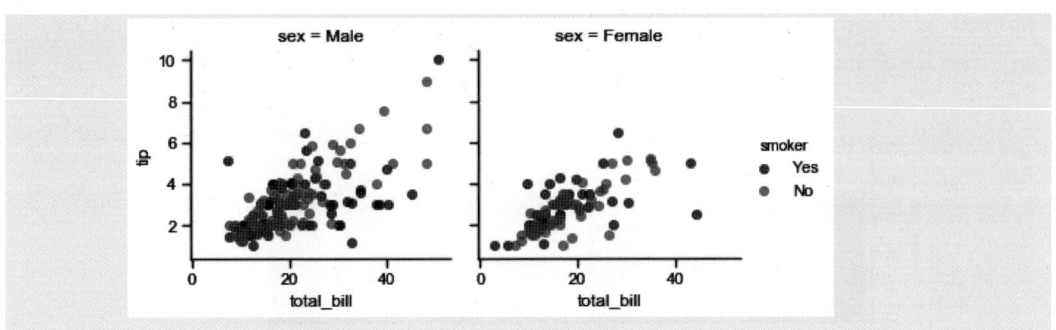

다음으로 그리드 모양을 변경하기 위해 옵션을 클래스 생성자로 전달해 FacetGrid 객체를 초기화한다. map( ) 메소드의 매개 변수에서 각 패싯의 서브셋에 적용하는 그래프 종류를 결정한다. regplot( )에 적용되는 매개 변수를 map( ) 함수의 인수로 사용할 수 있다. 예제에서는 x, y, color, fit_reg, x_jitter 인수를 적용해 그래프를 변경했다. FacetGrid 클래스의 매개 변수 margin_titles에 False를 적용해 결과를 직접 비교해보기 바란다.

```
In [138]: g = sns.FacetGrid(tp, row='smoker', col='time', margin_titles=True)
          g.map(sns.regplot, 'size', 'total_bill', color='0.2', fit_reg=False, x_jitter=0.2);
```

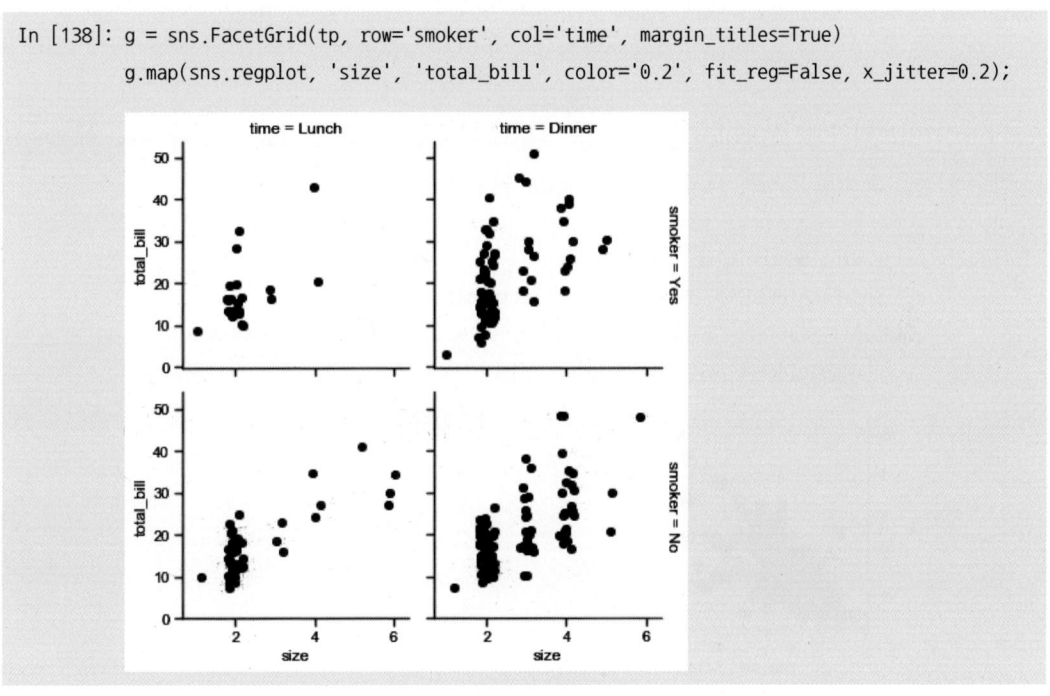

height와 aspect 인수의 값을 이용해 figure 크기를 변경한다. 각 패싯의 서브세트에 barplot( ) 함수를 적용해 막대그래프를 그린다.

```
In [139]: g = sns.FacetGrid(tp, col='day', height=3, aspect=0.6)
          g.map(sns.barplot, 'sex', 'total_bill', order=['Male', 'Female']);
```

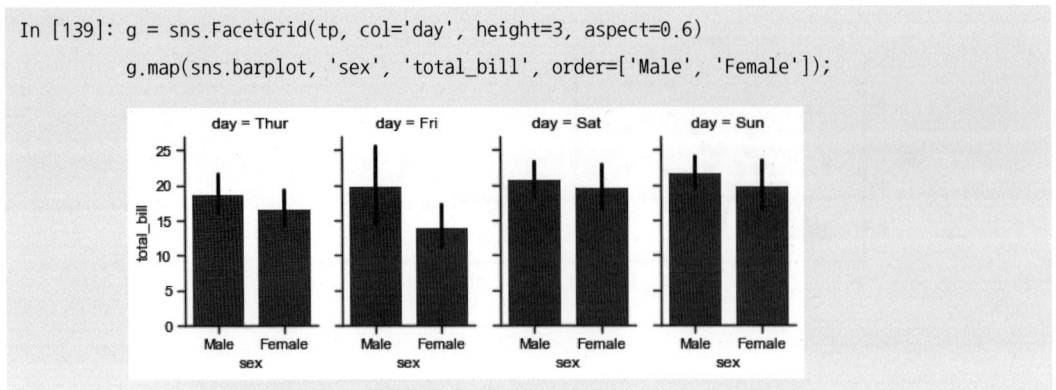

패싯을 정의할 때 범주형 변수를 사용하면 범주형 변수 순서에 따라 카테고리 순서가 결정된다.

```
In [140]: cat_index = tp.day.value_counts().index
```

```
In [141]: cat_index
Out[141]: CategoricalIndex(['Sat', 'Sun', 'Thur', 'Fri'], categories=['Thur', 'Fri', 'Sat',
                           'Sun'], ordered=False, dtype='category')
```

seaborn 라이브러리에서는 **color_palette( )** 함수로 색상 팔레트를 설정할 수 있다. 다음 예제에서는 변수 이름을 요소로 가지는 딕셔너리를 palette 인수에 전달해 색을 변경한다.

```
In [142]: pal = dict(Lunch='blue', Dinner='red')
          g = sns.FacetGrid(tp, hue='time', palette=pal)
          g.map(plt.scatter, 'total_bill', 'tip', s=100, alpha=0.7, linewidth=0.5,
                edgecolor='black')
```

한 변수에 여러 레벨이 있을 때 열을 기준으로 그래프를 그리고 여러 행으로 나눌 수 있다. 먼저 attention 데이터 세트를 불러와 subject가 12와 같거나 작은 데이터프레임 df를 생성해 확인한다.

변수 subject는 1~12 레벨로 이루어졌음을 확인할 수 있다.

```
In [143]: df = sns.load_dataset('attention').query('subject<=12')
```

```
In [144]: df
Out[144]:
```

	Unnamed: 0	subject	attention	solutions	score
0	0	1	divided	1	2.0
1	1	2	divided	1	3.0
(중략)					
51	51	12	focused	3	8.0

col 변수에 subject 값을 설정하고 12개 subject를 4개 열로 나누는 스몰 멀티플스 그래프를 다음과 같이 나타낸다.

```
In [145]: g = sns.FacetGrid(df, col='subject', col_wrap=4, height=2, ylim=(0, 10))
          g.map(sns.pointplot, 'solutions', 'score', order=[1, 2, 3], color='blue', ci=None);
```

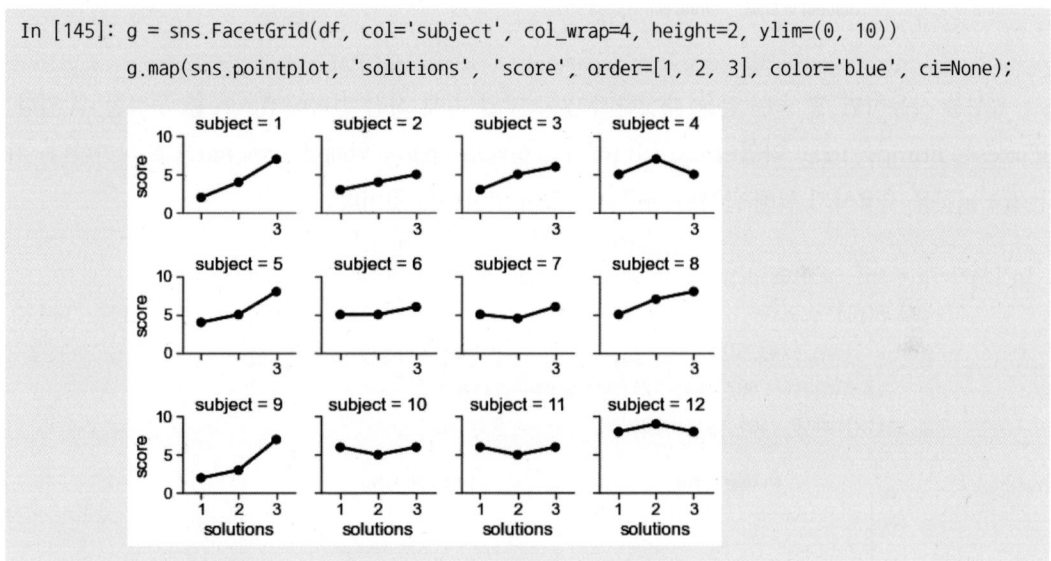

FacetGrid.map( ) 함수를 사용해 그래프를 그린 후 FacetGrid.set( ) 메소드를 사용하면 그래프의 aspect를 조정할 수 있다. FacetGrid.set_axis_labels( ) 메소드는 패싯에 x축과 y축 라벨을 설정한다. matplotlib.figure.Figure 클래스의 메소드인 subplots_adjust( ) 메소드는 패싯 간 수평, 수직 간격을 조정한다.

```
In [146]: with sns.axes_style('dark'):
              g = sns.FacetGrid(tp, row='sex', col='smoker', margin_titles=True, height=2.7)
              g.map(plt.scatter, 'total_bill', 'tip', color='#475157', edgecolor='orange', lw=1.0);
              g.set_axis_labels('Total Bill in US$', 'TIP');
              g.set(xticks=[15, 30, 45, 60], yticks=[2, 5, 8, 11]);
              g.fig.subplots_adjust(wspace=.1, hspace=.2);
```

ax 속성을 사용하면 행 또는 열을 패싯하지 않고 단일 축에 직접 접속해 figure를 구성할 수 있다. g.axes는 numpy.array 타입이므로 이터레이터 형태로 만들기 위해 g.axes.flat으로 처리한다. 이는 for in문을 사용하기 위해 반복된 형태로 만들어 연산하는 것이다.

```
In [147]: g = sns.FacetGrid(tp, col='smoker', margin_titles=True, height=4.5)
          g.map(plt.scatter, 'total_bill', 'tip', color='#009900', edgecolor='red', s=50, lw=.8)
          for ax in g.axes.flat:
              ax.plot((0, 50), (0, 12), c='green', ls='--')
          g.set(xlim=(0, 60), ylim=(0, 14));
```

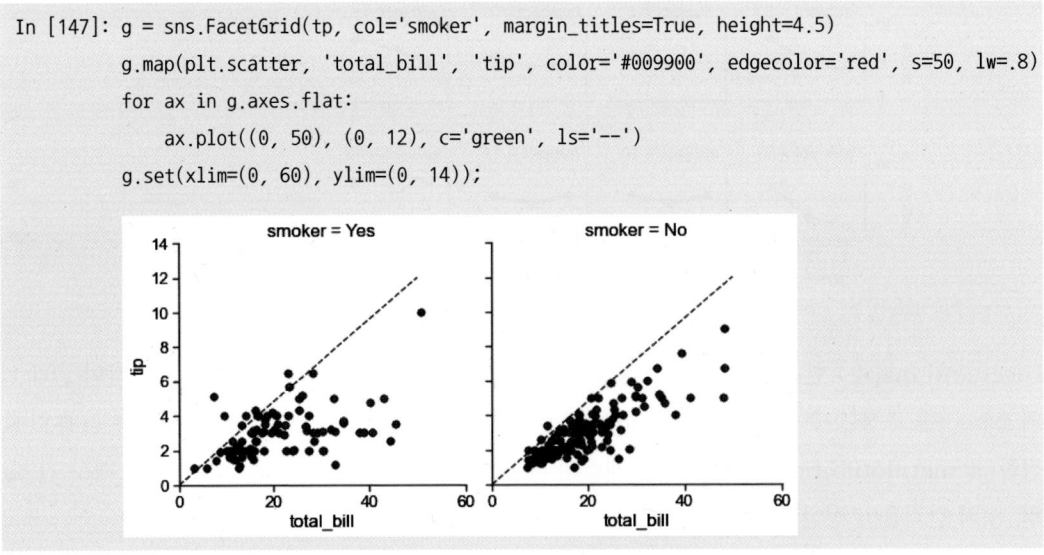

g.axes 객체는 2개 서브플롯을 가지는 ndarray임을 다음과 같이 확인할 수 있다. 따라서 flat 속성을 적용해 배열인 ndarray를 1차원 이터레이터로 만들면 for in문을 통해 ax를 확인할 수 있다.

```
In [148]: g.axes
Out[148]: array([[<AxesSubplot:title={'center':'smoker = Yes'}, xlabel='total_bill', ylabel='tip'>,
                  <AxesSubplot:title={'center':'smoker = No'}, xlabel='total_bill'>]],
                dtype=object)

In [149]: type(g.axes)
Out[149]: numpy.ndarray

In [150]: g.axes.flat
Out[150]: <numpy.flatiter at 0x214c4073160>
```

6.4 판다스 시각화

이 절에서는 판다스에서 데이터를 시각화하는 방법을 설명한다. 판다스 데이터프레임이나 시리즈를 matplotlib 라이브러리를 이용해 산점도, 히스토그램, 원그래프, 선 그래프 등 여러 형태로 시각화할 수 있다.

6.4.1 그래프 종류

먼저 matplotlib API에 접속하는 기본 방법을 설명한다. **matplotlib.pyplot.close(fig=None)** 함수를 이용하면 figure 창을 닫는다. fig 매개 변수에는 None, int, str 또는 Figure 값을 사용할 수 있다. None은 현재 figure, Figure는 주어진 Figure 인스턴스, int는 figure의 수, str은 figure 이름, all은 모든 figure를 의미한다. 여기서 **Figure 인스턴스**란 클래스 **matplotlib.figure. Figure( )**에 인수를 적용하여 호출하는 형태를 의미한다.

```
In [151]: import matplotlib.pyplot as plt

In [152]: plt.close('all')
```

기본 그래프

판다스 시리즈와 데이터프레임에 plot( ) 메소드를 적용하면 기본 그래프로 시각화할 수 있다. 판다스를 포함하여 matplotlib과 seaborn 라이브러리에서 기본 그래프를 그리는 plot( ) 함수는 다음 표와 같이 여러 객체에 적용할 수 있으며 그 기능이 같다.

plot( ) 함수 종류	내용
matplotlib.pyplot.plot	선 또는 마커로 y 대 x 그래프를 그린다.
matplotlib.axes.Axes.plot	선 또는 마커로 y 대 x 그래프를 그린다.
pandas.DataFrame.plot	함수로써 자신을 호출한다.
pandas.Series.plot	함수로써 자신을 호출한다.
seaborn.lineplot	hue나 style과 같은 의미론적인 변수로 하나의 그래프에 그룹화된 여러 선이나 마커를 표시할 수 있다.

[표 6-26] plot( ) 함수의 종류

다음 예제에서는 2021년 1월 1일부터 2년간 날짜를 인덱스로 처리하고 그 기간 동안 난수 데이터를 가지는 시리즈를 생성한다. 또한 plot( ) 메소드를 적용해 그래프를 그린다.

```
In [153]: ser = pd.Series(np.random.randn(730), index=pd.date_range('1/1/2021', periods=730))

In [154]: ser1 = ser.cumsum()

In [155]: ser1.plot()
Out[155]: <AxesSubplot:>
```

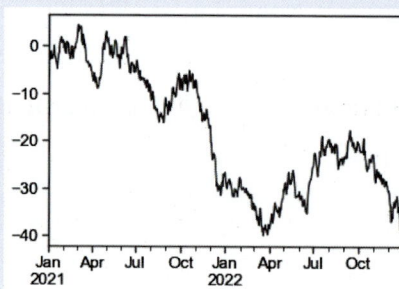

데이터프레임에 plot( ) 함수를 적용해 모든 열을 라벨과 함께 그래프로 나타낸다.

```
In [156]: df = pd.DataFrame(np.random.randn(730, 3), index=ser1.index, columns=list('ABC'))

In [157]: df1 = df.cumsum()            In [158]: plt.figure();
                                       Out[158]: <Figure size 432x288 with 0 Axes>

In [159]: df1.plot()
Out[159]: <AxesSubplot:>
```

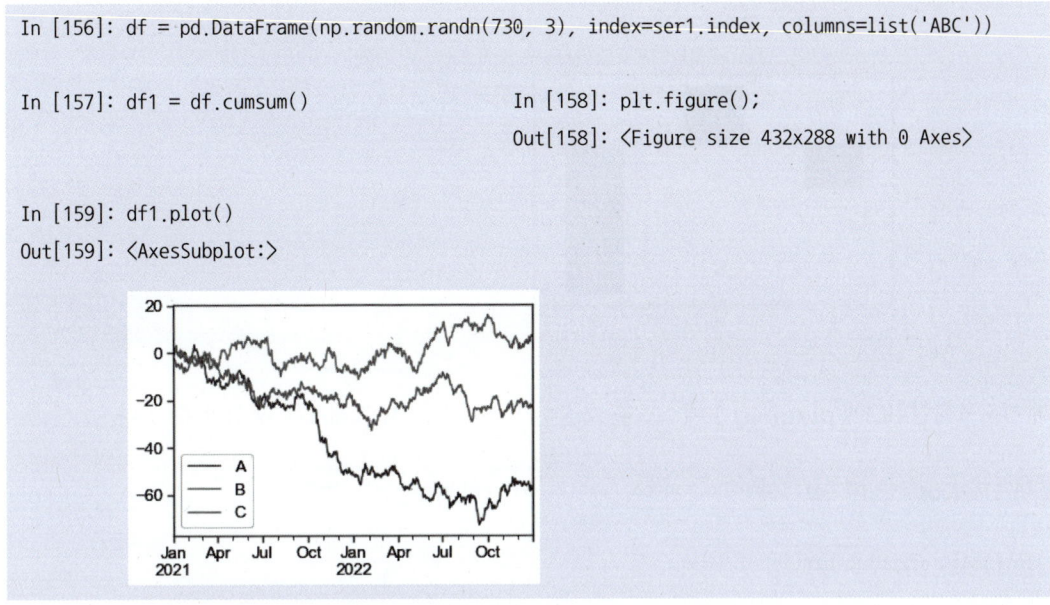

막대그래프

plot( ) 함수에 kind 키워드 인수를 적용하면 막대그래프를 그릴 수 있다.

```
In [160]: plt.figure();
          <Figure size 432x288 with 0 Axes>

In [161]: df1.iloc[3].plot(kind='bar');
```

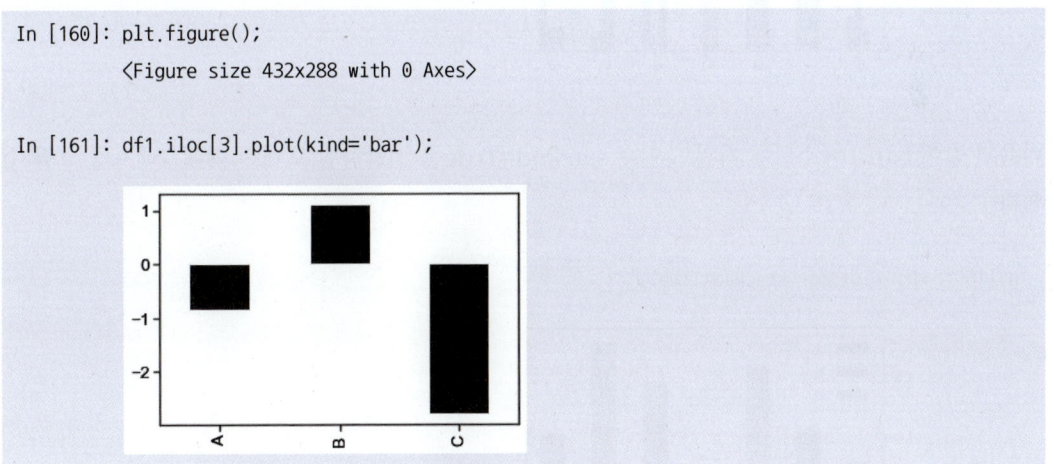

axhline( ) 함수를 사용하면 인덱스 라벨 A, B, C를 그래프에 자동으로 표시하며 축에 수평선을 그린다. 인수 0은 수평선 데이터 좌표에서 y 위치를 의미한다.

```
In [162]: plt.figure();
          df1.iloc[3].plot.bar();
          plt.axhline(0, color='r');
```

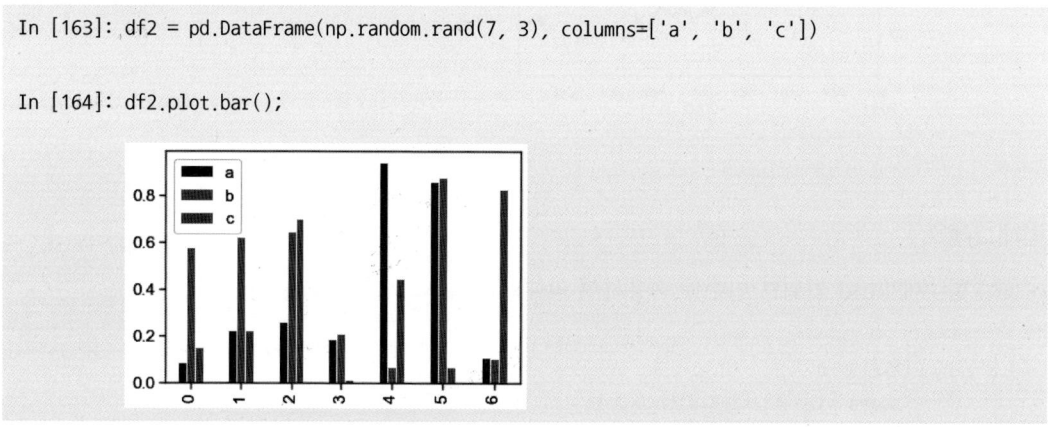

데이터프레임 df2에 **plot.bar( )** 메소드를 호출하면 복수의 막대그래프를 생성할 수 있다.

```
In [163]: df2 = pd.DataFrame(np.random.rand(7, 3), columns=['a', 'b', 'c'])

In [164]: df2.plot.bar();
```

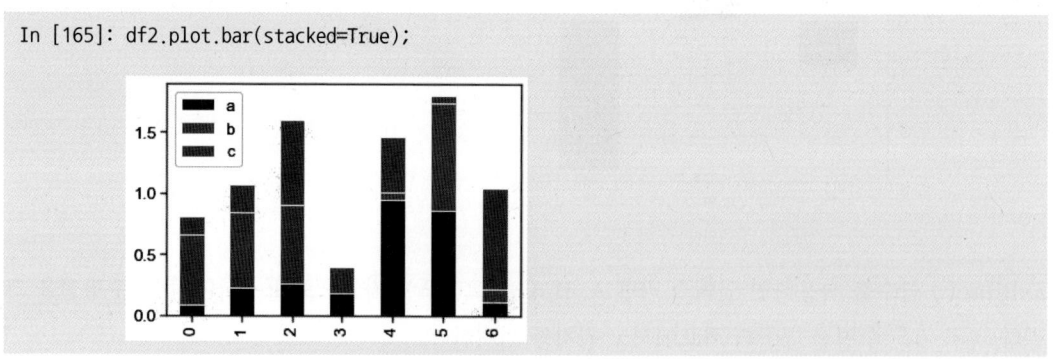

다음과 같이 bar( ) 메소드에 키워드 인수 **stacked=True**를 전달하면 포개진 막대그래프를 그릴 수 있다.

```
In [165]: df2.plot.bar(stacked=True);
```

df2에 **barh( )** 메소드를 사용하면 수평 막대그래프를 그릴 수 있다.

```
In [166]: df2.plot.barh(stacked=True);
```

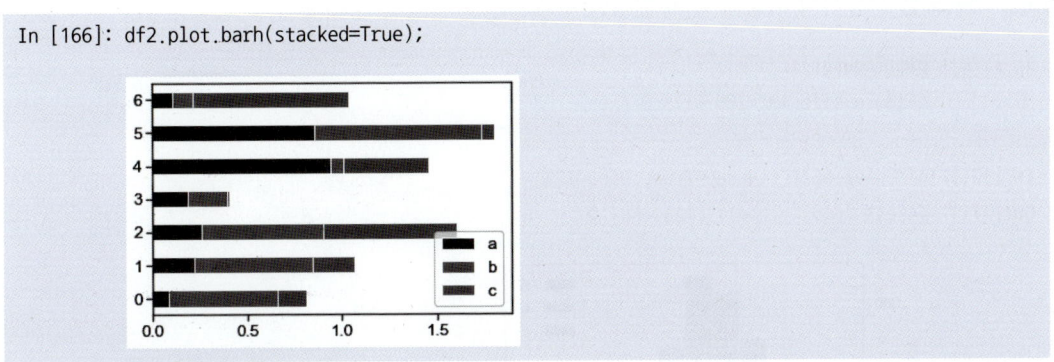

히스토그램

DataFrame.plot.hist( )와 **Series.plot.hist( )** 메소드를 적용하면 히스토그램을 그릴 수 있다. 다음 예제에서는 500개 행과 a, b, c열로 이루어진 데이터프레임을 히스토그램으로 나타낸다.

```
In [167]: df3 = pd.DataFrame({'a': np.random.randn(500) + 1,
                              'b': np.random.randn(500),
                              'c': np.random.randn(500) - 1}, columns=['a', 'b', 'c'])

In [168]: plt.figure();
          <Figure size 432x288 with 0 Axes>

In [169]: df3.plot.hist(alpha=0.5);
```

hist( ) 메소드에 **stacked=True** 속성을 이용하면 히스토그램을 겹칠 수 있다. 빈도의 분포 구간은 bins 키워드를 사용하여 다음과 같이 변경할 수 있다.

```
In [170]: plt.figure();
          <Figure size 432x288 with 0 Axes>

In [171]: df3.plot.hist(stacked=True, bins=12)
Out[171]: <AxesSubplot:ylabel='Frequency'>
```

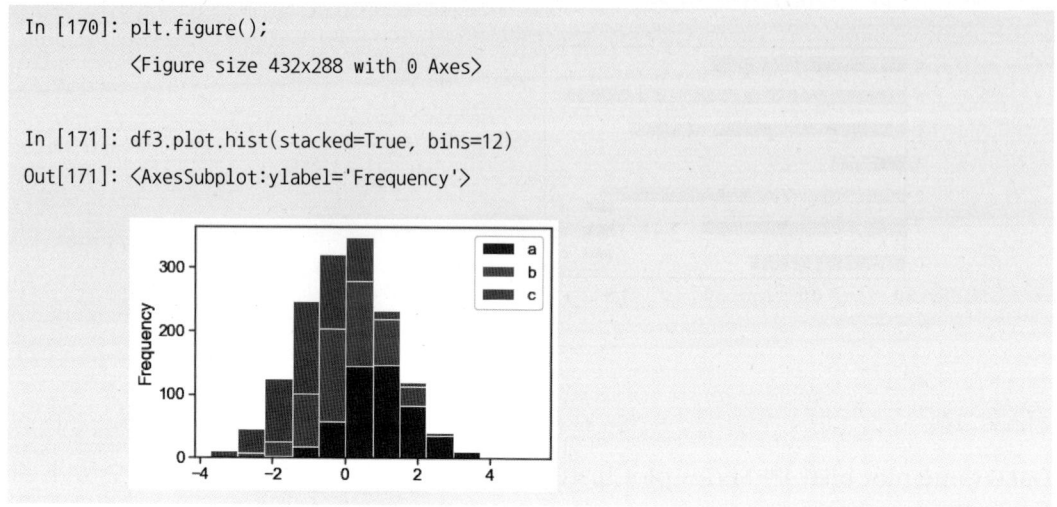

matplotlib의 hist( ) 함수가 지원하는 다른 키워드들을 사용해 df3의 히스토그램을 그려본다. 다음은 orientation='horizontal' 키워드로 수평 히스토그램을, cumulative=True 키워드로 누적 히스토그램을 그린 예제다.

```
In [172]: plt.figure();
          <Figure size 432x288 with 0 Axes>

In [173]: df3['a'].plot.hist(orientation='horizontal', cumulative=True)
Out[173]: <AxesSubplot:xlabel='Frequency'>
```

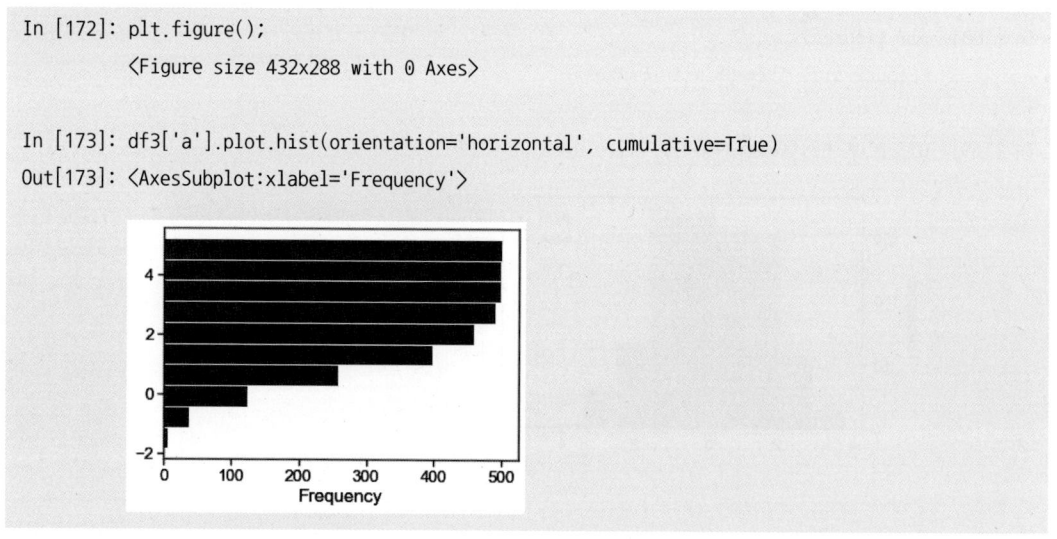

hist( ) 메소드 인수로 **by 키워드**를 사용하면 그룹화된 ser의 히스토그램을 그릴 수 있다. 다음 예제에서 세로축은 그룹에 속하는 4개 요소 개수이며 가로축은 요소의 데이터 값인 ser의 히스토그램이다.

```
In [174]: ser = pd.Series(np.random.randn(500))
```

```
In [175]: ser.hist(by=np.random.randint(0, 4, 500), figsize=(7, 4))
Out[175]: array([[<AxesSubplot:title={'center':'0'}>,
                  <AxesSubplot:title={'center':'1'}>],
                 [<AxesSubplot:title={'center':'2'}>,
                  <AxesSubplot:title={'center':'3'}>]], dtype=object)
```

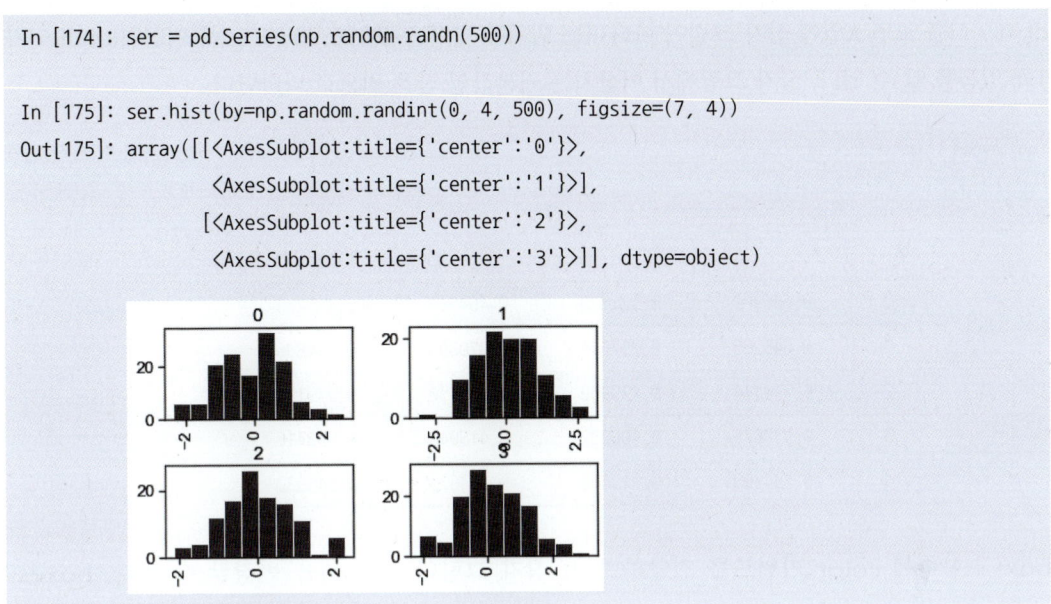

상자 그림

DataFrame.plot.box( ), **Series.plot.box( )** 또는 **DataFrame.boxplot( )** 함수를 호출해 상자 그림을 그리면 각 열 내에서 값들의 분포를 시각화할 수 있다. 다음 예제는 범위 [0, 1]에서 균일 분포인 임의의 5개 관찰치를 4회 실험한 데이터를 4개 열로 나타내는 df의 상자 그림이다. 예제에서는 이해를 돕기 위해 표본 크기를 작게 설정했다.

```
In [176]: df = pd.DataFrame(np.random.rand(5, 4), columns=['A', 'B', 'C', 'D'])
```

```
In [177]: df.plot.box();
```

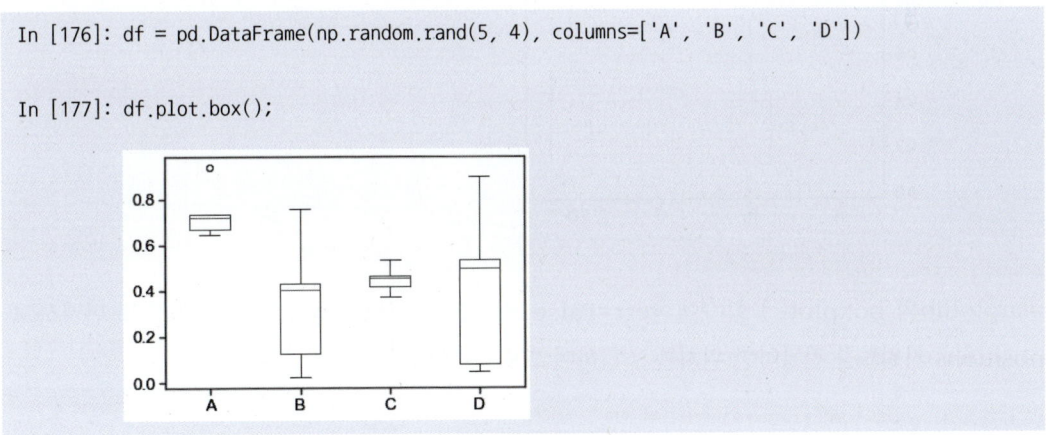

df 데이터를 보면 A열에 상자 그림이 나타내는 범위를 벗어난 값인 0.938675, 즉 이상치(outlier)가 1개 있음을 알 수 있다. 상자 그림에서 이상치는 기본값인 작은 원으로 나타난다.

```
In [178]: df
Out[178]:
```

	A	B	C	D
0	0.666909	0.121728	0.464964	0.495286
1	0.645286	0.757614	0.370893	0.534836
2	0.720144	0.429989	0.530930	0.079190
3	0.938675	0.405232	0.415048	0.893716
4	0.734598	0.019844	0.454673	0.046032

box( ) 함수에 color 키워드를 전달하면 df 상자 그림의 그림 색을 변경할 수 있다. **boxes, whiskers, medians** 그리고 **caps** 키를 딕셔너리형으로 전달할 수 있다. 딕셔너리에 어떤 키가 없다면 해당하는 아티스트에는 기본값을 사용한다. 상자 그림에서 작은 원으로 표시되는 이상치의 스타일은 **sym 키워드**로 설정할 수 있다.

```
In [179]: color = {'boxes': 'blue', 'whiskers': 'red', 'medians': 'green', 'caps': 'orange'}

In [180]: df.plot.box(color=color, sym='r+');
```

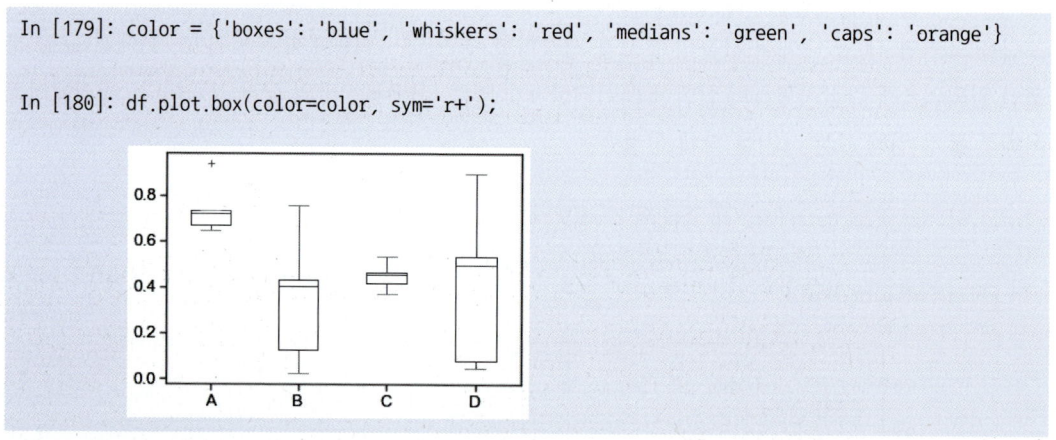

matplotlib의 boxplot( ) 함수에 **vert=False** 키워드를 전달하면 상자를 수평으로 변형하고, **positions 키워드**를 전달하면 위치를 조정하여 그릴 수 있다.

```
In [181]: df.plot.box(vert=False, positions=[1, 3, 4, 5]);
```

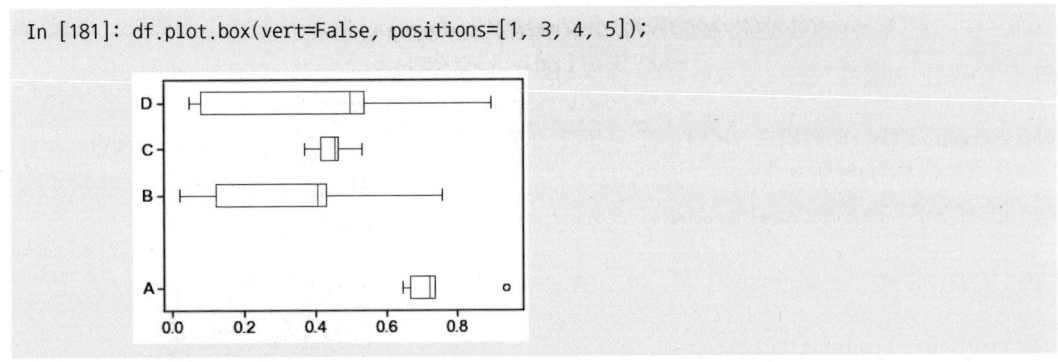

다음과 같이 df에 **DataFrame.boxplot( )** 메소드를 사용해도 상자 그림을 그릴 수 있다.

```
In [182]: plt.figure();
          <Figure size 432x288 with 0 Axes>

In [183]: bp = df.boxplot();
```

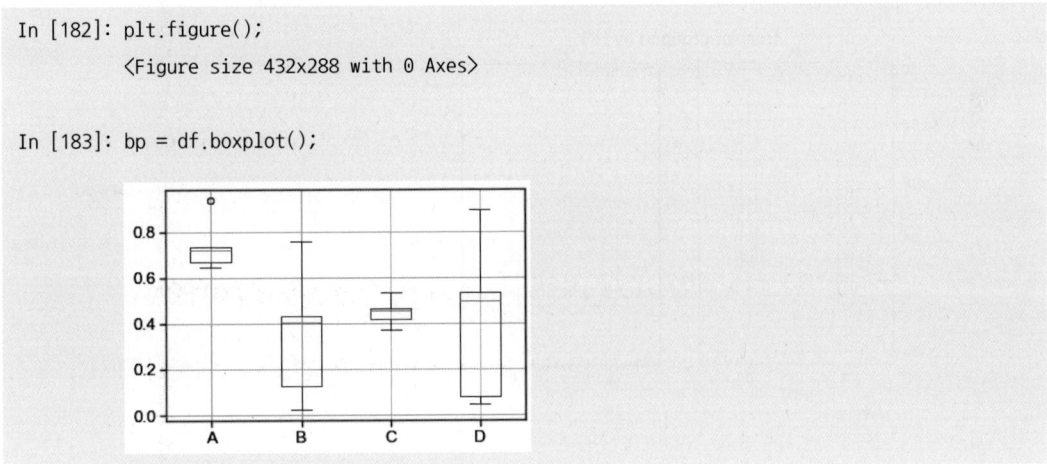

상자 그림 반환 값의 반환 타입은 매개 변수 **return_type**에 의해 결정된다. 반환 값은 다음과 같다.

- **axes**: 클래스 matplotlib.axes.Axes의 객체
- **dict**: matplotlib.lines.Line2D 객체들의 딕셔너리
- **both**: 구조가 있는 namedtuple(ax, lines)

by 키워드로 그룹화된 데이터인 경우 시리즈나 넘파이 배열을 반환한다.

- Series
- array(for return_type=None)

그래프를 그린 후 선 스타일을 수정하려면 **return_type='dict'** 인수를 사용한다. 이 경우 상자, 수염 끝 수평선, 이상치, 중앙값, 그리고 수염을 이루는 선을 포함하는 딕셔너리를 반환한다.

다음은 plot( ) 함수에 키워드 인수 by를 사용해 df에 그룹화된 상자 그림을 생성하는 예제다.

```
In [184]: df = pd.DataFrame(np.random.rand(10, 2), columns=['HA', 'HI'])

In [185]: df['HO'] = pd.Series(['A', 'B', 'A', 'B', 'A', 'B', 'A', 'B', 'A', 'B'])

In [186]: plt.figure();
<Figure size 432x288 with 0 Axes>

In [187]: bp = df.boxplot(by='HO', figsize=(8, 6))
```

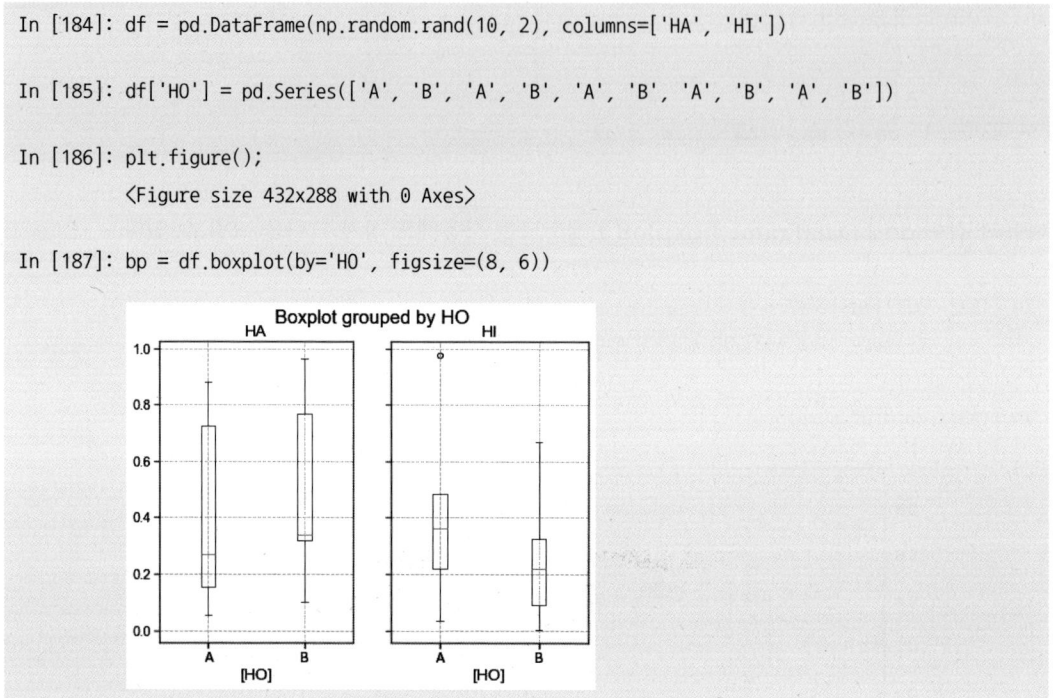

df 객체의 값들을 앞 상자 그림과 대조하여 확인한다.

```
In [188]: df
Out[188]:
```

	HA	HI	HO
0	0.881320	0.218953	A
1	0.319915	0.221370	B
2	0.153913	0.975426	A
3	0.102759	0.003755	B
4	0.056555	0.035688	A
5	0.339609	0.326073	B
6	0.723457	0.363063	A

7	0.963001	0.667513	B
8	0.268099	0.483949	A
9	0.767778	0.091053	B

여러 열을 그룹화하여 그래프를 그리기 위해 서브세트를 전달할 수 있다. 다음 예제에서는 데이터프레임 df1에 X열과 Y열을 동적 할당한 후 boxplot( ) 메소드에 인수 columns와 by를 전달한다.

```
In [189]: df1 = pd.DataFrame(np.random.rand(7, 3), columns=['HA', 'HI', 'HO'])

In [190]: df1['X'] = pd.Series(['A', 'A', 'A', 'A', 'B', 'B', 'B'])

In [191]: df1['Y'] = pd.Series(['A', 'B', 'A', 'B', 'A', 'B', 'A'])

In [192]: plt.figure();
          <Figure size 432x288 with 0 Axes>

In [193]: bp = df1.boxplot(column=['HA', 'HO'], by=['X', 'Y'])
```

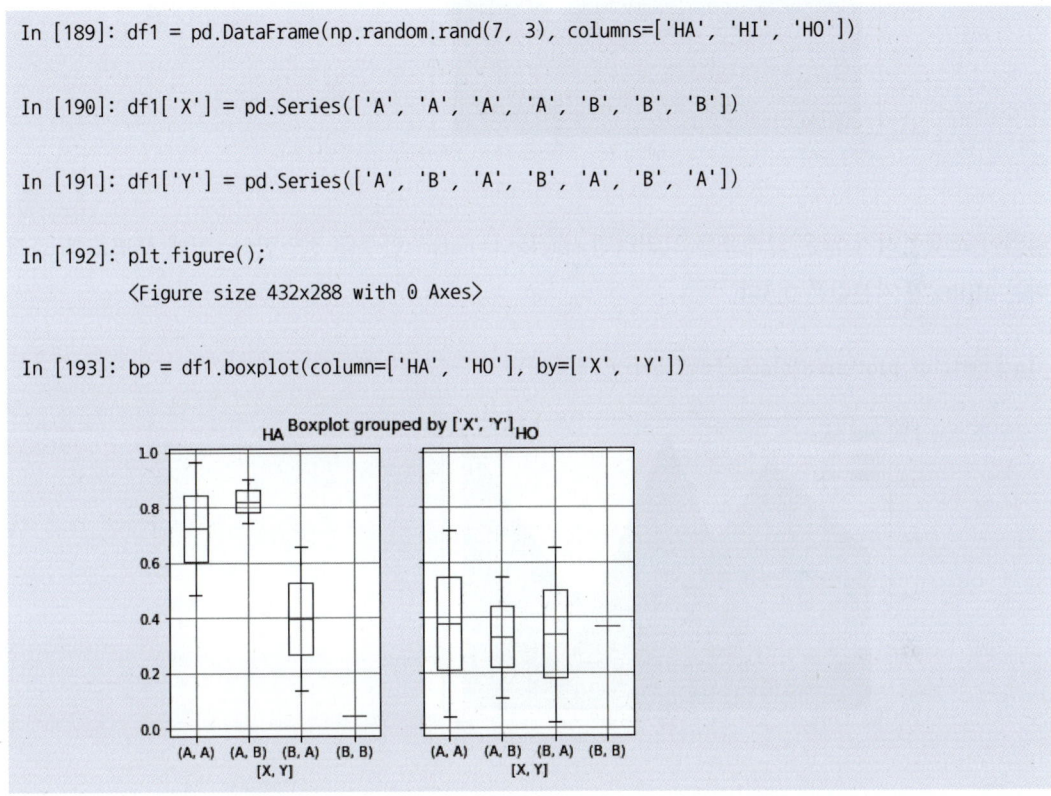

면적그래프

Series.plot.area( )와 **DataFrame.plot.area( )** 메소드를 사용하면 면적그래프(area plot)를 그릴 수 있다. 기본으로 면적들은 포개어 그려지며 입력 데이터에 NaN이 포함되면 자동으로 0으로 채워진다. 손실 값을 제거하거나 다른 값으로 채우려면 그래프를 나타내기 전 **DataFrame.dropna( )**나 **DataFrame.fillna( )** 메소드를 사용한다. 다음 예제는 행 5개 열 3개로 이루어진 데이터프레임 df를 면적그래프로 그린다.

```
In [194]: df = pd.DataFrame(np.random.rand(5, 3), columns=['HA', 'HI', 'HO'])

In [195]: df.plot.area();
```

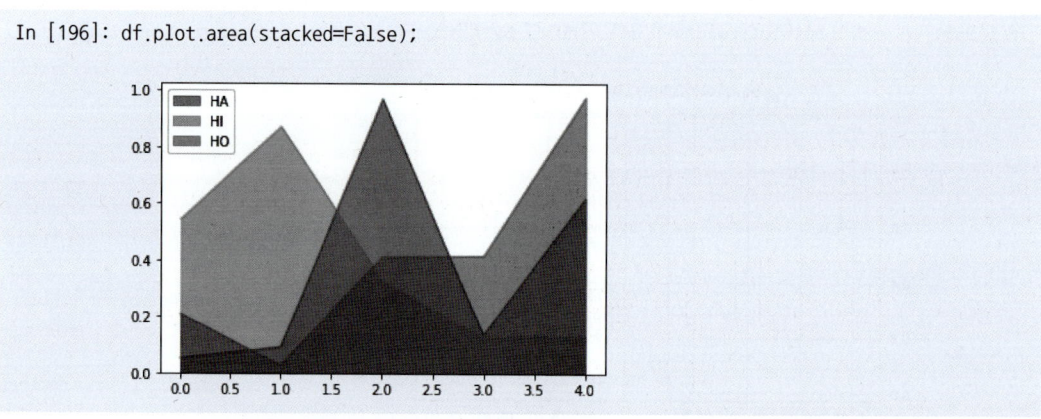

영역이 포개어지지 않은 그래프를 그리려면 stacked=False 인수를 전달한다. 이때 투명도를 설정하는 **alpha**의 기본값은 0.5다.

```
In [196]: df.plot.area(stacked=False);
```

산점도

DataFrame.plot.scatter( ) 메소드를 사용하여 산점도를 그릴 수 있으며 x와 y 키워드로 축을 명시할 수 있다. 예제에서는 20개 행, 4개 열로 이루어진 df의 열 a와 b의 관계를 산점도로 나타낸다.

```
In [197]: df = pd.DataFrame(np.random.rand(20, 4), columns=['a', 'b', 'c', 'd'])
```

In [198]: df.plot.scatter(x='a', y='b');

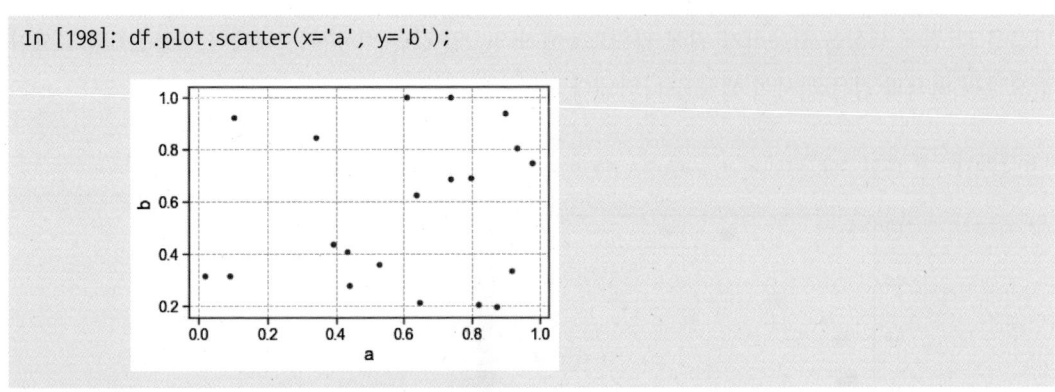

df 객체에서 마지막 일부 값을 출력하여 앞 산점도와 대조하여 확인해본다.

In [199]: df.tail()
Out[199]:

	a	b	c	d
15	0.645702	0.212203	0.093677	0.626751
16	0.798217	0.687498	0.679864	0.736759
17	0.390475	0.437023	0.995140	0.760984
18	0.874115	0.195331	0.322865	0.193069
19	0.738823	0.999822	0.714792	0.977897

다음은 하나의 axes에서 복수의 열 그룹을 산점도로 표현하는 예제다. df에 plot( ) 메소드를 반복 사용하고 그래프로 나타낼 대상인 **axsub**을 생성하여 두 번째 plot( ) 메소드에 전달한다. 각 그룹을 구분하기 위해 color 및 label 키워드를 적용한다.

In [200]: axsub = df.plot.scatter(x='a', y='b', color='darkgreen', label='Group A');
          df.plot.scatter(x='c', y='d', color='red', label='Group B', ax=axsub);

다음은 각 점에 색상을 사용하기 위해 키워드 c에 df의 c열 값을 적용하는 예제다. c열은 0과 1 사이 값으로써 흰색과 검은색 사이 색상을 나타낸다.

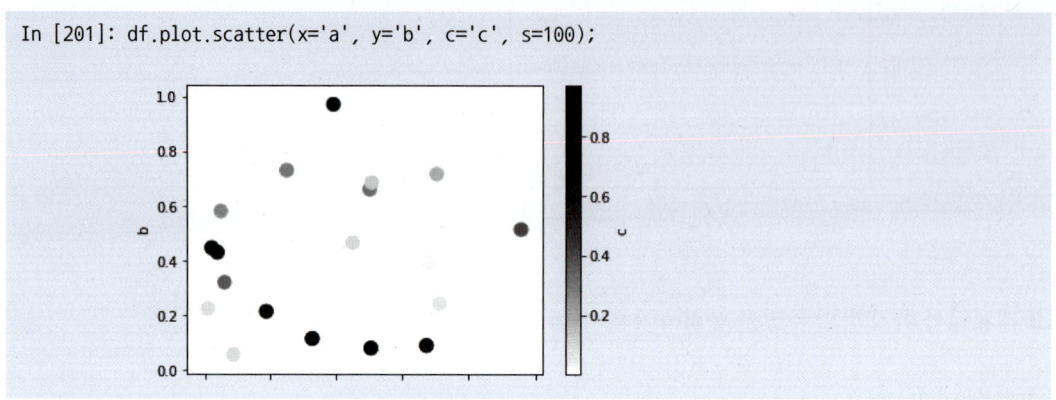

인수 s를 이용해 각 점의 크기를 다르게 표시하도록 할 수 있다. 예제의 인수 s는 df의 d열 값에 500을 곱한 값을 취한다.

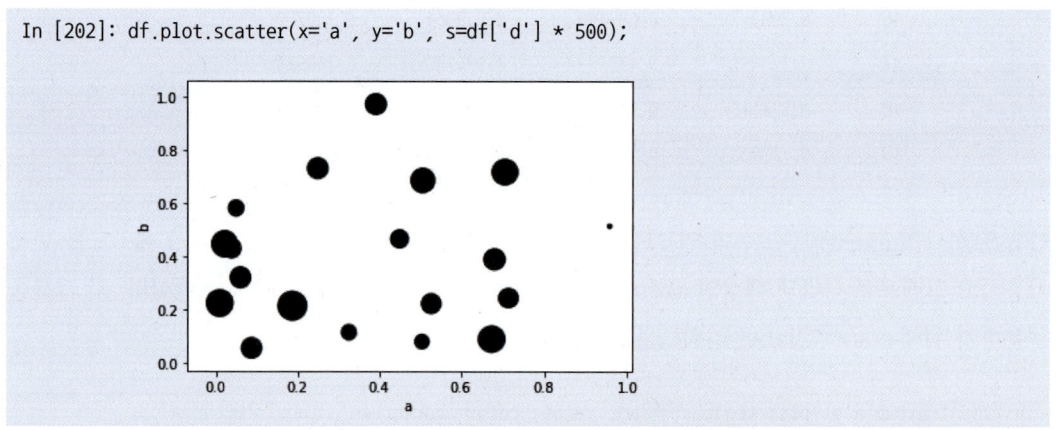

육각 산점도

DataFrame.plot.hexbin( ) 메소드를 사용하면 육각형 모양의 산점도(hexbin)를 그릴 수 있다. bin은 데이터를 넣는 저장소이며 bin 그래프는 저장소에 저장된 데이터를 밀도 형태로 나타낸 그림으로 이해할 수 있다. 육각 산점도는 데이터 밀도가 너무 높아 각 점을 개별적으로 그릴 수 없는 경우 산점도의 대안으로 유용하다. 예제에서는 행이 1천 개, 열이 2개인 df를 생성하고 열 H1에 새로운 데이터를 동적 할당한 df를 육각 산점도로 나타낸다.

```
In [203]: df = pd.DataFrame(np.random.randn(1000, 2), columns=['HA', 'HI'])

In [204]: df['HI'] = df['HI'] + np.arange(1000)

In [205]: df.plot.hexbin(x='HA', y='HI', gridsize=20);
```

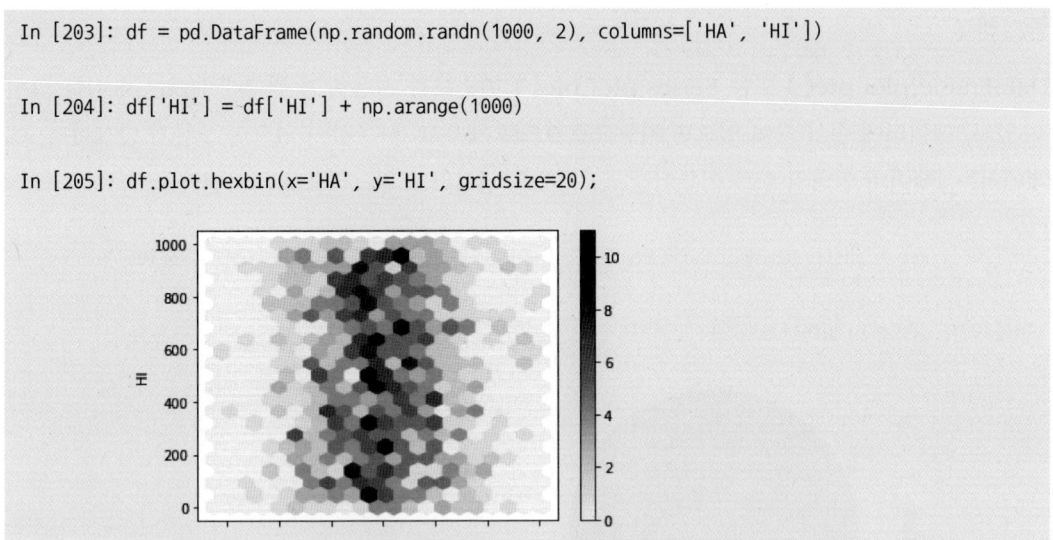

다음은 **df.plot.hexbin( )** 함수에 인수 x와 y 지점 값에 대응하는 값 C를 설정하는 예제다. 값 C는 색상의 명암으로써 오른쪽 수직 바에 나타난다. 또한 **reduce_C_function** 매개 변수를 적용해 bin의 값을 단일 값으로 나타낸다. reduce_C_function에 mean, max, sum, std를 선택해 단일 값으로 나타낼 수 있는데 기본값은 numpy.mean이다. 예제에서는 x와 y 위치의 bin 중 최댓값을 집계해 표시한다.

```
In [206]: df['HO'] = np.random.uniform(0, 3, 1000)

In [207]: df.plot.hexbin(x='HA', y='HI', C='HO', reduce_C_function=np.max, gridsize=20);
```

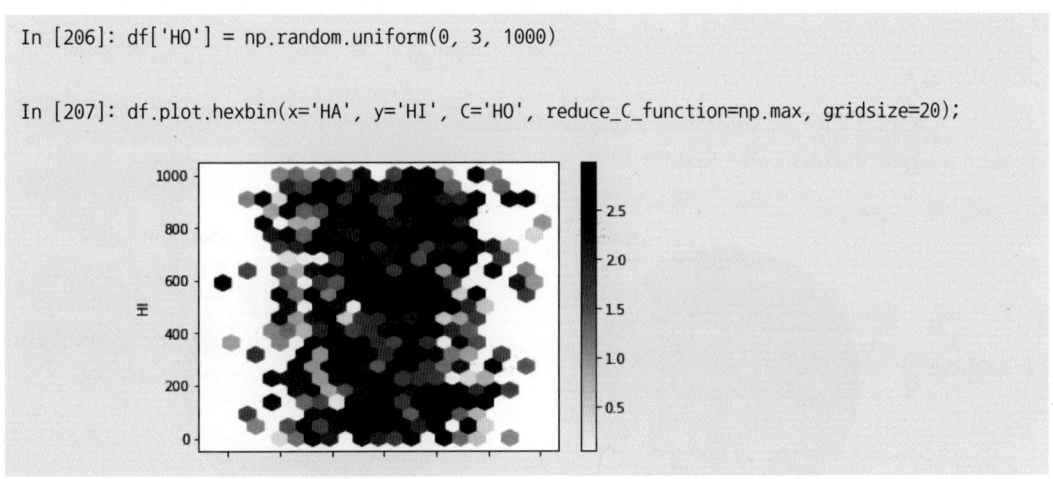

원그래프

DataFrame.plot.pie( ) 또는 **Series.plot.pie( )** 메소드를 사용하면 원그래프(pie plot)를 그릴 수 있다. 데이터에 손실 값이 있으면 자동으로 0으로 채우고 음수 값이 있으면 오류가 발생한다. 예제에서는 4행이며 임의의 수로 이루어진 ser 객체를 생성하고 원그래프로 나타낸다.

```
In [208]: ser = pd.Series(np.random.rand(4), index=['A', 'B', 'C', 'D'], name='series')

In [209]: ser.plot.pie(figsize=(5, 5));
```

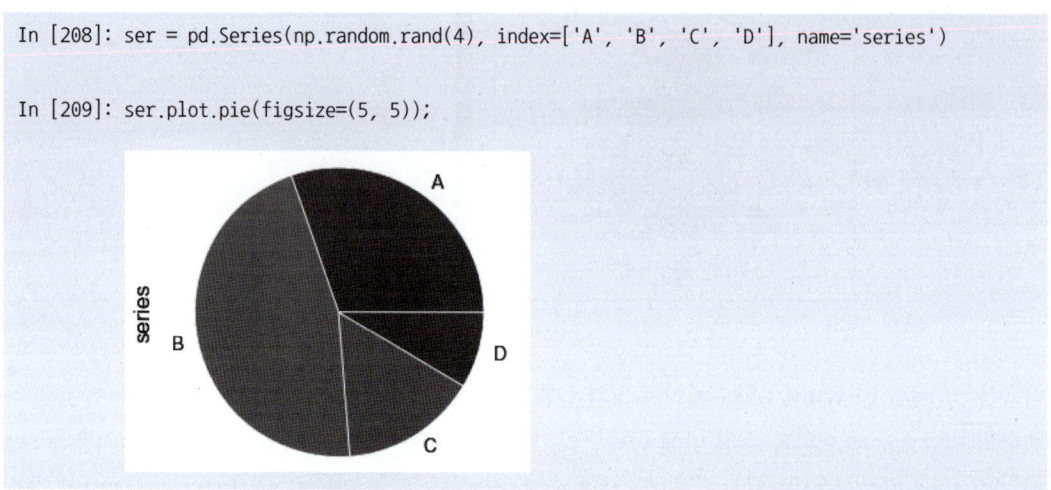

pie( ) 메소드에 subplots=True를 전달하면 서브플롯을 이용해 df의 각 열을 원그래프로 그릴 수 있다.

```
In [210]: df = pd.DataFrame(np.random.rand(3, 2), index=['A', 'B', 'C'], columns=['HA', 'HO'])

In [211]: df.plot.pie(subplots=True, figsize=(10, 5))
Out[211]: array([<AxesSubplot:ylabel='HA'>, <AxesSubplot:ylabel='HO'>], dtype=object)
```

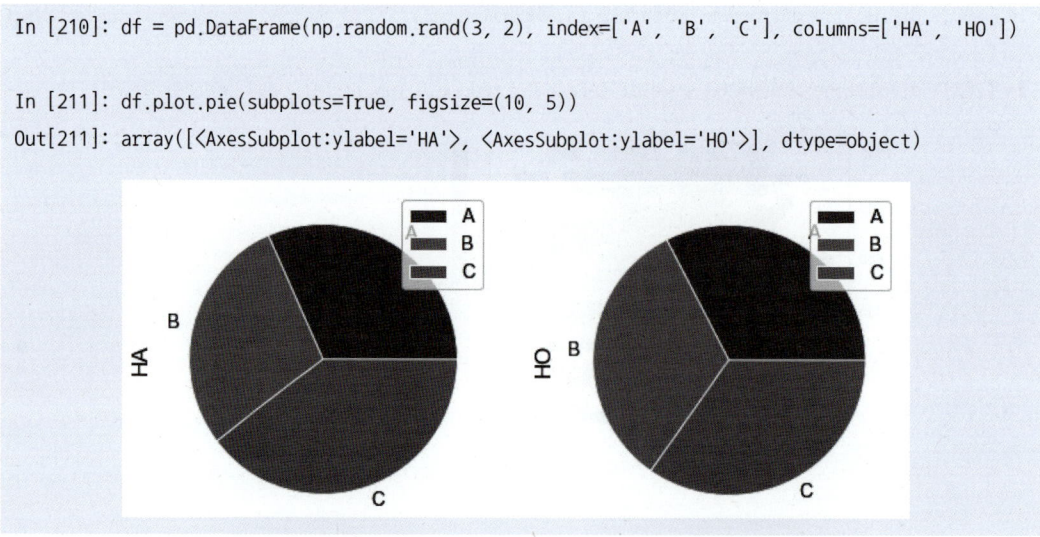

matplotlib.pyplot.pie( ) 함수에 autopct 키워드를 입력하면 각 쐐기가 차지하는 비율을 그래프에 나타낸다.

```
In [212]: ser.plot.pie(labels=['A', 'B', 'C', 'D'], colors=['r', 'g', 'b', 'y'],
                       autopct='%.2f', fontsize=15, figsize=(5, 5));
```

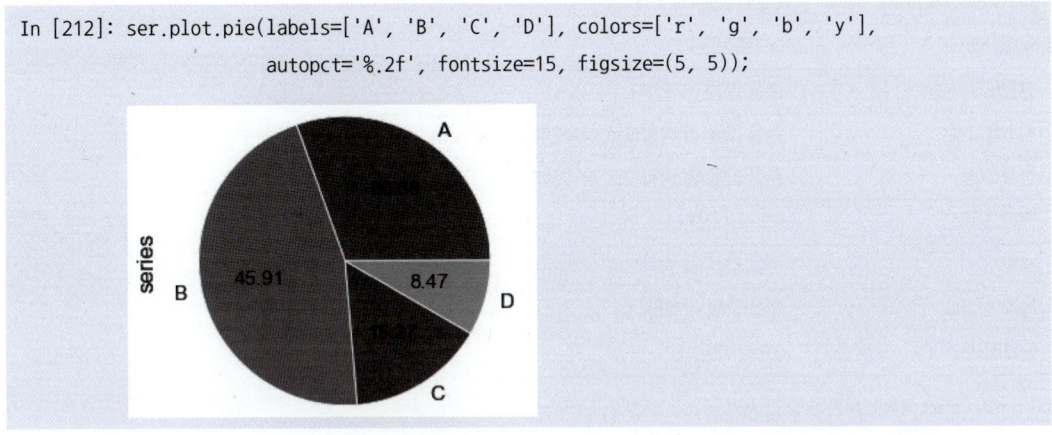

전달하는 값의 총합이 1.0 미만이면 matplotlib은 부채꼴 그래프를 그린다.

```
In [213]: ser = pd.Series([0.24] * 4, index=['A', 'B', 'C', 'D'], name='series1')

In [214]: ser.plot.pie(figsize=(5, 5));
```

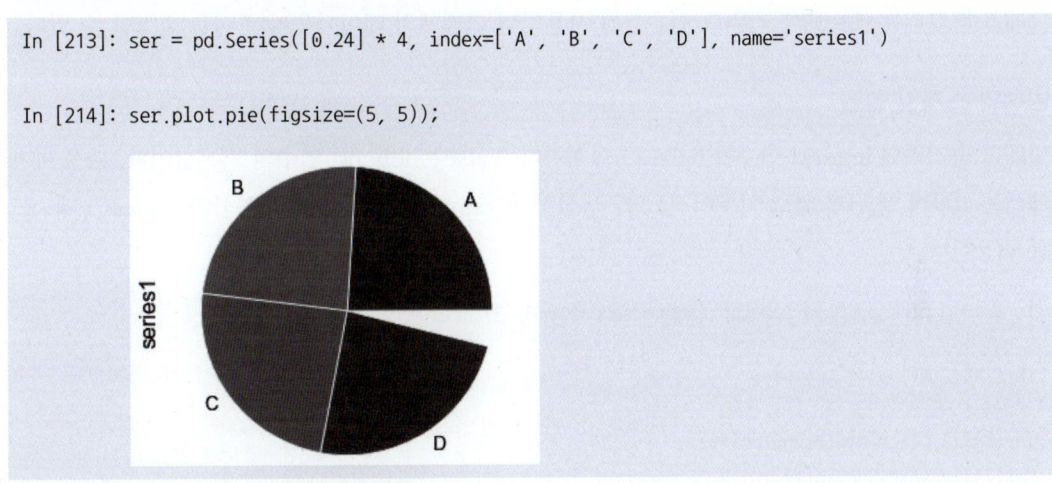

그래프별 손실 값 처리

손실 데이터를 포함하는 데이터프레임과 시리즈를 그래프로 그리기 전 그래프 타입에 따라 손실 값들을 다음 표와 같이 처리한다. 또는 정확한 데이터 처리를 위해 fillna( )나 dropna( ) 메소드를 사용하여 손실 값을 없애거나 0 같은 다른 값으로 변경한다.

그래프 타입	손실 값 처리
선 그래프	손실 값에 공백을 남긴다.
선 그래프(stacked)	0으로 채운다.
막대그래프	0으로 채운다.
산점도	손실 값을 삭제한다.
히스토그램	손실 값을 열 방향으로 삭제한다.
상자 그림	손실 값을 열 방향으로 삭제한다.
면적그래프	0으로 채운다.
KDE	손실 값을 열 방향으로 삭제한다.
육각 산점도	손실 값을 삭제한다.
원그래프	0으로 채운다.

[표 6-27] 그래프 종류에 따른 손실 값 처리

6.4.2 그래프 설정

그래프를 그리는 메소드에 키워드 인수들을 사용하면 그래프의 레이아웃과 형식을 설정할 수 있다.

범례와 스케일 설정

범례를 숨기려면 legend 인수를 False로 설정한다. False는 legend 인수의 기본값이다. 다음 예제에서는 100개 행, 3개 열로 이루어진 df를 생성한 후 cumsum( ) 메소드로 연산하고 plot( ) 메소드를 적용한다.

```
In [215]: df = pd.DataFrame(np.random.randn(1000, 3), columns=list('ABC'))

In [216]: df1 = df.cumsum()

In [217]: df1.plot(legend=False)
Out[217]: <AxesSubplot:>
```

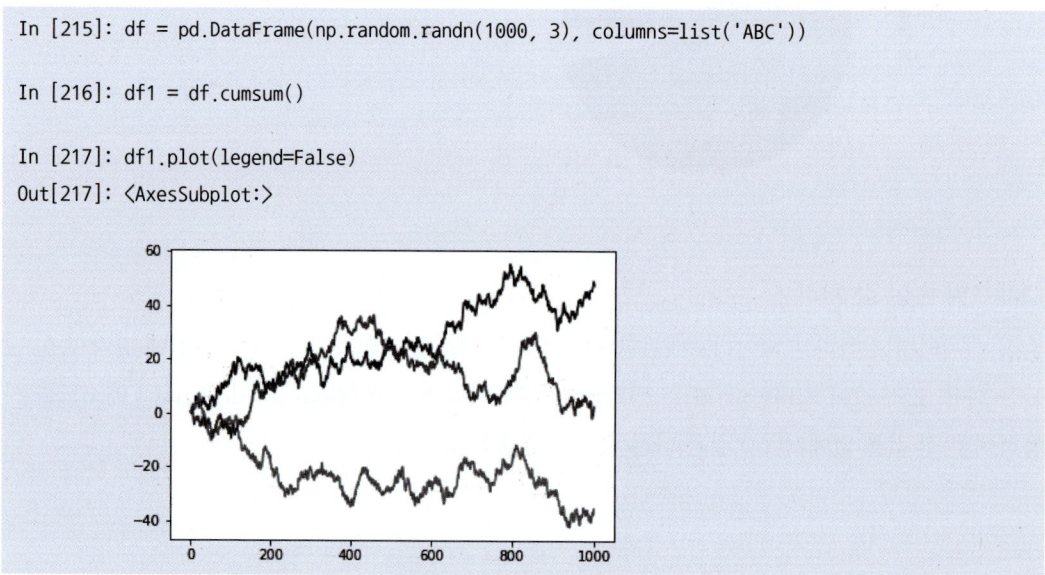

값이 10배씩 커지는 로그 스케일로 y축을 설정하려면 **logy** 인수를 전달한다. 데이터를 적절히 분석하기 위해 스케일을 조정할 때 로그 스케일을 사용한다.

```
In [218]: ser = pd.Series(np.random.randn(730), index=pd.date_range('1/1/2021', periods=730))

In [219]: ser1 = np.exp(ser.cumsum())

In [220]: ser1.plot(logy=True);
```

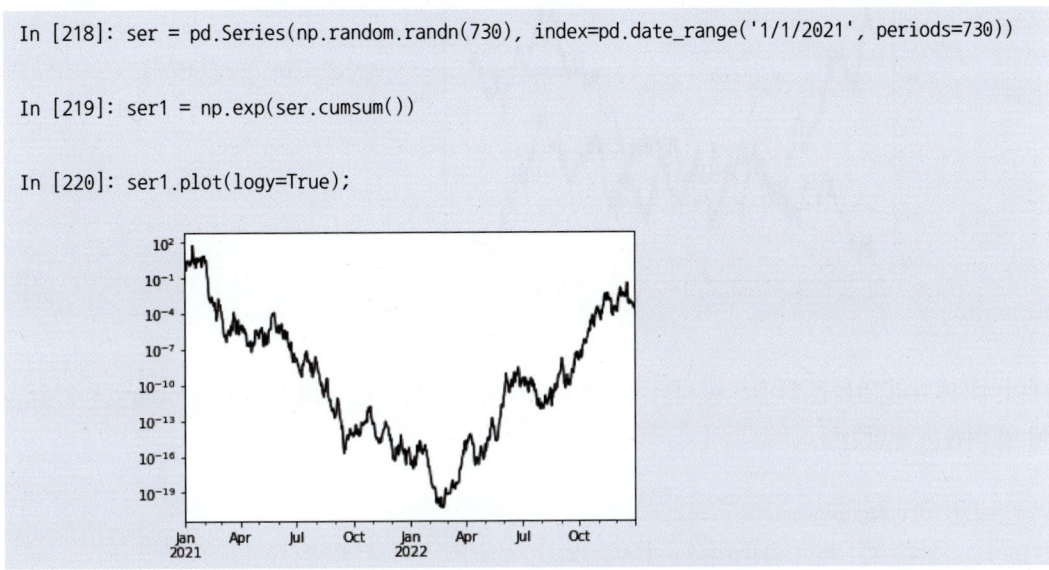

보조 축 설정

두 번째 y축인 보조 축을 설정하려면 **secondary_y** 키워드를 사용한다. 먼저 앞에서 생성한 df1의 열 A를 다음과 같이 그래프로 나타낸다.

```
In [221]: df1.A.plot();
```

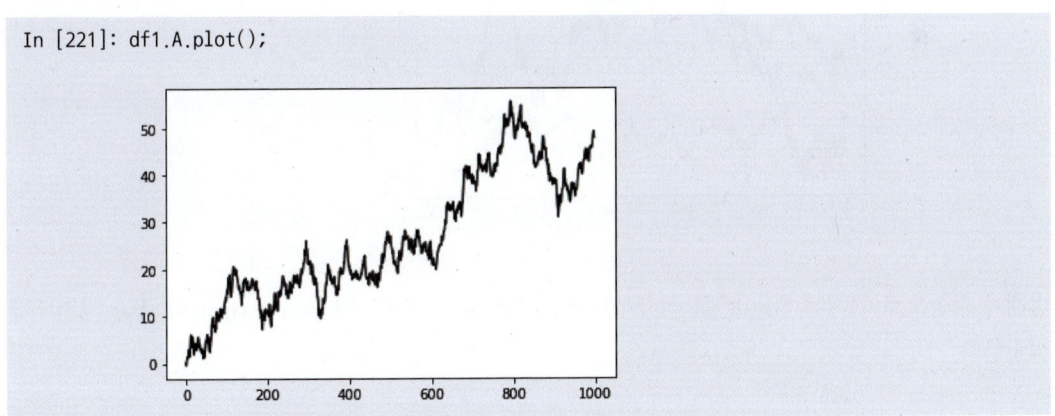

df1의 B열 데이터를 A열 데이터 그래프와 중첩하여 보조 축에 그래프로 나타낸다.

```
In [222]: df1.A.plot();
          df1.B.plot(secondary_y=True, style='r');
```

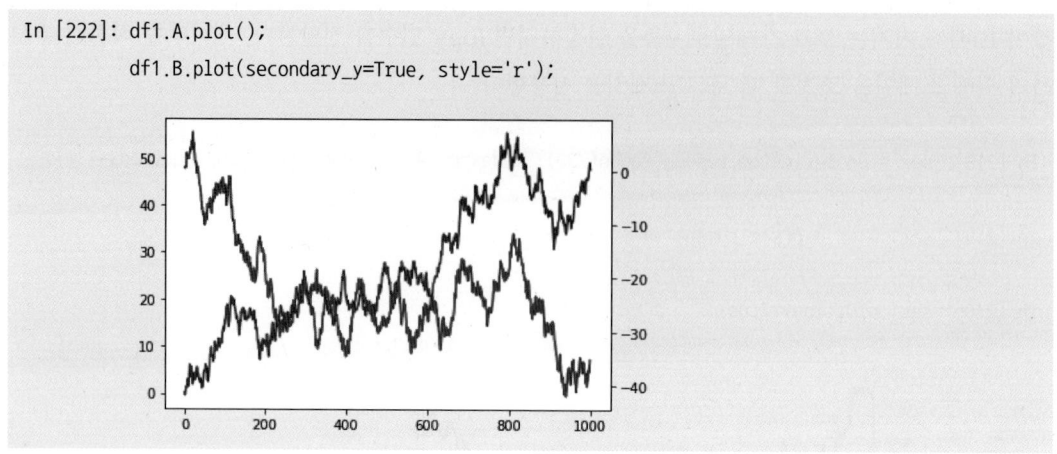

데이터프레임의 열들을 그래프로 나타내려면 df1에 적용한 plot( ) 메소드의 secondary_y 키워드에 열 이름을 전달한다.

```
In [223]: plt.figure()
          ax = df1.plot(secondary_y=['A', 'B'])
          ax.set_ylabel('C_scale')
          ax.right_ax.set_ylabel('AB_scale');
          <Figure size 432x288 with 0 Axes>
```

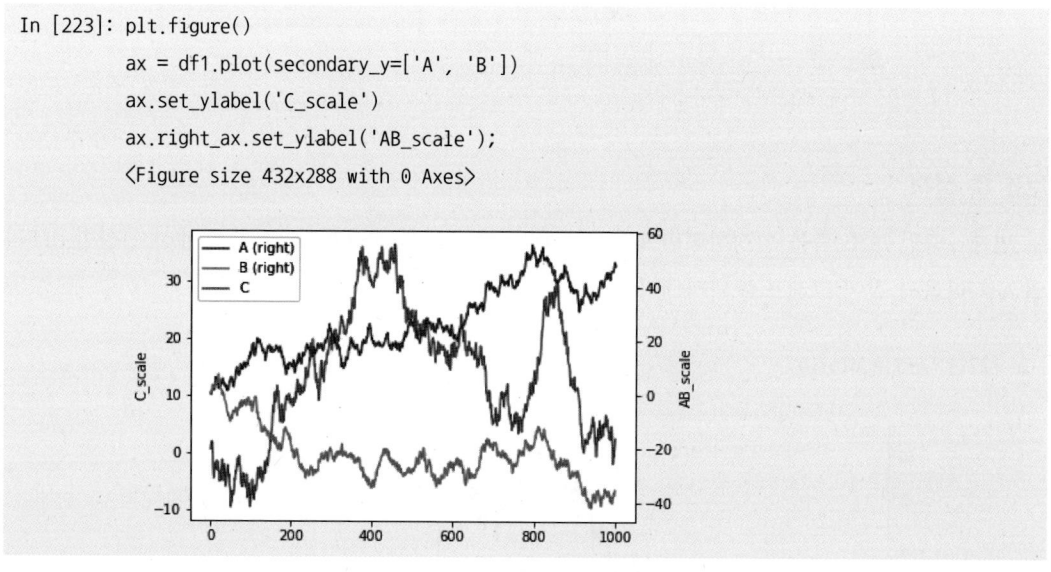

범례에 자동으로 표시된 ('right')를 삭제하려면 df1.plot( ) 메소드에 **mark_right=False** 키워드를 설정한다.

```
In [224]: plt.figure()
          df1.plot(secondary_y=['A', 'B'], mark_right=False);
          <Figure size 432x288 with 0 Axes>
```

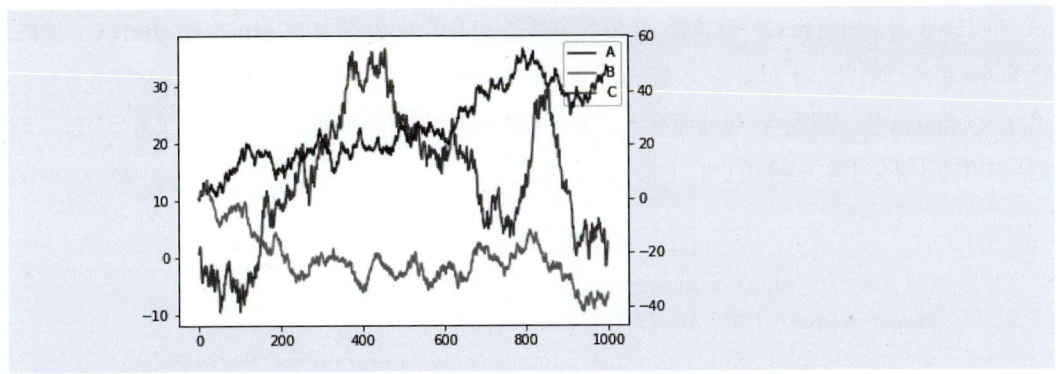

서브플롯 및 멀티 axes 설정

subplots 키워드를 사용하면 데이터프레임 df의 각 시리즈를 그래프로 나타낼 수 있다.

```
In [225]: df1.plot(subplots=True, figsize=(5, 5));
```

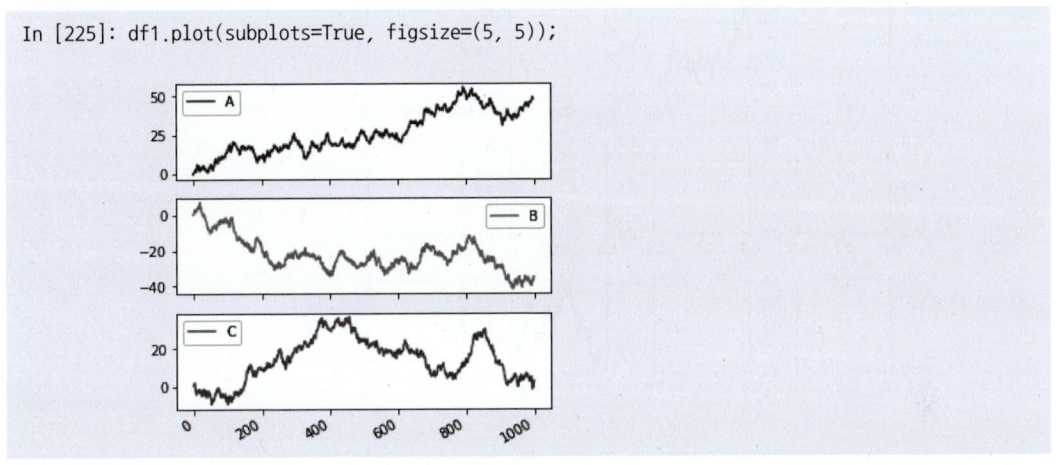

layout 키워드를 이용해 서브플롯의 레이아웃을 (행, 열)로 df1.plot() 메소드에 설정할 수 있다. 이 키워드는 히스토그램과 상자 그림에서도 사용할 수 있다.

```
In [226]: df1.plot(subplots=True, layout=(2, 2), figsize=(7, 7), sharex=False);
```

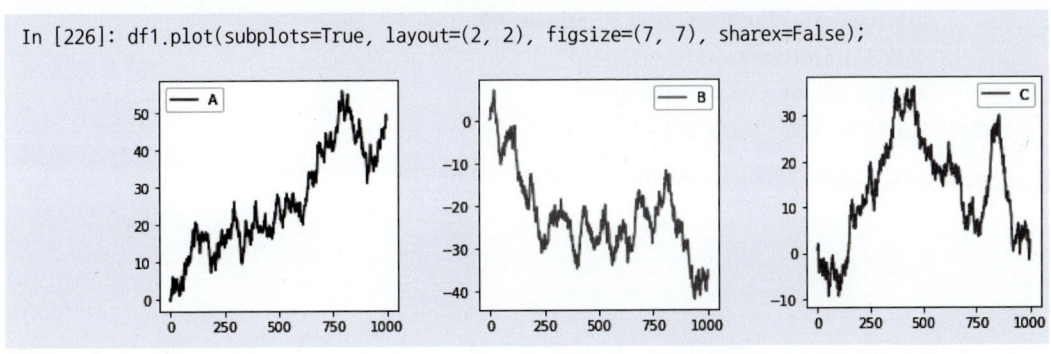

ax 키워드에 복수의 **axes**를 전달할 때 x축, y축을 공유하지 않기 위해 **sharex, sharey** 키워드를 False로 설정한다. 이 설정은 ax를 생성할 때 명시해야 한다. 즉 **plt.subplots( )** 함수에 인수 sharex, sharey를 전달한다. 예제에서는 4행, 4열로 이루어진 16개의 ax를 생성하고 0행 0열, 1행 1열 그리고 3행 2열의 ax에 df1의 그래프를 그린다.

```
In [227]: fig, axes = plt.subplots(4, 4, figsize=(7, 7))
          plt.subplots_adjust(wspace=0.5, hspace=0.5)
          target = [axes[0][0], axes[1][1], axes[3][2]]
          df1.plot(subplots=True, ax=target, legend=False, sharex=False, sharey=False);
```

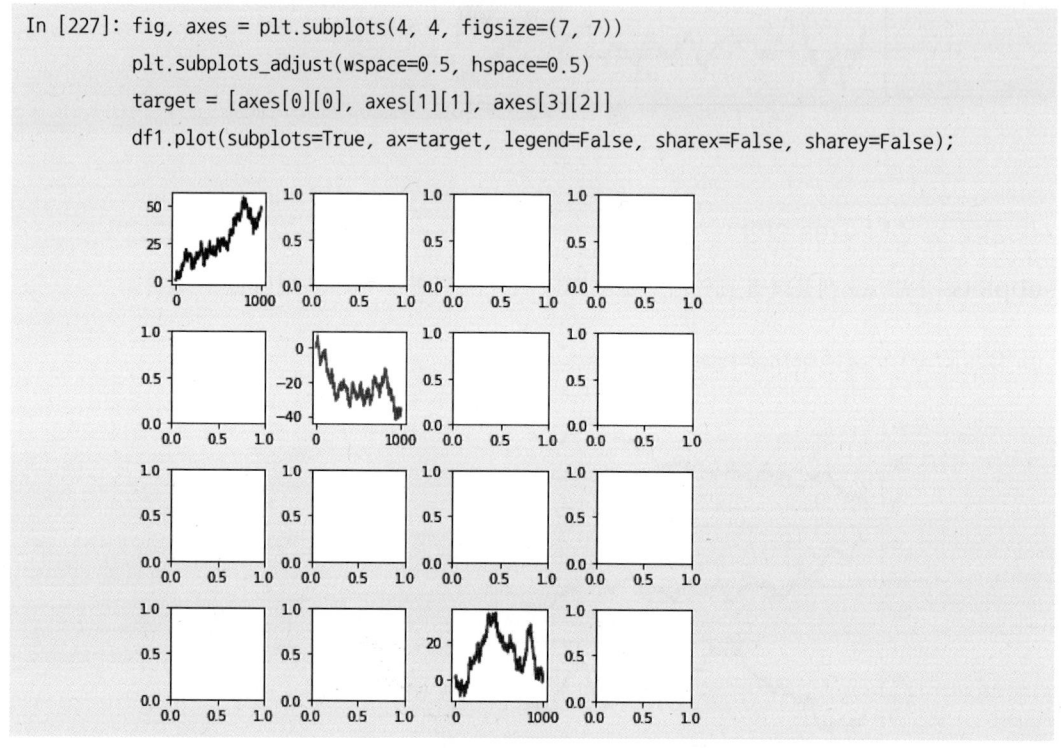

특정 서브플롯을 그래프로 나타내려면 Series.plot( ) 함수에 인수 ax를 전달한다. 다음 예제에서 df1['A']은 시리즈형이다.

```
In [228]: fig, axes = plt.subplots(nrows=2, ncols=2)
          plt.subplots_adjust(wspace=0.5, hspace=0.5)
          df1['A'].plot(ax=axes[1, 0])
          axes[1, 0].set_title('Pulse A')
Out[228]: Text(0.5, 1.0, 'Pulse A')
```

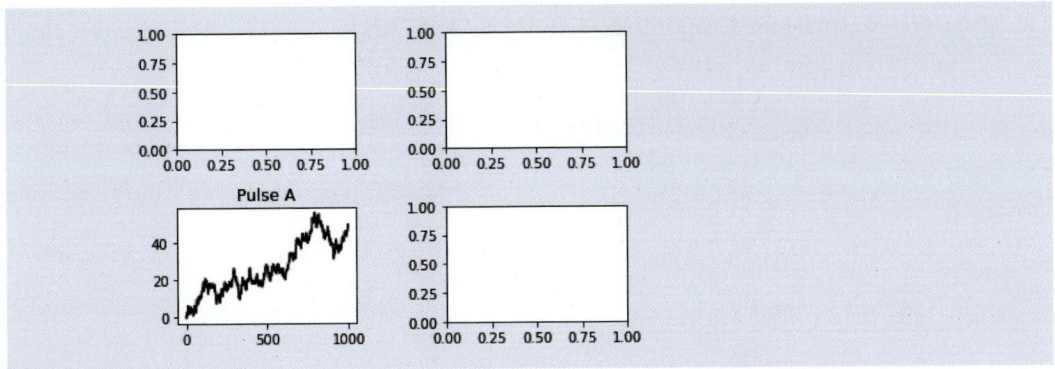

오차 막대 추가

DataFrame.plot( )과 **Series.plot( )** 함수는 오차 막대 설정을 지원한다. 키워드 인수 **xerr**과 **yerr**을 plot( ) 함수에 전달해 수평 오차 막대와 수직 오차 막대를 생성할 수 있다. 다음은 원본(raw) 데이터에서 표준 편차를 갖는 그룹 평균을 그래프로 쉽게 나타내는 예제다. 먼저 다음과 같이 데이터를 생성해 확인한다.

```
In [229]: Mind = pd.MultiIndex.from_arrays([['a', 'a', 'a', 'a', 'b', 'b', 'b', 'b'],
                                             ['ha', 'ha', 'ho', 'ho', 'ha', 'ha', 'ho', 'ho']],
                                            names=['group', 'sector'])


In [230]: Mind
Out[230]: MultiIndex([('a', 'ha'),
                      ('a', 'ha'),
                      ('a', 'ho'),
                      ('a', 'ho'),
                      ('b', 'ha'),
                      ('b', 'ha'),
                      ('b', 'ho'),
                      ('b', 'ho')],
                     names=['group', 'sector'])
```

다음으로 Mind를 인덱스로 가지는 데이터프레임을 생성한다.

```
In [231]: df = pd.DataFrame({'data1': [2, 3, 5, 4, 3, 2, 5, 5],
                             'data2': [4, 6, 7, 5, 6, 3, 8, 5]},
                            index=Mind)

In [232]: df
Out[232]:
```

group	sector	data1	data2
a	ha	2	4
	ha	3	6
	ho	5	7
	ho	4	5
b	ha	3	6
	ha	2	3
	ho	5	8
	ho	5	5

데이터프레임 df에 level을 기준으로 **groupby( )** 메소드를 적용하고 평균을 구한다.

```
In [233]: dfg = df.groupby(level=['group', 'sector'])

In [234]: avg = dfg.mean()

In [235]: avg
Out[235]:
```

group	sector	data1	data2
a	ha	2.5	5.0
	ho	4.5	6.0
b	ha	2.5	4.5
	ho	5.0	6.5

groupby( ) 함수를 적용한 df의 표준 편차를 다음과 같이 구한다.

```
In [236]: errors = dfg.std()
```

```
In [237]: errors
Out[237]:
```

group	sector	data1	data2
a	ha	0.707107	1.414214
	ho	0.707107	1.414214
b	ha	0.707107	2.121320
	ho	0.000000	2.121320

평균을 구한 데이터프레임 avg를 이용해 errors를 오차로 간주하는 오차 막대그래프를 그린다.

```
In [238]: fig, ax = plt.subplots()
          avg.plot.bar(yerr=errors, ax=ax, capsize=5);
```

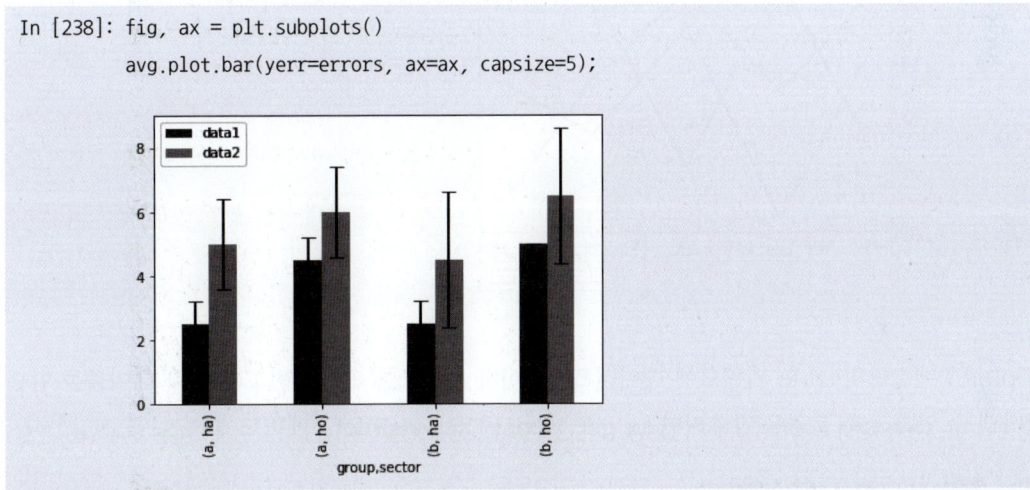

테이블 설정

DataFrame.plot( )과 Series.plot( ) 함수에서 **table=True** 키워드를 이용하면 간단하게 matplotlib 테이블을 생성할 수 있다. 먼저 5행, 3열의 난수로 이루어진 데이터프레임 df를 생성한다.

```
In [239]: df = pd.DataFrame(np.random.rand(5, 3), columns=['ha', 'hi', 'ho'])
```

```
In [240]: df
Out[240]:
```

	ha	hi	ho
0	0.728016	0.111323	0.874596
1	0.988240	0.483788	0.133344
2	0.703821	0.389489	0.382500
3	0.527157	0.904609	0.202945
4	0.813278	0.887536	0.066623

plot( ) 메소드를 이용해 데이터프레임 df를 그래프로 나타낸다.

```
In [241]: fig, ax = plt.subplots(1, 1)
          df.plot(table=True, ax=ax);
```

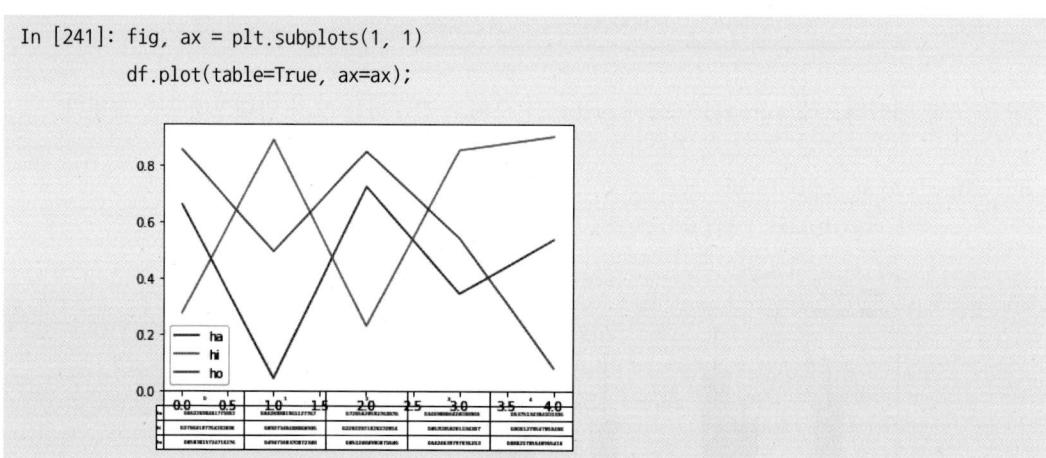

df.plot( ) 메소드의 table 키워드에 데이터프레임이나 시리즈를 전달하면 그래프와 테이블을 함께 나타낼 수 있다. x축 눈금을 감추려면 **ax.get_xaxis( ).set_visible( )** 메소드에 False를 전달한다.

```
In [242]: fig, ax = plt.subplots(1, 1)
          ax.get_xaxis().set_visible(False)
          df.plot(table=np.round(df.T, 2), ax=ax);
```

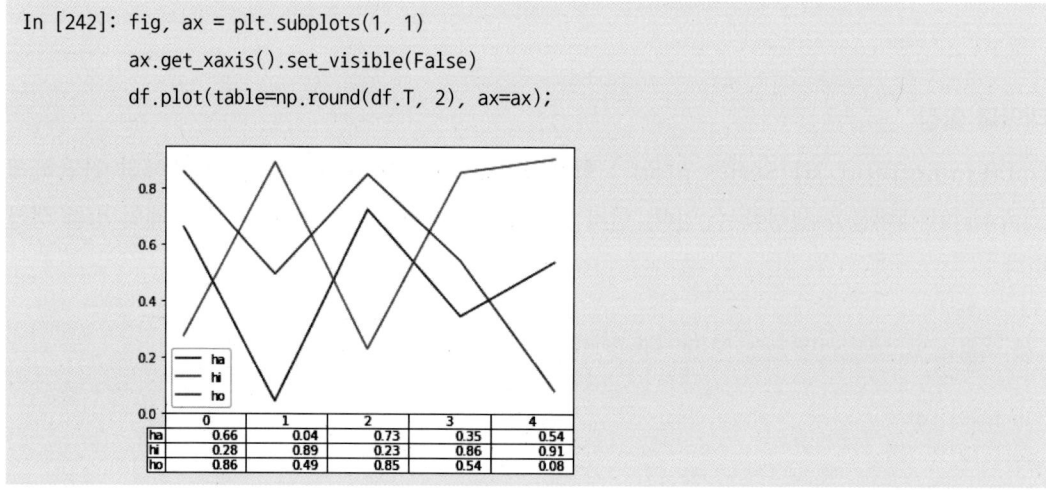

이 장에서는 데이터를 수집하고 처리하며 분석한 데이터를 시각화하는 과정을 다뤘다. 전처리한 데이터를 다양한 그래프로 시각화함으로써 통찰을 얻을 수 있다. 다음 장에서는 시간에 따라 변화하는 시계열 데이터를 다루는 방법을 학습한다. 시계열 데이터는 시간 순서로 나열하거나 인덱싱하여 그래프로 나타낼 수 있는 일련의 점들인 데이터로써 이러한 데이터를 분석하고 처리하는 과정을 살펴본다.

07장

시계열

1. 파이썬의 날짜 및 시간 관련 객체
2. 판다스 시계열 기초
3. 타임스탬프
4. 시간 범위와 시간대 처리

이 장에서는 시계열 데이터의 기초 개념부터 응용까지 학습한다. 이에 따라 날짜 및 시간 관련 객체, 판다스에서 지원하는 시계열 기초, 타임스탬프 개념 그리고 다양한 시간대 처리에 관한 내용을 다룬다. 시계열 데이터를 다양한 학문과 산업 분야에 적용해 정보를 얻고 전략을 세우고 머신러닝과 연계하는 모델을 평가함으로써 통찰을 얻을 수 있다.

시계열(time series)은 시간상 여러 지점을 관측하거나 측정할 수 있도록 목록 또는 그래프로 표시한 일련의 데이터 점들로써 일정한 간격의 연속적이고 동등한 점들로 이루어진 시퀀스다. 빅데이터에서 시계열은 일반적으로 동등한 시간 간격으로 배치된 연속적 사건(시퀀스)으로 나타나는 데이터 세트다. 금융 시장의 주가 예측, 일기 예보, 전력 에너지 소비 추세, 웹 사이트 방문자 수 트렌드, 특정 기간 동안 우버 탑승자 수 등 시간에 따라 변하는 데이터를 다루는 전 분야에서 이러한 시계열을 확인할 수 있다.

7.1 파이썬의 날짜 및 시간 관련 객체

표준 파이썬 라이브러리에서는 날짜와 시간에 관련된 **datetime**, **time** 그리고 **calendar** 모듈을 규정한다. 그중 시계열에서는 datetime 모듈을 주로 다룬다. datetime 모듈은 날짜와 시간을 다루기 위한 다음 6개 클래스를 지원한다.

클래스	내용
class datetime.date	그레고리력으로 날짜(date)를 다룬다. year, month, day 속성이 있다.
class datetime.time	특정일과 관련 없이 모든 날(day)을 24*60*60초로 다루는 이상적인 시간이다. hour, minute, second, microsecond, tzinfo 속성이 있다.
class datetime.datetime	날짜와 시간의 조합이다. year, month, day, hour, minute, second, microsecond 및 tzinfo 속성이 있다.
class datetime.timedelta	date 인스턴스 간, time 인스턴스 간 또는 datatime 인스턴스들 간 차이를 마이크로초로 나타내는 기간이다.
class datetime.tzinfo	시간대(time zones) 정보 객체에 대한 추상 기본 클래스로써 사용자 정의로 시간을 조정하기 위해 datetime 및 time 클래스에서 사용한다.
class datetime.timezone	UTC의 고정 오프셋으로써 추상 기본 클래스인 tzinfo를 실행하는 클래스다.

[표 7-1] datetime 모듈의 클래스

datetime 모듈에서 날짜는 **date** 클래스, 시간은 **time** 클래스를 주로 적용하지만 이 책에서는 날짜와 시간을 함께 사용하기 위해 **datetime** 클래스만 적용한다. 먼저 datetime 클래스를 다음과 같이 임포트한다.

```
In [1]: from datetime import datetime
```

클래스 객체를 임포트한 후 해당 객체의 인스턴스를 생성해 날짜와 시간 정보를 확인할 수 있다. 이 절에서는 각 datetime 클래스의 기능, 구성 및 관련된 속성, 메소드에 대해 살펴본다.

7.1.1 datetime 객체

datetime 객체는 그레고리력을 사용하며 모든 일(day)은 3600x24초다. 생성자는 **class datetime.datetime(year, month, day, hour=0, minute=0, second=0, microsecond=0, tzinfo=None, *, fold=0)**이며 year, month, day 인수들을 설정할 수 있다. tzinfo는 None 또는 tzinfo 서브클래스인 class datetime.tzinfo의 인스턴스다. 나머지 인수는 다음 범위여야 한다.

- MINYEAR <= year <= MAXYEAR
- 1 <= month <= 12
- 1 <= day <= 주어진 달 및 연도에서의 일수(days)
- 0 <= hour < 24
- 0 <= minute < 60
- 0 <= second < 60
- 0 <= microsecond < 1000000
- fold in [0, 1]

datetime 클래스의 **now( )** 클래스 메소드로 now 객체를 생성하여 현재 시간을 살펴본다. 시간대에 대해서는 뒤에서 자세히 다룬다. hour에 +9를 설정하면 한국 시간이 된다.

```
In [2]: from datetime import timezone           In [3]: now = datetime.now(tz=timezone.utc)

In [4]: type(now)
Out[4]: datetime.datetime

In [5]: now
Out[5]: datetime.datetime(2021, 1, 1, 5, 51, 59, 490568, tzinfo=datetime.timezone.utc)
```

datetime 객체 now를 ISO 포맷으로 변환한다.

```
In [6]: now.isoformat()
Out[6]: '2021-01-01T05:51:59.490568+00:00'
```

다음으로 연도, 월, 일, 시 분 등을 각각 확인해본다. 유닉스 시스템에서 사용하는 **POSIX timestamp**는 1970년 1월 1일 이후부터 경과된 시간을 초로 표현한 것이다. **타임스탬프**는 어떤 사건이 일어난 때를 확인하기 위한 날짜 및 시간 정보다.

```
In [7]: print('year =', now.year)
        print('month =', now.month)
        print('day =', now.day)
        print('hour =', now.hour)
        print('minute =', now.minute)
        print('second =', now.second)
        print('microsecond =', now.microsecond)
        print('timestamp =', now.timestamp())

        year = 2021
        month = 1
        day = 1
        hour = 5
        minute = 51
        second = 59
        microsecond = 490568
        timestamp = 1609480319.490568
```

다음 예제의 now1은 **utcnow( )** 클래스 메소드를 적용한 naive datetime 객체다. 시간대를 포함하는 객체는 **aware(어웨어) 객체**, 시간대를 포함하지 않으면 **naive(나이브) 객체**다.

```
In [8]: now1 = datetime.utcnow()

In [9]: now1
Out[9]: datetime.datetime(2021, 1, 1, 6, 22, 11, 213947)
```

유닉스 시간의 시초를 기준 시간의 의미로 **에포크(epoch) 시간**이라고 한다. 이를 이용해 현재까지 경과된 시간을 초로 표시할 수 있으며 이를 타임스탬프라고도 한다. In [11]은 한국 시간이고 In [7]의 타임스탬프는 한국 시간보다 9시간 느린 것을 확인할 수 있다.

```
In [10]: epoch = datetime(1970, 1, 1, 0, 0, 0)      In [11]: (now1 - epoch).total_seconds()
                                                    Out[11]: 1609482131.213947

In [12]: type(now1 - epoch)
Out[12]: datetime.timedelta

In [13]: datetime.fromtimestamp(1604889324.850201)
Out[13]: datetime.datetime(2021, 1, 1, 15, 22, 11, 213947)
```

now1에 timestamp( ) 메소드를 적용하고 fromtimestamp(timestamp) 클래스 메소드를 적용해 현지(local) 날짜를 확인한다.

```
In [14]: timestamp = now1.timestamp()      In [15]: timestamp
                                           Out[15]: 1609449731.213947

In [16]: datetime.fromtimestamp(timestamp)
Out[16]: datetime.datetime(2021, 1, 1, 6, 22, 11, 213947)
```

다음 예제의 fromordinal( ) 클래스 메소드는 서수에서 날짜를 반환한다. fromisoformat( ) 클래스 메소드는 YYYY-MM-DD 형식의 날짜 문자열에서 날짜를 반환한다. 1년 1월 1일이 서수 1이므로 이 날부터 737791일 경과한 날이 2021년 1월 1일이다.

```
In [17]: d = datetime.fromordinal(737791)      In [18]: d
                                               Out[18]: datetime.datetime(2021, 1, 1, 0, 0)

In [19]: date_string = d.isoformat()           In [20]: date_string
                                               Out[20]: '2021-01-01T00:00:00'
```

인스턴스 메소드 datetime.isoformat( )의 연산 결과는 date_string 객체이다. 이 date_string 객체를 클래스 메소드 fromisoformat( )에 전달하면 datetime.date(2021, 1, 1) 객체를 반환한다.

```
In [21]: datetime.fromisoformat(date_string)
Out[21]: datetime.datetime(2021, 1, 1, 0, 0)
```

timetuple( ) 인스턴스 메소드를 적용하면 time.struct_time 클래스를 반환한다.

```
In [22]: d
Out[22]: datetime.datetime(2021, 1, 1, 0, 0)

In [23]: t = d.timetuple()

In [24]: t
Out[24]: time.struct_time(tm_year=2021, tm_mon=1, tm_mday=1, tm_hour=0, tm_min=0, tm_sec=0,
                          tm_wday=4, tm_yday=1, tm_isdst=-1)
```

다음은 구조화된 시간 객체 t를 for in문으로 확인하는 예제다.

```
In [25]: for i in t:
             print(i)

         2021         # year
         1            # month
         1            # day
         0
         0
         0
         4            # weekday (4=Friday)
         1            # 1st day in the year
         -1
```

다음으로 인스턴스 메소드 **strftime(format)**을 적용해본다. date, datetime 그리고 time 객체가 이 메소드를 지원한다. 이 메소드의 인수에 적용하는 날짜와 시간 형식은 다음 예제와 같이 사용한다.

```
In [26]: d.strftime('%d/%m/%y')
Out[26]: '01/01/21'

In [27]: d.strftime('%A %d, %B %Y')
Out[27]: 'Friday 01, January 2021'

In [28]: d.strftime('%Y-%m-%d %H:%M:%S')
Out[28]: '2021-01-01 00:00:00'
```

다음은 **strftime( )** 메소드에 적용할 수 있는 날짜 및 시간 형식이다.

포맷	설명	예시
%w	0이 Sunday, 6이 Saturday인 십진수 요일	0, 1, ..., 6
%d	0을 덧붙인 십진수 일	01, 02, ..., 31
%m	0을 덧붙인 십진수 월	01, 02, ..., 12
%y	0을 덧붙인 세기(century)가 없는 십진수 연도	00, 01, ..., 99
%Y	0을 덧붙인 세기가 있는 십진수 연도	0001, ..., 2020, 2021, ..., 9999
%H	0을 덧붙인 십진수 시(24시간제)	00, 01, ..., 23
%I	0을 덧붙인 십진수 시(12시간제)	01, 02, ..., 12
%M	0을 덧붙인 십진수 분	00, 01, ..., 59
%S	0을 덧붙인 십진수 초	00, 01, ..., 59
%f	0을 왼쪽에 덧붙인 십진수 마이크로초	000000, 000001, ..., 999999
%z	±HHMM[SS[.ffffff]] 형식인 UTC 오프셋(naive 객체이면 빈 문자열)	(empty), +0000, -0400, +1030, +063415, -030712.345216
%Z	시간대 이름(naive 객체이면 빈 문자열)	(empty), UTC, EST, CST
%j	0을 덧붙인 십진수 연도의 일수	001, 002, ..., 366
%U	0을 덧붙인 십진수 연도의 주 수(주의 첫 번째 일은 일요일). 첫 번째 일요일 앞에 있는 모든 일은 0주에 있는 것으로 간주	00, 01, ..., 53
%W	0을 덧붙인 십진수의 연도의 주 수(주의 첫 번째 일은 월요일). 첫 번째 월요일 앞에 있는 모든 일은 0주에 있는 것으로 간주	00, 01, ..., 53
%%	리터럴 % 문자	%

[표 7-2] strftime( ) 메소드에 적용할 수 있는 날짜 및 시간 형식

로케일(locale) 은 각국 환경에 맞게 사용하는 옵션을 뜻하며 적용할 수 있는 형식은 다음 표와 같다.

로케일 형식	의미	예시
%a	각국에서 사용하는 축약된 요일 이름	Sun, Mon, ..., Sat (en_US); So, Mo, ..., Sa (de_DE)
%A	각국에서 사용하는 온전한 요일 이름	Sunday, ..., Saturday (en_US); Sonntag, ..., Samstag (de_DE)
%b	각국에서 사용하는 축약된 월 이름	Jan, Feb, ..., Dec (en_US); Jan, Feb, ..., Dez (de_DE)
%B	각국에서 사용하는 온전한 월 이름	January, ..., December (en_US); Januar, ..., Dezember (de_DE)
%p	각국에서 사용하는 AM 또는 PM	AM, PM (en_US); am, pm (de_DE)

로케일 형식	의미	예시
%c	각국에서 사용하는 고유한 날짜 및 시간 표현	Tue Aug 16 21:30:00 2020 (en_US); Di 16 Aug 21:30:00 2020 (de_DE)
%x	각국에서 사용하는 고유한 날짜 표현	08/16/20 (None); 08/16/2020 (en_US); 16.08.2020 (de_DE)
%X	각국에서 사용하는 고유한 시간 표현	21:30:00 (en_US); 21:30:00 (de_DE)

[표 7-3] 로케일 형식

7.1.2 시간대 객체

시간대 객체는 tzinfo 객체와 timezone 객체로 구분하여 설명한다.

tzinfo 객체

tzinfo 객체는 시간대와 UTC 오프셋을 결정한다. datetime 클래스와 datetime 모듈의 여러 메소드는 시간대 정보를 나타내기 위해 tzinfo 객체를 적용한다. tzinfo 객체에서 추상(abstract) 클래스인 class datetime.tzinfo는 직접 인스턴싱을 할 수 없다. 따라서 구체적인 서브클래스인 구상 클래스(concrete subclass)를 적용해야 한다. 구상 클래스는 추상 클래스의 반대 개념으로써 상속된 메소드들을 실행하도록 한다.

시간대는 일반적으로 천문 관찰로 측정하며 측정 방법에 따라 **GMT, UT1 TAI, UTC**로 나눈다. 이 중 표준 시간 **UTC**는 컴퓨팅에서 많이 사용하며 지리학적으로 어디에 위치하는지 관계없는 글로벌 시간(또는 universal time)이다. UTC의 모든 시간대는 UTC로부터 어떤 수의 시와 분으로 이루어진 고정된 오프셋으로 표현한다. 이것이 UTC 오프셋이다. 따라서 UTC 시간을 알면 어떤 시간대에 대한 현지 시간을 구할 수 있다.

다음은 대표적 표준 시간대인 GMT, UT1, TAI, UTC 시간대 관련 용어를 정리한 표다.

표준 시간대 및 용어	내용
GMT	Greenwich Mean Time의 약어. 영국 왕립 천문대에서 측정한 평균 태양 시간이다. UTC와는 오프셋 없이 UTC+0으로 표기한다. 한국 시간은 GMT보다 9시간 빠른 GMT+9이다.
UT1	Universal Time 1의 약어. 멀리 떨어진 별인 퀘이사들에 대한 지구의 회전 각을 이용해 측정한 시간이다. GMT를 대체하지만 달의 중력, 조수, 지진으로 인한 쟁점이 있다.

표준 시간대 및 용어	내용
TAI	International Atomic Time의 약어. 지구상 여러 연구소에 있는 원자 시계들로 시간을 측정한다. 가장 정확도가 높다.
UTC	Coordinated Universal Time의 약어. GMT를 대체하여 TAI로 측정된 초를 사용하며 UT1과 TAI 중 선택하여 적용하기도 한다.
DST	Daylight Savings Time의 약어. 일광 절약 시간이라고도 한다. 봄이나 가을철에 일시적으로 시행하는 시간이며 UTC 오프셋과 간격이 영구적으로 일정하지 않다.
POSIX	Portable Operating System Interface for Unix의 약어. Unix time, Epoch time, seconds since the Epoch 또는 UNIX Epoch time이라고도 한다. 시간에서 어떤 지점을 측정하는 시스템으로 Unix epoch인 1970년 1월 1일을 00:00:00 UTC로 하여 경과된 시간을 초로 표현한다.
Olson Database	IANA time zone database, tzdata 또는 zoneinfo database라고도 하며 컴퓨터 프로그램 및 운영 체제에서 많이 사용한다. 모든 시간대 전환을 다루기 위해 인코딩하는 것이 어렵기 때문에 지역에 따른 시간대 변화를 설명하는 데 사용한다. 파이썬에서는 datautil.tz를 이용해 구현할 수 있다.

[표 7-4] 표준 시간대 종류

timezone 객체

datetime.timezone 클래스는 tzinfo의 서브클래스다. 이 클래스의 인스턴스는 UTC에서 고정된 오프셋에 의해 정의된 시간대를 나타낸다. datetime.timezone(offset, name=None) 클래스에서 offset 인수는 현지 시간과 UTC 간 차이를 나타내는 timedelta 객체로 명시해야 한다. name 인수는 옵션으로써 datetime.tzname( ) 메소드에 의해 반환된 값으로 사용할 문자열이다. tzname( ) 메소드는 datetime 객체와 관련된 시간대 이름을 반환한다.

7.1.3 timedelta 클래스

timedelta 객체는 2개의 날짜 또는 시간 사이의 차이인 기간을 나타내고 이러한 기간으로 어떤 특정 날짜 또는 시간을 예측할 수 있다. 생성자는 datetime.timedelta(days=0, seconds=0, microseconds=0, milliseconds=0, minutes=0, hours=0, weeks=0) 클래스다. datetime.timedelta 클래스의 모든 인수는 옵션이고 기본값은 0이다. 인수들은 정수나 실수 또는 양수이거나 음수일 수 있으며 다음처럼 마이크로초, 초, 일로 변환된다.

- 1밀리초(millisecond)는 1,000마이크로초(microseconds)로 변환된다.
- 1분(minute)은 60초(seconds)로 변환된다.
- 1시간(hour)은 3,600초(seconds)로 변환된다.
- 1주(week)는 7일(days)로 변환된다.

마이크로초, 초, 일은 다음과 같이 사용하며 유일한 표현으로 사용하도록 정규화된다.

- 0 <= microseconds < 1000000
- 0 <= seconds < 3600*24(1일의 초 수)
- -999999999 <= days <= 999999999

timedelta 객체를 실행하기 위해 먼저 datetime 모듈에서 timedelta 클래스를 임포트한다. 이 객체를 실행하면 timedelta는 기간을 나타낸다.

```
In [29]: from datetime import timedelta

In [30]: timedelta(days=100, hours=12, minutes=6)
Out[30]: datetime.timedelta(days=100, seconds=43560)
```

다음으로 클래스 속성인 min, max, resolution을 적용해 각 인수의 최댓값, 최솟값 그리고 기본 분해 단위를 알아본다.

```
In [31]: timedelta.max
Out[31]: datetime.timedelta(days=999999999, seconds=86399, microseconds=999999)

In [32]: timedelta.min
Out[32]: datetime.timedelta(days=-999999999)

In [33]: timedelta.resolution
Out[33]: datetime.timedelta(microseconds=1)
```

timedelta 생성자로 현재 시간 그리고 현재 시간에서 2년 2시간이 경과한 날짜와 시간을 구해본다.

```
In [34]: now = datetime.now()

In [35]: now
Out[35]: datetime.datetime(2021, 1, 1, 17, 45, 35, 420722)

In [36]: dt_after_2yrs_2hrs = now + timedelta(days=730, hours=2)

In [37]: dt_after_2yrs_2hrs
Out[37]: datetime.timedelta(2023, 1, 1, 19, 45, 35, 420722)
```

timedelta 생성자를 이용해 경과 시간을 초로 변환할 수 있다.

```
In [38]: timedelta(days=365, hours=2, minutes=6).total_seconds()
Out[38]: 31543560.0
```

7.1.4 Olson tz 데이터베이스

datetime 클래스는 시간대 객체를 적용할 수 있는 **tzinfo** 속성을 가진다. datetime 객체에 None으로 설정된 tzinfo 속성이 포함되면 naive datetime, 어떤 시간대 객체로 설정된 tzinfo 속성이 포함되면 aware datetime이라고 한다. datetime 모듈은 시간대와 관련해 timezone 클래스만 제공한다. 이 클래스의 객체들은 UTC에서 고정된 오프셋을 나타내므로 시간대 정보를 가지고 있지 않다는 취약점이 있다.

이 문제를 해결하려면 **pytz 패키지**를 임포트한다. 이 패키지는 파이썬에서 IANA 데이터베이스를 실행하도록 한다. pytz 패키지는 timezone( ) 함수를 포함하는데 timezone( ) 함수는 시간대 이름, UTC 오프셋, DST 오프셋 등과 같은 모든 관련 정보를 가지는 tzinfo 객체들을 구성할 수 있다. 따라서 이 기능을 사용하기 위해 pytz 라이브러리를 다음과 같이 임포트한다.

```
In [39]: import pytz
         from pytz import timezone
```

파이썬 pytz 라이브러리의 **all_timezones** 속성을 적용해 모든 시간대 문자열 리스트를 구하고 리스트에서 서울을 확인한다.

```
In [40]: pytz.all_timezones
Out[40]: ['Africa/Abidjan', …, 'Asia/Seoul', …, 'Zulu']
```

UTC 시간대를 확인하고 이름 Asia/Seoul을 입력해 시간대 객체를 확인한다.

```
In [41]: utc = pytz.utc

In [42]: utc.zone                    In [43]: type(utc)
Out[42]: 'UTC'                       Out[43]: pytz.UTC

In [44]: seoul_tz = timezone('Asia/Seoul')
```

```
In [45]: seoul_tz.zone              In [46]: type(seoul_tz)
Out[45]: 'Asia/Seoul'               Out[46]: pytz.tzfile.Asia/Seoul
```

datetime 클래스의 **now( )** 메소드를 적용해 UTC 시간과 한국 시간을 구한다. 만약 In [47]을 한국과 미국에서 동시에 실행하면 그 값이 다른데 이것은 컴퓨터가 **올슨 데이터베이스(Olson database)**를 참조하기 때문이다. 따라서 한국 시간을 명확히 설정하려면 In [49]와 같이 입력한다.

```
In [47]: datetime.now()
Out[47]: datetime.datetime(2021, 1, 1, 17, 55, 45, 804903)

In [48]: datetime.now(tz=utc)
Out[48]: datetime.datetime(2021, 1, 1, 8, 59, 51, 853753, tzinfo=<UTC>)

In [49]: datetime.now(tz=seoul_tz)
Out[49]: datetime.datetime(2021, 1, 1, 18, 1, 57, 794515, tzinfo=<DstTzinfo 'Asia/Seoul'
                           KST+9:00:00 STD>)
```

한국 시간을 생성하기 위해 **localize( )** 클래스 메소드를 사용한다. 이 메소드는 datetime 클래스의 메소드 또는 pytz 라이브러리에서 제공하는 메소드다. 예제에서는 pytz 라이브러리에서 제공하는 메소드가 적용된다.

```
In [50]: seoul_tz.localize(datetime.now())
Out[50]: datetime.datetime(2021, 1, 1, 18, 4, 1, 952715, tzinfo=<DstTzInfo 'Asia/Seoul'
                           KST+9:00:00 STD>)
```

다음은 datetime 클래스의 **astimezone( )** 메소드를 이용해 뉴욕 현지 시간을 한국 시간으로 변경하는 예제다.

```
In [51]: New_York = timezone('America/New_York')
         Seoul = timezone('Asia/Seoul')

In [52]: newyork_dt = datetime.now(New_York)

In [53]: newyork_dt
Out[53]: datetime.datetime(2021, 1, 1, 4, 7, 7, 437702, tzinfo=<DstTzInfo 'America/New_York'
                           EST-1 day, 19:00:00 STD>)
```

```
In [54]: seoul_dt = newyork_dt.astimezone(Seoul)

In [55]: seoul_dt
Out[55]: datetime.datetime(2021, 1, 1, 18, 7, 7, 437702, tzinfo=<DstTzInfo 'Asia/Seoul'
                KST+9:00:00 STD>)
```

현지 시간으로 변경할 때는 기준이 되는 표준 시간인 UTC 시간을 구한 후 현지 시간으로 변경하는 것을 권한다.

```
In [56]: dtu = datetime(2021, 9, 24, 6, 30, tzinfo=utc)

In [57]: dts = dtu.astimezone(Seoul)              In [58]: fmt = '%Y-%m-%d %H:%M:%S %Z%z'

In [59]: dts.strftime(fmt)
Out[59]: '2021-09-24 15:30:00 KST+0900'
```

7.2 판다스 시계열 기초

이 절에서는 판다스를 이용해 시계열 데이터를 분석하는 방법을 설명한다. 인공지능에서 시계열 데이터를 분석하면 과거의 패턴을 통해 미래를 예측하거나 계획을 세울 수 있다.

7.2.1 판다스의 시계열 지원

판다스는 모든 도메인에서 시계열 데이터를 다루기 위한 기능과 특징을 포함하며 다음과 같은 기능들을 지원한다. 첫째, 다양한 자료와 형식에서 시계열 정보를 파싱할 수 있다. 다음 예제에서 **to_datetime( )** 함수의 첫 번째 인수인 1/1/2021 형식은 두 번째 인수인 np.datetime64( )와 세 번째 인수인 datetime( ) 메소드의 인수 형식으로도 사용할 수 있다.

```
In [60]: dti = pd.to_datetime(['1/1/2021', np.datetime64('2021-01-02'), datetime(2021, 1, 3)])

In [61]: dti
Out[61]: DatetimeIndex(['2021-01-01', '2021-01-02', '2021-01-03'], dtype='datetime64[ns]', freq=None)
```

둘째, 날짜와 시간 구간에서 **freq 인수**를 이용해 고정된 도수(frequency)로 시퀀스를 생성할 수 있다. 다음은 2021-01-01 0시부터 2시까지의 시간을 연속된 3개 구간으로 나타내는 예제다.

```
In [62]: dti1 = pd.date_range('2021-01-01', periods=3, freq='H')

In [63]: dti1
Out[63]: DatetimeIndex(['2021-01-01 00:00:00', '2021-01-01 01:00:00', '2021-01-01 02:00:00],
               dtype='datetime64[ns]', freq='H')
```

셋째, **시간대 정보**를 이용해 날짜와 시간을 관리하고 변경할 수 있다. 다음은 dti1의 시간대를 UTC로 변환한 dti2를 US/Pacific 시간대로 변경하는 과정이다.

```
In [64]: dti2 = dti1.tz_localize('UTC')

In [65]: type(dti1), type(dti2)
Out[65]: (pandas.core.indexes.datetime.DatetimeIndex,
          pandas.core.indexes.datetime.DatetimeIndex)

In [66]: dti2
Out[66]: DatetimeIndex(['2021-01-01 00:00:00+00:00', '2021-01-01 01:00:00+00:00',
                        '2021-01-01 02:00:00+00:00'], dtype='datetime64[ns, UTC]', freq='H')

In [67]: dti2.tz_convert('US/Pacific')
Out[67]: DatetimeIndex(['2020-12-31 16:00:00-08:00', '2020-12-31 17:00:00-08:00',
                        '2020-12-31 18:00:00-08:00'], dtype='datetime64[ns, US/Pacific]', freq='H')
```

넷째, 하나의 시간대부터 또 다른 시간대까지 시간대 어웨어 datetime 배열/인덱스를 변환할 수 있다.

다섯째, 시계열을 특정 도수로 리샘플링하거나 변환할 수 있다. 다음 예제에서는 시계열 객체 ser을 생성하고 2시간마다 평균치를 갖도록 리샘플링한다.

```
In [68]: ind = pd.date_range('2021-01-01', periods=5, freq='H')

In [69]: ser = pd.Series(range(len(ind)), index=ind)

In [70]: ser
Out[70]: 2021-01-01 00:00:00    0
         2021-01-01 01:00:00    1
         2021-01-01 02:00:00    2
         2021-01-01 03:00:00    3
         2021-01-01 04:00:00    4
         Freq: H, dtype: int64
```

```
In [71]: ser.resample('2H').mean()
Out[71]: 2021-01-01 00:00:00    0.5
         2021-01-01 02:00:00    2.5
         2021-01-01 04:00:00    4.0
         Freq: 2H, dtype: float64
```

여섯째, 절대적인 시간 ts를 상대적인 ts1의 시간 간격으로 변경하는 날짜와 시간 연산을 수행한다.

```
In [72]: ts = pd.Timestamp('2021-07-03')          In [73]: ts.day_name()
                                                  Out[73]: 'Saturday'

In [74]: ts1 = ts + pd.Timedelta('1 day')         In [75]: ts1.day_name()
                                                  Out[75]: 'Sunday'
```

7.2.2 판다스의 datetime 객체

판다스는 시계열 데이터를 분석할 수 있도록 datetime 내장 객체들을 포함한다. 이 객체들은 다음 4가지 개념을 나타낸다.

- **Date times**: 시간대를 지원하는 특정 날짜 및 시간
- **Time deltas**: 절대 시간 구간
- **Time spans**: 시간으로 정의한 기간 및 관련된 도수
- **Date offsets**: 달력 연산을 할 수 있는 상대적인 시간 구간

4가지 개념을 요약하면 다음 표와 같다.

개념	스칼라 클래스	배열 클래스	데이터 타입	주 생성 메소드
Date times	Timestamp	DatetimeIndex	datetime64[ns] 또는 datetime64[ns, tz]	to_datetime 또는 date_range
Time deltas	Timedelta	TimedeltaIndex	timedelta64[ns]	to_timedelta 또는 timedelta_range
Time spans	Period	PeriodIndex	period[freq]	Period 또는 period_range
Date offsets	DateOffset	None	None	DateOffset

[표 7-5] datetime 내장 객체의 개념

시리즈 또는 데이터프레임 인덱스에 시간 요소를 적용할 수 있다.

```
In [76]: pd.Series(range(3), index=pd.date_range('2021', freq='D', periods=3))
Out[76]: 2021-01-01    0
         2021-01-02    1
         2021-01-03    2
         Freq: D, dtype: int64
```

시리즈와 데이터프레임은 다음과 같이 시간 요소를 인수로 취할 수 있다.

```
In [77]: pd.Series(pd.date_range('2021', freq='D', periods=3))
Out[77]: 0   2021-01-01
         1   2021-01-02
         2   2021-01-03
         dtype: datetime64[ns]
```

시리즈와 데이터프레임은 **period_range( )**와 **date_range( )** 생성자를 인수로 취할 수 있다. 따라서 datetime, timedelta, period 같은 데이터 타입이 될 수 있으며 이 타입들이 가진 기능을 사용할 수 있다.

```
In [78]: pd.Series(pd.period_range('1/1/2021', freq='M', periods=3))
Out[78]: 0   2021-01
         1   2021-02
         2   2021-03
         dtype: period[M]

In [79]: pd.Series(pd.date_range('1/1/2021', freq='M', periods=3))
Out[79]: 0   2021-01-31
         1   2021-02-28
         2   2021-03-31
         dtype: datetime64[ns]
```

7.2.3 시계열 인덱싱

시계열에서는 3가지 Index 객체인 **DatetimeIndex**, **TimedeltaIndex**, **PeriodIndex**를 사용한다. 다음으로 이 Index 객체들을 살펴보고 시계열을 인덱싱하는 방법을 설명한다.

DatetimeIndex 객체

DatetimeIndex 객체를 사용하면 날짜와 시간을 반환한다. 날짜를 나타내는 문자열을 이용해 DatetimeIndex 객체를 슬라이싱할 수 있다. 이 객체는 데이터프레임이나 시리즈의 많은 메소드를 사용해 시계열 데이터를 분석할 수 있다. DatetimeIndex 객체의 데이터 타입인 datetime64[ns]는 데이터를 나노초 단위 64비트 정수로 저장한다. 이 객체의 내부 요소는 numpy.datetime64 데이터, 즉 불변 ndarray로써 동적 할당을 할 수 없다.

다음은 DatetimeIndex 객체 dti를 생성하고 **normalize( )** 메소드를 사용하여 dti를 정규화하는 예제다. normalize( ) 메소드는 시간을 자정(midnight), 즉 00:00:00으로 변환한다. 예제에 적용한 date_range( ) 메소드는 3절에서 다룬다.

```
In [80]: dti = pd.date_range(start='2021-01-01 10:00', freq='H', periods=3)

In [81]: dti
Out[81]: DatetimeIndex(['2021-01-01 10:00:00', '2021-01-01 11:00:00', '2021-01-01 12:00:00'],
                dtype='datetime64[ns]', freq='H')

In [82]: dti.normalize()
Out[82]: DatetimeIndex(['2021-01-01', '2021-01-01', '2021-01-01'], dtype='datetime64[ns], freq=None)
```

TimedeltaIndex 객체

클래스 **TimedeltaIndex**는 내부 요소가 int64이고 데이터 타입이 timedelta64이고 불변 ndarray인 timedelta 객체들이다. Timedelta는 일(days), 시(hours), 분(minutes), 초(seconds)와 같은 단위를 이용해 +나 −로 표현한 시간 차이 또는 기간을 의미한다. Timedelta는 datetime. timedelta의 서브클래스고 np.timedelta64 타입과 호환된다. 다음은 TimedeltaIndex 객체를 생성하는 예제다.

```
In [83]: ti = pd.TimedeltaIndex(data=['1 days 01:00:05'], freq='D', name='KTX')
         ti
Out[83]: TimedeltaIndex(['1 days 01:00:05'], dtype='timedelta64[ns]', name='KTX', freq='D')
```

PeriodIndex 객체

PeriodIndex 클래스는 특별한 분기, 월, 년 등과 같이 시간으로 된 규칙적 도수를 나타내는 서수(ordinal) 값을 갖는 불변 ndarray다. 다음은 2021년을 1개월 간격으로 구성하는 PeriodIndex 객체를 생성하는 예제다.

```
In [84]: pi = pd.period_range('1/1/2021', '12/31/2021', freq='M')

In [85]: pi
Out[85]: PeriodIndex(['2021-01', '2021-02', '2021-03', '2021-04', '2021-05', '2021-06', '2021-07',
                      '2021-08', '2021-09', '2021-10', '2021-11', '2021-12'], dtype='period[M]',
                     freq='M')
```

시계열 인덱싱

DatetimeIndex 객체는 일반적인 Index 객체의 모든 기능을 포함하며 시계열에서 도수를 쉽게 처리할 수 있다. 또한 선택, 슬라이싱 등의 기능을 제공한다. 이 객체의 기능을 다음 예제를 통해 확인해본다. 예제의 BM은 **월 영업 마감일(business month end)**이다.

```
In [86]: ind = pd.date_range('1/1/2021', '12/31/2021', freq='BM')

In [87]: ind
Out[87]: DatetimeIndex(['2021-01-29', '2021-02-26', '2021-03-31', . . . , '2021-11-30', '2021-12-31'],
                       dtype='datetime64[ns]', freq='BM')

In [88]: ser = pd.Series(np.random.randn(len(ind)), index=ind)

In [89]: ser[:2]
Out[89]: 2021-01-29    1.012061
         2020-02-26   -0.127479
         Freq: BM, dtype: float64

In [90]: ser[:2].index
Out[90]: DatetimeIndex(['2021-01-29', '2021-02-26'], dtype='datetime64[ns]', freq='BM')
```

부분 문자열 인덱싱

날짜와 문자열을 매개 변수로 전달해 시계열에서 부분 문자열 인덱싱을 할 수 있다.

```
In [91]: ser['1/29/2021']
Out[91]: -2.542659051042557


In [92]: ser[datetime(2021, 11, 15):]      In [93]: ser['10/31/2021':'12/31/2021']
Out[92]: 2021-11-30    -2.117056          Out[93]: 2021-11-30    -2.117056
         2021-12-31    -0.269941                   2021-12-31    -0.269941
         Freq: BM, dtype: float64                  Freq: BM, dtype: float64
```

연도 또는 월을 매개 변수로 전달하여 편리하게 인덱싱할 수 있다.

```
In [94]: ser['2021']
Out[94]: 2021-01-29    -2.542659
         2021-02-26     1.161073
         2021-03-31    -0.858566
         2021-04-30    -1.086874
         2021-05-31    -1.090506
         2021-06-30    -0.725449
         2021-07-30    -1.144798
         2021-08-31    -0.551205
         2021-09-30    -0.017680
         2021-10-29    -0.689995
         2021-11-30    -2.117056
         2021-12-31    -0.269941
         Freq: BM, dtype: float64

In [95]: ser['2021-7']
Out[95]: 2021-07-30    -1.144798
         Freq: BM, dtype: float64
```

다음은 데이터프레임에서 부분 문자열을 인덱싱하는 예제다.

```
In [96]: df = pd.DataFrame(np.random.randn(100000), columns=['Val'],
                           index=pd.date_range('20210101', periods=100000, freq='T'))

In [97]: df
```

Out[97]:

	Val
2021-01-01 00:00:00	0.858382
2021-01-01 00:01:00	
(중략)	
2021-03-11 10:39:00	0.542464

100000 rows × 1 columns

다음은 월 단위로 시작하고 2월 마지막 일로 끝나는 시간 간격을 매개 변수로 전달해 인덱싱하는 예제다.

```
In [98]: df['2021-1':'2021-2-28']
```
Out[98]:

	Val
2021-01-01 00:00:00	-0.788388
2021-01-01 00:01:00	-1.011305
(중략)	
2021-02-28 23:59:00	2.799149

84960 rows × 1 columns

다음과 같이 datetime 객체로 인덱싱할 수도 있다.

```
In [99]: df[datetime(2021, 1, 1):datetime(2021, 1, 15)]
```
Out[99]:

	Val
2021-01-01 00:00:00	-0.788388
2021-01-01 00:01:00	-1.011305
(중략)	
2021-01-15 00:00:00	0.890301

20161 rows × 1 columns

슬라이싱과 고급 인덱싱

시계열 데이터를 자르는 truncate( ) 함수는 요소의 범위를 잘라서 반환한다는 점에서 슬라이싱과 유사하게 사용할 수 있다. 다음 예제를 통해 살펴본다.

```
In [100]: ind = pd.date_range('2021-1-1', '2023-01-01', freq='W')

In [101]: ind
Out[101]: DatetimeIndex(['2021-01-03', '2021-01-10', '2021-01-17', ...., '2023-01-01'],
                        dtype='datetime64[ns]', length=105, freq='W-SUN')

In [102]: ser = pd.Series(np.random.randn(len(ind)), index=ind)

In [103]: ser.truncate(before='2022-10-10', after='2022-10-24')
Out[103]: 2022-10-16    -1.150318
          2021-10-23     1.885766
          Freq: W-SUN, dtype: float64
```

ser 객체에 고급 인덱싱을 실행하면 다음과 같이 DatetimeIndex 객체가 되고 도수를 잃는다.

```
In [104]: ser[[0, 2, 5]].index
Out[104]: DatetimeIndex(['2021-01-03, '2021-01-17', '2021-02-07'], dtype='datetime64[ns]',
                        freq=None)
```

7.2.4 리샘플링

리샘플링(resampling)이란 시계열 관찰치에서 도수를 변경하는 것이다. 리샘플링 방법에는 분을 초로 변경하는 등 샘플들의 도수를 증가시키는 업샘플링과 일을 월로 변경하는 등 샘플들의 도수를 감소시키는 다운샘플링이 있다. 이때 시간 기반 groupby 객체의 resample( ) 메소드를 사용해 리샘플링을 실행한다.

resample 메소드 적용

resample( ) 메소드는 시계열 도수 변환과 리샘플링 연산을 수행하기 위해 여러 매개 변수를 사용할 수 있는 매우 유연한 메소드다. 다음은 시계열 데이터를 3초 단위로 리샘플링해 합계를 연산하는 예제다.

```
In [105]: ind = pd.date_range('7/1/2021', periods=20, freq='S')

In [106]: ser = pd.Series(np.random.randint(0, 50, len(ind)), index=ind)

In [107]: ser
Out[107]: 2021-07-01 00:00:00     6
          2021-07-01 00:00:01    21
          2021-07-01 00:00:02    23
          2021-07-01 00:00:03    17
          2021-07-01 00:00:04    17
          2021-07-01 00:00:05    30
             (중략)
          2021-07-01 00:00:19     0
          Freq: S, dtype: int32

In [108]: ser.resample('3S').sum()
Out[108]: 2021-07-01 00:00:00    50
          2021-07-01 00:00:03    64
             (중략)
          2021-07-01 00:00:18    46
          Freq: 3S, dtype: int32
```

다운샘플링에서 구간의 오른쪽 또는 왼쪽을 포함하는지 명시하기 위해 closed 인수를 left 또는 right로 설정할 수 있다. left이면 왼쪽을 포함하므로 인덱스 2021-07-01 00:00:00의 값은 이 인덱스를 포함하여 차례대로 5개 인덱스를 평균한 값이다. right이면 오른쪽을 포함하므로 6월 30일 23:59:55가 인덱스 2021-07-01 00:00:00의 값이 되고 인덱스 2021-07-01 00:00:00의 값은 이 2021-07-01 00:00:05 인덱스부터 차례대로 5개 인덱스를 평균한 값이다.

```
In [109]: ser.resample('5S', closed='right').mean()
Out[109]: 2021-06-30 23:59:55     6.00
          2021-07-01 00:00:00    21.60
          2021-07-01 00:00:05    22.60
          2021-07-01 00:00:10    16.00
          2021-07-01 00:00:15    26.25
          Freq: 5S, dtype: float64

In [110]: ser.resample('5S', closed='left').mean()
Out[110]: 2021-07-01 00:00:00    16.8
```

```
2021-07-01 00:00:05    26.6
2021-07-01 00:00:10    10.8
2021-07-01 00:00:15    28.2
Freq: 5S, dtype: float64
```

금융 분야에서는 시계열 데이터를 이용해 흔히 시가(open), 고가(high), 저가(low) 그리고 종가(close) 4가지 값을 계산하는데 ohlc( ) 함수를 이용하면 이 4가지 값을 계산할 수 있다. **Series.resample( )** 메소드를 실행하면 Resampler 객체를 얻는데 이 객체는 ohlc( ) 함수를 포함한다. 이 함수는 **pandas.core.resample.Resampler.ohlc**로 표기하기도 한다.

```
In [111]: ser.resample('5S').ohlc()
Out[111]:
```

	open	high	low	close
2021-07-01 00:00:00	6	23	6	17
2021-07-01 00:00:05	30	43	11	33
2021-07-01 00:00:10	10	25	0	5
2021-07-01 00:00:15	36	46	0	

다음은 초를 250밀리초로 업샘플링하는 방법과 함께 손실 값을 보간할 limit 매개 변수에 대해 알아본다. In [113]에서 **ffill( )**에 limit=2 인수를 전달하면 값 20.0을 다음 2개 행에 채운다.

```
In [112]: ser[:2].resample('250L').asfreq()
Out[112]: 2021-07-01 00:00:00.000    20.0
          2021-07-01 00:00:00.250     NaN
          2021-07-01 00:00:00.500     NaN
          2021-07-01 00:00:00.750     NaN
          2021-07-01 00:00:00.000    11.0
          Freq: 250L, dtype: float64

In [113]: ser[:2].resample('250L').ffill(limit=2)
Out[113]: 2021-07-01 00:00:00.000    20.0
          2021-07-01 00:00:00.250    20.0
          2021-07-01 00:00:00.500    20.0
          2021-07-01 00:00:00.750     NaN
          2021-07-01 00:00:00.000    11.0
          Freq: 250L, dtype: float64
```

데이터프레임 리샘플링과 종합 연산

데이터를 리샘플링할 때 사용한 함수는 모든 열에 적용되는 것이 기본이다. 다음 예제에서 사용한 **Resampler.mean(serlf, _method='mean', *args, **kwargs)** 함수는 손실 값들을 제외하고 그룹들의 평균을 계산한다. 이 함수를 실행하면 데이터프레임을 반환한다.

```
In [114]: ind = pd.date_range('7/1/2021', freq='S', periods=700)

In [115]: df = pd.DataFrame(np.random.randn(700, 3), index=ind, columns=['A', 'B', 'C'])

In [116]: rs = df.resample('3T')

In [117]: type(rs)
Out[117]: pandas.core.resample.DatetimeIndexResampler

In [118]: rs.mean()
Out[118]:
```

	A	B	C
2021-07-01 00:00:00	0.135762	-0.013235	0.015994
2021-07-01 00:03:00	-0.062450	-0.057942	0.090021
2021-07-01 00:06:00	-0.073043	-0.028814	-0.029816
2021-07-01 00:09:00	-0.004890	-0.001085	0.058062

시계열에서 특정 열만 선택해 평균값을 구할 수도 있다. 다음 예제와 같이 A열 하나만 선택해 연산한 결과는 시리즈형이다.

```
In [119]: rs['A'].mean()
Out[119]: 2021-07-01 00:00:00    0.135762
          2021-07-01 00:03:00   -0.062450
          2021-07-01 00:06:00   -0.073043
          2021-07-01 00:09:00   -0.004890
          Freq: 3T, Name: A, dtype: float64

In [120]: rs[['A', 'B']].mean()
Out[120]:
```

	A	B
2021-07-01 00:00:00	0.135762	-0.013235
2021-07-01 00:03:00	-0.062450	-0.057942
2021-07-01 00:06:00	-0.073043	-0.028814
2021-07-01 00:09:00	-0.004890	-0.001085

함수들로 이루어진 리스트나 딕셔너리를 전달해 집계 연산을 수행할 수 있으며 결과로 데이터프레임을 반환한다. 다음 예제에서 rs['A']의 타입은 pandas.core.groupby.generic.SeriesGroupBy이고 여기에 agg 연산을 수행하면 특정 축에 하나 이상의 집계 연산을 수행하는 것이다.

```
In [121]: rs['A'].agg([np.sum, np.mean, np.std])
Out[121]:
```

	sum	mean	std
2021-07-01 00:00:00	24.437136	0.135762	1.100086
2021-07-01 00:03:00	-11.240982	-0.062450	1.011417
2021-07-01 00:06:00	-13.147692	-0.073043	0.974814
2021-07-01 00:09:00	-0.782411	-0.004890	1.014522

리샘플링한 데이터프레임의 각 열에 적용할 함수 리스트를 전달하면 멀티인덱스가 있는 집계 연산 결과가 나타난다. 다음 예제에서 B, C열도 A열과 값만 다를 뿐 같은 방식으로 생성된다.

```
In [122]: rs.agg([np.sum, np.mean])
Out[122]:
```

	A		B		C	
	sum	mean	sum	mean	sum	mean
2021-07-01 00:00:00	24.437136	0.135762				
2021-07-01 00:03:00	-11.240982	-0.062450		(생략)		
2021-07-01 00:06:00	-13.147692	-0.073043				
2021-07-01 00:09:00	-0.782411	-0.004890				

데이터프레임에 딕셔너리를 전달하면 각 열에 여러 집계 연산을 적용할 수 있다.

```
In [123]: rs.agg({'A': np.sum, 'B': lambda x: np.std(x, ddof=1)})
Out[123]:
```

	A	B
2021-07-01 00:00:00	24.437136	1.039124
2021-07-01 00:03:00	-11.240982	0.982343
2021-07-01 00:06:00	-13.147692	1.055920
2021-07-01 00:09:00	-0.782411	0.959327

Resampler 객체로 그룹화하고 반복

Resampler 객체를 이용해 데이터를 그룹화하고 반복을 실행할 수 있다. 다음 예제에서 데이터가 시간, 즉 H를 기준으로 리샘플링된 것을 확인할 수 있다.

```
In [124]: ser = pd.Series(range(6), pd.to_datetime(['2021-07-01 00:00:00', '2021-07-01 00:20:00',
                                                    '2021-07-01 00:30:00', '2021-07-01 01:00:00',
                                                    '2021-07-01 02:00:00', '2021-07-01 02:10:00']))

In [125]: resampled = ser.resample('H')

In [126]: resampled
Out[126]: <pandas.core.resample.DatetimeIndexResampler object at 0x000001C6998EA748>
```

resampled 객체를 for in문을 이용해 시간 단위인 H를 기준으로 그룹화하여 출력한다.

```
In [127]: i=0
          for name, group in resampled:
              i=i+1
              print("Group", i, ":", name)
              print("-" * 29)
              print(group, end="\n\n")
Out[127]: Group 1 : 2021-07-01 00:00:00
          -----------------------------
          2021-07-01 00:00:00    0
          2021-07-01 00:20:00    1
          2021-07-01 00:30:00    2
```

```
                dtype: int64

                Group 2 : 2021-07-01 01:00:00
                ---------------------------------
                2021-07-01 01:00:00    3
                dtype: int64

                Group 3 : 2021-07-01 02:00:00
                ---------------------------------
                2021-07-01 02:00:00    4
                2021-07-01 02:10:00    5
                dtype: int64
```

7.3 타임스탬프

타임스탬프(timestamp)란 어떤 이벤트가 발생했을 때의 날짜와 시간 정보로 이루어진 문자들의 시퀀스 또는 인코딩된 정보를 의미한다. 판다스에서 타임스탬프는 나노초의 64비트 정수와 선택 시간대 정보를 사용한다. 시간대가 포함되지 않은 타임스탬프는 Time Zone Naive, 시간대가 포함된 타임스탬프는 Time Zone Aware다. 이러한 정보는 로그나 메타데이터로 컴퓨터에 저장된다.

7.3.1 타임스탬프와 시간

다음 예제는 특정 시간대로 이루어진 값을 갖는 타임스탬프 데이터를 생성하는 가장 기본적인 방법이다.

```
In [128]: pd.Timestamp(datetime(2021, 7, 1))
Out[128]: Timestamp('2021-07-01 00:00:00')

In [129]: pd.Timestamp('2021-07-01')
Out[129]: Timestamp('2021-07-01 00:00:00')

In [130]: pd.Timestamp(2021, 7, 1)
Out[130]: Timestamp('2020-07-01 00:00:00')
```

Timestamp( ) 함수를 인덱스로 사용하면 DatetimeIndex에 자동으로 연계되며 시계열 인덱스를 만든다.

```
In [131]: ts = [pd.Timestamp('2021-07-01'), pd.Timestamp('2021-07-02'),
                pd.Timestamp('2021-07-03')]

In [132]: ser = pd.Series(np.random.randn(3), ts)

In [133]: ser
Out[133]: 2021-07-01    -0.959049
          2021-07-02    -0.065853
          2021-07-03    -1.186246
          dtype: float64

In [134]: ser.index
Out[134]: DatetimeIndex(['2021-07-01', '2021-07-02', '2021-07-03'], dtype='datetime64[ns],
                        freq=None)
```

Period( ) 함수를 인덱스로 사용하면 PeriodIndex에 자동으로 연계되며 시계열 인덱스를 만든다.

```
In [135]: prd = [pd.Period('2021-07'), pd.Period('2021-08'), pd.Period('2021-09')]

In [136]: ser1 = pd.Series(np.random.randn(3), prd)

In [137]: ser1
Out[137]: 2021-07     1.925169
          2021-08    -0.471799
          2021-09     0.087969
          Freq: M, dtype: float64

In [138]: ser1.index
Out[138]: PeriodIndex(['2021-07', '2021-08', '2021-09'], dtype='period[M]', freq='M')
```

7.3.2 타임스탬프로 변환하기

to_datetime( ) 함수를 이용해 시리즈나 문자열, 시대(epoch) 또는 이 둘과 같은 유사 date 리스트 객체를 datetime64[ns] 데이터 타입으로 변환할 수 있다. 시리즈를 전달하면 시리즈를 반환하고 유사 리스트를 전달하면 DatetimeIndex를 반환한다. In [141]에서는 에포크 시간을 사용했다.

```
In [139]: pd.to_datetime(pd.Series(['Jul 31, 2021', '2022-01-15', None]))
Out[139]: 0    2021-07-31
          1    2022-01-15
          2           NaT
          dtype: datetime64[ns]

In [140]: pd.to_datetime(['2021/11/23', '2021/12/31'])
Out[140]: DatetimeIndex(['2021-11-23', '2021-12-31'], dtype='datetime64[ns]', freq=None)

In [141]: pd.to_datetime(1656285679, unit='s')
Out[141]: Timestamp('2022-06-26 23:21:19')
```

일(day)을 먼저 나타내는 날짜를 사용하려면 **dayfirst** 인수를 전달한다. 즉 10월 12일이 12일 10월 순서로 변경된다. dayfirst는 날짜 중에서 월일의 순서를 일월로 변경한다.

```
In [142]: pd.to_datetime(['10-12-2021 10:00'], dayfirst=True)
Out[142]: DatetimeIndex(['2021-12-10 10:00:00'], dtype='datetime64[ns]', freq=None)
```

to_datetime( ) 함수에 단일 문자열을 전달하면 단일 타임스탬프를 반환한다. 타임스탬프도 단일 문자열을 입력으로 받을 수 있지만 dayfirst나 format과 같은 문자열 파싱 옵션을 사용할 수 없기 때문에 이 옵션들이 필요할 경우 to_datetime( ) 함수를 사용한다.

```
In [143]: pd.to_datetime('2021/11/15')
Out[143]: Timestamp('2021-11-15 00:00:00')

In [144]: pd.Timestamp('2021/11/15')
Out[144]: Timestamp('2021-11-15 00:00:00')
```

DatetimeIndex( ) 함수를 타임스탬프 생성자로 사용할 수 있다.

```
In [145]: pd.DatetimeIndex(['2021-07-01', '2021-07-05'])
Out[145]: DatetimeIndex(['2021-07-01', '2021-07-05'], dtype='datetime64[ns]', freq=None)
```

format 인수 적용

format 인수를 전달해 파싱하면 변환 속도를 증가시킨다.

```
In [146]: pd.to_datetime('2021/11/15', format='%Y/%m/%d')
Out[146]: Timestamp('2021-11-15 00:00:00')

In [147]: pd.to_datetime('11-15-2021', format='%m-%d-%Y')
Out[147]: Timestamp('2021-11-15 00:00:00')
```

데이터프레임 열을 이용해 datetime 조합

정수나 문자열로 이루어진 데이터프레임 열들을 전달해 타임스탬프의 시리즈로 조합할 수 있다. 이때 year, month, day는 필수 항목이며 hour, minute, second, millisecond, microsecond, nanosecond는 옵션이다.

```
In [148]: df = pd.DataFrame({'year': [2021, 2022],
                             'month': [7, 1],
                             'day': [14, 20],
                             'hour': [10, 9]})

In [149]: pd.to_datetime(df)
Out[149]: 0   2021-07-14 10:00:00
          1   2022-01-20 09:00:00
          dtype: datetime64[ns]
```

다음과 같이 조합하고 싶은 열들만 전달해 타임스탬프를 생성할 수 있다.

```
In [150]: pd.to_datetime(df[['year', 'month', 'day']])
Out[150]: 0   2021-07-14
          1   2022-01-20
          dtype: datetime64[ns]
```

유닉스 에포크 시간과 타임스탬프

판다스에서는 정수나 실수로 이루어진 **유닉스 에포크 시간**을 타임스탬프 또는 DatetimeIndex로 변환할 수 있다. 이때 기본값 단위는 나노초다.

```
In [151]: pd.to_datetime([1614338577, 1615388000, 1616339902], unit='s')
Out[151]: DatetimeIndex(['2021-02-26 11:22:57', '2021-03-10 14:53:20', '2021-03-21 15:18:22'],
                       dtype='datetime64[ns]', freq=None)
```

```
In [152]: pd.to_datetime([1604338577, 1605388000, 1606339902])
Out[152]: DatetimeIndex(['1970-01-01 00:00:01.604338577', '1970-01-01 00:00:01.605388',
                        '1970-01-01 00:00:01.606339902'], dtype='datetime64[ns]', freq=None)
```

다음은 **타임스탬프**를 에포크 시간으로 변환하는 예제다. 이를 위해 먼저 ind 객체를 생성한다.

```
In [153]: ind = pd.date_range('2021-11-02 17:36:17', periods=3, freq='D')

In [154]: ind
Out[154]: DatetimeIndex(['2021-11-02 17:36:17', '2021-11-03 17:36:17', '2021-11-04 17:36:17'],
                        dtype='datetime64[ns]', freq='D')
```

다음으로 1970년 1월 1일 자정의 UTC인 유닉스 에포크를 빼고 유닉스 에포크 이후의 경과 시간을 계산한다.

```
In [155]: (ind - pd.Timestamp('1970-01-01'))
Out[155]: TimedeltaIndex(['18933 days 17:36:17', '18934 days 17:36:17',
                         '18935 days 17:36:17'], dtype='timedelta64[ns]', freq=None)
```

origin 매개 변수 사용하기

origin 매개 변수를 사용하면 DatetimeIndex를 생성하는 시작 지점을 설정할 수 있다.

```
In [156]: pd.to_datetime([0, 1, 2], unit='D')
Out[156]: DatetimeIndex(['1970-01-01', '1970-01-02', '1970-01-03'], dtype='datetime64[ns]',
                        freq=None)

In [157]: pd.to_datetime([0, 1, 2], unit='D', origin=pd.Timestamp('2021-01-01'))
Out[157]: DatetimeIndex(['2021-01-01', '2021-01-02', '2021-01-03'], dtype='datetime64[ns]',
                        freq=None)
```

7.3.3 타임스탬프 생성 범위

DatetimeIndex( )나 Index( ) 클래스를 사용해 타임스탬프가 있는 인덱스를 생성할 수 있다. 또한 datetime 객체로 구성된 리스트를 전달해 타임스탬프를 생성할 수 있다.

```
In [158]: list = [datetime(2021, 7, 1), datetime(2021, 7, 2), datetime(2021, 7, 3)]

In [159]: list
Out[159]: [datetime.datetime(2021, 7, 1, 0, 0),
           datetime.datetime(2021, 7, 2, 0, 0),
           datetime.datetime(2021, 7, 3, 0, 0)]

In [160]: ind = pd.DatetimeIndex(list)

In [161]: ind
Out[161]: DatetimeIndex(['2021-07-01', '2021-07-02', '2021-07-03'], dtype='datetime64[ns]',
                        freq=None)

In [162]: pd.Index(list)
Out[162]: DatetimeIndex(['2021-07-01', '2021-07-02', '2021-07-03'], dtype='datetime64[ns]',
                        freq=None)
```

date_range( )와 bdate_range( ) 함수를 사용하면 규칙적인 도수 타임스탬프인 DatetimeIndex를 생성할 수 있다. date_range( ) 함수의 기본 도수는 달력의 일(day)이다.

```
In [163]: start = datetime(2021, 1, 1)

In [164]: end = datetime(2022, 1, 1)

In [165]: ind = pd.date_range(start, end)

In [166]: ind
Out[166]: DatetimeIndex(['2021-01-01' , 2021-01-02', …, '2022-01-01'],
                        dtype='datetime64[ns]', length=366, freq='D')
```

이번에는 bdate_range( ) 함수를 적용한다. bdate_range( ) 함수의 도수 기준값은 영업일(business day)이다.

```
In [167]: ind2 = pd.bdate_range(start, end)

In [168]: ind2
Out[168]: DatetimeIndex(['2021-01-01' , 2021-01-04', '2020-01-05', '2021-01-06', …,
                         '2021-12-31'], dtype='datetime64[ns]', length=261, freq='B')
```

date_range( )와 bdate_range( ) 함수에는 다양한 오프셋 문자열을 사용할 수 있다. 오프셋에서 사용할 수 있는 도수 문자열은 표 7-6을 참고하기 바란다.

```
In [169]: pd.date_range(start, periods=1000, freq='M')
Out[169]: DatetimeIndex(['2021-01-31', '2021-02-28', …, '2104-04-30'],
                       dtype='datetime64[ns]', length=1000, freq='M')

In [170]: pd.bdate_range(start,  periods=200, freq='BQS')
Out[170]: DatetimeIndex(['2021-01-01', '2021-04-01', …, '2070-10-01'],
                       dtype='datetime64[ns]', length=200, freq='BQS-JAN')
```

bdate_range( ) 함수에서 weekmask와 holidays 매개 변수를 사용하면 날짜 도수 범위를 임의로 생성할 수 있다. weekmask는 지정한 요일만 나타내고 holidays는 지정한 일을 제외한 결과를 나타낸다.

```
In [171]: wm = 'Mon Wed Fri'

In [172]: off = [datetime(2021, 1, 3), datetime(2022, 1, 1)]

In [173]: pd.bdate_range(start, end, freq='C', weekmask=wm, holidays=off)
Out[173]: DatetimeIndex(['2021-01-01', '2021-01-04', '2021-01-06', '2021-01-08', …,
                       '2021-12-31'], dtype='datetime64[ns]', length=157, freq='C')
```

7.3.4 날짜 오프셋과 이동 객체

날짜 오프셋이란 날짜 범위에서 유효한 날짜 수를 이동시켜 생성된 날짜의 간격을 나타내는 객체다. **DateOffset** 클래스는 시간의 기간을 나타내는 Timedelta 클래스와 비슷하게 사용할 수 있다. **DateOffset( )** 함수는 다음 날 같은 시간으로 datetimes를 증가시키며 시(hour) 이하 모든 DateOffset 서브클래스(Hour, Second, Milli, Micro, Nano)들은 절대 시간을 따른다. 다음 예제를 통해 확인한다.

```
In [174]: ts = pd.Timestamp('2021-10-30 00:00:00', tz='Asia/Seoul')

In [175]: ts
Out[175]: Timestamp('2021-10-30 00:00:00+0900', tz='Asia/Seoul')
```

```
In [176]: ts + pd.DateOffset(days=1)
Out[176]: Timestamp('2021-10-31 00:00:00+0900', tz='Asia/Seoul')

In [177]: sat = pd.Timestamp('2021-12-25')

In [178]: sat.day_name()                    In [179]: two_biz_days = 2 * pd.offsets.BDay()
Out[178]: 'Saturday'

In [180]: two_biz_days.apply(sat)           In [181]: sat + two_biz_days
Out[180]: Timestamp('2021-12-28 00:00:00')  Out[181]: Timestamp('2021-12-28 00:00:00')
```

앞 예제에서 two_biz_days의 타입은 **pandas.tseries.offsets.BusinessDay**다. 날짜 오프셋의 대부분은 freq 키워드 인수로 전달할 수 있는 도수의 문자열 또는 오프셋 약어와 연관된다. 다음 표는 날짜 오프셋에서 사용할 수 있는 도수 문자열을 나타낸다.

날짜 오프셋	약어	설명
DateOffset	None	일반적인 오프셋 클래스 기본값은 달력상 1일
BDay 또는 BusinessDay	'B'	영업일
CDay 또는 CustomBusinessDay	'C'	사용자 정의 영업일
Week	'W'	1주, 옵션으로 주의 일(day)에 고정됨
WeekOfMonth	'WOM'	매월 y 번째 주의 x 번째 일
LastWeekOfMonth	'LWOM'	매월 마지막 주의 x 번째 일
MonthEnd	'M'	달력 월의 마지막 일
MonthBegin	'MS'	달력 월의 시작일
BMonthEnd 또는 BusinessMonthEnd	'BM'	월 영업 마감일
BMonthBegin 또는 BusinessMonthBegin	'BMS'	월 영업 시작일
CBMonthEnd 또는 CustomBusinessMonthEnd	'CBM'	사용자 정의 월 영업 마감일
CBMonthBegin 또는 CustomBusinessMonthBegin	'CBMS'	사용자 정의 월 영업 시작일
SemiMonthEnd	'SM'	15일(또는 day_of_month 매개 변수에 설정한 다른 일) 및 달력 월의 끝
SemiMonthBegin	'SMS'	15일(또는 day_of_month 매개 변수에 설정한 다른 일) 및 달력 월의 시작

날짜 오프셋	약어	설명
QuarterEnd	'Q'	분기 달력 끝
QuarterBegin	'QS'	분기 달력 시작
BQuarterEnd	'BQ'	분기 영업 끝
BQuarterBegin	'BQS'	분기 영업 시작
FY5253Quarter	'REQ'	52~53주로 알려진 소매 분기
YearEnd	'A'	달력 연도 끝
YearBegin	'AS' 또는 'BYS'	달력 연도 시작
BYearEnd	'BA'	영업 연도 끝
BYearBegin	'BAS'	영업 연도 시작
FY5253	'RE'	52~53주로 알려진 소매 연도
Easter	None	부활절 공휴일
BusinessHour	'BH'	영업 시
CustomBusinessHour	'CBH'	사용자 정의 영업 시
Day	'D'	달력상 일
Hour	'H'	시
Minute	'T' 또는 'min'	분
Second	'S'	초
Milli	'L' 또는 'ms'	밀리초(1/1,000초)
Micro	'U' 또는 'µs'	마이크로초(1/1,000,000초)
Nano	'N'	나노초(1/1,000,000,000초)

[표 7-6] 도수 문자열의 종류

클래스 pandas.tseries.offsets.DateOffset 클래스의 **rollforward( )**와 **rollback( )** 메소드는 날짜를 오프셋에 상대적인 날짜로 각각 앞으로 또는 뒤로 이동시킨다. 다음 예제에서 ts에 offset을 더하면 다음 영업일 날짜가 되며 시간은 start 인수에 1시간 더한 결과가 반환된다.

```
In [182]: ts = pd.Timestamp('2021-07-11 00:00:00')

In [183]: ts.day_name()
Out[183]: 'Sunday'

In [184]: offset = pd.offsets.BusinessHour(start='09:00', end='18:00')
```

```
In [185]: type(offset)
Out[185]: pandas._libs.tslibs.offsets.BusinessHour

In [186]: offset
Out[186]: <BusinessHour: BH=09:00-18:00>

In [187]: offset.rollforward(ts)
Out[187]: Timestamp('2021-07-12 09:00:00')

In [188]: ts + offset
Out[188]: Timestamp('2021-07-12 10:00:00')
```

시간을 자정으로 리셋하려면 연산을 적용하기 전이나 후에 **normalize( )** 메소드를 사용한다.

```
In [189]: ts = pd.Timestamp('2021-01-01 09:00')

In [190]: day = pd.offsets.Day()

In [191]: day.apply(ts)
Out[191]: Timestamp('2021-01-02 09:00:00')

In [192]: day.apply(ts).normalize()
Out[192]: Timestamp('2021-01-02 00:00:00')

In [193]: ts1 = pd.Timestamp('2021-01-01 22:00')

In [194]: hour = pd.offsets.Hour()

In [195]: hour.apply(ts1)
Out[195]: Timestamp('2021-01-01 23:00:00')

In [196]: hour.apply(ts1).normalize()
Out[196]: Timestamp('2021-01-01 00:00:00')
```

오프셋 매개 변수 사용

주간 데이터를 생성하는 **Week** 오프셋에 **weekday** 매개 변수를 사용하면 특정한 주에서 입력한 일의 날짜를 생성한다.

```
In [197]: d = datetime(2021, 7, 17, 9, 0)

In [198]: d + pd.offsets.Week()
Out[198]: Timestamp('2021-07-24 09:00:00')

In [199]: d + pd.offsets.Week(weekday=3)
Out[199]: Timestamp('2021-07-22 09:00:00')

In [200]: d - pd.offsets.Week()
Out[200]: Timestamp('2021-07-10 09:00:00')
```

normalize 옵션은 시간을 더하거나 뺄 때 유용하다.

```
In [201]: d + pd.offsets.Week(normalize=True)
Out[201]: Timestamp('2021-07-24 00:00:00')

In [202]: d - pd.offsets.Week(normalize=True)
Out[202]: Timestamp('2021-07-10 00:00:00')
```

YearEnd( ) 함수를 사용하면 특정 월을 종료 월로 지정할 수 있다.

```
In [203]: d + pd.offsets.YearEnd()
Out[203]: Timestamp('2021-12-31 09:00:00')

In [204]: d + pd.offsets.YearEnd(month=6)
Out[204]: Timestamp('2022-06-30 09:00:00')
```

사용자 정의 영업일

CDay 또는 **CustomBusinessDay** 클래스는 사용자 정의 영업일 달력을 생성하는 데 사용할 수 있다. 예를 들어 철수가 다니는 회사는 일, 월, 화, 수, 목요일만 근무하고 법정 공휴일에 쉰다고 가정한다. 다음 예제에서 매개 변수 **weekmask**를 근무일로, 2021년 추석인 2021년 9월 20일부터 9월 22일을 holidays로 각각 전달한다. 그리고 특정일 dt를 기준으로 연산하면 근무일을 확인할 수 있다. 따라서 9월 15일에서 휴일을 제외하고 2일이 지난 근무일은 9월 19일이고, 3일이 지난 근무일은 9월 23일이다.

```
In [205]: wm = 'Sun Mon Tue Wed Thu'

In [206]: hl = ['2021-09-20', datetime(2021, 9, 21), np.datetime64('2021-09-22')]

In [207]: bday = pd.offsets.CustomBusinessDay(holidays=hl, weekmask=wm)

In [208]: dt = datetime(2021, 9, 15)

In [209]: dt + 2*bday
Out[209]: Timestamp('2021-09-19 00:00:00)

In [210]: dt + 3*bday
Out[210]: Timestamp('2021-09-23 00:00:00')
```

다음은 시계열에 숫자로 나타낸 요일을 매핑하는 예제로써 월요일이 0이고 일요일이 6이다. ind 객체를 시계열의 인덱스로, 요일을 값으로 사용하는 시리즈 연산이다.

```
In [211]: ind = pd.date_range(dt, periods=5, freq=bday)

In [212]: ind
Out[212]: DatetimeIndex(['2021-09-15', '2021-09-16', '2021-09-19', '2021-09-23', '2021-09-26'],
                       dtype='datetime64[ns]', freq='C')

In [213]: ser = pd.Series(ind.weekday, ind)

In [214]: ser
Out[214]: 2021-09-15    2
          2021-09-16    3
          2021-09-19    6
          2021-09-23    3
          2021-09-26    6
          Freq: C, dtype: int64
```

숫자로 표현된 요일을 이름으로 표현하도록 매핑한다.

```
In [215]: ser.map(pd.Series('Mon Tue Wed Thu Fri Sat Sun'.split()))
Out[215]: 2021-09-15    Wed
          2021-09-16    Thu
```

```
2021-09-19    Sun
2021-09-23    Thu
2021-09-26    Sun
Freq: C, dtype: object
```

영업 시간

BusinessHour 클래스에는 특정 시작 시간 및 종료 시간을 설정할 수 있다. 또한 영업일에 대한 영업 시간 표현을 제공한다. BusinessHour는 영업 시간으로써 9:00 – 17:00까지 시간을 기준값으로 사용한다. BusinessHour에 값을 더하면 도수만큼 타임스탬프를 증가시킨다.

```
In [216]: bh = pd.offsets.BusinessHour()

In [217]: bh
Out[217]: <BusinessHour: BH=09:00-17:00>

In [218]: pd.Timestamp('2021-07-02').weekday()
Out[218]: 4

In [219]: pd.Timestamp('2021-07-02 10:00') + bh
Out[219]: Timestamp('2021-07-02 11:00:00')

In [220]: pd.Timestamp('2021-07-02 10:00') + pd.offsets.BusinessHour(-3)
Out[220]: Timestamp('2021-07-01 15:00:00')
```

start와 **end** 키워드를 전달하면 시작과 종료 시간을 설정할 수 있다. 이때 인수는 hour:minute 표현과 같은 문자열이거나 datetime.time 인스턴스여야 한다.

```
In [221]: bh = pd.offsets.BusinessHour(start='17:00', end='09:00')

In [222]: bh
Out[222]: <BusinessHour: BH=17:00-09:00>

In [223]: pd.Timestamp('2021-08-01 17:00') + bh
Out[223]: Timestamp('2021-08-02 18:00:00')
```

오프셋 약칭 사용

대부분의 함수에서 다음과 같이 약칭과 오프셋 인스턴스를 인수로 사용할 수 있다.

```
In [224]: pd.date_range('2022-01-03', periods=6, freq='B')
Out[224]: DatetimeIndex(['2022-01-03', '2022-01-04', '2022-01-05', '2022-01-06', '2022-01-07',
                '2022-01-10'], dtype='datetime64[ns]', freq='B')

In [225]: pd.date_range('2022-01-03', periods=5, freq=pd.offsets.BDay())
Out[225]: DatetimeIndex(['2022-01-03', '2022-01-04', '2022-01-05', '2022-01-06', '2022-01-07',
                dtype='datetime64[ns]', freq='B')
```

일(day)과 일중(intraday) 오프셋을 가지는 인수 freq를 결합할 수 있다.

```
In [226]: pd.date_range('2021-08-01', periods=4, freq='2h20min')
Out[226]: DatetimeIndex(['2021-08-01 00:00:00', '2021-08-01 02:20:00', '2021-08-01 04:40:00',
                '2021-08-01 07:00:00'], dtype='datetime64[ns]', freq='140T')

In [227]: pd.date_range('2021-08-01', periods=4, freq='1D10U')
Out[227]: DatetimeIndex(['2021-08-01 00:00:00', '2021-08-02 00:00:00.000010',
                '2021-08-03 00:00:00.000020', '2021-08-04 00:00:00.000030'],
                dtype='datetime64[ns]', freq='86400000010U')
```

일반 시계열 도수에서 많은 문자열 약칭을 사용하고 있으며 이러한 약칭들을 오프셋 약칭으로써 활용할 수 있다. 다음 표는 오프셋에서 활용할 수 있는 약칭을 나타낸다.

약칭	설명
B	영업일 도수
C	사용자 정의 영업일 도수
D	달력 일 도수
W	주간 도수
M	월 끝 도수
SM	반 월의 시작 도수(15일과 월의 끝)
BM	영업 월 끝 도수
CBM	사용자 정의 영업 월 끝 도수
MS	월 시작 도수
SMS	반 월의 시작 도수(1일과 15일)

약칭	설명
BMS	영업 월 시작 도수
CBMS	사용자 정의 영업 월 시작 도수
Q	분기 끝 도수
BQ	영업 분기 끝 도수
QS	분기 시작 도수
BQS	영업 분기 시작 도수
A, Y	연도 끝 도수
BA, BY	영업 연도 끝 도수
AS, YS	연도 시작 도수
BAS, BYS	영업 연도 시작 도수
BH	영업 시간 도수
H	시간별(hourly) 도수
T, min	분별(minutely) 도수
S	초별(secondly) 도수
L, ms	밀리초
U, µs	마이크로초
N	나노초

[표 7-7] 시계열 도수에서 사용하는 문자열 약칭

MonthEnd, MonthBegin, WeekEnd 클래스 등을 사용해 날짜를 고정된 오프셋만큼 앞 또는 뒤로 이동할 수 있다.

```
In [228]: pd.Timestamp('2021-01-05') + pd.offsets.MonthBegin(n=1)
Out[228]: Timestamp('2021-02-01 00:00:00')

In [229]: pd.Timestamp('2021-01-05') + pd.offsets.MonthEnd(n=1)
Out[229]: Timestamp('2021-01-31 00:00:00')

In [230]: pd.Timestamp('2021-01-05') - pd.offsets.MonthBegin(n=1)
Out[230]: Timestamp('2021-01-01 00:00:00')

In [231]: pd.Timestamp('2021-01-05') - pd.offsets.MonthEnd(n=1)
Out[231]: Timestamp('2020-12-31 00:00:00')
```

```
In [232]: pd.Timestamp('2021-01-05') + pd.offsets.MonthBegin(n=4)
Out[232]: Timestamp('2021-05-01 00:00:00')

In [233]: pd.Timestamp('2021-01-05') - pd.offsets.MonthEnd(n=4)
Out[233]: Timestamp('2020-09-30 00:00:00')
```

주어진 날짜가 1일이나 31일인 앵커 지점(anchor point)에 있으면 n만큼 앞 또는 뒤로 이동할 수 있다.

```
In [234]: pd.Timestamp('2021-01-01') + pd.offsets.MonthBegin(n=1)
Out[234]: Timestamp('2021-02-01 00:00:00')

In [235]: pd.Timestamp('2021-01-31') + pd.offsets.MonthEnd(n=1)
Out[235]: Timestamp('2021-02-28 00:00:00')

In [236]: pd.Timestamp('2021-01-01') - pd.offsets.MonthBegin(n=1)
Out[236]: Timestamp('2020-12-01 00:00:00')

In [237]: pd.Timestamp('2021-01-31') - pd.offsets.MonthEnd(n=1)
Out[237]: Timestamp('2020-12-31 00:00:00')

In [238]: pd.Timestamp('2021-01-01') + pd.offsets.MonthBegin(n=4)
Out[238]: Timestamp('2021-05-01 00:00:00')

In [239]: pd.Timestamp('2021-01-31') - pd.offsets.MonthEnd(n=4)
Out[239]: Timestamp('2020-09-30 00:00:00')
```

n=0인 경우 날짜가 앵커 지점에 있으면 움직이지 않고 그렇지 않으면 다음 지점으로 앞으로 이동한다.

```
In [240]: pd.Timestamp('2021-01-05') + pd.offsets.MonthBegin(n=0)
Out[240]: Timestamp('2021-02-01 00:00:00')

In [241]: pd.Timestamp('2021-01-05') + pd.offsets.MonthEnd(n=0)
Out[241]: Timestamp('2021-01-31 00:00:00')

In [242]: pd.Timestamp('2021-01-01') - pd.offsets.MonthBegin(n=0)
Out[242]: Timestamp('2021-01-01 00:00:00')
```

```
In [243]: pd.Timestamp('2021-01-31') - pd.offsets.MonthEnd(n=0)
Out[243]: Timestamp('2021-01-31 00:00:00')
```

시계열 관련 인스턴스 메소드

모든 판다스 객체에서 사용 가능한 **shift( )** 메소드를 적용하면 시계열 값을 앞이나 뒤로 이동할 수 있다.

```
In [244]: ind = pd.date_range('7/1/2021', '7/30/2021')

In [245]: ser = pd.Series(range(len(ind)), index=ind)

In [246]: ts = ser[:3]

In [247]: ts                              In [248]: ts.shift(1)
Out[247]: 2021-07-01    0                 Out[248]: 2021-07-01    NaN
         2021-07-02    1                           2021-07-02    0.0
         2021-07-03    2                           2021-07-03    1.0
         Freq: D, dtype: int64                     Freq: D, dtype: float64
```

shift( ) 메소드에 **freq 인수**를 적용할 수 있다. freq 인수에는 DataOffset 클래스, timedelta와 같은 객체 또는 오프셋 약칭을 사용할 수 있다.

```
In [249]: ts.shift(5, freq=pd.offsets.BDay())
Out[249]: 2021-07-08    0
         2021-07-09    1
         2021-07-09    2
         dtype: int64

In [250]: ts.shift(5, freq='BM')
Out[250]: 2021-11-30    0
         2021-11-30    1
         2021-11-30    2
         dtype: int64
```

asfreq( ) 메소드를 사용하면 도수를 변경할 수 있다.

```
In [251]: ind = pd.date_range('1/1/2021', periods=3, freq=3 * pd.offsets.BDay())

In [252]: ser = pd.Series(np.random.randn(3), index=ind)

In [253]: ser
Out[253]: 2021-01-01    -0.322034
          2021-01-06    -1.043852
          2021-01-11     0.561841
          Freq: 3B, dtype: float64

In [254]: ser.asfreq(pd.offsets.BDay())
Out[254]: 2021-01-01    -0.322034
          2021-01-04         NaN
          2021-01-05         NaN
          2021-01-06    -1.043852
          2021-01-07         NaN
          2021-01-08         NaN
          2021-01-11     0.561841
          Freq: B, dtype: float64
```

도수를 변경한 후 나타나는 **갭(gap)**은 method 인수로 보간할 수 있다. 이때 NaN 값을 앞의 값으로 덧대어 보간한다.

```
In [255]: ser.asfreq(pd.offsets.BDay(), method='pad')
Out[255]: 2021-01-01    -0.322034
          2021-01-04    -0.322034
          2021-01-05    -0.322034
          2021-01-06    -1.043852
          2021-01-07    -1.043852
          2021-01-08    -1.043852
          2021-01-11     0.561841
          Freq: B, dtype: float64
```

7.4 시간 범위와 시간대 처리

이 절에서는 기간에 대한 함수와 이 함수에 적용할 수 있는 도수 변환과 리샘플링을 설명한다. 시간대를 설정하고 제거하는 방법과 시리즈 시간대를 연산하는 방법도 포함하여 살펴본다.

7.4.1 기간과 연산

기간(period)은 1일, 한 달, 1분기 등 시간의 범위를 나타낸다. 다음 예제처럼 freq 키워드에 도수 약칭을 사용해 범위를 설정할 수 있다.

```
In [256]: pd.Period('2021', freq='A-DEC')
Out[256]: Period('2021', 'A-DEC')

In [257]: pd.Period('2021-1-1 17:00', freq='5H')
Out[257]: Period('2021-01-01 17:00', '5H')
```

Period 객체에 정수를 더하거나 빼면 그 정수만큼 기간을 이동한다. 다른 도수를 가진 Period 객체 사이에서 연산을 실행할 수는 없다.

```
In [258]: p = pd.Period('2021', freq='A-DEC')

In [259]: p + 1                           In [260]: p - 2
Out[259]: Period('2022', 'A-DEC')         Out[260]: Period('2019', 'A-DEC')

In [261]: p1 = pd.Period('2021-01', freq='2M')

In [262]: p1 + 3                          In [263]: p1 - 2
Out[262]: Period('2021-07', '2M')         Out[263]: Period('2020-09', '2M')
```

다음 표는 연의 마지막 월인 A-DEC와 같은 **앵커 접미사(anchoring suffix)**의 종류다.

앵커 접미사	설명
W-SUN	주간 도수(일요일). 'W'와 같다.
W-MON	주간 도수(월요일)
W-TUE	주간 도수(화요일)
W-WED	주간 도수(수요일)
W-THU	주간 도수(목요일)
W-FRI	주간 도수(금요일)
W-SAT	주간 도수(토요일)
(B)Q(S)-DEC	분기 도수, 연도가 12월에 끝난다. 'Q'와 같다.
(B)Q(S)-JAN	분기 도수, 연도가 1월에 끝난다.

앵커 접미사	설명
(B)Q(S)-FEB	분기 도수, 연도가 2월에 끝난다.
(B)Q(S)-MAR	분기 도수, 연도가 3월에 끝난다.
(B)Q(S)-APR	분기 도수, 연도가 4월에 끝난다.
(B)Q(S)-MAY	분기 도수, 연도가 5월에 끝난다.
(B)Q(S)-JUN	분기 도수, 연도가 6월에 끝난다.
(B)Q(S)-JUL	분기 도수, 연도가 7월에 끝난다.
(B)Q(S)-AUG	분기 도수, 연도가 8월에 끝난다.
(B)Q(S)-SEP	분기 도수, 연도가 9월에 끝난다.
(B)Q(S)-OCT	분기 도수, 연도가 10월에 끝난다.
(B)Q(S)-NOV	분기 도수, 연도가 11월에 끝난다.
(B)A(S)-DEC	연간 도수, 12월의 마지막 일(anchored end), 'A'와 같다.
(B)A(S)-JAN	연간 도수, 1월의 마지막 일
(B)A(S)-FEB	연간 도수, 2월의 마지막 일
(B)A(S)-MAR	연간 도수, 3월의 마지막 일
(B)A(S)-APR	연간 도수, 4월의 마지막 일
(B)A(S)-MAY	연간 도수, 5월의 마지막 일
(B)A(S)-JUN	연간 도수, 6월의 마지막 일
(B)A(S)-JUL	연간 도수, 7월의 마지막 일
(B)A(S)-AUG	연간 도수, 8월의 마지막 일
(B)A(S)-SEP	연간 도수, 9월의 마지막 일
(B)A(S)-OCT	연간 도수, 10월의 마지막 일
(B)A(S)-NOV	연간 도수, 11월의 마지막 일

[표 7-8] 도수의 앵커 접미사 종류

Period( ) 함수의 도수가 D, H, T, S, L, U, N일 때 Period( ) 함수에 **offset( )**과 **timedelta( )** 함수를 더한 결과가 같은 도수를 가질 수 있다면 offset( ) 또는 timedelta( ) 함수를 더할 수 있다.

```
In [264]: from datetime import timedelta

In [265]: p = pd.Period('2021-07-01 10:00', freq='H')

In [266]: p + pd.offsets.Hour(2)
Out[266]: Period('2021-07-01 12:00', 'H')
```

```
In [267]: p + timedelta(minutes=120)
Out[267]: Period('2021-07-01 12:00', 'H')

In [268]: p + np.timedelta64(7200, 's')
Out[268]: Period('2021-07-01 12:00', 'H')

In [269]: p + pd.offsets.Minute(5)
Out[269]: IncompatibleFrequency: Input cannot be converted to Period(freq=H)
```

PeriodIndex와 period_range( ) 함수

period_range( ) 함수를 사용하면 PeriodIndex 타입을 반환하며 PeriodIndex에는 Period 객체의 규칙적 시퀀스들이 존재한다. period_range( ) 함수의 기본 도수는 일(day)이다.

```
In [270]: ind = pd.period_range('1/1/2021', '6/1/2021', freq='M')

In [271]: type(ind)
Out[271]: pandas.core.indexes.period.PeriodIndex

In [272]: ind
Out[272]: PeriodIndex(['2021-01', '2021-02', '2021-03', '2021-04', '2021-05', '2021-06'],
                     dtype='period[M]', freq='M')
```

PeriodIndex 생성자를 사용해도 PeriodIndex 타입을 반환한다.

```
In [273]: pd.PeriodIndex(['2021-1', '2021-2', '2021-3'], freq='M')
Out[273]: PeriodIndex(['2021-1', '2021-2', '2021-3'], dtype='period[M]', freq='M')
```

PeriodIndex는 기간을 더하거나 뺄 수 있다.

```
In [274]: ind = pd.period_range('2021-07-01 10:00', periods=3, freq='H')

In [275]: ind
Out[275]: PeriodIndex(['2021-07-01 10:00', '2021-07-01 11:00', '2021-07-01 12:00'],
                     dtype='period[H]', freq='H')

In [276]: ind + pd.offsets.Hour(2)
```

```
Out[276]: PeriodIndex(['2021-07-01 12:00', '2021-07-01 13:00', '2021-07-01 14:00'],
                     dtype='period[H]', freq='H')

In [277]: ind1 = pd.period_range('2021-07-07', periods=3, freq='M')

In [278]: ind1 + pd.offsets.MonthEnd(3)
Out[278]: PeriodIndex(['2021-10', '2021-11', '2021-12'], dtype='period[M]', freq='M')
```

PeriodIndex의 도수 변환 및 리샘플링

asfreq( ) 메소드를 이용하면 Period와 PeriodIndex의 도수를 변환할 수 있다. 다음 예제에서 매개 변수 how='start' 대신 how='s'를, how='end' 대신 how='e'를 사용해도 같은 결과를 반환한다.

```
In [279]: p = pd.Period('2021', freq='A-DEC')

In [280]: p
Out[280]: Period('2021', 'A-DEC')

In [281]: p.asfreq('M', how='start')
Out[281]: Period('2021-01', 'M')

In [282]: p.asfreq('M', how='end')
Out[282]: Period('2021-12', 'M')
```

예제에서 2021년 12월을 인수로 갖는 객체 p가 연간 마지막 월이 11월인 A-NOV 도수로 변경될 때 p는 다음 연도인 2022년이 된다. 월 도수인 M이 슈퍼 기간인 연간 도수 A-NOV로 변경된 것이다. 즉 날짜에서 큰 단위 날짜 도수는 작은 단위 날짜 도수의 슈퍼 기간이다. 예를 들어 연간 도수는 분기 도수의 슈퍼 기간이다.

```
In [283]: p = pd.Period('2021-12', freq='M')

In [284]: p.asfreq('A-NOV')
Out[284]: Period('2022', 'A-NOV')
```

Q-DEC은 규칙적인 달력 분기를 반환한다. 다음은 2021년 1분기를 설정해 시작과 끝 날짜를 확인하는 예제다.

```
In [285]: p = pd.Period('2021Q1', freq='Q-DEC')

In [286]: p.asfreq('D', 's')
Out[286]: Period('2021-01-01', 'D')

In [287]: p.asfreq('D', 'e')
Out[287]: Period('2021-03-31', 'D')
```

Q-MAR은 3월에 끝나는 회계 연도를 반환한다.

```
In [288]: p = pd.Period('2021Q4', freq='Q-MAR')

In [289]: p.asfreq('D', 's')
Out[289]: Period('2021-01-01', 'D')

In [290]: p.asfreq('D', 'e')
Out[290]: Periiod('2021-03-31', 'D')
```

PeriodIndex 데이터와 Timestamp 데이터 간 변환

to_period( ) 메소드를 사용하면 Timestamp 데이터를 PeriodIndex 데이터로 변환할 수 있다. 반대로 **to_timestamp( )** 메소드를 사용하면 PeriodIndex 데이터를 Timestamp 데이터로 변환할 수 있다.

```
In [291]: ind = pd.date_range('1/1/21', periods=3, freq='M')

In [292]: ser = pd.Series(np.random.randn(len(ind)), index=ind)

In [293]: ser                              In [294]: ps = ser.to_period()
Out[293]: 2021-01-31    1.217960
         2021-02-28   -0.169043
         2021-03-31   -0.482216
         Freq: M, dtype: float64

In [295]: ps                               In [296]: ps.to_timestamp()
Out[295]: 2021-01    1.217960              Out[296]: 2021-01-01    1.217960
         2021-02   -0.169043                        2021-02-01   -0.169043
         2021-03   -0.482216                        2021-03-01   -0.482216
         Freq: M, dtype: float64                    Freq: MS, dtype: float64
```

7.4.2 시간대 처리

판다스는 **pytz**, **dateutil** 라이브러리나 **datetime.timezone** 클래스를 이용해 여러 시간대에서 타임스탬프 작업을 할 수 있도록 풍부한 기능을 지원한다.

시간대 설정 및 제거

판다스 객체는 기본값으로 시간대를 포함하지 않는다.

```
In [297]: ind = pd.date_range('1/1/2021 00:00', periods=10, freq='D')

In [298]: ind.tz is None
Out[298]: True
```

날짜 및 시간을 현지화하는 것은 특정 시간대를 나이브 날짜로 할당하는 것과 같다. 이때 **date_range()** 함수를 사용하거나 Timestamp 객체 또는 DatetimeIndex 객체에서 tz_localize나 tz 키워드 인수를 사용할 수 있다. dateutil 모듈은 표준 datetime 모듈 기능에 더해 강력한 확장 기능을 제공한다. 다음 예제에서 DatetimeIndex객체를 가지는 ind를 한국 시간대로 변환한 것이 ind1, UTC 표준 시간으로 변환한 것이 ind2와 ind3다.

```
In [299]: import dateutil
          from datetime import timezone

In [300]: ind = pd.date_range('1/1/2021 00:00', periods=3, freq='D')

In [301]: ind1 = ind.tz_localize('dateutil/Asia/Seoul')

In [302]: ind1.tz
Out[302]: tzfile('ROK')

In [303]: ind2 = pd.date_range('1/1/2021 00:00', periods=3, freq='D', tz=dateutil.tz.tzutc())

In [304]: ind2.tz
Out[304]: tzutc()

In [305]: ind3 = pd.date_range('1/1/2021 00:00', periods=3, freq='D', tz=timezone.utc)

In [306]: ind3.tz
Out[306]: datetime.timezone.utc
```

datetime.tzinfo 타입의 하위 분류인 dateutil.tz 모듈은 시간대 기능을 제공한다. dateutil.tz.tzutc의 인스턴스는 dateutil.tz.UTC 객체다. pytz와 dateutil 라이브러리에서 시간대를 설정하고 제거하는 작업을 수행할 수 있다. 먼저 pytz를 임포트하여 시간대 작업을 수행해본다.

```
In [307]: import pytz

In [308]: tzf = pytz.timezone('Asia/Seoul')

In [309]: ind = pd.date_range('1/1/2021 00:00', periods=3, freq='D')

In [310]: ind1 = ind.tz_localize(tzf)

In [311]: ind1
Out[311]: DatetimeIndex(['2021-01-01 00:00:00+09:00', '2021-01-02 00:00:00+09:00',
        '2021-01-03 00:00:00+09:00'], dtype='datetime64[ns, Asia/Seoul]', freq=None)

In [312]: ind1.tz == tzf
Out[312]: True
```

이번에는 In [299]에서 임포트한 dateutil 라이브러리를 이용해 시간대를 변경해본다. dateutil.tz.gettz( ) 함수는 문자열 표현에서 시간대 객체를 검색하는 데 사용한다.

```
In [313]: tzf1 = dateutil.tz.gettz('Asia/Seoul')

In [314]: ind2 = pd.date_range('1/1/2021 00:00', periods=3, freq='D', tz=tzf1)

In [315]: ind2.tz == tzf1
Out[315]: True
```

하나의 시간대를 다른 시간대로, 즉 어웨어 pandas 객체를 변환하려면 tz_convert( ) 메소드를 사용한다.

```
In [316]: ind2.tz_convert('US/Eastern')
Out[316]: DatetimeIndex(['2020-12-31 10:00:00-05:00', '2021-01-01 10:00:00-05:00',
        '2021-01-02 10:00:00-05:00'], dtype='datetime64[ns, US/Eastern]',freq='D')
```

어웨어 DatetimeIndex 객체나 어웨어 Timestamp 객체에서 값들은 현지화된 시간대인 일, 시, 분 등의 필드를 가진다. 즉 같은 UTC 값을 가진 타임스탬프는 서로 다른 시간대에서도 같은 타임스탬프로 인식하므로 한국은 UTC 시간대보다 9시간 빠르고 베를린은 1시간 빠르다.

```
In [317]: ind_seoul = ind2.tz_convert('Asia/Seoul')

In [318]: ind_berlin = ind2.tz_convert('Europe/Berlin')

In [319]: ind_seoul[2]
Out[319]: Timestamp('2021-01-03 00:00:00+0900', tz='Asia/Seoul', freq='D')

In [320]: ind_berlin[2]
Out[320]: Timestamp('2021-01-02 16:00:00+0100', tz='Europe/Berlin', freq='D')

In [321]: ind_seoul[2] == ind_berlin[2]
Out[321]: True
```

다른 시간대에 있는 시리즈 사이에서의 연산은 UTC 타임스탬프의 데이터를 기준으로 연산하고 그 결과로 UTC 시리즈를 생성한다.

```
In [322]: ser = pd.Series(range(3), pd.date_range('20210101', periods=3, tz='UTC'))

In [323]: ser
Out[323]: 2021-01-01 00:00:00+00:00    0
          2021-01-02 00:00:00+00:00    1
          2021-01-03 00:00:00+00:00    2
          Freq: D, dtype: int64

In [324]: seoul = ser.tz_convert('Asia/Seoul');eastern = ser.tz_convert('US/Eastern')

In [325]: sum = seoul + eastern

In [326]: sum
Out[326]: 2021-01-01 00:00:00+00:00    0
          2021-01-02 00:00:00+00:00    2
          2021-01-03 00:00:00+00:00    4
          Freq: D, dtype: int64
```

시간대 정보를 없애려면 **tz_localize(None)** 메소드 또는 **tz_convert(None)** 메소드를 사용한다. tz_localize(None) 메소드는 현지 시간을 생성하는 시간대 정보를 없애고 tz_convert(None) 메소드는 UTC 시간으로 변환 후 시간대 정보를 없애는 차이점이 있다.

```
In [327]: ind = pd.date_range(start='2021-07-01 09:00', freq='H', periods=3, tz='Asia/Seoul')

In [328]: ind.tz_localize(None)
Out[328]: DatetimeIndex(['2021-07-01 09:00:00', '2021-07-01 10:00:00', '2021-07-01 11:00:00'],
                        dtype='datetime64[ns], freq=None)

In [329]: ind.tz_convert(None)
Out[329]: DatetimeIndex(['2021-07-01 00:00:00', '2021-07-01 01:00:00', '2021-07-01 02:00:00'],
                        dtype='datetime64[ns], freq='H')

In [330]: ind.tz_convert('UTC').tz_localize(None)
Out[330]: DatetimeIndex(['2021-07-01 00:00:00', '2021-07-01 01:00:00', '2021-07-01 02:00:00'],
                        dtype='datetime64[ns], freq=None)
```

시간대 Series 연산

나이브 값들을 갖는 시리즈의 dtype은 datetime64[ns]다.

```
In [331]: ser_naive = pd.Series(pd.date_range('20210101', periods=3))

In [332]: ser_naive
Out[332]: 0   2021-01-01
          1   2021-01-02
          2   2021-01-03
          dtype: datetime64[ns]
```

어웨어 값들을 갖는 시리즈의 dtype은 datetime64[ns, tz]이며 이때 tz는 시간대다.

```
In [333]: ser_aware = pd.Series(pd.date_range('20210101', periods=3, tz='Asia/Seoul'))

In [334]: ser_aware
Out[334]: 0   2021-01-01 00:00:00+09:00
          1   2021-01-02 00:00:00+09:00
          2   2021-01-03 00:00:00+09:00
          dtype: datetime64[ns, Asia/Seoul]
```

시간대 정보는 .dt **접근자(accessor)**로 관리할 수 있다. 나이브 타임스탬프를 시간대를 포함하도록 현지화하고 변환하려면 다음과 같이 실행한다.

```
In [335]: ser_naive.dt.tz_localize('UTC').dt.tz_convert('Asia/Seoul')
Out[335]: 0   2021-01-01 09:00:00+09:00
          1   2021-01-02 09:00:00+09:00
          2   2021-01-03 09:00:00+09:00
          dtype: datetime64[ns, Asia/Seoul]
```

astype( ) 메소드를 이용해 시간대 정보를 관리할 수도 있다. 이 메소드는 나이브 타임스탬프를 현지화 또는 변환하거나 어웨어 타임스탬프를 나이브 타임스탬프로 변환한다.

```
In [336]: ser_naive.astype('datetime64[ns, Asia/Seoul]')
Out[336]: 0   2021-01-01 09:00:00+09:00
          1   2021-01-02 09:00:00+09:00
          2   2021-01-03 09:00:00+09:00
          dtype: datetime64[ns, Asia/Seoul]

In [337]: ser_aware.astype('datetime64[ns]')
Out[337]: 0   2020-12-31 15:00:00
          1   2021-01-01 15:00:00
          2   2021-01-02 15:00:00
          dtype: datetime64[ns]

In [338]: ser_aware.astype('datetime64[ns, US/Eastern]')
Out[338]: 0   2020-12-31 10:00:00-05:00
          1   2021-01-01 10:00:00-05:00
          2   2021-01-02 10:00:00-05:00
          dtype: datetime64[ns, US/Eastern]
```

시리즈에 Series.to_numpy( ) 메소드를 사용하면 데이터의 넘파이 배열을 반환한다.

```
In [339]: ser_aware.to_numpy()
Out[339]: array([Timestamp('2021-01-01 00:00:00+0900', tz='Asia/Seoul', freq='D'),
                 Timestamp('2021-01-02 00:00:00+0900', tz='Asia/Seoul', freq='D'),
                 Timestamp('2021-01-03 00:00:00+0900', tz='Asia/Seoul', freq='D')],
                dtype=object)
```

```
In [340]: ser_aware.to_numpy(dtype='datetime64[ns]')
Out[340]: array(['2020-12-31T15:00:00.000000000', '2020-01-01T15:00:00.000000000',
                 '2020-01-02T15:00:00.000000000'], dtype='datetime64[ns]')
```

.dt 접근자

.dt 접근자는 시리즈인 datetime/period 값들을 간단한 datetime으로 반환한다.

```
In [341]: ser = pd.Series(pd.date_range('20210101 09:20:31', periods=3))

In [342]: ser
Out[342]: 0   2021-01-01 09:20:31
          1   2021-01-02 09:20:31
          2   2021-01-03 09:20:31
          dtype: datetime64[ns]

In [343]: ser.dt.hour              In [344]: ser.dt.second
Out[343]: 0    9                   Out[344]: 0    31
          1    9                             1    31
          2    9                             2    31
          dtype: int64                       dtype: int64
```

다음은 day가 2인 열을 추출하는 예제다.

```
In [345]: ser[ser.dt.day == 2]
Out[345]: 1   2021-01-02 09:20:31
          dtype: datetime64[ns]
```

.dt 접근자로 ser 객체를 어웨어 시간대로 쉽게 변환할 수 있다.

```
In [346]: ser.dt.tz_localize('Asia/Seoul')
Out[346]: 0   2021-01-01 09:20:31+09:00
          1   2021-01-02 09:20:31+09:00
          2   2021-01-03 09:20:31+09:00
          dtype: datetime64[ns, Asia/Seoul]
```

이 장에서는 날짜와 시간 객체인 시계열의 기본 개념과 이를 판다스에서 적용하는 방법 그리고 타임스탬프를 생성하고 시간대를 처리하는 방법을 학습했다. 다음 장에서는 지금까지 학습한 전반적인 데이터 전처리 기술을 실제 데이터에 적용함으로써 데이터 분석 과정을 완성한다.

08장

빅데이터 분석

1. 서울시 구별 CCTV 설치 대비 범죄율 분석
2. 삼성전자, SK하이닉스, LG전자 주식 데이터 분석
3. 국제 축구 경기 결과 분석

이 장에서는 지금까지 학습한 내용을 바탕으로 실제 데이터를 분석하고 그래프를 그려본다. 이를 위해 수치 데이터를 계산하고 가공하는 넘파이 데이터를 분석한다. 그리고 여러 데이터를 전처리하기 위해 판다스를 적용하고, 시간에 따라 변하는 데이터인 시계열 그리고 전처리된 데이터를 시각화하는 도구와 기술들을 종합 적용한다. 실제 데이터를 이용해 서울시 인구, CCTV 설치 및 범죄율을 종합적으로 분석하고 실시간으로 삼성전자, SK하이닉스, LG전자 3사의 주가 데이터를 획득하여 주가를 분석한다. 또한 1872년부터 2018년까지 개최된 국제 축구 경기 결과와 우리나라의 경기 성적을 분석해본다.

8.1 서울시 구별 CCTV 설치 대비 범죄율 분석

이 절에서는 서울시 구별 CCTV 설치 현황 데이터를 서울시 인구 대비 범죄율 현황 데이터와 연동하여 구별 CCTV 설치 대비 범죄율 상관관계를 분석한다.

8.1.1 서울시 인구, CCTV 설치 및 범죄 데이터

분석에 필요한 '서울시 주민등록 인구 (구별) 통계', '서울시 자치구 년도별 CCTV 설치 현황', '서울시 5대범죄 발생현황 통계' 데이터는 서울 열린데이터 광장 홈페이지[1]에서 다운로드할 수 있다.

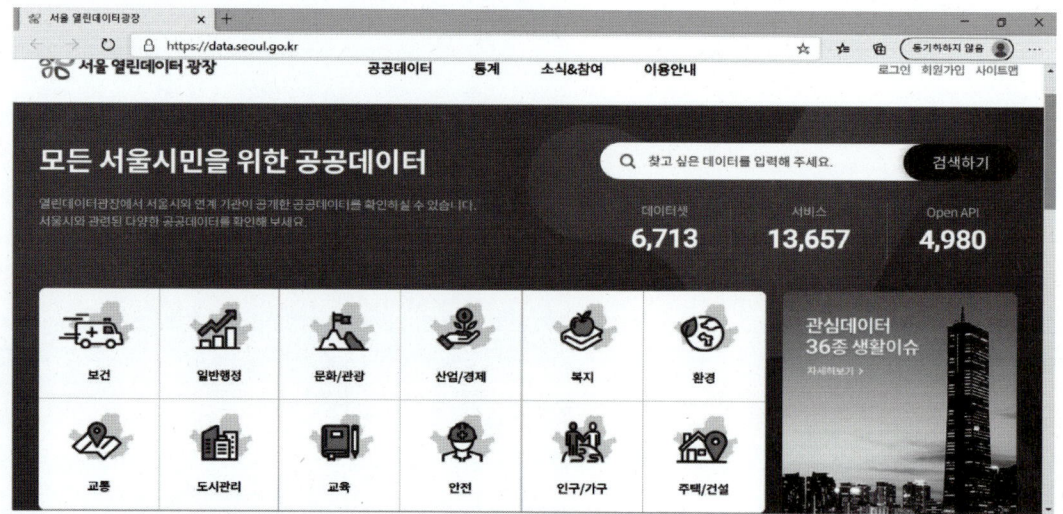

[그림 8-1] 서울 열린데이터 광장 홈페이지

---

1 https://data.seoul.go.kr/

그러나 서울 열린데이터 광장에서 제공하는 데이터들이 TXT 파일이므로 분석의 편의를 위해 필자의 깃허브[2]나 루비페이퍼 자료실[3]에서 다음 3개 예제 파일을 다운로드해 사용한다. 필자는 이 데이터들을 C:/Users/jchae/data 경로에 저장했다.

1. seoul_popu.xls: 서울시 주민등록인구 (구별) 통계
2. seoul_cctv.xlsx: 서울시 자치구 년도별 CCTV 설치 현황
3. seoul_crime.csv: 서울시 5대범죄 발생현황 통계

먼저 서울시 CCTV 설치 현황 데이터를 다음과 같이 읽는다. 이 데이터 세트를 읽으면 2011년 이전, 2012년, 2013년 열 라벨의 동대문구와 중랑구 항목이 손실 값인 NaN으로 나타남을 알 수 있다. 따라서 fillna( ) 메소드를 사용하여 손실 값을 0으로 채우고 인수 inplace=True로 설정해 저장한다.

```
In [1]: import pandas as pd
        import numpy as np
        import matplotlib.pyplot as plt
        import seaborn as sns

In [2]: CCTV = pd.read_excel('C:/Users/jchae/data/seoul_cctv.xlsx')

In [3]: CCTV.fillna(0, inplace=True)

In [4]: CCTV.head(2)
Out[4]:
```

	기관명	소계	2011년 이전	2012년	2013년	2014년	2015년	2016년	2017년	2018년
0	강남구	5221	1944.0	195.0	316.0	430	546	765	577	448
1	강동구	1879	303.0	387.0	134.0	59	144	194	273	385

열 라벨 기관명을 구청별로 변경한다.

```
In [5]: CCTV.rename(columns={CCTV.columns[0]: '구청별'}, inplace=True)
```

---

[2] https://github.com/pybig/data-collection
[3] https://www.rubypaper.co.kr/category/자료실

```
In [6]: CCTV.head(2)
Out[6]:
```

	구청별	소계	2011년 이전	2012년	2013년	2014년	2015년	2016년	2017년	2018년
0	강남구	5221	1944.0	195.0	316.0	430	546	765	577	448
1	강동구	1879	303.0	387.0	134.0	59	144	194	273	385

2016년을 포함한 이전 연도의 구별 합계 데이터를 열에 추가한다.

```
In [7]: CCTV['2016년 이전'] = CCTV['2011년 이전'] + CCTV['2012년'] + CCTV['2013년'] +
                             CCTV['2014년'] + CCTV['2015년'] + CCTV['2016년']
```

drop( ) 함수를 이용해 2011년 이전, 2012년, 2013년, 2014년, 2015년, 2016년 열을 삭제한다.

```
In [8]: CCTV = CCTV.drop(['2011년 이전', '2012년', '2013년', '2014년', '2015년', '2016년'], axis=1)

In [9]: CCTV.head(2)
Out[9]:
```

	구청별	소계	2017년	2018년	2016년 이전
0	강남구	5221	577	448	4196.0
1	강동구	1879	273	385	1221.0

8.1.2 구별 CCTV 설치 및 인구 현황 분석

다음으로 각 구별 CCTV 설치 현황을 알아본다. by 인수를 이용해 소계 열을 기준으로 오름차순으로 정렬하고 3개 행을 확인하면 도봉구, 중랑구, 강북구 순으로 CCTV가 적게 설치되어 있음을 확인할 수 있다.

```
In [10]: CCTV.sort_values(by='소계', ascending=True).head(3)
Out[10]:
```

	구청별	소계	2017년	2018년	2016년 이전
9	도봉구	858	117	71	670.0
24	중랑구	1068	66	9	993.0
2	강북구	1265	1	319	945.0

이번에는 CCTV가 가장 많이 설치된 구를 알아본다. by 인수를 이용해 소계 열을 기준으로 내림차순으로 정렬하고 3개 행을 확인하면 강남구, 관악구, 구로구 순으로 CCTV가 많이 설치되어 있음을 확인할 수 있다.

```
In [11]: CCTV.sort_values(by='소계', ascending=False).head(3)
Out[11]:
```

	구청별	소계	2017년	2018년	2016년 이전
0	강남구	5221	577	448	4196.0
4	관악구	3985	694	671	2620.0
6	구로구	3227	540	486	2201.0

다음으로 서울시 거주 인구 데이터를 읽는다.

```
In [12]: POPU = pd.read_excel('C:/Users/jchae/data/seoul_popu.xls')
```

```
In [13]: POPU.head()
Out[13]:
```

	기간	자치구	세대	인구		65세이상고령자
0	기간	자치구	세대	합계		65세이상고령자
1	기간	자치구	세대	계		65세이상고령자
2	2018.4/4	합계	4263868	10049607	(중략)	1416131
3	2018.4/4	종로구	73735	163026		26742
4	2018.4/4	중구	61502	135633		22005

데이터의 첫 번째와 두 번째 행을 삭제하고 자치구, 인구 총합, 한국인 총합, 외국인 총합 그리고 65세 이상 고령자 총합만을 포함하는 데이터를 반환한다. 이 데이터를 얻기 위해 **read_excel( )** 함수의 인수를 사용하거나 **df.iloc( )** 함수를 사용하는 방법을 살펴본다.

read_excel( ) 함수로 열 선택

자치구, 인구 총합, 외국인 총합, 65세 이상 고령자 총합 열만 포함하는 데이터를 얻기 위해 첫 번째로 다음과 같이 read_excel( ) 함수의 **usecols 인수**에 반환할 열의 리스트를 전달하는 방법이 있다.

```
In [14]: POPU = pd.read_excel('C:/Users/jchae/data/seoul_popu.xls', header=2, usecols='B, D, G, J, N')

In [15]: POPU.head()
Out[15]:
```

	자치구	계	계.1	계.2	65세이상고령자
0	합계	10049607	9765623	283984	1416131
1	종로구	163026	153065	9961	26742
2	중구	135633	125725	9908	22005
3	용산구	245090	228999	16091	37640
4	성동구	316463	308221	8242	42767

iloc( ) 함수로 열 선택

자치구, 인구 총합, 외국인 총합, 65세 이상 고령자 총합 열만 포함하는 데이터를 얻기 위해 두 번째로 iloc( ) 함수를 이용해 슬라이싱하는 방법이 있다. POPU 객체는 In [12]와 같이 설정한다.

```
In [14]: POPU = POPU.iloc[2:, [1, 3, 6, 9, 13]]

In [15]: POPU.head()
Out[15]:
```

	자치구	인구	인구.3	인구.6	65세이상고령자
2	합계	10049607	9765623	283984	1416131
3	종로구	163026	153065	9961	26742
4	중구	135633	125725	9908	22005
5	용산구	245090	228999	16091	37640
6	성동구	316463	308221	8242	42767

다음으로 열 라벨 이름을 의미에 맞게 변경한다. Index 객체 또는 rename( ) 함수를 사용하는 2가지 방법으로 열 라벨 이름을 변경할 수 있다.

Index 객체로 열 라벨 이름 변경

먼저 Index 객체로 열 라벨의 이름을 변경하는 방법이다. In [16]의 POPU 객체는 read_excel( ) 함수로 열을 선택한 In [14]의 POPU 객체다.

```
In [16]: POPU.columns = pd.Index(['구청별', '총인구', '한국인', '외국인', '고령자'])

In [17]: POPU.head(2)
Out[17]:
```

	구청별	총인구	한국인	외국인	고령자
0	합계	10049607	9765623	283984	1416131
1	종로구	163026	153065	9961	26742

rename( ) 함수로 열 라벨 이름 변경

다음은 **rename( )** 함수를 이용해 열 라벨 이름을 변경하는 방법이다. pd.read_excel로 저장한 In [14]의 POPU 객체에 rename( ) 함수를 적용한다.

```
In [16]: POPU = POPU.rename(columns={POPU.columns[0]: '구청별', POPU.columns[1]: '총인구',
                                      POPU.columns[2]: '한국인', POPU.columns[3]: '외국인',
                                      POPU.columns[4]: '고령자'})

In [17]: POPU.head(2)
Out[17]:
```

	구청별	총인구	한국인	외국인	고령자
0	합계	10049607	9765623	283984	1416131
1	종로구	163026	153065	9961	26742

데이터의 첫 번째 행은 분석에 필요하지 않으며 서울시 CCTV 설치 데이터와 결합하기 위해 첫 번째 행을 삭제한다. **POPU.drop(0)**으로 첫 번째 행을 삭제하고 이 결과를 저장하기 위해 **inplace=True**를 입력한다.

```
In [18]: POPU.drop(0, inplace=True)

In [19]: POPU.head(3)
Out[19]:
```

	구청별	총인구	한국인	외국인	고령자
1	종로구	163026	153065	9961	26742
2	중구	135633	125725	9908	22005
3	용산구	245090	228999	16091	37640

POPU 객체의 인덱스가 0부터 시작하도록 1~24까지 숫자를 입력한다. 이 작업은 CCTV 데이터 그리고 이후 살펴볼 CRIME 데이터와 비교하고 통합하기 수월하도록 기준을 적용하는 것이다.

```
In [20]: POPU.index = pd.Index(np.arange(0, 25, 1))

In [21]: POPU.head(3)
Out[21]:
```

	구청별	총인구	한국인	외국인	고령자
0	종로구	163026	153065	9961	26742
1	중구	135633	125725	9908	22005
2	용산구	245090	228999	16091	37640

서울시에서 외국인이 많은 곳은 영등포구, 구로구, 금천구 순임을 다음과 같이 확인할 수 있다.

```
In [22]: POPU.sort_values(by='외국인', ascending=False).head(3)
Out[22]:
```

	구청별	총인구	한국인	외국인	고령자
18	영등포구	403600	367778	35822	55673
16	구로구	438486	404497	33989	61801
17	금천구	254021	233917	20104	35739

서울시에서 고령자가 많은 곳은 송파구, 강서구, 은평구 순임을 확인할 수 있다.

```
In [23]: POPU.sort_values(by='고령자', ascending=False).head(3)
Out[23]:
```

	구청별	총인구	한국인	외국인	고령자
23	송파구	673507	666635	6872	81364
15	강서구	603611	596949	6662	79660
11	은평구	487666	483197	4469	77420

최종 목표인 서울시 구별 CCTV 설치 대비 범죄율을 합리적으로 분석하려면 CCTV 설치 대수 대비 범죄율, 1인당 CCTV 설치 대수 대비 범죄율, 그리고 1인당 범죄 비율을 분석해야 한다. 이를 위해서 '서울시 주민등록인구 (구별) 통계', '서울시 자치구 년도별 CCTV 설치 현황', '서울시 5대범죄 발생현황 통계' 3개 데이터 세트를 구청별 열을 기준으로 결합한다.

먼저 서울시 주민 등록 인구 통계 데이터인 POPU와 서울시 CCTV 설치 현황 데이터인 CCTV를 다음과 같이 결합한다.

```
In [24]: pd.merge(POPU, CCTV, on='구청별')
Out[24]:
```

	구청별	총인구	한국인	외국인	고령자	소계	2017년	2018년	2016년 이전
0	동대문구	364338	348052	16286	57165	2003	136	197	1670.0
1	서대문구	323080	310313	12767	50456	2121	415	194	1512.0
2	영등포구	403600	367778	35822	55673	2495	371	793	1331.0

결합 결과에 서울시 25개 구청별 데이터가 모두 나타나야 하지만 3개 구청별 결과만 확인할 수 있다. 이러한 결과가 나타나는 이유는 데이터의 **동질성(homogeneity)**에 어긋나기 때문이다. 다시 말해 CCTV 객체의 요소인 '강 남 구'가 POPU 객체에는 '강남구'로 표기되어 있어 예상과 다른 결과가 나타난다. 따라서 **공백 문자**를 다음과 같이 처리해야 한다.

```
In [25]: for df in (POPU, CCTV):
             df['구청별'] = df['구청별'].str.replace('\s+', '')
```

POPU와 CCTV 데이터프레임을 다시 merge( ) 함수로 결합하면 정상적으로 데이터를 출력한다.

```
In [26]: merged = pd.merge(POPU, CCTV, on='구청별')

In [27]: merged
Out[27]:
```

	구청별	총인구	한국인	외국인	고령자	소계	2017년	2018년	2016년 이전
0	종로구	163026	153065	9961	26742	1471	281	101	1089.0
1	중구	135633	125725	9908	22005	1544	317	328	899.0
2	용산구	245090	228999	16091	37640	2063	60	73	1930.0
					(중략)				
24	강동구	431920	427573	4347	58770	1879	273	385	1221.0

기준이 되는 구청별 열을 인덱스로 처리해 다양한 분석을 할 수 있도록 한다.

```
In [28]: merged.set_index('구청별', inplace=True)
```

```
In [29]: merged
Out[29]:
```

구청별	총인구	한국인	외국인	고령자	소계	2017년	2018년	2016년 이전
종로구	163026	153065	9961	26742	1471	281	101	1089.0
중구	135633	125725	9908	22005	1544	317	328	899.0
용산구	245090	228999	16091	37640	2063	60	73	1930.0
				(중략)				
강동구	431920	427573	4347	58770	1879	273	385	1221.0

1인당 CCTV 설치 비율을 계산하고 '1인당CCTV비율' 열에 추가한다.

```
In [30]: merged['1인당CCTV비율'] = merged['소계']/merged['총인구'] * 100

In [31]: merged
Out[31]:
```

구청별	총인구	한국인	외국인		1인당CCTV비율
종로구	163026	153065	9961		0.902310
중구	135633	125725	9908		1.138366
용산구	245090	228999	16091	(중략)	0.841732
강동구	431920	427573	4347		0.435034

이제 서울시 총 CCTV 설치 대수 대비 총인구수 그리고 외국인 수 사이에서 각 상관 계수를 구해본다. 이를 위해 corr( ) 메소드를 사용한다. 이 메소드의 매개 변수인 method의 기본값은 피어슨 상관 계수인 pearson이다. 상관 계수는 0~1의 범위를 가지며 0은 상관관계가 전혀 없고 1은 100% 상관관계에 있다는 의미이다. 결과를 살펴보면 총 CCTV 설치 대수인 소계는 총인구와 약간의 상관관계가 있지만 외국인 수와는 상관관계가 없다고 할 수 있다.

```
In [32]: merged['총인구'].corr(merged['소계'], method='spearman')
Out[32]: 0.42000000000000004

In [33]: merged['외국인'].corr(merged['소계'])
Out[33]: 0.18119377441191767
```

이번에는 서울시 인구 1인당 CCTV 설치 비율을 구별로 나타내는 그래프를 그려본다. 이를 위해 matplotlib을 임포트하고 초기화한다.

```
In [34]: from matplotlib import rcParams

In [35]: params = {'legend.fontsize' : 14}
         plt.rcParams.update(params)
         plt.rcParams['axes.grid'] = True
         plt.rc('grid', linestyle='--')
         plt.grid(True)

         plt.rcParams['xtick.labelsize'] = 14
         plt.rcParams['ytick.labelsize'] = 14

In [36]: plt.close('all')
```

그래프에서 한글이 깨져 보이는 경우 다음과 같이 PC에 설치된 한글 폰트 중 하나를 지정해야 한다.

```
In [37]: from matplotlib import font_manager, rc
         font_name = font_manager.FontProperties(fname='C:/Windows/Fonts/malgun.ttf').get_name()
         rc('font', family=font_name)
```

각 구별 1인당 CCTV 설치 비율을 수평 막대그래프로 그린다.

```
In [38]: merged['1인당CCTV비율'].plot(kind='barh', figsize=(10, 7))
         plt.show()
```

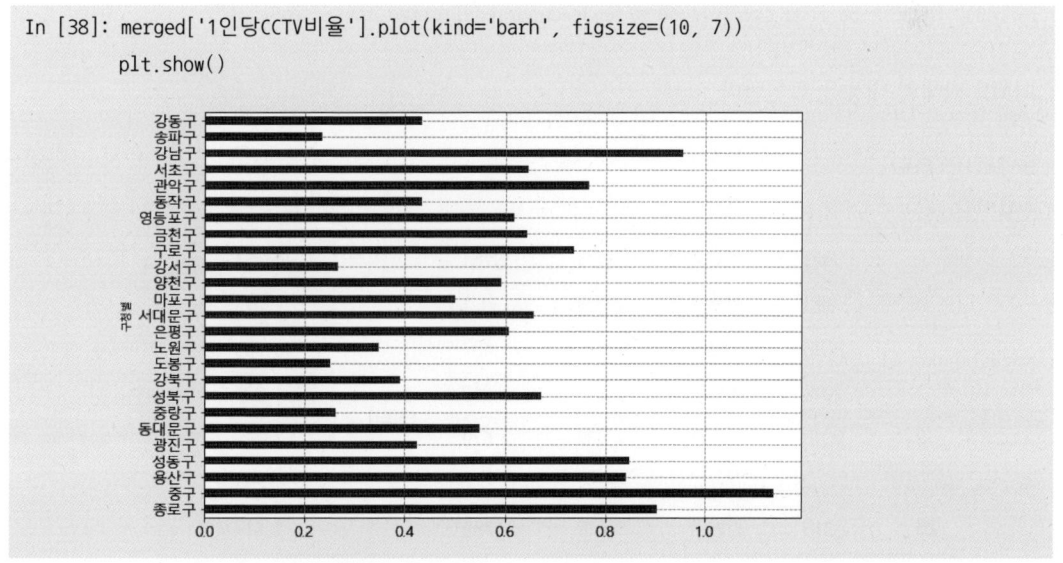

08 _ 빅데이터 분석 545

구별 1인당 CCTV 설치 비율을 알기 쉽도록 내림차순으로 정렬하여 수평 막대그래프로 그린다. 그 래프를 보면 중구, 강남구, 종로구 순으로 1인당 CCTV 설치 비율이 높은 것을 확인할 수 있다.

```
In [39]: merged['1인당CCTV비율'].sort_values().plot(kind='barh', grid=True, figsize=(10, 7))
         plt.show()
```

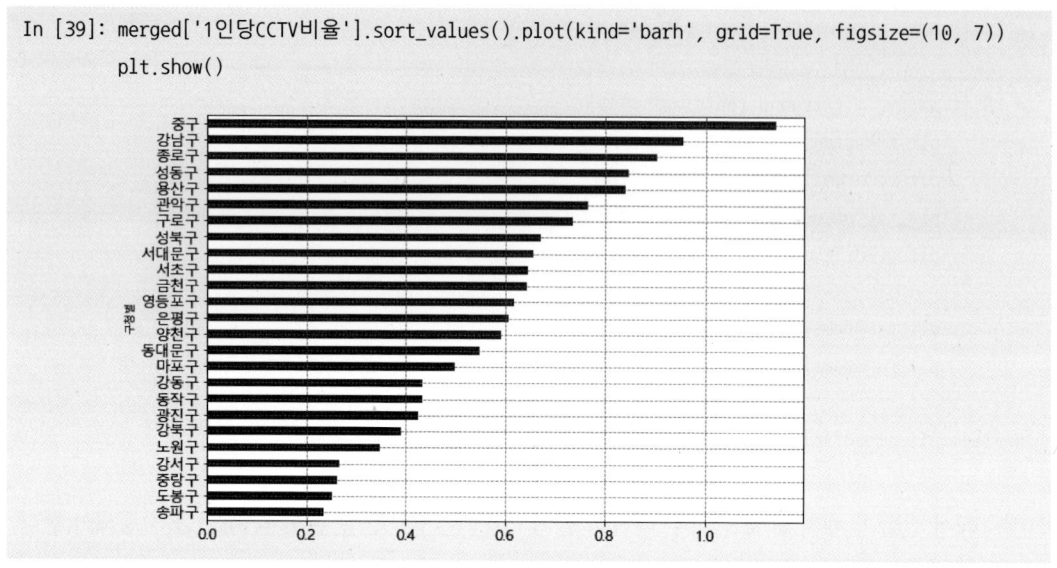

8.1.3 구별 CCTV 설치 대비 범죄율 상관관계 분석

다음으로 '서울시 5대범죄 발생현황 통계' 데이터를 읽는다. 예제에서는 sep 인수의 값에 '\t'를 적용하는데 이는 CSV 파일 본문에 탭 문자 '\t'가 사용되었기 때문이다.

```
In [40]: CRIME = pd.read_csv('C:/Users/jchae/data/seoul_crime.csv', sep='\t')
```

CRIME 객체의 내용을 확인한다.

```
In [41]: CRIME
Out[41]:
```

	기간	자치구	합계	합계.1		폭력.1
0	기간	자치구	발생	검거		검거
1	2018	합계	101,948	74,487		48,389
2	2018	종로구	3,690	3,913	(중략)	1,830
3	2018	중구	4,030	2,679		1,719
26	2018	강동구	3,919	2,789		1,817

분석에 필요한 자치구, 합계, 합계.1을 제외한 모든 열을 삭제하고 1, 2행도 삭제한다.

```
In [42]: CRIME = CRIME.iloc[2:, 1:4]

In [43]: CRIME.head()
Out[43]:
         자치구    합계     합계.1
    2    종로구   3,690   3,913
    3    중구    4,030   2,679
    4    용산구   3,411   2,543
    5    성동구   2,457   1,787
    6    광진구   3,915   2,789
```

열 라벨 이름을 변경하고 구청별 열 라벨을 행의 인덱스로 처리한다.

```
In [44]: CRIME.columns = pd.Index(['구청별', '범죄건', '검거건'])

In [45]: CRIME.set_index('구청별', inplace=True)

In [46]: CRIME.head(3)
Out[46]:
              범죄건    검거건
    구청별
    종로구      3,690   3,913
    중구       4,030   2,679
    용산구      3,411   2,543
```

범죄 검거율을 열에 추가한다. 검거율을 계산하려면 데이터 세트의 요소가 정수나 실수여야 하는데 CRIME 객체가 쉼표를 포함하는 수치이므로 다음과 같이 처리한다.

```
In [47]: CRIME = CRIME.apply(lambda x: x.str.replace(',','').apply(pd.to_numeric))

In [48]: CRIME['검거율'] = CRIME['검거건']/CRIME['범죄건'] * 100
```

CRIME 객체를 확인한다.

```
In [49]: CRIME
Out[49]:
```

구청별	범죄건	검거건	검거율
종로구	3690	3913	106.043360
중구	4030	2679	66.476427
용산구	3411	2543	74.552917
(중략)			
강동구	3919	2789	71.166114

In [31]의 merged 객체와 In [49]의 CRIME 객체를 결합한다.

```
In [50]: merged1 = pd.concat([merged, CRIME], axis=1)

In [51]: merged1
Out[51]:
```

구청별	총인구		1인당CCTV비율	범죄건	검거건	검거율
종로구	163026		0.902310	3690	3913	106.043360
중구	135633	(중략)	1.138366	4030	2679	66.476427
용산구	245090		0.841732	3411	2543	74.552917
(중략)						
강동구	431920		0.435034	3919	2789	71.166114

이제 서울시 구별 총 CCTV 설치 수인 소계와 범죄건 그리고 검거건의 상관관계를 살펴본다. 분석 결과를 보면 소계와 범죄건 그리고 검거건의 상관관계는 유의미하다. 즉 범죄가 많이 발생할수록 CCTV를 더 많이 설치했고 검거율도 향상되었음을 알 수 있다.

다음으로 소계에 대한 검거건과 범죄건의 각 산점도를 하나의 **figure**에 그린다. 상관관계가 있는 데이터를 산점도에 함께 나타내 그 현황을 분석함으로써 서울시 내 구별 CCTV 설치 계획에 도움이 될 데이터를 도출할 수 있다. 다음 예제에서 **axsub** 객체의 검거데이터 산점도 마커를 빨간색, 크기는 50, 범례는 '검거데이터'로 설정한다. 범죄데이터의 산점도 마커는 파란색, 크기는 30, 범례는 '범죄데이터'로 설정하고 **ax** 인수를 이용해 검거데이터 산점도와 중첩해 표시하도록 한다.

```
In [52]: plt.figure()
         axsub = merged1.plot.scatter(x='검거건', y='소계', color='red', s=50,
                                      label='검거데이터');
         merged1.plot.scatter(x='범죄건', y='소계', color='blue', label='범죄데이터', s=30,
                              ax=axsub);
         plt.xlabel('검거건/범죄건')
         plt.show()
         <Figure size 432x288 with 0 Axes>
```

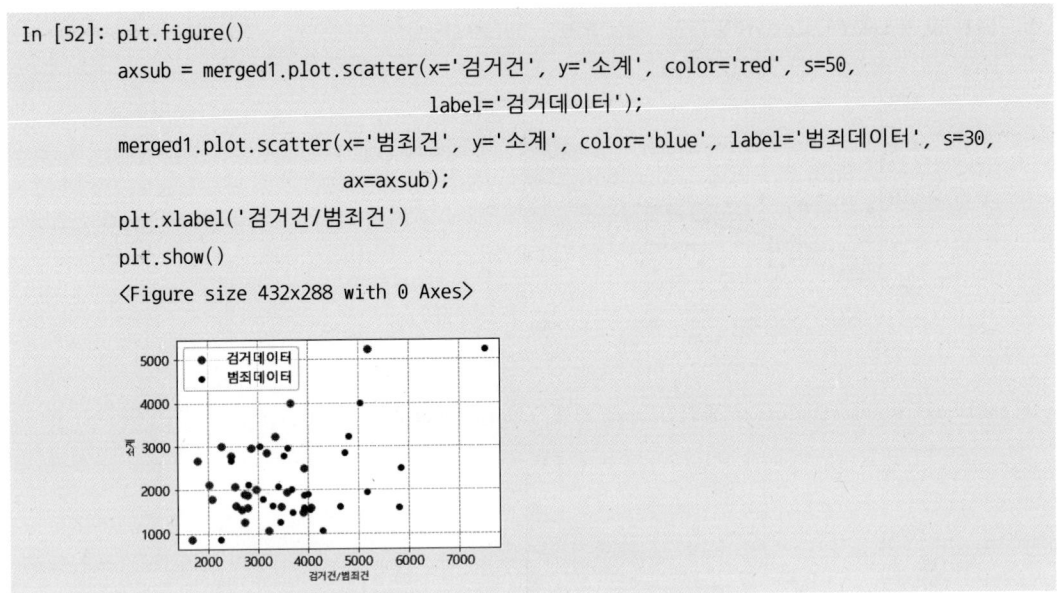

CCTV 소계와 검거건/범죄건의 관련성을 총인구를 포함하는 그래프로 그릴 수 있다. 그래프를 보면 총인구수와는 커다란 상관관계가 없음을 알 수 있다.

```
In [53]: sns.relplot(x='검거건', y='소계', size='총인구', data=merged1)
         plt.show()
```

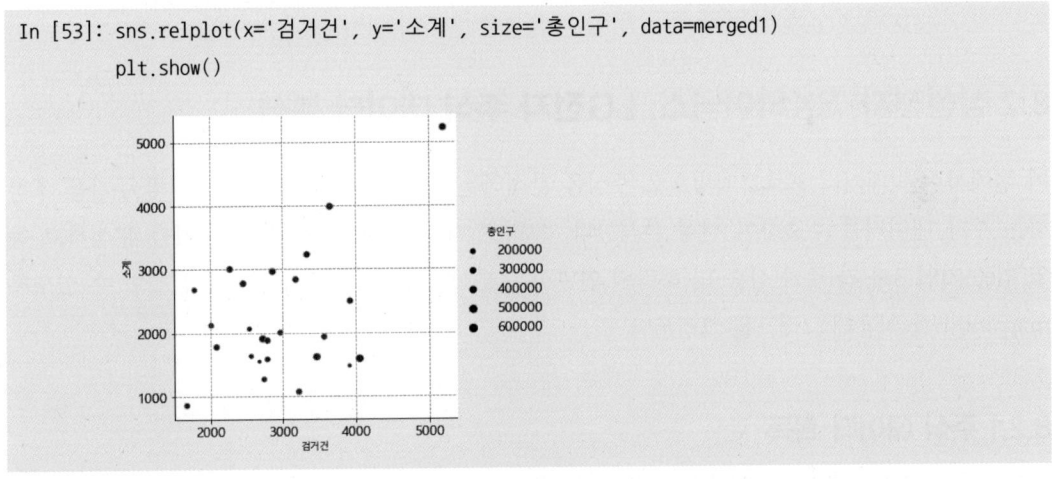

마지막으로 regplot() 함수를 소계와 검거건, 범죄건에 각각 적용한다. regplot 함수는 회귀로 이루어진 선형 관계를 시각화하며 2개 변수에 대한 산점도를 회귀 모델에 구현한다. 이 함수는 양적 변수 사이에서 상관관계를 분석하고 시각화를 통해 상관관계를 빠르고 쉽게 탐색한다. 다음 예제에서는 데이터프레임 객체 merged1에서 설정한 2개 변수 검거건과 소계 사이의 관계를 그래프로 나타낸다. 그래프의 음영은 데이터의 신뢰 구간을 나타낸다.

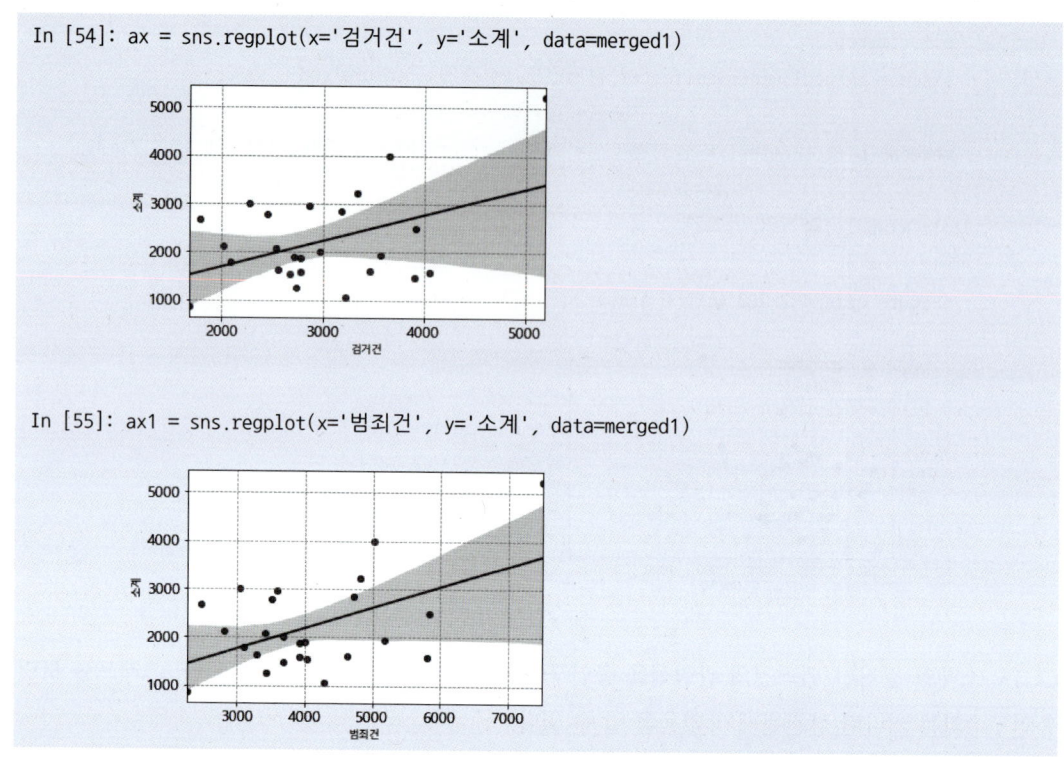

8.2 삼성전자, SK하이닉스, LG전자 주식 데이터 분석

이 절에서는 빅데이터 프로그래밍으로 주식을 분석하는 방법을 설명한다. 이를 위해 주가를 포착하는 주가 데이터를 추출하여 선형 분석한다. 그리고 다양한 전처리를 통해 주가를 분석하고 동일 업종 기업 3사 간 주가 상승 및 하락의 연관성을 분석한다. 또한 주가 분석을 통찰할 수 있도록 matplotlib을 이용해 그래프를 그려본다.

8.2.1 주식 데이터 획득

주식 데이터에 접근하기 위해 국내 증권사 API를 이용하는 방법도 있지만 이 책에서는 국내외 주식 데이터를 제공하는 판다스의 **pandas-datareader 라이브러리**를 사용한다. 먼저 pandas-datareader를 사용하기 위해 필요한 패키지를 설치한다.

```
In [1]: pip install pandas-datareader
```

```
In [2]: import pandas as pd
        import numpy as np
        import pandas_datareader.data as web
        import matplotlib.pyplot as plt
        from datetime import datetime
```

삼성전자를 중심으로 동종 기업인 LG전자, SK하이닉스의 주가를 분석한다. 삼성전자가 주가를 분할 상장한 2018년 5월 4일을 시작일로, 2021년 1월 5일을 종료일로 설정했다.

```
In [3]: start = datetime(2018, 5, 4)
        end = datetime(2021, 1, 5)
```

삼성전자, LG전자, SK하이닉스의 주가 데이터를 얻기 위해 야후(Yahoo)에서 제공하는 API를 사용한다.

```
In [4]: ss = web.DataReader('005930.KS', 'yahoo', start, end)
        lg = web.DataReader('066570.KS', 'yahoo', start, end)
        sk = web.DataReader('000660.KS', 'yahoo', start, end)
```

먼저 삼성전자의 주가를 확인한다.

```
In [5]: ss.head(2)
Out[5]:
```

Date	High	Low	Open	(중략)	Adj Close
2018-05-04	53900.0	51800.0	53000.0		50660.105469
2018-05-08	53200.0	51900.0	52600.0		51343.382812

삼성전자 주가인 ss의 인덱스를 다음과 같이 확인한다.

```
In [6]: ss.index
Out[6]: DatetimeIndex(['2018-05-04', '2018-05-08', '2018-05-09', ..., '2021-01-05'],
                dtype='datetime64[ns]', name='Date', length=654, freq=None)
```

8.2.2 주가 현황 그래프 그리기

세 회사의 주가를 각각 막대그래프, 산점도, 선 그래프로 그린다.

```
In [7]: plt.figure(figsize=(18, 6))
        plt.subplot(131)
        plt.bar(lg.index, lg['Adj Close'], label='LG전자', color='blue', lw=2)
        plt.legend()

        plt.subplot(132)
        plt.scatter(ss.index, ss['Adj Close'], label='삼성전자', color='red', lw=2)
        plt.legend()

        plt.subplot(133)
        plt.plot(sk.index, sk['Adj Close'], label='SK하이닉스', color='orange', lw=2)
        plt.legend()

        plt.suptitle('세 개 회사의 주가 비교', fontsize=25)
        plt.show()
```

이제 **조정 종가(Adj Close)** 기준으로 3사 주가 데이터를 그래프로 그린다. 조정 종가는 기업에서 주식 분할, 배당, 배분 및 주주에게 제공된 권한 등을 반영해 수정한 진정한 주가다.

```
In [8]: ss['Adj Close'].plot(figsize=(10, 7), label='삼성전자', lw=2, color='red')
        lg['Adj Close'].plot(figsize=(10, 7), label='LG전자', lw=2, color='blue')
        sk['Adj Close'].plot(figsize=(10, 7), label='SK하이닉스', lw=2, color='orange')

        plt.legend()
        plt.show()
```

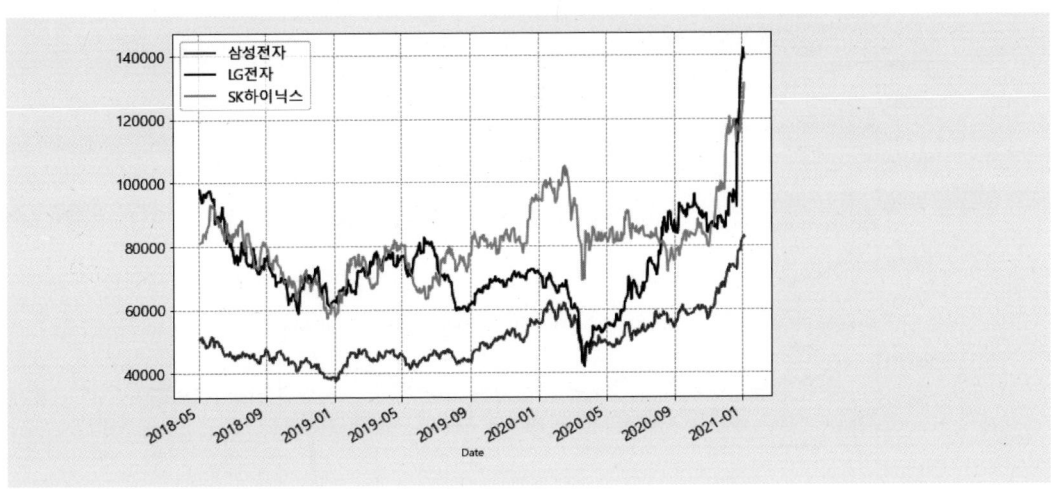

2019년 1월 15일부터 2021년 1월 5일까지의 SK하이닉스 주가를 확인하고 싶다면 다음과 같이 실행한다.

```
In [9]: sk.loc['2019-01-15': '2021-01-15', ['Adj Close']]
Out[9]:
```

Date	Adj Close
2019-01-15	64000.0
2019-01-16	64800.0
(중략)	
2021-01-15	131000.0

486 rows × 1 columns

LG전자 주가의 각 항목을 다음과 같이 하나의 그래프로 그릴 수 있다.

```
In [10]: lg.plot(subplots=True, layout=(6, 1), figsize=(10, 10), sharex=False)
         plt.show()
```

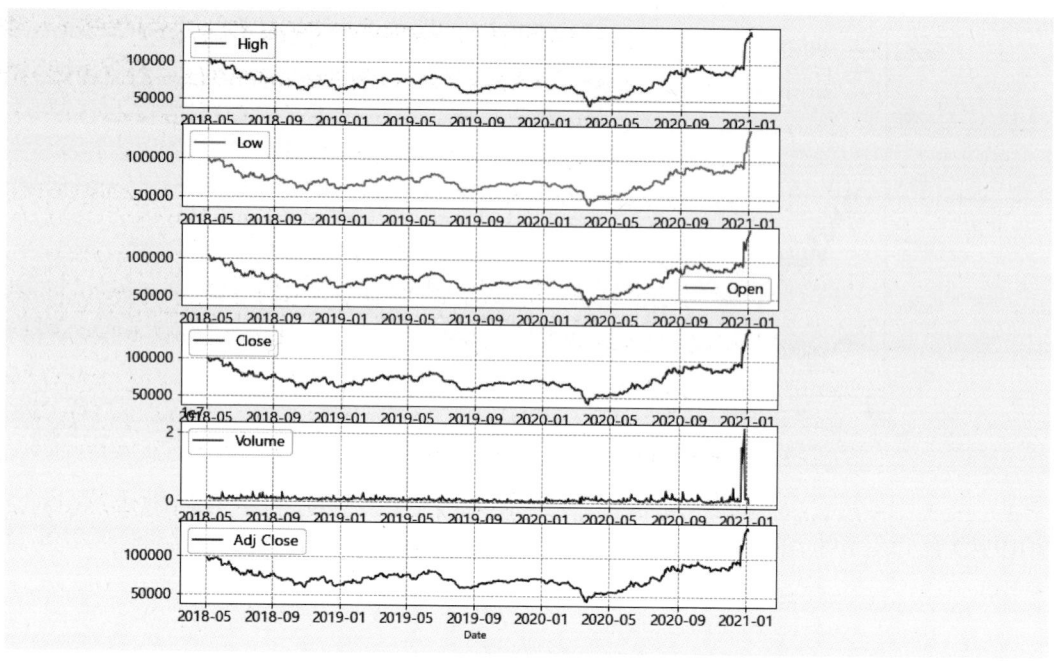

시계열 데이터인 주가는 변동성이 크기 때문에 추세와 패턴을 분석할 필요가 있다. 2018년 5월부터 2021년 1월까지의 주가를 월 단위로 리샘플링한 다음 평균을 계산하여 그래프를 그린다.

```
In [11]: ss['Adj Close'].resample('M').mean().plot(kind='bar', figsize=(10, 5))
         plt.show()
```

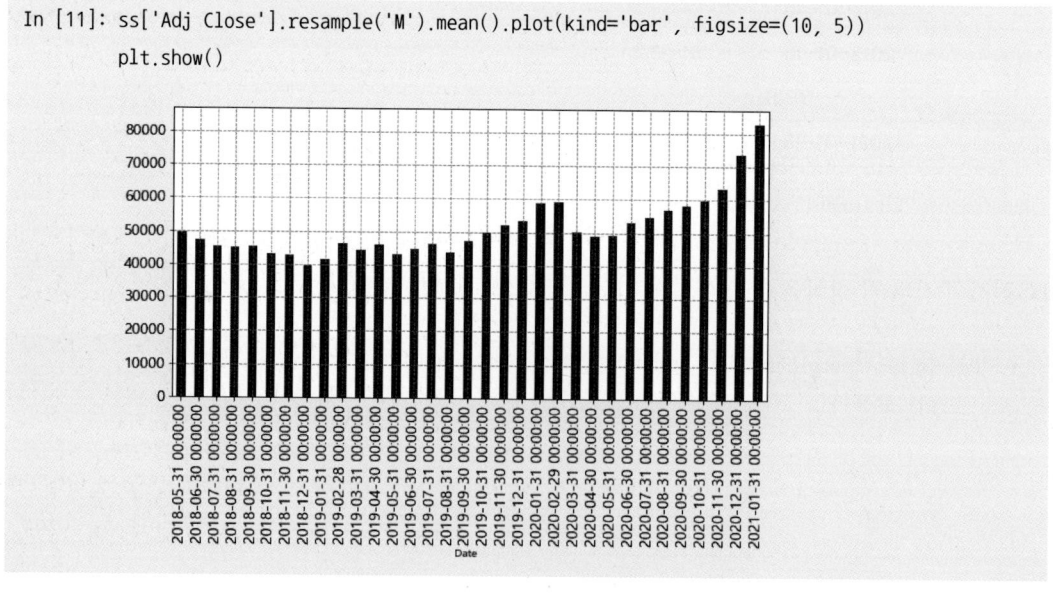

주가 변동률(change)은 전일 마지막 매매가와 현재 주가 간 비율이다. 따라서 전일 마지막 매매가를 표시하기 위해 ss_adj['Adj Close']에 shift( ) 함수를 적용하고 현재 주가로 나눈 후 로그를 취한다. 큰 스케일을 작게 만들어 해석을 용이하게 하기 위해 로그를 취한다.

```
In [12]: ss_adj = pd.DataFrame(ss['Adj Close'])

In [13]: ss_adj['change'] = np.log(ss_adj['Adj Close']/ss_adj['Adj Close'].shift())
```

삼성전자의 주가 변동률을 그래프로 나타낸다.

```
In [14]: plt.figure(figsize=(10, 7))
         plt.plot(ss_adj.change, lw=1)
         plt.show()
```

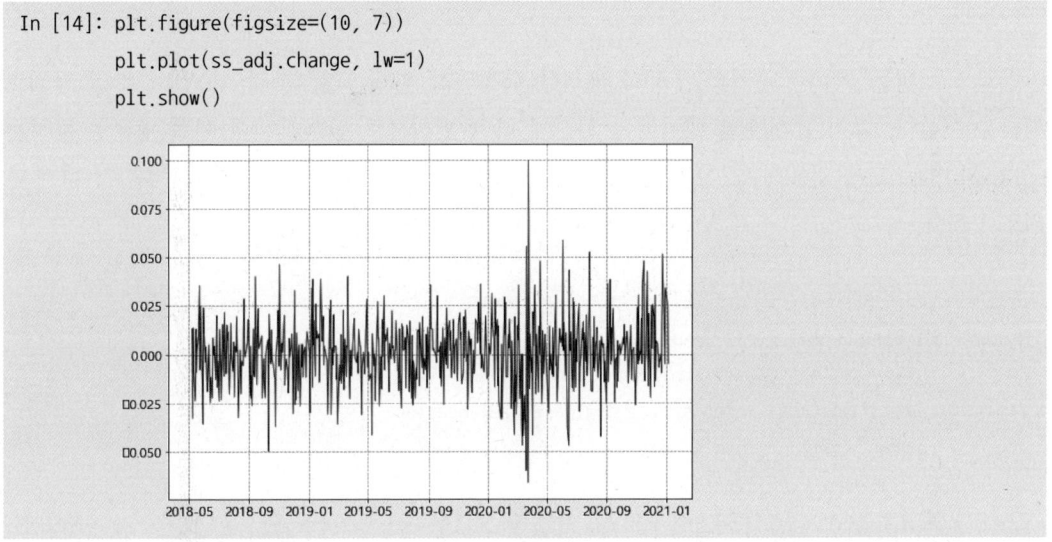

앞과 같은 변동률 그래프는 잡음성 그래프로써 분석하기 어렵기 때문에 **변동성(volatility)** 그래프로 변경하여 주가를 해석한다. 통계에서 변동성은 유가 증권이나 시장 지수의 수익을 분산하는 통계로 수익의 표준 편차 또는 분산을 뜻하며 일반적으로 변동성이 높을수록 안전성을 저해한다.

```
In [15]: ss_adj['volatility'] = ss_adj.change.rolling(20).std()
         ss_adj['volatility'].plot(figsize=(10, 7), lw=1)
         plt.show()
```

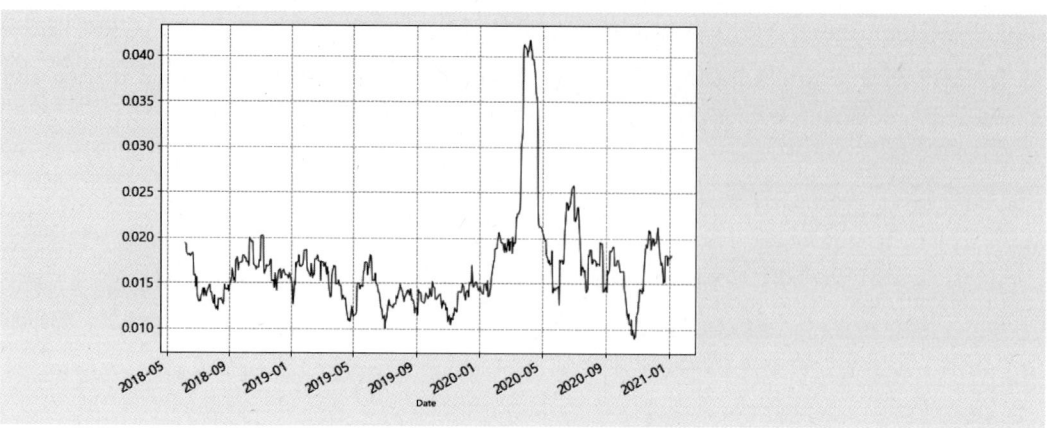

일반적으로 변동성이 큰 주가의 추세나 패턴을 측정하기 위해 5일, 20일, 60일, 120일 단위로 평균을 구한다. 그러나 시계열 데이터는 시간에 따라 변하므로 판다스에서 이동 평균을 구하는 **rolling( )** 메소드를 적용해 평균을 구한다. 다음 예제에서는 삼성전자의 주가 평균치를 각 기간 단위로 구한다.

```
In [16]: ra5 = ss['Adj Close'].rolling(window=5).mean()
         ra20 = ss['Adj Close'].rolling(window=20).mean()
         ra60 = ss['Adj Close'].rolling(window=60).mean()
         ra120 = ss['Adj Close'].rolling(window=120).mean()
         ra240 = ss['Adj Close'].rolling(window=240).mean()
```

삼성전자 주가의 이동 평균선 그래프를 그려 살펴보면 이동 평균선 앞부분이 표시되어 있지 않은 것을 확인할 수 있다. 240일 선을 예로 들면 239일 동안의 그래프가 공란으로 처리되므로 그만큼 생략되어 있다. 또한 2019년 10월부터 이동 평균선이 5일선, 20일선, 60일선으로 표현된 것을 볼 수 있는데 이것은 주식 투자자들이 선호하는 형태다.

```
In [17]: plt.figure(figsize=(10, 6))

         plt.plot(ss.index, ss['Adj Close'], label='Adj Close', lw=1.5)
         plt.plot(ss.index, ra5, label='5일선',   lw=1.5)
         plt.plot(ss.index, ra20, label='20일선',  lw=1.5)
         plt.plot(ss.index, ra60, label='60일선',  lw=1.5)
         plt.plot(ss.index, ra120, label='120일선', lw=1.5)
         plt.plot(ss.index, ra240, label='240일선', lw=1.5)
```

```
plt.legend(loc='best')
plt.show()
```

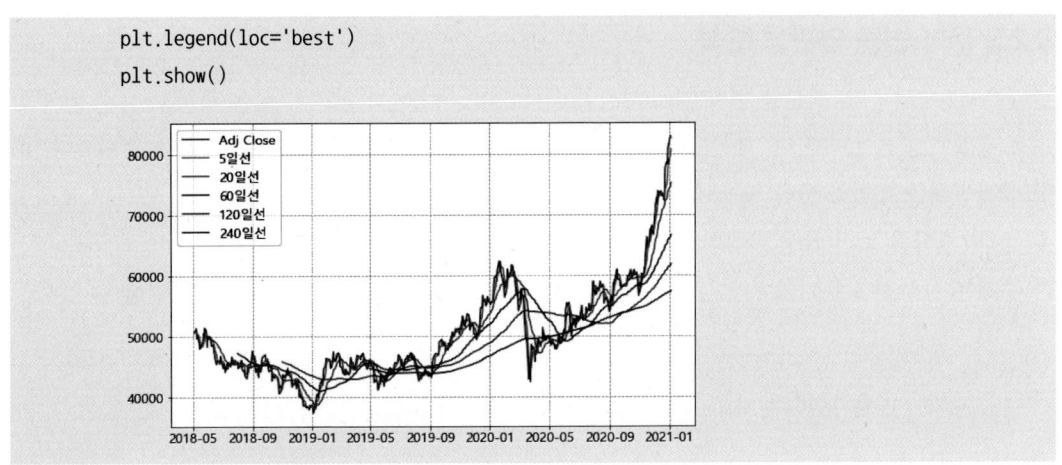

이제 삼성전자, LG전자, SK하이닉스 주가를 비교하고 분석하기 위해 3사 주가를 다음과 같이 확인한다.

```
In [18]: ss1 = web.DataReader('005930.KS', 'yahoo', start, end)
         lg1 = web.DataReader('066570.KS', 'yahoo', start, end)
         sk1 = web.DataReader('000660.KS', 'yahoo', start, end)

In [19]: ss1 = ss1['Adj Close']
         lg1 = lg1['Adj Close']
         sk1 = sk1['Adj Close']

In [20]: comp = pd.concat([ss1, lg1, sk1], axis=1)

In [21]: comp.columns = pd.Index(['삼성전자', 'LG전자', 'SK하이닉스'])

In [22]: comp
Out[22]:
```

Date	삼성전자	LG전자	SK하이닉스
2018-05-04	50660.105469	97788.742188	80928.453125
2018-05-08	51343.382812	93738.906250	81415.976562
2021-01-05	82400.000000	137000.000000	128500.000000

654 rows × 3 columns

8.2.3 주가 변동 연관성 분석

판다스로 3사 주식의 **백분율 변화량(percentage change)**을 이용해 수익률을 구하고 상관 분석 함수로 경쟁 상황을 분석한다. 백분율 변화량으로 전일 대비 가격 변화를 확인해 수익을 정의한다. 또한 상관관계를 분석하면 한 회사의 주가가 다른 회사의 주가에 서로 어떻게 연관성이 있는지 분석할 수 있다. 결과를 보면 삼성전자와 SK하이닉스 주가의 관련성이 높은 것을 알 수 있다. 그리고 LG전자 주가는 삼성전자 주가와 관련성이 높지만 SK하이닉스 주가와 관련성이 낮음을 확인할 수 있다.

```
In [23]: pctcomp = comp.pct_change()
         corr = pctcomp.corr()

In [24]: corr
Out[24]:
```

	삼성전자	LG전자	SK하이닉스
삼성전자	1.000000	0.349661	0.714140
LG전자	0.349661	1.000000	0.289878
SK하이닉스	0.714140	0.289878	1.000000

다음으로 삼성전자와 SK하이닉스의 수익 분포를 산점도를 그려 확인한다. 그래프 x축 좌표에서 0을 기준으로 왼편이 마이너스(-)여야 하지만 □로 표시된 것은 1절의 In [37]과 같이 한글 폰트를 추가할 때 나타나는 충돌 현상으로 일종의 오류이며 이후 버전에서 해결되길 기대한다.

```
In [25]: plt.figure(figsize=(10, 7))
         plt.scatter(pctcomp.삼성전자, pctcomp.SK하이닉스)
         plt.xlabel('삼성전자 수익', fontsize=15)
         plt.ylabel('SK하이닉스 수익', fontsize=15)
         plt.grid()
         plt.show()
```

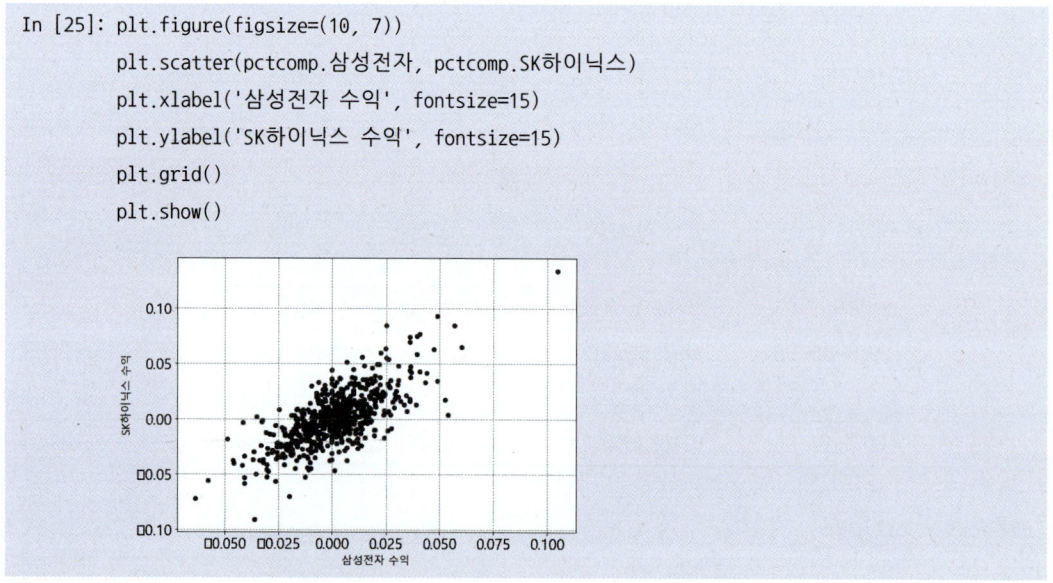

LG전자와 SK하이닉스의 수익 분포를 확인하기 위해 산점도 그래프를 그린다.

```
In [26]: plt.figure(figsize=(10, 7))
         plt.scatter(pctcomp.LG전자, pctcomp.SK하이닉스)
         plt.xlabel('LG전자 수익')
         plt.ylabel('SK하이닉스 수익')
         plt.show()
```

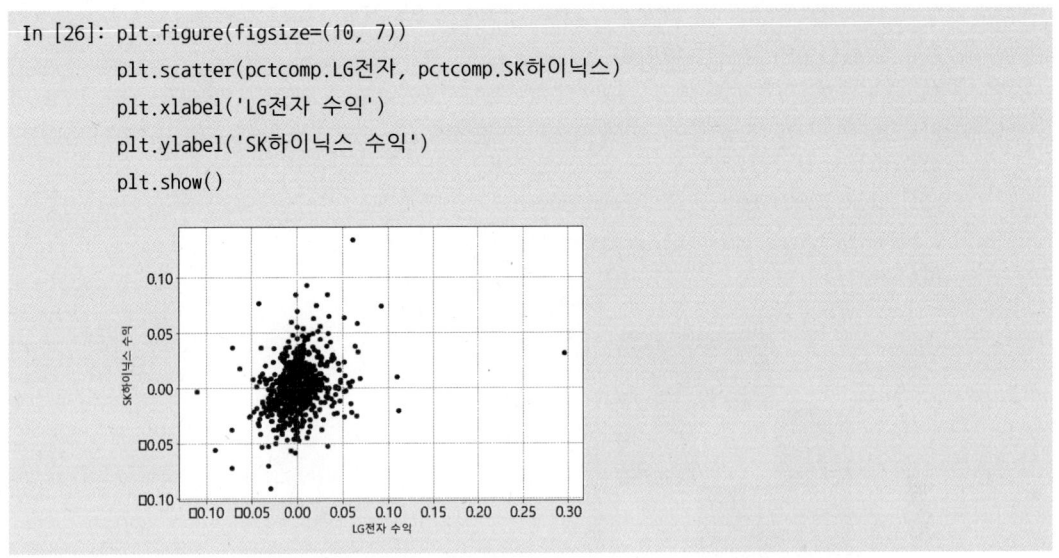

대부분의 경우 삼성전자의 수익이 높으면 SK하이닉스의 수익이 높음을 그래프로 확인했다. 다음으로 3사 간 상관관계를 시각화하기 위해 **scatter_matrix**를 적용하고 대각선 지점에서 커널 밀도 추정을 실행한다. 대각선의 커널 밀도 추정은 어떤 변수의 확률 분포를 평가하는 방법으로써 한정된 데이터 샘플을 기반으로 모집단에 대한 추론이 이루어지는 기본적인 데이터 평활화다.

```
In [27]: scat = pd.plotting.scatter_matrix(pctcomp, diagonal='kde')
         for ax in scat.ravel():
             ax.set_xlabel(ax.get_xlabel(), fontsize=14)
             ax.set_ylabel(ax.get_ylabel(), fontsize=14)
             ax.tick_params(labelsize=14)
         plt.show()
```

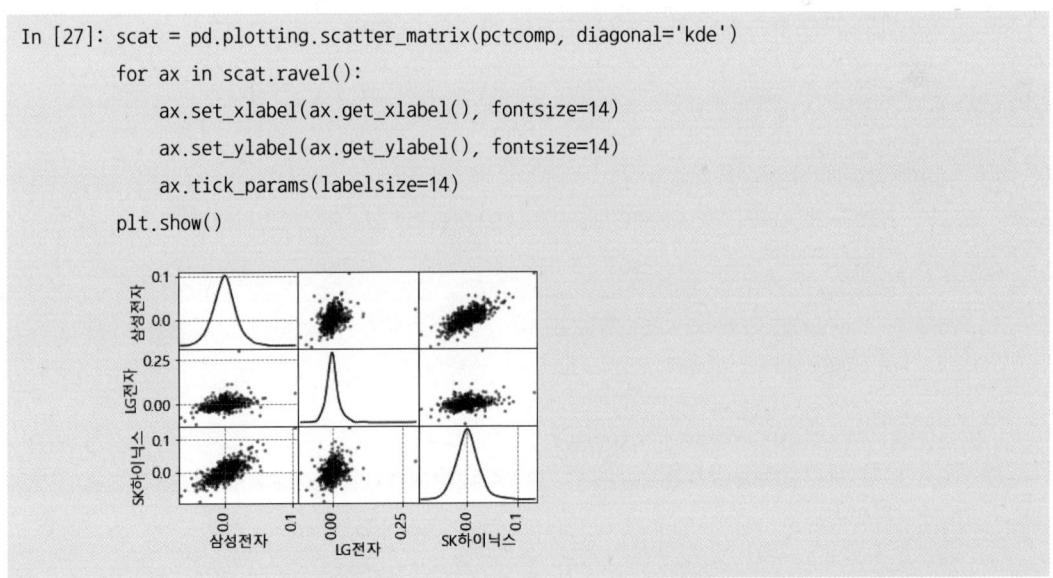

지금까지 삼성전자, LG전자, SK하이닉스 3사 주가에 대한 상관관계 분포를 살펴봤다. 양수의 상관관계를 살펴보려면 일반적으로 다음과 같이 **열 지도(heat map)**를 사용한다. 열 지도에서 색상이 옅을수록 주식 간 관련성이 크다는 의미이다.

```
In [28]: plt.imshow(corr, cmap='hot', interpolation='none')
         plt.colorbar()
         plt.xticks(range(len(corr)), corr.columns)
         plt.yticks(range(len(corr)), corr.columns)
         plt.show()
```

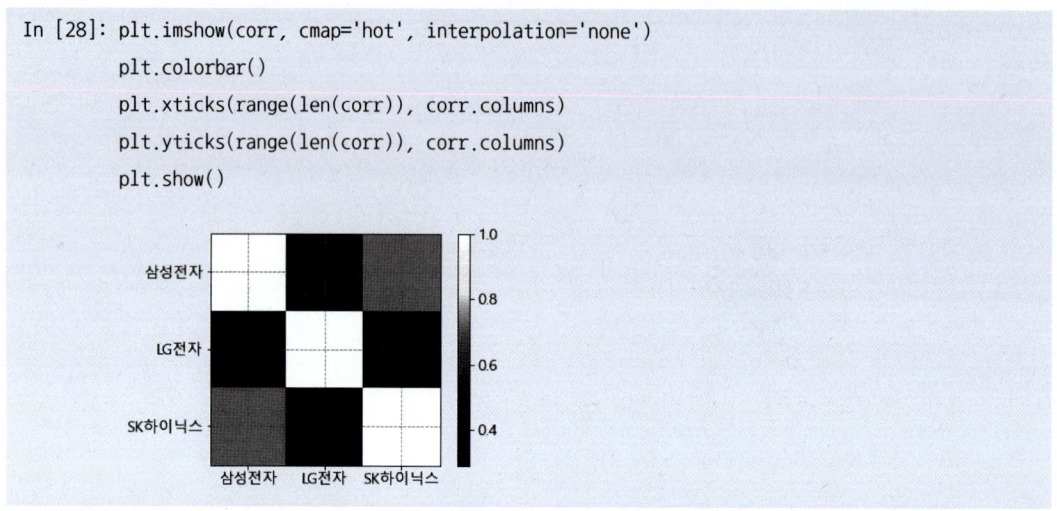

산점도와 열 지도로 3사 주가의 상관관계를 살펴본 결과 삼성전자와 SK하이닉스는 높은 상관관계에 있음을, LG전자와 SK하이닉스는 낮은 상관관계에 있음을 확인할 수 있다.

이번에는 이 회사들의 주가 하락 위험도와 기대 수익을 확인한다. 이 경우 pctcomp의 평균을 기대 수익으로 설정하고 표준 편차를 주가 하락 위험도로 해석할 수 있다.

```
In [29]: plt.scatter(pctcomp.mean(), pctcomp.std())
         plt.xlabel('기대수익')
         plt.ylabel('위험도')
         for label, x, y in zip(pctcomp.columns, pctcomp.mean(), pctcomp.std()):
             plt.annotate(
                 label,
                 xy=(x,y), xytext=(25,-25),
                 textcoords='offset points',
                 horizontalalignment='right',
                 verticalalignment='bottom',
                 bbox=dict(boxstyle='square', pad=0.5, fc='yellow', alpha=0.5))
         plt.show()
```

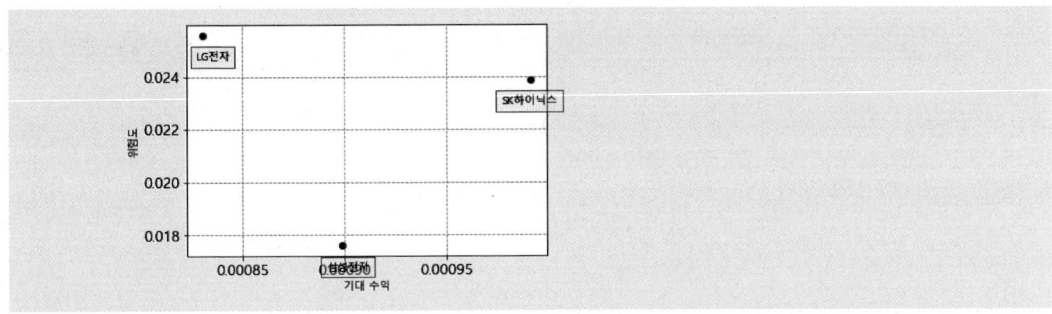

분석 결과를 살펴보면 SK하이닉스, 삼성전자, LG전자 순으로 기대 수익이 높음을 알 수 있다. 그리고 LG전자, SK하이닉스, 삼성전자 순으로 주가 하락 위험도가 높다. 이러한 데이터 분석을 통해 주식 투자에 대한 통찰력을 얻을 수 있다.

다음은 삼성전자 주가 예측을 위해 인공지능을 적용하는 예제다. 인공지능에 주가를 학습시킬 때 주가 데이터를 학습 데이터와 시험 데이터로 나눈다. 2019년까지의 주가 데이터로 모델링하고 2020년 주가 데이터를 활용하여 검증할 때 2019년까지의 데이터를 학습 데이터인 train_st, 2020년 데이터를 시험 데이터인 test_st로 분리한다.

```
In [30]: train_date = '2019-12-31'
         ss['Date'] = ss.index
         ss['Date'] = pd.to_datetime(ss['Date'])

         mask1 = (ss['Date'] <= train_date)
         train_st = ss[mask1]
         mask2 = (ss['Date'] > train_date)
         test_st = ss[mask2]
```

학습 데이터는 다음과 같다.

```
In [31]: train_st
Out[31]:
```

Date	High	Low	Open	Date
2018-05-04	53900.0	51800.0	53000.0	2018-05-04
2018-05-08	53200.0	51900.0	52600.0	2018-05-08
(중략)				

		High	Low	Open	
2019-12-30		56600.0	55700.0	56200.0	2019-12-30

404 rows x 7 columns

시험 데이터는 다음과 같다.

```
In [32]: test_st
Out[32]:
```

Date	High	Low	Open	Date
2020-01-02	56000.0	55000.0	55500.0	2020-01-02
2020-01-03	56600.0	54900.0	56000.0	2020-01-03
(중략)				
2020-01-05	83900.0	81600.0	81600.0	2021-01-05

250 rows × 7 columns

8.3 국제 축구 경기 결과 분석

이 절에서는 1872년부터 2018년까지 전 세계에서 개최된 국제 축구 대회 데이터를 분석한다. 이 기간 동안의 경기 결과 데이터 세트로 전처리를 수행한다. 또한 6년간 대한민국 축구팀 경기 결과를 다양하게 분석해 그래프를 그림으로써 깊이 있는 통찰을 제공한다.

8.3.1 데이터 전처리

먼저 데이터 세트를 분석하는 데 필요한 모듈을 임포트한다. wordcloud 모듈은 아나콘다에 포함되어 있지 않으므로 별도로 설치해야 한다. 따라서 다음과 같이 'pip install wordcloud' 명령어로 모듈을 설치한 후 임포트한다.

```
In [1]: pip install wordcloud

In [2]: import pandas as pd
        import numpy as np
        import matplotlib.pyplot as plt
```

```
import seaborn as sns
from wordcloud import WordCloud, ImageColorGenerator
```

다운로드한 soccer.csv 예제 데이터를 PC에 저장한 후 데이터 세트를 다음과 같이 읽어 들인다. 독자에 따라 파일 저장 경로를 다르게 설정했을 수 있으므로 해당 경로를 입력한다.

```
In [3]: df = pd.read_csv('C:/Users/jchae/data/soccer.csv')

In [4]: df.head(2)
Out[4]:
```

	Date	home_team	away_team	home_score		neutral
0	1872-11-30	Scotland	England	0	(중략)	False
1	1873-03-08	England	Scotland	4		False

데이터 요솟값에 Null 값이 있는지 확인한다.

```
In [5]: df.isnull().values.any()
Out[5]: False
```

df 객체의 열 라벨 요솟값의 데이터 타입을 확인한다.

```
In [6]: df.dtypes
Out[6]: date           object
        home_team      object
        away_team      object
        home_score     int64
        away_score     int64
        tournament     object
        city           object
        country        object
        neutral        bool
        dtype: object
```

데이터 중 날짜를 나타내는 date의 타입이 object이므로 datetime64[ns]로 변경한다. 다음 예제에서 사용한 방법 외에도 **df.astype({'date': 'datetime64[ns]'})**를 사용해 데이터 타입을 변경할 수 있다.

```
In [7]: df.date = pd.to_datetime(df.date)

In [8]: df.dtypes
Out[8]: date            datetime64[ns]
        home_team               object
        (중략)
        dtype: object
```

date를 중심으로 내림차순으로 정렬한다. inplace의 기본값이 True이기 때문에 df 값이 다시 오름차순으로 복구되므로 저장하려면 인수 **inplace=True**를 설정한다.

```
In [9]: df.sort_values(by='date', ascending=False)
Out[9]:
```

	Date	home_team	away_team		neutral
41539	2019-11-19	Lebanon	North Korea	(중략)	False
0	1872-11-30	Scotland	England		False

41540 rows × 9 columns

다음과 같이 홈경기와 원정 경기의 득점 합과 득점 차 결과 항목을 열에 추가한다.

```
In [10]: df['score_sum'] = df.home_score + df.away_score

In [11]: df['score_diff'] = abs(df.home_score - df.away_score)

In [12]: df
Out[12]:
```

	Date	home_team		score_sum	score_diff
0	1872-11-30	Scotland		0	0
1	1873-03-08	England	(중략)	6	2
41539	2019-11-19	Lebanon		0	0

41540 rows × 11 columns

이번에는 수치 요소로 이루어진 열 라벨 사이의 상관관계를 열 지도로 확인해본다. 이는 수치 데이터로 이루어진 데이터프레임의 행과 열의 상관관계를 열 지도로 표현하는 것이다. **annot=True**면 열 지도에 텍스트를 표시한다.

```
In [13]: sns.set(font_scale=1.4)
         sns.heatmap(df.corr(), annot=True)
         plt.show()
```

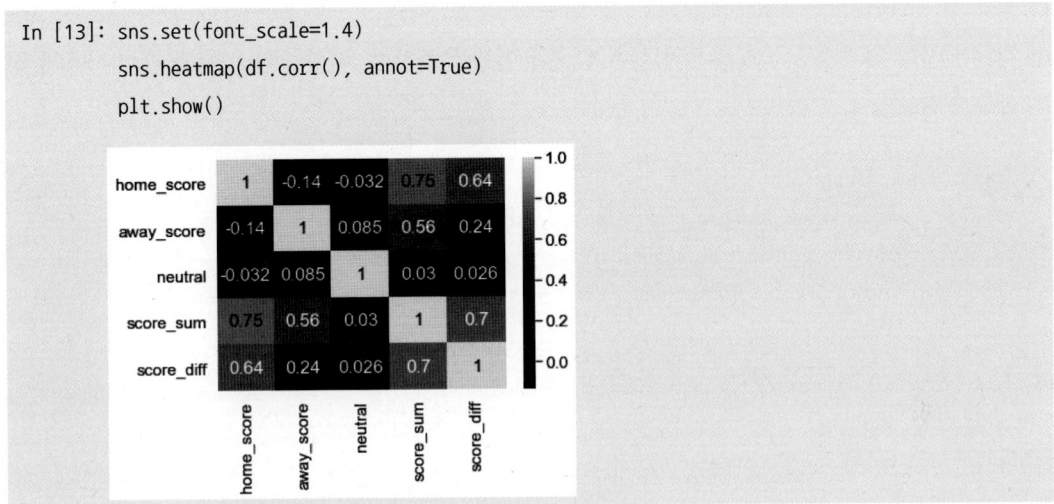

df 객체의 행과 열 라벨의 인덱스를 확인한다.

```
In [14]: df.columns
Out[14]: Index(['date', 'home_team', 'away_team', 'home_score', 'away_score', 'tournament',
                'city', 'country','neutral', 'total_score', 'diff_socre'],
              dtype='object')

In [15]: df.index
Out[15]: RangeIndex(start=0, stop=41540, step=1)
```

home_score 열 라벨의 요약 통계를 데이터프레임으로 확인한다.

```
In [16]: df[['home_score']].describe()
Out[16]:
```

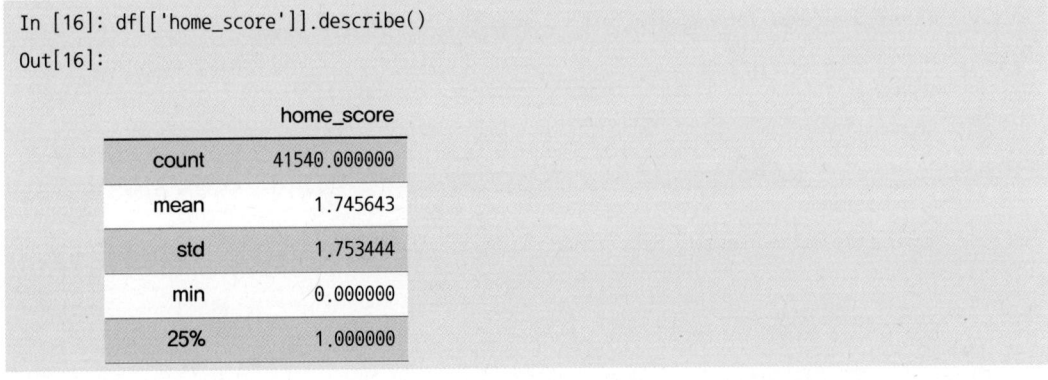

50%	1.000000
75%	2.000000
max	31.000000

df 객체에 시합 결과가 2-1과 같은 형식이 되도록 열을 추가한다. 이를 위해 다음과 같이 사용자 정의 함수를 적용한다.

```
In [17]: def formal_score(df):
             max_s = max(df.home_score, df.away_score)
             min_s = min(df.home_score, df.away_score)
             return '{}-{}'.format(max_s, min_s)

In [18]: df['formal_score'] = df.apply(formal_score, axis=1)

In [19]: df
Out[19]:
```

	Date	home_team		formal_score
0	1872-11-30	Scotland		0-0
1	1873-03-08	England	(중략)	4-2
41539	2019-11-19	Lebanon		0-0

41540 rows × 12 columns

8.3.2 경기 결과 분석 및 그래프 그리기

원정팀이 방문했던 경기에서 홈팀이 획득한 총 점수를 다음과 같이 계산한다.

```
In [20]: df.groupby('away_team')['home_score'].count()
Out[20]: away_team
         Abkhazia          10
         Afghanistan       71
                 (중략)
         Aland Islands     19
         Name: home_score, Length: 306, dtype: int64
```

away_team 객체에서 인덱스와 값을 각각 데이터프레임으로 구한다. away_ind는 원정팀의 국가명을 값으로 가진 데이터프레임이고 away_val은 각 원정팀에 대해 홈팀이 획득한 총 점수를 값으로 가진 데이터프레임이다.

```
In [21]: away_ind = pd.DataFrame(df.groupby('away_team')['home_score'].count().index)

In [22]: away_val = pd.DataFrame(df.groupby('away_team')['home_score'].count().values,
                      columns=['Value'])
```

away_ind와 away_val 객체를 결합하고 결과를 확인한다.

```
In [23]: home_total = pd.concat([away_ind, away_val], axis=1)

In [24]: home_total.head(2)
Out[24]:
```

	away_team	Value
0	Abkhazia	10
1	Afghanistan	71

편의상 데이터 세트의 모든 기간 동안 30개 원정팀이 방문해 실점한 경기 결과만 그래프로 그린다.

```
In [25]: plt.figure(figsize=(10, 7))
         home_total = home_total.sort_values(by='Value', ascending=False)
         sns.barplot(x=home_total.away_team[:30], y=home_total.Value[:30])
         plt.xticks(rotation=90)
         plt.show()
```

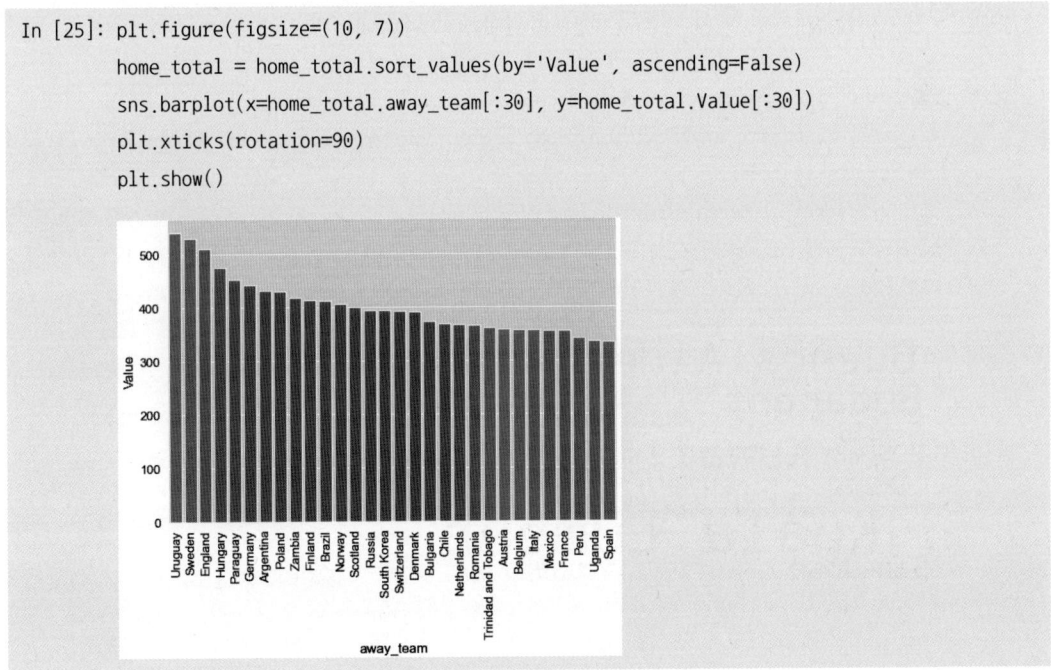

이제 파이썬의 wordcloud 라이브러리를 이용해 국제 축구 대회 종류를 워드 클라우드(word cloud) 형태로 분석해본다. 워드 클라우드 형태로 분석하면 대회 종류의 빈도수나 중요도에 따라 단어 크기를 다르게 표시한다. 이때 generate( )에 의해 군집 객체가 발생하고 **WordCloud( )**에 의해 객체를 생성한다. 예제에서는 wc라는 이름으로 tournament에서 시합 종류가 text 객체고 최대 30개 군집 단어로 구성된 객체를 생성했다. 또한 이 wc 객체를 워드 클라우드로 표현했다.

```
In [26]: text = " ".join(cups for cups in df.tournament)
         wc = WordCloud(max_words=30, background_color='white').generate(text)
         plt.figure(figsize=(10, 5))
         plt.imshow(wc, interpolation='bilinear')
         plt.axis('off')
         plt.show()
```

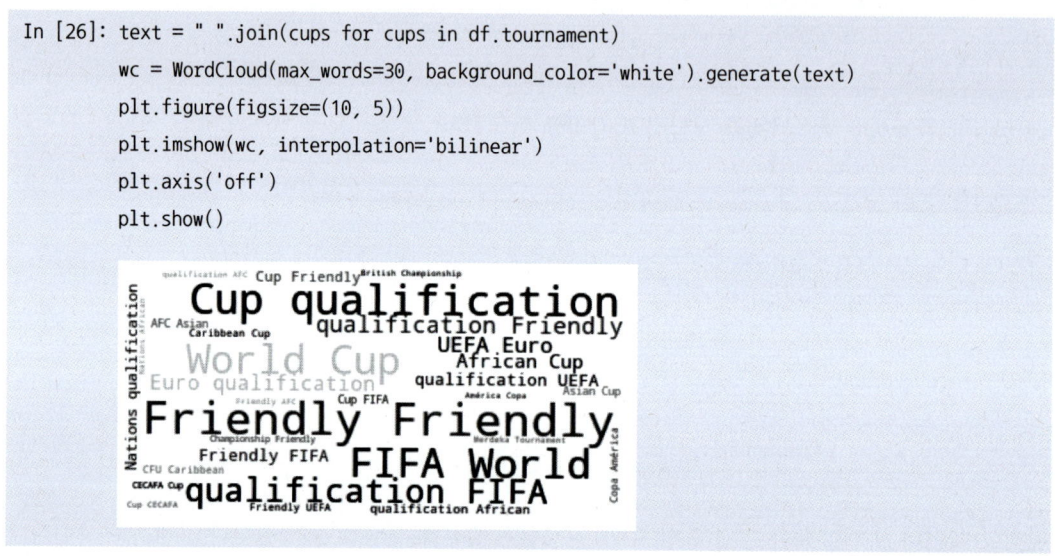

이번에는 국제 대회를 개최한 도시 이름을 워드 클라우드로 나타내본다.

```
In [27]: text1 = " ".join(each for each in df.city)
         wc1 = WordCloud(max_words=30, background_color='lightyellow').generate(text1)
         plt.figure(figsize=(10, 5))
         plt.imshow(wc1, interpolation='bilinear')
         plt.axis('off')
         plt.show()
```

다음으로 개최된 국제 축구 대회 종류와 종류별 개최 횟수를 알아본다.

```
In [28]: df.tournament.value_counts()
Out[28]: Friendly                        17036
         FIFA World Cup qualification     7236
                    (중략)
         Copa America qualification          2
         Name: tournament, Length:112, dtype: int64
```

국제 대회 개최 횟수를 기준으로 주요 10개 대회 종류와 개체 횟수를 그래프로 그린다.

```
In [29]: sns.barplot(x=df['tournament'].value_counts().index[:10],
                     y=df.tournament.value_counts().values[:10])
         plt.xticks(rotation=90)
         plt.ylabel('Total Held Number')
         plt.xlabel('Match Name')
         plt.title('Total match number held from 1872 to 2018')
         plt.show()
```

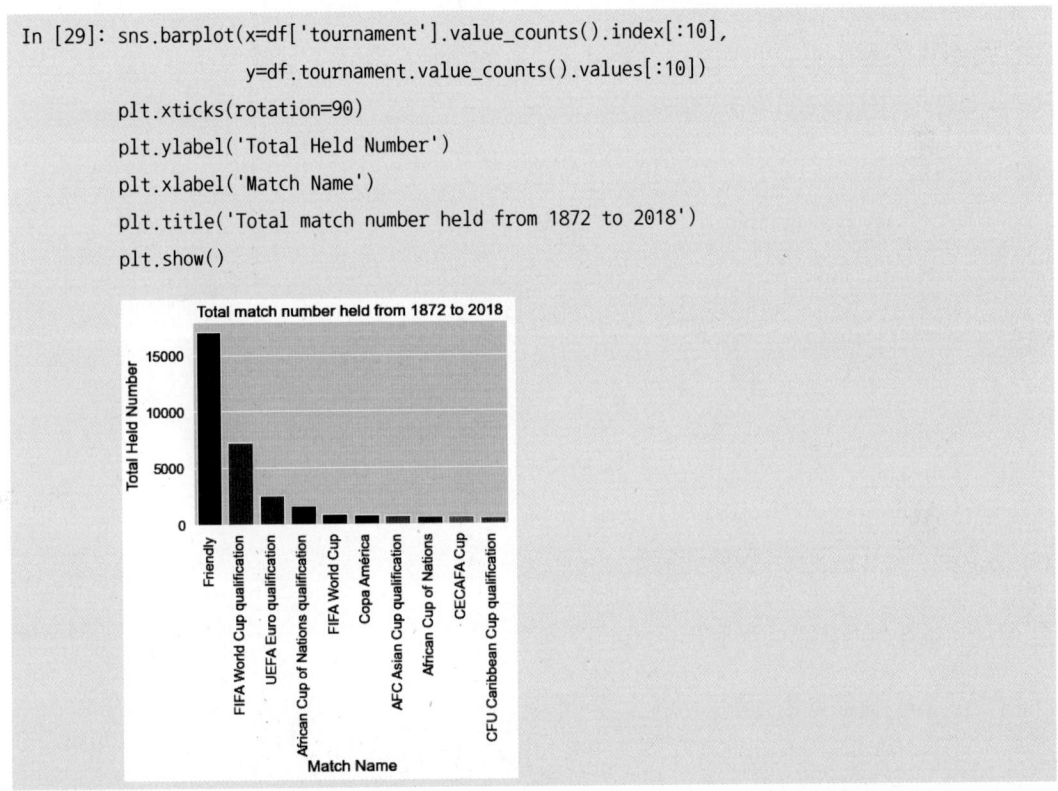

이번에는 홈팀 득점에 대한 원정팀 득점을 산점도로 그린다. 데이터에서 neutral은 제3국 개최 여부를 나타내며 neutral=True는 경기가 제3국에서 개최되었음을 의미한다. 그래프에서는 경기가 제3국과 홈에서 개최되었을 때 홈팀 및 원정팀의 득점과 실점 분포를 확인할 수 있다.

```
In [30]: sns.scatterplot(x='away_score', y='home_score', hue='neutral', data=df)
         plt.show()
```

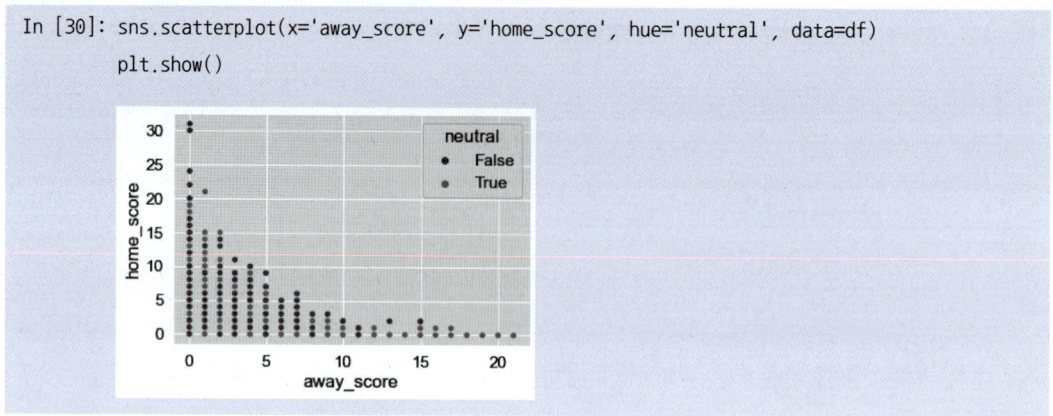

홈팀 기준 대회 참가 횟수가 많은 10개국 순서로 주요 10개 국제 축구 대회 참가 실적을 알아본다. 우리나라는 경기에 총 465회 참가했다.

```
In [31]: home_team_count = df['home_team'].value_counts()
         home_team_count = home_team_count.head(10)

In [32]: home_team_count
Out[32]: Brazil         568
         Argentina      548
                (중략)
         South Korea    465
         Hungary        453
         Italy          443
         Name: home_team, dtype: int64
```

앞 예제의 결과 그래프를 다음과 같이 그린다.

```
In [33]: plt.figure(figsize=(10, 7))
         sns.barplot(x=home_team_count.index, y=home_team_count.values)
         plt.xlabel('Country')
         plt.ylabel('Match Number')
         plt.xticks(rotation=90)
         plt.title("Major 10 countries' data")
         plt.show()
```

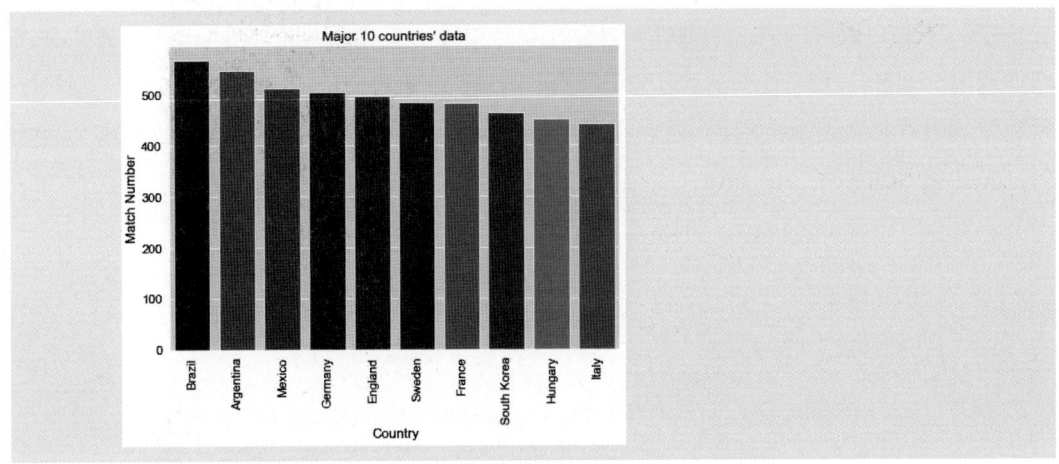

8.3.3 대한민국 축구 국가대표팀 경기 결과 분석

다음으로 대한민국 축구 국가대표팀의 경기 결과를 확인한다.

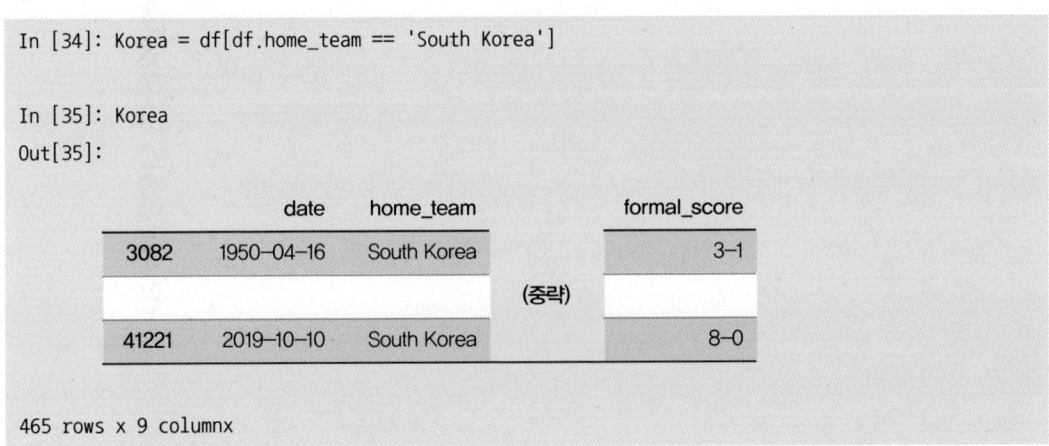

홈팀인 대한민국과 시합했던 국가들을 확인한다.

```
In [36]: all_away_team = Korea['away_team'].unique()

In [37]: all_away_team
Out[37]: array(['Chinese Taipei', 'Turkey', 'Philippines', 'Vietnam Republic', …, 'Georgia'],
         dtype=object)
```

대한민국 그리고 대한민국과 경기했던 국가들의 득점 합과 실점 합을 리스트로 나타내도록 다음 예제와 같이 작성한다. 예제를 살펴보면 모든 원정 국가인 all_away_team에서 어느 한 국가를 선택하고 그 국가가 Korea['away_team'] == team에 해당하는 경우 그 국가의 away_score를 얻는다. 이를 모든 줄에 실행하여 np.sum으로 합산한 다음 Away_team 객체의 리스트에 해당 국가의 합산 점수를 입력한다. Korea_team 객체도 같은 방식으로 연산한다.

```
In [38]: Away_team = []
         Korea_team = []
         for team in all_away_team:
             Away_team.append(np.sum(Korea[Korea['away_team'] == team].away_score))
             Korea_team.append(np.sum(Korea[Korea['away_team'] == team].home_score))
```

원정팀의 득점과 실점을 나타내는 Away_team의 리스트 배열을 확인한다.

```
In [39]: Away_team
Out[39]: [8,
          12,
          (중략)
          2]
```

대한민국팀의 득점과 실점을 나타내는 Korea_team의 리스트 배열을 확인한다.

```
In [40]: Korea_team
Out[40]: [25,
          4,
          (중략)
          2]
```

all_away_team, Away_team, Korea_team을 요소로 가지는 데이터프레임을 생성한다. 첫 번째 행은 대한민국을 방문한 109개 원정팀의 국가명이다. 두 번째 행은 대한민국팀이 해당 국가와 경기해 획득한 총 점수다. 세 번째 행은 원정팀이 획득한 점수다.

```
In [41]: frames = [all_away_team, Korea_team, Away_team]

In [42]: all_country = pd.DataFrame(frames)

In [43]: all_country
```

Out[43]:

	0	1	2		108
0	Chinese Taipei	Turkey	Philippines	(중략)	Georgia
1	25	4	11		2
2	8	12	0		2

3 rows × 109 columns

대한민국과 경기를 치른 각 국가별 득점 총합을 그래프에 나타낸다.

```
In [44]: fig, ax = plt.subplots(figsize=(20, 10))
         sns.pointplot(x=all_away_team, y=Korea_team, color='green', alpha=0.5)
         sns.pointplot(x=all_away_team, y=Away_team, color='red', alpha=0.5)
         ax.annotate('Korea team', xy=(13, 40), xytext=(18, 43), fontsize=20,
                     arrowprops=dict(facecolor='blue', shrink=0.05))
         ax.annotate('Away team', xy=(18, 18), xytext=(18 ,25), fontsize=20,
                     arrowprops=dict(facecolor='red', shrink=0.05))
         plt.xlabel('Country', fontsize=20, color='blue')
         plt.xticks(rotation=90)
         plt.ylabel('Scores', fontsize=20, color='blue')
         plt.title('Away Team Score vs Korea Team Score', fontsize=25, color='brown')
         plt.grid()
         plt.show()
```

대한민국 축구대표팀이 획득한 총 점수를 상대 국가별로 확인한다. 편의상 20개 상대 국가 결과만 확인한다.

```
In [45]: sns.barplot(x=all_away_team[:20], y=Korea_team[:20])
         plt.title('Korea team Score', fontsize=15)
         plt.xticks(rotation=90)
         plt.show()
```

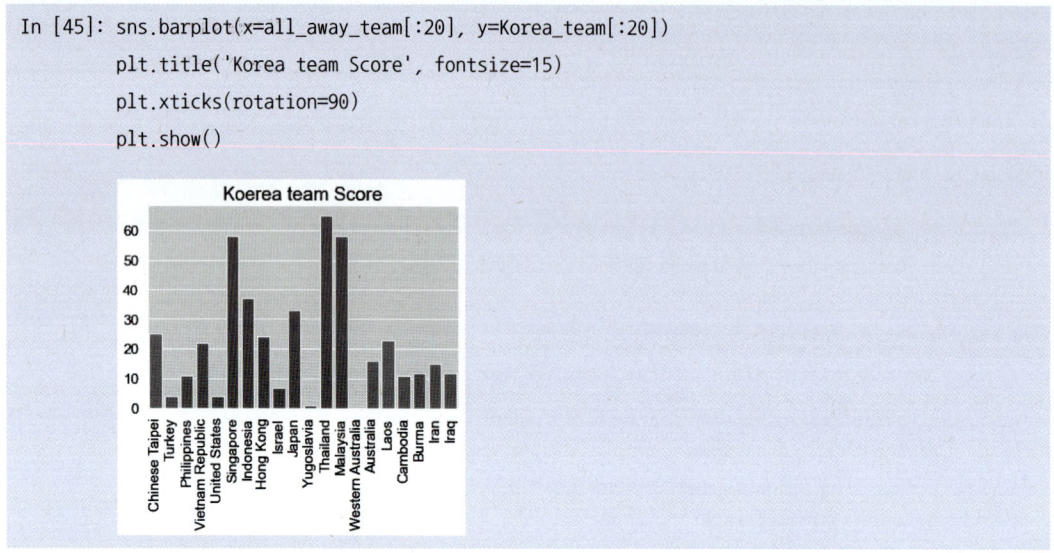

이제 2009년부터 2018년까지 홈팀 대한민국 축구대표팀과 원정팀 사이 경기에서 평균 득점을 계산한다. 대한민국 국가대표팀의 연도별 평균 득점을 구하려면 score_sum 대신에 home_score를 적용하면 된다.

```
In [46]: def avg_goal_per_year(year):
             match = (df.home_team == 'South Korea') & df.date.astype(str).str.contains(year)
             return df[match].score_sum.mean()

         match_yrs = [str(2009+i) for i in range(0, 10)]
         avg_goal_for_yrs = [avg_goal_per_year(year) for year in match_yrs]
```

2009년부터 2018년까지의 평균 득점을 요소로 하는 데이터프레임을 생성한다.

```
In [47]: yrs = pd.DataFrame(match_yrs, columns=['year'])
         goal = pd.DataFrame(avg_goal_for_yrs, columns=['average score'])
         avg_goal = pd.concat([yrs, goal], axis=1)
```

연도별 평균 득점을 구한다.

```
In [48]: avg_goal
Out[48]:
```

	year	average score
0	2009	1.750000
1	2010	2.166667
	(중략)	
9	2018	2.166667

연도별 평균 득점 결과를 그래프로 나타낸다.

```
In [49]: sns.barplot(x=avg_goal['year'], y=avg_goal['average score'])
         plt.title('average goal from 2009 to 2018')
         plt.show()
```

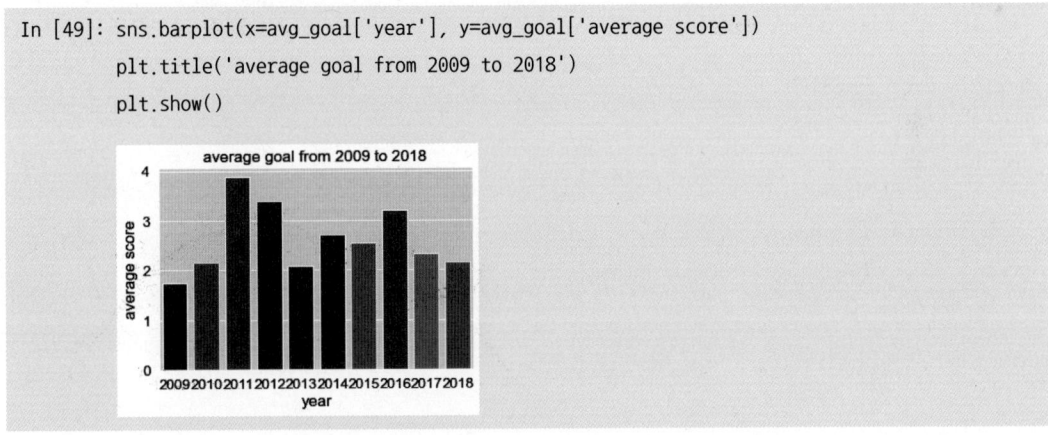

2013년부터 2018년까지 대한민국 대표팀의 국제 경기 결과를 확인한다.

```
In [50]: k_match = (df.home_team) == 'South Korea'
         def k_year(year):
             return df.date.astype(str).str.contains(str(year))
         k_yearly = k_match & (k_year(2013) | k_year(2014) | k_year(2015) | k_year(2016) |
                               k_year(2017) | k_year(2018))
         df[k_yearly].head(2)
Out[50]:
```

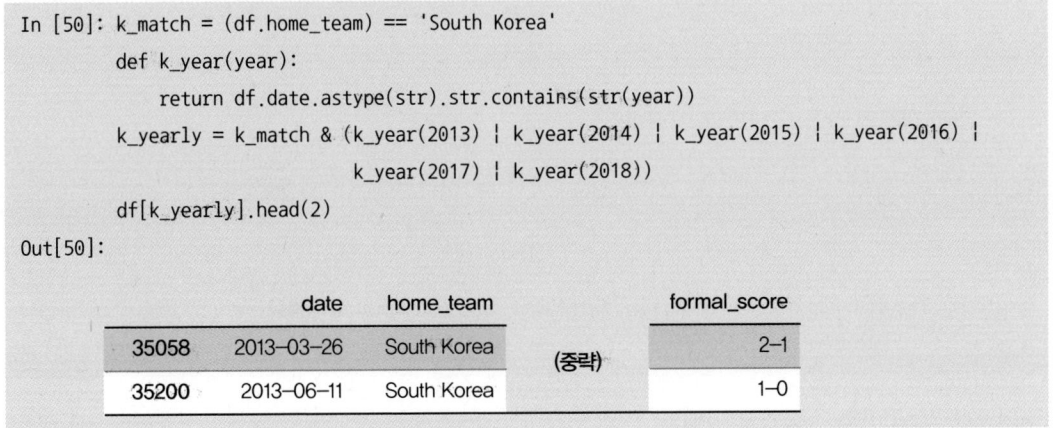

2013년부터 6년간 대한민국 축구대표팀 경기의 득실점 결과를 횟수로 확인한다.

```
In [51]: df[k_yearly].formal_score.value_counts()
Out[51]: 2-0    10
         1-0     9
         (중략)
         4-2     1
         Name: formal_score, dtype: int64
```

2013년부터 6년간 대한민국 축구대표팀 경기의 득실점 총횟수를 정규 분포로 확인한다.

```
In [52]: score_dist = df[k_yearly].formal_score.value_counts(normalize=True)

In [53]: score_dist
Out[53]: 2-0    0.188679
         1-0    0.169811
         (중략)
         4-2    0.018868
         Name: formal_score, dtype: float64
```

score_dist 객체의 인덱스를 구하고 확인한다.

```
In [54]: x = score_dist.index

In [55]: x
Out[55]: Index(['2-0', '1-0', '2-1', '0-0', '3-1', '1-1', '4-0', '3-0', '2-2', '3-2', '4-2'],
               dtype='object')
```

score_dist 객체의 값을 구하고 확인한다.

```
In [56]: y = score_dist.values

In [57]: y
Out[57]: array([0.18867925, 0.16981132, 0.1509434, 0.1509434, 0.09433962, 0.03773585, ...,
                0.01886792])
```

x와 y를 축으로 하여 그래프를 그린다.

```
In [58]: fig, ax = plt.subplots(figsize=(15, 7))
         ax.bar(x, y, width=0.7)
         plt.title('Score Distribution of Korea team from 2013 to 2018', fontszie=25)
         plt.show()
```

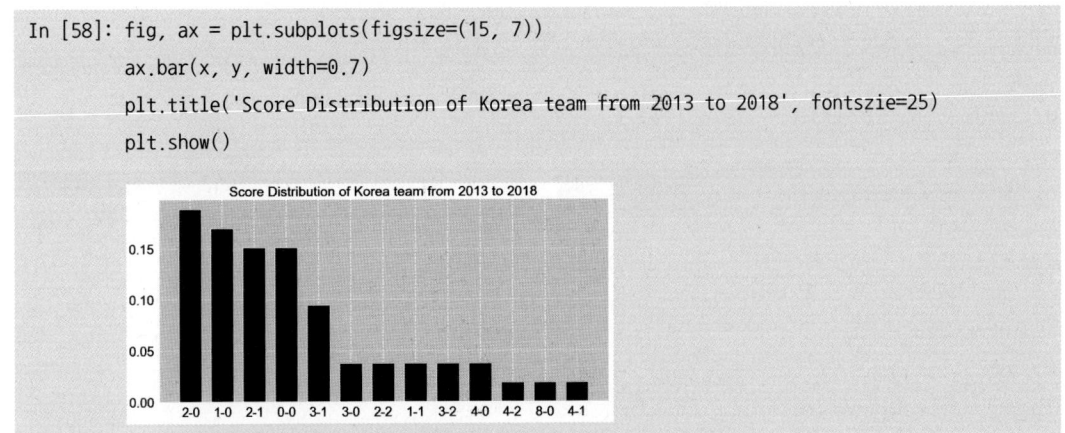

이 장에서는 3가지 실제 데이터를 전처리, 분석하고 그 결과를 그래프로 표현하는 과정을 다뤘다. 이 책을 통해 전처리, 시각화 그리고 응용 과정 전체를 학습한 독자는 인공지능 기술에 적용되는 데이터도 수월하게 분석할 수 있을 것이다. 아울러 주변에서 얻을 수 있는 데이터에 지금까지 학습한 분석 기술을 반복 적용하면 고도의 응용력을 키울 수 있다. 끝으로 이 책에서 학습한 기술에 수고와 노력을 더해 여러분이 최고의 데이터 분석 전문가로 활약하기를 기대한다.

A

accumulate( )	83
agg( )	191, 324
aggregate( )	191, 324
Aggregation API	191
annotate( )	398
append( )	261
apply( )	189, 197
applymap( )	197
arange( )	48
argsort	114
arrowprops	400
arrowstyle	401
ascent( )	136
asfreq( )	526
astimezone( )	490
astype( )	532
at( )	81, 208
autopct	416
aware(어웨어)	482
ax.axis('equal')	416
ax.get_xaxis( ).set_visible( )	476
Axes 객체	376
axhline( )	453
axis( )	89, 382

B

bar( )	412
barh( )	412, 455
base	102
bdate_range( )	510
beeswarm	434
bins	115
box( )	458
boxplot( )	458
broadcast 클래스	100
BusinessHour	517

C

C 우선 배치	107
C 인접 배열	108
C 컴파일러	63
calendar	480
cat( )	309
Categorical	166
CategoricalIndex	165
catplot( )	433
CDay	515
central_diff_weights(Np[, ndiv])	136
choice( )	121
chunksize	253
close( )	246
color_palette( )	448
columns	206
combine_first( )	277
compile( )	298
concat( )	258
conda	11
copy-on-write	133
corr( )	358, 544
corrwith( )	347
cov( )	358
create_engine( )	248
crosstab( )	283
CSV(comma-separated values)	231
cumsum( )	178, 350
CustomBusinessDay	515
cut( )	184
CWD	232

D

DataFrame.agg( )	194
DataFrame.astype( )	168
DataFrame.boxplot( )	457
DataFrame.boxplot( )	459

DataFrame.cov( )	344	DST	487
DataFrame.from_dict	155	dtype 뷰	92
DataFrame.from_records	156		

E-F

DataFrame.groupby( )	317	electrocardiogram( )	136
DataFrame.iloc	160	empty( )	101
DataFrame.insert	158	Engine.execute( )	248
DataFrame.join( )	271	ewm( )	369
DataFrame.loc	160	expanding( )	350
DataFrame.melt( )	291	F 우선 배치	107
DataFrame.plot( )	473	F 인접 배열	108
DataFrame.plot.area( )	461	face([gray])	136
DataFrame.plot.box( )	457	FacetGrid	428
DataFrame.plot.hexbin( )	464	FacetGrid.map( )	449
DataFrame.plot.hist( )	455	FacetGrid.set( )	449
DataFrame.plot.pie( )	466	FacetGrid.set_axis_labels( )	449
DataFrame.plot.scatter( )	462	Figure 인스턴스	451
DataFrame.sub	175	fillna( )	175, 215, 220, 468
Date offsets	493	flags	133
Date times	493	flat	103
date_range( )	510	flatiter 이터레이터	102
DateOffset( )	511	Float64Index	165
datetime	480	fmt	128, 378
datetime.datetime	481	Formatter	408
datetime.isoformat( )	483	from_tuples( )	223
datetime.timedelta	487	fromfile( )	131
datetime.timezone	487	fromisoformat( )	483
datetime64	495	fromordinal( )	483
DatetimeIndex( )	495, 507	fromtimestamp(timestamp)	483
dateutil.tz	529	FULL JOIN	268
dateutil.tz.gettz( )	529		

G-I

DBAPI	247	generate( )	568
deg2rad( )	88	genfromtxt( )	129
derivative( )	136	get( )	307
describe( )	179	get_dummies( )	285
df.iloc( )	539	get_xlim( )	410
displot( )	420		
drop( )	218, 538		
dropna( )	220, 468		

GMT	486	len( )	197
group( )	303	lmplot( )	438
groupby( )	316	load_dataset( )	419
HDF5	244	loc	208
HDFStore	246	localize( )	490
header	233	Locator	407
hist( )	456	LSB	54
histogram( )	117	map( )	197
I/O API	230	Match 객체	302
iat	208	Match.group	302
idxmax( )	182	matplotlib	372
idxmin( )	182	matplotlib API	381
ignore_index	261	matplotlib.axis.Ticker	406
iloc( )	202,540	matplotlib.axis.Xaxis.set_ticks	409
imageio.core.util.Array	138	matplotlib.pyplot	88
imshow( )	138	matplotlib.pyplot.pie( )	467
index	102	matplotlib.pyplot_savefig	402
info( )	151	matplotlib.ticker	407
INNER JOIN	267	matplotlib.ticker.Formatter	408
Int64Index	165	memmap	131
invert_yaxis( )	413	merge( )	266,543
io.StringIO	127	min_periods	344
ipynb	12	mkdtemp( )	131
Ipython	32	MultiIndex	169,223
isin( )	209	MultiIndex.from_frame( )	224
isna( )	213	MultiIndex.from_product( )	223
ISO 포맷	482	multivariate_normal( )	423

J–M		N–O	
join( )	272,310	n_boot	425
jointplot( )	421	na_rep	309
JSON	237	na_valuse	235
KDE	420	naive datetime	488
keys	265	naive(나이브)	482
LaTeX	343	NaN(Not a Number)	148
LEFT OUTER JOIN	267	ndarray 클래스	45, 52
legend( )	392	nonzero( )	76

normalize( )	495,514	numpy.power( )	87
notna( )	213	numpy.save( )	126
now( )	481,490	numpy.savez( )	126
np.add.reduceat	84	numpy.searchsorted	114
np.argsort	112	numpy.sin( )	88
np.cumsum	190	numpy.subtract( )	86
np.exp	190	numpy.transpose( )	76
np.flipud	140	numpy.ufunc	81
np.newaxis	106	numpy.vstack( )	109
np.random.seed	390	numpy.zeros( )	46
np.savetxt	130	ohlc( )	501
NPY 형식(.npy)	125	Olson Database	487
nrows	233	order	107,111
nth( )	340	os.path	131
numiter	100	os.path.abspath(path)	132
numpy.argsort	112	out	101
numpy.binary_repr( )	89	outer( )	84

P-Q

pairplot( )	444
pandas.concat( )	259
pandas.DataFrame.drop	159
pandas.DataFrame.info	151
pandas.DataFrame.pop	157
pandas.io.pytables.HDFStore	245
pandas.io.sql	247
pandas.melt( )	291
pandas.read_csv( )	230
pandas.Series.drop	158
pandas-datareader	550
Pattern.match( )	301
Pattern.search( )	301
pct_change( )	342
pd.__version__	147
pd.to_datetime( )	491
Period( )	506,524
period_range( )	525

numpy.concatenate( )	108,259
numpy.dtype( )	54,63
numpy.dtypes	55
numpy.eye( )	48
numpy.flatiter.coords	103
numpy.fromfile( )	131
numpy.histogram	115
numpy.hstack( )	109
numpy.lexsort	113
numpy.linalg	122
numpy.linalg.solve	123
numpy.linspace( )	48
numpy.load( )	126
numpy.memmap	138
numpy.ndarray.flat	101
numpy.ndarray.sort( )	112
numpy.ndarray.T	77
numpy.ndarray.tofile( )	131
numpy.newaixs	72,99
numpy.nonzero( )	75
numpy.ones( )	47

PeriodIndex	496	read_html( )	240
pie( )	416	read_json( )	238
Pillow	136	read_sql_query( )	251
pip	11	read_sql_table( )	250
pipe( )	186	reduce( )	82
pivot( )	279	reduce_C_function	465
pivot_table( )	280	reduceat( )	83
plot( )	383	regplot( )	438
plot.bar( )	454	regplot( )	439
plt.show( )	140	reindex( )	212, 226
POSIX	487	relplot( )	419
POSIX timestamp	482	rename( )	325, 541
pyplot 모듈	377	replace( )	220, 308
pyplot.close( )	385	resample( )	499
pytz 패키지	488	Resampler.mean	502
qcut( )	184	reset_index( )	330
Q–DEC	526	reshape( )	106
Q–MAR	527	RIGHT OUTER JOIN	268
		rollback( )	513
		rollforward( )	513
		Rolling 객체	362
		rolling( )	350, 556

R

R	25
rand( )	120
randint(low, high)	121
random( )	118
RangeIndex	165
RangeIndex 클래스	165
rank( )	348
ravel( )	50, 107
re.compile( )	297
re.findall( )	299
re.match( )	298
re.search( )	298
re.split( )	298
re.sub( )	300
read_clipboard( )	242
read_csv( )	231
read_excel( )	243

S

scatter_matrix	559
scipy.ndimage	136
seaborn	417
Series.cov( )	344
Series.groupby( )	317
Series.nunique( )	179
Series.plot( )	473
Series.plot.area( )	461
Series.plot.box( )	457
Series.plot.hist( )	455
Series.plot.pie( )	466
Series.resample( )	501
Series.to_numpy( )	532

set_label( )	392
set_names( )	229
set_yticklabels( )	413
shift( )	521
shuffle( )	228
skipna	177
skiprows	235
sort_index( )	229
split( )	307
split-apply-combine	316
SQLAlchemy	247
SQLite	248
stack( )	287
str 메소드	304
strftime( )	484
sub( )	176
swarmplot( )	434

T

TAI	487
take( )	211
text( )	398
textcoords	400
TextFileReader	254
time	480
Time deltas	493
Time spans	493
Time Zone Aware	505
Time Zone Naive	505
timedelta	487, 495
TimedeltaIndex	495
timestamp( )	483, 505
timetuple( )	483
to_csv( )	231
to_datetime( )	506
to_excel( )	243
to_html( )	240
to_json( )	237
to_period( )	527
to_sql( )	250
to_string( )	282
to_timestamp( )	527
togray( )	135
transform( )	191, 329
truncate( )	499
tz_convert( )	529
tz_localize	531
tzinfo 객체	486
tzname( )	487

U-Z

Uint64Index	165
unstack( )	287
update( )	278
UT1	486
UTC	486
utcnow( )	482
value_counts( )	184
weekmask	511
wordcloud	562
xlabel( )	89
xycoords	399
YearEnd( )	515
ylabel( )	89
zeros( )	47

ㄱ-ㄴ

감소(reduction)	340
객체	27
객체 지향 언어	26
검증 세트(validation set)	390
계층적 인덱싱(hierarchical indexing)	169,222
고급 인덱싱(advanced Indexing)	70
공분산(covariance)	344
구분자	127
구조화된 배열(structured array)	59
그레이 스케일(gray scale)	135
그룹 연산	316
기간(period)	523
날짜 오프셋	511
내장 클래스	29
내장 함수	32,125
내적	123
넘파이(NumPy)	29,44,92
노트북	12
노트북 갤러리(Notebook Gallery)	35

ㄷ-ㅁ

다운샘플링	499
단조(monotonic)	356
대시보드	12
데이터 정렬	161
데이터프레임	150
데이터프레임 생성자	155
동적 할당(dynamic allocation)	31
동종 배열(homogeneous array)	49
라벨	388
라이브러리	28
라인 매직	37
람다 함수	197
래퍼	80
로케일(locale)	485
리샘플링(resampling)	499
막대그래프	453
매직 함수	37
멀티레벨 인덱싱(multilevel indexing)	169
멀티인덱스	172,222
메뉴 바	19
메모리 매핑(mapping)	131
메타 문자(meta character)	294
면적그래프(area plot)	461
모듈	31
문자 클래스	294

ㅂ

배열 정렬 함수	112
배열(array)	45
백분율 변화량(percentage change)	557
범례	388
벡터	123
벡터화	80
변동성(volatility)	555
복원 추출(sample with replacement)	121
분위수(quantile)	180
불리언 연산자	162
불변(immutable) ndarray	164
뷰(view)	68
브로드캐스팅(broadcasting)	71, 96
비교(comparison)	90

ㅅ

사용자 정의(user-defined) 클래스	29
사이파이 모듈	136
사이파이(SciPy)	29
산술 연산	161
산점도	422
삼각 함수	87
상관 계수(correlation coefficient)	345, 544
상관관계 매트릭스	359
상자 그림(box plot)	436

상태 머신(state-machine)	373
선 그래프	433
셀 매직	37
셀	33
슈퍼 기간	526
스몰 멀티플스(small multiples)	445
스타일 시트(style sheet)	391
슬라이싱	68
시간 인식 이동(time-aware rolling)	355
시간대 객체	486
시계열(time series)	480
시리즈	147

ㅇ

아티스트(Artist)	376
어웨어 DatetimeIndex 객체	530
어웨어 Timestamp 객체	530
에포크(epoch) 시간	482
엔진(engine)	247
역참조(backreference)	296
열 지도(heat map)	560
오차 막대그래프	475
외적	124
요약 통계	179
원그래프(pie plot)	466
윈도우	350
유니버설 함수(universal function, ufunc)	80
유사 배열(array-like)	45
육각 산점도	422
이진 파일	130
이진(binary) 데이터	242
인덱싱	159
인수(argument)	32
인스턴싱(instancing, instantiation)	30

ㅈ

전치 함수	76
전치(transpose)	163
절대 경로	249
정규 분포	105
정규 표현식	293
정렬(sorting)	111
제목	65
조정 종가	552
주가 변동률(change)	555
주석	388
주피터(Jupyter)	12
중앙값(median)	180
지터(jitter)	425
지표(indicator)	285
집중 경향치(central tendency)	439

ㅊ

청크	250
커널 밀도 추정	559
커널(kernel)	12
컨텍스트(context)	443
타임스탬프(timestamp)	482,505
탭 자동 완성(tab completion)	35
툴바	19
파싱(parsing)	131
파이썬	24
판다스	144
판다스 API	145
패널 데이터(panel data)	144
패딩 바이트	64
패키지	28
플로팅(floating)	90
피벗 테이블	279
피벗(pivot)	279
필드	65

ㅎ	
행 우선순위	107
헬퍼 메소드	169
호출 함수(callable)	204
화이트 스페이스(white space)	293
확장 윈도우(expanding window)	366
환경 변수	6
히스토그램	116, 420

기타	
%timeit	118
.dt 접근자(accessor)	532